Nordschweiz
Seiten 134-157

Zürich
Seiten 158-175

Ostschweiz und Graubünden
Seiten 176-205

Zentralschweiz und Tessin
Seiten 206-239

Vis-à-Vis

SCHWEIZ

Vis-à-Vis

SCHWEIZ

Hauptautoren: Adriana Czupryn,
Małgorzata Omilanowska und Ulrich Schwendimann

DORLING KINDERSLEY
LONDON • NEW YORK • MÜNCHEN
MELBOURNE • DELHI
www.dorlingkindersley.de

Ein Dorling Kindersley Buch

www.dorlingkindersley.de

Produktion Hachette Livre Polska, Warschau

Texte
Małgorzata Omilanowska, Ulrich Schwendimann,
Adriana Czupryn, Marek Pernal, Marianna Dudek

Fotografien
Wojciech und Katarzyna Mędrzakowie, Oldrich Karasek

Illustrationen Michał Burkiewicz, Paweł Marczak

Kartografie
Magdalena Polak, Olaf Rodowald, Uma Bhattacharya,
Mohammad Hassan, Jasneet Kaur, Casper Morris

Redaktion und Gestaltung
Hachette Livre Polska, Warschau: Teresa Czerniewicz-Umer,
Joanna Egert-Romanowska, Pawel Pasternak
Dorling Kindersley Ltd., London: Douglas Amrine, Helen Townsend, Jacky Jackson, Kate Poole, Luciall Watson, Gerhard Bruschke, Vinod Harish, Vincent Kurien, Jason Little, Azeem Siddiqui

•

Titel der englischen Originalausgabe:
Eyewitness Travel Guide *Switzerland*
Zuerst erschienen 2005 in Großbritannien
bei Dorling Kindersley Ltd., London
A Penguin Company

Für die deutsche Ausgabe:

Aktualisierte Neuauflage 2013 / 2014

Programmleitung Dr. Jörg Theilacker, Dorling Kindersley Verlag
Projektleitung Stefanie Franz, Dorling Kindersley Verlag
Übersetzung Dr. Ulrike Kretschmer, München
Redaktion Dr. Elfi Ledig, München; Brigitte Maier, München
Schlussredaktion Philip Anton, Köln
Satz und Produktion Dorling Kindersley Verlag
Druck South China Printing Co. Ltd., China

ISBN 978-3-8310-2185-7
7 8 9 10 16 15 14 13

Dieser Reiseführer wird regelmäßig aktualisiert. Angaben wie Telefonnummern, Öffnungszeiten, Adressen, Preise und Fahrpläne können sich jedoch ändern. Der Verlag kann für fehlerhafte oder veraltete Angaben nicht haftbar gemacht werden. Für Hinweise, Verbesserungsvorschläge und Korrekturen ist der Verlag dankbar. Bitte richten Sie Ihr Schreiben an:

Dorling Kindersley Verlag GmbH
Redaktion Reiseführer
Arnulfstraße 124 • 80636 München
travel@dk-germany.de

◁ **Matterhorn mit charakteristischer Gipfelpyramide *(siehe S. 66 und S. 90)***
◁◁ **Umschlag: Matterhorn *(siehe S. 90)* bei Zermatt**

Inhalt

Benutzerhinweise **6**

Die wuchtigen Türme des Grossmünsters in Zürich *(siehe S. 166f)*

Die Schweiz stellt sich vor

Die Schweiz entdecken **10**

Die Schweiz auf der Karte **12**

Ein Porträt der Schweiz **16**

Das Jahr in der Schweiz **30**

Die Geschichte der Schweiz **34**

Zürichs Wappen im Landesmuseum Zürich *(siehe S. 162f)*

Die Regionen der Schweiz

Die Schweiz im Überblick **46**

Bern **48**

Mittelland, Berner Oberland und Wallis **66**

Genf **92**

Westschweiz **108**

Nordschweiz **134**

Zürich **158**

Detail eines Altarbilds von 1513, Église des Cordeliers, Fribourg

Ostschweiz und Graubünden **176**

Zentralschweiz und Tessin **206**

Zu Gast in der Schweiz

Hotels **242**

Restaurants **260**

Der Vierwaldstättersee im Herzen der Schweiz *(siehe S. 225)*

Sport und Aktivurlaub **284**

Ski-Urlaub **288**

Spas und Wellness **290**

Grundinformationen

Praktische Hinweise **294**

Reiseinformationen **302**

Textregister **310**

Danksagung und Bildnachweis **324**

Sprachführer **326**

Straßenkarte *Hintere Umschlaginnenseiten*

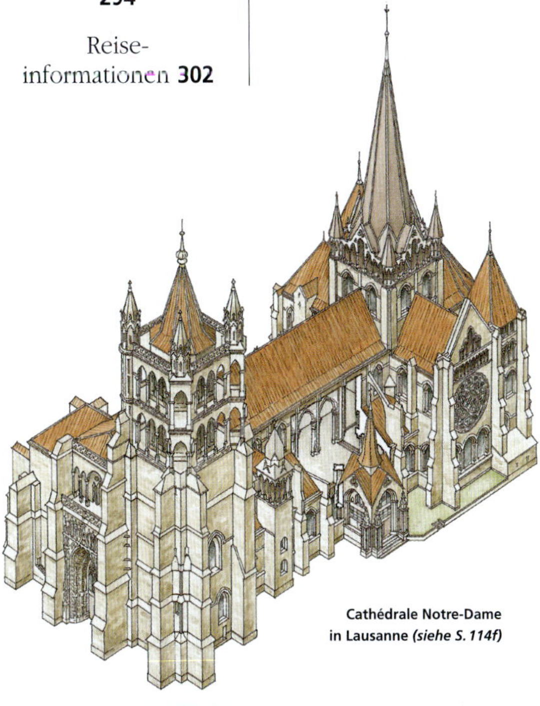

Cathédrale Notre-Dame in Lausanne *(siehe S. 114f)*

Benutzerhinweise

Mit diesem Reiseführer können Sie die Schweiz von ihrer interessantesten und schönsten Seite erleben. Das Kapitel *Die Schweiz stellt sich vor* befasst sich mit Geografie, Geschichte und Kultur des Landes. *Die Regionen der Schweiz* geht in drei Kapiteln auf die Städte Bern, Genf und Zürich ein, in fünf Kapiteln auf die einzelnen Regionen mit ihren Sehenswürdigkeiten. *Zu Gast in der Schweiz* enthält neben Restaurant- und Hotelempfehlungen Informationen über Wintersport und andere Freizeitmöglichkeiten sowie über Spas und Wellness. Die Tipps in den *Grundinformationen* helfen bei der Planung und vor Ort.

Bern
Der Hauptstadt der Schweiz ist ein eigenes Kapitel gewidmet. Die wichtigsten Sehenswürdigkeiten sind nummeriert und auf der *Zentrumskarte* dargestellt.

Sehenswürdigkeiten auf einen Blick listet alles Wichtige nach Kategorien auf.

Eine Orientierungskarte zeigt, wo Sie sich befinden.

1 Zentrumskarte
Alle Sehenswürdigkeiten sowie Hauptstraßen, Bushaltestellen, Bahnhöfe und Tourismusbüros sind mit Nummern auf der Zentrumskarte *eingezeichnet.*

Eine Routenempfehlung führt Sie durch die schönsten Straßen.

2 Detailkarte
Aus der Vogelperspektive können Sie sich in jedem Viertel optimal orientieren.

3 Detaillierte Informationen
Alle Sehenswürdigkeiten werden mit Adresse, Telefonnummer und Öffnungszeiten beschrieben. Die Zeichenlegende finden Sie auf der hinteren Umschlagklappe.

1 Einleitung
Hier erfahren Sie etwas über den Charakter, die Geschichte und die Attraktionen einer Region.

Die Regionen der Schweiz

Die Schweiz wird in diesem Buch in acht Kapiteln beschrieben, drei davon konzentrieren sich auf die wichtigsten Städte, fünf auf die verschiedenen Regionen *(siehe Karte auf den vorderen Umschlaginnenseiten)*. Die Sehenswürdigkeiten sind nummeriert und auf der *Regionalkarte* eingetragen.

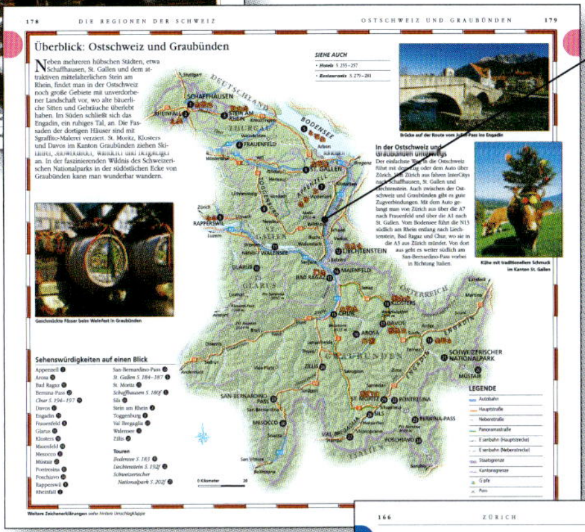

2 Regionalkarte
Hier erhalten Sie einen Überblick über die Hauptverkehrsstraßen und die Lage der wichtigsten Sehenswürdigkeiten. Zur besseren Orientierung sind alle Sehenswürdigkeiten nummeriert.

Farbige Griffmarken am Rand jeder Seite erleichtern das Auffinden der Regionen. Die Farben werden auf der vorderen Umschlagklappe erläutert.

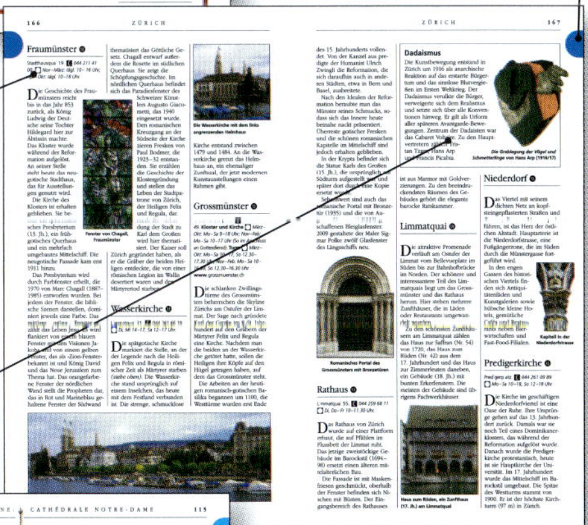

3 Detaillierte Informationen
Alle interessanten Städte und Ausflugsziele sind in der Reihenfolge ihrer Nummerierung auf der Regionalkarte beschrieben. Jeder Eintrag informiert Sie auch über Öffnungszeiten, Anfahrt und vieles mehr.

Kästen enthalten interessante Hintergrundinformationen zu Geschichte und Kultur.

Die Infobox liefert alle praktischen Einzelheiten und Hinweise für Hauptsehenswürdigkeiten.

4 Hauptsehenswürdigkeiten
Highlights werden auf mindestens einer Doppelseite mit Grundrissen und Schnittzeichnungen dargestellt. Sterne zeigen Ihnen, was Sie keinesfalls versäumen sollten.

Die Schweiz stellt sich vor

Die Schweiz entdecken **10–11**

Die Schweiz auf der Karte **12–15**

Ein Porträt der Schweiz **16–29**

Das Jahr in der Schweiz **30–33**

Die Geschichte der Schweiz **34–43**

Die Schweiz entdecken

Die Schweizer Regionen sind alle unverwechselbar. Landschaft, Küche, Architektur und sogar die Sprache ändern sich in dem relativ kleinen Land schnell – als ob man unsichtbare Grenzen überschreiten würde. An der Grenze zu Österreich liegt das winzige Fürstentum Liechtenstein. Von den »Gnomen von Zürich« über den Vogel Gryff, eine Figur der Basler Fasnacht, bis zu den freundlichen Bernern präsentiert sich die Schweiz sehr unterschiedlich – und legt großen Wert auf ihre Vielfalt. Gleichzeitig haben die Schweizer den Ruf, ihre Besucher ideal zu betreuen. Das Land bietet die weltbeste touristische Infrastruktur.

Snowboarder in Verbier

Bilderbuchkulisse: Matterhorn mit Schneelandschaft *(siehe S. 90)*

Bern

- **Schön erhaltene Altstadt**
- **Genuss im Kunstmuseum**
- **BärenPark**

Bern ist Bundesstadt der Schweiz, d.h. zwar nicht de jure, aber de facto die Hauptstadt. Hier geht es entspannt zu. Lernen Sie eine der kleinsten Hauptstädte der Welt bei einem Bummel durch die **Altstadt** *(siehe S. 52f)* mit ihren Arkaden und Brunnen kennen. Die Berner Altstadt ist UNESCO-Welterbe. Das **Kunstmuseum** *(siehe S. 56f)* und die anderen Museen im Kirchenfeldquartier sind exzellent. Sehenswert sind zudem **Zytglogge** *(siehe S. 55)*, **Münster** *(siehe S. 58f)*, **Käfigturm** *(siehe S. 55)* und der **BärenPark** *(siehe S. 60)*, die Heimat des Berner Wappentiers.

Mittelland, Berner Oberland und Wallis

- **Skiparadiese**
- **Großer St.-Bernhard-Pass**
- **Mächtige weiße Gipfel**

In der von eisbedeckten Gipfeln und grünen Tälern dominierten Region erstreckt sich auch das größte ebene Agrargebiet der Schweiz: das Mittelland. Zu den Skigebieten von Weltklasse gehören **Zermatt** *(siehe S. 89)* und **Verbier** *(siehe S. 85)*. Die Jungfraubahn fährt durch die Eigernordwand bis zur Endstation (3454 m) aufs Jungfraujoch. Das **Matterhorn** *(siehe S. 90)* ist der charakteristischste Berg, der **Aletschgletscher** *(siehe S. 91)* der größte Gletscher der Alpen.

Zum Wallis gehören die Bernhardiner des **St.-Bernhard-Passes** *(siehe S. 84)* und die Kuhkämpfe mit Eringer-Rindern. Genießen Sie einen süffigen Fendant, oder entspannen Sie in einem Kurort wie **Leukerbad** *(siehe S. 89)*.

Genf

- **Luxus-Shopping**
- **Charaktervolle Altstadt**
- **Europas größte Fontäne**

Banker und Diplomaten – das kosmopolitische Genf ist teuer, aber aufregend. Das Shopping-Paradies ist vor allem für Uhren und Antiquitäten bekannt *(siehe S. 106f)*. Die Stadt ist Sitz der **UN** *(siehe S. 101)* und weiterer internationaler Organisationen. Ihr Wahrzeichen ist der **Jet d'Eau** *(siehe S. 97)* im Genfer See. Sehenswert ist auch die Altstadt, vor allem die gotische **Cathédrale St-Pierre** und ihr Skulpturenschmuck *(siehe S. 98f)*.

Westschweiz

- **»Schweizer Riviera«**
- **Château de Chillon**
- **Weinberge an den Seen**

Die romantischen Dichter Byron und Shelley sowie die

Berns mittelalterliche Altstadt in einer Schleife der Aare *(siehe S. 52f)*

◁ Bemalte Fassade des »Roten Ochsen« am Rathausplatz in Stein am Rhein *(siehe S. 182)*

Château de Chillon am Ostufer des Genfer Sees *(siehe S. 122f)*

moderneren Ikonen Charles Chaplin und Freddie Mercury ließen sich an der **»Schweizer Riviera«** *(siehe S. 112–119)* – am Nordufer des Genfer Sees – nieder. An seinem Ostufer liegt das schöne **Château de Chillon** *(siehe S. 122f)*. An den Hängen von Genfer und Neuenburgersee erstrecken sich Weinberge. **Neuchâtel** *(siehe S. 130f)* ist für seine Weine bekannt. Das einst römische **Avenches** *(siehe S. 124f)* und das mittelalterliche **Gruyères** *(siehe S. 124)* sind faszinierend. Ideal für Wanderer und Radfahrer ist der Kanton Jura.

Nordschweiz

- **Rheinstadt Basel**
- **Kunstsammlungen vom Feinsten**
- **Thermalbad Baden**

Die Nordschweiz ist flach und Industriegebiet. Ausnahmen sind die Weindörfer Regensberg und Eglisau. **Basel** *(siehe S. 138–147)* im Dreiländereck Schweiz-Deutschland-Frankreich gilt als Stadt der Musik und der Museen. Allein das **Kunstmuseum** *(siehe S. 146f)* ist eine Reise wert. Die Basler Fasnacht ist die größte der Schweiz. Auch **Winterthur** *(siehe S. 156f)* besitzt bedeutende Kunstsammlungen. **Baden** – das seine Bestimmung als Thermalkurort schon im Namen trägt *(siehe S. 154f)* – breitet sich um eine Bilderbuch-Altstadt herum aus.

Zürich

- **Finanz- und Modezentrum**
- **Zeitgenössische Kunst**
- **Mondäne Bahnhofstrasse**

Zürich ist die Kapitale der Banken und Zentrum des weltweiten Goldhandels. Die größte Schweizer Stadt überrascht aber auch mit einer vibrierenden Kultur- und Kunstszene. Das **Landesmuseum Zürich** *(siehe S. 162f)* und das **Kunsthaus** *(siehe S. 170f)* sind Museen von Weltrang. Zürich lädt zum Bummeln ein – auf den Pflasterstraßen der Altstadt, den baumbestandenen Promenaden und am Zürichsee. In kleinen Gassen entdeckt man architektonische Juwele, abends hat man die Wahl zwischen unterschiedlichsten Clubs *(siehe S. 172f)*. Wer das nötige »Kleingeld« hat, kann sich auf der **Bahnhofstrasse** *(siehe S. 164f)* jeden erdenklichen Luxus leisten.

Fasnachtsumzug in den Straßen von Basel *(siehe S. 138–147)*

Ostschweiz und Graubünden

- **Heidis Heimat**
- **Schweizerischer Nationalpark**
- **Sgraffito im Engadin**

In der Bilderbuch-Schweiz fließt der Rhein durch fruchtbare Täler, in den Bergen zwischen Walensee und Bad Ragaz liegt **Heidiland** *(siehe S. 190f)*. Der **Schweizerische Nationalpark** *(siehe S. 202f)* umfasst eine imposante alpine Landschaft mit einer reichen Tier- und Pflanzenwelt. Historische Städte und mittelalterliche Bauten findet man überall. Ungewöhnlich sind die Sgraffito-Fassaden im **Engadin** *(siehe S. 200)*. Der Jetset vergnügt sich im Winter in **St. Moritz** *(siehe S. 204)* und **Klosters** *(siehe S. 191)*.

Steinböcke im Schweizerischen Nationalpark *(siehe S. 202f)*

Zentralschweiz und Tessin

- **Kapellbrücke in Luzern**
- **Malerische Seen**
- **Barockkloster Einsiedeln**

Die Zentralschweiz ist die Heimat Wilhelm Tells. Südlich liegt das italienischsprachige Tessin. Der **Lago di Lugano** *(siehe S. 210f)* und der **Lago Maggiore** *(siehe S. 216f)* haben mediterranes Klima. **Luzern** *(siehe S. 232–239)* besitzt eine malerische Altstadt. Das **Kloster Einsiedeln** ist ein Meisterwerk barocker Architektur *(siehe S. 226f)*.

Die Schweiz auf der Karte

Die Schweiz ist ein Binnenstaat in Mitteleuropa und bedeckt eine Fläche von etwa 41 300 Quadratkilometern. Sie hat rund acht Millionen Einwohner. Im Norden grenzt das Land an Deutschland, im Osten an Österreich und Liechtenstein, im Süden an Italien und im Westen bzw. Nordwesten an Frankreich. Die Schweiz gliedert sich in drei geografische Regionen, die das Land von Südwesten nach Nordosten durchziehen: den Jura im Nordwesten, die zentrale Hochebene des Mittellands und die Alpen, das flächenmäßig größte Gebiet im Süden und Osten. In der Hauptstadt Bern leben über 125 000 Menschen.

Berner Altstadt aus der Vogelperspektive

Schweizer Kantone und Sprachgebiete

Die Schweiz ist ein Bundesstaat mit 20 Vollkantonen und sechs Halbkantonen (Appenzell-Ausserrhoden, Appenzell-Innerrhoden, Basel-Landschaft, Basel-Stadt, Nidwalden und Obwalden), die sich in ihrem Status jedoch kaum unterscheiden. Jeder Kanton und Halbkanton hat ein gewähltes Parlament, eine eigene Verfassung und Gesetzgebung. In der Schweiz gibt es drei große Sprachgebiete: In der Nord-, Ost- und Zentralschweiz dominiert Deutsch, im Westen wird Französisch, im Süden Italienisch gesprochen. Das Wallis (Valais) ist französisch- und deutschsprachig. In Graubünden spricht man neben Deutsch und Italienisch noch vereinzelt Rätoromanisch.

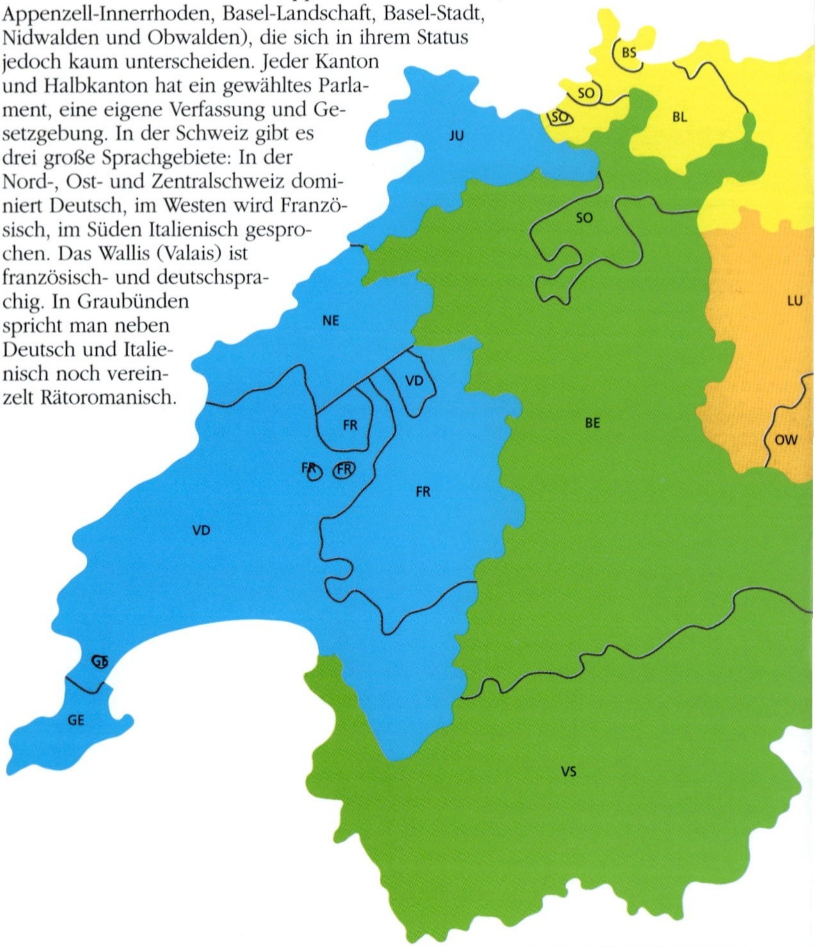

Schweizer Kantone

Westschweiz

- **JU** Jura
- **NE** Neuchâtel (Neuenburg)
- **VD** Vaud (Waadt)
- **FR** Fribourg (Freiburg)
- **GE** Genève (Genf)

Mittelland, Berner Oberland und Wallis

- **SO** Solothurn
- **BE** Bern
- **VS** Valais (Wallis)

Nordschweiz

- **BS** Basel-Stadt
- **BL** Basel-Landschaft
- **AG** Aargau
- **ZH** Zürich

Ostschweiz und Graubünden

- **SH** Schaffhausen
- **TG** Thurgau
- **AR** Appenzell-Ausserrhoden
- **AI** Appenzell-Innerrhoden
- **SG** St. Gallen
- **GL** Glarus
- **GR** Graubünden

Zentralschweiz und Tessin

- **ZG** Zug
- **LU** Luzern
- **SZ** Schwyz
- **UR** Uri
- **TI** Ticino (Tessin)
- **NW** Nidwalden
- **OW** Obwalden

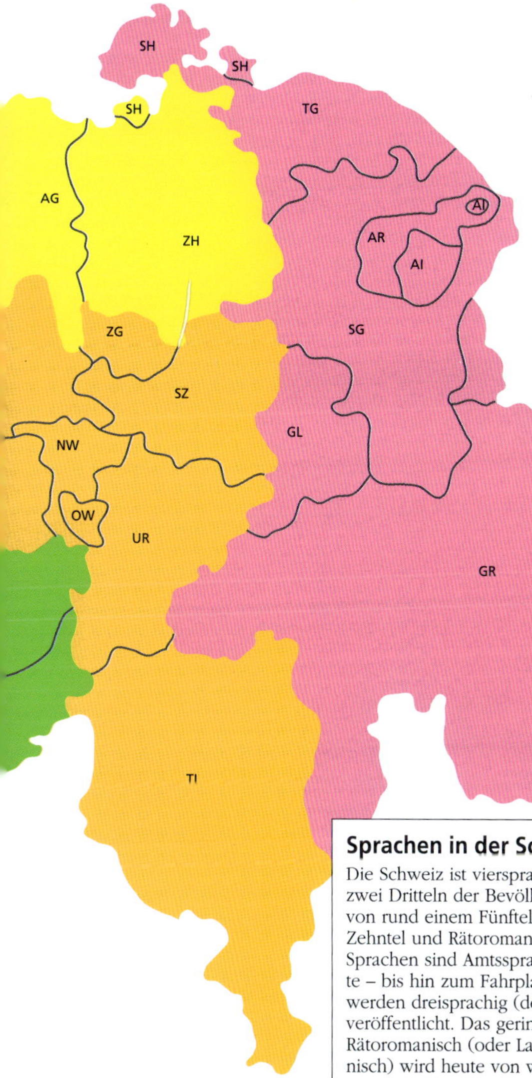

Landes- und Kantonsflaggen in Bern, der Bundesstadt der Schweiz

Sprachen in der Schweiz

Die Schweiz ist viersprachig. Deutsch wird von etwa zwei Dritteln der Bevölkerung gesprochen, Französisch von rund einem Fünftel, Italienisch von knapp einem Zehntel und Rätoromanisch von 0,5 Prozent. Alle vier Sprachen sind Amtssprachen. Alle offiziellen Dokumente – bis hin zum Fahrplan der Schweizer Eisenbahn – werden dreisprachig (deutsch, französisch, italienisch) veröffentlicht. Das gering verbreitete Rätoromanisch (oder Ladinisch) wird heute von weniger als 50 000 Menschen gesprochen. Es wurde 1938 als Landessprache anerkannt, war jedoch in den letzten Jahrzehnten vom Aussterben bedroht. Daraufhin schuf man 1962 aus einzelnen Mundarten die Kunstsprache *Rumantsch Grischun* (Bündner Romanisch), die seit 2001 in Graubünden vierte Amtssprache ist.

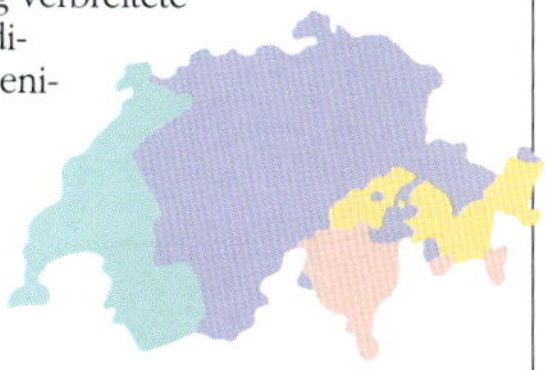

Sprachgebiete

- Deutsch
- Französisch
- Italienisch
- Rätoromanisch

Ein Porträt der Schweiz

Der Binnenstaat Schweiz, eines der reichsten Länder der Welt, liegt im geografischen Zentrum Europas und besitzt einen ganz eigenen Charakter und eine eigene Dynamik. Bekannt ist die Schweiz nicht allein für die Schönheit der Alpen, sondern auch für ihre industriellen Leistungen und Innovationen, die Banken sowie für ihren ausgeprägten Föderalismus.

Die Schweiz besitzt fast keine natürlichen Grenzen. Die Alpen, die weite Teile im Süden und Osten des Landes bedecken, erstrecken sich östlich bis nach Österreich, westlich bis nach Frankreich und südlich – mit mehreren Seen – bis in die Lombardei hinein. Die nördliche Landesgrenze folgt dem Verlauf des Rheins, bildet aber auch hier um Basel und Schaffhausen herum kleinere Ausbuchtungen, die ein Mosaik aus deutsch-schweizerischen Enklaven schaffen.

Willkommensschild in den Alpen

Die Bevölkerung des gebirgigen Landes zeichnet sich vor allem durch ein ausgeprägtes Bestreben nach Eigenständigkeit aus. Trotz religiöser und kultureller Vielfalt herrscht ein besonderes Nationalgefühl vor, das sich nicht zuletzt in der konsequenten Neutralität des Landes äußert. Trotz ihrer zentralen Lage in Europa ist es der Schweiz über zwei Jahrhunderte lang gelungen, sich aus den meisten Konflikten herauszuhalten – sie nimmt deshalb eine geopolitische Sonderstellung ein.

Die moderne Schweiz ist eine wohlhabende, hochindustrialisierte und weltoffene Nation – einerseits sehr innovativ und fortschrittlich, andererseits aber auch traditionsbewusst und konservativ. Die Schweizer legen großen Wert auf Stabilität, kulturelle Kontinuität und ihr historisches Erbe.

Der Aletschgletscher vom Gipfel des 2934 Meter hohen Eggishorns aus gesehen

◁ **Église St-Jean und Fontaine St-Jean in Fribourg** ***(siehe S. 126f)***

Biel, Bielersee und St. Petersinsel im Schweizer Jura, vom Bözingenberg aus gesehen

Bevölkerung, Sprache, Religion

Der Schweizer Jura im Norden und die Alpenregion im Süden sind relativ dünn besiedelt. Am größten sind Bevölkerungs- und Industriedichte im zentralen Mittelland um Bern sowie um die an Seen liegenden Städte Luzern, Genf (Genève), Lausanne und Zürich.

Volkstümliche Tracht der Region um Fribourg

Auch was Sprache und Religion betrifft, ist die Schweiz deutlich unterteilt. Der deutschsprachige Teil der Bevölkerung (rund zwei Drittel) lebt überwiegend in der Mittelland-Hochebene sowie im nördlichen Teil der Schweizer Alpen. Die Nordküste des Genfer Sees (Lac Léman), die sanften Hügel des Schweizer Jura und die Westalpen werden von französischsprachigen Schweizern (rund einem Fünftel der Bevölkerung) bewohnt. Italienisch ist südlich des Hauptalpenkamms verbreitet und wird von knapp einem Zehntel der Schweizer gesprochen. Die Rätoromanisch sprechende Minderheit lebt in abgelegenen Hochgebirgstälern im Osten des Landes. Unabhängig von der Verbreitung der Sprachen setzt sich die Bevölkerung etwa zu gleichen Teilen aus Protestanten und Katholiken zusammen (jeweils rund 40 Prozent). Daneben gibt es kleine jüdische und islamische Glaubensgemeinschaften. Etwa zehn Prozent der Schweizer sind konfessionslos.

Spannungen zwischen deutsch-, französisch- und italienischsprachigen sowie zwischen protestantischen und katholischen Schweizern, die im Lauf der Geschichte die Einheit der Eidgenossen immer wieder gefährdeten, sind noch heute spürbar.

Gelebte Demokratie

Der Bundesstaat Schweiz besteht aus 20 Kantonen und sechs Halbkantonen. Jeder hat sein eigenes Steuer-, Gerichts-, Finanz- und Bildungssystem und verfügt innerhalb der Eidgenossenschaft über einen hohen Grad an Autonomie.

Das Land wird vom Bundesrat regiert, der aus sieben Ministern (»Bundesräten«) besteht, die alle vier Jahre vom Parlament (Bundesversammlung) gewählt werden. Die Bundes-

Regatta auf dem Lej da Silvaplana in Graubünden

versammlung ist ein Zweikammerparlament (bestehend aus Ständerat und Nationalrat). Im Ständerat sind 46 Vertreter der Kantone, im Nationalrat 200 Abgeordnete. Stärkste Parteien sind die Sozialdemokratische Partei der Schweiz (SP), die Liberalen (FDP.Die Liberalen), die Schweizerische Volkspartei (SVP), die Christlichdemokratische Volkspartei (CVP) und die Bürgerlich-Demokratische Partei (BDP). Die Bevölkerung hat per Referendum eine direkte Mitsprachemöglichkeit. Die Abstimmungen – sei es zu Fragen der Geschwindigkeitsbegrenzung für die gesamte Schweiz oder zu lokalen Angelegenheiten – finden auf nationaler, kantonaler und kommunaler Ebene statt.

Fest in Beatenberg am Thunersee vor eindrucksvoller Bergkulisse

Wirtschaft

Die Schweizer Wirtschaft gründet sich auf Bankgewerbe, Handel, Industrie, Landwirtschaft und Tourismus. Der Lebensstandard ist hoch, die Zahl der Arbeitslosen relativ gering und das Pro-Kopf-Einkommen mit das höchste der Welt. Hauptexportartikel der Schweiz sind Präzisionsmaschinen, Textilien, Uhren, chemisch-pharmazeutische Produkte, Schokolade und Milchprodukte (vor allem Käse). Obwohl nur vier Prozent der Bevölkerung in der Landwirtschaft arbeiten, hat dieser Wirtschaftszweig doch einen besonderen Status und erhält sehr hohe Fördermittel.

Viehabtrieb in der Gegend um Schwarzenburg

Was die Nutzung der Agrarflächen anbelangt, so spielt die Weidewirtschaft eine größere Rolle als der Ackerbau. Ein Teil der Milch wird zu Käse verarbeitet und weltweit exportiert. Zu den beliebtesten Schweizer Käsesorten gehört neben dem Emmentaler der Gruyère (Greyerzer).

Kunst und Wissenschaft

Die Schweiz hat eine beachtliche Kulturszene und spielt eine führende Rolle in der Kunstwelt. Die renommierten Veranstaltungen reichen vom Musikfestival in Luzern über das Montreux Jazz Festival bis hin zum in Montreux gegründete Rose-d'Or-Festival. Die »Art Basel« stellt die weltweit größte zeitgenössische Kunstmesse dar. Das Kunsthaus in Zürich genießt internationalen Ruf.

Die bekannteste Schweizer Geistesgröße ist wohl der Philosoph Jean-Jacques Rousseau (1712–1778), der in Genf zur Welt kam, den Großteil seines Lebens aber in Frankreich verbrachte. Große Schriftsteller des Landes sind Max Frisch (1911–1991) und Friedrich Dürrenmatt (1921–1990). Hermann Hesse (1877–1962) ist zwar in Deutschland geboren, wurde aber Schweizer Staatsbürger und schrieb viele seiner bekannten Werke in der Schweiz. Schweizer Künstler und Architekten haben internationale Anerkennung erlangt, darunter der eher als »Franzose« eingestufte Le Corbusier (1887–1965), der jedoch in La Chaux-de-Fonds (Neuchâtel) geboren und aufgewachsen ist, und der Bildhauer und Maler Alberto Giacometti (1901–1966), der aus Graubünden stammt, aber fast sein ganzes Leben in Paris verbrachte. Der Maler Paul Klee (1879–1940) hingegen wird als Schweizer angesehen, obwohl er die deutsche Staatsbürgerschaft besaß. Weitere berühmte Künstler sind der Maler Ferdinand Hodler (1853–1918), der Bildhauer Jean Tinguely (1925–1991) und der Zeichner Max Bill (1908–1994). Der renommierte Architekt Mario Botta (geb. 1943) entwarf das Museum of Modern Art in San Francisco. Jacques Herzog und Pierre de Meuron konzipierten u.a. das Olympiastadion in Beijing und die Hamburger Elbphilharmonie.

Auch in den Wissenschaften genießt die Schweiz einen exzellenten Ruf. Albert Einstein entwickelte seine Relativitätstheorie in Bern – er und

Clearing, **ein Kunstwerk von Gillian White, das die Verbindung von Kunst und Natur thematisiert**

weitere 25 Schweizer wurden mit dem Nobelpreis ausgezeichnet. Zu Ruhm gelangten auch die Eidgenössische Technische Hochschule Zürich sowie die Europäische Organisation für Kernforschung (CERN) bei Genf.

Von Ski alpin bis Jodeln

Die Schweizer lieben den Sport – von Langlauf und Ski alpin im Winter bis zu Kajakfahren, Wildwasser-Rafting und Bergwandern im Sommer.

Einige ländliche Gebiete haben ihre eigenen Sportarten, etwa das »Schwingen«, eine spezielle Form des Ringkampfs, »Hornussen«, ein Ballspiel mit langen, gebogenen Schlägern, und Kuhkämpfe *(combats des reines)*, die meist im Wallis stattfinden.

Wettkampfteilnehmer beim »Schwingen«, einer Schweizer Form des Ringens

Jodeln und Alphornblasen werden automatisch mit alpinem Leben assoziiert. Beides kommt jedoch aus der Mode, ebenso wie der »Waffenlauf«, ein Marathon, dessen Teilnehmer Uniformen, Rucksäcke und Waffen tragen.

Die Schweizergarde bei einer Zeremonie im Vatikan in Rom

Umweltfragen

Die Schweizer sind darauf bedacht, die Umwelt ihres kleinen Landes zu schützen. Beispiele sind das gut entwickelte und effektive öffentliche Verkehrssystem sowie das ausgeklügelte Abfall-Recyclingsystem. Die Schweiz war das erste Land, in dem der Einbau von Katalysatoren in Autos verpflichtend war. Die Bestimmungen bezüglich der Abgasemission gehören zu den strengsten der Welt. Ein solch aktiver Umweltschutz wirkt sich natürlich positiv auf die Lebensqualität im Land aus. Selbst in Großstädten wie Luzern, Bern und Zürich sind die Flüsse und Seen so sauber, dass man bedenkenlos darin baden kann.

Viele Pflanzen- und Tierarten in den Alpen stehen unter Naturschutz. Zudem ist es gelungen, einige Tierarten, z.B. den Steinbock, wieder heimisch zu machen. Auch die Wälder, die ein Drittel der Landesfläche bedecken, werden geschützt: Die Forstwirtschaft unterliegt strengen Bestimmungen. Abholzung, die das Risiko von Erdrutschen und Lawinen erhöht, ist verboten. 1991 wurde von der Schweiz und den Alpenstaaten Deutschland, Frankreich, Italien, Österreich, Liechtenstein, Slowenien sowie der Europäischen Union die Alpenkonvention beschlossen. Sie zielt darauf ab, die einzigartige alpine Landschaft zu erhalten.

Kajakfahrer auf dem Rhein in Graubünden

Die Schweiz auf der Weltbühne

Trotz ihrer Neutralität unterhält die Schweiz eine eigene Armee zum Schutz der Landesgrenzen. Es besteht allgemeine Wehrpflicht für alle Männer vom 20. bis zum 34. Lebensjahr. Die historisch gewachsene Neutralität der Schweiz wird seit 1815 von allen Ländern Europas anerkannt. Die letzten Mobilmachungen erfolgten 1914 und 1939 als Vorsichtsmaßnahmen zur Bewahrung der Neutralität. Die einzigen »aktiven« Schweizer Söldner bilden heute die Schweizergarde, die päpstliche Leibwache im Vatikan – in diese dürfen nur Schweizer eintreten.

Die europäischen Hauptquartiere der UN und des Internationalen Roten Kreuzes haben ihren Sitz in der Schweiz. In der internationalen Politik sieht die Schweiz ihre Rolle vor allem in humanitärer Hilfe.

Schweizer Alpen

Rund zwei Drittel der Schweiz nehmen alpine und subalpine Regionen ein. Bis in etwa 1500 Meter Höhe herrschen Agrarflächen und Laubwälder vor. Diese weichen allmählich Nadelwäldern, die oberhalb von ungefähr 2200 Meter in niedrigeren Bewuchs und alpine Matten übergehen. Ab etwa 3000 Meter Höhe bedecken Moose und Flechten eine karge Felslandschaft. Darüber gibt es nur noch Schneefelder, Gletscher und schneebedeckte Berggipfel. Mit zunehmender Höhe fallen vermehrt Schnee und Regen. Großen Einfluss auf das Klima haben zwei Winde: im Winter der kalte, trockene Nordostwind Bise, im Sommer in den Leelagen der warme Föhn.

Wiesen und Weiden *bedecken etwa die Hälfte der Schweiz. Im Berner Oberland blühen Wiesenklee und Glockenblumen.*

Gletscherseen *findet man häufig in den Alpentälern. Der Bachalpsee in der Nähe des Wetterhorns liegt im Herzen eines landschaftlich besonders reizvollen Teils der Schweizer Alpen.*

Moose und Flechten bedecken die zerklüfteten Felsspalten und steil abfallenden Geröllfelder.

Niedrigerer Bewuchs, z. B. Zwergbergkiefern, Rhododendron und Erlen, wachsen in der Übergangszone zwischen Wäldern und kahlen Berggipfeln. In dieser Höhe ist die Wachstumsperiode sehr kurz (Juni bis August).

Üppige Vegetation gedeiht an geschützten Hängen und entlang den von Gebirgsbächen gebildeten Schluchten.

Hochalpine Weiden bieten dem Vieh ideale Sommerweideplätze.

Berglandschaft

Die Alpen sind von tiefen Tälern, terrassenförmigen Abhängen und Schluchten durchzogen. Im Tessin, im Süden des Landes, flachen die Bergketten allmählich ab. In dieser Region herrscht – auch unter dem Einfluss größerer Seen – ein mediterranes Klima. Im Norden gehen die Alpen in das flachere Mittelland über, die relativ niedrige Hochebene der Zentralschweiz.

Die Wälder *der Schweiz werden systematisch auf Schäden untersucht. Eine Abholzung erhöht die Lawinengefahr und ist daher strikt verboten.*

Gebirgsbäche, *die durch dichte Kiefernwälder fließen, sind Teil des landschaftlich außergewöhnlich reizvollen Schweizerischen Nationalparks.*

In höher gelegenen Wäldern gibt es überwiegend Fichten

Grasgebiete *wie dieses um den Schwarzsee am Fuß des Matterhorns sind im Sommer Weidegründe für Schafe. Im Winter liegen die Wiesen unter einer dicken Schneedecke.*

Flora und Fauna der Alpen

Im Frühling sind die Almwiesen mit Blumen übersät – mit Astern, Edelweiß, Lichtnelken und verschiedenen Enzianarten. Die meisten stehen unter Naturschutz, es ist verboten, sie zu pflücken. Zur Fauna der Schweizer Alpen gehören Alpensteinbock, Gämse, Murmeltier, Feldhase, Steinadler, Geier und der seltene europäische Luchs. Einige Tierarten – insbesondere diejenigen, die hier wieder heimisch gemacht werden konnten – sind ebenfalls geschützt.

Edelweiß, *das Symbol der Schweiz, wächst in Felsspalten auf Höhen bis zu 3500 Meter. Es besitzt eine sternförmige Blüte und samtige Blätter.*

Die Alpenrose, *eine Unterart des Rhododendrons, gedeiht auf etwa 2500 Meter Höhe. Die dichten Blütenstände wirken intensiv farbig.*

Enzian *wächst hauptsächlich an felsigen Abhängen und in Wäldern. Seine Wurzeln werden in der pharmazeutischen Industrie genutzt.*

Der Alpensteinbock *lebt den größten Teil des Jahrs oberhalb der Baumgrenze. Die Wildziegenart bewegt sich in bergigem Terrain sehr geschickt.*

Die Gämse *findet man zwischen bewaldeten Berghängen und der Schneegrenze. Einen Blick auf das kletterfreudige und scheue Tier hat man eher selten.*

Das Murmeltier *legt seinen Bau auf den Alpenwiesen an. Bei Gefahr gibt es typische Pfeiftöne von sich.*

Entstehung der Alpen

Vor rund 70 Millionen Jahren bewegte sich die Afrikanische Kontinentalplatte Richtung Norden und stieß auf die Eurasische Platte. Der Meeresboden dazwischen wurde nach unten, die Afrikanische Platte nach oben gedrückt – so entstanden die Alpen. Die tektonische Bewegung, bei der sich die oberen Felsschichten übereinanderfalten, hält immer noch an. An zahlreichen Stellen bilden die ältesten Gesteinsschichten die höchsten Teile der Alpen. Die unteren Zonen bestehen oft aus jüngeren Sediment- und Eruptivgesteinen. Die Bewegungen der Gletscher während der nachfolgenden Eiszeiten formten dann die heutige Gestalt des Hochgebirges.

Das Matterhorn *erhielt seine unverwechselbare Gestalt durch Gletschereis. Es ist der bekannteste Schweizer Berg und weist eine Ehrfurcht gebietende Höhe von 4478 Meter auf.*

Der Aletschgletscher *in den Berner Alpen bedeckt eine Fläche von 86 Quadratkilometern und ist bis zu 900 Meter mächtig. Er ist der größte Gletscher der Alpen.*

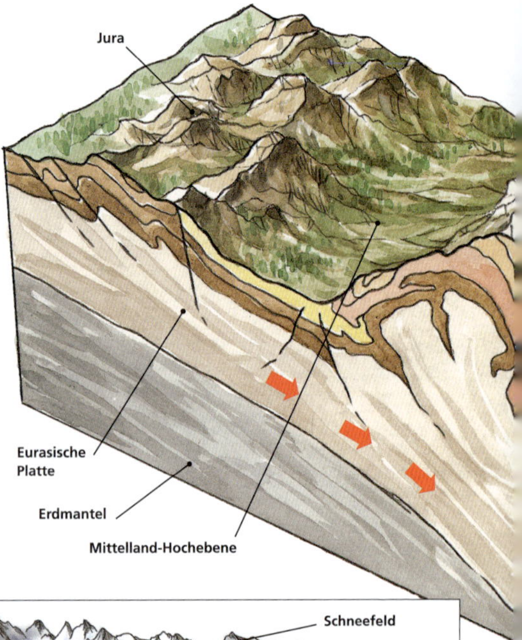

Alpengletscher

Die Überbleibsel der Eiszeit tragen weiterhin Erdschichten ab. Bei ihrer unermüdlichen Bewegung ins Tal zermahlen sie Felsen, die sie mitführen und schließlich in Form von Seiten- und Endmoränen ablagern. Die ausgehöhlten Becken füllen sich mit Gletscherseen. Durch das Zufließen von Gletschern von der Seite entstehen Hängetäler.

Der Jura *besteht aus fossilreichem, mineralhaltigem Sedimentgestein und ist wegen seines hohen Alters relativ niedrig. Charakteristisch sind Höhlen, Senken und unterirdische Flüsse. Aufgrund der gut erhaltenen Gesteinsschichten benannte man eine geologische Epoche, den Jura, nach ihnen.*

Alpine Landschaft

Die gegenwärtige Oberfläche entstand vor 600 000 bis 10 000 Jahren im Lauf mehrerer Eiszeiten. In den verschiedenen Vergletscherungsperioden war die Eisschicht zeitweilig bis zu 2000 Meter dick. Charakteristisch für die Gletscherlandschaft sind scharfe Kanten, tiefe Schluchten, flache, von den Gletschern geschaffene Täler, Gletscherseen und Hängetäler mit in Wasserfällen mündenden Flüssen.

Schweizer Alpen

Abgesehen von den Alpen im östlichen Teil des Kantons Graubünden gehören die Schweizer wie die Französischen Alpen zu den Westalpen, die wiederum aus verschiedenen Bergketten bestehen. Die Schweizer Alpen weisen die höchsten und steilsten Gipfel sowie die bizarrsten Formationen auf. Die Schnee- und Eislandschaften sind geradezu atemberaubend. In den Walliser Alpen befinden sich einige der beeindruckendsten Berge der Schweiz, darunter das Matterhorn und die Dufourspitze, mit 4634 Metern der höchste Berg des Landes. Das Tessin hat Anteil an den Südalpen, die Ostalpen umfassen u. a. den Schweizerischen Nationalpark.

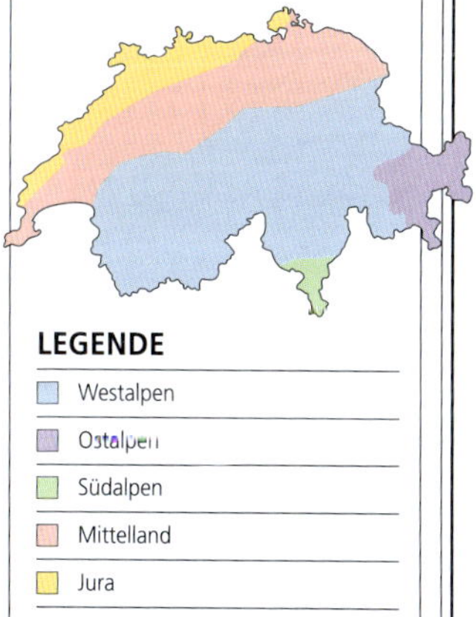

Der Schweizerische Nationalpark *liegt in den Rätischen Alpen, einem Teil der Ostalpen. Die unberührte alpine Landschaft erstreckt sich in Graubünden über eine Fläche von 170 Quadratkilometer und reicht von immergrünem Wald zu kargen Felsen und ewigem Schnee.*

Architektur

Tympanon des romanischen Münsters, Basel

Schlichte romanische Abteien, erhabene gotische Kathedralen, üppig verzierte Barockkirchen und Stadthäuser mit bemalten Fassaden – all dies ist Teil des architektonischen Erbes der Schweiz. Der Einfluss der Nachbarländer ist oft unverkennbar: Im Norden und Osten dominieren deutsche Stilrichtungen, im Westen französische und im Süden italienische. Erst Mitte des 19. Jahrhunderts trat ein deutlich eigener Stil hervor, der in der ländlichen Architektur schon immer vorhanden war und in den unterschiedlichen Variationen des Alpenchalets seinen Höhepunkt fand.

Bemalte Fassade *eines Stadthauses (16. Jh.) in Stein am Rhein, Schaffhausen.*

Das Grossmünster *in Zürich (Baubeginn 11. Jh.) ging während der Reformation seines Innendekors verlustig.*

Romanik (10.–12. Jh.)

Wie überall im westlichen Europa hatte die Romanik in der Schweiz ihre Blütezeit großteils dem Eifer beim Bau sakraler Einrichtungen zu verdanken. Der Ruf nach einer neuen Kirchenarchitektur schuf den neuen Stil. Romanische Bauwerke zeichnen sich durch massive Mauern, Rundbogen, Gratgewölbe und eine schlichte Innenausstattung aus. Zu den schönsten Beispielen des Stils in der Schweiz gehören das Benediktinerkloster in St. Gallen, das Münster Allerheiligen in Schaffhausen und – als Highlight – das imposante Münster in Basel.

Die romanische Krypta des Baseler Münsters (12. Jh.)

Gotik (13.–15. Jh.)

Typisch für die Gotik ist – neben Spitz- und Strebebogen sowie Rippengewölben – die Betonung der Vertikalen. Durch Bleiglasfenster fällt Licht ins Innere der Kirche, auf die Verzierungen von Türmen und Portalen. Zu den schönsten gotischen Kirchen der Schweiz zählen die Kathedralen St-Pierre in Genf und Notre-Dame in Lausanne, beide französisch beeinflusst, sowie das Münster in Bern in deutscher Gotik. Die wichtigsten gotischen Profanbauten sind Château de Vufflens und Château de Chillon sowie die drei Schlösser Montebello, Sasso Corbaro und Castelgrande in Bellinzona.

Das Château de Chillon, *einer der schönsten Festungsbauten der Schweizer Gotik, wurde von den Herzögen von Savoyen in der Nähe von Montreux erbaut.*

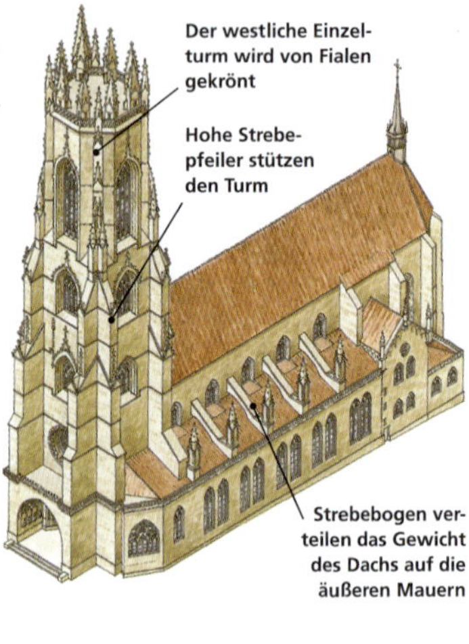

Der westliche Einzelturm wird von Fialen gekrönt

Hohe Strebepfeiler stützen den Turm

Strebebogen verteilen das Gewicht des Dachs auf die äußeren Mauern

Die Cathédrale St-Nicolas *in Fribourg, ein schönes Beispiel der Hochgotik, wurde im 14. und 15. Jahrhundert errichtet.*

Renaissance (15./16. Jh.)

Die Renaissance erreichte die Schweiz im späten 15. und frühen 16. Jahrhundert und fiel mit der Reformation zusammen. Der Stil setzte sich vor allem bei Profanbauten wie Rathäusern, Villen mit Arkadenhöfen und Stadthäusern, etwa denjenigen in Bern, durch. Während im deutschsprachigen Teil des Landes die Gotik andauerte, wurden die Süd- und Zentralschweiz stark von der Renaissance beeinflusst.

Das Rathaus *in Luzern ist im Stil eines florentinischen Renaissance-Palazzo erbaut. Es wurde 1606 vollendet. Das Mansardendach spiegelt Schweizer Traditionen wider.*

Das Collegio Pontificio di Papio *in Ascona (um 1584) weist einen wohlproportionierten, mit einer Doppelreihe Arkaden geschmückten Innenhof auf.*

Barock (17./18. Jh.)

Mit dem Ende des Dreißigjährigen Kriegs 1648 erhielt die Bautätigkeit in der Schweiz neuen Schwung. In den katholischen Gebieten entstanden viele neue Kirchen. Ältere wurden im gerade aktuellen Barockstil, der sich durch üppige Ornamentierung, bemalte Decken und Vergoldungen auszeichnete, umgebaut. Bei Schweizer Barockbauten findet man norditalienische und süddeutsche Einflüsse. Zu den schönsten Beispielen barocker Architektur zählen die Klosterkirche in Einsiedeln (1745 vollendet) und die Kathedrale von St. Gallen (1768 vollendet).

Die Klosterkirche *in Einsiedeln besitzt eine mit Gold verzierte, bemalte Decke – typisch barock.*

Die wunderschöne barocke Kathedrale von St. Gallen

Das Schweizer Chalet

Das Chalet, typisch für die Schweiz und die angrenzenden Alpenregionen, war ursprünglich die Behausung der Schäfer. Es gibt viele regionale Varianten, doch charakteristisch sind das Fachwerk, der quadratische Grundriss und das niedrige Dach aus Holz, Schiefer oder Stein. Typisch für das Chalet ist ein flaches Satteldach mit weitem Dachüberstand, das sich manchmal tief herunterziehen kann. Viele Chalets verfügen auch über Balkone, die bisweilen mit Schnitzereien reich verziert sind.

Die Türen *von Holzhäusern sind meist mit Schnitzereien verzierte Paneelkonstruktionen, die durch ornamentale Metallarbeiten verstärkt werden.*

Fachwerkchalet im Freilichtmuseum Ballenberg

Landhaus – *ein typischer Bau für die Berner Region im Mittelland während des Barock. Das Dach ist so konstruiert, dass es großen Schneemassen standhalten kann.*

Tunnel und Eisenbahnen

Die berühmten Tunnel, Eisenbahnen und Viadukte der Schweiz entstanden Mitte des 19. Jahrhunderts im Zug der fortschreitenden Industrialisierung – sie wurden durch die großen technologischen Errungenschaften des Zeitalters erst möglich. In den scheinbar unzugänglichen Bergregionen wurden Schienen verlegt, in die Berge wurden Tunnel gegraben, Viadukte überspannten tiefe Täler. Seit 1999 (erste Sprengung) bauen die Schweizer den Gotthard-Basistunnel. Nach seiner Fertigstellung (geplant 2016) wird er der längste Eisenbahntunnel der Welt sein (zwei Röhren mit je 57 km, mit Verbindungsstollen insgesamt 153,5 km).

Die Brienzer Rothornbahn *ist die dienstälteste, noch dampfbetriebene Bahn. Sie erklimmt eine Höhe von 2244 Meter und bietet ihren Passagieren atemberaubende Ausblicke.*

Ein InterCity *der Schweizer Bundesbahn überquert den Fluss Sarine auf dem Grandfey-Viadukt bei Fribourg.*

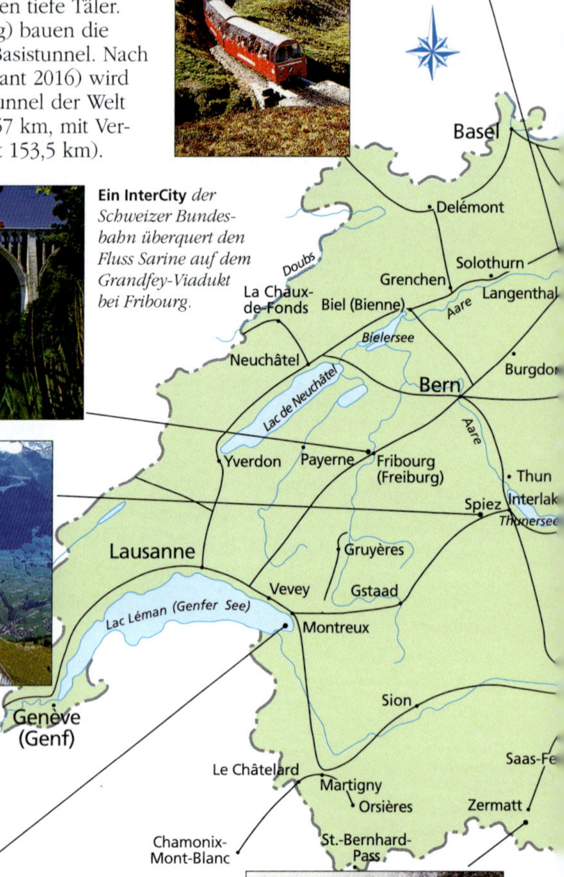

Die Niesenbahn, *eine Standseilbahn, bringt Besucher aus Mülenen auf den Niesen (2362 m). Vom Gipfel aus hat man eine wunderbare Aussicht auf Thunersee, Spiez und Jungfrau-Gruppe.*

Ein InterCity *auf der Hauptstrecke um den Genfer See fährt ganz nah am Château de Chillon vorbei.*

Der Glacier Express *überquert auf seiner reizvollen Route zwischen Zermatt und St. Moritz 291 Brücken und Viadukte und fährt durch 91 Tunnel.*

Die Schynige Platte-Bahn, *eine Zahnradbahn aus dem Jahr 1893, zieht viele Besucher an. Im Sommer fahren Züge von Wilderswil zur Schynige Platte (1967 m). Unterwegs lockt der Blick auf Interlaken und den Thunersee.*

Die Schöllenenbahn *verkehrt zwischen Andermatt und Göschenen und überquert die Reuss.*

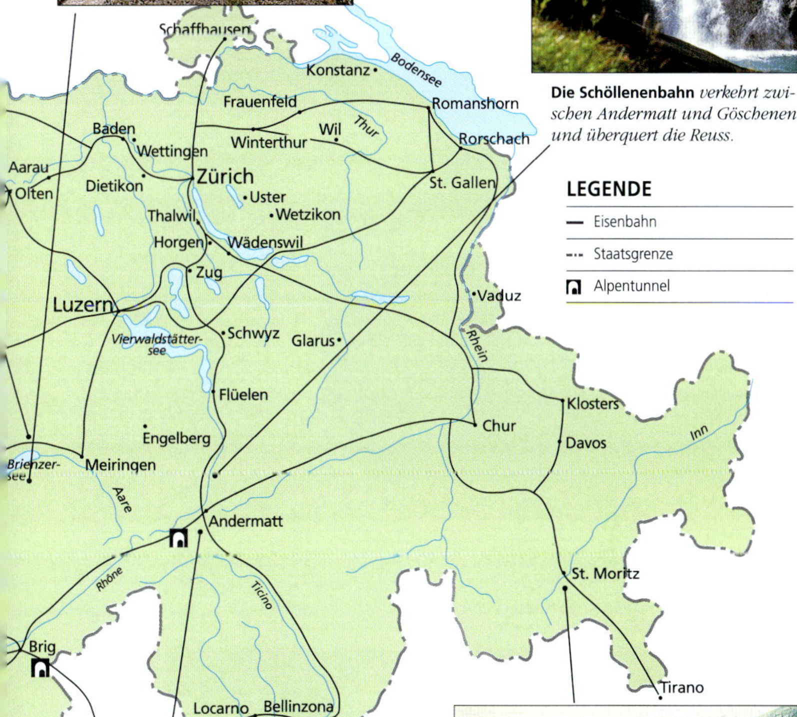

Der Bernina Express *(mit der Albulalinie ein UNESCO-Welterbe) fährt auf einem der höchstgelegenen Schienenwege der Alpen (St. Moritz–Tirano) über den Bernina-Pass.*

Die Matterhorn-Gotthard-Bahn, *eine Schmalspurbahn, verbindet das Wallis mit Graubünden und quert den Oberalp-Pass (2046 m).*

Das Jahr in der Schweiz

Die Schweiz erfreut sich einer großen Vielfalt an Festen und Feierlichkeiten. Sie reichen von bunten Spektakeln, an denen ganze Städte und Dörfer teilnehmen, bis zu international bekannten Kunst-, Musik- und Filmfestivals. Zu Letzteren zählen das Luzern Festival für klassische Musik und das Internationale Jazzfestival in Bern. Das ganze Land begeht am 1. August den Nationalfeiertag. Doch auch viele der kleinen Volksfeste, z. B. das Berner Zwiebelfest im November, haben große historische Bedeutung. Einige der Feste, vor allem diejenigen, die die Ankunft des Frühlings feiern, sind heidnischen Ursprungs. In zahlreichen Bergdörfern finden Festlichkeiten wegen der Kühe statt, die den Auf- und Abtrieb im Frühjahr bzw. im Herbst begleiten. Zwischen Dezember und März werden zudem viele Wintersportereignisse veranstaltet, darunter immer wieder auch Weltmeisterschaften.

Das Alphorn, ein traditionelles Instrument

Chalandamarz, ein Frühlingsfest für Kinder am 1. März im Engadin

Frühling

Der Frühlingsanfang ist eine Zeit des Übergangs. Wenn sich die Wintersportsaison ihrem Ende zuneigt und die Tage länger werden, finden die ersten Frühlingsfeste zur rituellen Austreibung des Winters statt. Es werden Volksabstimmungen im Freien abgehalten, der Viehauftrieb beginnt, und im Wallis werden die ersten Kuhkämpfe der Saison vorbereitet.

März

Internationales Jazzfestival *(März–Mai)*, Bern. Wichtiges, fünftägiges Festival für Blues, Jazz und Gospelmusik.
Chalandamarz *(1. März)*, in Dörfern im Engadin. Frühlingsfest für Kinder mit Kostümumzügen.
Engadin Skimarathon *(2. So im März)*. Wichtigster Skilanglauf von Maloja nach S-chanf mit rund 13 000 Teilnehmern.
Internationaler Autosalon *(1. Märzhälfte)*, Genf. Prestigeträchtiges zehntägiges Ereignis.
Verbier Xtreme *(2. Märzhälfte)*. Snowboard-Meisterschaften in Bec des Rosses, Verbier.
Snow and Symphony *(Ende März–Anfang Apr)*, St. Moritz. Weltberühmte Orchester und Solisten geben 15 Konzerte mit klassischer Musik und Jazz.
Osterfestspiele *(Ostern)*, Luzern. Festival mit österlicher Musik.

April

Sechseläuten *(3. Mo im Apr)*, Zürich. Frühlingsfest mit Umzug der mittelalterlichen Zünfte sowie der rituellen Verbrennung des Böögg (Winters).
Basel World, Basel. International renommierte Uhren- und Schmuckmesse.
Lugano Festival *(Mitte Apr–Anfang Juli)*, Lugano. Konzerte mit klassischer Musik.
Fête de la Tulipe *(Mitte Apr–Mitte Mai)*, Morges. Buntes Fest in einem Meer von Tulpen.
Combat des reines *(Mitte Apr–Mai)*, in mehreren Dörfern im Wallis. Traditioneller Kuhkampf.
Fête du Soleil *(Ende Apr–Mai)*, Lausanne. Karneval (»Sonnenfest«) mit Musikkapellen und Markttreiben.
Landsgemeinde *(letzter So im Apr)*, Appenzell-Innerrhoden. Open-Air-Abstimmung.

Mai

Landsgemeinde *(1. So im Mai)*, Glarus. Kantonale Open-Air-Abstimmung auf dem Zaunplatz mit begleitender Show.
Bike Days *(Anfang Mai)*, Solothurn. Beim »nationalen Velo-Festival« dreht sich drei Tage lang alles um das Fahrrad.

Traditionelle Kuhkämpfe in den Dörfern des Wallis ***(Apr/Mai)***

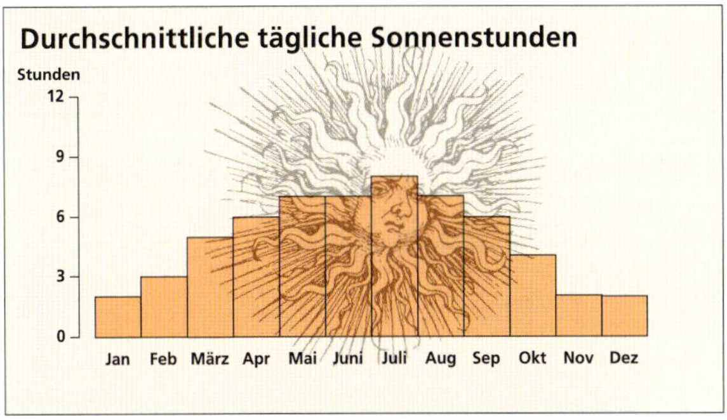

Sonnenschein
Der Juli ist der sonnigste Monat, aber auch im Mai, Juni und August ist das Wetter oft schön. Zwischen November und Februar ist es häufig bewölkt und trüb.

Tänzer in Tracht bei einem Sommerfest in Appenzell

Sommer

Vor allem in den Bergdörfern wird der Sommer mit zahlreichen Volksfesten gefeiert, bei denen man isst, trinkt und fröhlich ist. Anderenorts finden viele Open-Air-Veranstaltungen, z. B. Musikfestivals und Sportwettkämpfe, statt. Im Hochsommer (1. August) wird der Nationalfeiertag der Schweiz in allen Dörfern und Städten begangen und die Gründung der Eidgenossenschaft gefeiert.

Juni

Almauftrieb *(Mitte Juni)*, in allen Alpenregionen. Auftrieb der mit Blumen geschmückten Kühe auf die alpinen Sommerweiden.

Fronleichnam, katholische Kantone. Prozessionen mit Trachtengruppen.

Art Basel *(Mitte Juni)*, Basel. Internationale Messe für zeitgenössische Kunst.

Wilhelm-Tell-Aufführungen *(Ende Juni–Mitte Sep)*, Interlaken. Freilichtaufführungen von Schillers Drama.

OpenAir St. Gallen *(Ende Juni)*, St. Gallen. Pop und Rock im Naturschutzgebiet.

Fêtes des Vignerons, Vevey (nächstes Mal 2019)

Juli

Montreux Jazz Festival *(Juli)*, Montreux. Festival für Jazz, Blues, Rock, Reggae und Soul.

Open Gstaad *(Mitte Juli)*, Gstaad. Internationales Tennisturnier der Männer.

Ruderwelt Luzern *(Mitte Juli)*, Luzern. Weltcup-Rennen auf dem Rotsee.

Festival d'Opéra Avenches *(Juli)*, Avenches. Opern u. a. im römischen Amphitheater.

Moon and Stars *(Juli)*, Locarno. Zehn Tage Rock- und Popmusik auf der Piazza Grande.

August

Nationalfeiertag *(1. Aug)*, in der ganzen Schweiz. Feierlichkeiten mit Feuerwerk, Musik, Light-Shows und Laternenprozessionen anlässlich der Gründung der Eidgenossenschaft im Jahr 1291.

Fêtes de Genève *(Anfang Aug)*, Genf. Zehn Tage mit kostenlosen Open-Air-Konzerten sowie mit Theater, Sportveranstaltungen und Feuerwerk.

Internationales Filmfestival *(Anfang Aug)*, Locarno. Renommiertes internationales Filmfestival seit 1946 mit Open-Air-Kino auf der Piazza Grande. Als Preise werden die »Leoparden« verliehen.

Street Parade *(1. oder 2. Wochenende im Aug)*, Zürich. Open-Air-Event mit einer halben Million Techno-Fans.

Inferno Triathlon *(Mitte Aug)*, Mürren, Schilthorn (Jungfrau-Region). Schwimmen, Radfahren und Laufen für sehr gut trainierte Sportler.

Lucerne Festival *(Mitte Aug–Mitte Sep)*, Luzern. Berühmtes Festival klassischer Musik mit internationalen Orchestern, Dirigenten und Solisten.

Nationalfeiertag *(1. Aug)* in Oberhofen am Thunersee

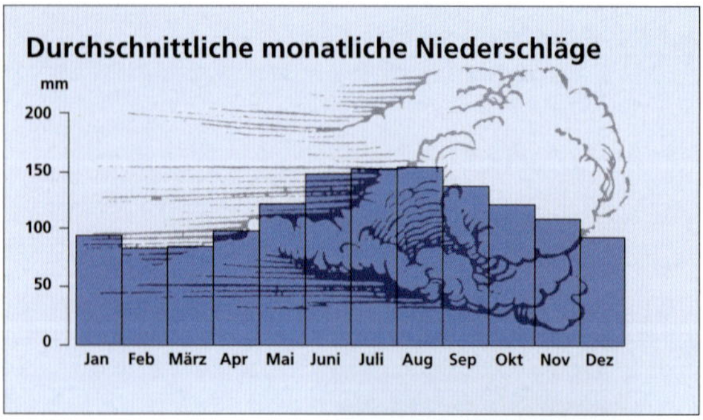

Niederschläge
Die meisten Niederschläge fallen in der Schweiz während der Sommermonate. Im Winter schneit es in größeren Höhen ausgiebig. Die Niederschläge in einigen Regionen (z.B. im Wallis) liegen unter dem landesweiten Durchschnitt.

Herbst

Wenn sich die Blätter der Bäume in den Alpen herbstlich verfärben und die Rebstöcke unter ihrer Last ächzen, ist die Erntedankzeit gekommen. Dann werden überall im Land farbenfrohe Landwirtschaftsmessen abgehalten und Kastanien- und Weinfeste gefeiert. Die Kühe werden festlich geschmückt von den Sommerweiden zurück ins Tal getrieben.

September

European Masters *(Anfang Sep)*, Crans Montana. Renommiertestes Golfturnier der Schweiz und einer der Höhepunkte der PGA-Tour.
La Bénichon *(Mitte Sep)*, Kanton Fribourg. Erntedankfeste.
Knabenschiessen *(2. Wochenende im Sep)*, Zürich. Schießwettbewerb für Mädchen und Jungen im Alter von zwölf bis 16 Jahren.
Fête des Vendanges *(Ende Sep)*, Neuchâtel. Das größte Schweizer Fest zur Weinlese. Auch in anderen Orten finden solche Feste statt.
Fête de la Désalpe *(letzter Sa im Sep)*, Charmey. Den Almabtrieb begleitende Feiern, wenn die Kühe von ihren Sommerweiden ins Tal getrieben werden.

Oktober

Combats des Reines *(Anfang Okt)*, Martigny. Kuhkämpfe im römischen Amphitheater. Die Gewinnerin wird offiziell zur »Reine des Reines« (Königin der Königinnen) ausgerufen.

Der Viehabtrieb von den Sommerweiden wird feierlich begangen

La Bénichon *(3. So im Okt)*, Châtel-St-Denis. Erntedankfest mit einem Umzug in historischen Kostümen und einem Bankett.
Älplerchilbi *(Okt–Anfang Nov)*, Obwalden und Nidwalden. Volksfest mit Jodeln und Alphornblasen.
Basler Herbstmesse *(Ende Okt–Anfang Nov)*, Basel. Der größte und älteste Jahrmarkt der Schweiz, mit Buden und Fahrgeschäften.

November

Räbechilbi *(2. Sa im Nov)*, Richterswil. Junge Leute führen bei einem Umzug Rüben-Laternen mit sich.
Bach-Festival *(2 Wochen Anfang Nov)*, Lausanne. 14 Tage Bach total.
Gansabhauet *(Martinstag im Nov)*, Sursee. Teilnehmer versuchen mit verbundenen Augen eine aufgehängte tote Gans in einem einzigen Säbelhieb herunterzuhauen.
Zibelemärit *(4. Mo im Nov)*, Bern. Zwiebelfest mit Konfettischlacht und vergnüglichen Aktivitäten zum Winterauftakt.
Expovina, Zürich. Weinmesse mit Verkostungen, bei denen Weine aus der ganzen Welt ausgeschenkt werden.

Fête des Vendanges, das Weinfest im September in Neuchâtel

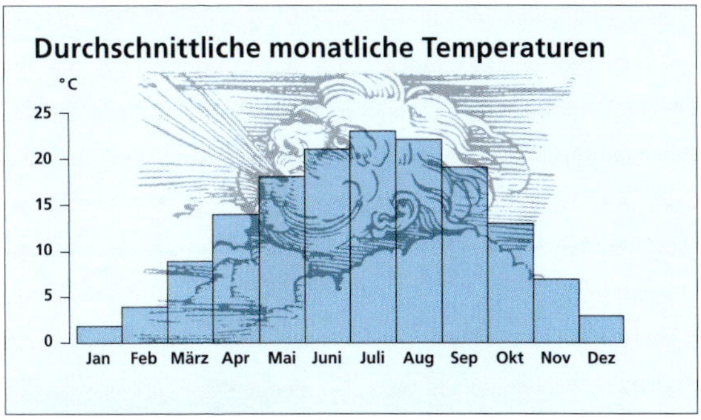

Temperaturen *Die Temperaturen sind zwischen Juni und August am höchsten, liegen jedoch selten über 30 °C. Der Januar ist der kälteste Monat, dann fallen die Werte häufig unter den Gefrierpunkt.*

Eisskulpturen beim World Snow Festival in Grindelwald *(Jan)*

Winter

Die Adventszeit, von Nikolaus bis Weihnachten, bestimmt die Veranstaltungen im Dezember. Neujahr wird im ganzen Land ausgiebig gefeiert – in einigen Teilen der Schweiz sogar zweimal, zuerst nach dem bekannten Datum des gregorianischen Kalenders und ein zweites Mal nach dem Datum des älteren julianischen Kalenders. Im Winter finden natürlich auch viele Wintersportereignisse statt, von Eishockey über Curling bis hin zu Pferderennen auf den zugefrorenen Seen. Zwischen Neujahr und Mitte März vertreibt der Karneval mit Bällen und Kostümfesten den tristen Winter. Den Höhepunkt stellt die Fasnacht dar, drei närrische Tage vor der Fastenzeit, die vielerorts in der Schweiz gefeiert wird.

Fasnachtsteilnehmer im Teufelskostüm

Dezember

Nikolaus *(am oder um den 6. Dez)*, in der ganzen Schweiz. Mit Umzügen und Jahrmärkten feiert man die Ankunft des hl. Nikolaus.
Fête de l'Escalade *(1. Sa im Dez)*, Genf. Das Fest erinnert an den gescheiterten Versuch des Herzogs von Savoyen, 1602 Genf einzunehmen.
Spengler Cup *(Ende Dez)*, Davos. Internationales Eishockey-Turnier.
Silvester, Dörfer in Appenzell. Maskierte Bewohner läuten mit Kuhglocken das neue Jahr ein.

Januar

Vogel Gryff *(Mitte bis Ende Jan)*, Basel. Dreitägiges Volksfest mit den mythischen Figuren Löwe, Greif und dem »Wilden aus dem Wald«.
Coppa Romana *(Mitte Jan)*, Silvaplana. Größter europäischer Open-Air-Curling-Wettkampf.
World Snow Festival *(Mitte Jan)*, Grindelwald. Fantastische Eisskulpturen auf einer natürlichen Eislaufbahn.
Heißluftballonwoche *(Ende Jan)*, Château d'Oex. Bei dem Spektakel füllt sich der Himmel mit Heißluftballons.
Cartier Polo World Cup on Snow *(Ende Jan)*, St. Moritz. Auf dem zugefrorenen See bei St. Moritz treffen sich die weltbesten Polospieler.

Februar

Roitschäggättä *(Woche vor Aschermittwoch)*, Lötschental. Nächtliche Umzüge von Männern mit grotesken Masken.
White Turf *(1. Hälfte im Feb)*, St. Moritz. Internationales Pferderennen auf dem zugefrorenen See.
Basler Fasnacht *(Feb oder März)*, Basel. Karneval, der am Montag nach Aschermittwoch beginnt. 72 Stunden mit Tausenden von kostümierten Trommlern und Flötenspielern. Fasnacht wird auch in Bern, Luzern und anderen Orten gefeiert, dort allerdings zeitgleich zum üblichen Karneval.

Feiertage

Neujahr *(1. Jan)*

Karfreitag Vendredi Saint *(Apr)*

Ostermontag Lundi de Pâques *(Apr)*

Auffahrt Ascension *(Mai)*

Pfingstmontag Lundi de Pentecôte *(Juni)*

Bundesfeier Nationalfeiertag *(1. Aug)*

Weihnachten *(25. und 26. Dez)*

Weitere Feiertage sind von Kanton zu Kanton unterschiedlich.

I.H.FVESSLI

Die Geschichte der Schweiz

Die Geschichte der Schweiz begann im Jahr 1291, als drei kleine »Urkantone« ein Bündnis gegen die Fremdherrschaft der Habsburger eingingen. Dieser Bund vergrößerte sich, doch es vergingen noch Jahrhunderte der Instabilität voller kantonaler und religiöser Konflikte. Erst 1848 konnte sich eine zentrale Regierung etablieren – die moderne Schweiz entstand.

Helvetier und Räter

Ab etwa 500 v. Chr. wurde das Gebiet der heutigen Schweiz von zwei Völkern besiedelt: den etruskischen Rätern im Osten und den mächtigen keltischen Helvetiern im Westen. Letztere gründeten einige kleinere Siedlungen, u.a. La Tène in der Nähe von Neuchâtel.

Büste des Marc Aurel aus Avenches

Von der römischen zur fränkischen Vorherrschaft

Im Jahr 58 v. Chr. gehörten die Helvetier und Räter zum Römischen Reich. Die Helvetier unterstützten die Römer im Kampf gegen aufständische Stämme im Norden des Landes. Unter der römischen Herrschaft wurde Aventicum (Avenches), die Hauptstadt Helvetiens, römische Provinz. Weitere Städte mit Villen entstanden. Die Landwirtschaft blühte, neue Straßen wurden gebaut. 260 n. Chr. wurden die Helvetier und Räter erneut von germanischen Stämmen angegriffen. Der Osten wurde von den Alemannen besetzt, die Räter mussten ins Hinterland fliehen. Der Westen fiel Burgund zu. 401 gaben die Römer schließlich ihre Alpenprovinz auf.

Ende des 6. Jahrhunderts übernahmen die Franken die alemannischen und burgundischen Gebiete, die später in das Heilige Römische Reich Karls des Großen integriert und 843 zwischen seinen Enkeln aufgeteilt wurden.

Bündnis der Kantone

1033 wurde Burgund mit dem Heiligen Römischen Reich wiedervereinigt, doch mit dem Schwinden der kaiserlichen Macht erhielten feudale Dynastien mehr Einfluss. Am mächtigsten waren zweifellos die Habsburger. 1291 schlossen die drei »Urkantone« (Waldstätte) Schwyz, Uri und Unterwalden auf der Rütli-Wiese einen Bund gegen die Habsburger (»Rütli-Schwur«). Daraus entstand später die Schweizerische Eidgenossenschaft. Im 14. Jahrhundert schlossen sich die Kantone Luzern, Zürich, Glarus, Zug und Bern dem Bund an. In ihrem Versuch, die Konföderation zu zerschlagen, erlitten die Habsburger in mehreren Schlachten niederschmetternde Verluste. 1499 erlangte die Schweiz schließlich die Unabhängigkeit, für die sie so lange gekämpft hatte.

ZEITSKALA

5. Jh. v. Chr. Helvetier und Räter siedeln sich allmählich in den Alpen an

69 n. Chr. Die Helvetier lehnen sich gegen die Römer auf

260 Erste Invasionen der Alemannen

6. Jh. Franken erobern alemannische und burgundische Gebiete

1033 Burgund wird Teil des Heiligen Römischen Reichs

1291 Die drei »Urkantone« bilden einen Bund

500 v. Chr. | **1 n. Chr.** | **500** | **1000** | **1500**

500 v. Chr. Helvetier gründen die Siedlung La Tène

401 Die Römer geben ihre Alpenprovinz auf

5. Jh. Besiedlung durch Alemannen, Burgunder und Lombarden

Reliquienschrein in Form eines Fußes

1499 Die Schweiz erlangt die Unabhängigkeit

◁ **Vertreter der drei Waldstätte Uri, Schwyz und Unterwalden geloben ihre Gefolgschaft beim »Rütli-Schwur« 1291**

Kampf um die Unabhängigkeit

Nach dem Tod von Kaiser Rudolf I. im Jahr 1291 schlossen Vertreter der drei »Urkantone« Schwyz, Uri und Unterwalden einen Bund gegen die Herrschaft und Tyrannei der Habsburger. Der Treueschwur auf der Rütli-Wiese im August desselben Jahres legte den Grundstein für die spätere Schweizer Eidgenossenschaft. Die Kriege der Konföderierten gegen die Habsburger und gegen Burgund im 14. und 15. Jahrhundert zeigten, dass die mobilen Bauerntruppen den schwer bewaffneten Rittern überlegen waren. Die Schweiz wurde für den Mut ihrer Soldaten berühmt. Schweizer Söldner waren in ganz Europa gefragt.

Offizier der Schweizergarde
Vom Mut der Schweizer Soldaten sprach man in ganz Europa. Julius II. gründete 1506 die Schweizergarde als Leibwache des Papstes und zum Schutz des Vatikans.

Schlacht von Dornach (1499)
Konföderierte Soldaten wagten einen Überraschungsangriff auf die Truppen Heinrichs von Fürstenberg, der in der Schlacht ums Leben kam.

Söldnertruppen
von Charles VII von Frankreich kommen den Habsburgern bei Basel zu Hilfe.

Schlacht von Morgarten (1315)
Bei Morgarten erlitt die Armee von Prinz Leopold von Habsburg im Kampf gegen die Bauerntruppen der späteren Eidgenossenschaft eine schwere Niederlage.

Schwyzer Schild
Der rote Schild wurde erst später mit einem weißen Kreuz verziert. Ein rotes Kreuz auf weißem Grund war das Wappen der Konföderation.

Schlacht von St. Jakob

Auf Wunsch des habsburgischen Königs Friedrich III. schickte Charles VII von Frankreich 1444 eine 20 000 Mann starke Söldnerarmee in die Schweiz. Die konföderierten Soldaten, die ihr Lager in St. Jakob an der Birs bei Basel aufgeschlagen hatten, wehrten sich tapfer, wurden jedoch besiegt.

Armbrust
Die Armbrust stellte die Hauptwaffe im Arsenal der Schweizer Armee dar.

Wilhelm Tell
Der Sage nach wurde der Jäger Wilhelm Tell vom habsburgischen Landvogt Gessler gezwungen, mit der Armbrust einen Apfel vom Kopf des eigenen Sohns zu schießen. Später tötete Tell den verhassten Habsburger Gessler.

Schlacht von Laupen (1339)
Nach der Belagerung Berns dankten die Armeen von Bern und Luzern Gott für ihren Sieg über den Herzog von Burgund und den Kanton Fribourg.

Niederlage der Schweizer in der Schlacht von Marignano (1515)

Höhepunkt territorialer Macht

Ermutigt durch die neue Unabhängigkeit, doch weiterhin umgeben von Gebieten unter Habsburger und anderer Fremdherrschaft, versuchte die Eidgenossenschaft, ihr Territorium zu sichern und nach Norden, Osten und Süden auszudehnen. 1512 eroberten konföderierte Truppen die Lombardei und besetzten Locarno und Lugano. Ihr Kampf gegen die vereinigten französischen und venezianischen Streitkräfte endete jedoch 1515 bei Marignano in einer Niederlage. Danach gab die Schweiz die Expansionspläne auf und verschrieb sich der militärischen Neutralität. Die Eidgenossenschaft wuchs weiter. 1481 hatten sich ihr Fribourg und Solothurn angeschlossen. Basel und Schaffhausen kamen 1501, Appenzell 1513 hinzu. Die Zahl der Kantone war damit auf 13 angewachsen.

Bett aus Bern aus dem 16. Jahrhundert

Reformation

Die religiöse und politische Bewegung zur Reformierung der Römisch-Katholischen Kirche entstand im frühen 16. Jahrhundert in Deutschland und breitete sich rasch in Westeuropa aus. An der Spitze der Reformation in der Schweiz standen der Humanist Ulrich Zwingli (1484–1531), der überwiegend in Zürich aktiv war, und Johann Calvin (1509–1564), der die Bewegung in Genf anführte. Während die städtischen Kantone die Reformation begrüßten, blieben die ärmeren, konservativen Kantone der Zentralschweiz beim Katholizismus. Dennoch hielten alle Kantone zur Zeit der Religionskriege (17. Jh.) der Eidgenossenschaft die Treue.

Wohlstand und Industrie

Formal wurde die Unabhängigkeit der Schweiz im Westfälischen Frieden, der den Dreißigjährigen Krieg (1618–48) beendete, anerkannt. Die Eidgenossen hatten sich aus dem Konflikt herausgehalten, was einen Aufschwung im Land bewirkte.

Während des Kriegs hatte die Schweiz eine Schlüsselrolle im europäischen Handel gespielt. Die Ankunft von Kriegsflüchtlingen (vor allem Hugenotten) belebte nun die Textilindustrie. Die Industrialisierung

Verbrennung religiöser Bilder als Reaktion auf Zwinglis Predigt gegen die Bilderverehrung

ZEITSKALA

1515 Schlacht von Marignano. Danach erklärt die Konföderation ihre Neutralität

1559 Johann Calvin gründet die Calvin-Akademie in Genf

1680–90 Die Brüder Jakob und Johann Bernoulli legen an der Universität von Basel den Grundstein für die Wahrscheinlichkeits- und die Integralrechnung

1500 | **1550** | **1600** | **1650** | **1700**

1525 Zwinglis Reformen werden von der Kirche in Zürich anerkannt

Louis XIV und Vertreter der Eidgenossenschaft

1648 Westfälischer Friede garantiert Neutralität der Schweiz

Symbol des Schweizer Widerstands: Wilhelm Tell besiegt den Drachen der Französischen Revolution

setzte sich im 18. Jahrhundert fort, als Maschinen zum Weben von Seide, Leinen und Baumwolle erfunden wurden. Zum wichtigsten Industriezweig des Landes entwickelte sich die Uhrmacherei, die französische und italienische Flüchtlinge im 16. Jahrhundert in die Schweiz brachten.

Helvetische Republik

Die französischsprachigen Gebiete der Schweiz unterstützten die Prinzipien der Französischen Revolution – doch dies gefährdete die Stabilität der Eidgenossenschaft. 1798 fiel Napoléon in der Schweiz ein, nachdem er Norditalien erobert hatte. Er wollte die Straßen zwischen Italien und Frankreich kontrollieren, schaffte die Kantone ab und gründete die kurzlebige und unbeliebte Helvetische Republik. 1803 erhielt die Eidgenossenschaft ihren Namen zurück, ihre Unabhängigkeit allerdings erst nach Napoléons Sturz 1815.

Schweizerische Eidgenossenschaft

1803 schlossen sich sechs weitere Kantone – St. Gallen, Graubünden, Aargau, Thurgau, Tessin und Waadt – der Eidgenossenschaft an. Das Wallis, Genf und Neuchâtel (nur bedingt) kamen 1815 hinzu. Religiöse Auseinandersetzungen hielten jedoch an. 1845 bildeten sieben katholische Kantone den sogenannten Sonderbund. Dies führte zum Bürgerkrieg, bei dem die Protestanten die Katholiken besiegten.

1848 wurde eine neue Verfassung ins Leben gerufen, die die Schweiz zu einem Bundesstaat und Bern zu dessen Bundesstadt machte. Regierungsorgan war der von National- und Ständerat gewählte Bundesrat.

Abermals kritisch für den Bund wurde es 1857, als Preußen Neuchâtel (Neuenburg) bedrohte. Eine 100 000 Mann starke Schweizer Armee marschierte zur Rheingrenze. Der preußische König verzichtete schließlich auf seinen Anspruch.

Die Schweizer Armee bricht 1857 zur Verteidigung Neuchâtels auf

1723 Leonhard Euler, Begründer der modernen Mathematik mit fast 900 Publikationen, macht seinen Abschluss in Basel

1815 Niederlage Napoléons. Wiener Kongress bestätigt die Neutralität der Schweiz

1857 Der preußische König verzichtet auf Neuchâtel, es wird vollwertiger Kanton der Schweiz

Henri Dunant

1750 | **1800** | **1850** | **1900**

Französischer Grenadier

1798 Invasion der Franzosen. Gründung der Helvetischen Republik

1847 Bürgerkrieg und Niederlage des »Sonderbunds«

1848 Die neue Verfassung sieht eine zentralistische Regierung vor

1864 Henri Dunant gründet das Internationale Rote Kreuz in Genf

Wirtschaftlicher Aufstieg

Bereits im 17. Jahrhundert besaß die Schweiz eine gut funktionierende Textil- und Uhrenindustrie, die die hugenottischen Flüchtlinge aus Frankreich aufgebaut hatten. Ende des 18. Jahrhunderts war das Land aufgrund seiner politischen Neutralität, des zunehmenden Wohlstands der Mittelklasse und der langen Friedensperiode zu einer der wohlhabenden Nationen Europas aufgestiegen. Im 19. Jahrhundert wurde durch die Mechanisierung der Textilindustrie und die steigenden Exporte das Wachstum der Wirtschaft noch beschleunigt. Präzisionstechnologie und chemische Industrie boomten. Auch Schweizer Lebensmittel wie die Schokolade Philippe Suchards, das Milchpulver Henri Nestlés und Julius Maggis Brühwürfel wurden zu international bekannten Marken.

Schweizer Pavillon bei der Weltausstellung von 1851
Unter den 270 Ausstellungsstücken befanden sich Textilien und Seide, Uhren und pharmazeutische Produkte. Es gab auch ein Modell des Straßburger Münsters von dem Berner Bildhauer Jules Leemann.

Aufgeregte Massen versammeln sich um die Statue im ägyptischen Stil, eine Personifikation der Industrie.

Allegorie der Gerechtigkeit

Die Lokomotive ist das Symbol technischen Fortschritts.

Frauen arbeiten an Maschinen mit Riemenantrieb.

Ein Unternehmer präsentiert seine Produkte interessierten Händlern.

Erfindung des Telegrafen
Den ersten elektrischen Telegrafen baute der Physiker George-Louis Lesage 1774 in Genf.

Entwicklung der Eisenbahn
Zürichs beeindruckender Hauptbahnhof entstand 1867–71.

Uhrmacherei
Die Schweizer Uhr ist ein Symbol für Genauigkeit und Verlässlichkeit.

Allegorie der Industrie

Unter diesen Händlern sind ein deutscher Besucher, der einen Mantel mit Pelzbesatz trägt, und ein Amerikaner mit breitkrempigem Hut.

Höhepunkt der Industrialisierung

Das monumentale Fresko im Musée d'art et d'histoire in Neuchâtel *(siehe S. 131)* zeigt die Errungenschaften der Schweizer Industrie im 19. Jahrhundert. Mithilfe einer Allegorie wird die Konsolidierung der Schweizer Wirtschaft auf dem internationalen Markt dargestellt.

Werbeplakat für St. Moritz
Ab dem 19. Jahrhundert erfreuten sich die Schweizer Ferienorte rasch wachsender Beliebtheit.

Alpenstraßen
Im 19. Jahrhundert zog die eindrucksvolle Alpenlandschaft der Schweiz immer mehr Besucher an.

St.-Gotthard-Pass

Der Weg über die Alpen auf dem St.-Gotthard-Pass zwischen der südlichen und der Zentralschweiz führt auf eine Höhe von 2108 Meter. Durch den verkehrstechnisch wichtigen Pass ist die Schweiz mit Deutschland und Italien verbunden. Mit internationaler Finanzhilfe im Wert von insgesamt 102 Milliarden Schweizer Franken wurden von 1871 bis 1882 Tunnel und Eisenbahnlinie gebaut.

Eine Postkutschenfahrt *über den Pass war beschwerlich, manchmal gefährlich und aufgrund des heftigen Schneefalls nur im Sommer möglich.*

Italienische Arbeiter, *die den Tunnel graben sollten, streikten 1875. Durch das Eingreifen der Armee konnten die Männer zur Wiederaufnahme der Arbeit »überredet« werden.*

Schweizer Schokolade
Unter den Chocolatiers, die im 19. Jahrhundert zu internationalem Ruhm gelangten, war auch Philippe Suchard (1797–1884).

Erste Versammlung des Völkerbunds 1920 in Genf

Erster Weltkrieg

Als der Erste Weltkrieg ausbrach, musste sich die Schweiz ernsthafte Sorgen um ihre Neutralität machen. Die Beziehungen zwischen den französisch- und deutschsprachigen Landesteilen verschlechterten sich, da beide Seiten Partei ergriffen. Appelle, an die Einheit des Landes zu denken, verhinderten das Schlimmste.

1915 standen rund 100000 Schweizer Soldaten zur Verteidigung der Landesgrenzen bereit. Als sich der Krieg in die Länge zog, organisierte die Schweiz ein Hilfsprogramm für ungefähr 68000 Kriegsgefangene und Flüchtlinge. Unter denen, die um politisches Asyl baten, befanden sich viele Staatsoberhäupter und führende Politiker, darunter die Revolutionäre Lenin und Trotzki.

Die revolutionären Ideen, die sie mitbrachten, sorgten bei den Schweizer Arbeitern für Unruhe, die im Generalstreik von 1918 gipfelte. Der Streik wurde von der Armee zwar rasch niedergeschlagen, doch die Arbeiter gewannen mehr Einfluss, konnten ihre Lage verbessern und erreichten schließlich die Einführung der 48-Stunden-Woche.

Zwischen den Kriegen

1920 trat die Schweiz nach einer Abstimmung dem neu gegründeten Völkerbund bei. In Anerkennung ihrer Neutralität wählte man Genf als Hauptsitz der Organisation.

Während die 1920er Jahre eine Phase des wirtschaftlichen Wohlstands waren, bekam die Schweiz in den 1930er Jahren die Auswirkungen der Wirtschaftsdepression zu spüren. Zudem ließen sich erste faschistische Stimmen in der Bevölkerung vernehmen.

Gegen Ende der 1930er Jahre, als erneut ein Krieg drohte, bekam die Schweizer Rüstungsindustrie zunächst Auftrieb. Darüber hinaus hatten sich die Schweizer Banken eine bedeutende Rolle in der Weltwirtschaft erobert. Schweizer Künstler und Wissenschaft-

General Henri Guisan, Oberbefehlshaber der Streitkräfte, bei Kriegsausbruch 1939

ZEITSKALA

1901 Henri Dunant, Gründer des Internationalen Roten Kreuzes, erhält den ersten Friedensnobelpreis, der verliehen wird

1918 Generalstreik und Einführung der 48-Stunden-Woche

1934 Carl G. Jung, Begründer der analytischen Psychologie, wird Leiter der Psychologieabteilung der Universität Zürich

1900 | 1910 | 1920 | 1930 | 1940 | 1950

1914–18 Schweiz kann Neutralität im Ersten Weltkrieg wahren

1920 Beitritt zum Völkerbund

1922 Eröffnung des Simplon-Tunnels

Bohrungen im Simplon-Tunnel

1939–45 Schweiz bleibt im Zweiten Weltkrieg neutral

ler waren mittlerweile ebenfalls weltbekannt, etwa die Maler Paul Klee (1879–1940) und Alberto Giacometti (1901–1966), der Architekt Le Corbusier (1887–1965) und der Psychologe C. G. Jung (1875–1961).

Zweiter Weltkrieg

1940 fand sich die Schweiz von Nazi-Deutschland im Norden und Osten, dem deutsch besetzten Frankreich im Westen und dem faschistischen Italien im Süden umzingelt. Eine Invasion schien nur noch eine Frage der Zeit zu sein. General Henri Guisan, Oberbefehlshaber der Schweizer Armee, erneuerte daraufhin den Rütli-Schwur und die Verpflichtung der Schweiz zur Neutralität.

Obwohl die Schweiz am Zweiten Weltkrieg nicht direkt teilnahm, spielte sie dennoch eine wichtige Rolle. Das Land fungierte als geheimer Treffpunkt der Alliierten sowie der Achsenmächte und gewährte deutschen Juden anonyme Konten. Die Schweizer Banken tauschten aber auch das Raubgold der Nazis in Geld um, das im Dritten Reich dringend benötigt wurde.

Diego von Alberto Giacometti

Nachkriegsjahre und Gegenwart

Als einziges europäisches Land blieb die Schweiz von den Nachwehen des Kriegs und der neuen Weltordnung recht unberührt. Erst 1971 z. B. erhielten Frauen das Bundeswahlrecht. 1996 wurde das Land vom »Nazi-Gold-Skandal« erschüttert: Es stellte sich heraus, dass Schweizer Banken geraubte Werte von Juden besaßen, die im Holocaust umgekommen waren. Unter internationalem Druck zeigte sich die Schweiz 1998 bereit, den Angehörigen ermordeter Juden 1,25 Milliarden US-Dollar Entschädigung zu zahlen.

Demonstration im Jahr 1963, bei der Frauen das Wahlrecht bei Bundeswahlen fordern

Bis heute ist die Schweiz kein EU-Mitglied. (1992 lehnten die Schweizer den Beitritt zum Europäischen Wirtschaftsraum ab.) Allerdings sichert die Schweiz mit zahlreichen staatlichen Verträgen mit der EU die Verkehrs- und Handelsfreiheit mit den EU-Staaten. 2002 trat die Schweiz den Vereinten Nationen bei, 2004 dem Schengen-Abkommen (volle Umsetzung erst ab 2008). Das ehemals berühmte Schweizer Bankgeheimnis wurde in den letzten Jahren auf internationalen Druck hin mehr und mehr ausgehöhlt und ist faktisch abgeschafft. Die isolationistischen Tendenzen in der Schweiz werden durch die Globalisierung immer weiter zurückgedrängt. Die Beziehungen zur EU stehen in der Schweiz zweifellos an erster Stelle der Politik.

Werbeplakat für den Beitritt der Schweiz zur EU

Carl G. Jung (1875–1961)

1971 Frauen erhalten Bundeswahlrecht

1992 Schweiz lehnt EU-Mitgliedschaft ab

2002 Schweiz wird UN-Mitglied

2008 Grenzkontrollen zwischen der Schweiz und Schengen-Staaten entfallen

1960	1970	1980	1990	2000	2010	2020

960 Professor Auguste Piccards Sohn acques erreicht in einer Tauchkugel ine Rekordtiefe von 10 916 Meter

Salut bei der 700-Jahr-Feier der Schweiz 1991

1996 »Nazi-Gold-Skandal«

2008 UEFA Fußball-EM in Österreich und der Schweiz

2012 Schweiz lockert Bankgeheimnis gegenüber den USA

2011 Schweiz entscheidet sich für langfristigen Atomausstieg

Die Regionen der Schweiz

Die Schweiz im Überblick **46–47**

Bern **48–65**

Mittelland, Berner Oberland und Wallis **66–91**

Genf **92–107**

Westschweiz **108–133**

Nordschweiz **134–157**

Zürich **158–175**

Ostschweiz und Graubünden **176–205**

Zentralschweiz und Tessin **206–239**

Die Schweiz im Überblick

Von den schneebedeckten Alpen und dem grünen Jura bis zur dichter besiedelten Hochebene des Mittellands hat die Schweiz eine Fülle von verschiedenen Eindrücken zu bieten. Wer das Meer vermisst, wird von den großen, kristallklaren Seen reichlich entschädigt. Malerische Bergdörfer und mittelalterliche Orte voller Atmosphäre in den abgelegeneren Regionen stehen kosmopolitischen Städten wie Bern, Zürich, Lausanne, Genf und Basel gegenüber. Für viele Besucher sind die Alpen mit ihren vielen Wintersportmöglichkeiten und der weitgehend unberührten Natur am interessantesten. Das südlich der Alpen gelegene Tessin bietet dagegen eine lebhafte italienische Kultur und mediterranes Klima.

Bern, *Bundesstadt der Schweiz mit Regierungssitz, ist eine historisch bedeutsame Stadt mit mittelalterlichem Flair. Auf dem Stadtwappen ist ein Bär dargestellt.*

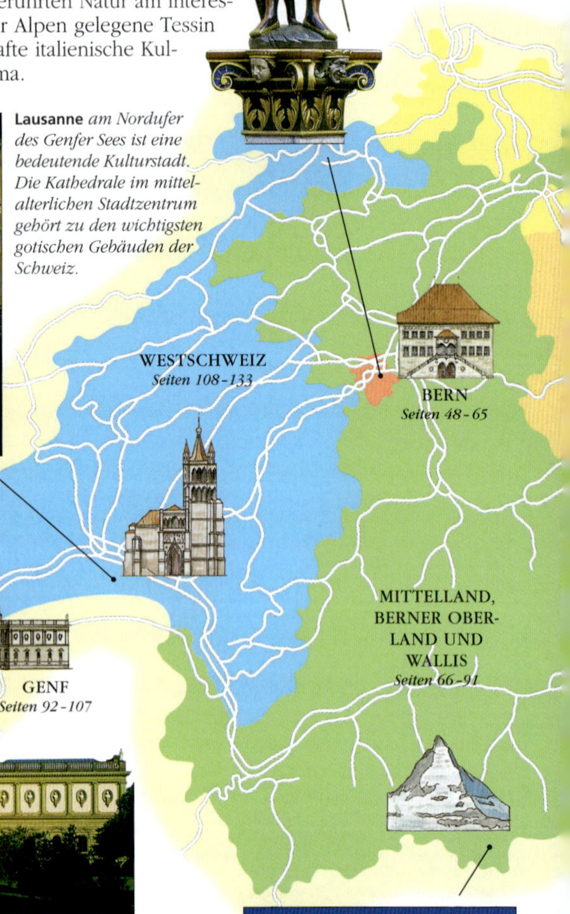

Lausanne *am Nordufer des Genfer Sees ist eine bedeutende Kulturstadt. Die Kathedrale im mittelalterlichen Stadtzentrum gehört zu den wichtigsten gotischen Gebäuden der Schweiz.*

Genf *erfreut sich einer großartigen Lage am größten See der Schweiz. Die kosmopolitische Stadt ist Sitz von einer großen Zahl internationaler Organisationen.*

Das Matterhorn *hat eine unverwechselbare Gestalt und ist der markanteste Gipfel der Schweizer Alpen. An seinem Fuß liegt Zermatt.*

◁ **Ponte dei Salti, Brücke (17. Jh.) bei Lavertezzo *(siehe S. 219)* im Tessin**

Schaffhausen, *die Hauptstadt des nördlichsten Kantons der Schweiz, hat ein wunderschönes mittelalterliches Stadtzentrum. Die Renaissance-Festung Munot erhebt sich über dem Rhein.*

Zürich *an der Limmat ist die größte Stadt der Schweiz sowie Zentrum des Bankwesens und Goldhandels. Wahrzeichen der Altstadt ist das beeindruckende Grossmünster mit zwei Türmen.*

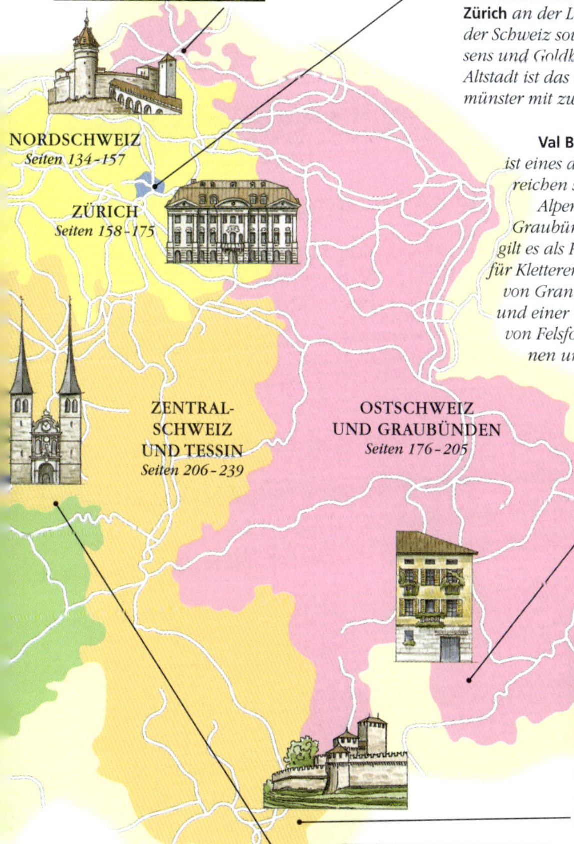

Val Bregaglia *ist eines der zahlreichen schönen Alpentäler in Graubünden. Es gilt es als Paradies für Kletterer und ist von Granitgipfeln und einer Vielzahl von Felsformationen umgeben.*

Bellinzona, *die Hauptstadt des Tessins, liegt strategisch ausgesprochen günstig am Beginn der Straßen zu den Pässen St. Gotthard und San Bernardino.*

Die Hofkirche *ist eines der zahllosen sehenswerten Gebäude in Luzern. Die malerische Stadt liegt an einem See, ist von Bergen umgeben und Kulturhauptstadt der Zentralschweiz.*

Bern

Mit seiner malerischen Lage an der Aare und den hübschen Gebäuden im mittelalterlichen Zentrum ist Bern eine der schönsten historischen Städte der Schweiz. Die Bundesstadt hat zwar nur 124 000 Einwohner, doch sie ist Universitätsstadt und Sitz von Regierung (Bundesrat) und Parlament. Zahlreiche internationale Organisationen haben ebenfalls ihren Sitz in der Hauptstadt.

Bern liegt auf einer schmalen, erhöhten Landzunge an einer steilen Biegung des Flusses Aare. Es wurde 1191 von Berthold V., Herzog von Zähringen, gegründet. Das Stadtwappen ziert ein Bär. Einer Sage zufolge sollte die neue Siedlung den Namen des Tiers tragen, das der Herzog als Erstes auf der nächsten Jagd erlegte. Dies war ein Bär. Der Herzog nannte die Stadt folglich »Bärn«. Nach dem Niedergang der Zähringer-Dynastie wurde Bern eine freie Stadt. Sie blühte und gedieh und trat 1353 der Eidgenossenschaft bei.

Nachdem ein Brand 1405 viele der Holzhäuser zerstört hatte, wurde Bern mit Steinhäusern wiederaufgebaut. Aus dieser Zeit stammt ein Großteil der wunderschönen Altstadt. 1528 bekannten sich die Berner offiziell zur Reformation und unterstützten die Protestanten. Durch seinen wohlhabenden Adel war Bern am Ende des 16. Jahrhunderts zu einem mächtigen Stadtstaat aufgestiegen. Im 17. und 18. Jahrhundert erweiterte es sein Territorium durch Annexion umliegender Gebiete. Diese verlor die Stadt beim Einfall Napoléons 1798 teilweise wieder. Bern blieb jedoch wichtig und mächtig genug, um 1848 zur Bundesstadt zu werden.

Bern expandiert noch immer. Heute ist die vorwiegend deutschsprachige Stadt ein Zentrum von Verwaltung, Bildung und Industrie. Die historische Altstadt wurde von der UNESCO zum Welterbe erklärt.

Das Rathaus von Bern stammt aus dem 15. Jahrhundert und wurde später umgebaut

◁ **Das Bundeshaus *(siehe S. 54f)* von der Monbijoubrücke über die Aare aus gesehen**

Überblick: Bern

Die Berner Altstadt kann man gut zu Fuß erkunden – viele Straßen sind Fußgängerzonen und nur für den öffentlichen Nahverkehr zugänglich. Die Altstadt liegt auf einem schmalen Felsgrat und erstreckt sich von der Nydeggbrücke im Osten zum Käfigturm, einem ehemaligen Stadttor, im Westen. Hauptstraße ist die Marktgasse, die von alten Häusern gesäumt wird, in denen nun Geschäfte untergebracht sind. Die Museen im Kirchenfeldquartier am gegenüberliegenden Ufer der Aare sind leicht zu Fuß über die Kirchenfeldbrücke zu erreichen.

SIEHE AUCH

- ***Hotels*** S. 244
- ***Restaurants*** S. 268f

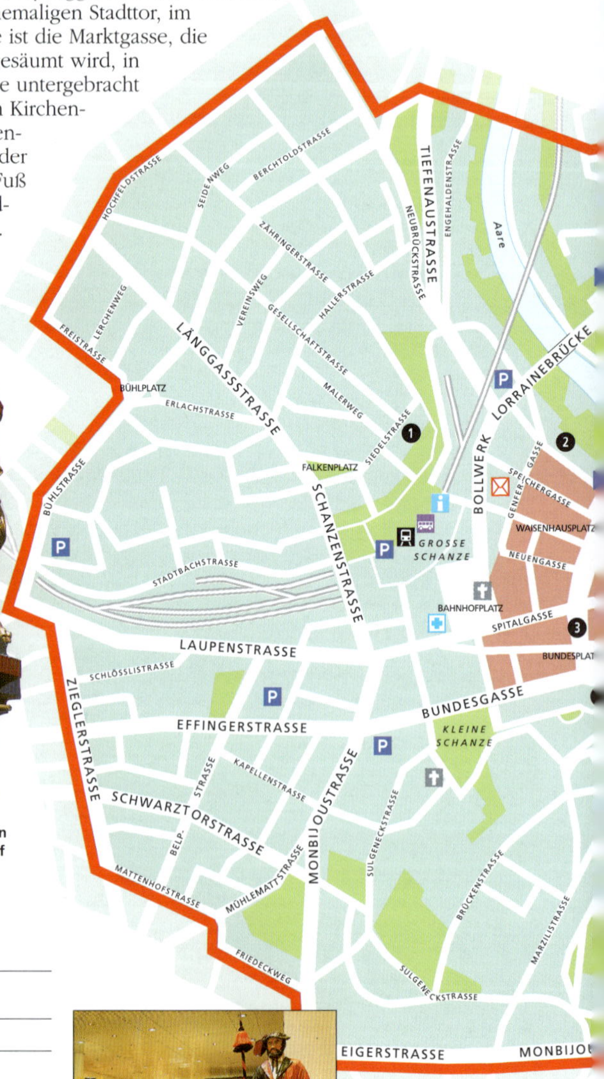

Statue Samsons, der einen Löwen besiegt (1545), auf dem Simsonbrunnen in der Kramgasse

LEGENDE

- Detailkarte *S. 52f*
- Bahnhof
- Busbahnhof
- Parken
- Information
- Krankenhaus mit Notaufnahme
- Polizei
- Kirche

Exponate im Museum für Kommunikation

Blick auf die Untertorbrücke über die Aare, eine von 18 Brücken Berns

Sehenswürdigkeiten auf einen Blick

BärenPark 13
Bärenplatz 3
Bernisches Historisches Museum 17
Bundeshaus 4
Erlacherhof 10
Gerechtigkeitsgasse 11
Kramgasse 7
Kunsthalle 14
Kunstmuseum S. 56f 2
Marktgasse 5
Münster S. 58f 8
Münstergasse 9
Museum für Kommunikation 16
Naturhistorisches Museum 19
Rathaus 12
Schweizer Schützenmuseum 18
Schweizerisches Alpines Museum 15
Universität 1
Zentrum Paul Klee 20
Zytglogge 6

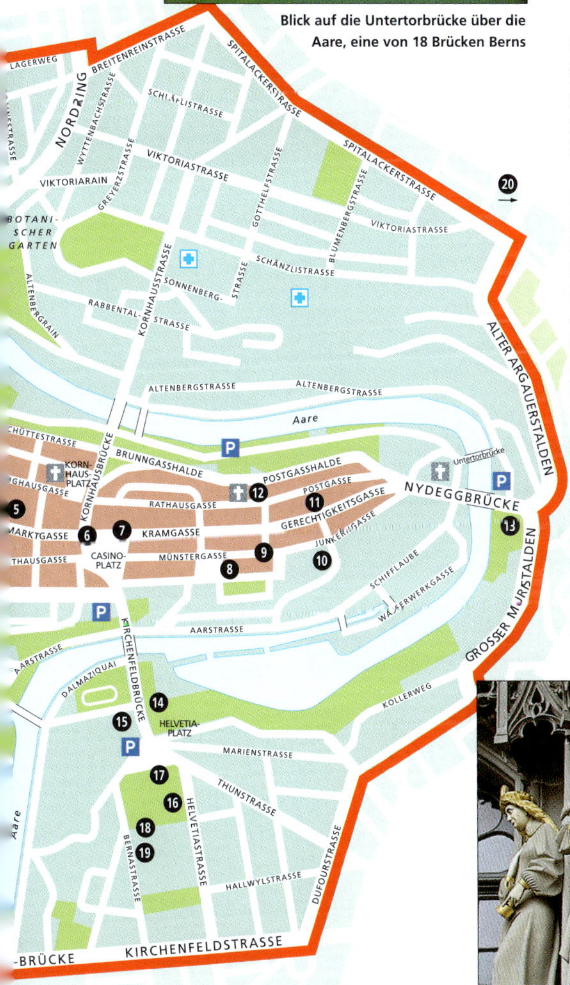

0 Meter 300

Statuen der Klugen und Törichten Jungfrauen am Hauptportal des Münsters

Im Detail: Altstadt

Die Berner Altstadt mit ihren langen, kopfsteingepflasterten Straßen, den roten Hausdächern, farbenfroh bemalten Brunnen und malerischen Arkaden gehört zu den am besten erhaltenen historischen Stadtzentren in der Schweiz. Der Verlauf der Straßen hat sich seit dem 15. Jahrhundert kaum verändert. Zu dieser Zeit entstanden auch Münster und Rathaus, zwei der großartigsten Sehenswürdigkeiten Berns. Der westliche Teil der Altstadt wird durch Läden und Straßenmärkte belebt, im älteren östlichen Teil herrscht eine ruhigere Atmosphäre vor.

Kornhaus
Das heutige Kulturzentrum wurde im 18. Jahrhundert über großen gewölbten Weinkellern erbaut. Hier befindet sich ein traditionsreiches Restaurant.

Marktgasse
Die Hauptachse durch den westlichen Teil der Altstadt beginnt am Käfigturm, im 13. und 14. Jahrhundert das westliche Stadttor. ❺

Die Französische Kirche ist die älteste Kirche in Bern.

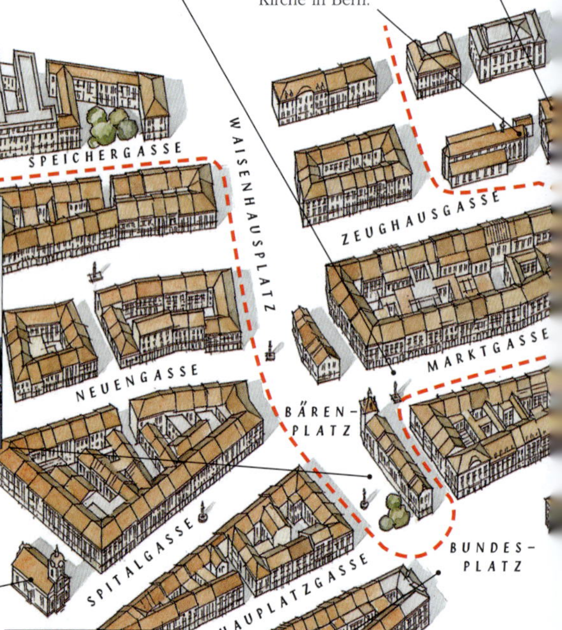

Bärenplatz
An der Stelle verlief einst ein Wassergraben an der westlichen Seite Berns. ❸

Die Heiliggeistkirche ist die schönste protestantische Kirche der Schweiz.

0 Meter 100

Bundesplatz
Das Bundeshaus ist mit Gemälden geschmückt, die Szenen aus der Schweizer Geschichte darstellen.

NICHT VERSÄUMEN

★ Münster

★ Zytglogge

Hotels und Restaurants in Bern *siehe Seiten 244 und 268f*

Rathaus
Das Rathaus schmücken eine Doppeltreppe und eine gotische Vorhalle, durch die man zum Haupteingang gelangt. ⓬

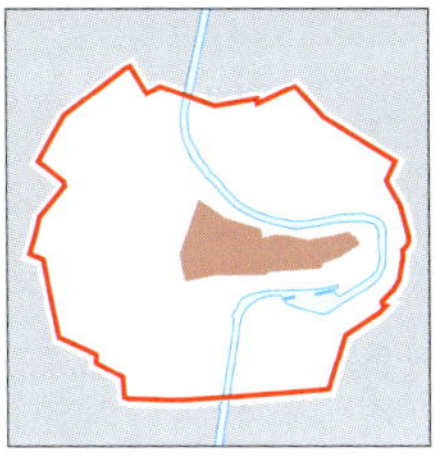

Zur Orientierung
Siehe Zentrumskarte S. 50f

Gerechtigkeitsgasse
Sie bildet den östlichen Teil der Hauptachse durch die Altstadt. Das Haus Nr. 68 gehörte der Weberzunft, seine Fassade ziert ein Greif. Sehenswert ist auch ein Brunnen mit der Statue der Gerechtigkeit. ⓫

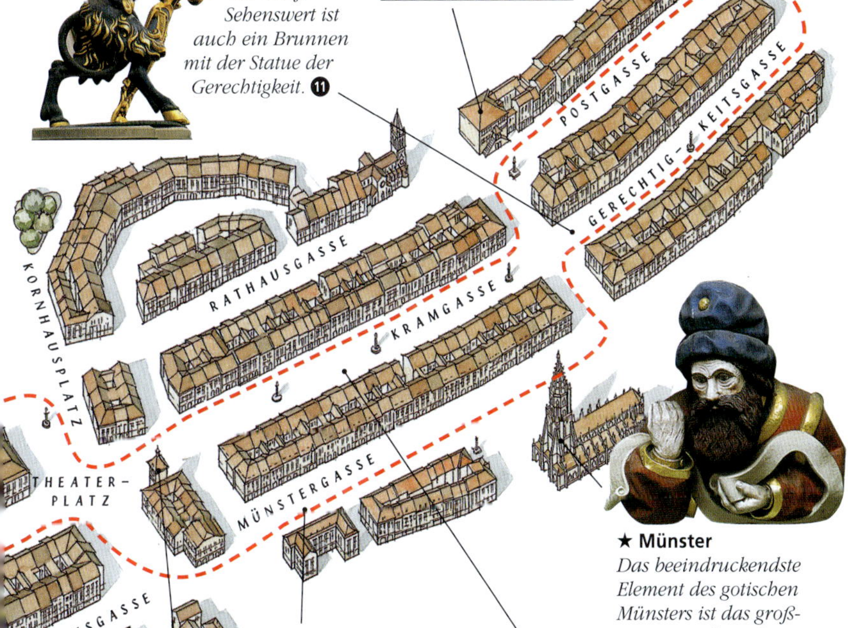

★ Münster
Das beeindruckendste Element des gotischen Münsters ist das großartige, von bemalten Figuren umgebene Hauptportal. ❽

Münstergasse
Am Dienstag- und Samstagvormittag füllen sich die Arkaden der Münstergasse mit einem geschäftigen Markt. ❾

★ Zytglogge
Zwischen 1191 und 1250 bildete der Turm das westliche Stadttor, später diente er als Gefängnis. Das Glockenspiel beginnt vier Minuten vor der vollen Stunde. ❻

Kramgasse
Die Hauptachse durch die Altstadt wird von der Kramgasse fortgesetzt. Sie beginnt bei der Zytglogge. Der Glockenturm markiert die Westgrenze des ältesten Teils der Altstadt. ❼

LEGENDE

- - - Routenempfehlung

Universität ❶

Hochschulstrasse 4.

Die Berner Universität wurde zwar erst 1834 gegründet, die akademischen Wurzeln der Stadt reichen jedoch bis ins 16. Jahrhundert zurück. Bereits 1528 entstand eine theologische Schule in einem ehemaligen Franziskanerkloster auf dem heutigen Casinoplatz.

1805 wurde aus der Schule, immer noch im ehemaligen Kloster, eine Akademie, die später den Status einer Universität bekam.

Mit der zunehmenden Zahl an Studenten und Fakultäten wurden auch größere Universitätsgebäude notwendig. Diese entstanden zwischen 1899 und 1903 an der Böschung der Grossen Schanze, die im 17. Jahrhundert Teil des Verteidigungssystems der Stadt war. Hier befindet sich heute das Hauptgebäude, ein aus verschiedenen Stilen bestehender Monumentalbau (Neorenaissance und Neobarock).

Kunstmuseum ❷

Siehe S. 56f

Bärenplatz ❸

Die lang gezogene Promenade wirkt eher wie eine breite Straße. Sie geht an ihrer nördlichen Seite nahtlos in den Waisenhausplatz über, von dem sie nur durch einen Brunnen getrennt ist.

Der Bärenplatz ist nach der Bärengrube benannt, die sich einst hier befand. Der Waisenhausplatz verdankt seinen Namen dem ehemaligen Kinderheim in dem schönen Barockgebäude, das heute das Polizeihauptrevier beherbergt.

Beide Plätze folgen in ihrer Anlage dem Wassergraben, der 1256 im Westteil der Stadt ausgehoben worden war. Östlich der beiden Plätze befinden sich der Holländische Turm sowie der **Käfigturm**. Letzterer verfügt über ein steiles Giebeldach und eine schlanke Laterne, die von der Turmspitze gekrönt wird. Der Käfigturm war einst Teil der Stadtmauer, die entstand, als Bern sich nach Westen ausdehnte. Er fungierte von 1250 bis 1350 als Stadttor. Zwischen 1643 und 1897 wurde der Turm als Gefängnis genutzt, seit 1999 dient er als Veranstaltungsraum für Seminare, Treffen von Politikern und Ausstellungen.

An seiner Südseite grenzt der Bärenplatz an den Bundesplatz, der vom Bundeshaus dominiert wird. Der Platz wird von Cafés gesäumt. Dienstags und samstags findet am Vormittag ein Obst- und Blumenmarkt statt.

Käfigturm
Marktgasse 67. *031 322 75 00.*
während Ausstellungen des Polit-Forums: Mo–Fr 8–18, Sa 10–16 Uhr.
www.kaefigturm.ch

Das Bundeshaus von der Monbijoubrücke aus gesehen

Bundeshaus ❹

Bundesplatz 3, Besuchereingang auf der Südseite. *031 322 85 22 oder 322 97 11.* *Während Sitzungen Tribünenbesuche möglich, außerhalb von Sitzungszeiten:* *Mo–Sa 11.30, 15 Uhr (Juli, Aug: auch 14 Uhr).* **www**.parlament.ch

Der Sitz der Bundesversammlung befindet sich auf einem Felsen über dem Aaretal. Vom Bundesplatz aus blickt man auf die Nordfassade. Schöner ist die Südfassade von der Monbijoubrücke über die Aare aus gesehen.

Das Parlamentsgebäude wurde von W. H. Auer im Stil der Neorenaissance entworfen und 1894 bis 1902 errichtet. Der zentrale Teil des Gebäudes umfasst eine saalartige Kuppelhalle, von der eine breite Treppe zu den Ratssä-

Ferdinand Hodler (1853–1918)

Ferdinand Hodler, einer der bemerkenswertesten Schweizer Maler seiner Zeit, wurde zwar in Bern geboren, verbrachte den Großteil seines Lebens jedoch in Genf. Zunächst malte er überwiegend realistische Landschaftsbilder und Porträts, später wurde er zum Hauptvertreter des Symbolismus. Seine oft allegorischen Gemälde mit Gruppen stilisierter, symmetrisch angeordneter Figuren sind von bewegender Schönheit. Berühmt wurden auch seine monumentalen Wandgemälde. In seinem Spätwerk kann man den kommenden Expressionismus bereits ahnen.

Selbstbildnis Hodlers

len führt. Die Halle besitzt Gemälde, die Szenen aus der Schweizer Geschichte zeigen. Auf den bemalten Glasfenstern sind die Wappen der Regionen und Kantone sowie Allegorien der Gerechtigkeit, Bildung, Patriotismus etc. zu sehen. Den Nationalratssaal im Südflügel zieren Gemälde mit Vertretern der Kantone Uri, Schwyz und Unterwalden, die sich zum Rütli-Schwur treffen *(siehe S. 35)*.

Seit der Renovierung 2008 können Besucher wieder die Debatten im Bundeshaus von der öffentlichen Tribüne aus verfolgen. Tagt das Parlament, wird dies durch eine Flagge auf dem Gebäude angezeigt.

Der Zentralbau wird von zwei Seitengebäuden flankiert: Das Bundeshaus Ost wurde ebenfalls von Auer entworfen und 1892 gebaut, das Bundeshaus West (1857) stammt von F. Studer. Von der dahintergelegenen Bundesterrasse aus hat man einen schönen Panoramablick auf die Alpen. Die Marzilibahn an der Westseite des Bundeshauses bringt Besucher hinunter ins Aaretal.

Käfigturm, einstiges Stadttor am westlichen Ende der Marktgasse

Marktgasse ❺

Die Gasse entstand im 13. Jahrhundert, als sich die Stadt nach Westen ausbreitete. Sie beginnt im Osten bei der Zytglogge, dem ehemaligen Stadttor, und endet im Westen beim Käfigturm, dem späteren Stadttor. Heute ist die Marktgasse das Zentrum des Berner Einkaufsviertels: Sie wird von Arkaden voller Läden, Restaurants und Cafés gesäumt. Auf ihr befinden sich auch zwei Renaissance-Brunnen: der **Anna-Seiler-Brunnen** in Erinnerung an die Frau, die 1354 das erste Krankenhaus in Bern gründete, und der **Schützenbrunnen**.

Im Osten bildet die Marktgasse einen rechten Winkel mit dem Kornhausplatz, der dem Verlauf der frühesten Stadtmauer folgt. Hier befindet sich der makabre **Kindlifresserbrunnen**, der einen Unmenschen beim Verschlingen eines Kindes zeigt.

Auf der nordwestlichen Seite der Kornhausgasse liegt die **Französische Kirche** (12. Jh.), die älteste Kirche Berns. Sie wurde im 17. Jahrhundert von französischen Protestanten, geflüchteten Hugenotten, übernommen.

Zytglogge ❻

Marktgasse. *031 328 12 12.* *Apr–Okt, 26.–31. Dez: tägl. 14.30–15.20 Uhr.* www.zytglogge-bern.ch

Zifferblatt der Zytglogge

Wahrzeichen der Stadt ist der Zeitglockenturm. Von 1191 bis 1250 bildete er das westliche Stadttor, bis der Käfigturm diese Funktion übernahm. Nach dem Brand von 1405 wurde die Zytglogge wiederaufgebaut und als Gefängnis für Prostituierte genutzt.

Die Uhr fertigte Caspar Brunner in den Jahren 1527 bis 1530. Sie besitzt mechanische Figuren, darunter Bären und einen krähenden Hahn, die ihre Prozession auf dem östlichen Zifferblatt vier Minuten vor jeder vollen Stunde beginnen. Bei einer Besichtigung kann man ihre Mechanik aus der Nähe bewundern – ebenso die Aussicht über die Stadt.

Restaurant in einer Arkade der Kramgasse

Kramgasse ❼

Die Gerechtigkeitsgasse ist die östliche Verlängerung der Kramgasse, die wiederum die Hauptachse des mittelalterlichen Bern (12. Jh.) bildete. Zu beiden Seiten der Kramgasse stehen schöne historische Gebäude und Zunfthäuser mit Arkaden.

Zudem wird die Gasse von drei Brunnen geschmückt: dem **Zähringerbrunnen** (1542) mit einem Bären in Rüstung, der die Standarte des Gründers von Bern (Berthold V., Herzog von Zähringen) hält, dem **Simsonbrunnen** (1545) mit Samson, der einen Löwen besiegt, und dem **Kreuzgassbrunnen** (1778).

Kramgasse 49 ist das **Einsteinhaus**. In dem Gebäude lebte der Physiker und Mathematiker Albert Einstein von 1903 bis 1905. Hier entwickelte er auch die Relativitätstheorie. Seine kleine Wohnung ist heute Museum. Zu sehen sind sein Schreibtisch und andere Gegenstände aus der Zeit seines Aufenthalts in Bern.

Einsteinhaus
Kramgasse 49. *031 312 00 91.* *Feb, März: Mo–Sa 10–17 Uhr; Apr–22. Dez: tägl. 10–17 Uhr.* www.einstein-bern.ch

Kunstmuseum ❷

Berns Kunstmuseum beherbergt über 3000 Gemälde sowie rund 48 000 Handzeichnungen, Druckgrafiken, Fotografien, Videos und Filme. Die Sammlung umfasst acht Jahrhunderte und besitzt Gemälde der Frührenaissance, alte Meister des 16. und 17. Jahrhunderts sowie Werke französischer Künstler des 19. und 20. Jahrhunderts, von Delacroix, Manet und Monet bis hin zu Cézanne, Braque und Picasso. Auch Schweizer Künstler, u. a. Ferdinand Hodler und Giovanni Giacometti, sind mit einigen Werken vertreten. 1809 wurde die erste Kunstsammlung gegründet, 1879 der erste Museumsbau eröffnet.

Eis auf dem Fluss
Die Winterlandschaft mit Eisschollen auf einem breiten Fluss schuf der französische Impressionist Claude Monet 1882.

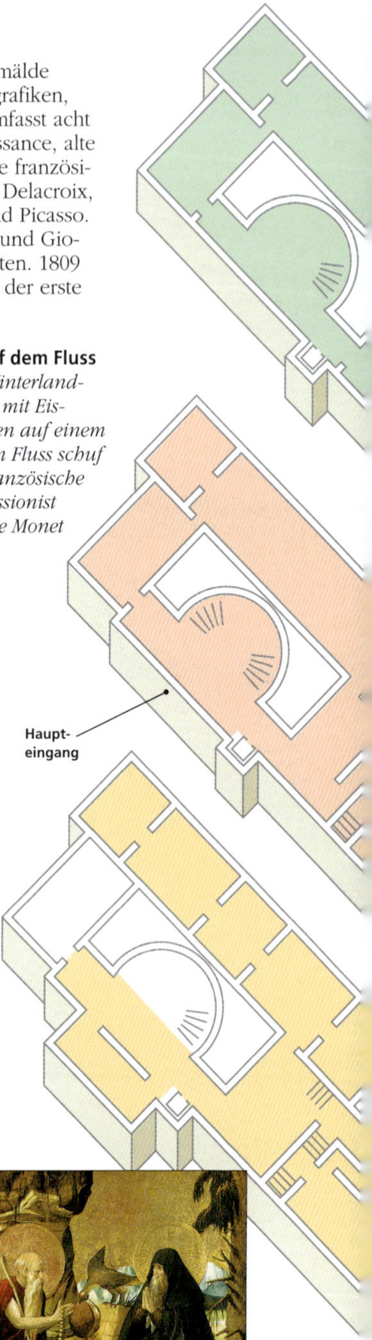

★ Der Auserwählte
Die parallele Anordnung stilisierter Figuren in diesem Gemälde Ferdinand Hodlers (1893/94) ist typisch für die Spätphase des Künstlers. Er bezeichnete den Stil als Parallelismus.

Kurzführer

Im Untergeschoss sind die Gemälde alter Meister ausgestellt, im Erdgeschoss befinden sich Werke aus dem 19. Jahrhundert und im ersten Stock sowie in einem modernen Anbau die Bilder aus dem 20. Jahrhundert.

★ Die Versuchung des heiligen Antonius durch die Dämonen
Das Gemälde des Berner Künstlers Niklaus Manuel Deutsch (16. Jh.) ist Teil eines zweiflügligen Altars.

In einem südlichen Garten
Pierre Bonnards (1867–1947) Bild zeigt die Neigung des Malers für kräftige Farben.

INFOBOX

Hodlerstrasse 12.
031 328 09 44.
Di 10–21, Mi–So 10–17 Uhr.
www.kunstmuseumbern.ch

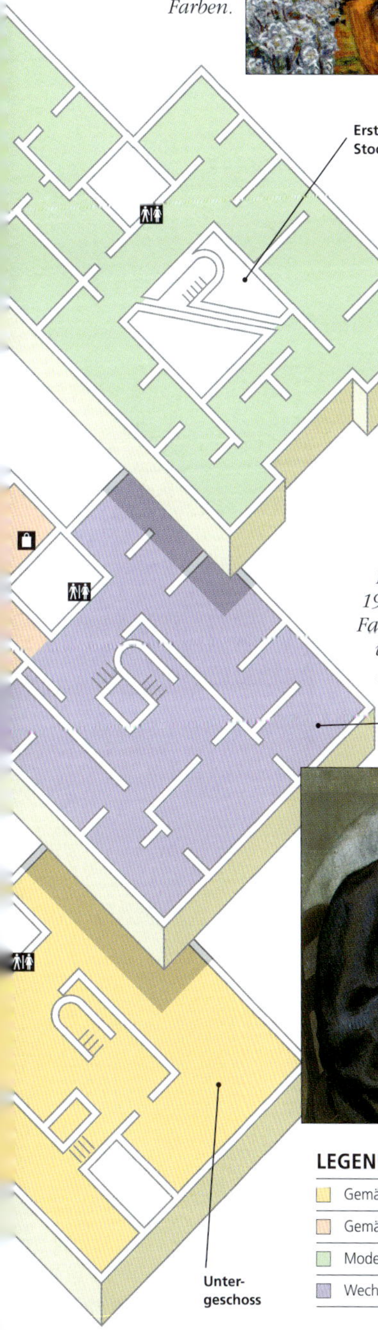

★ Ad Parnassum
Paul Klee schuf das Gemälde 1932 unter dem Einfluss des Pointillismus. Es besteht aus einer Vielzahl kleiner Farbpigmente.

Blaues Pferd II
Franz Marcs Gemälde von 1911 spiegelt seine Liebe zur Farbe Blau sowie zu Pferden wider, denen er eine große spirituelle Kraft zuschrieb.

Eingeschlafene Trinkerin
Die große Picasso-Sammlung des Museums enthält viele Gemälde aus der Blauen Periode des Meisters, etwa dieses Porträt von 1902.

LEGENDE

- Gemälde alter Meister
- Gemälde des 19. Jahrhunderts
- Moderne Gemälde
- Wechselausstellungen

NICHT VERSÄUMEN

★ Ad Parnassum

★ Der Auserwählte

★ Die Versuchung des heiligen Antonius

Münster ❽

Das Berner Münster ist ein großartiges Beispiel der von Deutschland beeinflussten Spätgotik. Es ist die jüngste der großen gotischen Kirchen der Schweiz. Der Architekt Matthäus Ensinger von Straßburg entwarf sie als dreischiffige Basilika mit Fächergewölbe, Seitenkapellen und Turm. Die Arbeiten begannen 1421 und zogen sich bis ins 16. Jahrhundert. Erst 1893 wurde die Kirche durch Hinzufügung der Turmspitze vollendet. Das Münster ist genau 100 Meter hoch und damit die größte Kirche der Schweiz. Der Turm wird auch heute noch von zwei Wächtern gehütet.

Hauptschiff
Das hohe Mittelschiff wird von quadratischen Säulen flankiert und gipfelt in den Bleiglasfenstern des Chors. An den Basen befinden sich u. a. Statuen von Christus und Maria.

Kanzel
Die Kanzel (1470) wurde ebenso wie die übrige Ausstattung der Kirche während der Reformation beschädigt. Die Figuren wurden ersetzt.

Das Rippengewölbe von Daniel Heintz stammt aus den 1570er Jahren.

Haupteingang

★ Tympanon
Das Giebelfeld des Hauptportals (15. Jh.) ziert eine Darstellung des Jüngsten Gerichts. Die Verdammten befinden sich in der linken Hälfte des Tympanons, die Geretteten in der rechten.

INFOBOX

Münsterplatz. *031 312 04 62.* *Mai–Mitte Okt: Mo–Sa 10–17, So 11.30–17 Uhr; Mitte Okt–Apr: Mo–Fr 12–16, Sa 10–17, So 11.30–16 Uhr.* **Turm** *letzter Einlass: 30 Min. vor Schließung.* **www**.bernermuenster.ch

★ Bleiglasfenster
Der Chor wird durch Bleiglasfenster (1441–50) erhellt. In der Mitte ist die Passion Christi dargestellt.

Strebebogen verteilen das Gewicht des Dachs nach außen und unten auf die äußeren Mauern.

NICHT VERSÄUMEN

★ Bleiglasfenster

★ Tympanon

Münstergasse ❾

Die Gasse verläuft parallel zur Kramgasse und verbindet den Theaterplatz mit dem von Arkaden gesäumten **Münsterplatz**. Dienstag- und samstagvormittags (Apr–Okt auch Do) beherbergt er einen Fleisch- und Käsemarkt. In der Adventszeit findet hier ein großer Christkindlmarkt statt.

An der Kreuzung von Münstergasse und Theaterplatz befindet sich die **Stadt- und Universitätsbibliothek**. In dem Gebäude (18. Jh.) finden Buch- und Manuskriptausstellungen zur Geschichte Berns und zu anderen Themen statt.

Mosesstatue am Mosesbrunnen

An der Kreuzung von Münstergasse und Münsterplatz steht der **Mosesbrunnen** (1791), den eine Mosesstatue mit den Zehn Geboten schmückt. Moses zeigt auf das zweite, für die Reformation besonders wichtige Gebot (»Du sollst dir kein Bildnis machen«). Südlich des Münsters schließt sich die Münsterplattform an, eine

Bunte Flaggen in der Münstergasse

Terrasse mit Bäumen, Barockpavillons – und einem traumhaften Blick auf das Mattequartier und die Aare.

Stadt- und Universitätsbibliothek
Münstergasse 61. *031 631 92 11.* *Mo–Fr 8–21, Sa 8–12 Uhr.* **www**.ub.unibe.ch

Erlacherhof ❿

Junkerngasse 47. *für die Öffentlichkeit.*

Östlich des Münsterplatzes geht die Münstergasse in die Junkerngasse über, einst Berns wohlhabendste Straße.

Das Gebäude Nr. 47 wurde ab 1747 von Albrecht Stürler erbaut. Die Barockvilla im französischen Stil, der **Erlacherhof**, gehörte Hieronymus von Erlach, dem einstigen Bürgermeister von Bern. Flügel und Hauptgebäude bilden einen rechten Winkel und umschließen einen eleganten Innenhof. Hinter der Villa wurde ein französischer Garten angelegt. Der Erlacherhof ist heute Sitz von Bürgermeister und Stadtrat von Bern.

Gerechtigkeitsgasse ⓫

Die Straße wird von einigen der ältesten und schönsten Häuser Berns gesäumt. Viele davon sind ehemalige Zunfthäuser. Die Fassaden sind mit Motiven der jeweiligen Handwerkskünste geschmückt.

Auch in der Gerechtigkeitsgasse steht ein Brunnen – der **Gerechtigkeitsbrunnen**, den eine Statue, eine Allegorie der Gerechtigkeit, krönt.

In einer Nebenstraße bei Haus Nr. 31 befindet sich das Berner Puppentheater *(siehe S. 63)*, das nicht nur Kasperletheater für Kinder, sondern auch Aufführungen für Erwachsene bietet.

Im Osten geht die Gerechtigkeitsgasse in die Nydegggasse über. Dort stand einst eine Burg, etwa 100 Jahre bevor Berthold V. an diesem Platz eine neue Stadt gründete *(siehe S. 49)*. Im späten 15. Jahrhundert musste die Burg einer kleinen Kirche, der **Nydeggkirche**, weichen. Im 19. Jahrhundert wurde die **Nydeggbrücke** über die Aare gebaut. Sie verbindet die Altstadt Berns mit den östlichen Stadtteilen.

Blick vom Rosengarten auf die Berner Altstadt

Rathaus ⓬

Rathausplatz 2. 031 321 76 99. *Mo–Do 8.30–12, 13.15–17 Uhr sowie Sitzungen des Stadtrats (Besuchertribüne).* **www**.bern.ch/stadtrat

Das Rathaus ist Sitz der Legislative des Kantons und der Stadt Bern. Das attraktive Gebäude wurde 1406–16 erbaut und besitzt eine elegante gotische Fassade *(siehe S. 49)*.

Seit dem 15. Jahrhundert ist das Rathaus mehrfach umgebaut worden, das Erdgeschoss entstand zwischen 1939 und 1942 völlig neu. Seinen gotischen Charakter hat es sich jedoch bewahrt, was es typisch für die Berner Architektur macht. Die Fassade ziert eine doppelte Treppe mit geschmückten Balustraden. Darunter befinden sich Steinreliefs mit menschlichen Figuren. In der Vorhalle am Ende der Treppe sind eine Uhr und Statuen auf Vorsprüngen mit Baldachinen angebracht.

Die nahe gelegene, neugotische katholische **Kirche St. Peter und St. Paul** wurde 1858 vollendet.

Eines der Steinreliefs an der Fassade des Rathauses

BärenPark ⓭

BärenPark. *Rundgang um den Park tägl. 24 Std. (Führung nach Anmeldung unter 031 357 15 25).* **www**.baerenpark-bern.ch

Bei der Gründung von Bern 1191 *(siehe S. 49)* soll das erste erlegte Wild – ein Braunbär – dem Ort den Namen gegeben haben. Bären wurden daher ab dem frühen 16. Jahrhundert in Gräben (»Bärengraben«) am anderen Ende der Nydeggbrücke östlich der Altstadt gehalten. Seit Oktober 2009 leben sie in einem rund 6000 Quadratmeter großen Park am Ufer der Aare. Im Unterschied zu früher steht den Bären in diesem Landschaftspark nun mehr Raum zur Verfügung.

Bern Tourismus betreibt ein Tourist Center neben dem Bärengraben in einem ehemaligen Straßenbahndepot – nebst Restaurant mit selbst gebrautem Bier. In diesem Tourismusbüro findet die **Bern Show** statt, bei der die Geschichte der Stadt anhand eines Modells, Dias und eines gesprochenen Kommentars dargestellt wird.

Ein steiler Pfad führt vom BärenPark zum **Rosengarten**, der auf einem Hügel liegt und mehr als 200 Rosenarten besitzt. Von hier aus hat man einen schönen Blick über die Altstadt und die Aare.

Bern Show
Am Bärengraben. Grosser Muristalden. 031 328 12 12. *März–Mai, Okt: tägl. 10–16 Uhr; Juni–Sep: tägl. 9–18 Uhr; Nov–Feb: Fr–So 11–16 Uhr.* **www**.baerenpark-bern.ch

Kunsthalle ⓮

Helvetiaplatz 1. *031 350 00 40. Di–Fr 11–18, Sa, So 10–18 Uhr.* **www**.kunsthalle-bern.ch

Über die Kirchenfeldbrücke gelangt man vom Casinoplatz in der Altstadt über die Aare zum Helvetiaplatz am Südufer des Flusses. Dort befinden sich viele Museen der Stadt.

Die Kunsthalle, ein modernistischer Bau, wurde 1918 gegründet und hat sich bis heute ihren herausragenden Ruf als Museum moderner Kunst erhalten. Das Museum besitzt zwar keine eigene Sammlung, behergt jedoch zahlreiche Wanderausstellungen. Zu den bemerkenswertesten gehörten Einzelausstellungen der Künstler Paul Klee, Alberto Giacometti und Henry Moore. Informationen erhält man in der Kunsthalle selbst und in den beiden Tourist Centers.

Landschaft von Alexandre Calame, Schweizerisches Alpines Museum

Schweizerisches Alpines Museum ⓯

Helvetiaplatz 4. *031 350 04 40. Di–So 10–17.30 Uhr.* **www**.alpinesmuseum.ch

Anhand von Videos, Fotografien, Dioramen, Modellen und Gemälden beschreibt dieses Museum die einzigartige Geologie, Topografie und Naturgeschichte der Alpen. Auch das alpine Klima und das Leben der Menschen im Gebirge werden dargestellt.

Zur Ausstellung gehören die grafische Veranschaulichung der Gletscherbildung sowie ein maßstabsgetreues Modell des Berner Oberlands.

Die Abteilungen widmen sich den diversen Aspekten alpinen Lebens, etwa Transport, Industrie, Tourismus und Wintersport. Alltag und Kultur der Alpenbewohner stehen ebenso auf dem Programm wie Umweltschutz.

Ein Kuriosum sind die zersägten Einzelteile des Monumentalbilds *Aufstieg und Absturz* von Ferdinand Hodler *(siehe S. 54)*. Fast comicartig stellen sie die Erstbesteigungsversuche des Matterhorns im Jahr 1865 dar.

Museum für Kommunikation ⓰

Helvetiastrasse 16. *031 357 55 55.* *Di–So 10–17 Uhr.* **www**.mfk.ch

Das interessante Museum erzählt die spannende Geschichte der Kommunikation über große Entfernungen hinweg. Die Ausstellung reicht von Signalfeuern bis zu Satelliten. Multimedia-Shows führen den Besucher in die komplexe Welt moderner Kommunikationssysteme ein.

Zudem besitzt das Museum eine der weltweit größten Briefmarkensammlungen. Unter den mehr als eine halbe Million Marken befindet sich auch die begehrte Penny Black von 1840. Zahlreiche Wechselausstellungen ergänzen die sehenswerte Dauerausstellung des Museums.

Fresko, Historisches Museum Bern

Bernisches Historisches Museum ⓱

Helvetiaplatz 5. *031 350 77 11.* *Di–So 9–18 Uhr.* **Einstein Museum** *wie oben.* **www**.bhm.ch

Das Museum verteilt sich auf sieben Stockwerke eines neugotischen Gebäudes (1894). Zu den Exponaten zählen originale Sandsteinfiguren von der Westfassade des Münsters *(siehe S. 58f)* sowie eine Totentanzdarstellung, die Kopie eines klösterlichen Wandbilds (16. Jh.).

Stolz des Museums ist eine Sammlung von zwölf Gobelins aus Burgund (teilweise 15. Jh.). Beeindruckend ist die Millefleurs-Tapisserie, die einst Karl dem Kühnen, Herzog von Burgund, gehörte.

Neben Exponaten aus der Steinzeit, Münzen und Rüstungen ist ein maßstabsgetreues Modell von Bern um 1800 zu sehen.

Das **Einstein Museum** präsentiert eine Dauerausstellung zum Lebensweg des Physikers und seinen Erkenntnissen.

Telefonanlage mit Handvermittlung, Museum für Kommunikation

Schweizer Schützenmuseum ⓲

Bernastrasse 5. *031 351 01 27.* *Di–Sa 14–17, So 10–12, 14–17 Uhr.* **www**.schuetzenmuseum.ch

Die Wurzeln des Museums reichen bis 1885 zurück, als die Teilnehmer eines Schützenfests eine Waffenabteilung im Historischen Museum Bern gründeten. Heute sind die Ausstellungsstücke in einem eigenen Gebäude untergebracht. Es beherbergt eine enorme Waffensammlung und zeigt die Geschichte der Feuerwaffen seit dem frühen 19. Jahrhundert. Hinzu kommen Münzen, Pokale und Uhren.

Naturhistorisches Museum ⓳

Bernastrasse 15. *031 350 71 11.* *Mo 14–17, Di, Do, Fr 9–17, Mi 9–18, Sa, So 10–17 Uhr.* **www**.nmbe.ch

Das Naturhistorische Museum hat seine Wurzeln im 19. Jahrhundert. Am bekanntesten sind seine zahlreichen Dioramen, in denen ausgestopfte Tiere in ihrem natürlichen Lebensraum gezeigt werden. Interessant ist die Abteilung »Fauna der Alpen«. Zu sehen sind auch der Bernhardiner Barry, ein berühmter Rettungshund aus dem 19. Jahrhundert *(siehe S. 84)*, sowie viele Mineralien und Fossilien aus den Alpen.

Zentrum Paul Klee ⓴

Monument im Fruchtland 3. *031 359 01 01.* *Di–So 10–17 Uhr.* **www**.zpk.org

Das 2005 eröffnete Museum am Ostrand von Bern liegt in einem von Renzo Piano geschaffenen wellenförmigen Glas-Stahl-Bau. Das Kulturzentrum mit Musiksaal und Kindermuseum widmet sich dem Leben und Werk von Paul Klee (1879–1940). Zu sehen sind 4000 Gemälde und Zeichnungen sowie biografische Materialien.

Unterhaltung

Berns lebhafte Kulturszene bietet für jeden Geschmack etwas, von Ballett bis Jazz, von klassisch bis modern. Die vielen Kulturzentren der Stadt haben ein buntes Programm von Kunst- und Fotoausstellungen sowie anderen kulturellen Ereignissen. Klassische Stücke des Stadttheaters werden durch Produktionen kleiner, unabhängiger Theater ergänzt. Das angesehene Berner Symphonieorchester spielt das klassische Musikrepertoire, doch die Bundesstadt kann auch auf eine lange Tradition von Jazz- und Rockfestivals zurückblicken. Wie in den anderen größeren Städten der Schweiz, so werden auch die Straßen Berns von Straßenmusikern belebt. Clubs und Discos findet man ebenfalls zur Genüge.

Straßenmusiker in Bern

Information und Tickets

Die beste Informationsquelle für Unterhaltung in Bern ist das städtische Fremdenverkehrsbüro **Bern Tourismus**. Dort erhält man kostenlose Broschüren auf Deutsch. Der Donnerstagsausgabe der *Berner Zeitung* liegt die *Agenda* bei, der deutschsprachige Veranstaltungskalender.

Karten für viele Events bekommt man im Tourist Center am Bahnhof bzw. am Bärengraben. Bern hat eine zentrale Ticket-Vorverkaufsstelle in der Stadtmitte: **Bern Billett**. Agenturen sind **Ticketcorner** und **Starticket**.

Theater und Kino

Zentrum der Theateraktivitäten in Bern ist das **Stadttheater**, in dem klassische und zeitgenössische Stücke auf Deutsch und Französisch aufgeführt werden. Spannende Theateraufführungen stehen auch im Kulturzentrum **Kornhaus** auf dem Programm. Zwei weitere beliebte Theater sind **DAS Theater an der Effingerstrasse**, das sich auf moderne Dramen spezialisiert hat, und das **Theater am Käfigturm**, in dem oft Kabarettabende, Komödien und Gastspiele stattfinden. Bern hat zudem eine große Zahl an Kleinkunstbühnen. Viele davon findet man in den Kellern der Altstadt. Infos zu deren Produktionen erhält man an der Kasse des Stadttheaters.

Theaterschild in der Gerechtigkeitsgasse

Die über 20 Kinos in Bern zeigen international erfolgreiche Filme in der jeweiligen Originalsprache mit Untertiteln (oft deutsch und französisch). Kunstfilme und Klassiker gibt es im Kunstmuseum *(siehe S. 56f)*.

Berner Stadttheater am Kornhausplatz

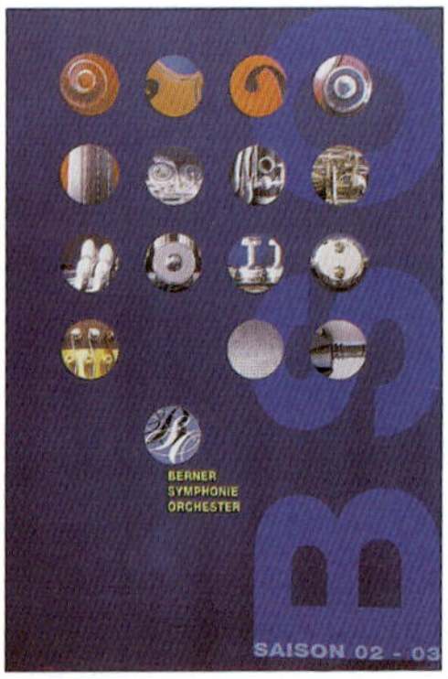

Werbeplakat für ein Konzert des Berner Symphonieorchesters

Festivals

In Bern gibt es eine ganze Reihe von Musikfestivals – das Repertoire reicht von Kammermusik bis Jazz. Vor allem im Sommer kann man Live-Musik genießen. Das größte und bekannteste jährliche Musikereignis der Stadt ist das von März bis Mai dauernde **Internationale Jazzfestival Bern**. Die Konzerte sind auf mehrere Veranstaltungsorte in ganz Bern verteilt. Viele Besucher ziehen auch die beliebten Berner Tanztage an, die im Juni stattfinden.

Das **Gurtenfestival** fällt auf das vorletzte Wochenende im Juli. Das groß angelegte Rockmusik-Ereignis findet im Gurtenpark statt, der sich jenseits der Aare südlich der Altstadt befindet.

Der Altstadtsommer bietet eine Reihe von Sommerkonzerten in der Altstadt, Buskers Bern gibt Straßenmusikern eine Plattform.

Das Kulturcasino Bern in der Herrengasse

Kulturzentren

Hauptkulturzentrum Berns ist das **Kornhaus**, der ehemalige Kornspeicher der Stadt. In dem großen Gebäude findet eine Vielzahl von Veranstaltungen statt, von Ausstellungen zu Architektur, Design und Fotografie über Seminare bis hin zu Konzerten und Theateraufführungen.

Zu den weiteren wichtigen Kulturzentren Berns gehören die **Dampfzentrale Bern** in einem ehemaligen Dampfkesselgebäude. Die geräumigen »Kulturhallen« widmen sich zeitgenössischen Formen von Tanz und Musik. Zudem gibt es ein Restaurant, eine Kneipe und eine Bar.

Die **Reitschule** (auch Reithalle) wurde in den 1980er Jahren von Hausbesetzern gegründet. Das alternative und politisch umstrittene Film- und Konzerthaus wird als Kooperative geführt und verfügt über einen Club und eine Café-Bar.

Musik und Clubs

Die meisten Konzerte des renommierten Berner Symphonieorchesters finden im **Kulturcasino Bern** statt. Vereinzelt gibt es auch Aufführungen im Kornhaus und in Kirchen.

Bern ist zudem stolz auf mehrere Musikclubs, in denen man eine Vielzahl musikalischer Stilrichtungen hören kann. Im berühmten **Marians Jazzroom** wird traditioneller Jazz gespielt. Andere Clubs haben sich auf Rock, Funk und Popmusik spezialisiert. Die Clubs sind oft in ehemaligen Fabrikhallen untergebracht, was häufig schon in den Namen zum Ausdruck kommt. Sehr beliebt sind die Konzerte im Musig-Bistrot, im **Gaskessel** und **Wasserwerk**. Letzteres bietet überwiegend Techno. Die Clubs haben sowohl Bars als auch Discos und bieten Live-Konzerte. Der Gaskessel ist darüber hinaus als Club beliebt.

Im **Shakira**, einer lateinamerikanischen Bar und Disco, und im Babalu in der Gurtengasse hat man sich auf Techno und House spezialisiert.

Casinos

Berns Hauptcasino ist das Grand Casino im Hotel Allegro (Kornhausstrasse 3). Neben Spieltischen und -automaten gibt es ein Restaurant und Bars (geöffnet bis 2 Uhr).

Spaß für Kinder

Bern hat auch für Kinder sowohl bei schönem als auch bei schlechtem Wetter einiges zu bieten. Die Aufführungen am **Berner Puppentheater** sind beliebt. Im **Tierpark Dählhölzli** sind vor allem nordeuropäische Tiere zu sehen. Der Tierpark bietet auch ein zoopädagogisches Programm.

Der Namensgeber der Stadt – ein Bär im Tierpark Dählhölzli

AUF EINEN BLICK

Information und Tickets

Bern Tourismus
Bahnhofplatz 10a, 3011 Bern. ☎ 031 328 12 12.
www.bern.com/de

Bern Billett
Nägeligasse 1a.
☎ 031 329 52 52.
www.bernbillett.ch

Starticket
☎ 0900 325 325.
www.starticket.ch

Ticketcorner
☎ 0900 800 800.
www.ticketcorner.ch

Theater

Stadttheater
Kornhausplatz 20.
☎ 031 329 51 11.
www.konzerttheaterbern.ch

DAS Theater an der Effingerstrasse
Effingerstrasse 14.
☎ 031 382 72 72.
www.dastheater-effingerstr.ch

Theater am Käfigturm
Spitalgasse 4.
☎ 031 311 61 00.
www.theater-am-kaefigturm.ch

Festivals

Gurtenfestival AG
☎ 031 386 10 00.
www.gurtenfestival.ch

Internationales Jazzfestival Bern
☎ 031 309 61 71.
www.jazzfestivalbern.ch

Kulturzentren

Dampfzentrale Bern
Marzilistrasse 47.
☎ 031 310 05 40.
www.dampfzentrale.ch

Kornhaus
Kornhausplatz 18.
☎ 031 312 91 10.

Reitschule
Neubrückstrasse 8.
☎ 031 306 69 69.
www.reitschule.ch

Musik und Clubs

Gaskessel
Sandrainstrasse 25.
☎ 031 372 49 00.
www.gaskessel.ch

Kulturcasino Bern
Herrengasse 25.
☎ 031 328 02 28
www.kulturcasino.ch

Marians Jazzroom
Engestrasse 54.
☎ 031 309 61 11.
www.mariansjazzroom.ch

Shakira
Maulbeerstrasse 3.
☎ 031 301 77 67.

Wasserwerk Club
Wasserwerkgasse 5.
☎ 031 312 12 31.
www.wasserwerkclub.ch

Spaß für Kinder

Berner Puppentheater
Gerechtigkeitsgasse 31.
☎ 031 311 95 85. www.berner-puppentheater.ch

Tierpark Dählhölzli
Tierparkweg 1. 🚌 19.
☎ 031 357 15 15.
www.tierpark-bern.ch

Shopping

Berns Einkaufsviertel konzentriert sich auf Gerechtigkeitsgasse, Kramgasse, Marktgasse und Spitalgasse. Alle Straßen liegen auf einer Ost-West-Achse und führen durch das Zentrum der Altstadt. Auch die Postgasse, die nördlich parallel zur Gerechtigkeitsgasse verläuft, wird von Geschäften gesäumt.

Schokoladenbär aus Bern

In den unter Arkaden liegenden Läden ist das Warenangebot schier unerschöpflich. Hier gibt es viele Souvenirs – vor allem Bären in allen erdenklichen Formen –, in der Schweiz gefertigte Schuhe, hochwertige Kleidung und Lederwaren, teuren Schmuck und Uhren, Schweizer Offiziersmesser, handgewebte Textilien und Holzschnitzereien – und natürlich die berühmte Schweizer Schokolade. An den Plätzen im westlichen Teil der Altstadt finden Blumen- und Lebensmittelmärkte unter freiem Himmel statt. In der Spitalgasse gibt es zwei große Kaufhäuser.

Handgefertigte Waren im Heimatwerk in der Kramgasse

Märkte

Auf einigen Plätzen der Berner Altstadt findet dienstags und samstags (im Sommer: werktäglich) ein großer Obst-, Gemüse- und Blumenmarkt statt. Zentren des bunten Treibens sind der **Bärenplatz** und der angrenzende **Bundesplatz**. In der **Münstergasse** kann man Fleisch und Milchprodukte kaufen.

Ein allgemeiner Markt wird dienstags und samstags (Apr–Okt: auch donnerstags) auf dem **Waisenhausplatz** abgehalten. Handwerksartikel findet man am ersten Samstag im Monat von März bis Oktober auf der **Münsterplattform**. Auch einen Flohmarkt gibt es: auf dem Mühlenplatz im Matte-Viertel am dritten Samstag im Monat von Mai bis Oktober.

Die großen Märkte Berns sind Attraktionen. Der Geranienmarkt (»Graniummärit«) findet im Mai auf Bundesplatz, Bärenplatz und Waisenhausplatz statt, der Zwiebelmarkt (»Zibelemärit«) mit Zwiebelzöpfen und -figuren am vierten Montag im November *(siehe S. 32)*. Im Dezember wird auf dem Waisenhaus- und dem Münsterplatz ein **Weihnachtsmarkt** mit Kunsthandwerk abgehalten.

Kunst und Antiquitäten

Die besten Kunstgalerien und Antiquitätenläden Berns liegen in der Kram-, Post- und Gerechtigkeitsgasse. Einige Galerien stellen auch zeitgenössische Kunst aus. Antike Puppen und Spielzeug bietet die **Puppenklinik** in der Gerechtigkeitsgasse an.

Kunsthandwerk und Souvenirs

Die Schweizer sind auf ihr traditionelles Handwerk sehr stolz, vor allem wenn es um das Kunsthandwerk der Alpen geht. Handwerkskunst aus der ganzen Schweiz – Holzschnitzereien, Keramik, Spieldosen, Schmuck, Textilien, Leinen und Stickereien – bekommt man im **Heimatwerk Bern** in der Kramgasse.

Schweizer Scherenschnitt

Eine große Auswahl an Taschenmessern, allen voran Schweizer Offiziersmesser, bietet **Klötzli Messerschmiede** in der Rathausgasse. **Kunsthandwerk Anderegg** (Kramgasse) hat sich auf handgefertigtes Spielzeug aus der Schweiz und anderen Ländern spezialisiert.

Obst- und Gemüsestand auf dem Markt am Bärenplatz

Auslage des Juweliers Bucherer in der Marktgasse

Uhren und Schmuck

Viele Juweliere und Uhrmacher, für welche die Schweiz ja berühmt ist, haben Einzelhandelsgeschäfte in Bern. Zu den wichtigsten gehören: **Bucherer** in der Marktgasse und **Gübelin** am Bahnhofplatz.

Musik und Bücher

Musik ist in Bern sehr beliebt – weswegen es auch einige ausgezeichnete Musikhandlungen gibt. Während sich **Musik Müller** (Zeughausgasse) auf Instrumente spezialisiert hat, bietet das Musikhaus **Krompholz** (Spitalgasse) eine gute Auswahl an CDs und Noten sowie zahlreiche Bücher zum Thema »Musik«. Bern verfügt zudem über die größte und ihrem Ruf nach beste Buchhandlung der Schweiz: **Stauffacher** in der Neuengasse. Hier bekommt man auch viele fremdsprachige Bücher.

Schuhe und Lederwaren

Lederschuhe und Lederaccessoires des international bekannten Schweizer Schuhfabrikanten **Bally** gibt es neben anderen Bally-Geschäften auch in der Kramgasse. Qualitativ hochwertige Lederwaren führt **Hummel Lederwaren** (Marktgasse und Bahnhof). Sie reichen von Koffern, Brief- und Aktentaschen bis zu Geldbeuteln und anderen Accessoires, die in der Schweiz und in anderen europäischen Ländern produziert werden.

Schokolade und Pralinés

Wie eigentlich jede Schweizer Stadt verfügt auch Bern über zahlreiche Läden mit verführerischer Schokolade und köstlichem Konfekt. Zwei davon sind **Eichenberger Tea Room** am Bahnhofplatz (berühmt für seine unvergleichlichen Haselnusslebkuchen) und **Tschirren** in der Kramgasse, ein Laden mit über 90-jähriger Chocolatier-Tradition.

Puppe in traditioneller Schweizer Tracht

Kaufhäuser

Die beiden größten Kaufhäuser in Bern sind **Loeb** und **Globus**, beide in der Spitalgasse, im westlichen Teil der Altstadt. Auf mehreren Stockwerken wird eine Vielzahl von Waren angeboten. Interessant ist vor allem die Herren- und Damenbekleidung (mit Designer-Marken).

AUF EINEN BLICK

Märkte

Bundes-/Bärenplatz
(Obst, Gemüse, Blumen)
Di/Sa 8–12/16 Uhr.

Münstergasse
(Fleisch, Milchprodukte)
Di/Sa 8–12 Uhr.

Münsterplattform
(Handwerk)
März–Dez: 1. Sa im Monat.

Waisenhausplatz
(allgemein)
Di/Sa 8–18/16 Uhr.

Kunst und Antiquitäten

Mäder Wohnkunst
Kramgasse 54.
031 311 62 35.

Puppenklinik
Gerechtigkeitsgasse 36.
031 312 07 71.

Kunsthandwerk und Souvenirs

Heimatwerk Bern
Kramgasse 61.
031 331 30 00.

Klötzli Messerschmiede
Rathausgasse 84.
031 311 00 80.

Kunsthandwerk Anderegg
Kramgasse 48.
031 311 02 01.

Uhren/Schmuck

Bucherer
Marktgasse 2.
031 328 90 90.

Gübelin
Bahnhofplatz 11.
031 310 50 30.

Musik und Bücher

Krompholz
Spitalgasse 28.
031 328 52 11.

Musik Müller
Zeughausgasse 22.
031 311 41 34.

Stauffacher
Neuengasse 25–27.
031 313 63 63.

Schuhe und Lederwaren

Bally
Kramgasse 55.
031 311 54 81.

Hummel Lederwaren
Marktgasse 18.
031 311 20 66.

Schokolade und Pralinés

Eichenberger Tea Room
Bahnhofplatz 5.
031 311 33 25.

Tschirren
Kramgasse 73.
031 311 17 17.

Kaufhäuser

Globus
Spitalgasse 17–21.
058 578 40 40.

Loeb
Spitalgasse 47–51.
031 320 71 11.

Mittelland, Berner Oberland und Wallis

Die drei Regionen erstrecken sich über den westlichen Teil der Zentralschweiz. Das Mittelland ist ein fruchtbares Gebiet mit sanften Hügeln, während das Berner Oberland einige spektakuläre Gipfel aufzuweisen hat. Im südlich gelegenen Wallis (Valais) erheben sich die höchsten Berge des Gebiets, darunter Matterhorn und Eiger. Hier findet man auch weltbekannte Skiorte.

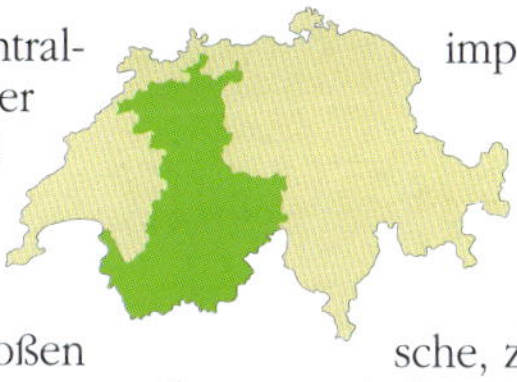

Das Mittelland, das Zentralgebiet der Schweizer Landwirtschaft, besteht in der Hauptsache aus dem kleinen Kanton Solothurn und dem nördlichen Teil des großen Kantons Bern. Im Gegensatz zu Bern und Basel blieb Solothurn nach der Reformation katholisch. Die überwiegend deutschsprachige Bevölkerung des Kantons Bern hingegen ist seit dem 16. Jahrhundert protestantisch.

Der südliche Teil des Kantons Bern wird als Berner Oberland bezeichnet. Die bergige Region erhebt sich im Süden des Thuner und des Brienzersees. An diesen Seen liegen die Städte Thun, Interlaken und Brienz. Das Berner Oberland ist mit einer wunderschönen Landschaft gesegnet, mit imposanten Berggipfeln, ausgezeichneten Skipisten und sanfteren Tälern, in denen man herrlich wandern kann.

Der überwiegend katholische, zu etwa zwei Dritteln französischsprachige Kanton Wallis umfasst Rhônetal und Walliser Alpen. Er unterteilt sich in zwei Regionen: das Unterwallis, ein französischsprachiges Gebiet im Westen, und das Oberwallis, ein deutschsprachiges Gebiet (teilweise Walliserdeutsch) im Osten. Die tiefer gelegenen Teile des Wallis werden industriell genutzt, die bergigeren Regionen mit den großen, international bekannten Ferienorten Verbier, Crans-Montana, Zermatt und Saas-Fee leben hingegen vom ganzjährig blühenden Tourismus.

Holzchalets in Blatten, einem Dorf im Lötschental, Oberwallis

◁ **Das majestätische Matterhorn *(siehe S. 90)* oberhalb von Zermatt im Kanton Wallis**

Überblick: Mittelland, Berner Oberland und Wallis

Alle drei Regionen sind landschaftlich außergewöhnlich schön. Hier liegen nicht nur einige der historisch bedeutsamsten Städte der Schweiz, etwa Bern, Solothurn und Sion – auch die Landschaft ist grandios. Thuner- und Brienzersee befinden sich am Fuß des Berner Oberlands, einem Paradies für Skifahrer und Wanderer, in dem die Gipfel von Eiger, Mönch und Jungfrau aufragen. Weiter südlich, im Kanton Wallis, liegen das sonnige Rhônetal und die zerklüfteten Walliser Alpen, deren höchste Erhebung das Matterhorn ist.

Im Mittelland, Berner Oberland und Wallis unterwegs

Bern besitzt nur einen kleinen Flughafen. Am besten fährt man mit dem Zug, der auch Autos durch den Lötschbergtunnel transportiert. Die A1 führt von Zürich über Olten und Solothurn nach Bern. Bern hat via Autobahn Anschluss an Thun und Biel (Bienne). Zwei Straßen verlaufen nach Süden ins Rhônetal. Die A6 führt an der Aare entlang, die A11 um die Berge nach Westen. Die Straße, die Martigny mit Sion und Sierre verbindet, quert das Rhônetal. Interlaken ist Knotenpunkt vieler Alpenzüge und Seilbahnen, die u. a. zu Jungfraujoch, Schilthorn und Schynige Platte führen.

Weinberge im Rhônetal

SIEHE AUCH

- ***Hotels*** S. 245–248
- ***Restaurants*** S. 269–272

LEGENDE

- Autobahn
- Hauptstraße
- Nebenstraße
- Panoramastraße
- Eisenbahn (Hauptstrecke)
- Eisenbahn (Nebenstrecke)
- Staatsgrenze
- Kantonsgrenze
- Gipfel

Weitere Zeichenerklärungen *siehe hintere Umschlagklappe*

Zermatt mit dem Matterhorn im Hintergrund

Romantische Gasse in Sion

Sehenswürdigkeiten auf einen Blick

Adelboden 15
Aletschgletscher 38
Barrage de la Grande Dixence 26
Biel (Bienne) 4
Brienz 10
Brienzersee 9
Brig 36
Crans-Montana 28
Emmental 5
Freilichtmuseum Ballenberg S. 80f 11
Grindelwald 16
Großer St.-Bernhard-Pass 22
Gstaad 20
Interlaken 8
Jungfraujoch 13
Kandersteg 14
Leukerbad 31
Martigny 21
Matterhorn 33
Meiringen 12
Monte Rosa 34
Mürren 18
Olten 1
Saas-Fee 35
Sierre 29
Simmental 19
Simplon-Pass 37
Sion S. 86f 25
Solothurn S. 72f 3
St-Pierre-de-Clages 24
Thun 6
Val d'Anniviers 30
Val d'Hérens 27
Verbier 23
Weissenstein 2
Wengen 17
Zermatt 32

Tour

Thunersee S. 74f 7

Olten ❶

Straßenkarte D2. 17 000. *Frohburgstrasse 1. 062 213 16 16.* **www**.oltentourismus.ch

Die kleine Stadt Olten liegt malerisch am Ufer der Aare. Fußgänger gelangen über die überdachte Alte Brücke (1802) in die Altstadt.

Diese wird von einem gotischen Glockenturm überragt, der im 19. Jahrhundert beschädigt wurde. Hier stehen noch viele schöne alte Häuser, vor allem in der Hauptgasse und am Flussufer. Sehenswert sind auch Klosterkirche (17. Jh.) und klassizistische Stadtkirche. Letztere wurde 1806–1812 erbaut und ist mit Gemälden von Martin Disteli geschmückt. Weitere Werke des Künstlers sowie einige Gemälde und Skulpturen aus dem 19. und 20. Jahrhundert sind im **Kunstmuseum** ausgestellt.

Kunstmuseum
Kirchgasse 8. 062 212 86 76. *Di–Fr 14–17 (Do bis 19 Uhr), Sa, So 10–17 Uhr.* **www**.kunstmuseumolten.ch

Malerische Häuser am Ufer der Aare in Olten

Weissenstein ❷

Straßenkarte C2. *Solothurn, Hauptgasse 69. 032 626 46 46.*

Den schönsten Blick über das Mittelland hat man vom Weissenstein, einem Gebirgszug des Jura, der sich wie eine Wehrmauer bis zu 1395 Meter in die Höhe erhebt. Er liegt 40 Kilometer südwestlich von Olten und zehn Kilometer nördlich von Solothurn. Man erreicht ihn mit dem Auto oder dem Zug nach Oberdorf. Von dort aus kann man hinaufwandern. Der Sessellift ist derzeit geschlossen (Infos zu Renovierung bzw. Neubau auf: www.seilbahnweissenstein.ch).

Auf dem Grat liegt das Kurhaus Weissenstein, ein Hotel mit Restaurant. Es ist ein guter Ausgangspunkt zum Wandern, Klettern, Paragliden und Rodeln. Zu den weiteren Attraktionen gehören ein botanischer Garten mit Pflanzen des Jura, ein kleines Regionalmuseum, die Kalksteinhöhle Nidlenloch und der Planetenweg mit schematischen Darstellungen des Sonnensystems.

Solothurn ❸

Siehe S. 72f.

Biel (Bienne) ❹

Straßenkarte C3. *52 000.* *Bahnhofplatz 12. 032 329 84 84.* *Bieler Lauftage (Juni), Bieler Seefest (Juli/Aug), Zibelemärit (Okt).* **www**.biel-seeland.ch

Biel (franz. Bienne) ist die zweitgrößte Stadt des Kantons Bern. Sie wurde im 13. Jahrhundert gegründet und stand fortan (bis ins 19. Jahrhundert) unter der Herrschaft der Fürstbischöfe von Basel. Biels hauptsächlicher Industriezweig ist die Uhrmacherei. In den Fabriken der Stadt entstehen Uhren so namhafter und führender Marken wie Omega und Rolex. Biel ist die einzige offiziell zweisprachige Stadt in der Schweiz: Zwei Fünftel der Einwohner sprechen Französisch, der Rest der Bevölkerung Deutsch.

Die Stadt liegt am Ufer des Bielersees (Lac de Bienne), an dem Punkt, an dem die Schüss (Suze) in den See mündet. Die Altstadt mit ihren engen, kopfsteingepflasterten Gassen und hübschen Brunnen liegt auf einem Hügel. Mittelpunkt ist ein Platz namens **Ring**, der von Häusern mit Arkaden umgeben ist, u.a. vom Haus der Försterzunft. Dessen runder Eckturm (16. Jh.) wird von einer Zwiebelkuppel gekrönt. In der Nähe befindet sich die Kirche St. Benedict (15. Jh.) mit spätgotischen Bleiglasfenstern.

An der Kreuzung von Burggasse und Rathausgasse, im Westen des Ring, steht das Rathaus, ein gotischer Bau aus den 1530er Jahren. Vor dem Gebäude befindet sich der Gerechtigkeitsbrunnen. Das in der Nähe gelegene Zeughaus (spätes 16. Jh.), einst Waffenkammer, dient heute als Theater.

Biel hat mehrere Museen und Sammlungen. Das **Neue Museum Biel** enthält Nachbauten von Interieurs aus dem 19. Jahrhundert sowie Ausstellungsstücke zur Geschichte der Stadt und ihrer Industrie. Eine Abteilung widmet sich Kameras und dem Kino. Im lebhaften **Centre Pasquart** finden Wechselausstellungen zeitgenössischer Kunst und Fotografie sowie Vorführungen rund um das Thema »Kino« statt.

Haus der Försterzunft, Biel (Bienne)

Neues Museum Biel
Schüsspromenade/Prde de la Suze 26–28. *032 328 70 30.* *Di–So 11–17 Uhr.* **www**.mn-biel.ch

Centre Pasquart
Seevorstadt/Faubourg du Lac 71–75. *032 322 55 86.* *Mi–Fr 14–18, Sa, So 11–18 Uhr.*

Umgebung: Bootsausflüge ab Biel führen nach **Twann**, einer mittelalterlichen Stadt, **La Neuveville** (mit kopfsteingepflasterten Straßen), **Erlach** (mit Burg) und zur **St. Petersinsel**. Es gibt auch Bootsausflüge, auf denen man die umgebenden Weinberge bewundern kann. Zwischen Biel und Solothurn verkehren ebenfalls regelmäßig Boote.

Burgdorf mit der Residenz der Herzöge von Zähringen im Emmental

Emmental 5

Straßenkarte C3. *Bahnhofstrasse 44, 3401 Burgdorf. 034 402 42 52.* **www**.emmental.ch

Das Emmental, ein langes und breites Tal an der Emme, ist für seine wunderschöne Landschaft und die saftig-grünen Wiesen voller weidender Kühe berühmt. Zwischen den traditionellen Holzchalets mit den Dächern, die fast bis auf den Boden reichen, und dem dekorativen Fensterschnitzwerk kann man ausgezeichnet Rad fahren und wandern.

Das Emmental ist traditionell von der Landwirtschaft geprägt. Hier wird der berühmte Emmentaler Käse hergestellt, meist noch von Hand. In der **Schaukäserei** in Affoltern kann man jede Stufe zur Herstellung der löchrigen, nussig schmeckenden Köstlichkeit verfolgen. Dort kann man den Käse auch kaufen oder vorher bzw. nachher im Restaurant probieren. Viele Gasthöfe im Tal bieten die Käsespezialität ebenfalls an.

Burgdorf ist eine Kleinstadt im Norden des Emmentals. Die Altstadt mit Arkadenhäusern, gotischer Kirche und der Burg (Teile aus dem 12. Jh.) der Herzöge von Zähringen liegt auf einem Hügel.

In den Töpferwerkstätten von **Trubschachen**, einem Dorf weiter oben im Tal, kann man farbenprächtige Töpferwaren erstehen.

Das Emmental verfügt auch über die längste hölzerne Bogenbrücke in Europa. Die »Holzbrücke« wurde 1839 erbaut und führt bei **Hasle-Rüegsau** über die Emme.

Schaukäserei
Affoltern. *034 435 16 11.* *Apr–Okt: tägl. 9–17 Uhr.* **www**.emmentaler-schaukaeserei.ch

Thun 6

Straßenkarte C3. *43 000.* *Bahnhof. 033 225 90 00.* **www**.thun.ch/tourismus

Die Marktstadt Thun an der Aare liegt am nördlichen Ende des Thunersees. Ihre Wurzeln reichen bis 1191 zurück, als Berthold V., Herzog von Zähringen, hier eine Hügelburg erbaute.

Die Altstadt liegt am rechten Flussufer am Fuß der Burg. Die Obere Hauptgasse verläuft parallel zum Fluss und teilt sich in zwei Ebenen: Fußgänger spazieren auf den Dächern der Arkadenhäuser und müssen zum Betreten der Läden auf die Straße hinunter. Treppen führen zum **Schloss Thun** hinauf, von dem aus man eine herrliche Aussicht auf die Stadt und das Berner Oberland hat. Im Inneren des massiven, mit Ecktürmen versehenen Turmbaus, der ganz Thun überragt, befindet sich ein Museum zur Stadtgeschichte. In den anderen Räumen sind Sammlungen von Uhren, Puppen, Haushaltsgegenständen, Waffen, Uniformen, Glas, Keramik, Münzen und Spielzeug zu sehen. Der riesige Rittersaal mit seinem gewaltigen Kamin wird heute als Konzerthalle genutzt. Ebenfalls auf dem Hügel liegt die Stadtkirche, deren Turm aus dem 14. Jahrhundert stammt. Ein kurzer Spaziergang östlich am Schloss vorbei hinunter zum Fluss führt zum **Kunstmuseum** (Schweizer und internationale moderne Kunst).

Detail eines Brunnens in Thun

Am linken Flussufer liegt der Schadaupark. Beim See stehen ein neugotischer Prachtbau und ein zylindrischer Pavillon mit dem **Thun-Panorama**. Das Rundbild des Thuner Alltags (1809–1814) stammt von Marquard Wocher und ist das weltweit älteste seiner Art.

Schloss Thun
Schlossberg 1. *033 223 20 01.* *Feb, März: tägl. 13–16 Uhr; Apr–Okt: tägl. 10–17 Uhr; Nov–Jan: So 13–16 Uhr.* **www**.schlossthun.ch

Kunstmuseum
Hofstettenstr. 14. *033 225 84 20.* *Di–So 10–17 Uhr (Mi bis 19 Uhr).* **www**.kunstmuseum thun.ch

Thun-Panorama
Seestrasse 45, Schadaupark. *033 223 24 62.* *Ende März–Okt: Di–So 10–17 Uhr; Juli, Aug: tägl. 10–18 Uhr.* **www**.thun-panorama.com

Schloss Thun, vom linken Ufer der Aare aus gesehen

Solothurn 3

Uhr an der Zytglogge

Die schöne Barockstadt, die auf Französisch Soleure und auf Italienisch Soletta heißt, ist die Hauptstadt des Kantons Solothurn. Sie wurde von den Kelten gegründet und war später die zweitgrößte römische Stadt nördlich der Alpen (nach Trier). Da sie während der Reformation katholisch blieb, wurde sie zur Residenz französischer Botschafter in der Schweizer Konföderation. In dieser Zeit, zwischen 1530 und 1792, entstanden die schönsten Gebäude der Stadt. Heute ist Solothurn eine lebendige Stadt, in der sich gut Urlaub machen lässt.

Überblick: Solothurn
Der historische Kern Solothurns umfasst einen kleinen Bereich am Nordufer der Aare. In wenigen Minuten erreicht man ihn zu Fuß vom Bahnhof aus über den Fluss. Die Kreuzackerbrücke führt zum Klosterplatz und verbindet Alt- und Neustadt. Von hier aus sind die Hauptsehenswürdigkeiten Solothurns, z. B. die Überreste der Befestigungen im nordöstlichen Teil der Stadt, leicht zu erreichen.

Ein Bootsausflug von Solothurn nach Biel (Bienne) führt an einem landschaftlich besonders reizvollen Teil der Aare entlang.

Barockkanzel, St.-Ursen-Kathedrale

St.-Ursen-Kathedrale
Hauptgasse. *032 626 46 47.* **Kirche** *tägl.* **Turm** *Apr–Okt: Mo–Sa 9.30–12, 13.30–17.30, So 13–17.30 Uhr.*
Die monumentale klassizistische Kathedrale entstand 1762–73. Sie ist als dreischiffige Basilika mit Querhaus und Vierungskuppel angelegt. Im Osten erhebt sich ein Glockenturm neben dem Presbyterium.

Man erreicht die auf einem Hügel stehende Kathedrale über Treppen, die von Zierbrunnen gesäumt werden. Die zweigeteilte, vom italienischen Barock beeinflusste Fassade zieren korinthische Säulen mit Fries. Der Fries ist mit Figuren geschmückt, u. a. mit den Stadtpatronen Ursus und Victor, die als Märtyrer starben. Im Inneren finden sich kunstvolle Stuckarbeiten. Die Schatzkammer in der Krypta enthält u. a. eine Sammlung liturgischer Gewänder (10. Jh.) und das Hornbacher Sakramentar (um 983).

Altes Zeughaus
Zeughausplatz 1. *032 627 60 70.* *Di–Sa 13–17, So 10–17 Uhr.* **www**.museum-alteszeughaus.ch
Solothurns ehemalige Waffenkammer ist in einem großen, vierstöckigen Barockgebäude (1609–14) untergebracht. Es besitzt noch einen Kran, mit dem schwere Waffen hochgehievt wurden.

Heute dient das Zeughaus als Militärmuseum. Es enthält eine große Sammlung an Schwertern, Rüstungen und Kanonen sowie einen Panzer aus dem Zweiten Weltkrieg. Besonders sehenswert sind die Waffen und Uniformen der Schweizer Söldner, die die französischen Könige beschützten.

Riedholzschanze
Solothurn wurde im Lauf der Geschichte mehrmals befestigt. Die ältesten Mauern, deren Überreste man heute noch auf dem Friedhofplatz und in der Löwengasse sehen kann, umgaben ein römisches Lager. Im Mittelalter wurde ein weiterer Mauerring mit Toren und Türmen erbaut. Im 16. Jahrhundert wurden die Verteidigungsanlagen modernisiert: Bieltor, Baseltor, Buristurm, Krummturm und Riedholzturm kamen hinzu (alle sind heute noch zu sehen). 1667 begann die Arbeit an neuen Befestigungen mit Bastionen. Von ihnen hat sich nur die Riedholzschanze, eine Bastion im Nordosten der Altstadt, erhalten. Die anderen mussten Straßen und Parkanlagen weichen.

Kunstmuseum
Werkhofstrasse 30. *032 624 40 00.* *Di–Fr 11–17, Sa, So 10–17 Uhr.* **www**.kunstmuseum-so.ch
Die kleine Kunstgalerie besitzt einige schöne Werke. Unter den Gemälden alter Meister befinden sich die *Madonna von Solothurn* (1522) von Hans Holbein d. J. und die *Madonna in den Erdbeeren* (1425) von einem anonymen Künstler. Den größten Teil der Sammlung machen Schweizer und französische Gemälde aus dem 19. und 20. Jahrhundert aus: Landschaften von Caspar Wolf, Alexandre Calame und Giovanni Giacometti,

Teil der Fassade des Alten Zeughauses, der ehemaligen Waffenkammer

INFOBOX

Straßenkarte C3. *16 000.* *Hauptgasse 69.* *032 626 46 46.* *Solothurner Filmtage (Jan), Fasnacht (Feb), Solothurner Literaturtage (Mai), Solothurn Classics (Ende Juni–Juli), Chlausemäret (Dez).*
www.solothurn-city.ch

Das beeindruckende Rathausportal

eine dramatische Darstellung von Wilhelm Tell von Ferdinand Hodler *(siehe S. 54)* sowie zahlreiche Gemälde von van Gogh, Degas, Matisse, Cézanne und Picasso. Eine Abteilung widmet sich Schweizer Künstlern, darunter Deiter Roth, Markus Raetz und Meret Oppenheim.

Rathaus

Rathausplatz.

Das Rathaus von Solothurn auf der östlichen Seite des Rathausplatzes präsentiert sich in manieristischem Stil. Das komplexe Erscheinungsbild des Gebäudes ist das Ergebnis ungewöhnlich langer Bauperioden. Baubeginn des ursprünglich gotischen Gebäudes war 1476. Es wurde jedoch erst 1711 vollendet. Zu dieser Zeit erhielt es seine schmale, dreigeteilte Fassade mit Mittelturm und Zwiebelkuppeln auf den Seitentürmen. Im Inneren befindet sich eine Wendeltreppe, im Volksmund auch »Schnecke« genannt, die nach oben in den großen Saal führt.

Jesuitenkirche

Hauptgasse.

Die Kirche entstand 1680–89 und ist ein großartiges Beispiel für die Architektur des Spätbarock. Das Äußere ist recht schlicht gehalten, das Innere hingegen glänzt mit

Barockes Mittelschiff und Hochaltar der Jesuitenkirche

Fresken und Stuckarbeiten, die von Meistern aus dem Tessin geschaffen wurden.

Den Hochaltar aus dem frühen 18. Jahrhundert ziert ein Altargemälde von Franz Carl Stauder mit einer Darstellung von Mariä Himmelfahrt. Unmittelbar neben der Jesuitenkirche befindet sich das Steinmuseum Solothurn.

Zytglogge

Marktplatz.

Der untere Teil des Glockenturms stammt aus dem 12., der obere aus dem 15. Jahrhundert. Er ist das älteste erhaltene Gebäude der Stadt. Die astronomische Uhr (1545) enthält Glockenspielfiguren – z. B. einen Ritter, eine Darstellung des Todes und den König der Narren –, die sich zur vollen Stunde bewegen.

Tour: Thunersee ❼

Der schmale See erstreckt sich in einer spektakulären Berglandschaft zwischen Thun und Interlaken im Aaretal. Er ist rund 18 Kilometer lang, fast vier Kilometer breit und bietet zahlreiche Wassersportmöglichkeiten wie Segeln, Windsurfen, Wasserski und Tauchen. Die Umgebung eignet sich ideal zum Wandern und Radfahren. Die Städte und die Sehenswürdigkeiten am See sind durch Fähren miteinander verbunden. Auf alten Dampfschiffen kann man einen Ausflug auf dem See machen.

Thun ①
Über der Thuner Altstadt ragt Schloss Thun mit einem Wehrturm aus dem 12. Jahrhundert auf. Auch die Hochtrottoirs in der Hauptgasse lohnen einen Besuch.

Hilterfingen ②
Hilterfingen besitzt mit Schloss Hüneg ein Neorenaissance-Gebäude (19. Jh.) mit Jugendstil-Interieur. Außerdem gibt es hier eine Segelschule.

Niesen ⑥
Eine Standseilbahn fährt in 30 Minuten von Mülenen zur Bergstation des Niesen (2336 m). Von dort hat man eine wunderbare Aussicht auf den Thunersee.

Spiez ⑤
Die mittelalterliche Burg von Spiez liegt auf einer Landzunge am See. In ihrer Nähe steht eine romanische Kirche mit schönem barockem Interieur.

ROUTENINFOS

Länge: *rund 50 km.*
Rasten: *In jedem Ort am Thunersee gibt es mehrere Restaurants.*
Bootsausflüge auf dem Thunersee:
BLS Schifffahrt, Lachenweg 19, Thun. 058 327 48 11.
www.bls.ch

Oberhofen ③
Das Seeschloss stammt aus dem 12. Jahrhundert. Es gehört zum Bernischen Historischen Museum *(siehe S. 61)*.

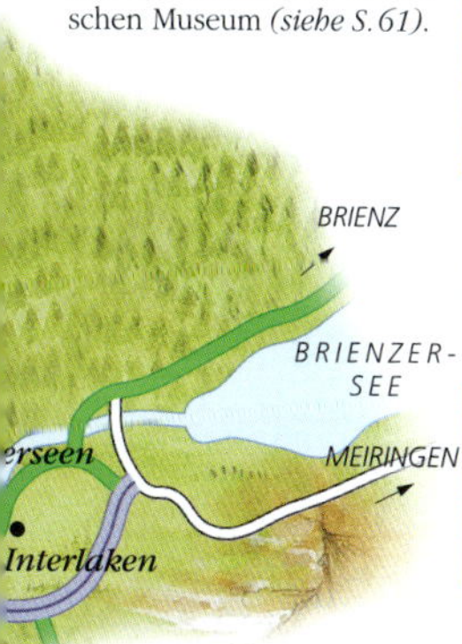

Niederhorn ④
Eine Gondelbahn bringt Besucher auf das Niederhorn mit seiner schönen Aussicht über die Berner Alpen.

LEGENDE

- Autobahn
- Routenempfehlung
- Panoramastraße
- Andere Straße
- Fluss, See
- Standseilbahn
- Aussichtspunkt

Hôtel du Lac in Interlaken und Bootsanlegestelle am Brienzersee

Interlaken ❽

Straßenkarte D4. *5700.* *Höheweg 37. 033 826 53 00.* *Musikfestwochen (Aug).* **www**.interlaken.ch

Auf einem schmalen Landstrich zwischen Thuner- und Brienzersee liegt Interlaken. In seiner Frühgeschichte war dieses Gebiet, der »Bödeli«, von Kelten besiedelt. Die Stadt verdankt ihren Namen einem Kloster, das im 12. Jahrhundert hier gegründet wurde. Ihr lateinischer Name »Inter Lacus« bedeutet »zwischen den Seen«.

Heute ist Interlaken ein beliebter Ferienort mit zahlreichen Bergsport- und Wandermöglichkeiten im Sommer sowie Skipisten im Winter. Interlaken liegt zudem an der Kreuzung zweier Zahnradbahnlinien zur Jungfrau *(siehe S. 79)* und nach Wengen *(siehe S. 83)*. Eine nostalgische Standseilbahn führt zur Heimwehfluh (669 m) hinauf.

Zu den neueren Sehenswürdigkeiten zählt der **Jungfrau-Park Interlaken**, ein Themenpark, der sich den Welträtseln widmet. Er besteht aus Pavillons mit Ausstellungen zu sagenumwobenen Zeugnissen der Vergangenheit, etwa den ägyptischen Pyramiden. Eine weitere Abteilung hat die Raumfahrt und die Suche nach außerirdischem Leben zum Thema. Man kann auch auf einem fliegenden Teppich virtuell die Alpen überqueren. Zudem gibt es im Mysty Land Spiel- und Fahrtenangebote speziell für kleinere Kinder.

Der Rugenwald im Süden von Interlaken bildet die idyllische Kulisse für Aufführungen von Schillers *Wilhelm Tell*. Am gegenüberliegenden Ufer der Aare, in Unterseen, befindet sich das **Touristikmuseum**, das sich der Entwicklung des Tourismus in der Jungfrau-Region seit dem 19. Jahrhundert widmet.

Umgebung: Alpine Fauna sieht man im Zoo in **Harder** (Standseilbahn von Interlaken). Das fast 2000 Meter hohe Plateau der **Schynige Platte**, die man von Wilderswil aus mit der Zahnradbahn erreicht, bietet Aussicht auf Seen und Berge. Hier gibt es einen schönen Alpengarten.

JungfrauPark Interlaken
Obere Bönigstrasse 100, Interlaken. *033 827 57 57.* *Mai–Okt: tägl. 11–18 Uhr.* **Mysty Land** *auch Winter: Mi–So 13–18 Uhr.* **www**.jungfraupark.ch

Wilhelm Tell
Aufführungen: *Ende Juni–Aug: Do, Sa, So.* **Tickets:** *Tell-Büro, Höheweg 37, 033 822 37 22, sowie Tourismusbüro.* **www**.tellspiele.ch

Touristikmuseum
Obere Gasse 28, Unterseen. *033 822 98 39.* *Mai–Mitte Okt: Di–So 14–17 Uhr.*

Blumenuhr vor dem Kursaal in Interlaken

Brienz an der Ostspitze des Brienzersees, im Hintergrund das Brienzer Rothorn

Brienzersee ❾

Straßenkarte D4. *Hauptstrasse 143, Brienz. 033 952 80 80.* **Bootsausflüge** *058 327 48 57.* **www**.bls.ch **Grandhotel Giessbach** *033 952 25 25.* *Apr–Okt.*

Malerisch dehnen sich die klaren Wasser des Brienzersees östlich von Interlaken und vom Thunersee *(siehe S. 74f)* inmitten bewaldeter Hänge und Wasserfälle aus. Im Hintergrund erheben sich majestätische Berge. Der See ist rund 14 Kilometer lang und fast drei Kilometer breit – also etwas kleiner als der Thunersee. Er bietet auch weniger Sportmöglichkeiten und Bootsausflüge als Letzterer, was ihn für Angler umso attraktiver macht.

Von Interlaken aus kann man die Attraktionen um den Brienzersee mit dem Fahrrad oder auf einer Bootsfahrt erkunden. Am Nordufer des Sees befinden sich die Ruinen der Burg **Goldswil** und der Ort **Ringgenberg**, in dem es eine kleine Barockkirche gibt.

Brienz liegt am Ostausläufer des Sees. Am Südufer locken die hoch gelegene Axalp im Winter zum Skifahren und im Sommer zum Wandern. Die spektakulären **Giessbachfälle** kann man von der Terrasse des Grandhotel Giessbach (mit der ältesten Standseilbahn Europas erreichbar) bestaunen.

Brienz ❿

Straßenkarte D3. *3000.* *Hauptstrasse 143. 033 952 80 80.* **www**.brienz-tourismus.ch

Die größte Gemeinde am Brienzer See liegt an dessen Ostende. Sie ist ein guter Ausgangspunkt für Bergwanderungen, Angeltrips und Wassersport. Das nahe gelegene Wintersportgebiet Axalp hat ein kleines Ski- und Snowboard-Center.

Brienz ist das Zentrum der Schweizer Holzschnitzerei, deren Produkte man in den zahlreichen Läden des Orts erwerben kann. Die Werkstätten der berühmten **Schule für Holzbildhauerei** stehen Besuchern während des Semesters offen. Man kann den Studenten bei der Arbeit zusehen und die Kunstausstellung besuchen.

Gasse in Brienz, gesäumt von traditionellen Häusern

Brienz ist auch für seine Geigen berühmt. In der **Geigenbauschule** lernen die künftigen Geigenbauer ihr Handwerk. Man kann die Werkstätten der Schule und eine Ausstellung der fertigen Instrumente besichtigen.

Umgebung: Das **Brienzer Rothorn** (2350 m) rund fünf Kilometer nördlich von Brienz ist mit einer bis in 2244 Meter Höhe fahrenden, dampfbetriebenen Zahnradbahn – eine der wenigen, die noch erhalten sind – zu erreichen. Manchmal werden Wagen der Brienz-Rothorn-Bahn auch von einer Diesellok gezogen. Die 7,6 Kilometer lange Fahrt führt durch Tunnel auf den Gipfel, der einen Blick auf den See und die Berner Alpen bietet.

Schule für Holzbildhauerei
Schleegasse 1. *033 952 17 51.* **Ausstellung** *Mo–Fr nach Vereinbarung.* **www**.holzbildhauerei.ch

Geigenbauschule
Oberdorfstrasse 94. *033 951 18 61.* *nach Vereinbarung.* **www**.geigenbauschule.ch

Freilichtmuseum Ballenberg ⓫

Siehe S. 80f.

◁ **Schloss Oberhofen (12. Jh.) am Nordufer des Thunersees *(siehe S. 74f)***

Meiringen 12

Straßenkarte D4. *4500.*
Bahnhofplatz 12. 033 972 50 50.
www.meiringen.ch

Die Gemeinde liegt im Herzen des Haslitals im Oberen Aaretal östlich des Brienzersees. Der Wintersportort eignet sich im Sommer hervorragend zum Wandern und Mountainbiken.

Den nahen **Reichenbachfällen** verhalf Sir Arthur Conan Doyle zu literarischem Ruhm: Hier lässt er Sherlock Holmes nach einem Kampf mit Professor Moriarty sterben (natürlich nur zum Schein). Das **Sherlock-Holmes-Museum** im Untergeschoss einer Kirche ist Holmes' Wohnzimmer in der Baker Street 221b nachgebildet. Eine Statue des Detektivs ziert den Conan-Doyle-Platz.

Sehenswert ist auch eine kleine Kirche im oberen Teil der Stadt, die 1684 über der Krypta eines romanischen Baus entstand. Eines der beiden Regionalmuseen von Meiringen ist im Sommer geöffnet.

Sherlock-Holmes-Museum
Bahnhofstrasse 26.
033 972 50 00. Mai–Okt: Di–So 13.30–18 Uhr; Dez–Apr: Mi, So 16.30–18 Uhr.
www.sherlockholmes.ch

Umgebung: Von Meiringen aus führt eine Zahnradbahn (mit nachgebauten Holzwagen) zu den **Reichenbachfällen**, einer Kaskade von sieben Wasserfällen. Der oberste Fall ist der größte – er stürzt 120 Meter in die Tiefe. Ebenso beeindruckend ist die **Aareschlucht** zwischen Meiringen und Innertkirchen.

Sherlock-Holmes-Statue in Meiringen

Reichenbachfälle
033 972 90 10. Anfang Mai–Juni, Sep, Okt: tägl. 9–11.45, 13.15–17.45 Uhr; Juli, Aug: 9–18 Uhr.

Aareschlucht
033 971 40 48. Apr–Okt: Mi, Fr 8.30–17.30 Uhr; Mitte Juni–Mitte Okt: Mi–So 8.30–22 Uhr, abends beleuchtet.

Eiger, Mönch und Jungfrau – die höchsten Gipfel des Jungfrau-Massivs

Jungfraujoch 13

Straßenkarte D4. *Höheweg 37, Interlaken. 033 826 53 00.*
www.jungfrau.com

Südlich von Interlaken erhebt sich die imposante Berglandschaft des Berner Oberlands – mit der Dreiergruppe von Eiger (3970 m), Mönch (4107 m) und Jungfrau (4158 m). Ein Netzwerk von Eisen- und (Stand-)Seilbahnen erleichtert von Interlaken *(siehe S. 75)* aus den Zugang.

Die bekannteste Bahnstrecke ist diejenige zum Jungfraujoch. Sie ist nicht gerade preisgünstig, dafür aber einzigartig. Der vereiste Bergsattel liegt knapp unterhalb des Jungfraugipfels und wird als »Dach Europas« bezeichnet. Auf 3454 Metern ist der Bahnhof der höchste Europas.

Da die Bahnreise zum Jungfraujoch auf zwei verschiedenen Routen gemacht werden kann, bietet sich eine Rundreise an. Züge fahren von Interlaken aus nach Lauterbrunnen, wo man auf die Wengenalpbahn (Zahnradbahn) umsteigen kann, die über Wengen *(siehe S. 83)* zur Passhöhe Kleine Scheidegg (2061 m) führt, direkt unterhalb der berühmten Eigernordwand. Die andere Route führt von Interlaken nach Grindelwald *(siehe S. 82)*. Von dort erreicht man mit der Zahnradbahn aus der anderen Richtung die Kleine Scheidegg. Von der Passhöhe fährt die Jungfraubahn zum Jungfraujoch hoch.

Die Ingenieurskunst, die in den unteren Bereichen der Bahnlinie bei Wengen zum Ausdruck kommt, ist an sich schon beeindruckend genug. Noch spektakulärer ist jedoch die obere Route, oberhalb der Kleinen Scheidegg. Sie führt durch tiefe Tunnel, die ins Innere des Eiger gegraben worden sind.

Auf dem Gipfel, der manchmal recht überlaufen sein kann, gibt es mehrere Cafeteria-Restaurants, ein Postamt (das Briefe mit der Sonderbriefmarke »Dach Europas« versieht), Eisskulpturen und weitere Attraktionen. Die Aussicht vom Gipfel ist »länderübergreifend«: Im Osten sieht man den Schwarzwald in Deutschland, im Westen die französischen Vogesen und im Süden Italien.

Oben gibt es auch für Nichtbergsteiger Wandermöglichkeiten. Ein paar Wege führen über die Schneefelder. Man sollte jedoch nicht vergessen, dass in dieser Höhe die Luft dünn ist. Wer nicht akklimatisiert ist, dem kann bei körperlicher Anstrengung leicht schwindlig werden. Falls dies passiert, sollte man kurz rasten. Achten Sie unbedingt auf gute Bergschuhe und warme Kleidung zum Überziehen.

Der Eiger, Wahrzeichen der Berner Alpen

Freilichtmuseum Ballenberg ⓫

Das riesige Open-Air-Museum besteht aus rund 100 historischen ländlichen Gebäuden, vom einfachen Alpenchalet bis hin zu großen Bauernhöfen. Die Gebäude auf dem 66 Hektar großen Areal sind aus Holz oder Stein. Sie wurden in der ganzen Schweiz abgetragen, hier original wieder-aufgebaut und so vor der Zerstörung bewahrt. In dem bewaldeten Park sind die Häuser nach ihrer Ursprungsregion gruppiert und durch Wege miteinander verbunden. Dazwischen liegen Gärten, Felder und Weiden mit Vieh. Alle Gebäude sind authentisch eingerichtet.

★ Richterswil-Haus
Das Zweifamilienhaus wurde 1780 in Richterswil bei Zürich erbaut und ist ein typisches Beispiel für die Fachwerkgebäude in der nordöstlichen Schweiz. Das Haus wurde einst von einem Weinbergbesitzer bewohnt.

Villnachern-Familienhaus
Das Kalksteinhaus von 1630 war vermutlich Sitz einer wohlhabenden Familie.

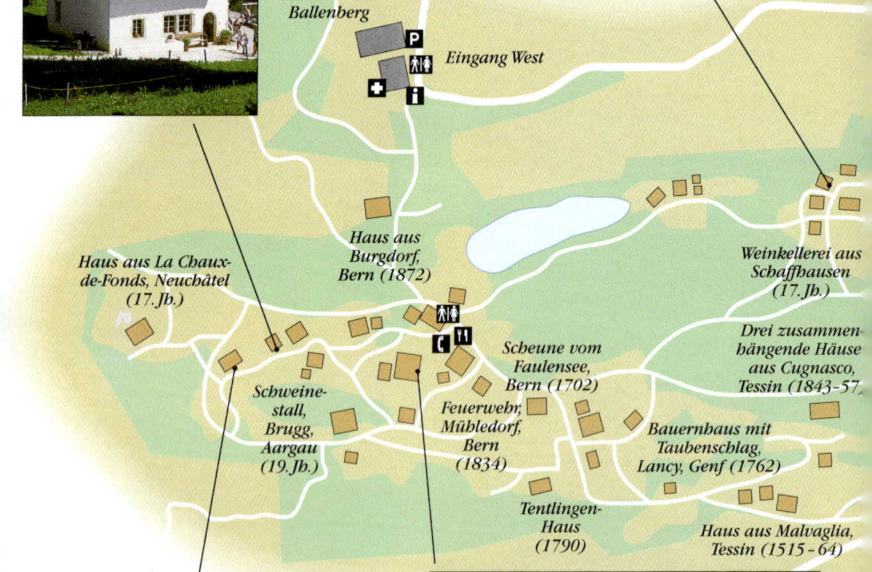

Therwil-Haus
Das Steinhaus mit einem Nebengebäude aus Holz ist typisch für die Architektur im Schweizer Jura. Es stammt von 1675.

★ Ostermundigen-Haus
Die Fassade des 1797 erbauten großen Holzhauses wurde grau angestrichen – es sollte wie ein steinernes Gebäude wirken. Im Haus sind heute Ausstellungen untergebracht.

Werkstätten

Einige der Museumshäuser verfügen über Werkstätten, in denen Handwerker mit authentischem Werkzeug Handwerk der Schweizer Regionen demonstrieren, darunter etwa Weben, Spinnen, Töpfern, Korbflechterei, Seidenweberei, Spitzen- und Käseherstellung sowie Schokoladenproduktion. Im Museum finden auch Messen und Festivals zur Belebung alter Volkstraditionen statt.

INFOBOX

Straßenkarte D4. *Brienz oder Brünig, dann* **Freilichtmuseum Ballenberg** 3 km östlich von Brienz. 033 952 10 30. *Mitte Apr–Okt: tägl. 10–17 Uhr.* **Gelände und Kasse** *Mitte Apr– Okt: tägl. 9–17 Uhr.* **www**.ballenberg.ch

Törbel-Mühle
Die Mühle aus dem Wallis wurde im 19. Jahrhundert erbaut. Bereits seit dem Mittelalter benutzte man die Wasserkraft der Bergflüsse zum Mahlen von Getreide.

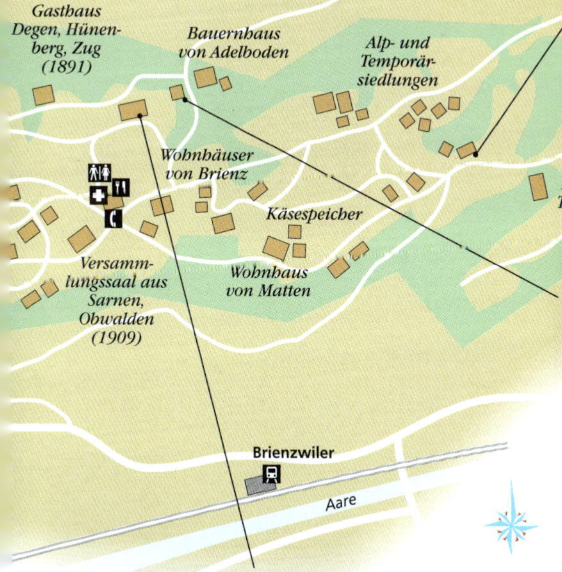

Lütschental-Käselager
Wie andere Gebäude im Berner Oberland besitzt auch dieses Lagerhaus für Käse einen Dachfirst mit Dachvorsprung und Giebelabschlüssen.

Brülisau-Haus
Das Holzhaus ist für die Architektur der Ostschweiz charakteristisch. Es wurde 1754 erbaut.

NICHT VERSÄUMEN

★ Ostermundigen-Haus

★ Richterswil-Haus

Gemeindekirche von Kandersteg

Kandersteg ⑭

Straßenkarte C4. 1200.
Hauptstrasse. 033 675 80 80.
www.kandersteg.ch

Der ruhige Ort Kandersteg liegt im Kandertal, westlich des Jungfrau-Massivs, am Nordeingang des Lötschbergtunnels. Der Eisenbahntunnel ist 15 Kilometer lang und führt nach Goppenstein im östlichen Wallis.

Kandersteg besitzt eine hübsche Kirche (16. Jh.), ist ansonsten aber vor allem als Ferienort mit vielfältigen Sporteinrichtungen bekannt. Die sanften Hügel der Umgebung sind auch für Ski-Anfänger gut geeignet. Im Sommer wimmelt es von Bergwanderern und Paraglidern, die die Szenerie genießen.

Der von Gletscherbächen gespeiste **Oeschinensee**, ein von Dreitausendern umgebenes Gewässer, liegt oberhalb von Kandersteg. Man kann den See mit einem Sessellift vom östlichen Ortsrand aus erreichen. Die Anlage ist von Mai bis Oktober in Betrieb. Geübte Wanderer können anschließend nach Kandersteg zurückgehen. Der **Blausee**, ein kleines Gewässer inmitten eines Kiefernwalds, liegt zehn Autominuten nördlich von Kandersteg. Der See bietet sich für Bootsfahrten an.

Blümlisalphorn (3664 m) und Hockenhorn (3293 m), beide bei Kandersteg, stellen für Bergsteiger eine Herausforderung dar.

Adelboden ⑮

Straßenkarte C4. 3600.
Dorfstrasse 23. 033 673 80 80.
www.adelboden.ch

Der attraktive Ort mit den typischen Chalets, hübschen Straßen und gepflegten Gärten liegt am oberen Ende des breiten Engstligentals. Die kleine Gemeindekirche von 1433 besitzt beeindruckende Fresken und Bleiglasfenster von Augusto Giacometti. Ebenfalls sehenswert ist das Museum des Orts, das sich der Alltagsgeschichte des Engstligentals widmet.

Adelboden ist wie Kandersteg in erster Linie ein Winterferienort – mit über 70 Skiliften und rund 210 Kilometer Skipisten sogar einer der beliebtesten der Schweiz. Auch Extremsportler kommen hier auf ihre Kosten, ebenso Skating- und Curling-Fans. Im Sommer trifft man in Adelboden eher auf Mountainbiker und Wanderer.

Die **Engstligenfälle**, spektakuläre Wasserfälle an der Engstligenalp, die 370 Meter hinabstürzen, liegen vier Kilometer oberhalb von Adelboden und können per Seilbahn erreicht werden. Hier beginnen mehrere Wanderwege, die in größere Höhen hinaufführen, etwa zur Ammertenspitz (2613 m), oder an den Wasserfällen vorbei wieder hinab ins Tal.

Epitaph, Gemeindekirche Adelboden

Grindelwald ⑯

Straßenkarte D4. 3900.
Dorfstrasse 110. 033 854 12 12.
www.grindelwald.ch

Südlich von Interlaken trennen sich Straße und Eisenbahnlinie, die in die Berge führen. Die eine Route verläuft ins Lauterbrunnental mit den Orten Lauterbrunnen, Wengen und Mürren, die andere nach Osten, am Lütschental entlang nach Grindelwald.

Der Ferienort schmiegt sich an die riesigen Berge Wetterhorn, Mettenberg und Eiger. Er ist seit Langem eines der beliebtesten Reiseziele der Alpen. Im Winter bietet er ausgezeichnete Ski-, im Sommer ebenso gute Wandermöglichkeiten. Nach einem einstündigen Spaziergang Richtung Osten kommt man zum Beginn des Panoramawegs, der durch Waldgebiet zum Oberen Gletscher am Wetterhorn führt.

Die besten Wanderwege findet man um den **First**, zu dem eine Seilbahn fährt. Eine halbtägige Tour führt vom First auf einem Grat zum Bachalpsee und weiter zum Gipfel des **Faulhorns** (2681 m), wo man im Restaurant oder im Gasthof eine Pause einlegen kann. Die Sonnenaufgänge oder -untergänge am Faulhorn sind atemberaubend.

Schneebedeckte Chalets in Wengen

Hotels und Restaurants im Mittelland, Berner Oberland und Wallis *siehe Seiten 245–248 und 269–272*

Schloss Wimis aus dem 16. Jahrhundert im Niedersimmental

Wengen ⑰

Straßenkarte C4. *1400.*
Dorfstrasse. 033 856 85 85.
www.wengen.ch

Straße und Eisenbahnlinie aus Interlaken enden in Lauterbrunnen, einem ruhigen Dorf im reizvollen Lauterbrunnental, dem tiefstgelegenen Trogtal der Welt. Die hier anzutreffende »klassische« Landschaft der Schweizer Alpen besteht aus schroffen Abhängen, Wasserfällen, grünen Almen mit weidenden Kühen und schneebedeckten Berggipfeln.

Die Bergbahnen von Lauterbrunnen zum Jungfraujoch *(siehe S. 79)* halten auf halbem Weg in Wengen, einem Dorf voller Chalets und großer Hotels, das sich im Südwesten an die Almhänge schmiegt. Wie seine Nachbarn Grindelwald und Mürren zieht auch Wengen (das man übrigens nicht mit dem Auto erreichen kann) seit über 100 Jahren viele Besucher an.

In Wengen gibt es exzellente Möglichkeiten zum Ski- und Snowboardfahren sowie zum Wandern. Die Wanderwege führen zu den blumenübersäten Wiesen des Wengwalds und hinauf zum Männlichen (Seilbahnstation). Von hier aus genießt man eine traumhafte Aussicht über Grindelwald auf der einen Seite und das Lauterbrunnental auf der anderen.

Mürren ⑱

Straßenkarte C4. *350*
033 856 86 86.
www.muerren.ch

Von Lauterbrunnen aus gibt es zwei Möglichkeiten, zum autofreien Dorf Mürren auf der Wengen gegenüberliegenden Seite des Tals zu gelangen. Beide Routen sind bildschön. Eine Standseilbahn fährt zur Grütschalp. Von dort aus geht es mit der Bahn am Rand der Abhänge weiter nach Mürren. Alternativ fahren auch Busse von Lauterbrunnen am spektakulären Wasserfall bei Trümmelbach vorbei nach Stechelberg, wo man die Seilbahn ins 800 Meter hoch gelegene Mürren nehmen kann. Die Aussicht ins Tal und der Blick hinauf zu den schneebedeckten Felsspalten sind atemberaubend. Die Seilbahn führt weiter hinauf zum eisbedeckten Schilthorn (2973 m). Auf dem Gipfel gibt es ein bekanntes Drehrestaurant.

Simmental ⑲

Straßenkarte C4.
Zweisimmen, Thunstrasse 8. 033 722 11 33. **www**.zweisimmen.ch;
Lenk, Rawilstrasse 3. 033 736 35 35. **www**.lenk-simmental.ch

Das sehr lange Simmental ist in zwei Abschnitte unterteilt: Das Niedersimmental erstreckt sich von Spiez, wo die Simme in den Thunersee mündet, bis nach Boltigen im Westen. Hier krümmt sich das Tal nach Süden und wird zum Obersimmental. In diesem Teil liegt das Thermalbad **Lenk** in der Nähe der Quelle der Simme.

Im Simmental liegen mehrere Ferienorte: **Erlenbach** ist ein guter Ausgangspunkt für Rafting-Touren auf der Simme. In **Zweisimmen**, wo Kleine Simme und Grosse Simme zusammenfließen, beginnen die Straßen, die sich durch das Tal nach Lenk und Gstaad schlängeln. Von Lenk führen Sessellifte nach Metschberg, Betelberg und Mülkerblatten.

Die Saane in der Nähe von Gstaad – ideal für Rafting

Gstaad ⑳

Straßenkarte C4. *7000.*
Haus des Gastes. 033 748 81 81.
Open Gstaad (Tennisturnier, Anfang Juli), Menuhin Festival (Juli–Sep), Country Night Gstaad (Sep).
www.gstaad.ch

Das zu internationaler Bekanntheit gelangte Gstaad ist einer der beliebtesten Ferienorte der Schweiz – und dafür überraschend klein. Gstaad liegt zwischen vier Tälern und verfügt über rund 250 Skipisten sowie zahlreiche Skilifte an Wispile, Eggli und Wasserngrat.

Im Sommer zieht der Ort Kletterer, Wanderer, Radfahrer, Tennisspieler und auch Extremsportler an, etwa Rafter, die es mit den Wassern der Saane aufnehmen.

In Gstaad gibt es keine hohen Gebäude. Alle Häuser des Promi Ferienorts sind im traditionellen Chalet-Stil erbaut, was Gstaad ein romantisches Flair verleiht. Die Hauptstraße säumen Läden, Cafés, Restaurants und Kunstgalerien. Auf der Promenade kann man Kunsthandwerkern bei der Arbeit zusehen.

Luxuriös eingerichtetes Chalet in Gstaad

Martigny ㉑

Straßenkarte B5. *16 000.* *Avenue de la Gare 6. 027 720 49 49.* **www**.martigny.com

Die Kleinstadt liegt am Zusammenfluss von Drance und Rhône, die ab dort Richtung Norden fließt. Sie wurde im Jahr 15 v. Chr. als »Octodorus« von den Römern gegründet. Bei Ausgrabungen konnten römische Gebäude, darunter ein Minervatempel, Bäder und ein Amphitheater, freigelegt werden.

Martigny wird von der **Tour de la Bâtiaz** überragt, einer Festung (13. Jh.), die auf einem Felsvorsprung liegt. Sehenswert in der Altstadt sind auch die **Maison Supersaxo** (15. Jh.) und die **Chapelle Notre-Dame de Compassion** (um 1620).

Hauptattraktion der Stadt ist die **Fondation Pierre Gianadda**, ein Museum, das auf den Ruinen eines gallisch-römischen Tempels erbaut wurde. Es umfasst mehrere Sammlungen: In der Hauptabteilung finden zeitgenössische Ausstellungen statt. Das Musée Archéologique Gallo-Romain zeigt die Statuen, Münzen, Keramiken und Bronzearbeiten, die bei den Ausgrabungen gefunden wurden. Im Musée de l'Auto im Untergeschoss sind rund 50 Oldtimer (auch Schweizer Modelle) zu sehen, in der etwas kleineren Salle Franck u. a. Gemälde von van Gogh, Cézanne und Toulouse-Lautrec. Den Parc des Sculptures des Museums zieren moderne Skulpturen.

Stierkopf aus der Römerzeit, Martigny

Fondation Pierre Gianadda
59, rue du Forum. *027 722 39 78.* *Mitte Juni–Nov: tägl. 9–19 Uhr; Dez–Mitte Juni: tägl. 10–18 Uhr.* **www**.gianadda.ch

Umgebung: In **St-Maurice**, 15 Kilometer nördlich von Martigny, steht eine Augustinerabtei von 515. Die Kirche ist Teil der ältesten erhaltenen Abtei nördlich der Alpen.

Unterstand am Col du Grand St-Bernard

Nordwestlich von Martigny liegt das Skigebiet **Portes du Soleil**, das man über Monthey erreichen kann. Es umfasst zwölf Ferienorte und besitzt etwa 650 Kilometer Skipisten.

Großer St.-Bernhard-Pass ㉒

Straßenkarte B5. *La Fouly. 027 783 27 17.* **www**.st-bernard.ch

Der St.-Bernhard-Pass (Col du Grand St-Bernard) liegt an der Grenze zu Italien auf 2469 Meter Höhe und ist der älteste aller Pässe über die Alpen.

Der isoliert liegende Verbindungsweg zwischen Westeuropa und Italien wurde schon seit etwa 800 v. Chr. zur Überquerung der Alpen genutzt: im 1. Jahrhundert v. Chr. von Julius Caesar, im Jahr 800 von Karl dem Großen, als er von seiner Krönung aus Mailand zurückkehrte, und 1000 Jahre später von Napoléon.

Der Pass ist nach Bernhard von Menthon, Bischof von Aosta, benannt, der hier 1049 ein Hospiz für Reisende errichten ließ. In Anerkennung seiner missionarischen Tätigkeit wurde Bernhard nach seinem Tod (um 1080) seliggesprochen. Später wurde er Schutzheiliger der Alpen.

Das Hospiz wird seither von Mönchen bewohnt und steht Reisenden das ganze Jahr über offen. Der Gebäudekomplex stammt aus dem 18. Jahrhundert. In der Kirche (17. Jh.) liegen die Gebeine des hl. Bernhard, die Schatzkammer enthält liturgische Geräte. Im **Musée et Chiens du Saint-Bernard** wird die Geschichte des Passes dokumentiert. Auch einige Bernhardiner werden gehalten.

Bernhardiner

Die kräftigen, bis zu 100 Kilogramm schweren Hunde sind nach dem Hospiz am St.-Bernhard-Pass benannt, wo sie noch heute von Mönchen gehalten werden. Vermutlich wurden sie seit dem Mittelalter dort gezüchtet. Erste Erwähnungen von Bernhardinern als ausgebildeten Bergrettungs- und Spürhunden finden sich jedoch erst im 17. und 18. Jahrhundert. Die Hunde waren darauf abgerichtet, unter Lawinen begrabene Menschen mittels ihres Geruchssinns aufzuspüren. Heute werden für die Bergrettung meist Hubschrauber eingesetzt.

Bernhardiner mit Führer

Aufgrund der Höhe und des heftigen Schneefalls im Winter ist der Pass nur zwischen Mitte Juni und Oktober geöffnet. Doch seit 1964 gelangt man durch den sechs Kilometer langen St.-Bernhard-Tunnel unter dem Pass das ganze Jahr über von der Schweiz nach Italien – und zurück.

Musée et Chiens du Saint-Bernard
34, route de Levant, CP 245, Martigny.
027 720 49 20. *10–18 Uhr.*
www.museesaintbernard.ch

Verbier ㉓

Straßenkarte C5. *1800.*
Place Centrale. 027 775 38 88.
Verbier Xtreme (März), Verbier Festival (Ende Juli). **www**.verbier.ch

Nur wenige Ferienorte in der Schweiz können mit der schönen Lage von Verbier und dem Angebot an Winter- und Sommeraktivitäten mithalten. Es gehört zu einem vier Täler umfassenden Skigebiet mit insgesamt etwa 410 Kilometer Pisten, von denen einige über Gletscher führen. Der Ferienort lockt jedes Jahr etwa eine Million Besucher an. Er liegt 1500 Meter hoch auf einem weiten Plateau, das sich im Süden zum Mont Blanc und zum Grand Combin hin öffnet. Unterhalb von Verbier erstreckt sich das malerische Val de Bagnes.

Zu den Sommersportarten zählen Golf, Tennis, Angeln, Reiten und Mountainbiken. Außerhalb der Stadt verlaufen Wanderwege im Val de Bagnes, an dessen oberem Ende sich ein Staudamm, der Barrage de Mauvoisin, befindet. Für Kletterer bietet sich der Pierre Avoi (2473 m) an, von dem aus man einen wunderschönen Blick auf den Mont Blanc hat.

Verbier richtet im Rahmen der Freeride World Tour »Verbier Xtreme« aus, bei dem die besten Snowboarder der Welt den Bec des Rosses in halsbrecherischer Geschwindigkeit über Hindernisse hinabfahren. Im Sommer bietet das Verbier Festival klassische Musik und Workshops.

Romanische Kirche (11./12. Jh.) in St-Pierre-de-Clages

St-Pierre-de-Clages ㉔

Straßenkarte B5. *630.*
Fête du Livre (Ende Aug).

Das kleine Dorf St-Pierre-de-Clages liegt an den südlichen Weinberghängen des Rhônetals. Abgesehen vom jährlichen Literaturfestival, besteht die Hauptattraktion des Dorfs in seiner wunderschönen romanischen Kirche (11./12. Jh.), die ursprünglich Teil einer Benediktinerabtei war. Der rippengewölbte Innenraum des Baus ist recht schmucklos – diese angenehme Strenge wird durch den unverzierten Stein der Mauern und Säulen noch betont. Die Bleiglasfenster stammen von 1948.

Sion ㉕

Siehe S. 86f.

Barrage de la Grande Dixence ㉖

Straßenkarte C5. *Juni–Sep.* *Mitte Juni–Sep: tägl. 11.30, 13.30, 15, 16.30 Uhr.* **www**.grande-dixence.ch

Der Barrage de la Grande Dixence ist einer der größten Staudämme der Welt und ein Beispiel moderner Schweizer Ingenieurskunst. Der hydroelektrische Damm am oberen Ende des Val d'Hérémence überspannt den Fluss Dixence in 285 Meter Höhe.

Der lang gestreckte, von Bergen umgebene Lac des Dix versorgt das Tal oberhalb des Damms mit Wasser. Im Westen erheben sich Rosablanche (3336 m), im Osten Les Aiguilles Rouges (3646 m) und im Süden Mont Blanc de Cheilon (3870 m) und Pigne d'Arolla (3796 m). Eine Seilbahn bringt Besucher vom Fuß des Damms, wo es ein Restaurant gibt, auf die Höhe des Sees. Hier kann man mit dem Boot zur Berghütte Cabane des Dix gelangen, um den See spazieren oder einen Wanderweg einschlagen – etwa zum kleinen Ort Arolla.

Das Val d'Hérémence grenzt bei Hérémence an das Val d'Hérens *(siehe S. 88)*, eine gute Ausgangsbasis für Skifahrten am Osthang des Mont Rouge.

Schiff der romanischen Kirche von St-Pierre-de-Clages

Sion ㉕

Die Hauptstadt des Wallis ist stolz auf ihr reiches Erbe. Die Wurzeln von Sion (Sitten) reichen ins 1. Jahrhundert zurück, als die Römer hier die Siedlung Sedunum gründeten. Die Stadt liegt auf einem Plateau am Nordufer der Rhône und wird von zwei Hügeln überragt, die jeweils von einer mittelalterlichen Burg gekrönt sind – Überbleibsel eines mächtigen Bistums, das das Wallis jahrhundertelang regierte. Schon im Mittelalter handelte Sion mit Obst und Wein. Letzterer gedeiht noch heute im fruchtbaren Rhônetal. Die Weine der Gegend wurden mehrfach ausgezeichnet.

Sion, vom Valère aus gesehen, einem der beiden Hügel über der Stadt

Überblick: Sion

Die Altstadt von Sion mit ihren mittelalterlichen Straßen erkundet man am besten zu Fuß. Zu den Burgen gelangt man zu Fuß oder im Sommer mit einer Tourismusbahn von der Rue des Châteaux aus. Ein steiler Pfad führt vom Endpunkt der Bahn links nach Tourbillon und rechts nach Valère. Beide Hügel bieten einen Panoramablick.

Château de Tourbillon

027 606 47 45. Mai–Sep: tägl. 10– 18 Uhr; Okt–Apr: tägl. 11–17 Uhr.

Die mittelalterliche Festung mit Zinnen und großen, quadratischen Türmen steht auf dem höheren der beiden Hügel. Sie wurde im späten 13. Jahrhundert als befestigte Residenz des Bischofs Boniface de Challant erbaut, in der Folgezeit mehrfach belagert, verschiedentlich wiederaufgebaut und 1788 schließlich durch einen Brand zerstört. Große Teile der Wehrmauern sind jedoch erhalten geblieben. In der Kapelle kann man ein Rippengewölbe, die Steinmetzarbeiten der Kapitelle und Fresken betrachten.

Château de Valère

Kirche *027 606 47 15. Juni–Sep: tägl. 10–18 Uhr; Okt–Mai: Di–So 10–17 Uhr.* **Musée d'Histoire du Valais** *027 606 47 15. Juni–Sep: tägl. 11–18 Uhr; Okt–Mai: Di–So 11–17 Uhr.*

Das Château (12./13. Jh.) mit quadratischem Turm und dem begehbaren Wall war früher die befestigte Kirche Notre-Dame de Valère. Es wurde an der Stelle einer Festung (11. Jh.) und eines römischen Gebäudes errichtet.

Im Inneren sind romanische Kapitelle, gotische Wandmalereien, die Orgel und das Chorgestühl (17. Jh.) sehenswert. Die Orgel von 1390 ist die älteste spielbare Orgel der Welt.

Neben der Kirche beherbergt das ehemalige Wohnhaus des Kantors (12. Jh.) das Musée d'Histoire du Valais (Geschichtsmuseum Wallis). 50000 Jahre Walliser Geschichte – von den Anfängen menschlicher Besiedlung bis heute – werden mit über 1000 Artefakten, Modellen und interaktiven Exponaten lebendig.

Musée d'Art du Valais

15, place de la Majorie. *027 606 46 90. Juni–Sep: Di–So 11–18 Uhr; Okt–Mai: Di–So 11–17 Uhr.* **www**.museums-valais.ch

Die Kunstgalerie ist auf zwei Gebäude aus dem 15. Jahrhundert verteilt, in denen einst Offiziere des Bischofs wohnten. Die Sammlung umfasst Gemälde von Künstlern aus dem Wallis, vom 17. Jahrhundert bis zur Gegenwart.

Musée de la Nature du Valais

12, rue des Châteaux. *027 606 47 30. Juni–Sep: Di–So 13–18 Uhr; Okt–Mai: Di–So 13–17 Uhr.*

Im ehemaligen archäologischen Museum macht seit Frühjahr 2013 das neu eröffnete Naturmuseum die Beziehungen zwischen Mensch und Natur im Wallis in der Vergangenheit und heute verständlich.

Notre-Dame de Valère, befestigte Kirche auf einem Hügel über Sion

Rue du Grand-Pont mit dem weiß leuchtenden Hôtel de Ville

Hôtel de Ville

12, rue du Grand-Pont.

Das weiß getünchte Rathaus sticht mit seinem Glockenturm mit Kuppel und Laterne unter den vielen schönen Gebäuden in der Rue du Grand-Pont hervor. Das Gebäude wurde 1657–65 errichtet und besitzt kunstvoll geschnitzte Holztüren.

In die Wände des großen Saals sind Steine mit römischen Inschriften eingelassen, darunter findet man auch eine christliche Inschrift von 377, die älteste ihrer Art in der Schweiz. Der Ratssaal im Obergeschoss ist aufwendig ausgestattet und mit dekorativen Holzschnitzereien verziert.

Maison Supersaxo

Rue de Conthey.

Mo–Fr 14–17 Uhr.

Die spätgotische, reich verzierte Villa wurde um 1505 für Georges Supersaxo, den Befehlshaber der Region, erbaut. Eine hölzerne Wendeltreppe führt zum großen Saal mit üppig bemalter spätgotischer Holzdecke. Das Herzstück bildet ein bemaltes Medaillon von Jacobinus de Malacridis, auf dem die heilige Familie dargestellt ist. In Seitennischen stehen Büsten der Propheten und Weisen.

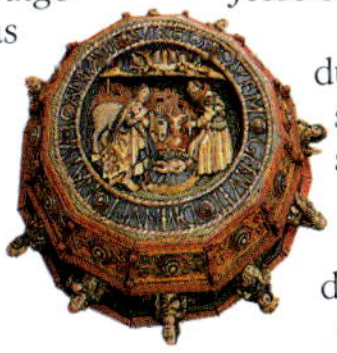

Medaillon, Maison Supersaxo

INFOBOX

Straßenkarte C5. *30 000.*

Place de la Planta 2. 027 327 77 27. *Festival International de Musique (Aug/Sep).*

www.siontourism.ch

Cathédrale Notre-Dame du Glarier

Rue de la Cathédrale 13. *027 322 80 66.* *tägl. 7–19 Uhr. Zutritt nur mit Führung, Tickets im Tourismusbüro.*

Die Kathedrale stammt großteils aus dem 15. Jahrhundert, sie besitzt jedoch auch einige ältere Teile, u. a. eine romanische Glockenstube (12. Jh.), die von einem achteckigen Turm gekrönt wird. Im Innenraum sind die Gräber der Bischöfe von Sion, das barocke Chorgestühl, der gotische Flügelaltar im Chor sowie ein Holztriptychon mit der Wurzel Jesse sehenswert.

Die Église St-Théodule, eine spätgotische Kirche weiter südlich, wurde 1514–16 errichtet. Das Gebäude aus dem 19. Jahrhundert gegenüber der Kathedrale ist das Bischofspalais.

Tour des Sorciers

42, avenue de la Gare.

für die Öffentlichkeit.

Der »Hexenturm« verdankt seinen Namen dem konisch geformten Dach. Er wurde vermutlich im 14. Jahrhundert gebaut und ist als Bastion im Nordwesten der einzige erhaltene Teil der mittelalterlichen Befestigungsanlage. Heute wird der Turm gelegentlich für Ausstellungen genutzt.

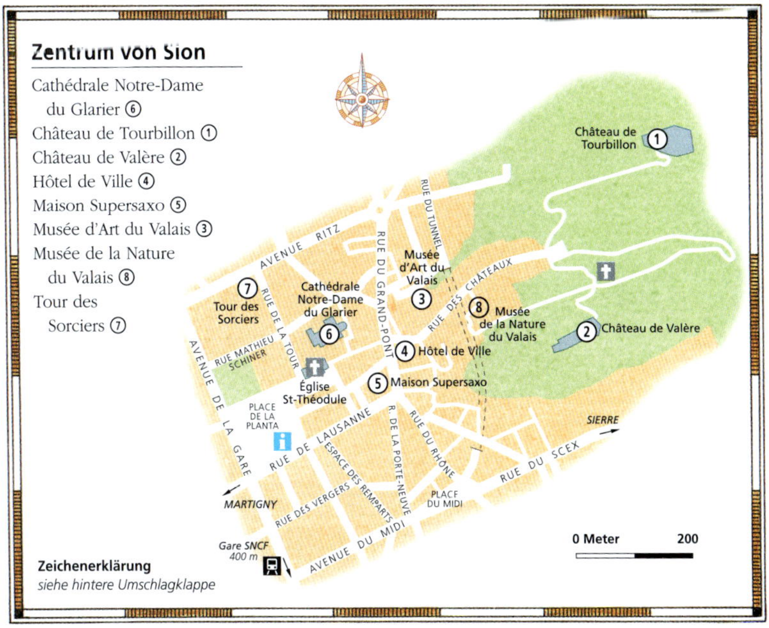

Die auffälligen Felsformationen der Pyramides d'Euseigne, Val d'Hérens

Val d'Hérens ㉗

Straßenkarte C5. *Euseigne, 13, rue Principale. 027 281 28 15.* **www**.valdherens-tourisme.ch

Das Val d'Hérens (Eringertal) erstreckt sich südöstlich von Sion bis in die Walliser Alpen hinein. In der reizvollen Landschaft liegen Dörfer mit Holzchalets. Auf den Feldern arbeiten Frauen teils noch in Tracht.

Auffälliges geologisches Merkmal des Val d'Hérens ist eine Felsformation namens **Pyramides d'Euseigne**. Die spitzen Felsen sehen von der Talstraße wie die Fänge eines Tiers aus. Sie entstanden im Lauf der Eiszeit aufgrund von Erosion durch Wind, Regen und Eis. Jede Felsspitze ist von einer Kappe gekrönt, die den weicheren Stein darunter vor weiterer Erosion schützte.

Das Dorf Evolène, 15 Kilometer südlich von Euseigne, ist ein guter Ausgangspunkt für Wanderungen in der Gegend. Am oberen Ende des Tals liegt das Dorf Les Haudères, in dem es ein Geologie- und Gletscherzentrum mit einem interessanten Museum gibt. Hinter Les Haudères geht das Val d'Hérens ins Val d'Arolla über. In dem kleinen Ferienort Arolla, der dem Tal seinen Namen gab, endet die Straße.

Idyllisches Wallis: Blumen auf der Fensterbank

Crans-Montana ㉘

Straßenkarte C4. *4500. 60, rue centrale. 027 485 04 04. Omega European Masters (Sep).* **www**.crans-montana.ch

Das schicke Ski- und Golfzentrum Crans-Montana liegt auf einer Hochebene nördlich des Rhônetals und bietet eine gute Sicht auf die Walliser Alpen im Süden. Im späten 19. Jahrhundert, als Bergurlaube in Mode kamen, wuchsen Crans und Montana zusammen, blieben jedoch zwei getrennte Orte.

Crans-Montana erreicht man mit dem Auto von Sion aus. Von Sierre aus kann man entweder auf der Straße bleiben, die sich durch die Weinberge und Wiesen schlängelt, oder die Standseilbahn nehmen. Der sonnenreiche Ort verfügt über eine gute Infrastruktur an Seilbahnen und Skiliften sowie über mehr als 160 Kilometer Skipisten für Anfänger und Fortgeschrittene.

Im Sommer sind Golf, Paragliding und Heißluftballon-Fahrten beliebte Freizeitaktivitäten. Auf dem Plaine-Morte-Gletscher gibt es ganzjährig eine Loipe. Das Areal (ca. 2700–2800 m) bietet eine grandiose Aussicht auf die Walliser Alpen und den Mont Blanc im Südwesten. Wanderwege führen nach Bella Lui und Bisse du Roh.

Sierre ㉙

Straßenkarte C4. *15 500. 10, place de la Gare. 027 455 85 35.* **www**.sierre-salgesch.ch

Sierre (Siders) im Rhônetal, an der Grenze zwischen französisch- und deutschsprachigem Wallis, ist von Weinbergen umgeben und besitzt schöne alte Gebäude, darunter das **Château des Vidomnes** (16. Jh.). Im barocken Rathaus ist ein Zinnmuseum untergebracht. Das **Musée Valaisan de la Vigne et du Vin** dokumentiert die Tradition der Weinherstellung. Ein Teil ist im Château de Villa (16. Jh.) in Sierre ausgestellt, der andere im Zumofenhaus (16. Jh.) in Salgesch (Salquenen) östlich von Sierre. Die zwei Orte sind durch eine Weinstraße (»Sentier Viticole«) verbunden, die sich durch Dörfer und Weinberge schlängelt.

Im **Château de Muzot** im Dorf Veyras, nordöstlich von Sierre, verbrachte der Schriftsteller Rainer Maria Rilke (1875–1926) die letzten Jahre seines Lebens. Auf dem Friedhof von Raron, östlich von Sierre, ist er bestattet. In der Maison de Courten (30, rue du Bourg) in Sierre gibt es ein Rilke-Museum.

Musée Valaisan de la Vigne et du Vin
Château de Villa, 6, rue Ste-Catherine. *027 456 35 25.*
März–Nov: Di–So 14–17 Uhr.
www.museevalaisanduvin.ch

Château des Vidomnes (16. Jh.) in Sierre

Hotels und Restaurants im Mittelland, Berner Oberland und Wallis *siehe Seiten 245–248 und 269–272*

Charakteristische Holzhäuser in Grimentz, Val d'Anniviers

Val d'Anniviers 30

Straßenkarte C4. *0848 84 80 27.* **www**.sierre-anniviers.ch

Das grüne Flusstal der Navisence, das Val d'Anniviers, ist von den Gipfeln der Walliser Alpen umgeben. Es beginnt gegenüber von Sierre und erstreckt sich südlich bis zum Gletscherareal des Weilers Zinal. Überall bieten malerische Dörfer Möglichkeiten für Wintersport, Wanderungen und Radtouren.

Von Soussillon aus empfiehlt sich ein Ausflug in das mittelalterliche Dorf **Chandolin** mit seinen Holzchalets und seiner beeindruckenden Aussicht. Von Vissoie aus lohnt ein Besuch von **Saint-Luc**, einem 1650 Meter hoch gelegenen Bergdorf mit Panoramablick auf das Val d'Anniviers. Von dort aus kann man auch noch weiter in die Berge hinaufwandern, bis zum 3025 Meter hohen Bella Tola.

Auch **Grimentz** ist ein faszinierendes Dorf voller traditioneller ausladender Holzchalets, die auf dem felsigen Untergrund erbaut wurden. Über Wanderwege erreicht man den Moiry-Damm sowie den **Glacier de Moiry**. Das höchste Dorf des Tals ist **Zinal** (1670 m). Zusammen mit anderen Orten bildet es im Winter ein Skizentrum, im Sommer ist es Ausgangspunkt für Wanderungen. In Zinal kann man geführte Klettertouren zum Zinalrothorn (4221 m), der Pyramide des Besso, dem Oberen Gabelhorn und der Pointe de Zinal buchen. Es gibt auch Gipfel für leichtere Wanderungen.

Leukerbad 31

Straßenkarte C4. *1600.* *Rathausstrasse 8. 027 472 71 71.* **www**.leukerbad.ch

Auf 1400 bis 2700 Meter Höhe im oberen Dalatal präsentiert sich Leukerbad (Loèche-les-Bains) als eines der höchstgelegenen und größten Thermalbäder Europas. Der therapeutische Nutzen der heißen Quellen, die reich an Kalzium, Schwefel und Kalziumsulfat (Gips) sind, war schon in der Römerzeit bekannt.

Leukerbad verfügt über mehrere Bäder mit einem breit gefächerten Angebot an Anwendungen und Rehabilitationsprogrammen. Zudem bietet der Ort schöne Skipisten. Oberhalb von Leukerbad liegt der über eine Seilbahn erreichbare Gemmi-Pass am Wanderweg nach Kandersteg *(siehe S. 82)* und ins Berner Oberland.

Murmeltier an einem Brunnen in Zermatt

Zermatt 32

Straßenkarte C5. *5700.* *Bahnhofplatz 5. 027 966 81 00.* **www**.zermatt.ch

Der bekannteste Ferienort (franz. Praborgne) liegt am Fuß des Matterhorns *(siehe S. 90)* und ist von weiteren beeindruckenden Viertausendern umgeben. Die autofreie Stadt erreicht man mit dem Zug von Brig, Visp oder Täsch aus, Autos müssen sechs Kilometer vor dem Ort, in Täsch, abgestellt werden.

Im Winter ist Zermatt ein Skiparadies, im Sommer Lieblingsort vieler Wanderer, Bergsteiger und Gletscherskifahrer.

Das **Matterhorn Museum** widmet sich der Geschichte des Bergsteigens, vor allem Edward Whymper, dem Erstbesteiger des Matterhorns 1865. Die kleine anglikanische Kirche wurde im 19. Jahrhundert für britische Bergsteiger gebaut. Auf dem von historischen Bauten umgebenen Hauptplatz steht ein Brunnen mit Murmeltierstatue.

Von Zermatt führt eine Zahnradbahn zum Gornergrat (3089 m) und eine Seilbahn zum Gipfel des Kleinen Matterhorns (3883 m). Von beiden Bergen hat man eine fantastische Sicht auf das Matterhorn.

Matterhorn Museum
Kirchplatz. *027 967 41 00.* *Nov–Mitte Dez: Sa, So 15–18 Uhr; Mitte Dez–Ostern: tägl. 15–19 Uhr.*

Bäderanlagen in Leukerbad

Das Matterhorn – ein Gipfel nur für sehr erfahrene Bergsteiger

Matterhorn ㉝

Straßenkarte C6. *Zermatt, Bahnhofplatz. 027 966 81 00.*
www.zermatt.ch

Obwohl das Matterhorn (ital. Monte Cervino) nicht der höchste Berg der Schweiz ist, ist er sicherlich der beeindruckendste. Er liegt genau an der Grenze zu Italien und ist durch seinen markanten, 4478 Meter hohen Gipfel zum Schweizer Nationalsymbol geworden. Um das Matterhorn ranken sich viele Sagen. Der Berg hat schon viele Leben gefordert und bleibt den allerbesten Bergsteigern vorbehalten. Den schönsten Blick aufs Matterhorn hat man von Zermatt aus *(siehe S. 89)*.

Der Berg wurde am 14. Juli 1865 von Bergsteigern unter der Führung von Edward Whymper zum ersten Mal bestiegen. Die Expedition endete tragisch – drei der englischen Bergsteiger und ein Schweizer Führer kamen beim Abstieg ums Leben. Sie sind in Zermatt begraben.

Auch heute noch ist das Matterhorn eine große Herausforderung für die Mutigsten unter den Alpinisten. Der schwierigste Weg führt über die Ostwand, die erst 1932 erstiegen wurde.

Monte Rosa ㉞

Straßenkarte C5.

Das Monte-Rosa-Massiv besteht aus einem Schweizer und einem italienischen Teil. Es ist zwar nicht so berühmt wie das Matterhorn, weist aber den höchsten Gipfel der Schweiz und – nach dem Mont Blanc – den zweithöchsten der Alpen auf: die Dufourspitze mit einer Höhe von 4634 Meter.

Der Monte Rosa stellt eine weniger große Herausforderung als das Matterhorn dar. Auf der italienischen Seite, in der Nähe des Gipfels auf einer Höhe von 4554 Meter, befindet sich die Capanna Regina Margherita (1893), die höchste Gebirgshütte Europas. Das Monte-Rosa-Massiv ist vom riesigen Gornergletscher umgeben. Darunter befinden sich Stockhorn und Gornergrat, mit langen Pisten und vielen Skiliften.

Saas-Fee ㉟

Straßenkarte D5. *1700.* *027 958 18 58.* *Almauftrieb (Juni), Älplerfest (Mitte Aug).*
www.saas-fee.ch

Die Geschichte von Saas-Fee reicht bis ins 13. Jahrhundert zurück. Der Ort in den Walliser Alpen war bereits im frühen 19. Jahrhundert ein beliebtes Reiseziel. Er ist der Hauptort des Saastals, das von der Saaser Vispa durchströmt wird. Saas-Fee hat eine großartige Lage am Fuß des Dom (4545 m) und ist von rund einem Dutzend weiterer Viertausender umgeben.

Wie viele andere Ferienorte der Region ist auch Saas-Fee eine autofreie Stadt mit traditionellen Holzchalets. Obwohl die zunehmende Kommerzialisierung die ländlichen Traditionen weitgehend abgelöst hat, wurden doch einige der alten Bräuche zur Unterhaltung der Besucher beibehalten. Zu diesen zählen Fronleichnamsprozessionen, Kuhkämpfe und Jodel-Wettbewerbe, Volksfeste zum Schweizer Nationalfeiertag sowie der Almauftrieb im Juni, bei dem das Vieh zu den Sommerweiden getrieben wird. Das Saaser Museum widmet sich dem regionalen Brauchtum und der regionalen Kultur. Zu sehen sind u.a. die Rekonstruktion eines typischen Hauses und eine große Sammlung an Handwerksgegenständen und Trachten.

Saas-Fee besitzt neben einer überaus imposanten Bergkulisse auch viele moderne Hotels und Gästehäuser, Skilifte, Skipisten, Loipen, eine große Hallen-Eisbahn sowie eine Promenade voller Läden, Restaurants und Bars.

Besucher haben im Sommer die Auswahl zwischen Wanderwegen unterschiedlicher Schwierigkeitsgrade, auf denen man die umliegenden Berggipfel oder den künstlichen Mattmarksee erkunden kann. Eine Seilbahn führt zum Felskinn (2989 m). Von dort aus gelangt man mit der Metro Alpin, einer unterirdischen Standseilbahn, zum Mittelallalin mit dem »höchsten Drehrestaurant der Welt« (3456 m).

Bergführerdenkmal, Saas-Fee

Brig ㊱

Straßenkarte D4. *12 000.* *Bahnhofplatz 1. 027 921 60 30.*
www.brig-belalp.ch

Brig (ital. »Briga«) ist der Hauptort im Oberwallis. Er liegt an der Kreuzung der Hauptalpenrouten, die über den Simplon-, Furka-, Grimsel- und Nufenen-Pass und durch den Lötschbergtunnel führen. Die Stadt an der Rhône verdankt ihren Namen den Brücken, die den Fluss an der Stelle überqueren, an der sich einst eine römische Siedlung be-

Ein Renaissance-Barock-Bau: der Stockalper-Palast in Brig

Brauchtum im Lötschental

Das Lötschental liegt östlich von Leukerbad *(siehe S. 89)*. Jahrhundertelang waren die Einwohner des Tals im Winter von der Außenwelt abgeschnitten. So konnten sich viele altertümliche Rituale, Bräuche und Traditionen erhalten. Außer Ethnologen und Anthropologen ziehen diese Bräuche nun auch vermehrt Besucher an. Das Roitschäggätta etwa ist ein Faschingsbrauch, der von Mariä Lichtmess bis Fasnacht dauert. In dieser Zeit ziehen die Junggesellen der Dörfer Schaffellkostüme an, tragen groteske Masken und treiben ihr Unwesen. Am letzten Donnerstag und Samstag in der Faschingszeit finden auch Maskenumzüge statt.

Roitschäggätta-Maske

fand. Im 17. Jahrhundert wurde der Handelsweg nach Italien über den Simplon-Pass von der Kaufmannsfamilie Stockalper kontrolliert. Kaspar Jodok Stockalper von Thurm schenkte Brig sein schönstes Bauwerk, einen Renaissance-Barock-Palast (1658–78). Er weist drei hohe, quadratische Kuppeltürme auf, die im Volksmund nach den Heiligen Drei Königen Kaspar, Melchior und Balthasar heißen. Der Palast besitzt einen Innenhof mit Arkaden und eine den Heiligen Drei Königen geweihte Kapelle mit einem silbernen Altar von Samuel Hornung aus Augsburg. Zudem gibt es ein Geschichtsmuseum.

Brig besitzt noch weitere historische Gebäude und Kirchen, u. a. die Pilgerkirche in Glis (1642–59).

Simplon-Pass 37

Straßenkarte D5. *Simplon Dorf. 027 979 10 10.* **www**.simplon.ch

Der Simplon-Pass (ital. Sempione) liegt 2005 Meter hoch und ist einer der wichtigsten Verbindungswege zwischen der Schweiz und Italien sowie zwischen West- und Südeuropa. Der Pass markiert auch die Grenze zwischen den Walliser und den Lepontiner Alpen. Die Route wurde schon von den Römern genutzt und spielte im Mittelalter eine wichtige Rolle als Handelsweg.

Die strategisch günstige Lage des Passes erkannte auch Napoléon, der hier 1800–1806 eine befestigte Passstraße bauen ließ. Sie ist ungefähr 64 Kilometer lang und führt von Brig aus über den Pass und durch den Ort Simplon nach Domodossola auf der italienischen Seite.

Aletschgletscher 38

Straßenkarte D4. *Bahnhofstrasse 7, Riederalp. 027 928 60 50.* **www**.riederalp.ch; **www**.aletsch.ch

Der längste Gletscher der Alpen, der (Grosse) Aletschgletscher, erstreckt sich von der Jungfrau *(siehe S. 79)* bis zu einer Hochebene über dem Rhônetal über etwa 23 Kilometer. An seiner breitesten Stelle misst er nicht weniger als zwei Kilometer. Zusammen mit Jungfrau und Bietschhorn wurde der Gletscher 2001 von der UNESCO zum Welterbe erklärt.

Der beste Ausgangspunkt für eine Wanderung zum Aletschgletscher ist das kleine Bergdorf **Riederalp** oberhalb des Rhônetals. Auch dieser Ort ist autofrei, kann aber über eine Seilbahn von Mörel aus erreicht werden.

Das Tourismusbüro in Riederalp betreut das kleine Alpmuseum auf der Alphütte Nagulschbalmu mit traditioneller Käserei. Nicht weit entfernt auf der Riederfurka steht die Villa Cassel. Hier bietet das »Pro Natura Zentrum Aletsch« (Mitte Juni–Mitte Okt: tägl.; Winter: geschlossen) Infos zum Eisstrom und auch zum Umweltschutz in der Region.

Bergwanderer auf dem Aletschgletscher

Genf

Das wunderschön am gleichnamigen See gelegene Genf (Genève) ist – gemessen an seiner internationalen Bedeutung – von eher bescheidener Größe. Die französischsprachige, calvinistisch geprägte Stadt ist ein dynamisches Geschäftszentrum mit weltoffenem, gleichwohl etwas zurückhaltendem Charakter. Genf ist einer der Hauptsitze der UN und Sitz des Internationalen Roten Kreuzes.

Genf hat rund 193000 Einwohner und ist Hauptstadt des gleichnamigen Kantons, der eine lange Grenze zu Frankreich hat und mit dem Rest der Schweiz nur durch einen schmalen Streifen Land im Norden verbunden ist.

Seit dem 9. Jahrhundert gehörte Genf lose dem Heiligen Römischen Reich an, später wurde es von Savoyen regiert, 1536 erhielt es die Unabhängigkeit. Der Versuch von Savoyen, 1602 die Stadt noch einmal zu erobern, wurde zurückgeschlagen. Diesen Sieg feiert man bis heute mit einem Fest: der L'Escalade.

Im 16. Jahrhundert entwickelte sich die Stadt zum wohlhabenden Handelszentrum. Mit der Ankunft Johann Calvins wurde sie auch zu einer Hochburg der Reformation. Als »Rom der Protestanten« zog Genf protestantische Flüchtlinge aus ganz Europa an, die den Wohlstand der Stadt förderten und ihr ein kosmopolitisches Flair verliehen. Nach einer kurzen Phase als unabhängige Republik war Genf zwischen 1798 und 1813 von Frankreich besetzt. 1815 traten die Stadtrepublik und der Kanton der Schweizer Eidgenossenschaft bei.

Heute ist Genf der Sitz zahlreicher internationaler Organisationen und »Hauptstadt« der Diplomatie. Hier befindet sich auch die Europäische Organisation für Kernforschung (CERN), eines der modernsten Wissenschaftszentren der Welt.

Flaggen vor dem Palais des Nations (Völkerbundpalast), Sitz der Vereinten Nationen in Genf

◁ **Mausolée du Duc de Brunswick am Südufer der Rhône, erbaut im Stil des Scaglieri-Grabs in Verona**

Überblick: Genf

Die Stadt liegt am westlichen Ende des Genfer Sees (Lac Léman), von dem aus die Rhône nach Frankreich fließt. Der Fluss teilt Genf in zwei Teile. Im südlichen Teil (Rive Gauche) befindet sich die einst von Mauern umgebene Altstadt (Vieille Ville) aus dem 16. Jahrhundert. Plainpalais, im Südwesten der Altstadt, ist das Universitätsviertel, weiter südlich liegt der malerische Künstlervorort Carouge. Der nördliche Teil (Rive Droite), Genfs Geschäftszentrum, wird von eleganten Hotels geprägt. Noch nördlicher liegt die Cité Internationale mit den internationalen Organisationen. Genf besitzt viele Grünflächen. Am Hafen La Rade ergießt sich die Wasserfontäne des Jet d'Eau.

Raumfahrtdenkmal, Parc des Nations

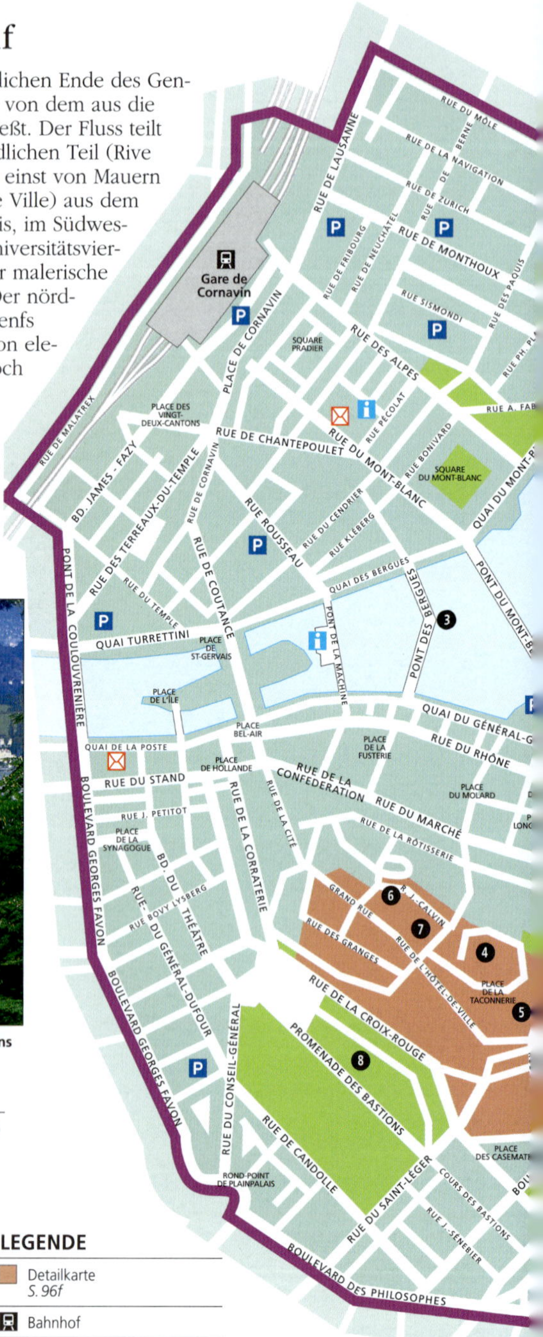

Sehenswürdigkeiten auf einen Blick

Cathédrale Orthodoxe Russe 10
Cathédrale St-Pierre S. 98f 4
Île Rousseau 3
Jardin Anglais 2
Jet d'Eau 1
Maison Tavel 7
Musée d'art et d'histoire S. 102f 9
Musée Barbier-Mueller 6
Musée Int. de la Croix-Rouge et du Croissant-Rouge 11
Palais des Nations 12
Parc des Bastions 8
Place du Bourg-de-Four 5

LEGENDE

- Detailkarte *S. 96f*
- Bahnhof
- Parken
- Post
- Information

SIEHE AUCH

- ***Hotels*** S. 248f
- ***Restaurants*** S. 272f

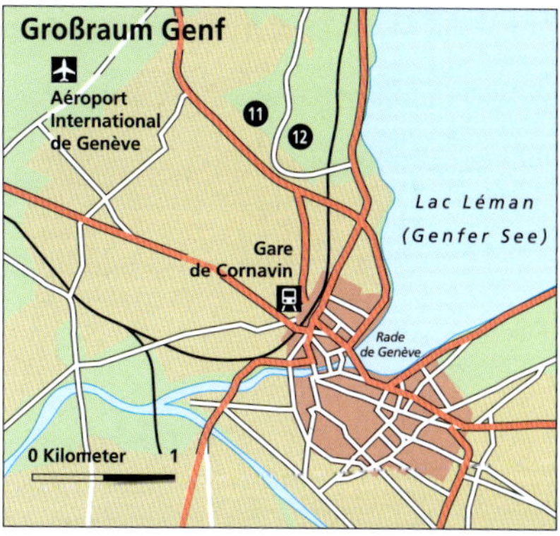

Anreise

Den internationalen Flughafen von Genf erreicht man von allen großen Flughäfen Europas und der Welt. Er liegt sechs Kilometer nordwestlich der Stadt. Die Fahrt vom Flughafen zum Stadtzentrum dauert sechs Minuten mit dem Zug und 15 Minuten mit dem Bus. Der Hauptbahnhof (Gare de Cornavin) befindet sich im Nordteil der Stadt. Außer über die Autobahn Lausanne–Genf kann man die Stadt auf der A40 von Chamonix oder Lyon aus sowie auf der N5 von Dijon aus erreichen.

Tour de l'Île, mittelalterlicher Turm auf einer Insel der Rhône

Im Detail: Altstadt

Die Genfer Altstadt (Vieille Ville) liegt etwas erhöht am Südufer der Rhône um die Kathedrale und die Place du Bourg-de-Four – ein Viertel mit viel Atmosphäre. Hauptschlagader ist die Fußgängerzone Grand'Rue, deren enge, kopfsteingepflasterte Straßen von Kalksteingebäuden gesäumt werden. Das südliche Ende der Altstadt wird von der Promenade des Bastions markiert, die an den alten Stadtmauern entlangläuft. Die Nordseite fällt zum Kai mit seinen breiten Boulevards und dem attraktiven Jardin Anglais hin ab.

★ Cathédrale St-Pierre
Die Kathedrale von Genf (13. Jh.) wurde über mehreren älteren Bauten errichtet, u.a. über einem Bischofspalais, dessen Mosaikboden noch erhalten ist. ❹

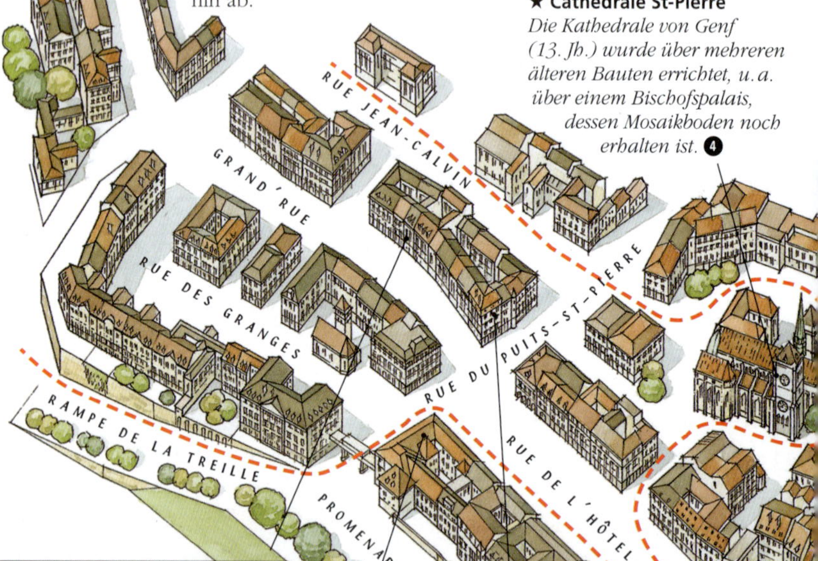

Maison Rousseau
Das Geburtshaus des Schriftstellers und Philosophen Jean-Jacques Rousseau (18. Jh.) steht in der Grand'Rue 40.

Im Hôtel de Ville, dem Rathaus, wurde die erste Genfer Konvention (1864) ratifiziert.

★ Maison Tavel
Das elegante Wohnhaus (1334) ist das älteste Haus in Genf. Heute dokumentiert hier ein Museum den Genfer Alltag im Wandel der Zeit. ❼

Zur Orientierung
Siehe Zentrumskarte S. 94f

★ Place du Bourg-de-Four
Der zentrale Platz wurde im Mittelalter als Marktplatz genutzt. Heute säumen ihn alte Gasthöfe sowie moderne Cafés und Restaurants. ❺

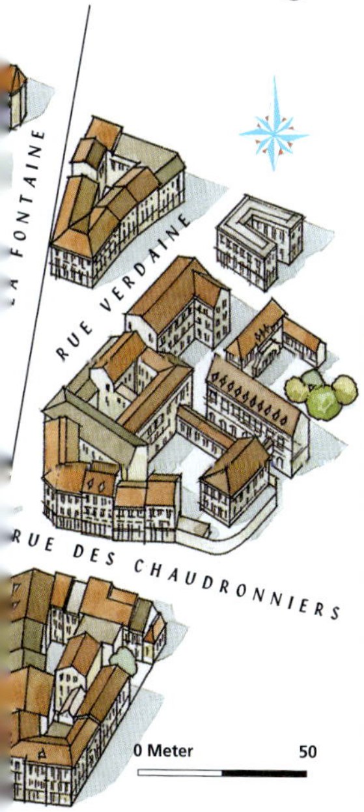

LEGENDE

- - - Routenempfehlung

NICHT VERSÄUMEN

★ Cathédrale St-Pierre

★ Maison Tavel

★ Place du Bourg-de-Four

Jet d'Eau, das Wahrzeichen Genfs und Europas höchste Fontäne

Jet d'Eau ❶

In der Nähe des Quai Gustave Ador.

Die Brunnenanlage steht isoliert auf einem Damm am Südufer des Genfer Sees. Eine 140 Meter hohe Fontäne schießt daraus empor und drückt pro Sekunde 500 Liter Wasser mit einer Geschwindigkeit von rund 200 Stundenkilometern nach oben.

Seine Entstehung verdankt der Jet d'Eau eigentlich einem Zufall. Im späten 19. Jahrhundert wurde ein einfacher Brunnen angelegt, um den überschüssigen Wasserdruck bei der Installation eines Reservoirsystems auszugleichen. Er war bei der Bevölkerung jedoch so beliebt, dass man beschloss, einen festen Brunnen zu bauen, der durch mächtige Pumpen noch spektakulärer wurde. Den schon seit 1930 nachts beleuchteten Jet d'Eau sieht man bereits von Weitem. Er ist der Stolz Genfs und hat sich zum Wahrzeichen der Stadt entwickelt.

Blumenuhr am Eingang des Jardin Anglais

Jardin Anglais ❷

Quai du Général-Guisan.

Der »Englische Garten« liegt am Seeufer am Fuß der Altstadt mit Blick auf den Hafen und die Gebäude am nördlichen Kai. Am Eingang zum Garten befindet sich eine Blumenuhr, die **Horloge Fleurie**. Sie wurde 1955 als Anerkennung für die Uhrmachertradition der Schweiz geschaffen und besteht aus acht sich überschneidenden Rädern mit 6500 blühenden Pflanzen. Das **Monument National** in der Nähe erinnert an den Beitritt Genfs zur Eidgenossenschaft 1815.

Nördlich des Jardin Anglais ragen zwei Gesteinsbrocken aus dem See, die mächtige Gletscher im Lauf einer Eiszeit dorthin transportiert haben. Die Steine sind unter dem Namen **Pierres du Niton** (Neptunsteine) bekannt. Den größeren der beiden nutzte man einst als Referenzpunkt für Höhenmessungen in der Schweiz.

Île Rousseau ❸

Pont des Bergues.

Statue von Jean-Jacques Rousseau

Von der Mitte des Pont des Bergues führt im rechten Winkel ein Fußweg zu einer mittelalterlichen Bastion in der Rhône. Die Île Rousseau wurde nach Jean-Jacques Rousseau (1712–1778) benannt, dem Schriftsteller und Philosophen der Aufklärung, der zu den berühmtesten Bürgern Genfs zählt.

Rousseau, Sohn eines Uhrmachers, verließ Genf im Alter von 16 Jahren. Er pries die Stadt in seinen Schriften, zog sich mit seinen Ansichten jedoch den Unmut der Stadtoberen zu – seine Bücher wurden verbrannt. 1834 allerdings, 56 Jahre nach seinem Tod, stellte die Stadt eine Statue Rousseaus auf der nach ihm benannten Bastion auf.

Cathédrale St-Pierre ❹

Die Bauzeit der Genfer Kathedrale betrug 70 Jahre (1160–1230). Der gewaltige Bau erhielt später noch diverse Anbauten, was die Stilmischung erklärt. Der gotische Grundbau besitzt ältere romanische Elemente und ein unpassendes klassizistisches Portal aus dem 18. Jahrhundert. 1536 wurde St-Pierre protestantisch und verlor den Großteil des üppigen katholischen Dekors. Nur das Chorgestühl und die Bleiglasfenster im Chor haben die »Reinigung« überlebt. Heute zeigt sich die Kirche in Einfachheit und Strenge. Sie steht an der Stelle eines römischen Tempels und weiterer Gebäude, deren ausgegrabene Überreste nahebei zu sehen sind.

Calvins Stuhl
Johann Calvin propagierte eine radikale Kirchenreform. Viele seiner Predigten hielt er in der Kathedrale – vermutlich von diesem Stuhl aus.

Kirchenschiff
Das Kirchenschiff mit Kreuzgratgewölbe vereint romanische und frühgotische Elemente. Über den Bogen befindet sich ein Triforium.

Chapelle des Macchabées
Die Seitenkapelle im Flamboyant-Stil (15. Jh.) bildet mit den später hinzugefügten Fresken und Bleiglasfenstern einen Kontrast zum strengen Mittelschiff.

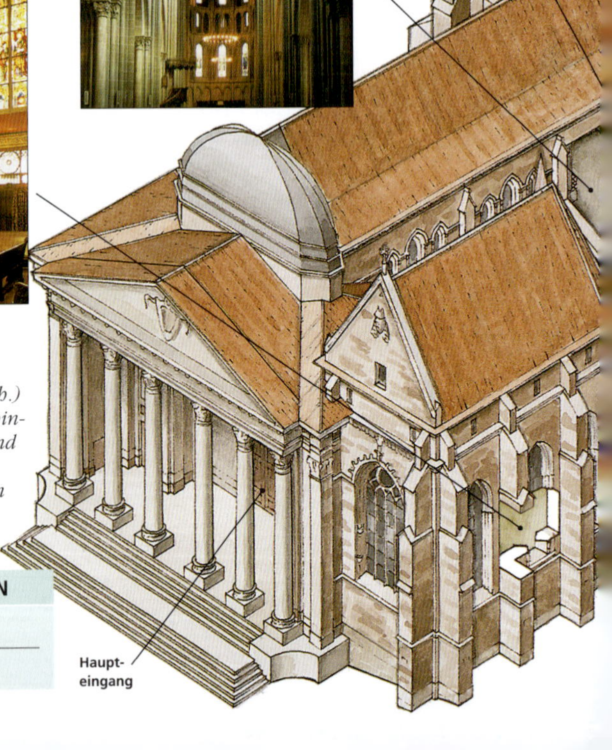

NICHT VERSÄUMEN

★ Chorgestühl

★ Kapitelle

INFOBOX

Cour St-Pierre 6–8. **Archäologische Stätte** ◯ *tägl. 10–17 Uhr.* **www**.site-archeologique.ch
Kirche ◯ *Mo–Sa 10–17.30, So 12–17.30 Uhr.* ♿

Fenster des hl. Andreas
Die Bleiglasfenster im Presbyterium sind Kopien. Die Originale aus dem 15. Jahrhundert sind im Musée d'art et d'histoire zu sehen.

Grab von Henri de Rohan
Henri Duc de Rohan war im 16./17. Jahrhundert Oberhaupt der reformierten Kirche in Frankreich.

★ Kapitelle
Die Meisterwerke romanischer und gotischer Steinmetzkunst gehören zu den wenigen Dekorelementen, die die Reformation überdauert haben.

★ Chorgestühl
Das Gestühl mit kunstvollem Schnitzwerk und Baldachin stand einst in der Nähe des Chors.

Cafés mit Tischen im Freien auf der Place du Bourg-de-Four

Place du Bourg-de-Four ❺

Die Place du Bourg-de-Four liegt vermutlich über dem römischen Forum Genfs und war im Mittelalter der Marktplatz der Stadt. Heute steht hier ein schöner Brunnen (18. Jh.). Man findet alte Häuser (16. Jh.), Kunstgalerien und Antiquitätenläden. Bunte Cafés und Restaurants machen den Platz zu einem lebhaften Zentrum der Altstadt.

Das beeindruckende **Palais de Justice** auf der Südostseite wurde 1707–12 erbaut und dient seit 1860 als Sitz des Gerichts. In der nahe gelegenen Rue de l'Hôtel-de-Ville auf der Südwestseite des Platzes befindet sich das **Hôtel de Ville** mit Renaissance-Fassade. Das Gebäude (15. Jh., mit Anbauten aus späteren Jahrhunderten) war ursprünglich das Rathaus und ist heute Sitz der Kantonalregierung. Über die Rampe im Innenhof konnten früher Kanonen ins Gebäude gehievt werden und Würdenträger zu Pferd ins Rathaus gelangen.

In der Tour Baudet (1455), dem ältesten Teil des Gebäudes, waren einst die Archive untergebracht. Im Erdgeschoss befindet sich der Alabama-Raum. Hier wurden 1864 die Genfer Konvention unterzeichnet und das Internationale Rote Kreuz als humanitäre Organisation anerkannt. 1920 traf sich hier der Völkerbund zum ersten Mal.

Gegenüber dem Hôtel de Ville steht das **Ancien Arsenal**, ein Kornspeicher, der im 18. Jahrhundert zur Waffenkammer wurde.

Skulptur eines Kopfs an der Fassade der Maison Tavel

Musée Barbier-Mueller ❻

10, rue Jean-Calvin. 022 312 02 70. *tägl. 11–17 Uhr.* **www**.barbier-mueller.ch

In einer Gasse hinter der Cathédrale St-Pierre präsentiert das Museum herausragende Kunstgegenstände, Masken und andere Objekte aus Afrika, Asien und Ozeanien, aber auch klassische Artefakte aus dem antiken Griechenland und dem alten Rom. Der Bestand geht auf eine Sammlung zurück, die Josef Mueller 1907 anlegte. Später ergänzten seine Tochter Monique und ihr Ehemann Jean Paul Barbier-Mueller die Sammlung. 1977 wurde das Museum gegründet.

Maison Tavel ❼

6, rue du Puits-St-Pierre. **Musée du Vieux Genève** *022 418 37 00.* *Di–So 10–18 Uhr.*

Das hübsche Kalksteingebäude ist das älteste Haus von Genf. Die gotische Fassade ist mit drei Fensterreihen, einem Eckturm, dem Familienwappen der Tavels, der Erbauer des Hauses, und ungewöhnlichen Steinskulpturen von Tier- und Menschenköpfen verziert. Nach dem Brand von 1334, bei dem ein Großteil der Stadt zerstört wurde, baute man das Haus wieder auf. Erste Zeugnisse gehen jedoch bereits auf 1303 zurück.

Die Maison Tavel beherbergt heute das **Musée du Vieux Genève**, das sich dem Alltagsleben der Stadt zwischen dem 14. und 19. Jahrhundert widmet. Im Untergeschoss finden jeweils Wechselausstellungen statt, die weiteren Räume füllen Ausstellungsstücke von Münzen und Eisenarbeiten bis hin zu Fliesen, Holztüren und anderen Bauelementen. In zwölf Räumen im zweiten Stock kann man Alltagsgegenstände aus dem 17. Jahrhundert sehen. Im Dachgeschoss steht ein riesiges Modell der Stadt, das 1850, vor der Zerstörung der mittelalterlichen Befestigungen, entstand. Eine audiovisuelle Show erklärt das Modell.

Eine eigene Abteilung ist Général Dufour (1787–1875) gewidmet, dem Sohn eines Genfer Uhrmachers, der eine topografische Karte des Landes im Maßstab 1:100 000 erstellte. Als Befehlshaber der Streitkräfte besiegte er 1847 den Sonderbund. Er war auch einer der Gründer des Internationalen Roten Kreuzes.

Reiterstandbild von Général Dufour

Parc des Bastions ❽

Der Park wurde im 18. Jahrhundert entlang den Wehrmauern im südlichen Teil der Stadt angelegt. Ein riesiges und etwas bedrohlich wirkendes Monument, der **Mur de la Réformation**, erhebt sich am östlichen Rand des Parc des Bastions. Es wurde 1909 zum 400. Geburtstag Johann Calvins und zum 350. Jahrestag der Gründung der Genfer Akademie, einer berühmten protestantischen Schule, errichtet. Die Mauer ist 100 Meter lang und wird von fünf Meter hohen Statuen der vier Reformationsführer in Genf gekrönt: Guillaume Farel, Johann Calvin, Théodore de Bèze, dem ersten Leiter der Akademie, und John Knox. Die Reliefs stellen die Geschichte der Reformation dar. Auf dem Gehweg davor ist das Stadtwappen zwischen dem Bären von Bern und dem Löwen von Schottland zu sehen, ein Symbol der Glaubensallianz zwischen den beiden Schweizer Städten und Schottland. Es wird von weiteren Denkmälern flankiert, die an Martin Luther und Ulrich Zwingli erinnern.

Musée d'art et d'histoire ❾

Siehe S. 102f.

Cathédrale Orthodoxe Russe ❿

Rue Lefort. *022 346 47 09.* *Di–Fr 9–12, Sa 9–12, 14–20 Uhr.*

Die russisch-orthodoxe Kirche liegt auf einem Hügel im hübschen Wohnviertel Les Tranchées. Sie ist schon von Weitem sichtbar: Ihre vergoldeten Zwiebeltürme glänzen in der Sonne.

Im 19. Jahrhundert war Genf bei wohlhabenden Russen als Wohn- und Ferienort beliebt. Die Großherzogin

Die vier Genfer Reformationsführer, Denkmal im Parc des Bastions

Die Cathédrale Orthodoxe Russe mit vergoldeten Zwiebeltürmen

Anna Feodorowna ließ die Kirche 1869 auf dem Grundriss eines griechischen Kreuzes erbauen.

Das Innere ist im byzantinischen Stil üppig verziert, mit einer Ikonostase aus Marmor und einem vergoldeten Portal.

Musée International de la Croix-Rouge et du Croissant-Rouge ⓫

17, avenue de la Paix. *022 748 95 11.* *Apr–Okt: Mi–Mo 10–18 Uhr; Nov–März: Mi–Mo 10–17 Uhr.* **www**.micr.org; **www**.redcrossmuseum.ch

Nach 22-monatiger Schließung wegen Umbauarbeiten eröffnete das Internationale Museum des Roten Kreuzes und des Roten Halbmonds im Mai 2013 neu. Die Ausstellung ist bewegend und vermittelt zugleich auch Hoffnung und Energie. Sie legt Zeugnis ab vom Leiden, das das Rote Kreuz seit seiner Gründung 1863 zu lindern versucht, aber auch von menschlichem Mitgefühl und von der Möglichkeit, sich neuen Herausforderungen zu stellen.

Das Gebäude aus Glas und Beton wird innen durch natürliches Licht erhellt. Am Eingang steht eine Gruppe von Steinfiguren mit Augenbinden und Fesseln, ein Denkmal der Menschenrechtsverletzungen.

Das Museum lädt Besucher dazu ein, interaktiv tätig zu werden. Drei Zonen wurden von international bekannten Architekten aus verschiedenen Kulturzonen gestaltet: *Defending Human Dignity* (Gringo Cardia, Brasilien), *Reconstructing the Family Link* (Diébédo Francis Kéré, Burkina Faso) und *Refusing Fatality* (Shigeru Ban, Japan). Innerhalb jeder Zone wird der Besucher emotional berührt und über die Hintergründe aufgeklärt. Der Bereich »On the Spot« informiert über die jüngsten Ereignisse aus den Krisen- und Kriegsgebieten der Welt.

Denkmal vor dem Musée International de la Croix-Rouge

Palais des Nations ⓬

Zugang für Besucher: 14, avenue de la Paix. *022 917 48 96.* *Apr–Juni, Sep–März: tägl. 10–12, 14–16 Uhr; Juli, Aug: tägl. 10–16 Uhr (Ausweis erforderlich).* *für Führungen.* **www**.unog.ch

Das weltweit größte Konferenzzentrum für internationalen Frieden und Sicherheit ist das Herzstück der »internationalen Zone« Genfs. Der Komplex wurde zwischen 1929 und 1936 als Hauptsitz des Völkerbunds errichtet, der 1920 gegründet worden war, um den Weltfrieden nach dem Ersten Weltkrieg wiederherzustellen. 1946 wurde der Völkerbund aufgelöst und der Komplex zum Sitz der Vereinten Nationen (UN bzw. UNO = United Nations Organization, auf Französisch: ONU = Organisation des Nations Unies). Rund 3000 Personen aus allen Teilen der Welt arbeiten hier. Das gesamte Gebäude ist internationales Territorium.

Einige Teile des Komplexes sind öffentlich zugänglich. Es gibt Führungen in 15 verschiedenen Sprachen. Man kommt durch lange Korridore an der **Salle du Conseil** (Ratskammer) vorbei, deren Wände und Decke mit Allegorien des katalanischen Malers José Maria Sert verziert sind. Sie stellen den technischen, sozialen und medizinischen Fortschritt sowie die Vision einer gewaltfreien Zukunft dar.

Die **Salles des Assemblées** (Versammlungssäle) verfügen über insgesamt 2000 Sitzplätze und sind die größten der rund 30 Konferenzräume der Vereinten Nationen.

Im umliegenden, baumbestandenen **Parc des Nations** (Ariana-Park) befinden sich Skulpturen. Darunter sind ein Bronzeglobus (Geschenk der USA) und ein hohes, titanverkleidetes Denkmal, das die Raumfahrt würdigt und von der ehemaligen UdSSR gestiftet wurde *(siehe Abbildung S. 94)*.

Bronzeglobus und UN-Flagge im Parc des Nations beim Palais des Nations

Musée d’art et d’histoire ⑨

Die riesige Sammlung an Gemälden, Skulpturen und Artefakten, die im Museum für Kunst und Geschichte zu sehen ist, deckt eine Zeitspanne von der Ur- und Frühgeschichte bis zur Mitte des 20. Jahrhunderts ab. In der archäologischen Abteilung finden sich Exponate aus Mesopotamien, Ägypten, Griechenland, Rom und anderen alten Kulturen. Zu den kunsthandwerklichen Exponaten gehören Töpferwaren, Möbel, Bleiglasfenster und antike Einrichtungsgegenstände. Die Gemälde- und Skulpturenabteilungen umfassen u.a. Werke der Impressionisten und Surrealisten. Auch Schweizer Künstler, vor allem der Genfer Schule, sind gut vertreten.

★ Der Seewandel des Petrus
Das Gemälde ist Teil eines Altarbilds, das Konrad Witz 1444 für die Cathédrale St-Pierre (siehe S. 98f) *angefertigt hat. Im Hintergrund ist Genf zu sehen.*

Hodlers Möbel
Stühle, Sessel, ein Tisch und ein Bücherschrank gehören zu den Eichenmöbeln, die Josef Hoffman in der Wiener Werkstätte für Ferdinand Hodler (siehe S. 54), *den Schweizer Maler, anfertigte.*

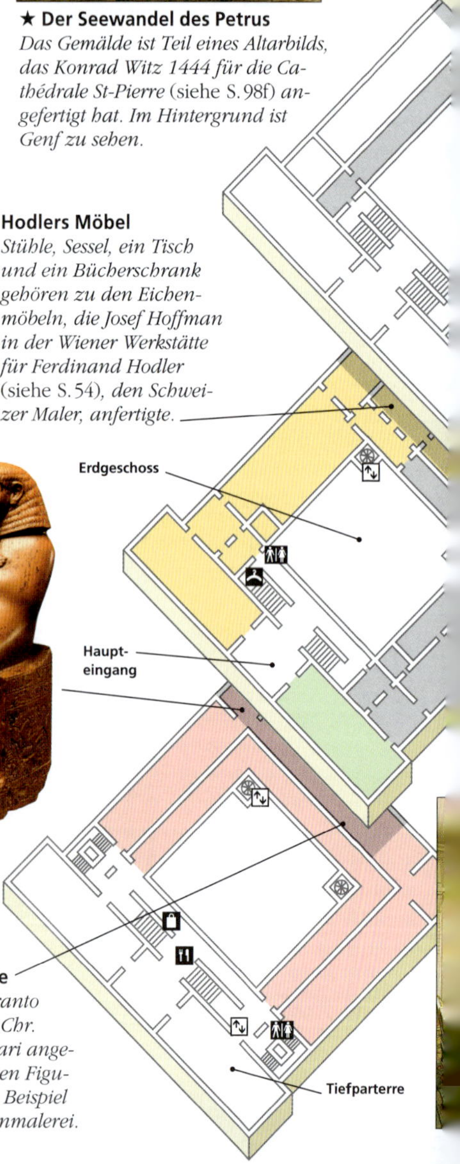

★ Statuette des Nemtynakht
Die Skulptur aus Quarzit stellt einen ägyptischen Würdenträger des Mittleren Reichs aus der Zeit um 1750 v. Chr. dar.

Griechische Vase
Die Vase aus Taranto wurde um 350 v. Chr. vom Meister von Bari angefertigt. Mit ihren roten Figuren ist sie ein schönes Beispiel der griechischen Vasenmalerei.

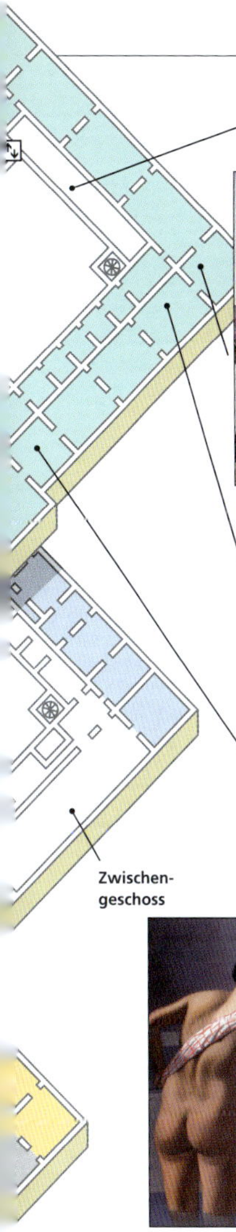

INFOBOX

2, rue Charles Galland. ☎ *022 418 26 00.* 🕐 *Di–So 11–18 Uhr.* 💶 *für Wechselausstellungen.* **www**.ville-ge.ch/mah

Le Quai des Pâquis à Genève
Der französische Maler Camille Corot kam oft nach Genf. Er vollendete dieses Gemälde des Sees 1863.

Ferme à Monfoucault
Der französische Impressionist Camille Pissarro (1830–1903) malte bevorzugt ländliche Szenen. Das Gemälde stammt aus dem Jahr 1874.

Kurzführer

Im Tiefparterre ist die Sammlung antiker Exponate untergebracht. Das Erdgeschoss widmet sich der Ur- und Frühgeschichte sowie dem Kunsthandwerk, das Zwischengeschoss zeigt Rekonstruktionen der Palasträume. Im ersten Stock befinden sich die Gemälde- und Skulpturenabteilungen.

Das Türkische Bad
Der Schweizer Künstler Félix Vallotton (1865–1925) lebte lange Zeit in Paris. Typisch für sein Werk ist die übersteigerte Plastizität der Figuren. Das Gemälde Türkisches Bad *(1907) zählt zu seinen bekanntesten Arbeiten.*

LEGENDE

- Antike Exponate
- Kunsthandwerk
- Ur- und Frühgeschichte
- Rekonstruierte Palasträume
- Gemälde und Skulpturen
- Wechselausstellungen

★ Salon du Palais Cartigny
Der Salon des Genfer Palais wurde hier rekonstruiert. Er stammt von etwa 1805 und ist zum Teil im klassizistischen Stil eingerichtet.

NICHT VERSÄUMEN

★ Salon du Palais Cartigny

★ Der Seewandel des Petrus

★ Statuette des Nemtynakht

Unterhaltung

Genf bietet eine lebhafte, bunte Kulturszene. Mit Lausanne teilt sich die Stadt das Orchestre de la Suisse Romande, was sie führend auf dem Gebiet der Klassik macht. Das ganze Jahr über kann man Konzerte von Weltklasse hören. Die Opern- und Ballettaufführungen verteilen sich auf mehrere Bühnen in Genf und nehmen im Veranstaltungskalender der Stadt einen fast ebenso wichtigen Platz ein. Zudem gibt es ein englischsprachiges Theater sowie eine sehr renommierte Operngesellschaft. Filmvorführungen und andere sommerliche Open-Air-Veranstaltungen rund um den See sind aus dem Genfer Kulturleben ebenfalls nicht wegzudenken.

Die Fêtes de Genève, zehn Tage Ende Juli/Anfang August, sind das beliebteste Festival mit Konzerten, Umzügen und Feuerwerk. Zu den internationalen Ereignissen gehört auch die jährliche Regatta auf dem Genfer See.

Tour du lac – Segelregatta auf dem Genfer See

Information und Tickets

Die Genfer Tageszeitung *Le Temps* bietet einen ausführlichen Veranstaltungskalender. Gute Informationsquellen sind auch *Agenda de Genève* und *Genève: Le Guide*, die beide auf Französisch und Englisch erscheinen und bei der Tourismusinformation erhältlich sind.

Karten für die wichtigsten Veranstaltungen bekommt man bei **Ticketcorner** oder bei **FNAC**. Für englischsprachige Veranstaltungen bucht man am besten online bei **Theatre in English**. Die großen Kaufhäuser und Supermärkte *(siehe S. 107)*, z. B. Manor, Migros, Globus und Centre Balexert, verkaufen ebenfalls Karten.

Klassische Musik, Theater und Tanz

Genf liegt auf dem Gebiet der klassischen Musik ganz vorn in Europa. Das renommierte Orchestre de la Suisse Romande, das seinen Sitz sowohl in Genf als auch in Lausanne hat, gibt regelmäßig Konzerte in der **Victoria Hall**. Sehr gute Opernaufführungen, Liederabende und Kammerkonzerte bietet auch das **Grand-Théâtre de Genève**. Bei der **Geneva Amateur Operatic Society** stehen zahlreiche englischsprachige Aufführungen auf dem Programm. Sie reichen von der Operette über Musicals bis hin zu anspruchsvollem Cabaret und Pantomime.

Oper, Jazz, klassische Musik und moderner Tanz bilden das Repertoire des **Bâtiment des Forces-Motrices**. Die Halle war früher ein Rhône-Kraftwerk. Kostenlose Konzerte kann man das ganze Jahr über in einigen Genfer Kirchen sowie – während der Sommermonate – auch in den Parks der Stadt genießen.

Die Theaterszene in Genf reicht von klassisch bis avantgardistisch. Die **Comédie de Genève** konzentriert sich auf klassische Produktionen, das **Théâtre du Grütli** wagt sich mit zeitgenössischen Schweizer und ausländischen Stücken an Experimente. Inszenierungen moderner Dramen kann man auch im **Théâtre de Carouge** sehen.

Das **Théâtre des Marionettes de Genève** ist für sein fantastisches Puppenspiel bekannt – die Aufführungen wenden sich an Kinder, aber auch an Erwachsene. Genf hat darüber hinaus ein eigenes Kindertheater, das **Théâtre Am Stram Gram**. Die Vorstellungen sind

Feuerwerk am Genfer See bei den Fêtes de Genève

auf Französisch – wie die meisten Produktionen im französischsprachigen Genf. Doch wie es sich in einer in-

Szene aus *Romeo und Julia* in einem Genfer Theater

ternationalen Stadt gehört, gibt es auch einige deutsch- und englischsprachige Inszenierungen. Die **Geneva English Drama Society** bringt ihre Stücke nur auf Englisch heraus. Jede Saison umfasst vier Produktionen sowie eine Reihe von Lesungen. Die Gesellschaft organisiert außerdem Workshops und andere Aktivitäten.

Die **Fêtes de Genève**, das beliebteste Festival der Stadt, finden zehn Tage lang Ende Juli/Anfang August statt. Auf dem Programm stehen Veranstaltungen aller Art, in Sälen und unter freiem Himmel: klassische Konzerte, Techno- und Rockkonzerte, Theateraufführungen, Shows für Kinder und Umzüge. Einen Höhepunkt stellt das Feuerwerk am See dar.

Clubs

Zu den Nightspots in Genf gehören sowohl elegante Etablissements mit eher strenger Kleiderordnung (oft in Hotels) als auch informelle Treffs, die vor allem jüngere Leute aufsuchen. Ebenso unterschiedlich sind die Musikstile: von Musik der 1960er Jahre in **La Coupole Avenue** bis zu House und Techno in den meisten anderen Clubs. Der **Organic Club** ist bei Schwulen beliebt.

Viele Clubs haben montags geschlossen, freitags und samstags haben sie dagegen bis in die frühen Morgenstunden geöffnet.

Kino

Abgesehen von vielen kleinen Kinos im Stadtzentrum und in den Randbezirken verfügt Genf auch über einen großen Kinokomplex, den **Pathé Balexert**. Die meisten Filme werden in Originalsprache mit französischen Untertiteln gezeigt. Dies wird durch die Abkürzung »vo« (»version originale«) kenntlich gemacht. Französische Filme sind meist mit englischen, manchmal auch mit deutschen Untertiteln versehen.

Eines der Sommerereignisse in Genf ist das **Open-Air-Kino** am See. Die Vorführungen werden von OrangeCinema organisiert und finden im Rahmen des Geneva Art Festival statt. Von Mitte Juli bis Mitte August gibt es jeden Abend einen anderen Film.

Pulsierende Straßenbeats: Techno-Parade bei den Fêtes de Genève

AUF EINEN BLICK

Information und Tickets

Office du Tourisme
18, rue du Mont-Blanc.
022 909 70 00.
www.geneve-tourisme.ch

Ticketcorner
0900 800 800.
www.ticketcorner.ch

FNAC
16, rue de Rive.
022 816 12 30.

Theatre in English
022 341 5190/5192.
www.theatreinenglish.ch

Klassische Musik, Theater und Tanz

Bâtiment des Forces-Motrices
2, place des Volontaires.
022 322 12 20.

Comédie de Genève
6, bd des Philosophes.
022 320 50 01.

Fêtes de Genève
022 909 70 70.
www.fetes-de-geneves.ch

Geneva Amateur Operatic Society
www.gaos.ch

Geneva English Drama Society
www.geds.ch

Grand-Théâtre de Genève
5, place de Neuve.
022 322 50 50.

Théâtre Am Stram Gram
56, route de Frontenex.
022 735 79 24.

Théâtre de Carouge
39, rue Ancienne, Carouge.
022 343 43 43.

Théâtre des Marionnettes de Genève
3, rue Rodo.
022 807 31 07.

Théâtre du Grütli
16, rue du Général-Dufour.
022 888 44 88.

Victoria Hall
14, rue du Général-Dufour.
022 418 35 00.

Clubs

La Coupole Avenue
116, rue du Rhône.
022 737 40 40.

Organic Club
4, rue de la Rôtisserie.
022 310 14 28.

Kino

Open-Air-Kino
Port-Noir. www.cine.ch;
www.genevartfestival.ch

Pathé Balexert
27, avenue Louis-Casaï.
0901 30 20 10.

Shopping

Genf ist ein Shopping-Paradies. Die wohlhabendere Klientel präferiert dabei Juweliergeschäfte, die diamantbesetzte Uhren und opulenten Schmuck führen, sowie die edlen Flagship Stores mit Designermode internationaler Herkunft. Die Stadt ist auch auf dem Kunstsektor führend und bietet viele Galerien und Antiquitätengeschäfte.

Feinste Schweizer Pralinen

In den etwas preiswerteren Nebenstraßen der Cité gibt es ebenfalls Uhren, qualitativ hochwertiges Kunsthandwerk und zahlreiche handgefertigte Souvenirs zu kaufen. Zu den Spezialitäten zählen Schokolade, Käse und Weine der Region. Außerhalb des Zentrums findet man farbige Straßenmärkte, die von Büchern bis zu Sammlerobjekten alles verkaufen.

Souvenirgeschäft in Genf mit bunten Kuhglocken in verschiedenen Größen

Öffnungszeiten

Die meisten Läden und Kaufhäuser in Genf haben montags bis freitags von 8 bis 19 oder 19.30 Uhr und samstags von 8 bis 17 oder 18 Uhr geöffnet. Am »langen Donnerstag« kann man bis 21 Uhr einkaufen. Sonntags haben Souvenirläden, Supermärkte und Shops in Tankstellen, im Flughafen sowie im Bahnhof geöffnet.

Kaufhäuser

Filialen der Supermarkt- und Kaufhausketten **Migros**, Coop, **Globus** und **Manor** findet man überall in Genf. **Bon Génie** hat sich auf Designermode und hochwertige Kosmetik spezialisiert. Eines der größten Einkaufszentren der Stadt ist Balexert. La Praille, ein weiteres großes Einkaufszentrum, befindet sich in der Nähe des Stadions.

Märkte

Die größten Straßenmärkte Genfs finden südwestlich der Altstadt auf der **Plaine de Plainpalais** statt. Hier wird jeden Dienstag- und Freitagmorgen ein Obst- und Gemüsemarkt abgehalten. Auf den ganztägigen Flohmärkten am Mittwoch und Samstag kann man wahre Schätze entdecken: alte Uhren, Antiquitäten, moderne Möbel, Zierrat und Kleidung aus aller Herren Länder. Auch auf der Place du Marché (in der Nähe des Carouge-Viertels) und am zentral gelegenen Boulevard Helvétique kann man mittwochs und samstags lebhafte Märkte finden. Einen Kunsthandwerks- und Lebensmittelmarkt gibt es jeden Donnerstag auf der **Place de la Fusterie**.

Schweizer Uhr

Uhren und Schmuck

Die Genfer Filiale der Kette **Gübelin** befinden sich an der Place du Molard. Sie bietet eine große Auswahl an Uhren führender Schweizer Marken sowie Schmuck und Edelsteine. **Bucherer** und **Cartier**, beide an der Rue du Rhône, der kleinsten Shopping-Straße Genfs, zählen zu den luxuriösen Juwelieren, die in der Schweiz in einigen Städten vertreten sind.

Souvenirs

Es gibt viele gute Souvenirläden in Genf. Sie verkaufen Schweizer Spezialitäten wie Lederwaren, Kuckucksuhren und Offiziersmesser sowie Uhren und Schmuck, die jeweils auch für den kleineren Geldbeutel erschwinglich sind. **Swiss Corner**, **Cadhor** und **Molard Souvenirs** sind drei der besten Läden.

Buchhandlung und Antiquariat in der Altstadt, 20, Grand'Rue

Logo von Rolex, der führenden Schweizer Uhrenmarke

Kunst und Antiquitäten

Die meisten Antiquitätengeschäfte und Kunstgalerien liegen in der Grand'Rue in der Altstadt. Viele der Galerien haben Gemälde alter Meister im Schaufenster, andere sind hingegen auf eher erschwinglichere Kunst wie moderne Gemälde und Zeichnungen sowie Drucke spezialisiert.

Das Carouge-Viertel im Süden der Altstadt beherbergt zudem viele kleine Ateliers, Studios und Kunsthandwerksläden, in denen man den Künstlern bei der Arbeit zusehen kann.

Bücher

Über eine umfassende Auswahl an Büchern verschiedenster Genres verfügt die Librairie **Payot**. Die Buchhandlung **Literart** bietet Literatur und alle Arten von Sachbüchern aus dem deutschen Sprachraum an. Hier finden regelmäßig auch Lesungen auf Deutsch statt.

Schokolade und Pralinés

Der bekannteste Genfer Schokoladenhersteller heißt Favarger. Seine Markenprodukte kann man bei Fabrikverkäufen, Läden der Mercury-Kette sowie in Kaufhäusern erstehen. Auch einige andere traditionelle Chocolatiers bieten Fabrikverkäufe an diversen Stellen der Stadt an. Zwei der besten Läden in der Genfer Altstadt sind die **Chocolaterie du Rhône** und die **Chocolaterie Stettler**, die Köstlichkeiten wie *pavés de Genève* (»Pflastersteine«, kleine rechteckige Pralinenwürfel) verkaufen.

Weltberühmter Hase (Goldhase)

Käse und Wein

Eine große Auswahl an Schweizer Käse *(siehe S. 264f)* findet man in zahlreichen Fachgeschäften in Genf. Einen Besuch lohnen auf jeden Fall **Ursula Antonietti**, Rue de Cornavin, und die **Fromagerie Bruand**, Boulevard Helvétique.

Die Gegend um Genf ist auch für ihre hervorragenden Weine *(siehe S. 266f)* berühmt. In vielen Dörfern nahe der Stadt bieten die Winzer der Region ihren Wein zum Direktverkauf an. In den meisten Fällen kann man den Wein dort auch verkosten.

Farbenprächtiger Blumenstand auf einem Straßenmarkt

AUF EINEN BLICK

Kaufhäuser

Bon Génie
34, rue du Marché.
022 818 11 11.

Globus Grand Passage
48, rue du Rhône.
058 578 50 50.

Manor
6, rue Cornavin.
022 909 46 99.

Migros Plainpalais-Centre
64, rue de Carouge.
022 807 09 60.

Märkte

Plaine de Plainpalais
(Obst, Gemüse, Souvenirs).
Di u. Fr 8–13 Uhr.

Plaine de Plainpalais
(Flohmarkt).
Mi u. Sa 8–20 Uhr.

Place de la Fusterie
(Kunsthandwerk).
Do 8–18.45 Uhr.

Place de la Fusterie
(Bücher). Apr–Nov:
Fr 8–18.45 Uhr.

Uhren und Schmuck

Bucherer
45, rue du Rhône.
022 319 62 66.

Cartier
35, rue du Rhône.
022 818 54 54.

Gübelin
1, place du Molard.
022 365 53 80.

Souvenirs

Cadhor
11, rue du Mont-Blanc.
022 732 28 25.

Molard Souvenirs
1, rue de la Croix d'Or.
022 311 47 40.

Swiss Corner
7, rue des Alpes.
022 731 06 84.

Bücher

Literart
15, bd Georges-Favon.
022 311 40 80.
www.literart.ch

Payot
16, rue du Marché.
022 319 79 40.
www.payot.ch

Schokolade und Pralinés

Chocolaterie du Rhône
3, rue de la Confédération.
022 311 56 14.

Chocolaterie Stettler
10, rue de Berne.
022 738 17 20.

Käse und Wein

Fromagerie Bruand
29, boulevard Helvétique.
022 736 93 50.

Ursula Antonietti
1, rue de Cornavin.
022 731 25 05.

Westschweiz

Die Westschweiz, eine überwiegend französischsprachige Region, besteht aus drei unterschiedlichen geografischen Zonen: dem Schweizer Jura im Norden, dem Westausläufer der Mittelland-Hochebene im Osten und den Alpen im Südosten. Im Süden erstreckt sich der Genfer See (Lac Léman), an dessen Ufer die Städte Genf (Genève), Lausanne, Vevey und Montreux liegen.

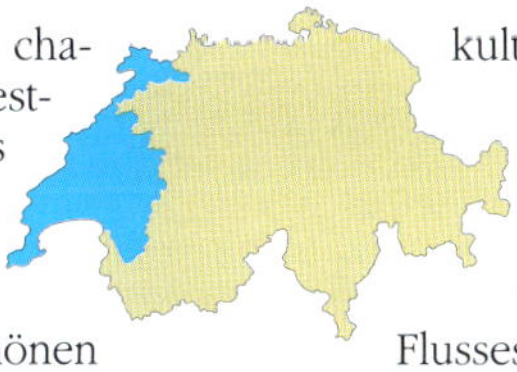

Seen und sanfte Hügel charakterisieren die Westschweiz. Hier gibt es Städte, mittelalterliche Ortschaften voller Atmosphäre und kleine Dörfer mit wunderschönen alten Kirchen. Das Gebiet umfasst die Kantone Genève (Genf), Vaud (Waadt), Jura, Fribourg (Freiburg) und Neuchâtel (Neuenburg). Die Westschweiz grenzt an Frankreich – der Kanton Genève ist auf drei Seiten von französischem Territorium umgeben. Das Gebiet ist Teil der Suisse Romande (Romandie) und fühlt sich Frankreich kulturell verbunden.

Während die großen politischen Organisationen und die Banken Genf ein internationales Profil verleihen, ist Lausanne mit seiner großartigen Kathedrale und der Universität ein kulturelles und intellektuelles Zentrum. Fribourg wird von der Sarine nicht nur topografisch, sondern auch sprachlich in zwei Teile geteilt: Westlich des Flusses spricht man Französisch, östlich davon Deutsch. Das reinste Französisch der Westschweiz wird angeblich in Neuchâtel gesprochen.

In der Westschweiz, genauer im Schweizer Jura, liegen die Anfänge der Uhrmachertradition des Landes – hier blüht sie heute noch. Die Region ist auch für ihren Wein berühmt, insbesondere die Weine vom Genfer See. Und schließlich findet sich in der Westschweiz eine der schönsten Schweizer Sehenswürdigkeiten: das märchenhafte Château de Chillon, das auf dem Wasser des Genfer Sees zu schweben scheint.

Fribourg (Freiburg) mit dem gotischen Turm der Cathédrale St-Nicolas (13. Jh.)

◁ **Das mittelalterliche Château de Chillon** ***(siehe S. 122f)*** **auf einem Inselchen am Ostufer des Genfer Sees**

Überblick: Westschweiz

Die Westschweiz ist eine Region voller unterschiedlicher Landschaften, lebhafter Dörfer und international bekannter Städte. Der Schweizer Jura im Westen ist vor allem bei Wanderern und Skilangläufern sehr beliebt. Auch im Südosten findet man viele Ferienorte für Wintersport. Die Westschweiz ist zudem ein Land voller Seen (mit dem Genfer See als wichtigem Anziehungspunkt) und sonnenbeschienener Weinberge. Die Städte Genf, Lausanne, Fribourg und Neuchâtel haben zahlreiche Museen und historische Gebäude zu bieten. Im mondäneren Vevey und in Montreux kann man sich in entspannter Atmosphäre und mit einzigartigem Blick auf den Genfer See erholen.

Escaliers du Marché an der Place de la Palud in Lausanne

In der Westschweiz unterwegs

Hauptpforte in die Westschweiz sind die internationalen Flughäfen von Genf und Zürich. Von Genf aus hat man über die A1 Zugang zur gesamten Region. Zudem gibt es zahlreiche Eisenbahnlinien. Die Züge fahren sowohl vom Genfer Flughafen als auch vom Bahnhof in der Stadt ab. Die Hauptroute führt von Genf über Neuchâtel und Biel (Bienne) nach Norden. Schnellzüge fahren auch am Genfer See entlang nach Fribourg und weiter nördlich nach Bern sowie südlich über Lausanne und Montreux ins Wallis. Die Strecken sind landschaftlich sehr reizvoll.

Blick von der Stadtmauer auf die Dächer von Murten (Morat)

LEGENDE

- Autobahn
- Hauptstraße
- Nebenstraße
- Panoramastraße
- Eisenbahn (Hauptstrecke)
- Eisenbahn (Nebenstrecke)
- Staatsgrenze
- Kantonsgrenze
- Gipfel

Schlucht bei Le Châtelot im Jura

Fontaine de St-Jacques, Planche Supérieure, Fribourg

SIEHE AUCH

• ***Hotels*** S. 249–252

• ***Restaurants*** S. 273–276

Sehenswürdigkeiten auf einen Blick

Aigle 6
Avenches 12
Château de Chillon S. 122f 5
Delémont 25
Estavayer-le-Lac 14
Franches-Montagnes 23
Fribourg (Freiburg) S. 126f 10
Genfer See (Lac Léman) S. 118f 2
Grandson 18
Gruyères 9
La Chaux-de-Fonds 22
Lausanne S. 112–117 1
Le Locle 21
Les Diablerets 8
Leysin 7
Montreux 4
Murten (Morat) 11
Neuchâtel (Neuenburg) S. 130f 20
Payerne 13
Romainmôtier 16
St-Ursanne 24
Ste-Croix 19
Vallorbe 17
Vevey 3
Yverdon-les-Bains 15

Lausanne ❶

Mit seiner wunderschönen Lage am Nordufer des Genfer Sees ist Lausanne zweifelsohne eine der schönsten Städte der Schweiz. Sie wurde im 1. Jahrhundert als römische Siedlung gegründet. Aus Sicherheitsgründen zogen die Einwohner später auf die umliegenden Hügel. Der Bereich bildet nun die Altstadt (Vieille Ville). Lausanne war erst Bischofssitz (6. Jh.), später Universitätsstadt (die Fondation Académie wurde 1537 gegründet). Es ist ein wichtiges kulturelles und ökonomisches Zentrum der französischsprachigen Schweiz. Lausanne ist auch Sitz des Bundesgerichts und des Internationalen Olympischen Komitees (IOC).

Detail der Fassade der Église St-Laurent (18. Jh.)

Überblick: Lausanne

Die Stadt mit den steilen Treppen liegt auf drei Hügeln, die sich in einer Reihe am Genfer See erheben. Mittelpunkt Lausannes ist die Place St-François. Im Norden schließt sich das Shopping-Viertel um die Rue du Bourg an. Noch weiter nördlich befindet sich die Altstadt (Vieille Ville) mit der großartigen Kathedrale *(siehe S. 114f)*. Das Viertel Bel-Air im Westen blickt auf ein Tal, in dem einst der Flon floss. Vom Grand-Pont, der Brücke über das Tal, hat man eine schöne Aussicht auf Bel-Air und die sich dahinter erhebende Altstadt. Ouchy ist der traditionelle Hafen von Lausanne.

Tour Bel-Air und Salle Métropole

1, place Bel-Air. *021 345 00 29.*

Die Tour Bel-Air liegt an einem steilen Abhang am Fuß der Altstadt und war das erste Hochhaus der Schweiz. In dem 50 Meter hohen Gebäude sind Büros, Apartments und die Salle Métropole untergebracht. Der Bau wurde 1931 fertiggestellt und verleiht der Skyline Lausannes den Charakter einer Metropole. Das Theater hat sich zu einem der wichtigsten Kulturzentren der Stadt entwickelt.

Église St-Laurent

Rue St-Laurent.

Keine 100 Schritte von der Tour Bel-Air entfernt, inmitten der gepflegten Häuser der Altstadt, liegt die protestantische Église St-Laurent. 1716–19 wurde sie auf Ruinen einer älteren Kirche (10. Jh.) erbaut. Die Fassade wurde von Rodolphe de Crousaz Ende des 18. Jahrhunderts gestaltet. Sie ist eines der wenigen Beispiele klassizistischer Architektur in Lausanne.

Place de la Palud

Die Südseite des Marktplatzes wird vom Rathaus beherrscht, einem zweistöckigen Gebäude mit Arkaden, verziert mit dem Stadtwappen. Es entstand im 17. Jahrhundert im Stil der Renaissance. Hier wurde am 10. April 1915 das Internationale Olympische Komitee (IOC) gegründet.

Die Place de la Palud ist ein beliebter Treffpunkt. Mittwochs und samstags findet hier ein Markt statt, einmal im Monat eine Kunsthandwerksmesse.

Statue an der Fontaine de la Justice

Auf der Mitte der Place de la Palud steht die Fontaine de la Justice (16. Jh.), die von einer allegorischen Darstellung der Gerechtigkeit gekrönt wird. Die überdachte Holztreppe hinter dem Brunnen trägt den Namen Escaliers du Marché. Sie führt in die Rue Pierre Viret. Von dort aus gelangt man über weitere Stufen zur Kathedrale.

Das schlichte gotische Kirchenschiff der Église St-François

Place St-François

In der Mitte des Platzes befindet sich die Église St-François (13./14. Jh.), die als Kirche eines Franziskanerklosters erbaut wurde. Das Kloster wurde während der Reformation aufgelöst, die Kirche ihres Dekors beraubt. Die Fassade rekonstruierte man in den 1990er Jahren, das Innere blieb allerdings schmucklos.

Die Straßen um die Place St-François zählen zu den schönsten der Stadt. Die Rue de Bourg wird von alten Häusern gesäumt. Zudem findet man hier zahlreiche Juweliere, Boutiquen, Bars und Jazzclubs.

Musée historique

5, place de la Cathédrale. *021 315 41 01. Di–Do 11–18, Fr–So 11–17 Uhr (Juli, Aug: auch Mo 11–18 Uhr).*

Das Geschichtsmuseum der Stadt ist in den restaurierten Räumen des ehemaligen Bischofspalais

(11. Jh.) untergebracht. Die Sammlungen veranschaulichen die Geschichte Lausannes von prähistorischen Zeugnissen bis heute. Besonders interessant ist ein Modell der Stadt aus dem Jahr 1638.

Cathédrale Notre-Dame

Siehe S. 114f.

Palais de Rumine

6, place de la Riponne
Musée cantonal des Beaux-Arts *021 316 34 45.* *Di, Mi 11–18, Do 11–20, Fr–So 11–17 Uhr.*
www.musees.vd.ch
Musée d'Archéologie et d'Histoire *021 316 34 30.*
Di–Do 11–18, Fr–So 11–17 Uhr.
www.musees.vd.ch

Der beeindruckende Neorenaissance-Bau des Palais de Rumine (1896–1906) beherbergte einst die Universität Lausannes, bis diese in die Vororte der Stadt zog. Heute befinden sich hier noch die Universitätsbibliothek und fünf Museen.

Das Musée cantonal des Beaux-Arts im Erdgeschoss zeigt Schweizer Gemälde vom 18. bis 20. Jahrhundert. Sehenswert sind vor allem die Landschaftsbilder aus dem Waadt (19. Jh.) sowie die Werke von François Bocion und Giovanni Giacometti, Vater des berühmteren Alberto Giacometti.

Wandverzierung, Palais de Rumine

Das Museum für Archäologie und Geschichte im sechsten Stock präsentiert Ausgrabungsfunde. Sie reichen von der Bronzezeit bis ins Mittelalter. Eines der schönsten Exponate ist die Goldbüste Marc Aurels *(siehe Abbildung S. 35)*, die man 1939 in Avenches entdeckte.

Die anderen drei Museen des Hauses widmen sich der Geologie, der Zoologie und der Numismatik.

Château St-Maire

Place du Château. *für die Öffentlichkeit.*

Der massive Bau aus Ziegeln und Sandstein wurde zwischen 1397 und 1427 als Palais der Bischöfe von Lausanne errichtet, die die Stadt damals regierten. Als man sie stürzte, wurde das Château die Residenz der neuen Machthaber, der Herren von Bern. Den Unabhängigkeitskampf der Stadt und des Kantons Vaud (Waadt) führte Jean Davel, der 1723 auf Befehl der Berner Oberen geköpft wurde. Sein Denkmal steht vor dem Château. Der Bau ist heute Sitz der Kantonalverwaltung des Waadt.

INFOBOX

Straßenkarte G3.
129 000.
9, place de la Gare (in der Haupthalle des Bahnhofs), 021 613 73 73, sowie in Ouchy, place de la Navigation.
www.lausanne-tourisme.ch

Château St-Maire, mit der Statue von Jean Davel

Lausanne: Cathédrale Notre-Dame

Die im 12. Jahrhundert begonnene und im 13. Jahrhundert vollendete Kathedrale ist eines der schönsten gotischen Bauwerke der Schweiz. Sie wurde auf den Überresten eines römischen Lagers und den Fundamenten karolingischer und romanischer Basiliken erbaut. Im von Seitenschiffen flankierten Mittelschiff, im Turm über dem Querhaus, in der Apsis und im Wandelgang zeigt sich deutlich der Einfluss der französischen Gotik. Die Kathedrale wurde 1275 von Papst Gregor X. geweiht und ist seit der Reformation protestantisch. Vom Südwestturm aus hat man eine grandiose Aussicht auf Lausanne und auf den Genfer See.

Kirchengestühl
Das Gestühl der Chapelle St-Maurice ist mit ausdrucksstarken Heiligenfiguren geschmückt – ein Meisterwerk spätgotischer Holzschnitzerei.

Mittelschiff
Im Mittelschiff wechseln sich schlanke und kräftige Säulen ab. Auf Letzteren ruht das zentrale Gewölbe.

★ Chapelle St-Maurice
Die Kapelle im nicht vollendeten Nordturm ist mit einem kunstvoll geschnitzten spätgotischen Gestühl aus dem frühen 16. Jahrhundert ausgestattet.

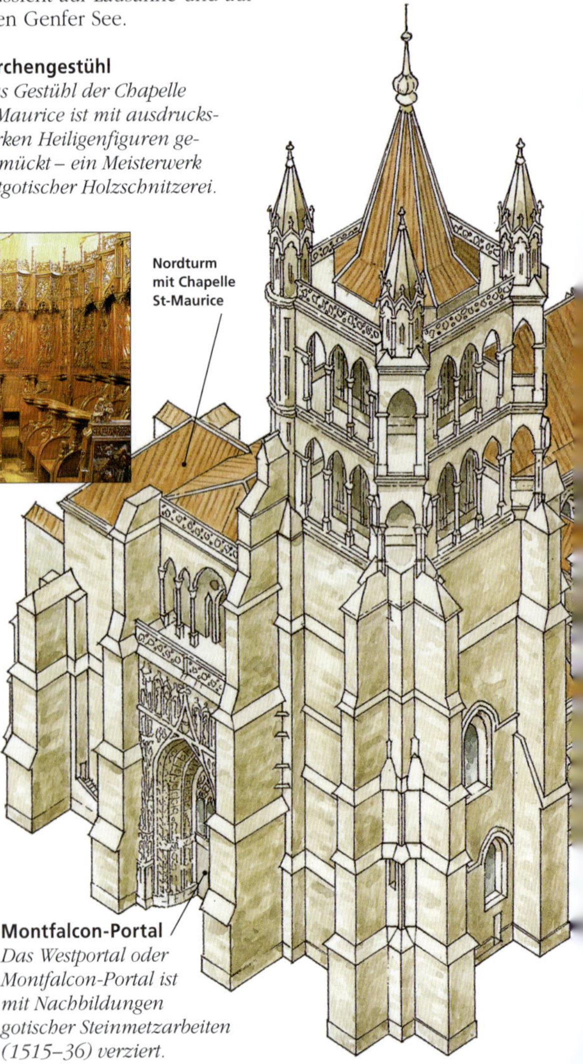

Montfalcon-Portal
Das Westportal oder Montfalcon-Portal ist mit Nachbildungen gotischer Steinmetzarbeiten (1515–36) verziert.

INFOBOX

1, place de la Cathédrale.
021 316 71 61. **Kirche**
Apr–Aug: Mo–Fr 7–19, Sa, So 8–19 Uhr; Sep–März: Mo–Fr 7–17.30 Uhr, Sa, So 8–17.30 Uhr.
Turm *Apr–Aug: Mo–Sa 8.30–11.30, 13.30–17.30, So 14–17 Uhr; Sep–März: Mo–Sa 8.30–11.30, 13.30–16.30, So 14–16.30 Uhr.*

Der Turm über der Vierung wurde im 19. Jahrhundert vollendet. Die Kirchturmspitze ist 75 Meter hoch.

Kanzel
Die Kanzel an einer Säule des Mittelschiffs krönt ein mit Schnitzereien verzierter Holzbaldachin (1666).

Konsolen
Im Kircheninneren finden sich zahlreiche exquisite Dekorationselemente, u.a. menschliche Figuren im Gewölbe.

★ Rosette
Der Südflügel des Querhauses wird durch eine Rosette aus Bleiglas (13. Jh.) erhellt. Hier sind u.a. Jahreszeiten und Elemente dargestellt.

Wandmalereien
Das Vestibül ist mit schönen spätgotischen Fresken aus dem 16. Jahrhundert verziert.

NICHT VERSÄUMEN

★ Chapelle St-Maurice

★ Rosette

Lausanne: Abstecher

Westlich der Place St-François liegt das unkonventionelle Flon-Viertel mit Kunstgalerien, anspruchsvollen Läden, Cafés und Restaurants. Im Norden der Altstadt schließt sich der weitläufige Parc de l'Hermitage an, im Süden das alte, bei Urlaubern beliebte Fischerdorf Ouchy. Hier befindet sich auch das sehenswerte Musée Olympique.

Collection de l'Art Brut

Château de Beaulieu, 11, avenue des Bergières. *021 315 25 70.* *2 (ab Place St-François).* *Di–So 11–18 Uhr (Juli, Aug: auch Mo).*
www.artbrut.ch

Art Brut bedeutet in etwa »unverbildete Kunst«. Der Begriff wurde vom französischen Maler Jean Dubuffet (1901–1985) für Kunstwerke gebraucht, die von Künstlern am Rand der Gesellschaft geschaffen wurden – etwa von Kriminellen, Psychiatrie-Patienten oder spiritistischen Medien, die keinerlei künstlerische Ausbildung hatten. Ihre Ideen kamen aus ihrer eigenen Gedankenwelt und waren in keiner Weise von Kultur und Kunstgeschichte beeinflusst. Die Ursprünglichkeit und Unabhängigkeit dieser Kunst inspirierten Dubuffet bei seiner Suche nach dem kreativen Ausdruck. 1945 begann er, Art Brut zu sammeln. Die Collection de l'Art Brut wurde 1976 eröffnet.

Nur etwa 1000 der insgesamt 30000 Kunstwerke sind zu sehen. Sie werden auf vier Stockwerken in den umgebauten Stallungen des Château de Beaulieu (18. Jh.) nordwestlich des Stadtzentrums ausgestellt und reichen von Gemälden, Zeichnungen und bemaltem Stoff zu Holzschnitzereien, Skulpturen und illustrierten Romanen. Die Kunstwerke weisen eine ganz außergewöhnliche Kraft und Spontaneität auf. Neben jedem Ausstellungsstück findet sich eine Kurzbiografie des Künstlers, die einen Eindruck der Entstehungsgeschichte des Werks vermittelt.

Fondation de l'Hermitage

2, route du Signal. *021 320 50 01.* *3 (ab Hauptbahnhof) oder 16 (ab Place St-François).* *Di–So 10–18 Uhr (Do bis 21 Uhr).*
www.fondation-hermitage.ch

Die imposante neugotische Villa in einem Park nördlich von Lausanne wurde 1842–50 von Charles-Juste Bugnion, einem wohlhabenden Bankier, erbaut. Seine Nachfahren stifteten sie der Stadt. Heute ist die Fondation de l'Hermitage eine Kunstgalerie mit einer Sammlung von fast 800 französischen Gemälden, darunter Impressionisten und Postimpressionisten, aber auch Walliser Maler des 20. Jahrhunderts. Alljährlich finden Wechselausstellungen internationaler Künstler statt.

In dem weitläufigen Parc de l'Hermitage stehen zahlreiche exotische Bäume. An seinem nördlichen Rand befindet sich ein Hügel, der Signal de Sauvabelin, der sich 647 Meter hoch erhebt und eine wunderschöne Aussicht auf Lausanne, den Genfer See und das herrliche Alpenpanorama dahinter bietet. Hinter dem Hügel findet man angenehm schattige Wälder. Einen kurzen Aufenthalt lohnt auch der Lac de Sauvabelin, an dessen Ufer ein Schutzgebiet für Steinböcke und andere Tierarten der Alpen eingerichtet wurde.

Parc Mon-Repos

Avenue Mon-Repos.

Der Landschaftspark südöstlich des Stadtzentrums wurde im 19. Jahrhundert angelegt und ist zweifelsohne der eleganteste Garten Lausannes. Er enthält einen neugotischen Turm, einen klassizistischen Tempel, einen Wintergarten und einen Steingarten mit Höhle und Wasserfall. Im Zentrum befindet sich eine Villa (18. Jh.), die zur Zeit ihrer Erbauung noch von Weingärten umgeben war. Der französische Schriftsteller Voltaire wohnte hier bei seinem Aufenthalt in Lausanne.

Statue im Parc Mon-Repos

Die Villa ist eng mit den Olympischen Spielen verknüpft. Der olympische Geist wurde von dem französischen Aristokraten Baron Pierre de Coubertin (1863–1937) wiedererweckt, der dem Sport eine entscheidende Rolle bei der Entwicklung der Bürger und der Nation zumaß.

De Coubertin gründete das Internationale Olympische Komitee (IOC) 1894 in Paris und übernahm den Vorsitz. Zwei Jahre später wurden die ersten Olympischen Spiele der Neuzeit in Athen abgehalten. Im Ersten Weltkrieg verlagerte man den Sitz des IOC in die Schweiz – bis in die 1970er Jahre war die Villa Mon-Repos der Hauptsitz des IOC. Hier lebte auch Coubertin selbst von 1922 bis zu seinem Tod im Jahr 1937. Die Villa beherbergt noch heute das erste Olympische Museum (Musée Olympique).

Am nördlichen Ende des Parc Mon-Repos befindet sich das Bundesgericht, der Oberste Gerichtshof der Schweiz.

***Le Cinéma* (um 1950) von Collectif d'enfants, Collection de l'Art Brut**

Hotels und Restaurants in der Westschweiz *siehe Seiten 249–252 und 273–276*

Das Hôtel du Château d'Ouchy, eines der vielen Seehotels in Ouchy bei Lausanne

Ouchy

Am Genfer See, 2 km südlich vom Zentrum Lausannes, mit der U-Bahn (Linie M2) erreichbar.

Das ehemalige Fischerdorf Ouchy ist heute Stadtquartier Lausannes und Ferienort. Der Hafen liegt wunderschön am Genfer See und bietet eine sagenhafte Aussicht auf die umliegenden Berge. An der baumgesäumten Uferpromenade legen die Boote für Ausflüge auf dem See ab.

Von der Burg (12. Jh.), die einst auch dem Schutz des Hafens diente, steht nur noch ein Turm, heute Bestandteil des neugotischen Château d'Ouchy aus den 1890er Jahren. Im Château gibt es ein Hotel und ein Restaurant.

Mehrere elegante Hotels aus der Zeit der Jahrhundertwende säumen den See: u.a. das Beau-Rivage Palace in einem Jugendstil-Gebäude und das Hôtel d'Angleterre im neugotischen Stil. In Letzterem wohnte Lord Byron bei seinem Lausanner Aufenthalt und schrieb *The Prisoner of Chillon* *(siehe S. 122f)*.

Musée Olympique

1, quai d'Ouchy. *021 621 65 11.* *nach Wiedereröffnung 2013: Apr–Okt: tägl. 9–18 Uhr; Nov–März: Di–So 9–18 Uhr.* **www**.olympic.org

Das Olympische Museum dokumentiert die Geschichte der Olympischen Spiele von den Athleten der griechischen Antike bis heute. Es ist Lausannes Hauptattraktion und zieht pro Jahr über 200 000 Besucher an. Anhand von Multimedia-Vorführungen, Filmen, interaktiven Exponaten, Fotos und Briefmarkensammlungen werden die Entwicklung der sportlichen Disziplinen und die Leistungen von Athleten gezeigt. Viele von ihnen stifteten ihre Medaillen dem Museum.

Das Museum liegt in einem Park mit mediterranen Pflanzen. Die Restaurantterrasse bietet einen schönen Blick auf Genfer See und Berge. Seit Januar 2012 ist das Museum wegen Restaurierung geschlossen, eröffnet aber 2013 neu.

Radfahrerskulptur im Parc Olympique

Musée romain

24, chemin du Bois-de-Vaux. *021 315 41 85.* *Di–So 11–18 Uhr (Juli, Aug: auch Mo).* **www**.lausanne.ch/mrv

Nach zehn Minuten zu Fuß erreicht man westlich von Ouchy die Ruinen von Lousonna und Vidy, zwei römischen Siedlungen, die zwischen 15 v. Chr. und dem 4. Jahrhundert n. Chr. blühten. Viele Ausgrabungsfunde sind im nahen Musée romain ausgestellt.

Das Museum ist einem römischen Haus nachgebildet. Zu sehen sind u.a. Glas- und Töpferwaren, Münzen, Kämme, Spangen und Schmuck, Votivfiguren und ein sehr gut erhaltenes römisches Mosaik.

Eingang des Olympischen Museums im Parc Olympique

Genfer See (Lac Léman) ❷

Der Genfer See (Schweizer Schreibweise: Genfersee) wird im Westen vom Jura, im Süden von den französischen Alpen und im Nordosten vom Mittelland umgeben. Er ist der größte See der Alpen. Obwohl fast das gesamte Südufer französisches Gebiet ist, gehört der Großteil des Sees doch zur Schweiz. Von den Städten und Dörfern an seinem Ufer aus kann man hübsche Bootsausflüge unternehmen. Im 19. Jahrhundert war der Genfer See eine wichtige Station für Europareisende und hat viele Schriftsteller der Romantik inspiriert. Mit seinem kristallklaren Wasser und der sich darin spiegelnden Bergkulisse ist er eine bezaubernde Sehenswürdigkeit.

★ Vufflens-le-Château
Die Burg (15. Jh.) im norditalienischen Stil zählt zu den großartigsten gotischen Festungen der Schweiz. Sie verfügt über einen Bergfried mit Eckturm, einen Innenhof und Quartiere in den Türmen.

Rolle
In dem im Herzen der Weinregion La Côte gelegenen Ort steht eine savoyische Burg mit Wassergraben (13. Jh.). Sie besitzt einen dreieckigen Grundriss mit einem Turm an jeder Ecke.

Genf
Genf (siehe S. 92–107) *ist die größte und berühmteste Stadt am See. Sie ist Sitz vieler internationaler Organisationen und spielt eine wichtige Rolle in der Weltpolitik.*

NICHT VERSÄUMEN
- ★ Vevey
- ★ Vufflens-le-Château

LEGENDE
- Autobahn
- Hauptstraße
- Nebenstraße
- Fluss
- Aussichtspunkt

Cully

Der Ort ist eines von vielen malerischen Dörfern am See und ein Zentrum des hiesigen Weinhandels. Die sonnenüberfluteten Hügel sind fast völlig von Weinbergen bedeckt.

INFOBOX

Straßenkarte A4, B4. *Lausanne, 60, avenue d'Ouchy. 021 613 26 26.*
Boote: *Compagnie Générale de Navigation. 0848 811 848.*
www.genferseegebiet.ch

St-Saphorin

Das romantische Weindorf mit den steilen, alten Straßen birgt eine Kirche aus dem 7. Jahrhundert, die im 16. Jahrhundert im Flamboyant-Stil umgebaut wurde.

Montreux

Die kosmopolitische Stadt ist aufgrund ihrer Musikfestivals berühmt und hat auch als kulturelles Zentrum internationale Bedeutung.

★ Vevey

Der traditionsreiche Ferienort bietet eine Vielzahl kultureller Erlebnisse. Er ist u. a. für die Fête des Vignerons bekannt, ein Fest zur Weinernte, das nur alle 25 Jahre stattfindet.

Aigle

Die Hauptstadt des Weingebiets Chablais liegt an der Schnittstelle des Vallée des Ormonts und des Rhônetals. In der Burg aus dem 12. Jahrhundert ist das Weinmuseum (Musée de la Vigne et du Vin) untergebracht.

Vevey am Genfer See mit Bergkulisse im Hintergrund

Vevey ❸

Straßenkarte B4. 18000. *29, Grande-Place 29. 0848 86 84 84.* *Straßenkünstlerfestival (Aug).* **www**.montreux-vevey.com

Vevey und Montreux sind die bekanntesten Ferienorte an der Schweizer Riviera, die sich im Nordwesten des Genfer Sees zwischen Lausanne und Villeneuve erstreckt. Schon im 19. Jahrhundert entwickelte sich die Region zum Urlaubsgebiet. Vevey mit seinem gehobenen Ambiente zog bald eine internationale Klientel an. Dazu gehörten u. a. der österreichische Maler Oskar Kokoschka, der Schriftsteller Ernest Hemingway und Charles Chaplin, der die letzten 25 Jahre seines Lebens in Vevey verbrachte und 1977 dort begraben wurde.

Bei den Römern war die Stadt als Viviscus bekannt, sie war einst der Haupthafen am Genfer See. Auch im Mittelalter erlebte sie eine Blütezeit. Im 19. Jahrhundert entwickelte sich Vevey zur ersten Industriestadt des Kantons Vaud (Waadt). 1867 gründete Henri Nestlé hier eine Milchpulverfabrik, die die Babynahrung revolutionieren sollte. Mittlerweile ist Nestlé ein weltweit operierender Konzern, hat seinen Hauptsitz aber immer noch in Vevey.

Der attraktivste Teil der Stadt ist die Grande-Place bzw. Place du Marché. Dienstags und samstags füllt sich der riesige Platz vormittags mit bunten Marktständen. Im Sommer bieten die Winzer der Region hier Verkostungen ihrer Weine an. Im Juli und August findet an Samstagvormittagen ein Markt mit Volkskunst statt. La Grenette (1808), ein hübsches Gebäude auf der Nordseite des Platzes, diente einst als Kornspeicher der Stadt.

Im Osten der Grande-Place schließen sich die schmalen Gassen der Altstadt an. Den Quai Perdonnet schmückt eine Statue von »Charlot«, wie Chaplin von den Franzosen genannt wird. Im Stadtteil Manoir de Ban, wo Chaplin wohnte, wird 2015 **Chaplin's World**, »The Modern Times Museum«, eröffnen.

Östlich des Hauptbahnhofs stößt man auf das **Musée Jenisch**. Neben einer großen Gemälde- und Skulpturensammlung von Schweizer Werken aus dem 19. und 20. Jahrhundert beherbergt das Museum auch die Fondation Oskar Kokoschka, die 800 expressionistische Gemälde des Künstlers und eine hervorragende Sammlung an Drucken enthält. Zu Letzterer gehören nicht nur die umfangreichste Rembrandt-Lithografiesammlung Europas, sondern auch bedeutende Werke von Albrecht Dürer und Jean-Baptiste Corot.

Chaplin's World
Manoir de Ban. *Eröffnung 2015.*
www.chaplinmuseum.com

Musée Jenisch
2, avenue de la Gare. *021 925 35 20.* *Di–So 11–18 Uhr (Do bis 21 Uhr).*
www.museejenisch.ch

Tribut an Queen: Statue von Freddie Mercury in Montreux

Montreux ❹

Straßenkarte B4. 25000. *Place de l'Eurovision. 0848 86 84 84.* *Narzissenfestival (Frühling), Montreux Jazz Festival (Juli).*
www.montreux-vevey.com

Montreux, das auch als Juwel der Schweizer Riviera bezeichnet wird, überschattet nach wie vor Vevey. Er ist vor allem für sein jährliches Jazzfestival berühmt. Bereits um 1815 hatte sich Montreux zu einem beliebten Reiseziel entwickelt. Seine Blütezeit dauerte bis zum Ausbruch des Ersten Weltkriegs 1914. Im 19. Jahrhundert zog der Charme der Stadt Musiker, Schriftsteller und andere Künstler an, darunter Lord Byron, Mary Shelley, Leo Tolstoi und Hans Christian Andersen.

Montreux bietet noch zahlreiche Hotels der Belle Époque. Das berühmteste ist das Montreux Palace (Grand'Rue). Gegenüber befindet sich das Centre des Congrès, ein modernes Konferenzzentrum. Es beherbergt auch das Auditorium Strawinsky von 1990, das Igor Strawinsky (1882–1971) gewidmet ist. Sein berühmtes *Sacre du Printemps* wurde in Montreux komponiert. Die Markthalle auf der Place du Marché wurde 1890 mit finanzieller Unterstützung von Henri Nestlé gebaut. In der Nähe des Sees am Ende des Platzes befindet sich eine Statue von Freddie Mercury, dem Sänger der Band Queen. Montreux war seine zweite Heimat, hier starb er 1991.

Östlich der Statue an der Seepromenade liegt das Casino, das durch einen Brand in die Geschichte der Rockmusik einging. Am 4. Dezember 1971 feuerte jemand während eines Frank-Zappa-Konzerts eine Leuchtrakete zur Decke. Plötzlich stand das ganze Gebäude in Flammen. Als sich die Rauchwolken über dem See ausbreiteten, hatte Ian

Das Château d'Aigle beherbergt heute ein bekanntes Weinmuseum

Gillan, Sänger der Rockband Deep Purple, die Idee zur Komposition des heute weltberühmten Songs *Smoke on the Water*.

Château de Chillon ❺

Siehe S. 122f.

Aigle ❻

Straßenkarte B4. 9500.
5, rue Colomb. 024 466 30 00.
www.aigle-tourisme.ch

Aigle ist die Hauptstadt des Chablais, einer Weinregion südöstlich des Genfer Sees, aus der einige der besten Weine der Schweiz stammen *(siehe S. 266f)*. Der Ort liegt zwischen Weinbergen am Fuß der Waadter Alpen und wird von einer Burg mit Ecktürmen überragt, dem Château d'Aigle. Die Burg wurde im 12. Jahrhundert vom Haus Savoyen erbaut und im 15. Jahrhundert schwer beschädigt. Später baute man sie jedoch wieder auf. In der Folge wurde sie Residenz der Berner Landverwalter.

Heute ist hier das **Musée de la vigne et du vin** untergebracht, das sich der Geschichte der Weinherstellung widmet. In der Maison de la Dîme (16. Jh.) gegenüber befindet sich seit 2009 der **Espace Frédéric Rouge**, in dem Werke des Welschschweizer Malers (1867–1950) gezeigt werden.

Holzchalets an einer Straße des Skiorts Leysin

Musée de la vigne et du vin und **Espace Frédéric Rouge**
Château d'Aigle, Place du Château 1. *024 466 21 30. Apr–Okt: Di–So 11–18 Uhr (Juli, Aug: tägl.); Nov–März: Di–So 10–16 Uhr.*
www.chateauaigle.ch

Leysin ❼

Straßenkarte B4. *3900.*
Place Large. 024 493 33 00.
www.leysin.ch

Der kleine Ort Leysin ist im Sommer wie im Winter ein beliebtes Feriendomizil. Er schmiegt sich an einen sonnenbeschienenen Hang mit guter Aussicht über die Dents du Midi bis hinunter ins Rhônetal. Er liegt 1260 Meter hoch und erfreut sich eines ungewöhnlich trockenen und sonnigen Klimas. Einst war Leysin ein berühmtes Heilzentrum für Tuberkulose, später entwickelte sich das Dorf zum Skiort. Mit der Seilbahn gelangen Besucher zur Tour de Mayen (2326 m) und zur Berneuse, wo es ein Drehrestaurant (2045 m) mit einem sagenhaften Blick auf das Alpenpanorama gibt.

Les Diablerets ❽

Straßenkarte B4. *1400.*
Rue de la gare. 024 492 00 10.
www.diablerets.ch

Der kleine Skiort liegt inmitten alpiner Wiesen im Vallée des Ormonts in den Waadter Alpen auf einer Höhe von 1150 Meter. Über dem Ort erheben sich die Gipfel von Les Diablerets bis zu 3210 Meter. Zwischen ihnen befindet sich ein Gletscher gleichen Namens.

Skifahren und Snowboarden kann man hier bis weit in den Frühsommer hinein, Langlaufen ist auch in der warmen Jahreszeit möglich. Eine vor allem bei Familien überaus beliebte Attraktion ist der Alpine Coaster (Rodelbahn auf Schienen).

Château de Chillon ❺

Das bezaubernde mittelalterliche Schloss liegt auf einem Felsvorsprung am Ostufer des Genfer Sees und ist eine der berühmtesten Sehenswürdigkeiten der Schweiz. Es wurde vermutlich im 11. Jahrhundert für die Herzöge von Savoyen erbaut. Seine jetzige Gestalt erhielt es im 13. Jahrhundert. 1536 wurde das Château von den Bernern erobert, ab 1798 diente es als deren Verwaltungssitz und wurde auch als Gefängnis benutzt. Sein berühmtester Insasse war François de Bonivard, der von 1530 bis 1536 wegen Volksverhetzung festgehalten wurde.

Wappensaal
Der Zeremoniensaal ist mit den Wappen der Berner Landverwalter geschmückt.

Befestigung
Das Schloss war mit dicken Mauern und drei halbrunden Ecktürmen bewehrt.

Ein Gästezimmer, die »Camera Paramenti«, sowie eine weitere Kammer befinden sich hier.

Aula Nova
Der ehemalige Bankettsaal enthält ein Museum mit Möbeln, Zinngefäßen, Rüstungen und Waffen.

Großer Burggrafsaal
Die Holzdecke des Saals wird von Rundsäulen mit Bogen gestützt. Die Wände sind reich mit Gemälden verziert.

Die überdachte Brücke zum Tor war ursprünglich eine Zugbrücke.

★ Herzogsaal
Die »Aula Magna« ist mit Wänden im Schachbrettmuster ausgestattet. Sie besitzt noch eine originale Holzdecke (15. Jh.), die von schwarzen Marmorsäulen gestützt wird.

INFOBOX

Straßenkarte B4.
21, avenue de Chillon, Veytaux.
021 966 89 10.
März, Okt: tägl. 9.30–18 Uhr; Apr–Sep: tägl. 9–19 Uhr; Nov–Feb: tägl. 10–17 Uhr.
www.chillon.ch

Der Bergfried, letzte Verteidigungsbastion des Schlosses, gehört zu den ältesten Teilen.

Herzogliche Kammer
Die »Camera Domini« weist Deckenbalken aus Holz auf und ist mit gotischen Möbeln ausgestattet.

Kapelle
Die frühgotische Kapelle ist dem hl. Georg geweiht. Sie besitzt ein Rippengewölbe. Wände und Gewölbe sind mit Fresken verziert.

★ François de Bonivards Zelle
Die Kellergewölbe dienten einst als Gefängnis. Der Schweizer Humanist François de Bonivard wurde hier sechs Jahre lang gefangen gehalten. Durch Lord Byrons Gedicht The Prisoner of Chillon, *1816 in Ouchy geschrieben, wurde er unsterblich.*

NICHT VERSÄUMEN

★ François de Bonivards Zelle

★ Herzogsaal

Gruyères 9

Straßenkarte B4. *1800.*
nach Pringy. *26, place des Alpes 26, Bulle. 0848 424 424.*
www.gruyeres.ch

Das mittelalterliche Dorf Gruyères (Greyerz) ist schon von Weitem vor seiner Alpenkulisse sichtbar. Der Ort ist ein beliebtes Ausflugsziel und im Sommer oft überlaufen. Die einzige Straße ist eine Fußgängerzone. Autos müssen auf dem Parkplatz unterhalb der Stadt abgestellt werden. Die Häuser stammen aus dem 15. bis 17. Jahrhundert. Überragt werden sie von einer Burg, dem **Château de Gruyères**. Es wurde im 11. Jahrhundert erbaut und bis zur Mitte des 16. Jahrhunderts von den Grafen von Gruyères bewohnt – bis der 19. Graf schließlich floh und das Land zwischen Bern und Fribourg aufgeteilt wurde.

1848 kauften die Bovys, eine wohlhabende Genfer Familie, die Burg und führten eine Restaurierung durch. 1939 ging die Burg in den Besitz der Kantonalbehörden von Fribourg über. Heute beherbergt sie ein Museum. Die Ausstellungsräume sind mit Wandmalereien und eleganten Kaminen ausgestattet. Zu sehen sind flämische Gobelins (16. Jh.), Beutestücke aus der Schlacht von Murten (1476) und impressionistische Landschaftsbilder des französischen Malers Jean-Baptiste Corot (1796–1875).

In der **Maison du Gruyère**, einer Käserei in Pringy, können Besucher bei der Herstellung des berühmten Gruyère zusehen. Es gibt zudem ein Restaurant und einen Laden mit Produkten der Region.

Château de Gruyères
026 921 21 02. *Apr–Okt: tägl. 9–18 Uhr; Nov–März: tägl. 10–16.30 Uhr.*
www.chateau-gruyeres.ch

La Maison du Gruyère
Pringy. *026 921 84 00.*
Juni–Sep: tägl. 9–19 Uhr; Okt–Mai: tägl. 9–18 Uhr.
www.lamaisondugruyere.ch

Das Château de Gruyères – 500 Jahre lang Sitz der Grafen von Gruyères

Fribourg (Freiburg) 10

Siehe S. 126f.

Murten (Morat) 11

Straßenkarte B3. *6000.*
Französische Kirchgasse 6. 026 670 51 12.
www.murtentourismus.ch

Der Ferienort Murten (Morat) liegt am Ostufer des Murtensees (Lac de Morat). Er blickt auf eine lange Geschichte zurück. Bedeutsam war der 22. Juni 1476. An diesem Tag besiegten die Streitkräfte der Schweizer Eidgenossenschaft hier die Armee von Karl dem Kühnen, Herzog von Burgund. Sie töteten 12000 gegnerische Soldaten, verloren selbst jedoch nur 410 Mann. Einer Sage zufolge rannte ein Bote 17 Kilometer von Murten nach Fribourg, um die Nachricht vom Sieg zu überbringen, und fiel anschließend vor Erschöpfung tot um. An sein Opfer erinnert ein jährlicher Lauf von Murten nach Fribourg am ersten Sonntag im Oktober.

Blick über das historische Murten

Die Stadt wurde im 12. Jahrhundert von den Herzögen von Zähringen gegründet, noch heute ist sie fast vollständig von einer Ringmauer (12.–15. Jh.) umgeben. An der Hauptgasse der Altstadt stehen Häuser mit Arkaden und vorspringenden Dächern (16. Jh.). Ein Spaziergang auf den Wehrmauern, die man über die Deutsche Kirchgasse erreicht, bietet eine schöne Aussicht auf den Murtensee, die Burg und die Altstadt. Am westlichen Stadtrand steht eine weitere Burg (13. Jh.) mit Seeblick, am östlichen das barocke Berner Tor (Porte de Berne) mit einer Uhr von 1712. Das **Museum Murten** (Musée de Morat) ist in einer alten Mühle am See untergebracht und enthält frühgeschichtliche Funde (aus Pfahlbauten) sowie Zeugnisse aus den Burgunderkriegen.

Museum Murten
Ryf 4. *026 670 31 00.* *Apr–Nov: Di–Sa 14–17, So 10–17 Uhr.*
www.museummurten.ch

Avenches 12

Straßenkarte B3. *3000.*
3, place de l'église. 026 676 99 22. *Opernfestival (Juli), Rock Oz'Arènes (Aug), Musikumzug mit Militärkapellen (Sep).*
www.avenches.ch

Ursprünglich war Avenches die Hauptstadt der Helvetier, des keltischen Stamms, der einst die Westschweiz beherrschte. Im 1. Jahrhundert v. Chr. wurde sie von den Römern erobert, die sie Aventicum nannten und zur Hauptstadt der römischen Provinz Helvetia machten. Während seiner Blütezeit im 2. Jahrhundert n. Chr. war Aventicum sogar größer als das heutige Avenches. Die Stadt war von sechs Kilometern Wehrmauer mit Wachtürmen umgeben und hatte eine Einwohnerzahl von 20000. Um 260 n. Chr. wurde sie durch die Alemannen geschwächt, um 450 hatte sie an Bedeutung verloren.

Überreste der römischen Siedlung sind östlich des mittelalterlichen Stadtzentrums zu sehen. Das Theater, das 6000 Menschen Platz bot, hat sich am besten erhalten.

Sehenswert sind auch der Turm Tornallaz, einzig erhaltener Teil der alten Stadtmauern, das Forum, die Thermen und eine zwölf Meter hohe korinthische Säule (Tour du Cigognier).

Das **Musée Romain** in einem mittelalterlichen Turm beim Amphitheater enthält eine imposante Sammlung römischer Artefakte. Sie reichen von Alltagsgegenständen wie Tongefäßen, Werkzeug und Münzen bis hin zu Statuen aus Bronze und Marmor, Mosaiken, Wandmalereien, Fragmenten einer Orgel und der Nachbildung einer Goldbüste Marc Aurels *(Abbildung S. 35)*.

Musée Romain
Tour de l'Amphithéâtre. 026 557 33 15. *Feb, März, Okt: Di–So 14–17 Uhr; Apr–Sep: Di–So 10–17 Uhr; Nov–Jan: Mi–So 14–17 Uhr.*

Mittelschiff der romanischen Abteikirche in Payerne

Payerne ⓭

Straßenkarte B3. *8700.*
10, place du Marché. 026 660 61 61. **www**.payerne.ch

Die kleine Marktstadt Payerne im Kanton Vaud (Waadt) hat eine bemerkenswerte Kirche – eines der schönsten romanischen Bauwerke der Schweiz.

Die **Église Abbatiale** wurde im 11. Jahrhundert als Abteikirche eines Benediktinerklosters erbaut. Letzteres ist kaum mehr erhalten. Während der Reformation wurde das Kircheninnere seines Schmucks beraubt. Es präsentiert sich auch heute noch schmucklos, was jedoch nur die eindrucksvolle Eleganz der Kirche unterstreicht und die Farbgebung der hohen Kalk- und Sandsteinsäulen hervorhebt. In der Vorhalle gibt es Fresken aus dem 12. Jahrhundert, in einer der Kapellen der Apsis gotische Gemälde aus dem 15. Jahrhundert.

Türklopfer der Abteikirche in Payerne

Église Abbatiale
Place du marché. *026 662 67 04. Mai–Sep: Di–So 10–12, 14–18 Uhr; Okt–Apr: Di–So 10–12, 14–17 Uhr.*

Estavayer-le-Lac ⓮

Straßenkarte B3. *5500.*
16, rue Hôtel de Ville. 026 663 12 37. **www**.estavayer-payerne.ch

Die kleine Stadt am Südufer des Lac de Neuchâtel (Neuenburgersee) ist auf drei Seiten vom Kanton Vaud (Waadt) umgeben und bildet eine kleine Exklave des Kantons Fribourg. Estavayer-le-Lac besitzt einen Yachthafen und ein hübsches mittelalterlich geprägtes Zentrum mit vielen Arkaden. Im Mittelpunkt steht das gotische Château de Cheneaux, heute Sitz der örtlichen Regierung.

Das **Musée des Grenouilles** ist in einer Villa (15. Jh.) untergebracht und beherbergt eine skurrile Sammlung verschiedener Ausstellungsstücke, darunter Küchenutensilien. Mehr als kurios ist die Sammlung von ausgestopften Fröschen und anderen Tieren, die in Posen arrangiert sind und so das gesellschaftliche Leben Mitte des 19. Jahrhunderts wiedergeben sollen. François Perrier, ein exzentrischer Einwohner Estavayers und Mitglied der Schweizergarde, schuf sie in den 1860er Jahren.

Musée des Grenouilles
13, rue du Musée. *026 664 80 65. März–Juni, Sep, Okt: Di–So 10–12, 14–17 Uhr; Juli, Aug: tägl. 10–12, 14–17 Uhr; Nov–Feb: Sa, So 14–17 Uhr.*

Römisches Theater in Avenches

Im Detail: Fribourg (Freiburg) ⑩

Steile, gepflasterte Straßen, ausgezeichnet erhaltene gotische Häuser und Brunnen machen Fribourg (Freiburg) zu einer der attraktivsten Städte der Schweiz. Die Stadt auf einem Felsvorsprung in einer Flussbiegung der Sarine (Saane) wurde 1157 von Berthold IV. von Zähringen gegründet und trat 1481 der Eidgenossenschaft bei. Fribourg blieb auch während der Reformation katholisch. Seit 1889 gibt es eine katholische Universität.

★ Cathédrale St-Nicolas
Die gotische Kathedrale wurde 1283–1490 erbaut und enthält viele Kunstwerke. In der Kapelle des Heiligen Grabes stellen einige lebensgroße Statuen (15. Jh.) die Grablegung Christi dar.

★ Hôtel de Ville
Das elegante Rathaus mit Glockenturm und beidseitigem Treppenaufgang wurde 1522 vollendet. Der Brunnen mit der Figur des hl. Georg stammt von 1525.

Tilleul de Morat, eine Linde, wurde zur Erinnerung an den Boten gepflanzt, der die Nachricht vom Sieg bei der Schlacht von Murten überbrachte.

Maison de Ville
Das barocke Stadthaus neben dem Hôtel de Ville wurde von Hans Fasel entworfen und 1730/31 erbaut.

LEGENDE

– – – Routenempfehlung

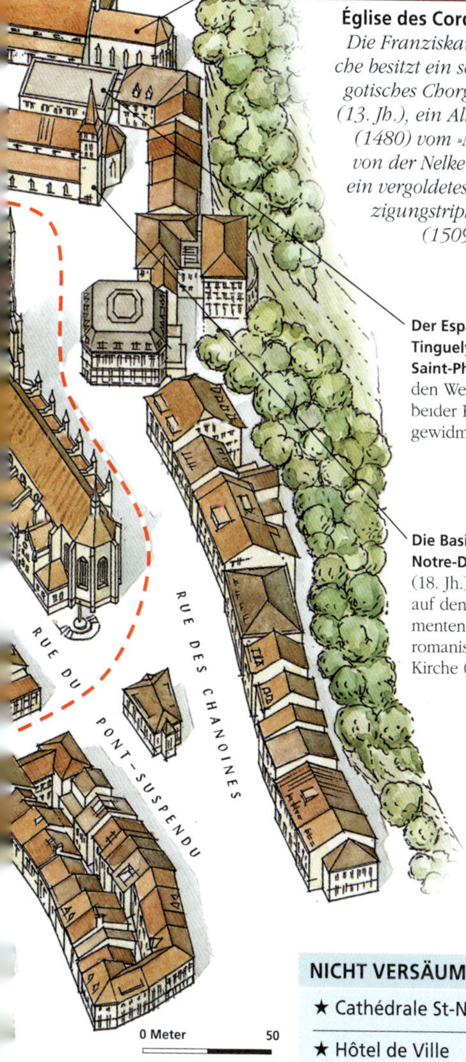

Das Musée d'Art et d'Histoire dokumentiert Kunst und Geschichte der Stadt Fribourg vom Mittelalter bis heute.

Église des Cordeliers
Die Franziskanerkirche besitzt ein schönes gotisches Chorgestühl (13. Jh.), ein Altarbild (1480) vom »Meister von der Nelke« sowie ein vergoldetes Kreuzigungstriptychon (1509–13).

Der Espace Jean Tinguely–Niki de Saint-Phalle ist den Werken beider Künstler gewidmet.

Die Basilique Notre-Dame (18. Jh.) steht auf den Fundamenten einer romanischen Kirche (12. Jh.).

NICHT VERSÄUMEN

★ Cathédrale St-Nicolas

★ Hôtel de Ville

INFOBOX

Straßenkarte B3. *36 000.*
1, place Jean-Tinguely. 026 350 11 11. Karneval (Ende Feb), Jazz Parade (Juli).
www.fribourgtourism.ch; **www**.fribourgregion.ch

Überblick: Fribourg

Die wichtigsten Sehenswürdigkeiten liegen in der Nähe der Kathedrale. Es gibt jedoch in diesem Teil der Stadt noch vieles andere zu sehen.

In der Rue de Morat, nördlich der Kathedrale, liegt der **Espace Jean Tinguely–Niki de Saint-Phalle**. Die riesige Galerie enthält Objekte von Jean Tinguely, der in Fribourg geboren wurde, und Installationen seiner Frau Niki de Saint-Phalle. Südlich der Kathedrale führen Straßen zur Place du Petit St-Jean auf der Halbinsel.

Die **Rue d'Or** im Norden des Platzes wird von gotischen Häusern gesäumt. Der **Pont de Berne** verbindet die Halbinsel mit dem südlichen Flussufer. Die Holzbrücke führt zur Place des Forgerons mit Renaissance-Brunnen und Überresten der Befestigung.

An der Planche Supérieure, einem Platz östlich der Halbinsel, befinden sich die Église St Jean und das Archäologische Museum. Von hier aus führt der Pont de St-Jean über den Fluss nach Neuveville unterhalb des Rathauses.

Pont de Berne, eine Holzbrücke über die Sarine in Fribourg

Musée Gutenberg

16, place de Notre-Dame.
026 347 38 28. Mi, Fr, Sa 11–18, Do 11–20, So 10–17 Uhr.
www.gutenbergmuseum.ch

Das in einem Kornspeicher (1527) untergebrachte Museum widmet sich der Geschichte des Buchdrucks sowie der Kommunikation durch Sprache, Bild und Text.

Château d'Yverdon (13. Jh.) im Zentrum von Yverdon-les-Bains

Yverdon-les-Bains ⓯

Straßenkarte B3. 25 500. 2, avenue de la Gare. 024 423 61 01. **www**.yverdonlesbainsregion.ch

Die nach Lausanne zweitgrößte Stadt des Kantons Vaud liegt am südwestlichen Ende des Lac de Neuchâtel. Die ursprünglich keltische Siedlung wurde später ein gallisch-römisches Lager namens Eburodunum. Die Römer errichteten Thermen, um die heißen Schwefelquellen zu nutzen. Das Stadtzentrum liegt über der ehemaligen römischen Siedlung. In seinem Mittelpunkt befindet sich das **Château d'Yverdon**, eine massive Burg (13. Jh.), die Peter II. von Savoyen errichten ließ.

In der Burg sind heute ein Modemuseum sowie das Geschichtsmuseum, u. a. mit einer Sammlung gallisch-römischer Funde. Eine Abteilung ist Johann Heinrich Pestalozzi (1746–1827) gewidmet, der das Erziehungssystem reformierte und 1805 in der Burg eine Schule gründete. Unter dem Einfluss von Jean-Jacques Rousseau entwickelte er Lehrmethoden, die individuell auf jedes Kind zugeschnitten waren.

Die Place Pestalozzi gegenüber der Burg wird vom Hôtel de Ville (Rathaus, 1768–73) dominiert. Es steht an der Stelle einer ehemaligen Markthalle. Die sehenswerte Kirche Notre-Dame (1757) auf der Westseite der Place Pestalozzi besitzt an ihrer Barockfassade einen überwölbten Sockel mit einer Allegorie des Glaubens.

Für Science-Fiction-Fans ist die **Maison d'Ailleurs** (»Anderswo-Haus«) besonders interessant. Das Museum präsentiert Wechselausstellungen, die sich neben Science-Fiction auch mit Fantasy auseinandersetzen. Die rund 60 000 Bücher umfassende Bibliothek ist nur zur wissenschaftlichen Nutzung geöffnet.

Die Thermen von Yverdon liegen an der Avenue des Bains, rund einen Kilometer südöstlich des Stadtzentrums. Das **Centre Thermal** ist einer der größten und modernsten Thermenkomplexe der Schweiz. Die Hallen- und Außenbecken, Saunen und physiotherapeutischen Anlagen werden täglich von etwa 1300 Besuchern genutzt. Das stark mineralhaltige Wasser hat sich vor allem bei rheumatischen und bei Atembeschwerden bewährt.

Château d'Yverdon
024 425 93 12. Juni–Sep: Di–So 11–17 Uhr; Okt–Mai: Di–So 14–17 Uhr.

Maison d'Ailleurs
14, place Pestalozzi. *024 425 64 38. Di–Fr 14–18, Sa, So 11–18 Uhr.* **www**.ailleurs.ch

Centre Thermal
22, avenue des Bains. 024 423 02 32. Mo–Sa 8–22, So 8–20 Uhr. **www**.cty.ch

Umgebung: Hinter Clendy, dem nördlichen Vorort von Yverdon, steht ein Steinkreis aus der Jungsteinzeit. Es gibt mehrere solcher Monumente am Lac de Neuchâtel.

Romainmôtier ⓰

Straßenkarte A4. *470.* *La Porterie.* *024 453 38 28.* **www**.romainmotier-tourisme.ch

Der malerisch inmitten bewaldeter Hügel liegende Ort, heute Romainmôtier-Envy, ist wegen seiner Stiftskirche einen Abstecher wert. Die **Église Abbatiale de Romainmôtier** ist einer der schönsten romanischen Bauten der Schweiz und wurde Ende des 10. bis Anfang des 11. Jahrhunderts von Mönchen der französischen Abbaye de Cluny erbaut. Im Inneren finden sich imposante Wandmalereien (13./14. Jh.) und eine mittelalterliche Marienstatue. Das im 15. Jahrhundert gegründete Kloster wurde bereits 1536 im Zug der Reformation aufgelöst. Abteikirche und Teile des Kreuzgangs blieben jedoch erhalten.

Église Abbatiale de Romainmôtier
024 453 14 79. tägl. 7–20 Uhr.

Mittelschiff der romanischen Église Abbatiale de Romainmôtier

Vallorbe ⓱

Straßenkarte A3. *3300.* *Rue des Grandes-Forges. 021 843 25 83.* **www**.vallorbe-tourisme.ch

Die kleine Industriestadt liegt in der Nähe der französischen Grenze. Seit dem Mittelalter wird hier Eisen verhüttet. In Vallorbe wurde für die Eisenbahnlinie Paris–Istanbul auch der Tun-

Panzer aus dem Zweiten Weltkrieg, Fort de Pré-Giroud, Vallorbe

nel durch den Schweizer Jura gegraben. Dies dokumentiert das **Musée du Fer et du Chemin de Fer** (Eisen- und Eisenbahnmuseum). Es zeigt neben der Geschichte der Eisenindustrie auch die der Eisenbahn in der Schweiz.

Südwestlich von Vallorbe liegen die **Grottes de Vallorbe**, zwei Tropfsteinhöhlen. Die Höhlen bilden einen Tunnel über dem Fluss Orbe, der durch eine Schlucht braust.

Westlich von Vallorbe befindet sich das **Fort de Pré-Giroud**, das vor dem Zweiten Weltkrieg als Beobachtungsposten an der französischen Grenze errichtet wurde. Der als Chalet verkleidete unterirdische Bunker bietet bis zu 100 Menschen Platz.

Musée du Fer et du Chemin de Fer
11, rue des Grandes-Forges.
021 843 25 83. Apr–Okt: Mo 14–18, Di–So 10–18 Uhr; Nov–März: tägl. 14–18 Uhr.

Grottes de Vallorbe
021 843 25 83. Apr, Mai, Sep, Okt: tägl. 9.30–16.30 Uhr; Juni–Aug: tägl. 9.30–17.30 Uhr; Nov, März: Sa, So 13.30–16 Uhr.

Grandson 18

Straßenkarte B3. *3000.*
Maison de Terroirs, 13, rue Haute. 024 445 60 60.
www.grandson-tourisme.ch

Die Stadt wird von der großen mittelalterlichen Burg beherrscht. Sie ist mit einem einschneidenden Ereignis in der Geschichte der Schweizer Eidgenossenschaft verbunden: der Niederlage Karls des Kühnen, Herzog von Burgund, in der Schlacht von Grandson am 2. März 1476.

Im Februar 1476 belagerte der Herzog mit seiner Armee Grandson und dessen Burg, zwang die Garnison zur Kapitulation und tötete die Soldaten. Die 18 000 Mann starke Armee der Eidgenossenschaft zog daraufhin in die Stadt, um sich zu rächen. Die Männer des Herzogs flohen in Panik und ließen Waffen, Pferde, Zelte sowie den herzoglichen Schatz zurück. Die Beute wird im Bernischen Historischen Museum *(siehe S. 61)* ausgestellt.

Kapitell in der Église St-Jean-Baptiste in Grandson

Das mächtige **Château de Grandson** (11.–14. Jh.) erhebt sich auf einem Vorsprung am Ufer des Lac de Neuchâtel. Es enthält ein interessantes Modell des Schlachtfelds und ein Diorama zur Geschichte der Stadt vom Mittelalter bis in die Gegenwart. Im Untergeschoss ist ein Automobilmuseum untergebracht, in dem u.a. Greta Garbos weißer Rolls-Royce und Winston Churchills Austin Cambridge zu sehen sind.

Château de Grandson
Place du Château. *024 445 29 26. Apr–Okt: tägl. 8.30–18 Uhr; Nov–März: tägl. 8.30–17 Uhr.*

Ste-Croix 19

Straßenkarte B3. *4500.*
10, rue Neuve. 024 445 41 42.

Die Stadt, als »Balkon des Jura« bekannt, liegt 1092 Meter hoch und bietet eine traumhafte Aussicht auf die Alpen, das Schweizer Oberland – und den Jura.

Seit dem frühen 19. Jahrhundert ist Ste-Croix die Welthauptstadt der Spieldosenmanufaktur. Zwei Museen widmen sich dem Thema. Bei der Führung durch das **Musée du CIMA** (Centre International de la Méchanique d'Art) werden all die Spieldosen und Musikautomaten in Gang gesetzt – mit Akrobaten, Trommlern und Akkordeonspielern.

Musée du CIMA
2, rue de l'industrie. *024 454 44 77. (obligatorisch). Mai–Okt: Di–So 14, 15.30 Uhr (Juli–Sep: auch 10.30); Nov–Apr: Di–Fr 15, Sa, So 14, 15.30 Uhr.*

Umgebung: In L'Auberson, sechs Kilometer westlich von Ste-Croix, zeigt das **Musée Baud** ähnliche Ausstellungsstücke. Es ist die Sammlung der Familie Baud, die schon seit Generationen Spieldosenhersteller waren.

Musée Baud
L'Auberson, 23, Grand-Rue.
024 454 24 84. Juli–Sep: tägl. 14–17 Uhr; Okt–Juni: Sa 14–17, So 10–12, 14–18 Uhr.
www.museebaud.ch

Spieluhr im Musée du CIMA in Ste-Croix

Neuchâtel (Neuenburg) ⓴

Die elegante Stadt mit gallischem Erbe liegt am Nordwestufer des Lac de Neuchâtel (Neuenburgersee) – nur etwa 20 Kilometer von der französischen Grenze entfernt. Neuchâtel ist für seine gelben Kalksteingebäude bekannt, die Alexandre Dumas zu der Bemerkung veranlassten, die Stadt sähe aus »wie aus Butter geschnitzt«. Die Universitätsstadt verdankt ihren Reichtum der Uhrmacherindustrie und Präzisionstechnologie, die es dort bereits seit dem 18. Jahrhundert gibt. Die Region hat sich auch aufgrund ihrer Weine einen Namen gemacht, was bei der jährlichen Fête des Vendanges (Winzerfest) im September gefeiert wird.

Église Collégiale, davor die Statue von Guillaume Farel von 1876

Überblick: Neuchâtel
Neuchâtels elegante Altstadt (Ville Ancienne) besitzt Häuser aus weichem, gelbem Sandstein und Straßen mit vielen Brunnen. An der Place des Halles, dem alten Marktplatz, gibt es lebhafte Cafés. Das teuerste Viertel der Stadt liegt am Seeufer nordöstlich des Hafens. Ein Spaziergang über die Festungsmauern rund um das Schloss bietet einen Panoramablick.

Château de Neuchâtel
Rue de la Collégiale.
032 889 40 03.
Apr–Sep: Mo–Fr 10, 11, 12, 14, 15, 16, Sa, So 14, 15, 16 Uhr.
Über 1000 Jahre lang war das Schloss der Herren von Neuchâtel das Machtzentrum der Stadt. Heute sind hier Gerichte und Kantonalregierung untergebracht. Der Westflügel stammt aus dem 12. Jahrhundert, der Rest des Schlosses aus dem 15. und 17. Jahrhundert. Die Innenräume wurden mehrfach umgebaut.

Von besonderem Interesse ist die Salle des États. Der Staatsraum ist mit den Wappen der Familien geschmückt, die in die jeweils herrschende Dynastie von Neuchâtel einheirateten.

Wappen, Château de Neuchâtel

Église Collégiale
Rue de la Collégiale. *bis 2016 finden Renovierungsarbeiten statt, die Kirche bleibt aber weitgehend offen.*
Die frühgotische Stiftskirche mit Elementen der Romanik und burgundischen Gotik wurde 1276 geweiht. Die Reformation gelangte in Gestalt Guillaume Farels (1489–1565), eines Vorgängers von Calvin, nach Neuchâtel. Er führte die Reformationsbewegung in der Westschweiz an. 1530 wurde die Kirche zu einem Zentrum protestantischen Glaubens.

Die Kirche birgt »Le Cénotaphe«, ein gotisches Grabmal von 1372, das mit den lebensgroßen Figuren der Grafen von Neuchâtel geschmückt ist, ein exzellentes Beispiel mittelalterlicher Bildhauerkunst. Im 15. Jahrhundert wurden einige Elemente, u. a. Teile aus anderen Kirchen, hinzugefügt.

Während der Reformation entging das Grab zusammen mit dem Rest des Kirchendekors nur knapp der Zerstörung durch fanatische Bilderstürmer. Eine Tafel im Chor besagt, dass die Bilderverehrung in dieser Kirche 1530 offiziell abgeschafft wurde. Den strengen Regeln der Reformation entsprechend weist auch das Grab von Guillaume Farel keinerlei Schmuck auf. An den Reformator erinnern nur eine Tafel im südlichen Seitenschiff und eine Statue vor der Kirche (19. Jh.).

Maison des Halles
Place des Halles.
Die elegante, mit Türmen versehene Renaissance-Markthalle stammt aus dem 16. Jahrhundert. Im unteren Geschoss wurde früher Getreide verkauft, im oberen Stoff. Die reich ornamentierte Ostfassade trägt das Wappen der Familie Orléans-Longueville.

Die französische Kultur, die diese Dynastie nach Neuchâtel brachte, kommt in den Häusern um die Place des Halles zum Ausdruck: Viele von ihnen sind im Louis-XIII- und Louis-XIV-Stil gehalten.

Place des Halles mit der Maison des Halles im Hintergrund

Hotels und Restaurants in der Westschweiz *siehe Seiten 249–252 und 273–276*

Hôtel de Ville

Rue de l'Hôtel-de-Ville.

Das große klassizistische Rathaus befindet sich im östlichen Teil der Altstadt in der Nähe des Hafens. Es wurde 1790 von Pierre-Adrien Paris, dem Hofarchitekten von Louis XVI, vollendet.

Musée d'art et d'histoire

1, esplanade Léopold Robert.
032 717 79 20/-25. *Di–So 11–18 Uhr.* **www**.mahn.ch

Das ungewöhnliche, faszinierende Kunst- und Geschichtsmuseum ist in drei Bereiche unterteilt. Das Obergeschoss widmet sich der Kunst und enthält zahlreiche Gemälde Schweizer Künstler (u. a. von Ferdinand Hodler und Albert Anker) aus dem 19. und 20. Jahrhundert sowie eine Sammlung französischer Impressionisten.

Erd- und Zwischengeschoss dokumentieren die Geschichte des Kantons Neuchâtel und zeigen lokales Kunsthandwerk. Hauptattraktion sind die drei Automaten, die Zeugnis vom Einfallsreichtum der Schweizer Uhrmacher aus dem 18. Jahrhundert ablegen.

Die Figuren (1768–74) stammen von Pierre Jacquet-Droz, einem Uhrmacher aus La Chaux-de-Fonds, und seinem Sohn Henri-Louis. »Le Dessinateur« (»Der Zeichner«) fertigt sechs verschiedene Zeichnungen an, u. a. ein Profil von Louis XV und das Bild eines Schmetterlings. »La Musicienne« (»Die Musikerin«) spielt Orgel. Ihre Brust hebt sich beim Einatmen, sie beugt sich vor, setzt sich aufrecht hin und spielt mehrere Melodien. Der ausgeklügeltste Automat ist »L'Écrivain« (»Der Schriftsteller«), der einen Text aus 40 Buchstaben verfasst und während des Schreibens die Feder immer wieder ins Tintenfass taucht.

Die Automaten gehören zur Dauerausstellung des Museums. Wer sie in Betrieb erleben will, sollte an der Kasse oder bei den Museumswärtern danach fragen

»La Musicienne«, Musée d'art et d'histoire

INFOBOX

Straßenkarte B3. *33 000.*
Hôtel des Postes. 032 889 68 90.
Fête des Vendanges (Fest zur Weinlese, letztes Wochenende im Sep).
www.neuchateltourisme.ch

Laténium, Parc et Musée d'archéologie de Neuchâtel

Espace Paul Vouga, Hauterive, 3 km nordöstlich des Stadtzentrums.
1. *032 889 69 17.*
Di–So 10–17 Uhr.
www.latenium.ch

Der große und moderne Museumskomplex erstreckt sich über drei Hektar. Er wurde 2001 eröffnet und hat sich zum Ziel gesetzt, die Geschichte der Besiedlung der Region um den Lac de Neuchâtel vom Ende der Eiszeit bis zum Mittelalter zu illustrieren.

Eine der schönsten Abteilungen widmet sich der Siedlung La Tène am Seeufer, die im 5. Jahrhundert v. Chr. von den Kelten gegründet wurde. Beachtliche Beispiele keltischer Metallverarbeitungskunst vermitteln einen lebendigen Eindruck der Epoche.

Château des Monts mit dem Musée d'Horlogerie in Le Locle

Le Locle 21

Straßenkarte B3. *10 000.* **www**.lelocle.ch

Der Hauptort des Distrikts Le Locle ist seit 2009 UNESCO-Welterbe. Er zeichnet er sich durch die Tatsache aus, die Geburtsstätte der Schweizer Uhrmachertradition zu sein. Hier ließ sich 1705 der junge Uhrmacher Daniel Jean-Richard aus Genf nieder und eröffnete eine Werkstatt. Seine Lehrlinge gründeten ihrerseits eigene Werkstätten in La Chaux-de-Fonds – die Anfänge der Schweizer Uhrmacherindustrie.

Im **Musée d'Horlogerie**, das in einer stattlichen Villa aus dem 18. Jahrhundert mit wunderschönem Interieur untergebracht ist, gibt es eine große Sammlung an Uhren aus aller Welt sowie mehrere ausgeklügelte Automaten zu sehen.

Umgebung: Zwei Kilometer westlich von Le Locle befinden sich die **Moulins Souterrains du Col-des-Roches**. Die unterirdischen Mühlen waren vom 16. bis zum 19. Jahrhundert in Gebrauch. Mit ihnen machte man sich das Wasser der Biel zunutze, um Energie für Maschinen zu erzeugen. Die Mühlen wurden, nachdem sie aufgegeben worden waren, umfassend restauriert. Die Brunnen und Galerien mit ihren Ausstellungen können mit Führungen besucht werden.

Moulins Souterrains du Col-des-Roches
23, le Col. *032 889 68 92.*
Mai–Okt: tägl. 10–17 Uhr; Nov–Apr: Di–So 14–17 Uhr. *obligatorisch.* **www**.lesmoulins.ch

La Chaux-de-Fonds 22

Straßenkarte B3. *37 000.* *1, rue Espacité. 032 889 68 95.* **www**.neuchateltourisme.ch

Wenn Le Locle die Geburtsstätte der Schweizer Uhrenindustrie ist, ist La Chaux-de-Fonds ihre Wiege. Seit 2009 ist die größte Stadt im Kanton Neuchâtel daher ebenfalls UNESCO-Welterbe. Die Stadt liegt im Schweizer Jura in ca. 1000 Meter Höhe. Einst war die Uhrmacherkunst, die im 18. Jahrhundert hierhergelangte, ein häusliches Handwerk. Später hielt die Industrialisierung Einzug. Die Stadt wurde bei der Uhrenherstellung führend. Ihre Blütezeit erlebte die Industrie im 18. und 19. Jahrhundert. Nach seiner Zerstörung durch den Brand von 1794 wurde La Chaux-de-Fonds im Schachbrettmuster mit langen, breiten Straßen wiederaufgebaut. Heute finden sich hier mehrere modernistische Gebäude.

Die illustre Vergangenheit von La Chaux-de-Fonds wird im **Musée international d'Horlogerie** zelebriert. Die riesige Sammlung umfasst 3000 Ausstellungsstücke aus aller Welt, anhand derer die Geschichte der Zeitmessung erzählt wird: von ihren Anfängen in der Antike bis hin zu hochmodernen Instrumenten, die Sekundenbruchteile messen. Viele der optisch schönsten Stücke wurden zur Blütezeit von La Chaux-de-Fonds hergestellt. Ebenfalls gezeigt

Glockenspiel im Musée international d'Horlogerie, La Chaux-de-Fonds

Weltberühmtes Präzisionshandwerk

Die frühesten Schweizer Uhrmacherwerkstätten wurden im 17. Jahrhundert von hugenottischen Flüchtlingen gegründet, die sich in Genf niederließen. Kurz darauf entstanden zahlreiche Werkstätten im Jura, vor allem in La Chaux-de-Fonds. Im 19. Jahrhundert konnte die Uhrmacherkunst durch von Abraham-Louis Breguet eingeführte Innovationen in der Präzisionsmechanik industrialisiert werden. Der Kanton Neuchâtel wurde zum führenden Zentrum. 1967 produzierte das Centre Horloger Neuchâtelois die erste Quarzuhr, was beinahe zum Zusammenbruch der Schweizer Uhrmacherindustrie führte. Billiguhren überschwemmten den Markt, die Schweiz verlor ihre Führungsposition. Dank der preiswerten und modischen Swatch gewann die Schweiz jedoch wieder an Oberwasser und produziert mittlerweile 95 Millionen Uhren pro Jahr.

Riesen-Taschenuhr vor einem Laden

werden musikalische, astronomische, Atom- und Quarzuhren. Das Museum verfügt über Audioführer, eine Bibliothek und eine Werkstatt für die Restaurierung von antiken Uhren. Am Eingang befindet sich ein Glockenspiel aus Stahlröhren, das alle 15 Minuten erklingt.

La Chaux-de-Fonds ist auch Geburtsort des Architekten Charles-Édouard Jeanneret, besser bekannt als Le Corbusier (1887–1965). Bevor er 1917 nach Paris zog, baute er hier mehrere Häuser. Im örtlichen Tourismusbüro gibt es einen Plan mit einer Tour zu seinen Häusern und zu mit ihm verbundenen Plätzen der Stadt. Nur ein Gebäude kann besichtigt werden: die Villa Schwob (1917), die wegen ihrer muslimischen Bauelemente auch **Villa Turque** (Türkische Villa) heißt. Le Corbusier baute das Anwesen, in dem sich nun Büros des Uhrenherstellers Ebel befinden.

Musée international d'Horlogerie
29, rue des Musées. *032 967 68 61.* *Di–So 10–17 Uhr.* **www**.mih.ch

Villa Turque
167, rue du Doubs. *032 912 31 23.* *1. u. 3. So im Monat sowie nach Vereinbarung.*

Franches-Montagnes 23

Straßenkarte B2.
Saignelégier, 10, chemin des Sports 10. 032 420 47 70. *Marché-Concours (2. Wochenende im Aug).* **www**.juratourisme.ch

Der Teil des Schweizer Jura, der innerhalb des Kantons Jura liegt, wird als Franches-Montagnes (Freiberge) bezeichnet. Den Namen erhielt die Region im 14. Jahrhundert, als der Fürstbischof von Basel, dem das Territorium des jetzigen Kantons Jura gehörte, seinen Einwohnern die »franchise« (Steuerbefreiung) gewährte, um so die Besiedlung des spärlich bevölkerten Gebiets zu fördern.

Die Franches-Montagnes liegen zwischen 1000 und 1100 Meter hoch im Südwesten des Kantons Jura. Das schöne, leicht gewellte Hochplateau mit seinen Wäldern und Weiden besitzt ein ausgedehntes Netz an Wander- und Radwegen sowie an Loipen. Es ist zudem für seine Pferdezucht bekannt.

Hauptort der Region ist **Saignelégier**. Jährlich findet hier in der zweiten Augustwoche der Marché-Concours national de chevaux statt. Der Markt lockt sowohl Pferdehändler als auch Pferdeliebhaber aus der ganzen Schweiz und aus Ostfrankreich an.

Portal der Kirche von St-Ursanne

St-Ursanne 24

Straßenkarte C2. *700.*
Place Roger Schaffter. 032 420 47 73. **www**.juratourisme.ch

Der bezaubernde mittelalterliche Ort mit befestigten Toren liegt in einer tiefen, vom Doubs ausgewaschenen Schlucht. Der Ort entwickelte sich im 7. Jahrhundert aus der Einsiedelei des Ursicinus, eines Schülers des hl. Columba. Den Mittelpunkt der Stadt bildet die schöne romanisch-gotische **Stiftskirche**. Sie besitzt ein sehenswertes romanisches Portal mit Statuen der Jungfrau Maria und des hl. Ursicinus. Eine alte Steinbrücke führt im Süden von St-Ursanne über den Doubs. Von hier aus hat man einen wunderbaren Blick auf die Stadt und die Umgebung. Auf der Brücke steht eine Statue des Brückenheiligen Johann Nepomuk.

Delémont 25

Straßenkarte C2. *11 000.*
9, place de la Gare. 032 420 47 71. **www**.juratourisme.ch

Die Hauptstadt des Kantons Jura ist ein ruhiger Ort mit gut erhaltenem mittelalterlichem Zentrum. Zwischen 1212 und 1792 diente sie als Sommerresidenz der Fürstbischöfe von Basel.

Zu den historischen Gebäuden in der Altstadt von Delémont mit ihren hübschen kopfsteingepflasterten Straßen und den Brunnen gehören das Château de Delémont (18. Jh.), das fürstbischöfliche Palais, das barocke Hôtel de Ville (1745) und die Kirche St-Marcel (18. Jh.) im klassizistischen und Rokoko-Stil. Das **Musée jurassien d'art et d'histoire** enthält Artefakte aus prähistorischer Zeit bis zum 18. Jahrhundert.

Musée jurassien d'art et d'histoire
52, rue du 23 Juin. *032 422 80 77.* *Mi–So 14–17 Uhr.*

Fassade des fürstbischöflichen Palais in Delémont

Nordschweiz

Die überwiegend industriell und protestantisch geprägte deutschsprachige Region grenzt im Norden an Deutschland und den Rhein, im Südwesten an den Schweizer Jura. Die Nordschweiz besteht aus den Halbkantonen Basel-Stadt und Basel-Landschaft im Westen, dem Kanton Aargau im Zentrum und Teilen des Kantons Zürich im Osten.

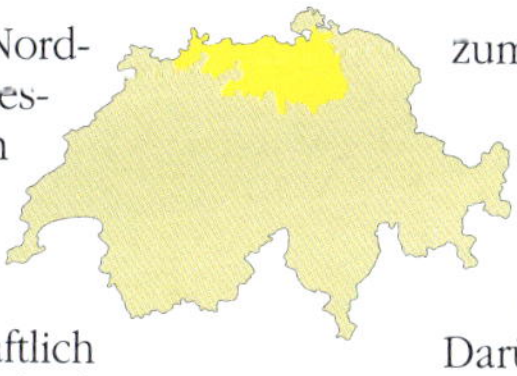

Die relativ »flache« Nordschweiz ist die am dichtesten besiedelte Region der Schweizerischen Eidgenossenschaft und eine Hochburg der Industrie. Sie ist landschaftlich etwas weniger reizvoll als die anderen Teile. Mit Zürich, der wohlhabendsten und bevölkerungsreichsten Stadt, und dem Industriezentrum Basel ist sie nicht so sehr auf Tourismus ausgerichtet wie die Südschweiz. Neben mehreren schönen historischen Städten hat die Region auch eine ungewöhnlich große Anzahl an Spitzenmuseen und Kunstsammlungen zu bieten. Viele Privatvermögen wurden hier in Kunst investiert.

Der Rhein ist sowohl Teil der nördlichen Staatsgrenze als auch die einzige Verbindung des Binnenlands zum Meer. Das am Rhein liegende Basel verfügt über den einzigen Hafen mit direkter Schiffsverbindung nach Rotterdam und in die Nordsee.

Darüber hinaus ist Basel ein Zentrum der pharmazeutischen und chemischen Industrie. Doch hier stehen auch die älteste Universität des Landes und ein international berühmtes Kunstmuseum – um nur zwei der Institutionen zu nennen, die Basel zur Kulturstadt machen.

Winterthur, ein weiterer wichtiger Schweizer Industriestandort, bietet gleichfalls viele Kunstsammlungen und Museen.

Zürich *(siehe S. 158–175)* im Osten der Region ist die Finanzmetropole der Schweiz und eine Stadt von großer kultureller Vielfalt.

Altstadt von Baden am Westufer der Limmat

◁ **Uhr an der Fassade des bunt bemalten Basler Rathauses *(siehe S. 139)***

Überblick: Nordschweiz

Die Grenzen der Region bilden Basel im Westen, Winterthur und Zürich im Osten, der Rhein im Norden und das Mittelland im Süden. Ganz in der Nähe von Basel befinden sich die weitläufigen Überreste der römischen Siedlung Augusta Raurica. Sehenswert sind auch das Thermalbad Baden sowie die attraktiven Städte Zofingen und Aarau, die Hauptstadt des Kantons Aargau. Die Weinberge im Osten sind durchsetzt von Städtchen und Dörfern, die Industriestadt Winterthur im Westen lockt mit zahlreichen Kunstsammlungen. Zürich am schönen Zürichsee ist das Finanzzentrum des Landes und zudem ein innovatives kulturelles Zentrum.

Seitenaltar der Klosterkirche in Wettingen

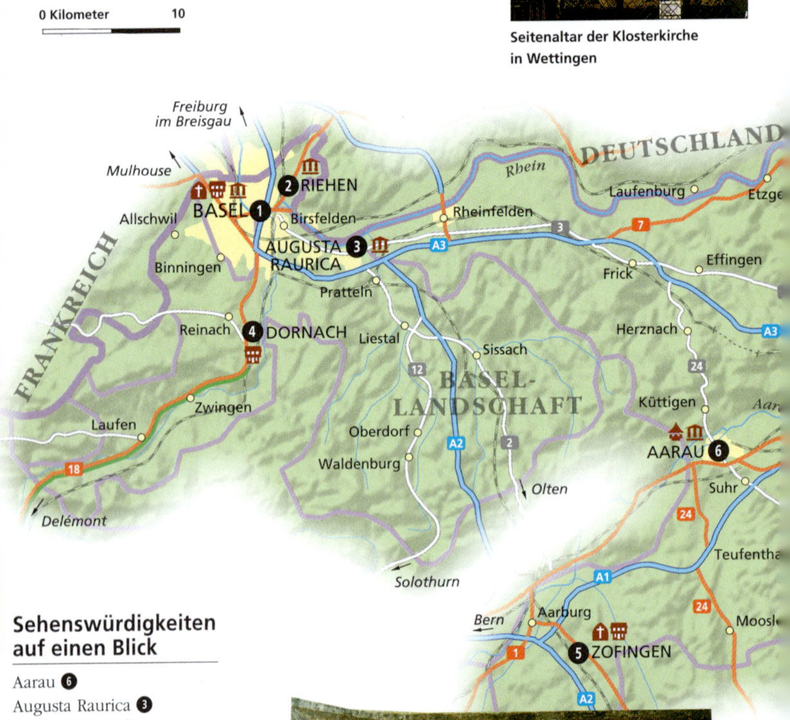

Sehenswürdigkeiten auf einen Blick

Aarau ❻
Augusta Raurica ❸
Baden S. 154f ❾
Basel S. 138–147 ❶
Dornach ❹
Eglisau ⓭
Kaiserstuhl ⓬
Kloster Königsfelden ❽
Muri ❼
Regensberg ⓫
Riehen ❷
Wettingen ❿
Winterthur S. 156f ⓮
Zofingen ❺

Wandmalereien in der Reformierten Kirche in Eglisau

In der Nordschweiz unterwegs

Basel und Zürich bilden mit ihren internationalen Flughäfen und den guten Eisenbahnverbindungen die Knotenpunkte der nordschweizerischen Verkehrsinfrastruktur. Von Zürich aus führt die A1 nördlich nach Winterthur und westlich nach Baden, während die A51 nach Eglisau geht. Die A3 verläuft von Baden aus westlich nach Basel. Die A2 bietet Anschluss nach Bern und in die Westschweiz. Die reizvollere A7 (N7) führt am Rhein entlang nach Kaiserstuhl und dann südlich nach Winterthur.

LEGENDE

- Autobahn
- Hauptstraße
- Nebenstraße
- Panoramastraße
- Eisenbahn (Hauptstrecke)
- Eisenbahn (Nebenstrecke)
- Staatsgrenze
- Kantonsgrenze

Benediktinerkloster in Muri

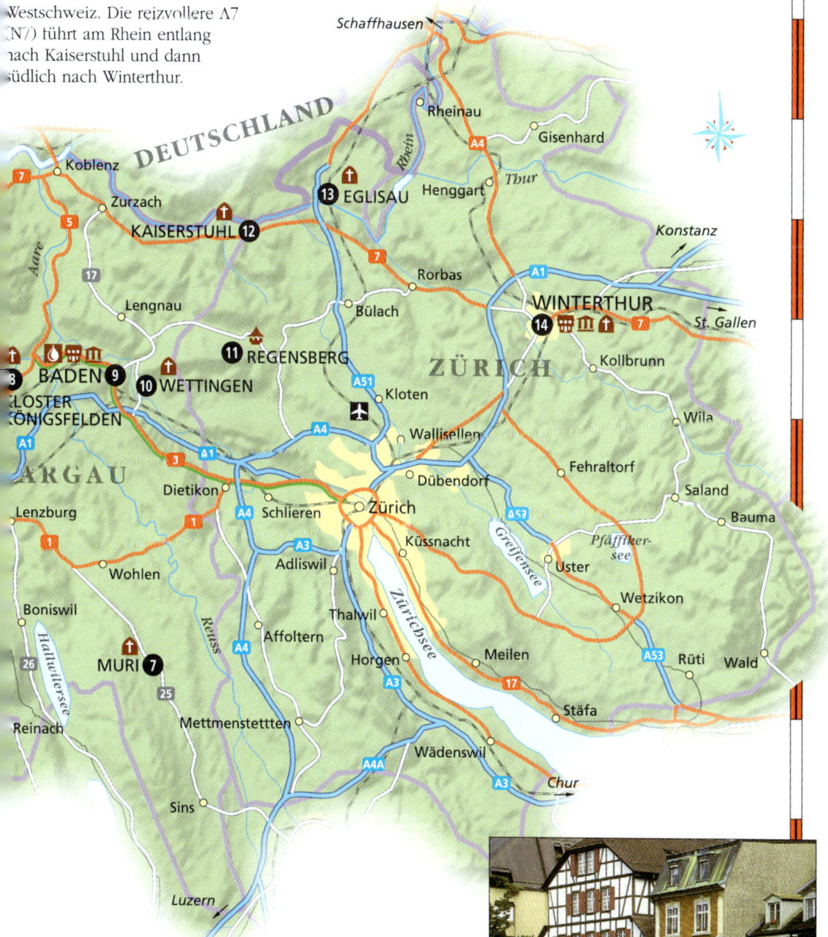

SIEHE AUCH

Hotels S. 252f

Restaurants S. 276–278

Häuser in Kleinbasel, dem rechtsrheinischen Teil der Basler Altstadt

Basel ❶

Die Ursprünge von Basel (franz. Bâle) gehen auf das römische Basilia zurück, das 44 v. Chr. gegründet wurde. Ab dem 7. Jahrhundert stand Basel unter der Vorherrschaft der Franken, im 11. Jahrhundert unter der der Deutschen. Seine Lage an der ersten schiffbaren Stelle des Rheins machte Basel zum einzigen Hafen der Schweiz. Das Handels- und Industriezentrum hat sich mittlerweile auf pharmazeutische Produkte spezialisiert. In der Stadt findet eine bedeutende zeitgenössische Kunstmesse, die Art Basel, statt. Berühmt sind auch die Basler Fasnacht und das Jazzfestival.

Überblick: Basel
Basel wird durch den Rhein zweigeteilt. Grossbasel liegt am linken, südwestlichen Rheinufer und ist der älteste Teil. Kleinbasel am Nordufer ist überwiegend ein Wohngebiet. Hier befindet sich jedoch auch die Messe, das große Konferenzzentrum von Basel.

Das Spalentor von der Spalenvorstadt aus gesehen

Spalentor

Das monumentale gotische Tor liegt im westlichen Teil der Altstadt am Eingang der Spalenvorstadt, einer schmalen Straße, die von Häusern mit bunten Fensterläden gesäumt ist. Das Spalentor stammt aus dem Jahr 1370 und war einst Teil der Verteidigungsanlagen von Basel. Es besitzt Ecktürme mit Zinnen und einen mittleren Abschnitt mit spitzem Dach und glasierten Kacheln. Die Anlage verfügt über Holztürme und Fallgitter und ist mit Skulpturen und – auf der Westseite – mit dem Wappen der Stadt geschmückt.

Jüdisches Museum der Schweiz

Kornhausgasse 8. *061 261 95 14.* *Mo, Mi 14–17, So 11–17 Uhr.*
Das einzige jüdische Museum in der Schweiz veranschaulicht Religion, Alltagsleben und jüdisches Brauchtum anhand einer Vielzahl von Exponaten, die teilweise bis auf das 13. Jahrhundert zurückgehen. Zu den interessantesten Stücken zählen u. a. liturgische Gegenstände.

Die jüdische Gemeinde in Basel war im Jahr 2000 die zweitgrößte in der Schweiz (nach Genf). 1897 hatte in Basel der erste Zionistenkongress stattgefunden.

Universität

Petersplatz 1.
Die 1460 gegründete Universität Basels ist die älteste der Schweiz. Zu den illustren Persönlichkeiten, mit der sie verbunden ist, zählen der Humanist Erasmus von Rotterdam (1466–1536), der Arzt Paracelsus (1493–1541), der Mathematiker Jakob Bernoulli (1654–1705) sowie die Philosophen Friedrich Nietzsche (1844–1900) und Karl Jaspers (1883–1969).

Ein Großteil der Universität ist heute im Kollegienhaus untergebracht, einem großen Bau an der Ostseite des Petersplatzes. Er wurde 1946 fertiggestellt. Den Eingang des Gebäudes zieren Mosaiken mit den Gründern der Universität. Der Hauptsaal ist mit Bleiglasfenstern geschmückt.

Weitere Universitätsgebäude befinden sich im Petersgraben sowie in anderen Teilen der Stadt. Der Botanische Garten liegt östlich des Petersplatzes, dahinter befindet sich die Universitätsbibliothek.

Büste Johann Peter Hebels (1760–1826)

Spielzeug Welten Museum Basel

Steinenvorstadt 1. *061 225 95 95.* *tägl. 10–18 Uhr.* www.spielzeug-welten-museum-basel.ch
Mit über 6000 Ausstellungsstücken, die sich auf vier Stockwerke verteilen, ist das Museum das größte seiner Art in Europa. Die meisten Exponate stammen aus dem späten 19. und dem frühen 20. Jahrhundert. Die Puppenhäuser und Miniaturkaufläden sind bis ins kleinste Detail eingerichtet und hübsch dekoriert. Zur Sammlung gehören auch mechanische Spielzeuge sowie Kuscheltiere von bekannten Herstellern. Vor allem die große Teddybärensammlung ist einzigartig.

Altstadtidyll: Häuser mit Fensterläden in der Spalenvorstadt

Hotels und Restaurants in der Nordschweiz *siehe Seiten 252f und 276–278*

Pharmazie-Historisches Museum

Totengässlein 3. 061 264 91 11. Di–Fr 10–18, Sa 10–17 Uhr.
www.pharmaziemuseum.ch

Als weltgrößtes Zentrum der pharmazeutischen Industrie bietet Basel natürlich auch ein Museum, das sich der Geschichte von Medizin und Chemie widmet. Es ist in dem Haus zu finden, in dem Erasmus und Paracelsus einst lebten. Die Exponate umfassen Instrumente und Arzneien, die Rekonstruktionen einer frühen Apotheke und eines alten Labors.

Mikroskop, Pharmazie-Historisches Museum

Marktplatz

Am Vormittag eines jeden Werktags füllt sich der Marktplatz mit Ständen voller Obst, Blumen und Gemüse. An Feiertagen finden hier die großen Feste Basels statt. Der Platz wird von hübschen Gebäuden gesäumt, die schönsten stammen aus dem späten 19. und frühen 20. Jahrhundert. Am Nordende des Platzes (Fischmarkt) steht ein Brunnen mit der Jungfrau Maria sowie mit Heiligenfiguren.

Im Norden schließt sich die Mittlere Brücke an, in deren Nähe sich die merkwürdige Figur eines Bärtigen befindet: Der »Lällekönig« wurde zum Symbol der Stadt. Er ist der Nachbau einer Automatenfigur aus dem 19. Jahrhundert, die den Einwohnern von Kleinbasel die Zunge herausstreckte. Die originale Figur befindet sich im Historischen Museum.

Rathaus

Marktplatz 9. Info im Tourismusbüro.

Hauptattraktion des Marktplatzes ist das gotische Rathaus, dessen leuchtend rote Fassade mit Allegorien geschmückt ist. Der mittlere Teil des Gebäudes stammt von 1504–21. Die heutige Fassade *(Abbildung S. 134)* wurde dem Original von 1600 entsprechend restauriert. Turm und Anbau stammen aus dem 19. Jahrhundert. Den Innenhof mit seiner manieristischen Treppe zieren Wandbilder aus dem 16. Jahrhundert.

INFOBOX

Straßenkarte C2. *172 000.* *Stadt-Casino am Barfüsserplatz und im Bahnhof SBB. 061 268 68 68. Fasnacht (Ende Feb), Blues-Festival (Apr), Art Basel (Mitte Juni), Basel Tattoo (Juli), Jazzfestival (Ende Aug).*
www.basel.com

Justitia, Fassadenmalerei am Rathaus

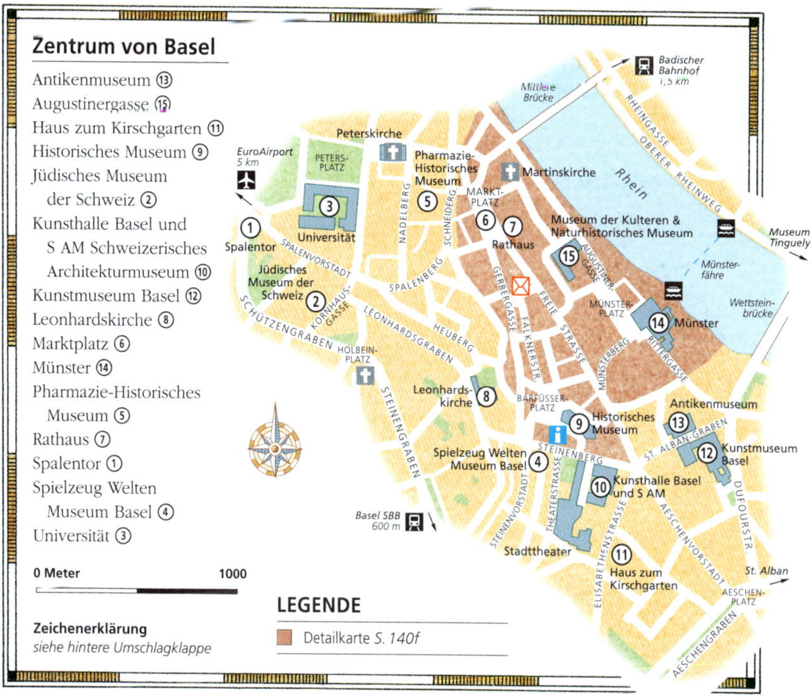

Im Detail: Basel Altstadt

Der Kern der mittelalterlichen Altstadt von Basel erstreckt sich entlang dem südwestlichen Ufer des Rheins. Mittelpunkt ist der lebhafte Barfüsserplatz mit seinen Cafés und den Straßenbahnen. Hauptattraktionen der Altstadt sind das romanisch-gotische Münster und das unverwechselbare Rathaus, das sich leuchtend rot am Marktplatz erhebt. Hübsche Einkaufsstraßen, mehrere Kirchen, steile Gassen und grüne Innenhöfe machen das Viertel einmalig. Da viele Straßen der Altstadt für den Autoverkehr gesperrt sind, kann man die Sehenswürdigkeiten hervorragend zu Fuß erkunden.

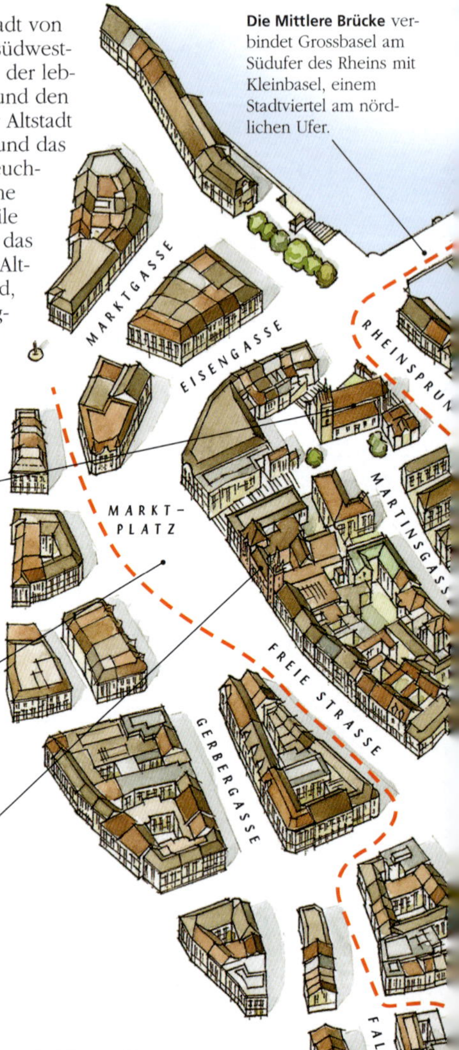

Die Mittlere Brücke verbindet Grossbasel am Südufer des Rheins mit Kleinbasel, einem Stadtviertel am nördlichen Ufer.

Martinskirche
Sie ist die älteste Gemeindekirche Basels (14. Jh.).

Auf dem Marktplatz werden schon seit Jahrhunderten Märkte und Stadtfeste abgehalten.

★ Rathaus
Hervorstechende Elemente des Rathauses sind die farbige Fassade und die von Figuren gekrönte Uhr.

Barfüsserplatz
Der Platz ist nach den barfüßigen Franziskanern benannt und wird vornehmlich von Häusern aus dem 19. und 20. Jahrhundert gesäumt.

NICHT VERSÄUMEN

- ★ Historisches Museum
- ★ Münster
- ★ Rathaus

LEGENDE

- - - - Routenempfehlung

Museum der Kulturen
Das ethnografische Museum Basels besitzt umfangreiche Sammlungen, darunter exquisite präkolumbische Exponate.

0 Meter 75

Münsterplatz
Der Platz liegt über einem ehemaligen römischen Lager.

In der Augustinergasse stehen malerische Häuser und Villen. Die kleine Straße verläuft entlang der südlichen Böschung des Rheins.

★ Münster
Das großartige mittelalterliche Münster liegt oberhalb der Stadt auf einer Terrasse über dem Rhein.

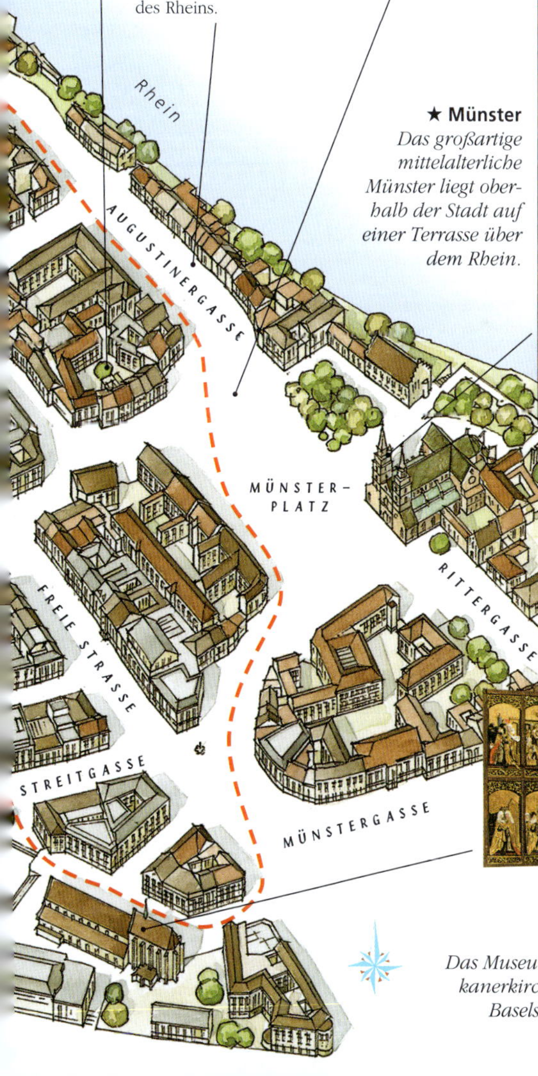

★ Historisches Museum
Das Museum in einer ehemaligen Franziskanerkirche dokumentiert die Geschichte Basels – vor allem die des Mittelalters.

Überblick: Basel

Mit über 30 Museen und Kunstsammlungen, von der avantgardistischen Kunsthalle bis zum altehrwürdigen Kunstmuseum, ist Basel eine der größten Kunststädte der Schweiz. Im Osten der Altstadt liegt St. Alban, ein ruhiges Viertel mit mittelalterlichen Straßen. Gegenüber der Altstadt, am Nordufer des Rheins, liegt das blühende Viertel Kleinbasel. Im Hafen von Basel markiert ein Obelisk das Dreiländereck, an dem Schweiz, Deutschland und Frankreich aufeinandertreffen. Über den Rhein verkehren mehrere Fähren.

Leonhardskirche

Kohlenberg. *Di–Sa 9–17 Uhr.*
Die gotische Kirche steht auf einem Hügel über der Stadt. Sie wurde über einem älteren Bau aus dem 11. Jahrhundert errichtet, dessen romanische Krypta erhalten ist. Nach dem Erdbeben von 1356, das einen Großteil Basels zerstörte, wurde die Kirche im gotischen Stil wiederaufgebaut.

Im Inneren sind gotische Malereien (15./16. Jh.) und ein schönes Kruzifix (1455) zu sehen. Die Musikinstrumente in einem Flügel des angrenzenden Klosters gehören zur Sammlung des Historischen Museums.

Basler Wappen, Leonhardskirche

Historisches Museum

Barfüsserplatz. *061 205 86 00.*
Di–So 10–17 Uhr.
Das faszinierende Museum ist in der Barfüsserkirche, einer früheren Franziskanerkirche, untergebracht. Es widmet sich der Kultur der Stadt seit der Zeit der Kelten. Die Exponate umfassen Holzschränke, Töpferwaren, Silbergefäße, Gobelins, Waffen sowie liturgische Gefäße, Altaraufsätze und andere Stücke der Schatzkammer des Münsters. Das Museum ist auf insgesamt vier Häuser verteilt.

Kunsthalle Basel

Steinenberg 7. *061 206 99 00.* *Di–Fr 11–18 (Do bis 20.30 Uhr), Sa, So 11–17 Uhr.*
www.kunsthallebasel.ch
Die Kunsthalle Basel besitzt eine Vorreiterfunktion auf dem Gebiet der modernen Kunst. Sie ist eine der führenden und bekanntesten kulturellen Institutionen der Stadt und bietet ein vielfältiges Programm an Ausstellungen zeitgenössischer Künstler.

Das Museum liegt gegenüber dem Stadttheater, einer weiteren Institution in der Kulturlandschaft Basels. Auf dem Platz zwischen beiden Gebäuden steht ein Brunnen mit kinetischen Objekten von Jean Tinguely.

Tinguely-Brunnen vor der Kunsthalle Basel

S AM Schweizerisches Architekturmuseum

Steinenberg 7. *061 261 14 13.*
Di–Fr 11–18 (Do bis 20.30 Uhr), Sa, So 11–17 Uhr.
www.sam-basel.org
Die Kunsthalle beherbergt auch das Architekturmuseum Basels. Es widmet sich vor allem der Architektur seit dem frühen 20. Jahrhundert und bietet Ausstellungen zu Werken Schweizer und internationaler Architekten. Auch verwandte Themen, z. B. die Architekturfotografie und die Verbindung zwischen Architektur und anderen Künsten, werden behandelt.

Haus zum Kirschgarten

Elisabethenstrasse 27–29. *061 205 86 78.* *Di–Fr, So 10–17, Sa 13–17 Uhr.* **www**.hmb.ch
Die Rokoko-Villa wurde 1775–80 als Residenz des Seidenbandfabrikanten J. R. Burckhardt erbaut. In dem im zeitgenössischen Stil eingerichteten Gebäude ist heute ein Museum über die Wohnkultur im 18. und 19. Jahrhundert (eine Zweigstelle des Historischen Museums). In den unteren beiden Stockwerken sind Salons, ein Speisezimmer, ein Musikzimmer und eine Küche zu sehen.

Im Obergeschoss sind Puppen, Schaukelpferde und anderes Spielzeug ausgestellt, im Erd- und Untergeschoss Uhren und Porzellan, z. B. italienische Fayencen und Meißner Porzellan.

Das ausladende Kirchenschiff der Leonhardskirche

Hotels und Restaurants in der Nordschweiz *siehe Seiten 252f und 276–278*

Kunstmuseum Basel
Siehe S. 146f.

Antikenmuseum
St. Alban-Graben 5. *061 201 12 12.* *Di–So 10–17 Uhr.*
Das Museum widmet sich den vier großen frühen Zivilisationen im Mittelmeerraum: den Griechen, Etruskern, Römern und Ägyptern. Zu den griechischen Ausstellungsstücken gehören Vasen aus archaischer Zeit bis zur klassischen Periode, Marmorstatuen, kleine Bronzefiguren, Tongefäße, Münzen und Schmuck. Die Sammlungen etruskischer, römischer und ägyptischer Kunst sind gleichermaßen beeindruckend.

Münster
Siehe S. 144f.

Augustinergasse
Naturhistorisches Museum Augustinergasse 2. *061 266 55 00.* *Di–So 10–17 Uhr.* **Museum der Kulturen** Münsterplatz 20. *061 266 56 00.* *Di–So 10–17 Uhr.*
Die malerische Gasse verläuft vom Münsterplatz aus nach Norden am Rheinufer entlang. Neben einem Renaissance-Brunnen mit einem Basilisken sind in der Gasse auch verschiedene schöne Gebäude (14./15. Jh.) zu sehen.

In einem klassizistischen Gebäude befindet sich das **Naturhistorische Museum**. Es hat eine große Sammlung an Mineralien sowie eine Paläontologie- und Zoologieabteilung. Das **Museum der Kulturen** hat seinen Sitz in einem Haus, das die Basler Architekten Herzog & de Meuron entwarfen. Das anthropologische Museum präsentiert Artefakte verschiedener Kulturen der Welt. Zu den schönsten zählen die Holzreliefs aus Tikal, der Maya-Stätte in Guatemala.

St. Alban
Basler Papiermühle St. Alban-Tal 37. *061 225 90 90.* *Di–Fr, So 11–17, Sa 13–17 Uhr.* **Museum für Gegenwartskunst** St. Alban-Rheinweg 60. *061 206 62 62.* *Di–So 11–18 Uhr.*
Das St.-Alban-Viertel hat seinen Namen von der Kirche eines ehemaligen Benediktinerklosters, das im 11. Jahr-

Das St.-Alban-Tor stammt aus dem 13. Jahrhundert

hundert am Stadtrand gegründet wurde. Der Vorort mit seinen alten und modernen Gebäuden ist sehr attraktiv. Hier fließt auch ein Kanal, der einst die Mühlen des Klosters antrieb. Die **Basler Papiermühle** beherbergt heute ein Museum für Papier, Schrift- und Druckkunst. Besucher können bei der Papierherstellung zusehen. In der Nähe stellt das **Museum für Gegenwartskunst** Kunst aus den 1960er Jahren bis heute aus. Das frühere [plug in], das sich der Kunst mit elektronischen Medien widmete, wurde in das Haus für elektronische Künste Basel auf dem Dreispitz-Areal (Oslostrasse 10) integriert.

Statue in Kleinbasel

Kleinbasel
Die erste feste Rheinbrücke Basels wurde 1226 gebaut. Zu dieser Zeit ließ man am Nordufer eine kleine Festung errichten, um die herum sich eine Siedlung entwickelte. Im späten 14. Jahrhundert wurde sie Teil der Stadt. Viele Jahrhunderte lang war Kleinbasel, wie das Viertel heute heißt, Wohnort des ärmeren Teils der Basler Bevölkerung.

Museum Tinguely
Paul Sacher-Anlage 1. *061 681 93 20.* *Di–So 11–18 Uhr.* www.tinguely.ch
Das blassrosa Sandsteingebäude im Solitude Park am Rheinufer wurde vom Schweizer Architekten Mario Botta entworfen. Das Museum widmet sich den Werken Jean Tinguelys, der vor allem mit kinetischen Objekten berühmt wurde. Tinguely wurde 1925 in Fribourg geboren, ging in Basel zur Schule und ließ sich 1960 in New York nieder, kehrte 1968 jedoch in die Schweiz zurück, wo er 1991 auch starb.

Der Kern der Sammlung besteht aus Werken Tinguelys, die seine Frau, die Künstlerin Niki de Saint-Phalle, stiftete. Später kamen weitere Schenkungen und Sammlerstücke hinzu.

Im Zwischengeschoss sind hauptsächlich Tinguelys motorisierten Objekte zu sehen, die Besucher selbst in Bewegung setzen können. Im Obergeschoss finden sich mehrere mit Tinguelys Arbeit verbundene Gegenstände. Das zentrale Ausstellungsstück im Erdgeschoss ist die Installation *Grosse Méta Maxi-Maxi Utopia* (1987).

Ein Objekt Jean Tinguelys vor dem Museum Tinguely

Basel: Münster

Der rote Sandsteinbau mit den bunten Dachziegeln beherrscht das Stadtbild. Die majestätische Kirche besaß einen Vorgängerbau aus dem 8. Jahrhundert, ihre jetzige Gestalt erhielt sie im 12. Jahrhundert. Während des Erdbebens von 1356 wurde sie teilweise beschädigt und danach im gotischen Stil restauriert. Einige romanische Elemente sind noch erhalten. Im 16. Jahrhundert wurde das Münster im Zug der Reformation fast seines ganzen Schmucks beraubt. Einige romanische und gotische Skulpturen sowie die Fresken in der Krypta (14. Jh.) haben den Bildersturm allerdings überlebt. Die Bleiglasfenster stammen aus dem 19. Jahrhundert.

★ Malereien in der Krypta
Die Decke der Krypta zieren Fresken mit Szenen aus dem Leben Mariae und Jesu. Die Krypta ist nur außerhalb der Heizperiode zu besichtigen.

Bleiglasfenster
Der Wandelgang wird durch Bleiglasfenster (19. Jh.) erhellt. Die Medaillons zeigen Szenen aus dem Leben Christi: Geburt, Kreuzigung und Auferstehung.

Elefanten zieren die Fenster des Chors.

Grab der Königin Anna
Königin Anna von Habsburg, Gefährtin Rudolfs von Habsburg, starb 1281 und wurde zusammen mit ihrem kleinen Sohn Karl begraben. Ihre Porträts zieren den Deckel des Sarkophags.

NICHT VERSÄUMEN

- ★ Galluspforte
- ★ Malereien in der Krypta
- ★ Tafel der Apostel

★ Galluspforte
Das großartige romanische Portal am nördlichen Querhaus stammt von etwa 1180. Die Steinmetzarbeiten zeigen eine biblische Szene.

Taufstein
Der mit einem Figurenrelief verzierte Stein stammt von 1486. Er ist ein herausragendes Beispiel spätgotischer Steinmetzkunst.

INFOBOX

Münsterplatz. 061 272 91 57.
Apr–Okt: Mo–Fr 10–17, Sa 10–16, So, Feiertage 11.30–17 Uhr; Nov–März: Mo–Sa 11–16, So, Feiertage 11.30–16 Uhr.
www.baslermuenster.ch

Der Martinsturm schließt mit einem Zierelement ab, das 1500 vollendet wurde.

Den Georgsturm ziert eine Statue des hl. Georg. Der hellere Stein im unteren Teil stammt vom Vorgängerbau aus dem 11. Jahrhundert.

★ Tafel der Apostel
Die spätromanische Tafel (11. Jh.) im nördlichen Seitenschiff zeigt sechs Apostel, in Gruppen zu je zwei angeordnet.

Hauptportal
Zu den Skulpturen des Portals zählen Kaiser Heinrich II und seine Frau Kunigunde, die Schutzheiligen Basels. Der Kaiser hält ein Modell des Münsters in der Hand.

Kreuzgang
Im gotischen Kreuzgang an der Südseite befinden sich zahlreiche Gräber und Epitaphe.

Kunstmuseum Basel

Das renommierte Kunstmuseum Basel besitzt eine der umfangreichsten Kunstsammlungen der Welt und die größte der Schweiz. Die Gemälde gliedern sich in vier Bereiche: 15. und 16. Jahrhundert (mit einer umfassenden Sammlung deutscher Kunst und der weltgrößten Sammlung von Werken der Holbein-Familie), holländische und flämische Meister des 17. Jahrhunderts, Werke Schweizer, deutscher und französischer Künstler des 19. Jahrhunderts (u. a. Delacroix, Manet, Monet, Pissarro) und Kunst des 20. Jahrhunderts (u. a. Rousseau, Cézanne, Picasso, Dalí und Giacometti). Im Hof stehen Rodins *Bürger von Calais*. 2016 wird ein Erweiterungsbau für Sonderausstellungen eröffnen.

Senecio (Baldgreis)
Das lyrische doppeldeutige Porträt schuf Paul Klee 1922. Die Sammlung des Museums enthält mehrere Werke des Künstlers.

LEGENDE

- Skulpturen
- Malerei 17.–18. Jahrhundert
- Malerei 15.–16. Jahrhundert
- Malerei 19. Jahrhundert
- Malerei 20. Jahrhundert

Kurzführer

Das Erdgeschoss ist Wechselausstellungen vorbehalten. Die Abteilungen im ersten Stock decken die Zeit vom 15. bis zum 19. Jahrhundert ab. Der zweite Stock widmet sich der Kunst des 20. Jahrhunderts. Das Museum für Gegenwartskunst befindet sich am St. Alban-Rheinweg 60 (Di–So 11–18 Uhr).

★ Ta matete
Die Gesten der Figuren in Ta matete (Der Markt) *und die Farben der Komposition sind für den symbolistischen Stil Paul Gauguins charakteristisch. Das Gemälde stammt von 1892.*

★ Brennende Giraffe
Das surrealistische Gemälde von Salvador Dalí zeigt skelettartige Figuren und eine brennende Giraffe vor einer »entleerten« Landschaft. Es entstand 1936/37.

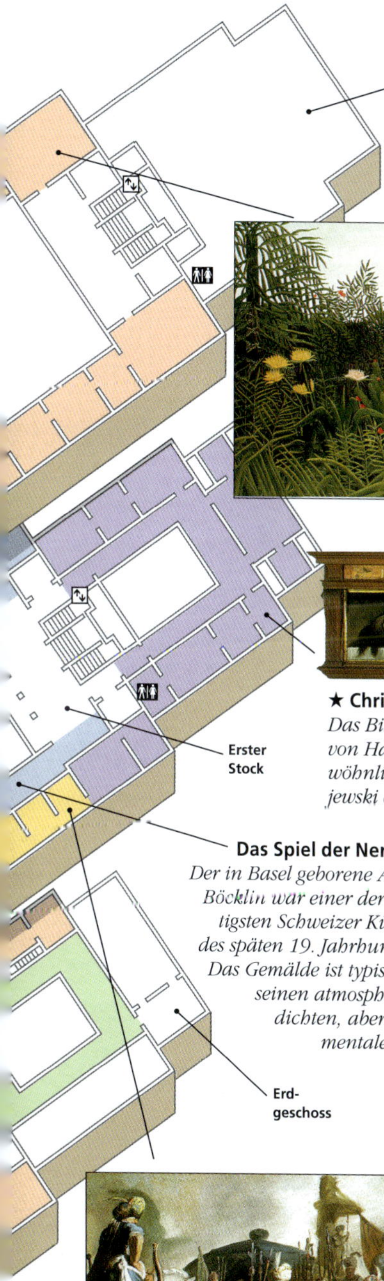

INFOBOX

St. Alban-Graben 16.
061 206 62 62.
Di–So 10–18 Uhr.
www.kunstmuseumbasel.ch

Urwaldlandschaft mit untergehender Sonne
Henri Rousseau alias Le Douanier schuf das Gemälde in seinem Todesjahr (1910). In dem traumartigen, in leuchtenden Farben gemalten Wald wird ein Mann von einem Leoparden angegriffen.

★ Christus im Grab
Das Bild (eigentlich Der Leichnam Christi im Grabe*) von Hans Holbein d. J. entstand 1521 und ist ungewöhnlich emotional. Der Schriftsteller Fjodor Dostojewski erwähnt es in seinem Roman* Der Idiot.

Das Spiel der Nereiden
Der in Basel geborene Arnold Böcklin war einer der wichtigsten Schweizer Künstler des späten 19. Jahrhunderts. Das Gemälde ist typisch für seinen atmosphärisch dichten, aber sentimentalen Stil.

David übergibt Goliaths Haupt dem König Saul
Das kleine Gemälde der biblischen Geschichte stammt von 1627 und ist ein frühes Werk Rembrandts.

NICHT VERSÄUMEN

★ Brennende Giraffe

★ Christus im Grab

★ Ta matete

Riehen ❷

Straßenkarte C2. *21 000.*
Baselstrasse 4. 061 641 40 70.
www.riehen.ch

Die Gemeinde Riehen ist gewissermaßen schon ein Vorort von Basel. Sie ist vom Stadtzentrum aus mit der Straßenbahn Richtung Nordosten gut zu erreichen. In dem hübschen Ort gibt es viele schöne Villen und alte Landhäuser.

Im Wettsteinhaus, das im 17. Jahrhundert Sitz des Bürgermeisters war, ist heute ein hübsches **Spielzeugmuseum** untergebracht. Es bietet Ausstellungsstücke von Puppen bis zu Brettspielen. Im **Dorfmuseum** gleich nebenan wird der Alltag in Riehen um 1900 dokumentiert, das **Rebbaumuseum** widmet sich der örtlichen Weinbautradition.

Riehens größtes Museum ist jedoch die außergewöhnliche **Fondation Beyeler**. Die Sammlung wurde von Hilda und Ernst Beyeler ins Leben gerufen und umfasst heute etwa 200 Werke. Sie wurden 1997 in einem Gebäude des italienischen Architekten Renzo Piano zum ersten Mal öffentlich ausgestellt. Die meisten Gemälde stammen aus dem 19. und 20. Jahrhundert, darunter Werke von Monet, Cézanne, van Gogh, Picasso, Matisse, Miró, Mondrian, Bacon, Rothko, Warhol und weiteren Künstlern. Artefakte aus der ganzen Welt, etwa aus Afrika und Ozeanien, ergänzen die Gemäldesammlung. Das Künstlerehepaar Christo und Jeanne-Claude hat 1998 fast 200 Bäume vor dem Gebäude »verpackt«. Die Fondation Beyeler organisiert auch Wechselausstellungen moderner Kunst.

Spielzeugmuseum, Dorfmuseum und Rebbaumuseum
Baselstrasse 34. *061 641 28 29.*
Mi–Mo 11–17 Uhr.

Fondation Beyeler
Baselstrasse 101. *061 645 97 00.*
tägl. 10–18 Uhr (Mi bis 20 Uhr).
www.fondationbeyeler.ch

Das Goetheanum, Weltzentrum für Anthroposophie, in Dornach

Augusta Raurica ❸

Straßenkarte C2. *tägl. 10–17 Uhr.* **www**.augustaraurica.ch

Die 27 v. Chr. gegründete römische Siedlung, die elf Kilometer südöstlich von Basel am Zusammenfluss von Ergolz und Rhein liegt, hatte während ihrer Blütezeit um 200 n. Chr. rund 20 000 Einwohner. Um 350 n. Chr. wurde sie von den Alemannen weitgehend zerstört.

Durch ausgedehnte und sorgfältige Ausgrabungen ist Augusta Raurica heute ein großes, faszinierendes Freilichtmuseum mit restaurierten Tempeln, Bädern, Theatern, Häusern und einem Forum. Es hatte übrigens einst ein funktionierendes Abwassersystem.

Grabstein des Dannicus in Augusta Raurica

Einige Funde sind im **Römerhaus** neben der Ausgrabungsstelle ausgestellt, darunter mehrere Silberstücke, die man am Fuß der Befestigungsanlagen entdeckte. Die Nachbildung eines mit Funden ausgestatteten römischen Hauses veranschaulicht das Alltagsleben der Römer. Im Tierpark sind Haustiere, die es in römischer Zeit gab, zu sehen.

Römerhaus
Giebenacherstrasse 17, Augst. *061 816 22 22.* *März–Okt: Mo 13–17, Di–So 10–17 Uhr; Nov–Feb: Mo 13–17, Di–So 11–17 Uhr.*
www.augustaraurica.ch

Dornach ❹

Straßenkarte C2. *6300.*
www.dornach-tourismus.ch

Die Gemeinde Dornach am südlichen Rand von Basel ist Sitz des Weltzentrums für Anthroposophie. Es wurde 1912 von dem aus Österreich stammenden Esoteriker und Philosophen Rudolf Steiner (1861–1925) gegründet, der die von kreativer Aktivität unterstützte geistige Entwicklung des Menschen zum Hauptprinzip einer humanistischen Erziehungslehre (Waldorfschulen) erhob. Steiner sah sich stark von dem deutschen Dichter Goethe beeinflusst.

Das **Goetheanum**, ein großer Sichtbetonbau mit Blick auf ganz Dornach, ist Hauptsitz der Anthroposophischen Gesellschaft. Der Originalbau wurde 1922 durch einen Brand zerstört, das heutige Gebäude wurde 1928 fertiggestellt. Gemäß den Prinzipien der Anthroposophie besitzt der Bau keine rechten Winkel. Das Goetheanum wird als einzigartiges Beispiel expressionistischer Architektur angesehen. Die erst 1998 vollendeten Innenräume sind so eingerichtet, dass sie die Grundzüge der Anthroposophie klar vor Augen führen.

Im Kern des Gebäudes befindet sich ein Auditorium mit 1000 Sitzplätzen. Es wird für Konzerte, Opern- und Eurythmieaufführungen genutzt. Auch Anthroposophietagungen finden hier statt. Das Goetheanum ist zudem Sitz der Freien Hochschule für

◁ **Blühende Kirschbäume im Fricktal im Kanton Aargau**

Geisteswissenschaft (= Anthroposophie) mit ihren verschiedenen Sektionen.

Goetheanum
Rüttiweg 45. 061 706 42 42.
tägl. 8–20 Uhr. *Sa 14 Uhr.*
www.goetheanum.org

Zofingen 5

Straßenkarte D2. *11 000.*
Kirchplatz 26. *062 745 71 72.* **www**.zofingen.ch

Zofingen liegt im Kanton Aargau und ist ein zauberhaftes Städtchen, dessen Geschichte bis ins 12. Jahrhundert zurückreicht. Die gut erhaltene Altstadt ist von Grünflächen umgeben, die sich entlang den ehemaligen Befestigungen von Zofingen erstrecken. Fast alle Sehenswürdigkeiten finden sich in der Nähe des Alten Postplatzes, des Kirchplatzes und des Niklaus-Thut-Platzes.

Am Alten Postplatz steht die Alte Kanzlei, ein bemerkenswertes Barockgebäude. Auf dem Platz befindet sich die historische Markthalle, die auch heute noch für den Wochenmarkt genutzt wird.

Der Kirchplatz verdankt seinen Namen der Stadtkirche, die im romanischen Stil erbaut und im 15. Jahrhundert um gotische Elemente erweitert wurde. Mitte des 17. Jahrhunderts kam schließlich der Westturm im Renaissance-Stil hinzu. In der Kirche sind das gotische Gestühl und die Bleiglasfenster sehenswert.

Brunnen mit Ritterfigur (Niklaus Thut) in Zofingen

Den Mittelpunkt des Niklaus-Thut-Platzes bildet ein Brunnen mit einer Statue des Helden der Schlacht von Sempach (1386), bei der die Eidgenossen die Österreicher in die Flucht schlugen. Nicht versäumen sollte man das Metzgern-Zunfthaus aus dem Jahr 1602 sowie das barocke Rathaus, dessen Ratskammer im klassizistischen Stil eingerichtet ist.

Aarau 6

Straßenkarte D2. *20 000.*
Schlossplatz 1. 062 834 10 34.
www.aarauinfo.ch

Der Hauptort des Kantons Aargau liegt malerisch an der Aare. Die Altstadt ist auf den Geländestufen angelegt, die sich steil vom Flussufer aus erheben. Bereits im 13. Jahrhundert erhielt Aarau die Stadtprivilegien. Lange Zeit war es Teil des habsburgischen Gebiets, 1415 ging es jedoch in Berner Oberhoheit über. Für kurze Zeit war Aarau Hauptstadt der Helvetischen Republik *(siehe S. 39)*, 1803 wurde es Hauptstadt des Kantons Aargau. Ihren Wohlstand verdankt die Stadt der Textilindustrie.

Am höchsten Punkt der Stadt steht das Schlössli (11. Jh.), das heute ein Geschichtsmuseum beherbergt. Sehenswert sind auch das Rathaus (16. Jh.) mit romanischem Turm und die gotische Stadtkirche (15. Jh.). Einige Häuser in den engen Gassen der älteren Viertel von Aarau sind mit steilen Giebeln und floralen Motiven verziert.

Hausornament in Aarau

Das **Aargauer Kunsthaus** besitzt eine schöne Sammlung moderner Gemälde. Das Naturama ist ein Museum für Naturgeschichte.

Aargauer Kunsthaus
Aargauerplatz. *062 835 23 30.*
Di–So 10–17 Uhr (Do bis 20 Uhr).

Umgebung: Im kleinen Ort Lenzburg, etwa zehn Kilometer östlich von Aarau, steht eine der ältesten und bedeutendsten Höhenburgen der Schweiz (1036 erstmals erwähnt) mit Regionalmuseum.

Die Lenzburg aus dem 11. Jahrhundert in der Nähe von Aarau

Hotels und Restaurants in der Nordschweiz *siehe Seiten 252f und 276–278*

Muri 7

Straßenkarte D2. 7000.
Marktstrasse 10. 056 664 70 11.
www.muri.ch

Das schön restaurierte Benediktinerkloster ist die Hauptattraktion des Orts. **Kloster Muri** wurde von Ita von Lothringen und Redebot von Habsburg 1027 gegründet und war bis 1841 von Mönchen bewohnt. Danach verfiel es, bis es 1889 von einem Brand verwüstet wurde. Nach dem sorgfältigen Wiederaufbau kehrte eine kleine Gruppe Benediktinermönche 1960 in das Kloster zurück und gründete dort ein Hospiz.

Zu den ältesten erhaltenen Teilen der Klosterkirche gehören das romanische Presbyterium, die Krypta und das Querhaus. Einige gotische Elemente haben gleichfalls überlebt. Das Hauptschiff (17. Jh.) ist barock. Es erhebt sich über einem achteckigen Grundriss und wird von einer Kuppel gekrönt. Der Großteil der Innendekoration stammt aus dem späten 17. und dem 18. Jahrhundert.

Im ruhigen Kreuzgang neben der Kirche sind die Herzen des letzten Kaiserpaars von Österreich, Karl I. und Zita, begraben. Außerdem sind hier Gemälde des Schweizer Künstlers Caspar Wolf und ein Teil des Kirchenschatzes zu sehen.

Die Klosterkirche von Muri mit ihren Zwillingstürmen

Kloster Muri
Kirche *tägl. 7.30–19.30 Uhr.*
Info unter 056 664 70 11.
Museum *März–Okt: Di–So 10–12, 13.30–17 Uhr.*
www.klosterkirche-muri.ch

Kloster Königsfelden 8

Windisch. **Straßenkarte** D2. **Klosterkirche**. *056 441 88 33.*
Apr–Okt: Di–So 10–17 Uhr; Nov–März: auf Anfrage: 0848 871 200.
www.klosterkoenigsfelden.ch

Die Franziskanerabtei Königsfelden liegt zwischen den malerischen Dörfern Windisch und Brugg. Sie wurde 1308 von Elisabeth von Habsburg an der Stelle gegründet, an der ihr Gatte Albrecht I. von Herzog Johann von Schwaben ermordet worden war. Das Kloster ging später in den Besitz einiger Franziskanermönche und Klarissen über. Nach Elisabeths Tod ließ ihre Tochter Agnes von Ungarn die Arbeiten an der Kirche fortführen.

Während der Reformation löste man beide Religionsgemeinschaften auf. 1804 wurde das Kloster in eine psychiatrische Anstalt umgewandelt. Diese zog später im 19. Jahrhundert in ein anderes Gebäude um. Ein Großteil des Klosters wurde abgerissen.

Die 1310–30 erbaute Kirche ist erhalten geblieben. Die monumentale gotische Basilika verfügt über eine eindrucksvolle Holzdecke. In den Seitenschiffen hängen Holztafeln, auf denen Ritter und Wappen dargestellt sind.

Die elf großen Buntglasfenster im Presbyterium, Höhepunkte spätmittelalterlicher Glasmalerei, zählen zu den schönsten der Schweiz. Sie entstanden 1325–30 und wurden in den 1980er Jahren restauriert. Die Darstellungen zeigen Szenen aus dem Leben Jesu, der Jungfrau Maria, der Apostel und einiger Heiliger. Sehenswert ist auch der ehemalige Klosterpark.

Barockkanzel der Kirche in Wettingen

Baden 9

Siehe S. 154f.

Wettingen 10

Straßenkarte D2. *20 000.*
Seminarstrasse 54. 056 426 22 11. **www**.wettingen.ch

Der Ort liegt von Hügeln umgeben im malerischen Limmattal. Er besitzt ein großartiges, ehemaliges **Zisterzienserkloster**. Es wurde 1841 aufgelöst. Der Komplex dient heute als Schule. Öffentlich zugänglich sind die Kirche und der angrenzende Kreuzgang.

Die Klosterkirche war 1227 gegründet, dann mehrmals umgebaut worden. Aus der Renaissance ist nur noch das Gestühl erhalten geblieben. Der Rest des Kircheninneren zeichnet sich durch extravagante barocke Verzierungen aus: eine vergoldete Kanzel, Altäre und Skulpturen. Im gotischen Kreuzgang mit moderner Verglasung sind einige der alten Bleiglasfenster (13.–17. Jh.) ausgestellt.

Zisterzienserkloster
Klosterstrasse 11. *056 437 24 10.* **Kirche** *März–Okt: Mo–Sa 9–17, So 12–17 Uhr.* **Kreuzgang** *März–Okt: Sa, So 9–17 Uhr.*

Regensberg 11

Straßenkarte D2. *500.*

Das hübsche Winzerdorf liegt umgeben von Weinbergen an einer Nebenstraße, die von der Autobahn Zürich–Dielsdorf–Waldshut abgeht. Regensberg ist einer der am besten erhaltenen mittelalterlichen Orte der Schweiz.

Malerische Fachwerkhäuser in Regensberg

Hauptplatz und Straßen werden von Fachwerkhäusern gesäumt.

Die Geschichte des Orts reicht bis ins Jahr 1244 zurück. Ältestes Gebäude in Regensberg ist der runde, mit Zinnen bewehrte Bergfried der Burg. Von dort aus hat man eine schöne Aussicht auf die Weinberge und die Landschaft. Die Burg selbst stammt aus dem 16./17. Jahrhundert und dient heute als Schule für Kinder mit Lernschwierigkeiten. Sehenswert ist auch die Gemeindekirche aus dem 16. Jahrhundert, die auf den Fundamenten eines mittelalterlichen Gebäudes erbaut wurde.

Der mittelalterliche Obere Turm in Kaiserstuhl

Kaiserstuhl ⓬

Straßenkarte D2. *400.*
Alte Dorfstrasse 1, Rekingen. 056 265 00 30. **www**.kaiserstuhl.ch

Das schöne mittelalterliche Örtchen liegt inmitten sanfter Hügel am Rheinufer an der Grenze zu Deutschland. Das historische Zentrum in Form eines unregelmäßigen Dreiecks steht unter Denkmalschutz. Die obere Ecke des Dreiecks markiert der Obere Turm (13. Jh.), eine mittelalterliche Bastion, die früher zu den Befestigungsanlagen gehörte. Ganz in der Nähe befindet sich das barocke »Haus zur Linde«.

Das historische Zentrum Kaiserstuhls umfasst generell schöne alte Häuser. Die meisten von ihnen sind mit Fensterläden und steilen Dächern ausgestattet. Interessant sind auch die Barockvilla Mayenfisch und ein ehemaliges Augustinerkloster aus dem 16. Jahrhundert, in dem heute allerdings die Büros der örtlichen Behörden untergebracht sind. In der Gemeindekirche St. Katharina sind die Kanzel und das Chorgestühl sehenswert.

In Kaiserstuhl werden auch Führungen angeboten (Buchungen unter 044 858 28 63).

Von Kaiserstuhl aus führt eine Brücke über den Rhein ans Nordufer ins deutsche Hohentengen (www. hohentengen.de) mit der Burg Rotwasserstelz.

Umgebung: Das Thermalbad Zurzach liegt etwa zwölf Kilometer westlich von Kaiserstuhl. Sehenswert sind die Altstadt, einige Museen und Schloss Zurzach, in dem Gemälde von August Deusser ausgestellt sind. Zurzach besitzt zudem zwei interessante Kirchen: die gotische Obere Kirche und das Verenamünster. Letzteres, ein ehemaliges Wallfahrtszentrum, besteht aus einem mehrfach umgebauten Barockgebäude mit romanischen und gotischen Teilen.

Eglisau ⓭

Straßenkarte E2. *4500.*
Untergass 7. 044 867 36 12.
www.eglisau.ch

Wie Kaiserstuhl liegt auch Eglisau am linken Rheinufer, nahe der Grenze zu Deutschland. Die Kleinstadt ist von sanften Hügeln voller Weinberge umgeben. Ihre Ursprünge reichen ins Mittelalter zurück, als an einer Furt über den Fluss, bei einer alten, südlich nach Zürich führenden Straße, eine Siedlung entstand.

Mit dem Bau des Wasserkraftwerks Rheinfelden versanken die malerischen Häuser, die einst das Flussufer säumten, in den Fluten. Die historische überdachte Brücke von Eglisau ging ebenfalls verloren. Der höhere Teil der Altstadt samt Kirche (18. Jh.) und Fachwerkhäusern mit steilen Dächern befindet sich heute nur knapp oberhalb des Wasserspiegels. Einige der alten Häuser zieren Wandmalereien. Vom Aussichtspunkt hinter der Kirche hat man einen schönen Blick auf den Fluss. Auf dem nahen Viadukt über den Rhein verläuft die Eisenbahn.

Umgebung: Rund zehn Kilometer nordöstlich von Eglisau befindet sich der kleine Ort Rheinau. Sein hübsches Benediktinerkloster (11. Jh.) und die schöne Barockkirche liegen in einer Rheinschlaufe.

Polychrome Wandmalerei in einem Haus in Eglisau

Baden ⑨

Die gemächliche Stadt ist eines der ältesten Bäder der Schweiz. Die heilsame Wirkung der heißen Schwefelquellen machte man sich schon in der Antike zunutze. Bei den Römern waren die Thermen als Aquae Helvetiae bekannt. Im Mittelalter stieg Baden aufgrund seiner Lage an der Limmat allmählich zu einem wichtigen Handelszentrum auf. Die schöne Altstadt zeugt noch heute von der einstigen Bedeutung. Mittlerweile ist Baden eine blühende Industriestadt, die sich auf Elektromaschinenbau spezialisiert hat. Ihre Thermen sind wegen der vielfältigen Anwendungsmöglichkeiten bei Besuchern nach wie vor sehr beliebt.

Überblick: Baden
Ein guter Ausgangspunkt für einen Bummel durch die Badener Altstadt ist das Landvogteischloss am Ostufer der Limmat. Von hier aus kann man den Rest der Altstadt auf dem Hügel im Westen über eine Holzbrücke erreichen. Im Norden schließt sich das Bäderquartier an.

Schweizer Kindermuseum
Ländliweg 7. *056 222 14 44.* *Di–Sa 14–17, So 10–17 Uhr.* **www**.kindermuseum.ch
Das Museum ist in einer Villa untergebracht und illustriert anhand von Spielzeug und Alltagsgegenständen die verschiedenen Phasen der Kindheit sowie der geistigen Entwicklung. Junge Museumsbesucher dürfen mit vielen Exponaten spielen.

Wappen am Stadtturm

Ruine Stein
Dominiert wird die Altstadt von den Ruinen einer Burg (10. Jh.). Sie liegt auf einem Hügel, durch den ein Tunnel führt. Im 13. Jahrhundert diente sie der österreichischen Armee als Festung und Waffenlager, als Baden und Umgebung unter habsburgischer Herrschaft standen. 1712 wurde die Burg bei Kämpfen zwischen protestantischen und katholischen Kantonen nahezu zerstört. Eine Zeit lang diente sie als Steinbruch. Heute kann man in den grasbewachsenen Ruinen spazieren gehen und die Aussicht auf die Limmat genießen.

Stadtturm
Der schlanke Turm aus dem 15. Jahrhundert bewachte einst den Eingang zur Altstadt. Der Bau besitzt vier Ecktürme und wird von einer Glockenstube gekrönt. Am Turm sieht man Malereien und an der Südfassade eine Sonnenuhr.

Pfarrkirche Mariä Himmelfahrt
Kirchplatz. *056 222 57 15.*
Die Gemeindekirche der Stadt Baden geht auf eine gotische Kirche (15. Jh.) zurück. Sie erhielt mehrfach eine neue Gestalt: Im 17. Jahrhundert kamen barocke, Anfang des 19. Jahrhunderts klassizistische Elemente hinzu. Dennoch ist der gotische Grundcharakter erhalten, der auch in dem spitzen Türmchen zum Ausdruck kommt. Der Kirchenschatz mit liturgischen Gefäßen ist für Besucher nach Vereinbarung zugänglich.

Barocker Innenraum der Pfarrkirche Mariä Himmelfahrt

Im Rathaus (ein Block aus vier Gebäuden) nördlich der Kirche ist der schön restaurierte Tagsatzungssaal zu sehen. Hier tagte einst das Parlament der Schweiz. Der Saal stammt von 1497 und ist mit einer eleganten Holztäfelung und Bleiglasfenstern ausgestattet, auf denen die Wappen der Schweizer Kantone dargestellt sind.

Holzbrücke
Die malerische Brücke führt unterhalb des Landvogteischlosses über die Limmat. Die Holzbrücke wurde 1810 erbaut, um eine ältere zu ersetzen, und zeichnet sich durch ihr einzigartiges Satteldach aus Schindeln aus *(Abbildung S. 135)*.

Landvogteischloss, das gotische Schloss des Landverwalters

Landvogteischloss
Historisches Museum Baden
Wettingerstrasse 2. *056 222 75 74.* *Di–Fr 13–17, Sa, So 10–17 Uhr.* **www**.museum.baden.ch
Das Schlösschen mit Burgturm (15. Jh.) am Ostufer der Limmat war von 1415 bis 1798 Residenz der Landvogte

Blick über die Altstadt von Baden

von Baden. Im Burgturm (12. Jh.) befindet sich heute das Historische Museum Baden. Die archäologische Abteilung umfasst Tongefäße, Münzen und andere Fundstücke, die in und um Baden ausgegraben wurden. Zudem sind Waffen, liturgische Exponate, Trachten aus der Region Aargau und Räume, die im Stil der jeweiligen Epoche eingerichtet sind, zu sehen.

In dem modernen Flügel am Ufer sind Exponate untergebracht, die mit Badens jüngerer Geschichte verbunden sind. Im Mittelpunkt dieser Abteilung steht die industrielle Entwicklung der Stadt vom 19. Jahrhundert bis heute.

Bäderquartier

www.baederstadt.ch

Die Bäderanlagen an einer Biegung der Limmat bestehen aus einem großen Park mit mehreren Behandlungszentren und Spuren der römischen Thermen. Aus 18 Quellen sprudelt warmes, schwefelhaltiges Wasser, das sich vor allem bei rheumatischen Erkrankungen und Atembeschwerden bewährt hat. Neben Hotels mit Thermalbecken gibt es auch öffentlich zugängliche Bäder, die ab 2013 teilweise geschlossen sein könnten. Im Frühjahr 2015 soll ein von Mario Botta entworfenes neues Thermalbad eröffnen.

Museum Langmatt

Römerstrasse 30. *056 200 86 70.* *März–Nov: Di–Fr 14–17, Sa, So 11–17 Uhr.* **www**.langmatt.ch

In der Römerstrasse westlich des Bäderquartiers steht eine zauberhafte Villa, die einst dem Kunstkenner Sidney Brown (1865–1941) gehörte. Sie wurde von Karl Moser um 1900 erbaut. Einige Jahre später bekam das Gebäude einen Anbau, in dem eine exquisite Kunstsammlung zu sehen ist.

INFOBOX

Straßenkarte D2. *18000.*
Oberer Bahnhofplatz 1. 056 200 87 87.
www.baden.ch

Den Schwerpunkt bilden französische Impressionisten, darunter Werke von Corot, Monet, Pissarro, Renoir, Sisley, Degas und Cézanne. Das Museum besitzt auch venezianische Landschaften aus dem 18. Jahrhundert sowie Werke von Fragonard, Watteau, van Gogh und Gauguin. In einigen Räumen sind französische Möbel (17./18. Jh.) zu sehen.

Brunnen in der Gartenanlage des Museums Langmatt

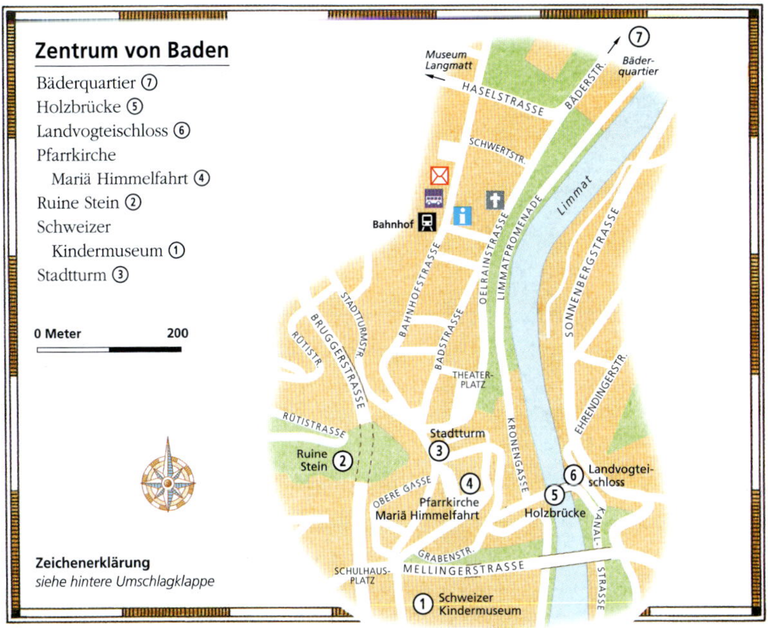

Winterthur ⓮

Die blühende Stadt wird vornehmlich mit Textilien und Maschinenbau, heute auch mit Dienstleistungen in Verbindung gebracht und ist nach Zürich die zweitgrößte Stadt des Kantons Zürich. Winterthur präsentiert sich mit baumbestandenen Straßen und vielen Grünflächen. Zudem gilt Winterthur als Stadt der Museen. Die beiden berühmtesten präsentieren die Gemäldesammlungen von Oskar Reinhart (1885–1965). Der in Winterthur geborene Industrielle war einer der größten Kunstsammler Europas.

Die Marktgasse, Haupteinkaufsstraße der Altstadt von Winterthur

Überblick: Winterthur
Die autofreie Altstadt von Winterthur kann man gut zu Fuß erkunden. Einmal pro Stunde fährt ein Museumsbus, der an allen wichtigen Museen und Kunstsammlungen der Stadt hält.

Stadtkirche
Kirchplatz 3. *Mo–Sa 10–16 Uhr.*
Die Kirche wurde Mitte des 13. Jahrhunderts an der Stelle eines Schreins aus dem 8. Jahrhundert erbaut. Bis zum 16. Jahrhundert wurde sie mehrfach umgestaltet. Heute präsentiert sie sich in Form einer überwölbten Basilika mit quadratischer Apsis und Barocktürmen. Zur Innenausstattung gehören u.a. ein Wandschirm vor der Orgel, ein Taufstein (1656), Wandmalereien und Bleiglasfenster (19. Jh.).

Bleiglasfenster in der Stadtkirche

Kunsthalle Winterthur
Marktgasse 25. *052 267 51 32.* *Mi–Fr 12–18, Sa, So 12–16 Uhr.* **www**.kunsthallewinterthur.ch
Das ehemalige Waaghaus wurde zu einem geräumigen Museumssaal umgebaut, in dem Wechselausstellungen moderner Kunst stattfinden. Der »Dritte Raum« ist Kommunikationsforum mit Künstlern. Die Marktgasse, Fußgängerzone und Shopping-Meile der Altstadt, wird von historischen Gebäuden gesäumt. Das Haus »Zur Geduld« aus dem Jahr 1717 zählt zu den ältesten und schönsten.

Detail der Rathausfassade

Rathaus
Marktgasse 20. *052 267 51 26.* *Di–Sa 14–17, So 10–12, 14–17 Uhr.*
Das Rathaus mit der frühklassizistischen Fassade entstand 1782–85 über einem älteren gotischen Bau. Im Inneren finden sich der stuckverzierte Festsaal sowie die ehemaligen Wohnbereiche und die Büros der Stadtverwaltung, in denen nun das Museum Briner und Kern untergebracht ist. Im ersten Stock sieht man die private Gemäldesammlung von Jakob Briner, überwiegend holländische alte Meister aus dem 17. Jahrhundert. Im Stockwerk darüber ist eine von Emil S. Kern gestiftete Sammlung von Porträtminiaturen vom 16. bis 19. Jahrhundert ausgestellt.

Museum Oskar Reinhart am Stadtgarten
Stadthausstrasse 6. *052 267 51 72.* *Di 10–20, Mi–So 10–17 Uhr.* **www**.museumoskarreinhart.ch
Oskar Reinhart war einer der größten privaten Kunstsammler des 20. Jahrhunderts. Einen Teil seiner Sammlungen stiftete er 1951 der Stadt Winterthur, den Rest hinterließ er ihr nach seinem Tod.

Im Museum am Stadtgarten sind Werke deutscher, österreichischer und Schweizer Maler des späten 18. bis frühen 20. Jahrhunderts zu sehen. Sie reichen von Gemälden der deutschen Romantik bis hin zu Kinderporträts. Die Schweizer Künstler Albert Anker, Ferdinand Hodler (27 Gemälde) und Giovanni Giacometti sind ebenfalls gut vertreten. Der größere Teil der Sammlung befindet sich allerdings in der Villa am Römerholz.

Sammlung Oskar Reinhart »Am Römerholz«
Haldenstrasse 95. *052 269 27 40.* *Di–So 10–17 Uhr (Mi bis 20 Uhr).*
Die Villa, in der Oskar Reinhart von 1926 bis zu seinem Tod lebte, enthält 200 Kunstwerke aus seiner Sammlung, darunter alte Meister – die ausgestellten Exponate umfassen Werke von Künstlern wie Holbein, Grünewald, Cranach, Poussin, El Greco, Chardin und Goya – sowie Gemälde französischer Impressionisten wie Manet, Degas, Renoir und Cézanne.

Haupteingang des Kunstmuseums in Winterthur

Hotels und Restaurants in der Nordschweiz *siehe Seiten 252f und 276–278*

Kunstmuseum

Museumstrasse 52. 052 267 51 62. *Di 10–20, Mi–So 10–17 Uhr.* **www**.kmw.ch

Das Kunstmuseum beherbergt eine ausgezeichnete Gemäldesammlung (19./20. Jh.) mit Werken einer Reihe berühmter Künstler. Zu den Exponaten gehören Bilder von Monet und van Gogh, kubistische Gemälde, u.a. von Picasso, und surrealistische Arbeiten. Maler und Bildhauer wie Rodin, Hodler, Miró, Brancusi, Mondrian, Kandinsky und Alberto Giacometti sind hier ebenfalls zu sehen.

Im Gebäude befinden sich auch das Naturmuseum und das Kerala Kindermuseum mit einem Spiel- und Erlebnisraum.

Stadthaus

Stadthausstrasse 4a.

In dem beeindruckenden Neorenaissance-Gebäude befindet sich der große Konzertsaal Winterthurs. Es wurde von Gottfried Semper entworfen und 1865–70 erbaut. Semper war Professor für Architektur an der Technischen Hochschule Zürich und Architekt der Dresdener Oper. Das Stadthaus zählt zu seinen schönsten Bauten.

Fotomuseum

Grüzenstrasse 44–45. 052 234 10 60. *Di–So 11–18 Uhr (Mi bis 20 Uhr).* **www**.fotomuseum.ch

Das außergewöhnliche Museum ist das schönste seiner Art in Europa. Es ist in einem gut erhaltenen Lagerhaus untergebracht, etwa zehn Minuten zu Fuß vom Stadtzentrum entfernt. Gezeigt wird eine umfangreiche Sammlung an Fotografien, von den Anfängen des Mediums bis zur Gegenwart mit Werken einer Reihe international berühmter Fotografen. Das Museum bietet auch Wechselausstellungen.

Gottfried Sempers Stadthaus im Stil der Neorenaissance

INFOBOX

Straßenkarte E2. *100 000.*

Bahnhof. 052 267 67 00.

Albanifest (Altstadtfest; Juni), Musikfestwochen (Aug).

www.winterthur-tourismus.ch

Villa Flora

Tösstalstrasse 44. 052 212 99 66. *Di–Sa 14–17, So 11–15 Uhr.* **www**.villaflora.ch

In den Räumen der Mitte des 19. Jahrhunderts erbauten Villa sind postimpressionistische Gemälde aus der Zeit zwischen 1907 und 1930 zu sehen. Sie stammen aus der Sammlung von Hedwig und Arthur Hahnloser-Bühler, die Werke der Künstlergruppe Nabis (u.a. Bonnard und Vuillard) und der Fauves (u.a. Matisse und Rouault) umfasst.

ALFRED
ESCH
1819
1882

Zürich

Zürich ist nicht nur die Finanzmetropole der Schweiz, sondern ein internationales Bankenzentrum. Die vibrierende Jugendkultur- und Kunstszene machen die Stadt zu einer der dynamischsten Städte Europas. Die eleganten Uferpromenaden am Zürichsee, die Straßen und Plätze des historischen Zentrums und die zahlreichen schönen Gebäude geben der Stadt ein besonderes Flair.

Zürich ist mit 394 000 Einwohnern die größte Stadt der Schweiz und Hauptstadt des gleichnamigen dicht besiedelten Kantons. Es liegt am Nordufer des Zürichsees an der Limmat, die hier aus dem See fließt.

Im 1. Jahrhundert v. Chr. war eine keltische Siedlung namens Turicum am Lindenhof entstanden. Der Hügel, heute im Herzen der Altstadt, war später Standort einer römischen Festung. Im 9. Jahrhundert wurde hier ein karolingischer Bau errichtet, zu dessen Füßen sich eine Handelssiedlung entwickelte. Nach der kurzen Herrschaft der Herzöge von Zähringen fiel Zürich 1218 ans Heilige Römische Reich. 1351 schloss es sich der Schweizer Eidgenossenschaft an.

Bereits im Mittelalter gelangte die Stadt durch den Seiden-, Woll-, Leinen- und Lederhandel zu Reichtum. Die mächtigen Kaufleute wurden jedoch gestürzt und durch Zünfte ersetzt, die bis ins späte 18. Jahrhundert an der Macht blieben.

Im 16. Jahrhundert gelangte die Reformation nach Zürich, vornehmlich durch Ulrich Zwingli, der im Grossmünster predigte. Zu dieser Zeit stand die Stadt in voller Blüte. Im 17. und 18. Jahrhundert verlor sie jedoch an Bedeutung.

Im 19. Jahrhundert stand Zürich im Zeichen industriellen Wachstums. Es hat sich dank der politischen Stabilität und Neutralität der Schweiz auch nach den beiden Weltkriegen als Finanzzentrum behaupten können. So nimmt die Stadt noch heute eine wichtige Stellung im internationalen Bankenwesen ein: Hier befinden sich eines der weltweit größten Golddepots und eine wichtige Börse.

Zürich vom Turm des Grossmünsters aus gesehen, mit Sankt Peter zur Linken

◁ **Denkmal am Bahnhofplatz für den Schweizer Politiker und Industriellen Alfred Escher (1819–1882)**

Überblick: Zürich

Die Stadt am nördlichen Ende des Zürichsees besitzt elegante Brücken über die Limmat, die Zürich in zwei Hälften teilt. Am Westufer liegt die Altstadt, das Geschäftszentrum der Stadt, überragt von Fraumünster und Sankt Peter. In der Bahnhofstrasse, die dem Verlauf der ehemaligen Stadtmauer Richtung Westen folgt, finden sich die elegantesten und teuersten Geschäfte. Wahrzeichen des Ostufers ist das Grossmünster. Hier liegen auch die historischen Viertel Nieder- und Oberdorf. Der Utoquai im Süden führt zur größten Grünfläche der Stadt, dem Zürichhornpark.

Relief eines Bacchanals, Johann Jacobs Museum, Zürichhornpark

Sehenswürdigkeiten auf einen Blick

Augustinerkirche 7
Bahnhofstrasse 5
Eidgenössische Technische Hochschule 17
Fraumünster 10
Grossmünster 12
Hauptbahnhof 4
Kunsthaus S. 170f 19
Landesmuseum Zürich S. 162f 1
Limmatquai 14
Lindenhof 6
Migros Museum für Gegenwartskunst 3
Museum Bellerive 22
Museum für Gestaltung 2
Museum Rietberg 25
Niederdorf 15
Opernhaus 20
Predigerkirche 16
Rathaus 13
Sammlung E. G. Bührle 23
Sankt Peter 8
Städtische Sukkulentensammlung 26
Universität 18
Wasserkirche 11
Zunfthaus zur Meisen 9
Zürichhornpark 21
Zürichsee 24

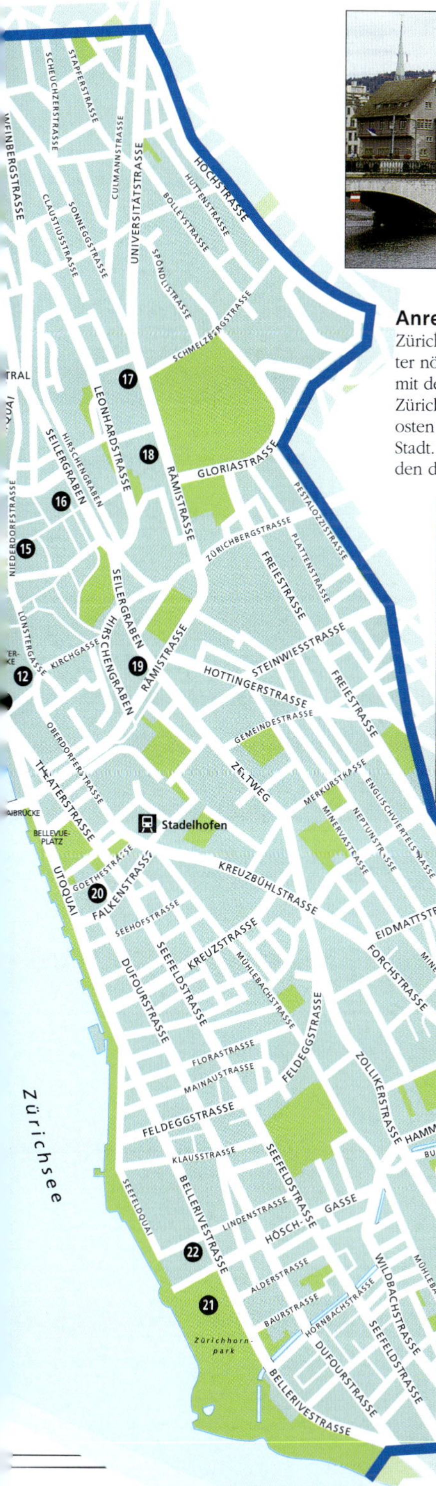

Die elegante Münsterbrücke über die Limmat

Anreise

Zürichs internationaler Flughafen liegt elf Kilometer nördlich des Stadtzentrums – nur zehn Minuten mit dem Zug entfernt. Die Bahnverbindungen nach Zürich sind europaweit ausgezeichnet. Von Südosten führt die A52, von Südwesten die A3 in die Stadt. Von Deutschland aus nimmt man von Norden die A4, von Osten die A1.

Der Hauptbahnhof in Zürich

SIEHE AUCH

- ***Hotels*** S. 253–255
- ***Restaurants*** S. 278f

LEGENDE

- Information
- Kirche
- Post
- Bahnhof

Landesmuseum Zürich ❶

Unter dem Dach des Schweizerischen Nationalmuseums (SNM) sind drei Museen – Landesmuseum Zürich, Château de Prangins und Forum Schweizer Geschichte – und das Sammlungszentrum vereint. Die größte Sammlung des SNM zu Kulturgeschichte und Kunsthandwerk befindet sich im 1898 eröffneten Landesmuseum Zürich. Zu seinen Highlights zählen Ausgrabungsfunde verschiedener Epochen und die Abteilung »Mittelalter«. Darüber hinaus sind Rekonstruktionen von Räumen und Kostümen zu sehen sowie Modelle, die etwa Webereihandwerk oder Uhrmacherkunst illustrieren. Ebenso interessant sind die Geschichte der Schweiz und die Galerie Sammlungen. Ein Erweiterungsbau soll Ende 2016 fertiggestellt sein.

Federkleid
In der Galerie Sammlungen sind u. a. Kleidungsstücke wie Kostüme und Uniformen des 17.–21. Jahrhunderts zu sehen – darunter auch dieses auffällige Federkleid.

Galerie Sammlungen
Die Galerie umfasst Ausstellungsstücke zur Kulturgeschichte der Schweiz. Darunter befinden sich zahlreiche kunsthandwerkliche Erzeugnisse.

Kurzführer

Im Erdgeschoss sieht man Wechselausstellungen, auch die Galerie Sammlungen ist hier untergebracht. Im ersten Stock findet man Artefakte zur Geschichte der Schweiz. Der zweite Stock dient wieder Wechselausstellungen, im dritten werden Bestände aus dem Zürcher Zeughaus präsentiert. Neu ist das Fernsehstudio, in dem Alt und Jung Moderator spielen können.

Miniaturschlitten
Der handgeschnitzte und schön bemalte Miniaturschlitten aus dem Jahr 1680 zeigt ein außergewöhnliches Maß an Handwerkskunst.

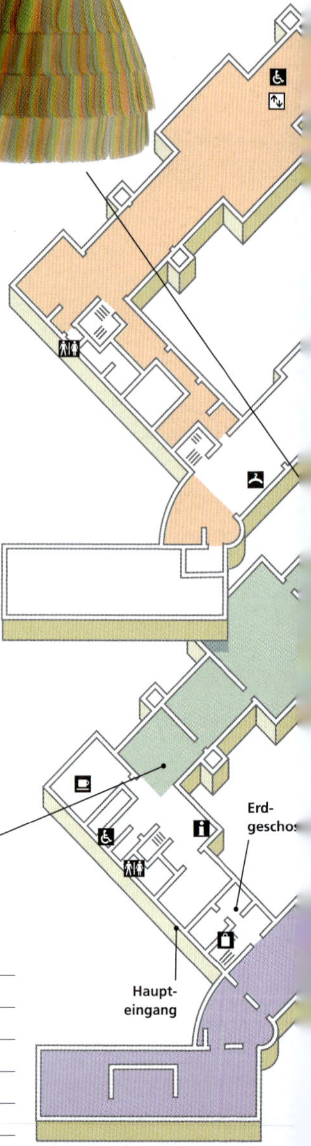

LEGENDE

- Galerie Sammlungen
- Waffenturm
- Geschichte Schweiz
- Wechselausstellungen
- Möbel & Räume Schweiz

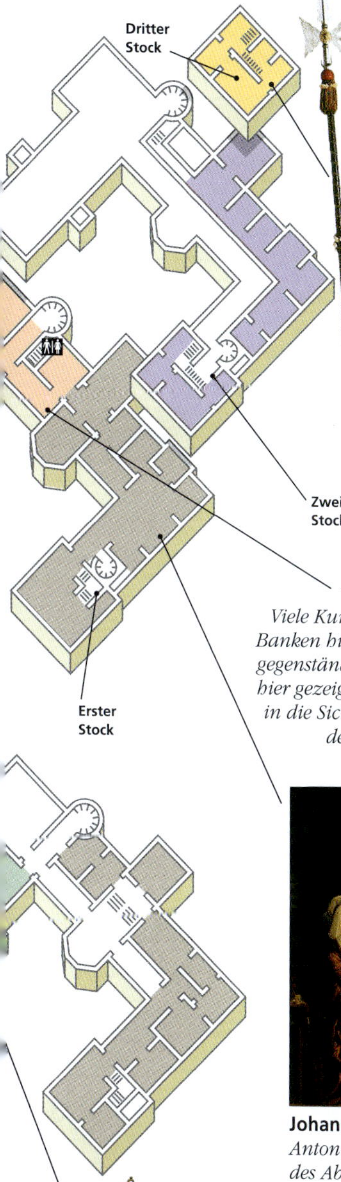

INFOBOX

Museumstrasse 2.
044 218 65 11.
Di–So 10–17 Uhr (Do bis 19 Uhr).
www.nationalmuseum.ch

Armeeuniform
Solche Uniformen trugen die Leibwächter von Louis XIV um 1720. Seit dem 15. Jahrhundert gab es viele Schweizer Söldner, die an europäischen Höfen als Leibgarde dienten.

★ Kundensafe
Viele Kunden Schweizer Banken hinterlegen Wertgegenstände in Safes. Der hier gezeigte gibt Einblick in die Sicherungssysteme der Geldinstitute.

Johann Caspar Lavater auf dem Sterbebett
Antonio Orazio Morettos Darstellung (1801) des Ablebens des Schweizer Schriftstellers und Philosophen ist charakteristisch für die Art, in der Schweizer Künstler Porträts bedeutender Menschen gestalteten.

★ Globus
Zu den wissenschaftlichen Instrumenten des Museums gehört der von Jost Bürgi (1552–1632) geschaffene Globus. Er kombiniert Wissen und handwerkliches Geschick.

NICHT VERSÄUMEN

- ★ Globus
- ★ Kundensafe

Außenansicht des Museums für Gestaltung

Museum für Gestaltung ❷

Ausstellungsstrasse 60. 043 446 67 67. Di–So 10–17 Uhr (Mi bis 20 Uhr).
www.museum-gestaltung.ch

Plakate, Grafik und Objekte als Zeugnisse alltäglicher wie auch künstlerisch anspruchsvoller Produktkultur stehen im Mittelpunkt der Ausstellungen. Obwohl überwiegend Wechselausstellungen stattfinden, besitzt das Museum auch eine eigene Sammlung von Plakaten, etwa von Henri de Toulouse-Lautrec, und eine Sammlung von Zeichnungen aus dem 16. Jahrhundert.

Migros Museum für Gegenwartskunst ❸

Limmatstrasse 270. 044 277 20 50. Di–Fr 12–18 Uhr (Do bis 20 Uhr), Sa, So 11–17 Uhr.
www.migrosmuseum.ch

Mehrere Sammlungen mit innovativen Ausstellungskonzepten für moderne Kunst haben Zürich in der internationalen Kunstszene bekannt gemacht. Das Migros Museum ist auf moderne Schweizer und internationale Kunst spezialisiert. Im Löwenbräukunst-Areal sind seit der Neueröffnung 2012 sowohl die Sammlungen als auch spannende Wechselausstellungen zu sehen.

Hauptbahnhof ❹

Bahnhofplatz.

Zürichs monumentaler Hauptbahnhof im Stil der Neorenaissance ist ein Wahrzeichen der Stadt. Der Kopfbahnhof wurde 1871 vollendet, die Haupthalle ist unverändert erhalten. Hier reihen sich die Schilder von eleganten Läden aneinander. Zahlreiche Stände kommen hinzu, auch verschiedene Märkte werden hier abgehalten. Im Untergeschoss befinden sich moderne Ladenpassagen. Ein unterirdischer Bahnhofsteil für die S-Bahn (Löwenstrasse) soll 2014 eröffnet werden.

An der Decke der Bahnhofshalle ist eine grellbunte Statue mit goldenen Flügeln angebracht: der *Schutzengel* von Niki de Saint-Phalle (1930–2002), der französischen Bildhauerin und Frau des Schweizer Künstlers Jean Tinguely.

Bahnhofstrasse ❺

Uhrenmuseum Beyer Bahnhofstrasse 31. 043 344 63 63. Mo–Fr 14–18 Uhr.
www.beyer-ch.com

Die lange Flaniermeile verläuft vom Bahnhofplatz aus nördlich am ehemaligen Wassergraben der Stadt entlang bis zum Ufer des Zürichsees. Sie ist Fußgängerzone, nur Straßenbahnen dürfen fahren. Die Bahnhofstrasse ist Zürichs Shopping-Meile par excellence und Geschäftszentrum. Sie wird von eleganten Läden, schicken Restaurants und den Hauptfilialen mehrerer Banken gesäumt.

Zwischen Bahnhofstrasse und Löwenstrasse sowie zwischen Schweizergasse und Sihlstrasse liegen Zürichs größte Kaufhäuser, Globus und Jelmoli. Hier findet man exklusive Marken und kann in der Cafeteria auch essen.

Das Uhren- und Juweliergeschäft Beyer (Bahnhofstrasse 31) bietet auch das **Uhrenmuseum Beyer** mit einer großen Sammlung von Uhren, die von einfachsten Zeitmessern, z. B. Sonnenuhren, bis zu hochmodernen und teuren Uhren reicht.

Am Fraumünster öffnet sich die Bahnhofstrasse in westlicher Richtung zum Paradeplatz. Heute befinden sich an dem seinerzeit für militärische Zwecke genutzten Platz mehrere auffallende Gebäude, darunter auch der Hauptsitz des Schweizer Chocolatiers Sprüngli und der von Credit Suisse.

Elegant und teuer: Zürichs Bahnhofstrasse

Hotels und Restaurants in Zürich *siehe Seiten 253–255 und 278f*

Die Bahnhofstrasse endet am Bürkliplatz gegenüber dem Zürichsee. Hier legen die Ausflugsdampfer ab.

Lindenhof 6

Am Westufer der Limmat erhebt sich ein bewaldeter Hügel, der Lindenhof, dessen strategisch günstige Position ihn zum idealen Ort für eine keltische Siedlung und später für eine römische Festung machte. Das Quartier gehört zum ältesten Kern der Stadt. Der Aussichtspunkt auf dem Hügel bietet einen wunderbaren Blick über die Stadt und die Universitätsgebäude im Osten. Auf dem Hügel befinden sich auch ein Brunnen und ein Open-Air-Schachbrett.

Das spartanische Innere der Augustinerkirche

Augustinerkirche 7

Augustinerhof 8. 044 221 25 75. *Mo–Fr 10–17, Sa 12–17 Uhr.*

Die unprätentiöse frühgotische Kirche wurde gegen Ende des 13. Jahrhunderts für eine Gemeinschaft von Augustinermönchen gebaut. Nach der Säkularisierung des Klosters während der Reformation blieb die Kirche fast 300 Jahre lang ungenutzt. Das Innere wurde in den 1840er Jahren restauriert. 1847 wurde die Kirche erneut geweiht und der katholischen Kirche übergeben.

Das jetzige Aussehen ist das Ergebnis eines Umbaus von 1958/59. Die Kirche präsentiert sich als überwölbte Basilika mit einem kleinen, von drei Seiten umschlossenen Presbyterium. Vom originalen Innendekor ist leider nur noch die Grabplatte des Ritters Vigilius Gradner erhalten.

Die Augustinergasse führt ins Herz der Altstadt, deren verwinkelte Straßen von alten Häusern mit Erkern gesäumt sind. Man findet auch viele kleine Restaurants und Cafés, Kunst- und Antiquitätenläden sowie Boutiquen.

Sankt Peter 8

St.-Peter-Hofstatt. *Mo–Fr 8–18, Sa 10–16, So 11–17 Uhr.* *und Turmbesichtigung für Gruppen nach Anfrage: 044 211 50 70.*
www.st-peter-zh.ch

Das auffälligste Merkmal von Sankt Peter ist das Zifferblatt der Turmuhr, mit einem Durchmesser von 8,70 Metern das größte Europas.

Die Kirche entstand über einem vorromanischen Bau aus dem 9. Jahrhundert und einem um 1000 errichteten romanischen Bau. Es finden sich noch Überreste einer spätromanischen Kirche aus dem frühen 13. Jahrhundert im rechteckigen Presbyterium, das durch ein halbrundes Fenster erhellt wird. Gekrönt wird es von einem Turm, dessen oberer Teil aus dem 15. Jahrhundert stammt.

Der Hauptteil der Kirche wurde 1705–16 erbaut. Die Basilika weist ein auffälliges barockes Interieur auf. Die dunkle Täfelung kontrastiert mit den roten Säulen im Mittelschiff und weißen Stuckverzierungen. Der Taufstein ist barock stuckiert.

Sankt Peter mit seiner markanten Turmuhr

Zunfthaus zur Meisen 9

Münsterhof 20. *044 211 21 44.* *Mo–Sa nach tel. Anmeldung.*
www.zunfthaus-zur-meisen.ch
Porzellanmuseum *044 221 28 07.* *Do–So 11–16 Uhr.*

Das elegante spätbarocke Gebäude entstand im 18. Jahrhundert als Zunfthaus der Weinhändler. Die wohlproportionierte Fassade wird von den Säulen in drei Abschnitte unterteilt.

In dem Gebäude ist heute die Fayencen- und Porzellansammlung (18. Jh.) des Landesmuseums Zürich *(siehe S. 162f)* untergebracht. Es sind u. a. schöne Stücke führender europäischer Manufakturen zu sehen, etwa von Meißen, Sèvres oder der Schweizer Manufaktur Schooren. Im Haus ist auch ein Restaurant.

Zunfthaus zur Meisen, einst das Zunfthaus der Weinhändler

Fraumünster ⑩

Stadthausquai 19. *044 211 41 00.* *Apr–Okt: tägl. 10–18 Uhr; Nov–März: tägl. 10–16 Uhr.*

Die Geschichte des Fraumünsters reicht bis in das Jahr 853 zurück, als König Ludwig der Deutsche seine Tochter Hildegard hier zur Äbtissin machte. Das Kloster wurde während der Reformation aufgelöst. An seiner Stelle steht heute das neugotische Stadthaus, das für Ausstellungen genutzt wird.

Die Kirche des Klosters ist erhalten geblieben. Sie besitzt ein spätromanisches Presbyterium (13. Jh.), ein frühgotisches Querhaus und ein mehrfach umgebautes Mittelschiff. Die neugotische Fassade kam erst 1911 hinzu.

Das Presbyterium wird durch Farbfenster erhellt, die 1970 von Marc Chagall (1887–1985) entworfen wurden. Bei jedem der Fenster, die biblische Szenen darstellen, dominiert jeweils eine Farbe. Das mittlere – grüne – Fenster erzählt das Leben Jesu. Es wird flankiert von einem blauen Fenster mit den Visionen Jakobs und von einem gelben Fenster, das als »Zion-Fenster« bekannt ist und König David und das Neue Jerusalem zum Thema hat. Das orangefarbene Fenster der nördlichen Wand stellt die Propheten dar, das in Rot und Marineblau gehaltene Fenster der Südwand thematisiert das Göttliche Gesetz. Chagall entwarf außerdem die Rosette im südlichen Querhaus. Sie zeigt die Schöpfungsgeschichte. Im nördlichen Querhaus befindet sich das Paradiesfenster des Schweizer Künstlers Augusto Giacometti, das 1940 eingesetzt wurde. Den romanischen Kreuzgang an der Südseite der Kirche zieren Fresken von Paul Bodmer, die 1923–32 entstanden. Sie erzählen die Geschichte der Klostergründung und stellen das Leben der Stadtpatrone von Zürich, der Heiligen Felix und Regula, dar. Auch die Verbindung der Stadt zu Karl dem Großen wird hier thematisiert. Der Kaiser soll Zürich gegründet haben, als er die Gräber der beiden Heiligen entdeckte, die von einer römischen Legion im Wallis desertiert waren und den Märtyrertod starben.

Fenster von Chagall, Fraumünster

Wasserkirche ⑪

Limmatquai 31. *044 261 66 19.* *Mo, Mi–Fr 14–17, Di 9–12 Uhr.*

Die spätgotische Kirche markiert die Stelle, an der der Legende nach die Heiligen Felix und Regula in römischer Zeit als Märtyrer starben *(siehe oben)*. Die Wasserkirche stand ursprünglich auf einem Inselchen, das heute mit dem Festland verbunden ist. Die strenge, fast schmucklose Kirche entstand zwischen 1479 und 1484.

Die Wasserkirche mit dem links angrenzenden Helmhaus

An die Wasserkirche grenzt das Helmhaus an, ein ehemaliger Zunftsaal, der jetzt modernen Kunstausstellungen einen Rahmen gibt.

Grossmünster ⑫

Grossmünsterplatz. *044 252 59 49.* **Kloster und Kirche** *März–Okt: tägl. 10–18 Uhr; Nov–Feb: tägl. 10–17 Uhr (So im Anschluss an Gottesdienst).* **Turm** *März–Okt: Mo–Sa 10–17, So 12.30–17.30 Uhr; Nov–Feb: Mo–Sa 10–16.30, So 12.30–16.30 Uhr.*
www.grossmuenster.ch

Die schlanken Zwillingstürme des Grossmünsters beherrschen die Skyline Zürichs am Ostufer der Limmat. Der Sage nach gründete Karl der Große im 8./9. Jahrhundert auf den Gräbern der Märtyrer Felix und Regula eine Kirche. Nachdem man die beiden an der Wasserkirche getötet hatte, sollen die Heiligen ihre Köpfe auf den Hügel getragen haben, auf dem das Grossmünster steht.

Die Arbeiten an der heutigen romanisch-gotischen Basilika begannen um 1100, die Westtürme wurden erst Ende

Boote am Ostufer der Limmat mit dem Grossmünster im Hintergrund

Hotels und Restaurants in Zürich *siehe Seiten 253–255 und 278f*

des 15. Jahrhunderts vollendet. Von der Kanzel aus predigte der Humanist Ulrich Zwingli die Reformation, die sich daraufhin auch in anderen Städten, etwa in Bern und Basel, ausbreitete.

Nach den Idealen der Reformation beraubte man das Münster seines Schmucks, sodass sich das Innere heute beinahe nackt präsentiert. Überreste gotischer Fresken und die schönen romanischen Kapitelle im Mittelschiff sind jedoch erhalten geblieben.

In der Krypta befindet sich die Statue Karls des Großen (15. Jh.), die ursprünglich am Südturm aufgestellt war und später dort durch eine Kopie ersetzt wurde.

Sehenswert sind auch das romanische Portal mit Bronzetür (1935) und die von Augusto Giacometti (1932) geschaffenen Bleiglasfenster. 2009 gestaltete der Maler Sigmar Polke zwölf Glasfenster des Längsschiffs neu.

Romanisches Portal des Grossmünsters mit Bronzetüren

Rathaus 13

Limmatquai 55. ☎ *044 259 68 11.*
◯ *Di, Do 10–11.30 Uhr.*

Das Rathaus von Zürich wurde auf einer Plattform erbaut, die auf Pfählen im Flussbett der Limmat ruht. Das jetzige zweistöckige Gebäude im Barockstil (1694–98) ersetzt einen mittelalterlichen Bau.

Die Fassade ist mit Maskenfriesen geschmückt, oberhalb der Fenster befinden sich Nischen mit Büsten. Der Eingangsbereich des Rathauses ist aus Marmor mit Goldverzierungen. Zu den beeindruckendsten Räumen des Gebäudes gehört die elegante barocke Ratskammer.

Dadaismus

Die Kunstbewegung entstand in Zürich um 1916 als anarchische Reaktion auf das erstarrte Bürgertum und das sinnlose Blutvergießen im Ersten Weltkrieg. Der Dadaismus verulkte die Bürger, verweigerte sich dem Realismus und setzte sich über alle Konventionen hinweg. Er gilt als Urform aller späteren Avantgarde-Bewegungen. Zentrum der Dadaisten war das Cabaret Voltaire. Zu den Hauptvertretern zählen Tristan Tzara, Hans Arp und Francis Picabia.

***Die Grablegung der Vögel und Schmetterlinge* von Hans Arp (1916/17)**

Limmatquai 14

Die attraktive Promenade verläuft am Ostufer der Limmat vom Bellevueplatz im Süden bis zur Bahnhofbrücke im Norden. Der schönere und interessantere Teil des Limmatquais liegt um das Grossmünster und das Rathaus herum. Hier stehen mehrere Zunfthäuser, die in Läden oder Restaurants umgewandelt wurden.

Zu den schönsten Zunfthäusern am Limmatquai zählen das Haus zur Saffran (Nr. 54) von 1720, das Haus zum Rüden (Nr. 42) aus dem 17. Jahrhundert und das Haus zur Zimmerleuten daneben, ein Gebäude (18. Jh.) mit bunten Erkerfenstern. Die meisten der Gebäude sind übrigens Fachwerkhäuser.

Haus zum Rüden, ein Zunfthaus (17. Jh.) am Limmatquai

Niederdorf 15

Das Viertel mit seinem dichten Netz an kopfsteingepflasterten Straßen und Gassen, die zum Limmatquai führen, ist das Herz der östlichen Altstadt. Hauptarterie ist die Niederdorfstrasse, eine Fußgängerzone, die im Süden durch die Münstergasse fortgeführt wird.

In den engen Gassen des historischen Viertels finden sich Antiquitätenläden und Kunstgalerien sowie hübsche kleine Hotels, gemütliche Cafés und Restaurants neben Bierwirtschaften und Fast-Food-Filialen.

Kapitell in der Niederdorfstrasse

Predigerkirche 16

Predigerplatz. ☎ *044 261 09 89.*
◯ *Mo 13–18, Di–So 10–18 Uhr.*
www.predigerkirche.ch

Die Kirche im Niederdorfviertel ist eine Oase der Ruhe. Ihre Ursprünge gehen auf das 13. Jahrhundert zurück. Damals war sie Teil eines Dominikanerklosters, das während der Reformation aufgelöst wurde. Danach wurde die Kirche protestantisch, heute ist sie Hauptkirche der Universität. Im 17. Jahrhundert baute man das Mittelschiff im Barockstil um. Die Spitze des Westturms stammt von 1900. Er ist der höchste Kirchturm (97 m) in Zürich.

Eidgenössische Technische Hochschule 17

Rämistrasse 101. **www**.ethz.ch
Graphische Sammlung der ETH *044 632 40 46.* *Mo–Fr 10–17 Uhr (Mi bis 19 Uhr).*
Thomas-Mann-Archiv Schönberggasse 15. *044 632 40 45.* *Mi, Sa 14–16 Uhr.*

Die Eidgenössische Technische Hochschule (ETH) wurde 1855 gegründet und genießt einen ausgezeichneten Ruf in der Welt der Wissenschaft. Sie befindet sich in einem Bau im Stil der Neorenaissance, den Gottfried Semper gestaltete, der berühmte deutsche Architekt, der auch der erste Architekturprofessor des Instituts war.

Das Gebäude ist auch aufgrund seiner **Graphischen Sammlung** und der zahlreichen Wechselausstellungen einen Besuch wert. In einem Nebengebäude, dem Bodmer-Haus (1664), befindet sich das **Thomas-Mann-Archiv**. Es beherbergt das letzte Arbeitszimmer und Manuskripte des deutschen Schriftstellers, der 1955 in Zürich starb.

Von der Terrasse der ETH aus hat man einen großartigen Blick auf die gesamte Stadt. Im Norden befindet sich die obere Haltestelle der Polybahn (Standseilbahn), die hinunter zum Central führt, einem großen Platz auf der Ostseite der Bahnhofbrücke.

Universität 18

Rämistrasse 71. **Archäologische Sammlung** Rämistrasse 73. *044 634 28 11.* *Di–Fr 13–18, Sa, So 11–17 Uhr.* **www**.archinst.uzh.ch

Die Universitätsgebäude liegen auf einem Hügel östlich von Niederdorf mit Blick auf die Stadt. Die Universität wurde 1833 gegründet. Der jetzige Komplex stammt jedoch von 1911–14. Die größte Universität der Schweiz ist ein renommiertes Zentrum der Forschung.

In einem angrenzenden Gebäude befindet sich die **Archäologische Sammlung**. Sie beherbergt schöne ägyptische, etruskische und mesopotamische Exponate.

Le Corbusier Haus in der Nähe des Zürichhornparks

Kunsthaus 19

Siehe S. 170f.

Opernhaus 20

Theaterplatz 1. **Kasse** Falkenstrasse 1. *044 268 66 66.* **www**.opernhaus.ch

Das neubarocke Opernhaus wurde von den Wiener Architekten Hermann Helmer und Ferdinand Fellner entworfen. Der Bau *(Abbildung S. 172)* wurde 1891 vollendet. Der eleganten Fassade vorgesetzt sind zwei Säulenreihen und ein von Vorhallen gerahmter Balkon. Auf dem Dach stehen allegorische Statuen. Das Opernhaus bietet Opern- und Ballettaufführungen von Weltklasse.

Statuen an der Fassade des Opernhauses

Zürichhornpark 21

Chinagarten *Mitte März–Mitte Okt: tägl. 11–19 Uhr.* **Atelier Hermann Haller** Höschgasse 6. *044 383 42 47.* *Juli–Sep: Fr–So 12–18 Uhr.* **Le Corbusier Haus** Höschgasse 8. *044 383 64 70.* *Juli–Sep: Sa, So 14–17 Uhr.* **Johann Jacobs Museum** Seefeldquai 17. *044 388 61 51.* *Wiedereröffnung nach Renovierung am 7. Sep 2013, Zeiten bitte tel. erfragen.* **www**.johann-jacobs-museum.ch

Der hübsche Park südlich des Stadtzentrums erstreckt sich hinter dem Utoquai am Ostufer des Zürichsees und um das Zürichhorn. Im Park stehen Skulpturen moderner Künstler. Am nördlichen Ende befindet sich eine Bronze von Henry Moore, am südlichen Ende eine große kinetische Skulptur, die Jean Tinguely für die Expo 64 in Lausanne schuf. Das Werk heißt *Heureka* – von April bis Oktober wird es täglich um 11.15 und 17.15 Uhr in Bewegung gesetzt.

Im östlichen Teil des Parks befindet sich hinter hohen Mauern der **Chinagarten**. Er wurde 1994 angelegt und ist ein Geschenk von Kunming, der chinesischen Partnerstadt Zürichs. Der ornamentale Garten ist ein Beispiel chinesischer Gartenbaukunst *(Abbildung S. 173)*.

Am Rand des Parks gibt es einige interessante Gebäude. In der Höschgasse liegt das **Atelier Hermann Haller**, das Studio des Schweizer Bildhauers. Es wurde von Haller (1880–1950) entworfen und ist ein seltenes Beispiel hölzerner Bauhaus-Architektur. Der bunte Pavillon daneben ist das **Le Corbusier Haus** mit Grafikmuseum. Das Gebäude ist eines der letzten Projekte, an denen der in der Schweiz geborene Künstler vor seinem Tod 1965 arbeitete.

Das **Johann Jacobs Museum** an der Kreuzung von Klausstrasse und Seefeldquai dokumentiert die Geschichte des Kaffees in Europa. Neben Gemälden und Zeichnungen sind Porzellan- und Silbergefäße zu sehen, die dem Kaffeegenuss dienen.

Skulptur von Henry Moore im Zürichhornpark

Museum Bellerive ㉒

Höschgasse 3. *043 446 44 69.* *Di–Sa 10–17 Uhr (Sommer: Do bis 20 Uhr).* **www**.museum-bellerive.ch

Das Museum hat sich auf angewandte Kunst, Design, Mode und Inneneinrichtung spezialisiert und präsentiert jährlich drei Wechselausstellungen. Arbeiten von Schweizer und internationalen Kunsthandwerkern werden in der größten Schweizer Kunsthandwerksammlung gewürdigt. Gezeigt werden auch Exponate aus der Sammlung des Museum für Gestaltung Zürich, u. a. Möbel, Wandteppiche, Schmuck und Objekte der englischen Arts and Crafts-Bewegung (spätes 19. Jh.). Hinzu kommen Glaskunst, Schmuck und Keramik des Jugendstils.

Sammlung E.G. Bührle ㉓

Zollikerstrasse 172. *044 422 00 86.* *Gruppen nach Voranmeldung, öffentliche Führung 1. So im Monat (Anmeldung).* **www**.buehrle.ch

Die kleine, aber feine Sammlung (post-)impressionistischer Gemälde wird in einer Villa südlich des Zürichhornparks gezeigt. Der Schweizer Industrielle Emil G. Bührle stellte sie 1934–56 zusammen. Nach seinem Tod 1965 wurde sie öffentlich zugänglich gemacht. Neben Gemälden von Delacroix, Courbet und Corot sind auch weniger bekannte Werke von Monet, Degas, van Gogh und Gauguin zu sehen. 2017 wird die Sammlung wahrscheinlich ins Kunsthaus umziehen.

Zürichsee ㉔

Zürichsee Schifffahrtsgesellschaft
Mythenquai 333. *044 487 13 33.* **www**.zsg.ch

Der schöne Gletschersee erstreckt sich 42 Kilometer lang bogenförmig von Zürich bis zum Fuß der Glarner Alpen. Von der Stadt aus kann man kurze Bootsausflüge oder auch Halbtages- und Tagestouren unternehmen. Die Hauptanlegestelle befindet sich am Bürkliplatz. Das klare Wasser des Zürichsees hat Trinkwasserqualität.

Museum Rietberg ㉕

Gablerstrasse 15. *044 206 31 31.* **Villa Wesendonck** und **Park-Villa Rieter** *Di–So 10–17 Uhr (Mi, Do bis 20 Uhr).* *nur Sonderausstellungen.* **www**.rietberg.ch

Das Museum Rietberg ist das einzige Museum der Schweiz für außereuropäische Kunst. Nach mehrjähriger Umbauzeit erfolgte 2007 die Wiedereröffnung.

Die Sammlungen werden in zwei Villen im Rieterpark auf der Westseite des Zürichsees präsentiert. Die **Villa Wesendonck** beherbergt die Hauptsammlung mit Holz-, Bronze- und Keramikobjekten aus Afrika, Indien, Tibet, China, Japan und anderen südostasiatischen Ländern. In der benachbarten **Park-Villa Rieter** finden auf zwei Stockwerken Wechselausstellungen der Sammlungen indischer, chinesischer und japanischer Drucke und Gemälde statt.

Städtische Sukkulentensammlung ㉖

Mythenquai 88. *043 344 34 80.* *tägl. 9–16.30 Uhr.* **www**.sukkulenten.ch

Mit über 6500 Arten von Kakteen, Wolfsmilchgewächsen, Agaven, Aloe-Arten und anderen Sukkulenten (saftspeichernden Pflanzen) ist die Sammlung eine der größten ihrer Art in Europa. Von den Riesenagaven bis zu den winzigen Kakteen – die Pflanzen stammen aus allen Wüstenregionen der Welt.

Der Zürichsee mit dem baumbestandenen Bürkliplatz links und dem Grossmünster rechts hinten

Kunsthaus ⓳

Das größte Kunstmuseum der Schweiz umfasst eine große Bandbreite bedeutender Werke von mittelalterlicher religiöser Malerei und flämischen alten Meistern bis hin zu impressionistischen und postimpressionistischen Gemälden. Das Kunsthaus veranschaulicht auch die Entwicklung der Kunst im 20. Jahrhundert. Zu den Höhepunkten der exquisiten Sammlung gehören Gemälde der Schweizer Künstler Ferdinand Hodler und Albert Anker (19. Jh.), die umfangreichste Edvard-Munch-Sammlung außerhalb Skandinaviens sowie Gemälde von Marc Chagall und Alberto Giacometti. Zudem finden Wechselausstellungen statt.

Der Krieg
Arnold Böcklin stellt in diesem dramatischen Gemälde von 1896 den Krieg als einen der Apokalyptischen Reiter dar.

Kurzführer

Im ersten Stock findet man Schweizer, europäische und amerikanische sowie zeitgenössische Malerei. Im zweiten Stock sind moderne Kunst und Fotografie untergebracht.

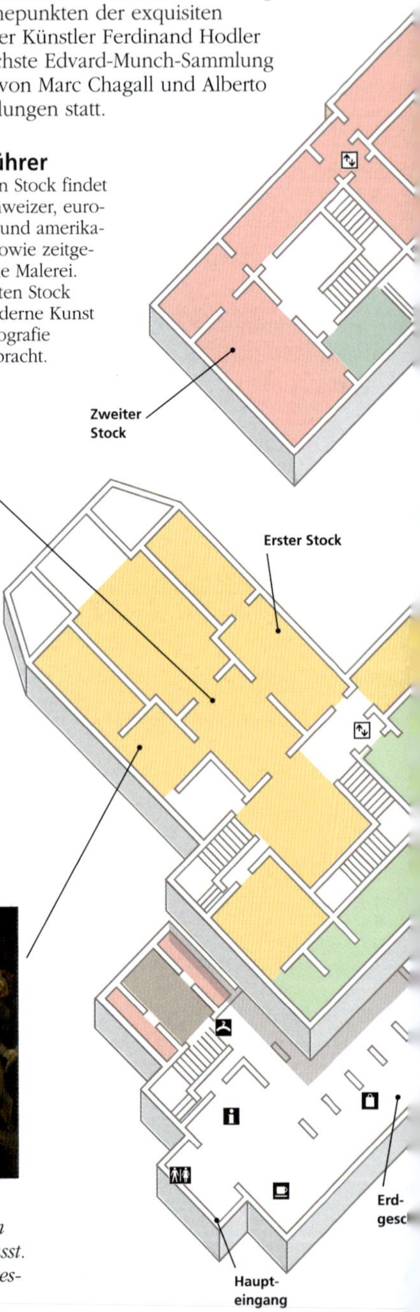

LEGENDE

- Schweizer Malerei
- Europäische Malerei (18. Jh.)
- Französische Malerei (19. Jh.)
- Fotografie und Bildhauerei
- Europäische Malerei (19./20. Jh.)
- Amerikanische Malerei
- Zeitgenössische Malerei
- Wechselausstellungen

Falstaff im Wäschekorb
Die Gemälde des Schweizer Künstlers Johann Heinrich Füssli waren oft literarisch beeinflusst. Das Bild von 1792 stellt eine Szene aus Shakespeares The Merry Wives of Windsor *dar.*

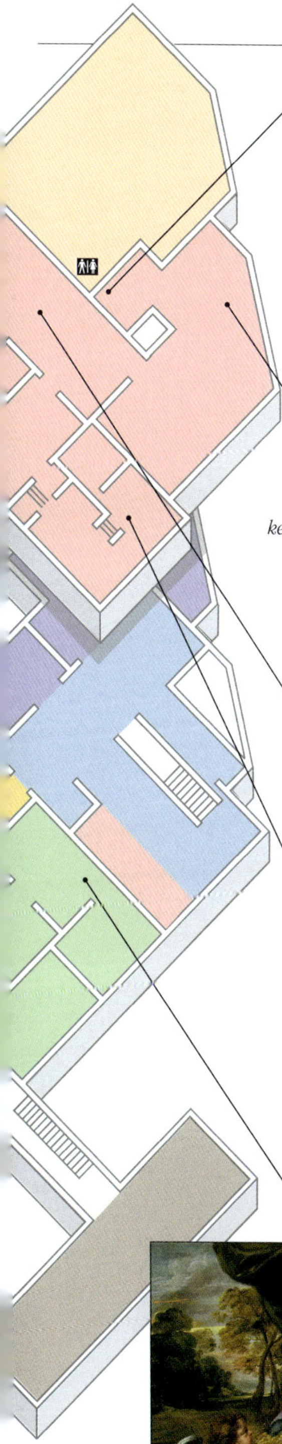

Vogel im Weltall
Die elegante Skulptur Constantin Brancusis von 1925 ist die abstrakte Synthese von Bewegung und Leichtigkeit eines fliegenden Vogels. Eiförmige Gegenstände sind für das Spätwerk Brancusis typisch.

INFOBOX

Heimplatz 1.
044 253 84 84.
Di, Sa, So 10–18, Mi–Fr 10–20 Uhr.
www.kunsthaus.ch

Guitare sur un guéridon
Die Gitarre (hier von 1915) kehrt in den kubistischen Werken Picassos immer wieder.

Au-dessus de Paris
Die poetische Bildsprache ist von Marc Chagalls russisch-jüdischer Herkunft beeinflusst. Schwebende Figuren wie in diesem Bild von 1968 sind ein wiederkehrendes Thema.

★ Cabanes Blanches
Die provenzalische Landschaft gehört zu den ausdrucksstärksten Motiven van Goghs. Er malte sie überwiegend in den letzten Jahren seines Lebens.

★ Die Heilige Familie
Das Gemälde von Peter Paul Rubens stammt von 1630 und ist eines der bedeutendsten Werke in der Sammlung niederländischer Barockgemälde des Museums.

NICHT VERSÄUMEN

★ Cabanes Blanches

★ Die Heilige Familie

Unterhaltung

Zürich ist eine vibrierende Stadt und bietet ein innovatives, vielfältiges Kulturprogramm. Im Schauspielhaus kann man einige der besten deutschsprachigen Theaterproduktionen sehen. Opernhaus und Tonhalle, der Hauptkonzertsaal der Stadt, haben Opern, Ballettaufführungen und klassische Konzerte, u.a. mit dem renommierten Symphonie- und dem Kammerorchester, im Angebot. Zürichs Clubszene konzentriert sich auf das modische Zürich West und das Industrieviertel. Die Etablissements ziehen viele Nachtschwärmer an. Mit Kinos für Cineasten, kleinen Theatern, ungewöhnlichen Kunstgalerien und vielen Künstlern und Musikern hat sich Zürich West zum Mittelpunkt der städtischen Subkultur entwickelt. Straßenfeste mit Paraden und Musik sind aus Zürich ebenfalls nicht wegzudenken.

Das Opernhaus – Zürichs Hauptveranstaltungsort für Ballett und Oper

Information und Tickets

Die wichtigsten Veranstaltungen findet man in zahlreichen Publikationen. *Zürich News* kommt zweimal im Monat auf Englisch und Deutsch heraus und ist kostenlos im Büro von **Zürich Tourismus** im Hauptbahnhof sowie an vielen Hotelrezeptionen erhältlich. *Züritipp* erscheint freitags auf Deutsch als Beilage der Tageszeitung *Tages-Anzeiger* und ist ebenfalls im Tourismusbüro erhältlich. *City Guide Zürich* wird vierteljährlich herausgegeben. Außer im Tourismusbüro liegt er an mehreren Orten der Stadt aus. Theater-, Opern- und Konzertkarten bekommt man ebenfalls im Tourismusbüro, außerdem bei **Ticketcorner**, **Starticket** und anderen Unternehmen. Die meisten Veranstalter haben auch eine eigene Kasse.

Schrill: Teilnehmer der Street Parade im August

Theater, Oper und klassische Musik

Zürich hat etwa ein Dutzend Theater zu bieten. Viele Theaterfans aus Deutschland und Österreich pilgern zu Aufführungen hierher. Fast alle Inszenierungen sind in deutscher Sprache.

Das Haupttheater der Stadt ist das **Schauspielhaus**, das für seine innovativen Produktionen landesweit bekannt ist. Es besitzt zwei Bühnen: Im Pfauen finden große Inszenierungen statt, in der Kammer wird experimentelles Theater gemacht. Auch im Schiffbau, einer ehemaligen Schiffswerft im modischen Viertel Zürich West, sind Theaterproduktionen zu sehen. Das Theater hat hier neben der Halle zwei Studiobühnen, Box und Matchbox genannt.

Das **Opernhaus** gehört auf dem Gebiet der Oper und des Balletts zu den führenden Häusern in Europa. Die Karten für die begehrtesten Aufführungen sind schnell ausverkauft, frühe Buchung ist also unerlässlich. Manchmal hat man Chancen, wenn Tickets zurückgegeben werden.

Das Orchester der Tonhalle und das Zürcher Kammerorchester geben regelmäßig Konzerte in der **Tonhalle**. Das elegante Barockgebäude (1895) ist für seine exzellente Akustik bekannt. Das Eröffnungskonzert fand 1895 in Anwesenheit des Komponisten Johannes Brahms statt.

Musikfestival im Innenhof des Landesmuseums Zürich

Karten für Konzerte des Orchesters der Tonhalle bekommt man leider eher selten, es sei denn, es handelt sich um Orgel-, Chor- und Kammermusikkonzerte, die in einer von Zürichs vielen Kirchen aufgeführt werden.

Nahe beim Chinagarten (am See) gibt es im Sommer Open-Air-Kino

Kinos

Die meisten Filme, die in den vielen Kinos von Zürich zu sehen sind, werden in der Originalsprache gezeigt. Die Buchstaben E/d/f in Veranstaltungskalendern weisen darauf hin, dass der Film auf Englisch mit deutschen und französischen Untertiteln zu sehen ist.

Multiplexe wie **Abaton** und **Kino Corso** zeigen internationale Blockbuster. Das **Kino Arthouse Alba** und das **Kino Xenix** haben sich dagegen auf nichtkommerzielle Produktionen spezialisiert. Das **RiffRaff** in Zürich West bietet vier Kinos, ein Bistro und eine Bar. Die meisten Kinos in Zürich gewähren montags verbilligten Eintritt.

Clubs

Zürichs Clubs reichen von anspruchsvollen Nachtclubs im Stadtzentrum bis zu entspannteren und innovativen Etablissements in Zürich West. Zu den besten zählen **Adagio** (Jazz und Rock in mittelalterlich angehauchter Umgebung), **Indochine** (Disco im Südostasien-Stil) und **Kaufleuten** (House und Hip-Hop). **Mascotte** ist der älteste Club der Stadt und Kult, in der **Labor Bar** mit ihrem Retro-Dekor kann man zu vielen verschiedenen Musikstilen tanzen. **Cabaret** ist ein Treffpunkt der Schwulenszene, zieht aber auch eine bunt gemischte heterosexuelle Klientel an.

Live-Musik

Die begehrtesten Live-Musik-Events Zürichs finden in der **Roten Fabrik** statt, einem Kulturkomplex in der Nähe des Zürichsees im südwestlichen Vorortgebiet der Stadt. Hier treten international bekannte Bands auf, man kann aber auch Film- und Theateraufführungen sehen. Zudem verfügt die Rote Fabrik über eine Bar und ein Restaurant.

Im **Moods**, das im Schauspielhaus Schiffbau gelegen ist, finden die meisten Jazz-Veranstaltungen statt. Internationale und nationale Künstler spielen jede Art von Jazz.

Kanone im Innenhof des Landesmuseums Zürich

AUF EINEN BLICK

Information und Tickets

Zürich Tourismus
Im Hauptbahnhof.
☎ 044 215 40 00.
www.zuerich.com

Starticket
☎ 0900 325 325.
www.starticket.ch

Ticketcorner
☎ 0900 800 800.
www.ticketcorner.ch

Theater, Oper und klassische Musik

Opernhaus
Theaterplatz 1. **Kasse** Falkenstrasse 1.
☎ 044 268 66 66.
www.opernhaus.ch

Schauspielhaus
Pfauen und Kammer
Rämistrasse 34.
Schiffbau (Halle, Box und Matchbox)
Schiffbaustrasse 4.
☎ 044 258 77 77.
www.schauspielhaus.ch

Tonhalle
Claridenstrasse 7.
☎ 044 206 34 34.
www.tonhalle-orchester.ch

Kinos

Abaton
Heinrichstrasse 269.
☎ 0900 55 67 89.

Kino Arthouse Alba
Zähringerstrasse 44.
☎ 044 250 55 40.

Kino Corso
Theaterstrasse 10.
☎ 0900 55 67 89.

Kino Xenix
Kanzleistrasse 56.
☎ 044 242 04 11.

RiffRaff
Neugasse 57–63.
☎ 044 444 22 00.

Clubs

Adagio
Gotthardstrasse 5.
☎ 044 206 36 66.

Cabaret
Geroldstrasse 15.
www.cabaret.im

Indochine
Limmatstrasse 275.
☎ 044 448 11 11.

Kaufleuten
Pelikanplatz.
☎ 044 225 33 22.

Labor Bar
Schiffbaustrasse 3.
☎ 044 272 44 02.

Mascotte
Theaterstrasse 10.
☎ 044 260 15 80.

Live-Musik

Moods
Schiffbaustrasse 6.
☎ 044 276 80 00.
www.moods.ch

Rote Fabrik
Seestrasse 395.
☎ 044 485 58 58.
www.rotefabrik.ch

Shopping

Die Bahnhofstrasse, die von Norden nach Süden durch Zürich verläuft, steht im Ruf, eine der teuersten Shopping-Meilen Europas zu sein. Sie wird von Geschäften voller Uhren und glitzerndem Schmuck und von Läden mit Pelzen, Porzellan, teuren Lederwaren und anderen Luxusartikeln gesäumt. Doch in Zürich gibt es auch viele Läden, die eine große Auswahl an hochwertigen Waren zu erschwinglichen Preisen anbieten. Man kann hier sehr schöne Souvenirs, z. B. Kunsthandwerk und Delikatessen wie Schweizer Käse, Schweizer Schokolade und die Weine des Landes, erwerben. In den engen Straßen der Altstadt am westlichen Ufer der Limmat und in den kopfsteingepflasterten Gassen von Niederdorf am Ostufer befinden sich zahlreiche interessante Antiquitätenläden.

Das multifunktionale Schweizer Armee- bzw. Offiziersmesser

Souvenirstand mit Kunsthandwerk

Öffnungszeiten

Die meisten Läden in der Innenstadt haben montags bis samstags von 9 bis 18.30 oder 20 Uhr (Kaufhäuser) geöffnet. Viele haben donnerstags etwas länger, samstags dafür etwas kürzer offen. Einige Läden sind montags geschlossen, dafür haben viele in der Bahnhofstrasse sonntags geöffnet.

Uhren und Schmuck

Die edlen Geschäfte in der Bahnhofstrasse führen Uhren prestigeträchtiger Marken, darunter Patek Philippe und Rolex, sowie Schmuck international renommierter Firmen wie Cartier. **Gübelin** und **Bucherer** haben hier Filialen. Es gibt aber auch einen **Swatch Store**, mit Uhren zu erschwinglicheren Preisen.

Souvenirgeschäft mit Schweizer Spezialitäten

Kunsthandwerk und Souvenirs

Eines der besten Geschäfte für hochwertiges Schweizer Kunsthandwerk wie dekoratives Glas, Schmuck und Keramik sowie für Schweizer Designermode ist **Schweizer Heimatwerk**, das mehrere Filialen in der Stadt und eine am Flughafen hat. **Dolmetsch** am Limmatquai bietet eine große Auswahl an Taschenmessern und Uhren. Im Schipfequartier an der Limmat befinden sich ebenfalls zahlreiche Läden, die auf Kunsthandwerk spezialisiert sind. Weitere Läden dieser Art gibt es in Niederdorf und in der Langstrasse.

Lederwaren

Hochwertige Lederwaren kauft man am besten in der Bahnhofstrasse. **Navyboot** bietet Schuhe, Gürtel, Brief- und Handtaschen sowie Geldbörsen. Sehr empfehlenswert ist auch der **Lederladen** im Schipfequartier, der eine große Auswahl an handgefertigten Produkten hat.

Bücher

Mit 2000 Quadratmetern Ladenfläche auf vier Etagen der größte und bekannteste Buchladen Zürichs ist die **Orell Füssli Buchhandlung Kramhof**. Neben dem Haupthaus gibt es vier weitere Filialen in Zürich. Zentral in der Bahnhofpassage liegt **Barth Bücher** (seit 1853). Hier findet man vor allem Taschenbücher, aber auch Reiseführer und Bildbände. Musikbücher, Noten, CDs und Instrumente erhält man bei **Jecklin & Co. AG** in der Rämistrasse.

Antiquitäten

Die Straßen der Zürcher Altstadt werden von vielen interessante Antiquitätengeschäften gesäumt. **Limited Stock** in der Spiegelgasse hat eine gute Auswahl dekorativer Kunstgegenstände im Angebot. Im **Greenwich** in der Rämistrasse kann man antike Uhren erstehen.

Jelmoli in der Seidengasse, das größte Kaufhaus Zürichs

Schokolade und Pralinés

Zürich quillt geradezu über von Geschäften mit der berühmten Schweizer Schokolade. Ein besonders angenehmes Einkaufsgefühl hat man in der Filiale der **Confiserie Sprüngli** am Paradeplatz. Die weltweit bekannte Spezialität des Hauses sind Luxemburgerli®, zarte Makronen mit feinster Füllung (die man sich auch schicken lassen kann). Neben dem Geschäft gibt es ein bekanntes Café. Andere hochklassige Chocolatiers findet man entlang der Bahnhofstrasse und am Flughafen.

Schober, eine Konditorei mit Café in der Napfgasse im Herzen von Niederdorf, ist vor allem für die heiße Schokolade bekannt und verkauft sehr gute Kuchen und Torten.

Wein

Da sie nicht so häufig exportiert werden, sind Schweizer Weine immer noch ein Geheimtipp *(siehe S. 266f)*. In Zürich gibt es mehrere Händler, die Weine aus dem Kanton Zürich, dem Wallis, dem Vaud (Waadt), dem Kanton Genève (Genf) und aus Neuchâtel anbieten.

Zwei führende Vinoteken sind **Baur au Lac Vins** in der Börsenstrasse und **Hofer-Weine** im Zeltweg. In der WeinHalle lagern über 1500 verschiedene Weine aus aller Welt, darunter auch superbe Schweizer Weine.

In den meisten Weinhandlungen kann man die Weine vor dem Kauf verkosten.

Kaufhäuser

Die beiden großen Kaufhäuser der Stadt sind **Jelmoli** in der Seidengasse, westlich der Bahnhofstrasse, und **Globus** am Löwenplatz, ebenfalls westlich der Bahnhofstrasse. Beide bieten das übliche Sortiment, darüber hinaus aber auch Designermode für Männer und Frauen.

Beide Kaufhäuser haben eine erstklassige Lebensmittelabteilung mit Delikatessen aus aller Welt. Natürlich werden auch Schweizer Spezialitäten angeboten, vor allem köstlicher Schweizer Käse *(siehe S. 264f)* sowie edle Schokoladenprodukte.

Schild eines Antiquitätenladens

In Zürich West erfreut sich **Im Viadukt** größter Beliebtheit. Die 500 Meter lange Shopping Mall beginnt in der Limmatstrasse 231 und umfasst 30 Läden. Jeder nimmt einen Bogen im 1894 erbauten Eisenbahnviadukt ein. Hier kann man prima stöbern – von Mode bis Lebensmittel – und das quirlige Ambiente in der Markthalle genießen.

AUF EINEN BLICK

Information

www.zuerich.com
Infos zu Shopping in Zürich.

Uhren und Schmuck

Bucherer
Bahnhofstrasse 50.
044 211 26 35.

Gübelin
Bahnhofstrasse 36.
044 221 38 88.

Swatch Store
Bahnhofstrasse 94.
044 221 28 66.

Kunsthandwerk und Souvenirs

Dolmetsch
Limmatquai 126.
044 251 55 44.

Schweizer Heimatwerk
Bahnhofstrasse 2.
044 221 08 37.
Uraniastrasse 1.
044 222 19 55.

Lederwaren

Lederladen
Schipfe 29.
044 221 19 54.

Navyboot
Bahnhofstrasse 38.
043 497 37 14.

Bücher

Barth Bücher
Shop Ville, Bahnhofpassage.
044 215 44 66.

Jecklin & Co. AG
Rämistrasse 30.
044 253 77 77.

Orell Füssli Buchhandlung Kramhof
Füsslistrasse 4.
044 213 16 16.

Antiquitäten

Greenwich
Rämistrasse 2.
044 262 10 38.

Limited Stock
Spiegelgasse 22.
043 268 56 20.

Schokolade und Pralinés

Confiserie Sprüngli
Bahnhofstrasse 21.
044 224 46 46.

Schober
Napfgasse 4.
044 251 51 50.

Wein

Baur au Lac Vins
Börsenstrasse 27.
044 220 50 55.

HoferWeine
Zeltweg 26.
044 280 22 88.

Kaufhäuser

Globus
Schweizergasse 11.
058 578 11 11.

Jelmoli
Seidengasse 1.
044 220 44 11.

Im Viadukt
Viaduktstrasse.
044 382 36 55.

Ostschweiz und Graubünden

Die Ostschweiz ist eine relativ tief liegende Region, die vom Rhein durchquert wird. Neben einigen größeren Städten gibt es ausgedehnte ländliche Gebiete, in denen auch der berühmte Schweizer Käse hergestellt wird. Das alpine Graubünden im Süden zieht Bergsteiger und Wintersportler an.

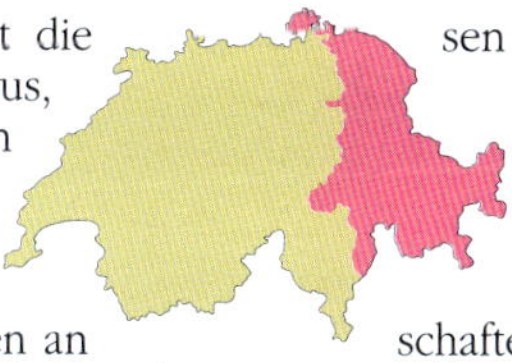

Die Ostschweiz umfasst die Kantone Thurgau, Glarus, Schaffhausen, St. Gallen sowie Appenzell-Ausserrhoden und Appenzell-Innerrhoden. Die Region grenzt im Norden an Deutschland, im Osten an Liechtenstein und Österreich. Die Mehrheit der Bevölkerung ist deutschsprachig. Das relativ dünn besiedelte Gebiet ist stark agrarisch ausgerichtet. Weiden und Felder prägen weite Landstriche. Zu den wichtigsten Wirtschaftszweigen zählt neben der Milchwirtschaft und dem Obstanbau allerdings auch der Dienstleistungssektor.

Im Osten liegt das winzige souveräne Fürstentum Liechtenstein, ein Überbleibsel des Heiligen Römischen Reichs. Die außenpolitischen Interessen der Erbmonarchie Liechtenstein werden meist von der Schweiz wahrgenommen, obwohl das Fürstentum in einigen Ländern auch selbst Botschaften unterhält.

Der Kanton Graubünden im Südosten der Schweiz grenzt an Liechtenstein, Österreich und Italien. Im Norden wird überwiegend Deutsch gesprochen, doch das Rätoromanische ist bei den ländlichen Bevölkerungsgruppen der Bergregionen noch erhalten geblieben. Graubünden ist vor allem bei Wintersportlern beliebt. Etwa die Hälfte der Einwohner arbeitet in der Tourismusbranche. Südlich der Rätischen Alpen liegen die sonnigen Täler des italienischsprachigen Teils des Kantons.

Bergbach und Kiefernwald im Schweizerischen Nationalpark im südöstlichen Graubünden

◁ **Enge Gasse mit Brunnen in Guarda *(siehe S. 200)*, einem Dorf im Unterengadin**

Überblick: Ostschweiz und Graubünden

Neben mehreren hübschen Städten, etwa Schaffhausen, St. Gallen und dem attraktiven mittelalterlichen Stein am Rhein, findet man in der Ostschweiz noch große Gebiete mit unverdorbener Landschaft vor, wo alte bäuerliche Sitten und Gebräuche überlebt haben. Im Süden schließt sich das Engadin, ein ruhiges Tal, an. Die Fassaden der dortigen Häuser sind mit Sgraffito-Malerei verziert. St. Moritz, Klosters und Davos im Kanton Graubünden ziehen Skifahrer, Snowboarder, Wanderer und Bergsteiger an. In der faszinierenden Wildnis des Schweizerischen Nationalparks in der südöstlichen Ecke von Graubünden kann man wunderbar wandern.

Geschmückte Fässer beim Weinfest in Graubünden

Sehenswürdigkeiten auf einen Blick

Appenzell 7
Arosa 16
Bad Ragaz 13
Bernina-Pass 23
Chur S. 194–197 15
Davos 17
Engadin 19
Frauenfeld 4
Glarus 10
Klosters 18
Maienfeld 14
Mesocco 30
Müstair 20
Pontresina 22
Poschiavo 24
Rapperswil 9
Rheinfall 2
San-Bernardino-Pass 29
St. Gallen S. 184–187 6
St. Moritz 25
Schaffhausen S. 180f 1
Sils 26
Stein am Rhein 3
Toggenburg 8
Val Bregaglia 27
Walensee 11
Zillis 28

Touren

Bodensee S. 183 5
Liechtenstein S. 192f 12
Schweizerischer Nationalpark S. 202f 21

Weitere Zeichenerklärungen *siehe hintere Umschlagklappe*

SIEHE AUCH

- ***Hotels*** S. 255–257
- ***Restaurants*** S. 279–281

Brücke auf der Route vom Julier-Pass ins Engadin

In der Ostschweiz und in Graubünden unterwegs

Der einfachste Weg in die Ostschweiz führt mit dem Zug oder dem Auto über Zürich. Von Zürich aus fahren InterCitys nach Schaffhausen, St. Gallen und Liechtenstein. Auch zwischen der Ostschweiz und Graubünden gibt es gute Zugverbindungen. Mit dem Auto gelangt man von Zürich aus über die A7 nach Frauenfeld und über die A1 nach St. Gallen. Vom Bodensee führt die N13 südlich am Rhein entlang nach Liechtenstein, Bad Ragaz und Chur, wo sie in die A3 aus Zürich mündet. Von dort aus geht es weiter südlich am San-Bernardino-Pass vorbei in Richtung Italien.

Kühe mit traditionellem Schmuck im Kanton St. Gallen

LEGENDE

- Autobahn
- Hauptstraße
- Nebenstraße
- Panoramastraße
- Eisenbahn (Hauptstrecke)
- Eisenbahn (Nebenstrecke)
- Staatsgrenze
- Kantonsgrenze
- Gipfel
- Pass

Im Detail: Schaffhausen ❶

Die Stadt mit dem gleichen Namen wie der Kanton liegt am Nordufer des Rheins, etwa vier Kilometer oberhalb des Rheinfalls. Hier entluden die Rheinschiffer früher ihre Fracht, weshalb die Stadt seit dem frühen Mittelalter ein wichtiges Handelszentrum war. Die kopfsteingepflasterten Straßen der Altstadt werden von Gebäuden aus Gotik, Renaissance, Barock und Rokoko gesäumt. Einige sind mit Fresken verziert, andere mit Erkern. Der Munot, eine ringförmige Festung auf einem Hügel östlich der Stadt, entstand im späten 16. Jahrhundert während der Reformationsunruhen. Von dort aus hat man einen schönen Blick über Schaffhausen und den Rhein.

Fronwagplatz
Der mittelalterliche Marktplatz besitzt zwei Brunnen (16. Jh.): den Landsknechtbrunnen mit der Statue eines Söldners und den Mohrenbrunnen mit der eines Mohrenkönigs.

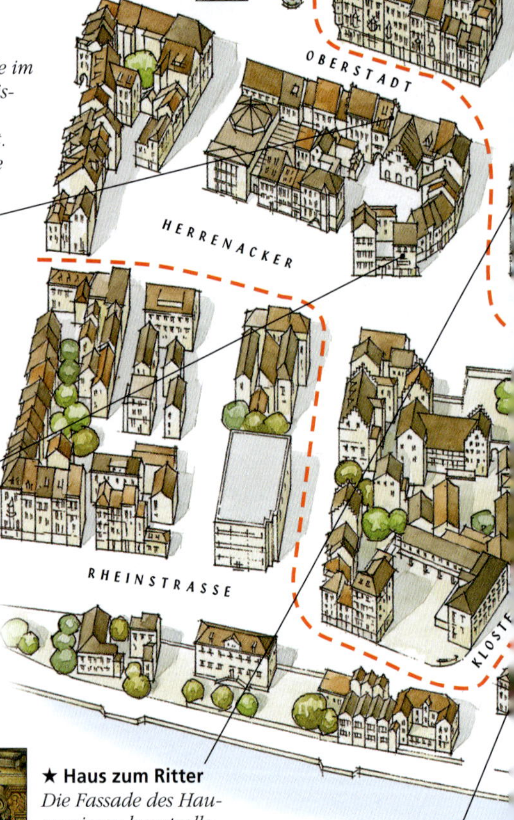

★ Rathaus
Das Gebäude im Stil der Renaissance wurde 1412 vollendet. Ratssaal und die Rathauslaube sind sehenswert.

Altes Zeughaus
Der Eingang des ehemaligen Waffenlagers (heute Museum) im Stil der Renaissance ist reich mit Reliefs verziert.

★ Haus zum Ritter
Die Fassade des Hauses zieren kunstvolle Renaissance-Malereien, auf denen ritterliche Tugenden dargestellt sind. Sie wurden 1568–70 von Tobias Stimmer gemalt.

In den Hallen für Neue Kunst sind Werke aus den 1960er und 1970er Jahren ausgestellt.

LEGENDE

– – – Routenempfehlung

Kirche St. Johann
Der Bau der Kirche wurde im 11. Jahrhundert begonnen und erst im frühen 16. vollendet. Die Kirche besitzt eine Kuhn-Orgel mit 66 Registern.

INFOBOX

Straßenkarte E2. *35 000.* *Herrenacker 15. 052 632 40 20.* **www.**schaffhausen.ch/tourismus; **www.**schaffhauserland.ch

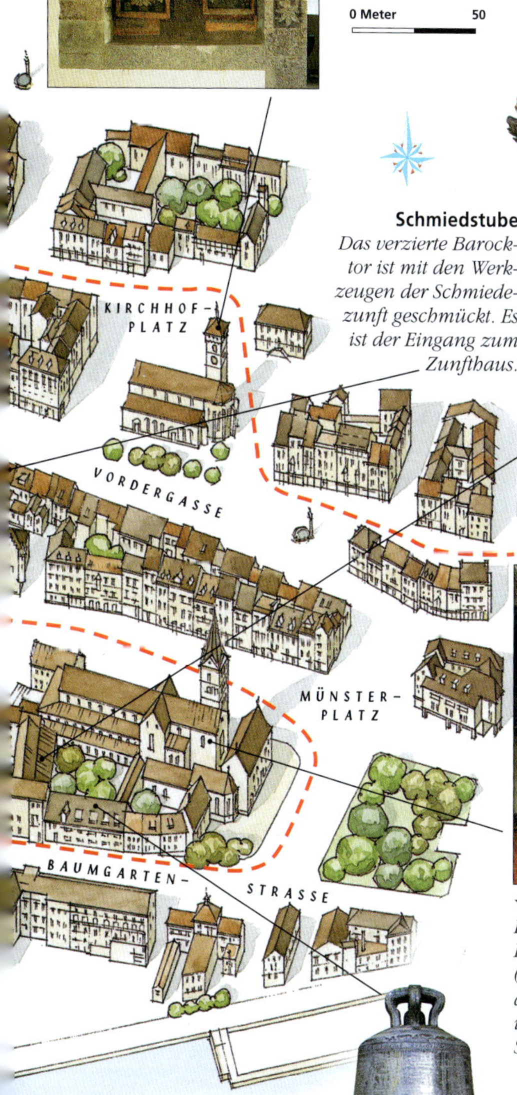

Schmiedstube
Das verzierte Barocktor ist mit den Werkzeugen der Schmiedezunft geschmückt. Es ist der Eingang zum Zunfthaus.

Im Museum zu Allerheiligen, in den Räumen des einstigen Klosters, sind u. a. prähistorische und mittelalterliche Artefakte sowie Schweizer Gemälde und Skulpturen ausgestellt.

★ Münster Allerheiligen
Das schöne Münster war Teil des Benediktinerklosters Allerheiligen (11. Jh.). Die Kirche wurde Mitte des 12. Jahrhunderts vollendet und ist der größte romanische Sakralbau der Schweiz.

Schillerglocke
Die Glocke des Münsters wurde 1486 geschmiedet. Ihr Motto inspirierte Schiller zu seinem Gedicht von 1799 Das Lied von der Glocke.

NICHT VERSÄUMEN

- ★ Haus zum Ritter
- ★ Münster
- ★ Rathaus

Die mittelalterliche Stadt Stein am Rhein mit dem Kloster St. Georgen im Vordergrund

Rheinfall ❷

Straßenkarte E2. *Schaffhausen, Herrenacker 15. 052 632 40 20.* **www**.rheinfall.ch

Bei Neuhausen, etwa vier Kilometer flussabwärts von Schaffhausen, stürzt der Rhein über Felsen in die Tiefe. Der Rheinfall ist der größte Wasserfall Mitteleuropas – zwar nur 23 Meter hoch, dafür aber 150 Meter breit. Dieses Naturschauspiel zieht zahlreiche Besucher an, die im Sommer mit dem City Train von Schaffhausen kommen.

Den schönsten Blick auf den Rheinfall hat man von **Schloss Laufen** aus, einem Renaissance-Schloss mit Ecktürmen südlich vom Fluss. Vom Schloss führen Treppen zu Aussichtsplattformen am Wasserfall. Es werden auch Bootsausflüge angeboten. Der Rheinfall wird abends (allerdings nicht ganzjährig) illuminiert. Am Nationalfeiertag (1. August) findet ein großes Feuerwerk statt.

Stein am Rhein ❸

Straßenkarte E2. *3200.* *Oberstadt 3. 052 742 20 90.* **www**.steinamrhein.ch

Mit mittelalterlichen Fachwerkhäusern und freskenverzierten Häuserfassaden aus dem 16. Jahrhundert kann sich die kleine Stadt am Rhein sehen lassen. Sie wurde von den Römern gegründet und dehnte sich im 11. Jahrhundert aus, als Heinrich II. hier ein Benediktinerkloster errichten ließ. Den Verlauf der Stadtmauern kann man heute noch erkennen. Die beiden Stadttore Obertor und Untertor sind erhalten.

Der Rathausplatz wird von bemalten Häusern gesäumt. Die Malereien orientierten sich an den Namen der Häuser: z. B. Zur Sonne oder Roter Ochse, das älteste Gasthaus der Stadt *(Abbildung S. 8f)*. Das Rathaus stammt aus dem 16. Jahrhundert. Im **Museum Lindwurm** kann man eine Zeitreise in die Lebenswelt und bürgerliche Wohnkultur des 19. Jahrhunderts machen.

Vom Benediktinerkloster St. Georgen und seiner Kirche (12. Jh.) hat man einen schönen Blick auf den Rhein. Die im Stil des 16. Jahrhunderts eingerichteten Klosterräume beherbergen heute das **Klostermuseum St. Georgen**.

Museum Lindwurm
Unterstadt 18. *052 741 25 12.*
März–Okt: tägl. 10–17 Uhr.
www.museum-lindwurm.ch

Klostermuseum St. Georgen
Fischmarkt. *052 741 21 42.*
Apr–Okt: Di–So 10–17 Uhr.

Frauenfeld ❹

Straßenkarte E2. *24 000.* *Bahnhofplatz 75. 052 721 31 28.* **www**.regiofrauenfeld.ch

Der malerische Hauptort des Kantons Thurgau liegt westlich des Bodensees an der Murg. Im Stadtzentrum sind viele hübsche alte Bürgerhäuser zu sehen, u. a. das Baliere am Kreuzplatz, ein Riegelhaus, in dem heute die Städtische Galerie untergebracht ist, und das barocke Luzemhaus, das das Naturmuseum und das Museum für Archäologie beherbergt. Die Wurzeln des Frauenfelder Schlosses mit dem Historischen Museum reichen bis ins 13. Jahrhundert zurück.

Umgebung: In **Ittingen**, rund vier Kilometer nördlich von Frauenfeld, ist die Kartause Ittingen aus dem 15. Jahrhundert sehenswert. Die Klosteranlage wurde restauriert und ist heute ein Schulungs- und Tagungszentrum. Neben einem Restaurant und einem Gutsbetrieb mit Laden beherbergt sie auch zwei Museen: das Kunstmuseum und das Ittinger Museum.

Der Bergfried von Frauenfeld aus dem 13. Jahrhundert

Tour: Bodensee ❺

Der Bodensee grenzt an Deutschland und Österreich und markiert die Nordostgrenze der Schweiz. Er ist 63,3 Kilometer lang, an der breitesten Stelle 14 Kilometer breit, 254 Meter tief und wird vom Rhein durchflossen. Das West- und Südufer ist Schweizer Staatsgebiet und wird von kleinen Ferienorten gesäumt, in denen man ausgezeichnet Wassersport treiben kann. Rund um den See gibt es viele Möglichkeiten für Bootsausflüge.

Gottlieben ③
1415 hielt man den tschechischen Reformator Jan Hus auf der Burg gefangen.

Schloss Arenenberg ②
Das Schloss (16. Jh.) ging 1817 in den Besitz von Königin Hortense, der Mutter Kaiser Napoléons III., über. 1906 schenkte Kaiserin Eugénie es Thurgau. Heute kann man es besichtigen.

Kreuzlingen ④
Die Barockkirche St. Ulrich gehört zu den schönsten Bauten in Kreuzlingen. Die Schweizer Stadt grenzt direkt an Konstanz.

Rorschach ⑤
In dem hübschen Ort sind Häuser aus dem 16. bis 18. Jahrhundert zu sehen.

Steckborn ①
Die kleine Stadt besitzt viele historische Häuser. Der Turmhof, eine Burg aus dem 14. Jahrhundert, gehörte einst den Äbten von Reichenau. Heute beherbergt er ein Geschichtsmuseum.

LEGENDE

- Routenempfehlung
- Autobahn
- Panoramastraße
- Andere Straße
- Staatsgrenze
- Aussichtspunkt

ROUTENINFOS

Länge: *50 km.*
Rasten: *In den Ferienorten rund um den See hat man eine große Auswahl an Hotels und Restaurants.*
Tipp: *Conny-Land bei Lipperswil (**www**.connyland.ch) ist der größte Freizeitpark der Schweiz mit einem Hochseil-Klettergarten. Die Altstadt von Arbon weist viele mittelalterliche Häuser auf.*

St. Gallen ❻

Sankt Gallen ist Hauptstadt des gleichnamigen Kantons und die größte Stadt der Ostschweiz. Ihre Wurzeln gehen auf das Jahr 612 zurück, als sich der irische Mönch Gallus hier niederließ. 747 wurde ein Benediktinerkloster gegründet, im 8. Jahrhundert kam eine Bibliothek hinzu. Heute sind Stiftskirche (18. Jh.) und Stiftsbibliothek Welterbe der UNESCO. Im Mittelalter war St. Gallen wichtiger Leinenproduzent, der den Stoff nach ganz Europa exportierte. Im 19. Jahrhundert lebte die Stadt überwiegend von der Stickerei. Noch heute ist sie für St. Galler Stickereien bekannt.

Marktplatz von St. Gallen, der zentrale Platz der Stadt

Überblick: St. Gallen

Mittelpunkt der Stadt ist die großartige Stiftskirche bzw. Kathedrale *(siehe S. 186f)*, doch auch das schöne mittelalterliche Zentrum mit seinen Fachwerkhäusern und Erkern ist einen Besuch wert. Die meisten Museen befinden sich im Osten der Altstadt.

Textilmuseum

Vadianstrasse 2.
☎ *071 222 17 44.*
🕒 *tägl. 10–17 Uhr.* 🖱 **www**.textilmuseum.ch

Das Museum spiegelt die Bedeutung der Stadt als wichtiges Zentrum der Textilindustrie wider und dokumentiert die Handwerkskunst von Weberei, Stickerei und Seidenspinnerei. Zu sehen sind auch die in St. Gallen entwickelten Muster und Textilproben sowie die verschiedenen Gerätschaften, die zu ihrer Herstellung notwendig waren.

Statue auf einem Brunnen der Stadt

Stiftsbibliothek

Klosterhof 6d. ☎ *071 227 34 16.*
🕒 *Mo–Sa 10–17, So 10–16 Uhr.*
● *Feiertage, 3 Wochen Ende Nov.*
🖱 **www**.stibi.ch

Im Gegensatz zum Großteil des Klosters entging die einzigartige Stiftsbibliothek der Zerstörungswut der Reformation. Der Hauptsaal wurde 1758–67 von Peter Thumb entworfen, ein großartiges Beispiel barocker Baukunst mit Rokoko-Details. Der Holzboden weist Intarsien auf, die Decke Stuckwerk der Gebrüder Gigl sowie Trompe-l'Œil-Malereien von Josef Wannenmacher. In der Bibliothek lagern etwa 170 000 Bücher und Manuskripte, u. a. eine Sammlung irischer Schriften (8.–11. Jh.) sowie Arbeiten aus dem 8. Jahrhundert. Im Westflügel der Klosteranlage befindet sich das Lapidarium (Steinsammlung) der Stiftskirche mit archäologischen Funden.

St. Laurenzen-Kirche

Magnihalden 15. ☎ *071 222 67 92.*
🕒 *Mo 9.30–11.30, 14–18, Di–Fr 9.30–18, Sa 9.30–16 Uhr (Winter: immer bis 16 Uhr).* **Turm** 🕒 *Sommer: nach tel. Vereinbarung.*

Die Kirche geht auf das 15. Jahrhundert zurück. Mit der Reformation wurde sie zur Hauptkirche der reformierten Bürgerschaft. Ihre heutige neugotische Gestalt ist Ergebnis eines Umbaus Mitte des 19. Jahrhunderts.

Marktplatz

Der einstige Hauptplatz der Stadt liegt im nördlichen Teil der Altstadt. Er ist von schönen Häusern aus dem 17. und 18. Jahrhundert umgeben. Die meisten besitzen kunstvoll bemalte Fassaden. Daneben gibt es auch reliefverzierte Fachwerkhäuser. Viele Häuser sind mit verzierten Erkern ausgestattet – ein typisches Merkmal der Architektur von St. Gallen.

In der Marktgasse am Südende des Marktplatzes befindet sich der Uhrmacherladen Labhart mit einer kleinen Sammlung an Spieldosen – einige von ihnen sind großartige Beispiele für den Erfindergeist der Schweizer.

Waaghaus

Die verlängerte Promenade (Bohl) an der Ostseite des Marktplatzes wird von der blendend weißen Fassade des Waaghauses (1583) beherrscht. Das Gebäude ist heute Sitz der Stadtbehörde, wird aber auch für Konzerte und Ausstellungen genutzt.

Das Waaghaus am Bohl stammt aus dem späten 16. Jahrhundert

🏛 Naturmuseum und Kunstmuseum

Museumstrasse 32. *071 242 06 70 bzw. 71.* *Di–So 10–17 Uhr (Mi bis 20 Uhr).*
Das Museum (spätes 19. Jh.) ist in zwei Bereiche unterteilt: Der eine widmet sich der Naturgeschichte der Region. Der andere besteht aus einer Kunstgalerie mit Werken zeitgenössischer Kunst sowie historischen Werken seit dem Spätmittelalter. Beim Botanischen Garten wird ab Anfang 2014 ein Neubau des Naturmuseums entstehen.

🏛 Historisches und Völkerkundemuseum

Museumstrasse 50. *071 242 06 42.* *Di–So 10–17 Uhr.*
Objekte aus der Frühgeschichte bis zum 20. Jahrhundert sowie Gegenstände aus verschiedenen Kulturen der Welt stehen hier im Mittelpunkt. Neben zahlreichen archäologischen Funden sind Schriftzeugnisse, Erinnerungsstücke und rekonstruierte Räume verschiedener Epochen zu sehen. Zu den Highlights zählen ein Modell des Klosters (Stiftsbezirks) und ein Modell der Stadt, wie sie im 17. Jahrhundert aussah. Es gibt auch ein Kindermuseum.

Natur- und Kunstmuseum

🏛 Universität

Dufourstrasse 50. *071 224 21 11.*
Die Universität St. Gallen ist u. a. aufgrund ihrer modernen Architektur und ihrer Einrichtung für Besucher interessant. Die Gemälde und Skulpturen wurden von Künstlern des 20. Jahrhunderts geschaffen und sind mit Bedacht in die Architektur des Baus integriert worden.

Das Hauptgebäude wurde 1963 fertiggestellt und enthält einen Keramikfries von Joan Miró, Wandgemälde von Antoni Tàpies, ein Mosaik von Georges Braque und Skulpturen von Alberto Giacometti. Im Innenhof steht eine Bronzeskulptur von Hans Arp. Im Bau von 1989 sind Werke der Maler Gerhard Richter, Josef Felix Müller und Luciano Fabro zu sehen.

INFOBOX

Straßenkarte F2. *73 000.* *Bahnhofplatz 1a. 071 227 37 37.* *OpenAir St. Gallen (Popmusik; letztes Wochenende im Juni).* **www**.st.gallen-bodensee.ch

🏛 Kunst Halle Sankt Gallen

Davidstrasse 40. *071 222 10 14.* *Di–Fr 12–18, Sa, So 11–17 Uhr.* **www**.kunsthallesanktgallen.ch
Das angesehene Forum für Gegenwartskunst sieht sich als Bühne für experimentierfreudige Künstler. Die Ausstellungen wechseln häufig und spiegeln die aktuellen Entwicklungen in der modernen Kunst wider.

🏛 Bierflaschenmuseum

St. Jakobstrasse 37. *071 243 43 43.* *Mo–Fr 8–18.30, Sa 8–17 Uhr.*
Hier sind gut 3000 Flaschen von 260 Schweizer Brauereien zu sehen – alle sind leer. Die ältesten sind aus Ton und 140 Jahre alt.

St. Gallen: Stiftskirche

Das Benediktinerkloster von St. Gallen wurde 719 gegründet und erlebte vom 9. bis zum 11. Jahrhundert seine Blütezeit. Die romanische Kirche und das Kloster, die damals entstanden, sind – abgesehen von der Krypta mit den Gräbern der Äbte – nicht erhalten. Die heutige barocke Stiftskirche (Kathedrale) wurde 1755–67 unter Leitung von Johann Michael Beer von Bildstein erbaut. Das Innere gestalteten weitere bekannte Künstler. Der Stiftsbezirk mit seinen Kunstwerken und der Stiftsbibliothek *(siehe S. 184)* ist seit 1983 UNESCO-Welterbe.

★ Deckenfresken
Die Decke ist mit Fresken von Josef Wannenmacher verziert.

Hochaltar
Das Gemälde des Hochaltars (1645) zeigt Mariä Himmelfahrt *von Francesco Romanelli. Es wurde später leider stark retuschiert.*

Throne
Inmitten des Chorgestühls stehen zwei Throne von Franz Joseph Anton Feuchtmayer, versehen mit Verzierungen der Gebrüder Dirr.

NICHT VERSÄUMEN

- ★ Chorgestühl
- ★ Deckenfresken

Beichtstühle
Die 16 barocken Beichtstühle im Mittelschiff werden von Reliefmedaillons der Künstler Franz Joseph Anton Feuchtmayer und Anton Dirr gekrönt. Sie stammen von 1761–63.

INFOBOX

Klosterhof 6a. 071 227 33 81.
Mo–Fr 9–18, Sa 9–16, So 12.15–17.30 Uhr. **Lapidarium** (Westflügel)
Mo–Sa 10–17, So 10–16 Uhr.
Mo–Sa Morgen- und Abendandacht, So 9, 11, 19.30 Uhr.

Krypta
Unter der Kathedrale befindet sich die romanische Krypta des Vorgängerbaus.

Kanzel
Die spätbarocke Kanzel von Anton Dirr zieren Figuren der Evangelisten sowie Engelsfiguren.

★ Chorgestühl
Das barocke Gestühl (1763–70) mit 84 Sitzen von Franz Joseph Anton Feuchtmayer besteht aus Walnussholz. Es ist vergoldet und mit Gemälden verziert.

Appenzell ❼

Straßenkarte F2. *Appenzell, Hauptgasse 4. 071 788 96 41.* *Landsgemeinde (letzter So im Apr).* **www**.appenzell.ch

Die Region Appenzell ist eine Enklave im Kanton St. Gallen. Sie besteht aus zwei Halbkantonen: Appenzell-Ausserrhoden im Norden und Westen und Appenzell-Innerrhoden im Süden. Vom 10. bis zum 15. Jahrhundert gehörte Appenzell zum Territorium der Abtei St. Gallen *(siehe S. 184)*. Nachdem es die Unabhängigkeit erlangt hatte, trat Appenzell 1513 der Schweizerischen Eidgenossenschaft bei.

Appenzell-Ausserrhoden, der größere der beiden Halbkantone, ist protestantisch und großteils industriell geprägt, Appenzell-Innerrhoden hingegen ist katholisch, landschaftlich sehr reizvoll, großteils bäuerlich und hat eine blühende Tourismusindustrie. Innerrhoden ist für Viehzucht und Milchprodukte – vor allem für Käse – bekannt. Es besitzt einen stark ländlichen Charakter mit noch tief verwurzelten Bräuchen und weist eine fast unberührte Natur auf.

Wie viele andere Orte der Region, so verfügt auch **Appenzell**, der Kantonalhauptort von Innerrhoden, über einen Landsgemeindeplatz, auf dem regelmäßig Volksabstimmungen stattfinden *(siehe S. 30)*. Das gut erhaltene historische Zentrum von Appenzell ist voller bunt bemalter Holzhäuser. Sehenswert sind das Rathaus aus dem 16. Jahrhundert und die Gemeindekirche St. Mauritius, die im 16. Jahrhundert im Barockstil erbaut und im 19. Jahrhundert umgebaut wurde.

Die Hauptgasse im historischen Zentrum von Appenzell

Das Innere der Kirche St. Mauritius in Appenzell

Die Geschichte und Kultur Appenzells werden anhand der großen, abwechslungsreichen Sammlung im **Museum Appenzell** veranschaulicht. Hier gibt es Trachten und Kopfschmuck, Stickereien und Kuhglocken zu sehen. Das privat geführte **Museum im Blauen Haus** verfügt über eine ähnliche, wenn auch kleinere Sammlung.

Südlich von Appenzell befindet sich das Alpstein-Massiv, dessen höchster Gipfel, der Säntis, 2502 Meter hoch aufragt. Er ist bei Wanderern und Bergsteigern sehr beliebt und kann per Seilbahn von der Schwägalp aus erreicht werden. Der Säntis bietet einen unvergleichlichen Panoramablick über den Bodensee *(siehe S. 183)*, den Schwarzwald im Norden, den Zürichsee im Südwesten und die Glarner Alpen im Süden.

Das malerische Dorf **Urnäsch** in Ausserrhoden, nordwestlich des Säntis, verfügt ebenfalls über ein Heimatmuseum, das **Appenzeller Brauchtumsmuseum**. Es birgt rekonstruierte Innenräume eines Bauernhauses sowie Trachten und Kunsthandwerk.

Nördlich von Urnäsch liegt **Herisau**, der Kantonalhauptort von Appenzell-Ausserrhoden. Der Marktflecken besitzt attraktive Holzhäuser und eine Kirche mit Rokoko-Ausstattung aus dem Jahr 1520. Im Rathaus ist ein Geschichtsmuseum mit Exponaten zur regionalen Geschichte untergebracht.

Haus mit Schmuckgiebel in Gais

In **Stein**, einem ruhigen Dorf östlich von Herisau, gibt es ebenfalls ein interessantes Museum sowie eine Schaukäserei. Die Ausstellungsstücke im **Appenzeller Volkskunde-Museum** illustrieren Leben, Kultur und Handwerk der Einheimischen. In der **Appenzeller Schaukäserei** kann man bei der traditionellen Käseherstellung zusehen.

Die Marktgemeinde **Gais** im Zentrum der Region Appenzell ist für ihre geschweiften, verzierten Häusergiebel bekannt und ein guter Ausgangspunkt für Ausflüge.

Der kleine Ort **Trogen** liegt auf einem Hügel nördlich von Gais und besitzt eine Barockkirche.

Museum Appenzell
Appenzell, Hauptgasse 4. *071 788 96 31. Apr–Okt: tägl. 10–12, 14–17 Uhr; Nov–März: Di–So 14–17 Uhr.*
www.museum.ai.ch

Museum im Blauen Haus
Weissbadstrasse 33. *071 787 12 84. Mo–Fr 9–18, Sa, So 10–16 Uhr.*

Appenzeller Brauchtumsmuseum
Urnäsch. *071 364 23 22. Apr–Okt: Mo–Sa 9–11.30, 13.30–17, So 13.30–17 Uhr; Nov–März: Mo–Sa 9–11.30 Uhr.*

Appenzeller Volkskunde-Museum
Stein. *071 368 50 56. Di–So 10–17 Uhr.*

Appenzeller Schaukäserei
Dorf 711, Stein. *071 368 50 70. tägl. 8.30–17.30 Uhr (Sommer: bis 18.30 Uhr). auf Anfrage.*

Toggenburg 8

Straßenkarte E3. *Wildhaus, Hauptstrasse. 071 999 99 11.*
www.toggenburg.org

Das Toggenburg ist ein Tal, das sich entlang der Flüsse Thur und Necker von Norden nach Süden zieht – zwischen Wil und Wattwil, dann östlich in Richtung Alt St. Johann, wo es Oberes Toggenburg heißt. Mit dem Alpstein-Massiv im Norden und dem Churfirsten-Massiv im Süden geht das Obere Toggenburg schließlich ins Rheintal über.

Das Toggenburg verfügt über mehr als 300 Kilometer Wander- und Radwege. Die sanften Hänge sind exzellente Skipisten. Attraktive Orte und Dörfer säumen das Tal, u.a. **Wil** und **Lichtensteig** mit seinen historischen Häusern.

Wildhaus, ein hübscher Ferienort im östlichen Teil des Oberen Toggenburg, ist der Geburtsort des Schweizer Reformators Ulrich Zwingli. Das Bauernhaus, in dem er 1484 zur Welt kam, ist zugänglich (Lisighaus, Tel. 071 999 16 25). Mit zehn Minuten Fußweg vom Dorf **Unterwasser** erreicht man die imposanten Thurwasserfälle, wo die Säntisthur 23 Meter in die Tiefe stürzt.

Haus aus dem 17. Jahrhundert in Lichtensteig im Toggenburg

Rapperswil 9

Straßenkarte E3. *26 000. Hintergasse 16. 848 811 500.*
www.rapperswil-jona.ch

Das Städtchen, eigentlich Rapperswil-Jona, im Kanton St. Gallen liegt auf einem Felsvorsprung am Nordufer des Zürichsees. Der moderne Teil hat wenig Interessantes zu bieten, in der Altstadt kann man jedoch schöne Spaziergänge unternehmen.

Jenseits der Uferpromenade befinden sich enge Gassen mit arkadenverzierten Häusern und kleine Plätze mit Cafés und vielen Fischrestaurants. Rapperswil ist auch als »Stadt der Rosen« bekannt: Zwischen Mai und Oktober füllt sich die Luft mit dem Duft der zahlreichen Rosengärten der Stadt. Einer liegt in einem alten Kapuzinerkloster, ein anderer wurde speziell für Blinde angelegt.

Neben dem Rathaus (15. Jh.) und der Kirche gehört eine gotische Burg (Schloss Rapperswil), deren drei Türme sich über die Stadt erheben, zu den Sehenswürdigkeiten. Von hier aus kann man bis nach Zürich im Norden und zu den Glarner Alpen im Südwesten sehen.

Tourenski-Wanderer auf den Höhen des Toggenburg

Glarus 10

Straßenkarte E3. *12 000. Glarus: Bahnhofstr. 23. 055 650 23 23. Glarnerland: Raststätte A3, Niederurnen. 055 610 21 25. Landsgemeinde (1. So im Mai).*
www.glarus.ch

Der Hauptort des Kantons Glarus ist auch das urbane Zentrum des Glarnerlands, einer bergigen Region zwischen Walensee und Klausen-Pass. 1861 wurde Glarus durch einen Brand weitgehend zerstört und danach in einem für das 19. Jahrhundert typischen Muster wiederaufgebaut. Zu den sehenswerten Gebäuden gehören das Rathaus, eine Kunstgalerie mit einer Sammlung Schweizer Gemälde aus dem 19. und 20. Jahrhundert sowie die neoromanische Gemeindekirche, deren Kirchenschatz eine Sammlung liturgischer Gefäße umfasst.

Die Seen, Täler und Berge rund um Glarus – vor allem das Glärnisch-Massiv – sind bei Wanderern und Skifahrern gleichermaßen beliebt.

Umgebung: Südlich von Glarus führt die Hauptstraße nach **Linthal**. Dort startet die Standseilbahn nach **Braunwald**. Der autofreie Ort ist ideal zum Wandern. Hinter Linthal führt die Straße zum spektakulären **Klausen-Pass** (1948 m), dann ins Tal nach Altdorf und zum Vierwaldstättersee *(siehe S. 224)*.

Der Walensee mit dem Churfirsten-Massiv im Norden und der Seilbahn nach Tannenboden

Walensee ⓫

Straßenkarte F3.

Der schmale See markiert die Grenze zwischen den Kantonen St. Gallen und Glarus. Er ist etwa 15 Kilometer lang und nur zwei Kilometer breit und liegt in einem tiefen Tal zwischen dem zerklüfteten Churfirsten-Massiv im Norden und den Glarner Alpen im Südosten.

Eine Eisenbahnlinie und die Autobahn von Zürich nach Chur führen am Südufer des Sees entlang. Die meisten Ortschaften am steilen Nordufer kann man nur per Boot oder zu Fuß erreichen. Ausflüge auf dem See führen u.a. nach **Weesen**, einem zauberhaften Ort am Westufer.

Etwas weiter südlich liegt **Näfels** mit dem Freulerpalast (1647), einem Spätrenaissance-Bau. In dem Gebäude ist das Museum des Kantons Glarus untergebracht. Der Nachbarort **Mollis** zeichnet sich durch gut erhaltene Bürgerhäuser und Villen (18. Jh.) aus. **Walenstadt** am Ostufer des Sees bietet hervorragende Möglichkeiten, die Umgebung zu erkunden, u.a. den **Walenstadtberg**, rund acht Kilometer nordwestlich, und den **Berschis**, sechs Kilometer südöstlich. Dort gibt es eine mit Fresken geschmückte Kapelle (12. Jh.).

Liechtenstein ⓬

Siehe S. 192f.

Bad Ragaz ⓭

Straßenkarte F3. *5400.*
Am Platz 1. 081 300 40 20.
Maibär (Frühlingsfest, 1. Maiwoche). **www**.badragaz.ch

Bad Ragaz am Fluss Tamina ist eines der bekanntesten Thermalbäder der Schweiz. Die Quellen werden bei rheumatischen und Atemwegserkrankungen sowie zur allgemeinen Gesundheitsvorsorge eingesetzt. Der Ort verfügt über mehrere Innen- und Außenbecken. Sehr bekannt ist die Tamina-Therme im Ortszentrum.

In Bad Ragaz ist die Gemeindekirche (18. Jh.) mit barocken Wandgemälden sehenswert. Im Rathaus sind Gemälde und Zeichnungen aus Bad Ragaz und Umgebung ausgestellt.

Neben den Skipisten am Pizol besitzt Bad Ragaz Golf- und Tennisplätze sowie weitere Sportstätten. Man kann hier auch sehr schöne Wanderungen unternehmen.

Umgebung: Rund fünf Kilometer südlich von Bad Ragaz liegt **Bad Pfäfers**, ein weiteres Bad mit Barockkirche und einem ehemaligen Benediktinerkloster, das heute ein Museum beherbergt.

Südwestlich von Bad Ragaz liegt die beeindruckende **Taminaschlucht**. Einen Abstecher wert ist auch **Sargans** mit seinen klassizistischen Gebäuden und Schloss Sargans, einer gotischen Burganlage.

Bad Ragaz, Kurbad und Ausgangsbasis für Wanderungen

Maienfeld ⓮

Straßenkarte F3. *2500.*
Bahnhofstrasse 1. 081 330 18 00.
www.heidiland.com

Der Ort liegt in den Bergen oberhalb von Bad Ragaz im Zentrum des sogenannten Heidilands. Johanna Spyri wählte diese Region der Schweizer Alpen als Schauplatz für ihren Roman *Heidi*. Die Geschichte des kleinen Mädchens wurde zum Klassiker der Kinderliteratur und mehrere Male verfilmt.

Ein leichter Wanderweg führt von Maienfeld hinauf nach Oberrofels. Hier können Besucher Heidis Haus besichtigen, ein Holzchalet, in dem der Alltag von Heidi und ihrem Großvater, dem Alm-Öhi (Alpöhi), lebendig wird.

Chur ⑮

Siehe S. 194–197.

Arosa ⑯

Straßenkarte F4. *3300.* *Poststrasse. 081 378 70 20.* **www**.arosa.ch

Arosa schmiegt sich in das schmale Schanfigger Tal und ist einer der schönsten Ferienorte der Schweiz. Er liegt zwar auf einer Höhe von 1800 Metern, erfreut sich jedoch eines milden Klimas mit ruhigem, sonnigem Wetter.

Die Stadt ist zweigeteilt: Ausserarosa ist der heutige Hauptort, Innerarosa das ursprüngliche Dorf. Die Exponate im **Heimatmuseum Schanfigg** – Kunsthandwerk und Volkskunst – spiegeln das Bergleben wider, ehe der Wintersport die Gegend veränderte.

Im Winter bieten die Hänge des Weisshorns (für erfahrene Skifahrer) und des Hörnli und Prätschli (für mittelgute Skifahrer) ausgezeichnete Abfahrtsmöglichkeiten. Es gibt lange Loipen, eine Schlitten- und eine Eisbahn. Die 70 Kilometer an Pisten gelten als schneesicher. Im Sommer ziehen mehr als 200 Kilometer lange Wege Wanderer und

Wintersportler im Schanfiggtal, in der Nähe von Arosa

Der Luftkurort Davos mit Schatzalp und Parsenn

Mountainbiker an. Ein Golfplatz und Wassersportmöglichkeiten auf Ober- und Untersee sind weitere Attraktionen.

Heimatmuseum Schanfigg
Poststrasse, Innerarosa. *081 377 17 31.* *Mitte Juni–Mitte Okt: Mo, Mi, Fr 14.30–16.30 Uhr; Mitte Dez–Mitte Apr: Di, Fr 14.30–16.30 Uhr.* **www**.arosa-museum.ch

Davos ⑰

Straßenkarte F3. *11 000.* *Bahnhofstrasse 8. 081 415 21 21.* *Internationales Klassik-Festival (Juli/Aug), Spengler Cup, Eishockey-Turnier (Dez).* **www**.davos.ch

Davos ist einer der größten Schweizer Wintersportorte und die Schweizer »Hauptstadt« des Snowboardens. Das Dorf hat sich in den 1860er Jahren zu einem Heilzentrum für Lungenkranke entwickelt und wurde in den 1930er Jahren zum Skiort. Zudem ist es Kongresszentrum, u. a. für das World Economic Forum (WEF).

Davos wird auch mit dem deutschen Schriftsteller Thomas Mann in Verbindung gebracht, der hier 1911 zu seinem Roman *Der Zauberberg* inspiriert wurde. Der deutsche expressionistische Maler Ernst Ludwig Kirchner ließ sich 1917 in Davos nieder. Im **Kirchner Museum** ist die weltweit größte Sammlung seiner Werke ausgestellt, u. a. alpine Landschaften.

Plakat im Kirchner Museum, Davos

In der Davoser Altstadt sind eine Kirche (15. Jh.) und das Rathaus (16. Jh.) erhalten. Vornehmlich aber dreht sich hier alles um den Wintersport. Zusammen mit Klosters verfügt Davos über 300 Kilometer an Ski- und 75 Kilometer an Snowboardpisten. Sie eignen sich überwiegend für mittelgute bis sehr erfahrene Skifahrer. Für Anfänger gibt es einige Ski- und Snowboard-Schulen sowie etwas weniger anspruchsvolle Abhänge. Auf der großen natürlichen Eisbahn von Davos wird in erster Linie Eishockey gespielt.

Im Sommer kann man in Davos golfen, Tennis spielen, wandern, klettern und Reitausflüge unternehmen.

Kirchner Museum
Ernst Ludwig Kirchner Platz. *081 410 63 00.* *Dez–Mitte Apr, Juli–Mitte Okt: Di–So 10–18 Uhr; Mitte Apr–Juni, Mitte Okt–Nov: Di–So 14–18 Uhr.* **www**.kirchnermuseum.ch

Klosters ⑱

Straßenkarte F3. *3900.* *Alte Bahnhofstrasse 6. 081 410 20 20.* **www**.klosters.ch

Der südliche Nachbar von Davos ist wesentlich familiärer und kleiner, aber dennoch diskret chic. Vom mittelalterlichen Kloster, von dem der Ort seinen Namen hat, steht nur noch die Kirche St. Jacob mit Bleiglasfenstern von Augusto Giacometti. Die Geschichte des Dorfs und seine Entwicklung zum Ferienort werden in der **Nutli-Hüschi** veranschaulicht, einem Museum in einem Holzhaus aus dem 16. Jahrhundert.

Zusammen mit Davos verfügt Klosters über 300 Kilometer an Skipisten und 50 Kilometer an Loipen. Mit unterschiedlichen Schwierigkeitsgraden eignen sie sich sowohl für Anfänger als auch für Fortgeschrittene.

Nutli-Hüschi
Talstrasse. *079 440 69 48 (für Führungen außerhalb der Zeiten).* *Jan–Mitte Apr: Mi, Fr 15–17 Uhr.* **www**.museum-klosters.ch

Tour: Liechtenstein ⓬

Das Fürstentum im Ostteil der Rätischen Alpen grenzt im Westen an die Schweiz und im Osten an Österreich. Es besteht aus Schellenberg und Vaduz, die Johann von Liechtenstein 1699 und 1712 erwarb. 1719 wurden die Güter zum Fürstentum. Das deutschsprachige Land mit seinen rund 35000 Einwohnern ist eine konstitutionelle Erbmonarchie mit einer engen Bindung an die Schweiz (die Grenzen sind offen). Offizielle Währung des wohlhabenden Staats ist der Schweizer Franken. Die Hauptstadt Vaduz hat ihren eigenen Charme und beeindruckt mit der außergewöhnlichen Sammlung des Kunstmuseums Liechtenstein.

Triesenberg ③
Das Bergdorf oberhalb des Rheintals wurde im 13. Jahrhundert von Siedlern aus dem Wallis gegründet. Heute ist es ein beliebtes Urlaubsziel.

Triesen ②
Die gotische Kapelle St. Mamerten besitzt eine romanische Apsis und ist eines der historischen Gebäude in Triesen.

Balzers ①
Die Burg Gutenberg (13. Jh.) beherrscht das Bild der südlichsten Stadt Liechtensteins. Sie kann nicht besichtigt werden, der Innenhof wird jedoch für kulturelle Veranstaltungen genutzt.

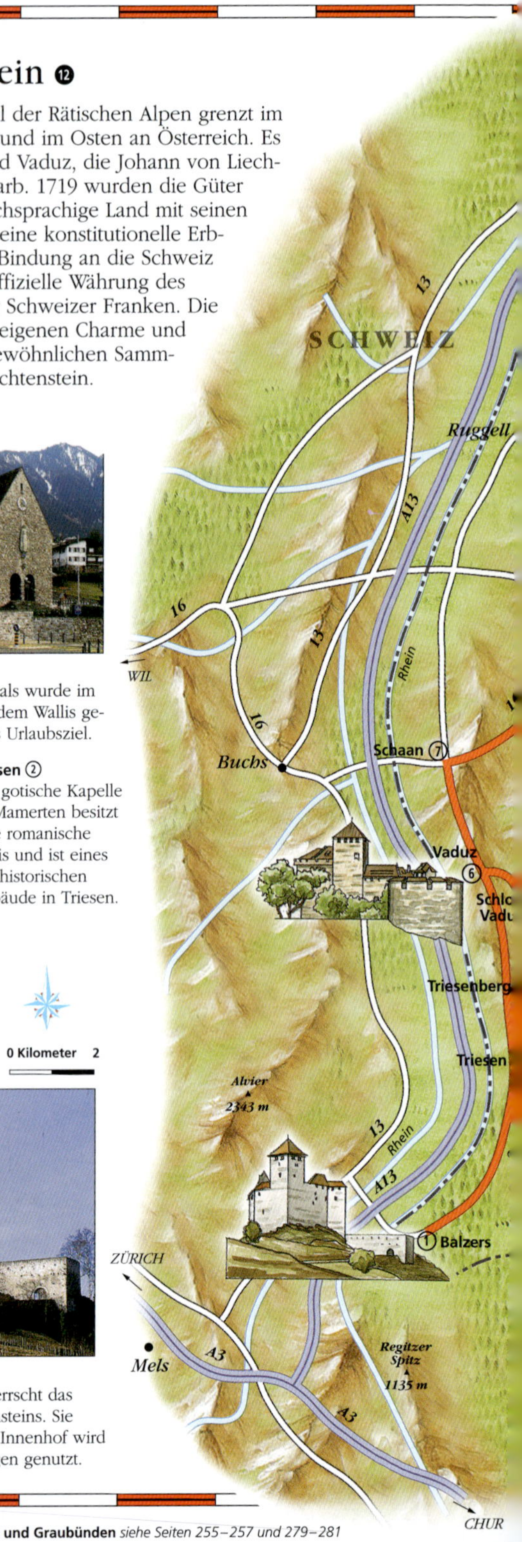

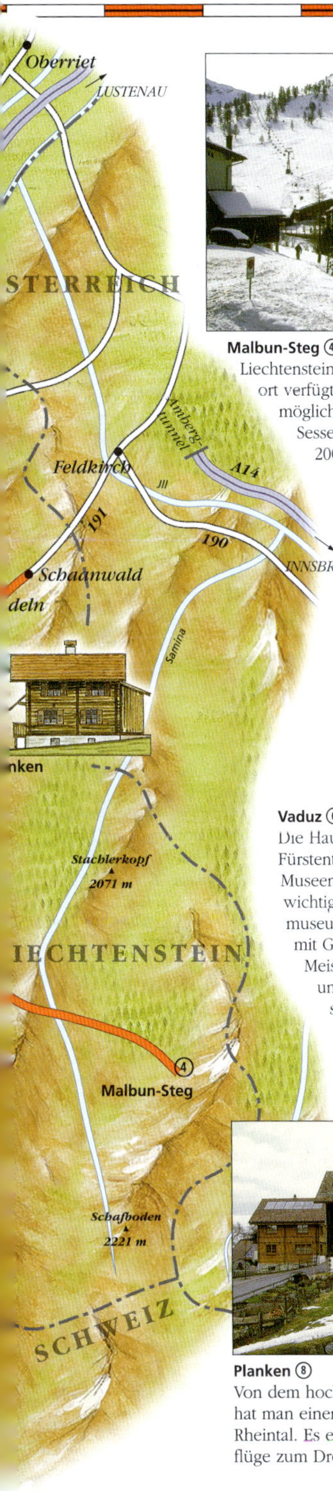

ROUTENINFOS

Länge: *25 km.*
Rasten: *In Vaduz findet man mehrere Hotels und Restaurants.*
Tipp: **Kunstmuseum Liechtenstein** Städtle 32, Vaduz. *(00423) 235 03 00.* *Di–So 10–17 Uhr (Do bis 20 Uhr).*
www.kunstmuseum.li
Städtle 39, Vaduz. *(00423) 239 63 63.* **www**.tourismus.li
www.liechtenstein.li

Malbun-Steg ④
Liechtensteins einziger Wintersportort verfügt über gute Abfahrtsmöglichkeiten und Loipen. Sessellifte führen bis in 2000 Meter Höhe.

Schloss Vaduz ⑤
Die mächtige gotische Festung mit Renaissance-Elementen, wehrhaften Türmen und Erkern stammt aus dem 13. Jahrhundert. Noch heute wohnt hier die Fürstenfamilie.

Vaduz ⑥
Die Hauptstadt des Fürstentums hat mehrere Museen zu bieten. Das wichtigste ist das Kunstmuseum Liechtenstein mit Gemälden alter Meister, moderner und zeitgenössischer Kunst.

Schaan ⑦
Die schöne Kirche Maria zum Trost (12. Jh.) in Schaan ist mit Gemälden von Joseph Waller aus dem Jahr 1746 geschmückt.

Planken ⑧
Von dem hoch gelegenen Bergdorf aus hat man einen schönen Blick auf das Rheintal. Es eignet sich ideal für Ausflüge zum Drei-Schwestern-Massiv.

LEGENDE

- Routenempfehlung
- Autobahn
- Andere Straße
- Fluss
- Staatsgrenze

Chur ⓯

Kapitell am Bischöflichen Hof

Die Stadt Chur liegt am oberen Ende des Rheintals an einer Stelle, an der sich die alten Handelsstraßen zwischen den Alpen und dem Bodensee kreuzten. Im 1. Jahrhundert v. Chr. gründeten die Römer hier eine Siedlung. Um 450 n. Chr. wurde Chur Bistum. Unter der Herrschaft der Fürstbischöfe vom 12. bis zum 16. Jahrhundert blühte die Stadt regelrecht auf. Während der Reformation übertrug man die weltliche Macht den Kaufleuten. 1803 wurde Chur Hauptstadt des Kantons Graubünden.

Überblick: Chur

Die Altstadt erstreckt sich am Obertor im Westen hauptsächlich um die Kirche St. Martin. Bischofsschloss und Kathedrale *(siehe S. 196f)* befinden sich im Osten. Die engen Gassen und Plätze sind ruhig und angenehm zu Fuß zu erkunden.

Karolingische Krypta (8. Jh.) unter der Kirche St. Luzi

Kirche St. Luzi

Die Kirche ist dem hl. Luzius geweiht, dem Missionar, der das Christentum in diese Gegend brachte. Sie liegt auf einem Weinberg im Osten der Altstadt und wurde an der Stelle eines karolingischen Baus (8. Jh.) errichtet, dessen Krypta erhalten ist und besichtigt werden kann. Zur Kirche gehört auch ein Priesterseminar, das sich gleich nebenan befindet.

Kathedrale

Siehe S. 196f.

Bischöflicher Hof

Hofplatz.

Der Komplex mit dem Bischofsschloss liegt auf einer Terrasse im Osten der Altstadt. Er wurde im 6. Jahrhundert über einer römischen Festung erbaut und ist im Lauf der Zeit mehrmals erweitert worden. Die dicken Mauern zeugen von der einstigen Wehrhaftigkeit der Anlage. Ihre heutige Gestalt ist in erster Linie das Ergebnis mehrerer Umbauten im 18. und 19. Jahrhundert. Sie ist immer noch Bischofssitz und deshalb für die Öffentlichkeit nicht zugänglich.

Bischöflicher Hof mit der Kathedrale (links)

Rätisches Museum

Haus Buol, Hofstrasse 1. *081 257 48 40. Di–So 10–17 Uhr.* www.raetischesmuseum.gr.ch

Die Exponate des Museums in einem früheren Herrensitz illustrieren die Geschichte Churs und seiner Umgebung von prähistorischer Zeit bis ins 19. Jahrhundert.

Zu sehen sind archäologische Funde der Räter, die die Region zuerst besiedelten, und Funde aus der römischen Zeit Graubündens. Auch mittelalterliche Reliquiare aus der Schatzkammer der Kathedrale sind ausgestellt.

Einrichtungsgegenstände aus dem 17. Jahrhundert sowie Zeugnisse der Kultur und Volkskunst Graubündens runden die Sammlung des Museums ab.

Bleiglasfenster von Augusto Giacometti in der Kirche St. Martin

Kirche St. Martin

St. Martinsplatz. *081 252 22 92. Mo–Fr 8.30–11.30, 14–17 Uhr.*

Die spätgotische Kirche St. Martin wurde 1491 vollendet und ersetzte eine ältere Kirche aus dem 8. Jahrhundert, die einem Brand zum Opfer fiel. Besonders sehenswert im Inneren sind die Schnitzereien des Gestühls und die drei bemerkenswerten Bleiglasfenster, die Augusto Giacometti zwischen 1917 und 1919 schuf.

Obere Gasse

Churs schönste Einkaufsmeile verläuft vom St. Martinsplatz zum Obertor, dem gotischen Stadttor am Plessurufer. Sie wird von historischen Häusern gesäumt, in denen heute Boutiquen, Restaurants und Cafés untergebracht sind. An den Samstagvormittagen im Sommer wird in der Oberen und Unteren Gasse ein Markt abgehalten.

Rathaus

Poststrasse. *nach Vereinbarung (081 254 41 11).*

Das gotische Rathaus wurde ab 1465 auf dem Grundriss eines älteren, niedergebrannten Gebäudes errichtet. Im Erdgeschoss befindet sich ein Arkadengang, der einst als Marktfläche diente. In den Obergeschossen gibt es zwei schön geschmückte Ratskammern, die eine mit einer Holzdecke, die andere mit einer Täfelung aus der Renaissance. In beiden Räumen sind Kachelöfen (17. Jh.) zu sehen.

Im Haus Reichsgasse 57 wurde 1741 die Schweizer Malerin Angelika Kauffmann geboren. Sie lebte später in Österreich, ab 1766 in London und ab 1781 in Rom, wo sie 1807 starb. Sie wurde für ihre idealisierenden Porträts und Historienbilder berühmt.

Regierungsplatz

Der Platz im Norden der Altstadt wird von mehreren historischen Gebäuden gesäumt, die heute als Sitz der Kantonalbehörden dienen. Eines der schönsten ist das »Graue Haus«, eine dreigeschossige Residenz von 1752. Das Vazerol-Denkmal, ein Obelisk in der Mitte des Platzes, erinnert an den freien Zusammenschluss einiger Graubündner Gemeinden im 14. Jahrhundert, als die Bevölkerung versuchte, sich gegen die Fremdherrschaft aufzulehnen.

Das Vazerol-Denkmal, ein Obelisk in der Mitte des Regierungsplatzes

INFOBOX

Straßenkarte F3.
34 000.
Unterführung am Bahnhof. 081 252 18 18.
www.churtourismus.ch

Der Postplatz am nördlichen Rand der Altstadt

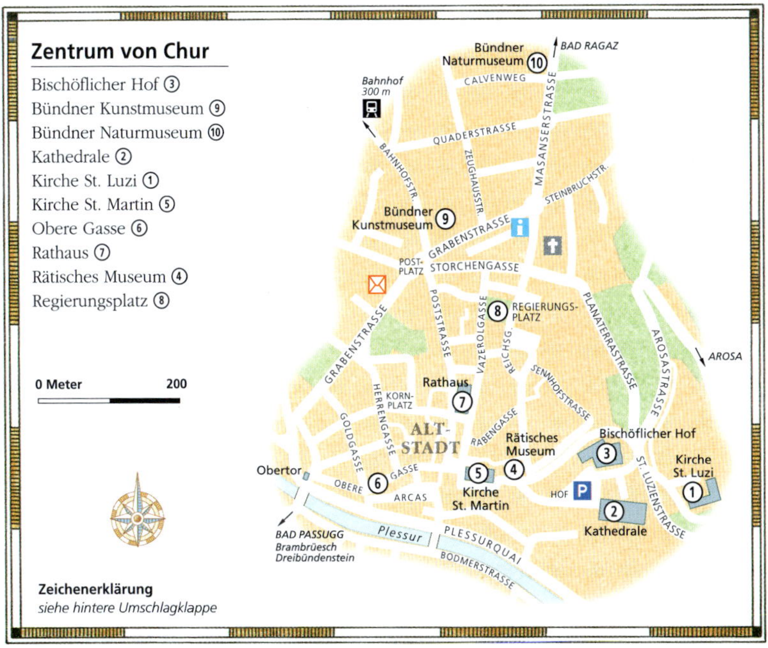

Bündner Kunstmuseum
Bahnhofstrasse 35. *081 257 28 68.* *Di–So 10–17 Uhr.*
www.buendner-kunstmuseum.ch
Churs Museum der schönen Künste ist in einer großen Neorenaissance-Villa von 1874/75 untergebracht. Sie wurde für Jacques Ambrosius von Plant erbaut, einen Händler, der Ägypten bereiste – was den orientalischen Charakter der Inneneinrichtung erklärt.

Die meisten Gemälde und Skulpturen der Sammlung stammen von Künstlern aus dem 18. bis 20. Jahrhundert, die entweder in Graubünden geboren wurden oder dort arbeiteten, unter ihnen Angelika Kauffmann, Giovanni Segantini, Ferdinand Hodler, Giovanni, Alberto Giacometti und Ernst Ludwig Kirchner. Die Räume im hinteren Teil der Villa sind Wechselausstellungen vorbehalten.

Bündner Naturmuseum
Masanserstrasse 31. *081 257 28 41.* *Di–So 10–17 Uhr.*
www.naturmuseum.gr.ch
Das moderne Museum widmet sich der Natur Graubündens. In dem Bau sind eine große Mineraliensammlung, Pflanzen und ausgestopfte Tiere zu besichtigen.

Umgebung: Eine Seilbahn führt von der Talstation in der Kasernenstrasse (etwa fünf Minuten zu Fuß vom Zentrum der Stadt entfernt) zum **Brambrüesch** auf eine Höhe von etwa 1600 Meter. Er ist einer der drei Gipfel des Dreibündenstein-Massivs, das über zahlreiche, landschaftlich außerordentlich reizvolle Wanderwege verfügt. Das Gebiet ist auch bei Paragliidern sehr beliebt. Vom Brambrüesch führt ein Sessellift zum **Dreibündenstein** (2176 m). Von dort aus kann man nach Pizokel und auf den Bergkamm des Calanda (2806 m) wandern.

Der Ort **Passugg**, fünf Kilometer südwestlich von Chur an der Straße nach Lenzerheide, besitzt eisenreiche Mineralquellen, doch der Kurbetrieb wurde 1979 eingestellt. Dahinter führt die Straße weiter in den Skiort Tschiertschen.

Chur: Kathedrale

Die um 1150 begonnene und Mitte des 13. Jahrhunderts vollendete Kathedrale St. Mariä Himmelfahrt ist eine Mischung aus Romanik und Gotik. Der östliche Abschnitt ist der älteste Teil der Basilika. Das Mittelschiff mit romanischen Säulen und gotischem Gewölbe sowie der von einer Laterne gekrönte Turm wurden erst später hinzugefügt. Die Fassade wurde nach einem Brand im 19. Jahrhundert umgestaltet. Die Kathedrale hat einen unregelmäßigen Grundriss, Chor und Mittelschiff bilden keine Flucht. Am schönsten ist das Altar-Triptychon (15. Jh.).

Kapitelle in der Krypta
Die Säulen in der Krypta weisen mit Tierfiguren verzierte Kapitelle auf.

★ Kapitelle im Mittelschiff
Die Säulenkapitelle im Mittelschiff stellen herausragende Beispiele der romanischen Steinmetzkunst in der Schweiz dar.

★ Chor
Der gotische Chor wird von Heiligenfiguren geschmückt.

INFOBOX

Hof 18. ☎ 081 252 20 76. ◯ *tägl. 8–19 Uhr (keine Besichtigung während der Gottesdienste).* ☞ *So 14.30 Uhr.* **www**.kathkgchur.ch

Gestühl
Die kunstvolle Verzierung des Gestühls (15. Jh.) ist ein schönes Beispiel spätgotischer Holzschnitzerei.

Kanzel
Putten und Reliefs mit Szenen aus der Bibel schmücken die barocke Kanzel.

Fresken
Gotische Fresken bedecken die Wände des Baptisteriums.

Bleiglasfenster, Westfassade
Es wurde für die polnische Gräfin Elisabeth Tyszkiewicz gefertigt, die 1883 in Graubünden starb. Zugleich war es eine Huldigung an ihre Namenspatronin Elisabeth von Thüringen (13. Jh.).

Grab des Ortlieb von Brandis
Das gotische Grab des Bischofs von Chur wurde 1491 geschaffen.

NICHT VERSÄUMEN

★ Chor

★ Kapitelle im Mittelschiff

Sgraffito an einer Hausfassade in Guarda, Unterengadin

Engadin ⓳

Straßenkarte G4. *Via San Gian 30, St. Moritz. 081 830 00 01.* **www**.engadin.stmoritz.ch

Das Engadin erstreckt sich über 80 Kilometer vom Fuß der Rätischen Alpen bei St. Moritz nach Nordosten bis zur österreichischen Grenze. Es wurde nach dem Inn benannt, der auf Rätoromanisch »En« heißt und durch das Tal nach Österreich fließt, wo er in die Donau mündet.

Das Hochtal liegt tief eingeschnitten zwischen schroffen Felsen – das Oberengadin im Südwesten, das Unterengadin im Nordosten. Das Oberengadin (Engiadina Ota auf Rätoromanisch) verläuft zwischen Maloja-Pass und Zernez. Der Talboden liegt auf einer durchschnittlichen Höhe von 1800 Metern und wird auf beiden Seiten von Gletschern und schneebedeckten Gipfeln gesäumt. Im Oberengadin befinden sich bekannte Wintersportorte wie Pontresina und St. Moritz *(siehe S. 204)*.

Das Unterengadin (Engiadina Bassa) liegt zwischen Zernez und Martina. Die abgelegene und ausgesprochen malerische Region hat viele hübsche Dörfer zu beiden Seiten des Inn zu bieten. In vielen der Orte gibt es Häuser mit Sgraffito-Fassaden. Bei dieser Maltechnik werden Muster in die oberste Putzschicht eingearbeitet. Besonders schöne Sgraffito-Arbeiten findet man in **Guarda**, einem Dorf am Inn. Das Städtchen **Ardez** ist gleichfalls für seine bemalten Häuser bekannt. Eines dieser Häuser ziert eine hübsch gestaltete Nacherzählung der Genesis und der Vertreibung Adams und Evas aus dem Garten Eden.

Der Hauptort des Unterengadin mit Thermen und Regionalmuseum ist **Scuol** (Schuls). Am gegenüberliegenden Ufer des Inn befinden sich die Dörfer **Vulpera**, das malerische Häuser und eine Burg (11. Jh.) aufweist, und **Tarasp** mit einer Therme. Die Burg Chaste Tarasp liegt auf einem Felsvorsprung oberhalb des Dorfs.

Im nahe gelegenen **S-charl** kann man eine Blei- und Silbermine besichtigen. Das Unterengadin ist auch ein idealer Ausgangspunkt, um die imposante Silvretta-Gruppe im Norden und den einzigartigen Schweizerischen Nationalpark *(siehe S. 202f)* im Süden zu erkunden.

Müstair ⓴

Straßenkarte G4. *760.* *081 858 50 00.* **www**.muestair.ch

Ganz versteckt im Val Müstair (Münstertal) und schon fast an der italienischen Grenze liegt die kleine Gemeinde Müstair (Münster), die nach dem karolingischen Kloster benannt wurde.

Das Kloster wurde wohl von Karl dem Großen um 780 n. Chr. gegründet. Seit dem 12. Jahrhundert wird es als Benediktinerinnenkloster genutzt. Es ist eines der ältesten Gebäude der Schweiz.

Die Kirche **Son Jon** (St. Johann) ist mit im 12. Jahrhundert übertünchten, nun wieder freigelegten Fresken aus karolingischer Zeit geschmückt. Sie sind der Grund, warum die Kirche seit 1983 zum Welterbe der UNESCO

Sgraffito: Adam und Eva an einem Haus in Ardez, Engadin

◁ **Weidewirtschaft *(siehe S. 19)*, auch in Graubünden ein produktiver Wirtschaftszweig**

gehört. Auf den Fresken an den Seitenwänden der Kirche sind Szenen aus dem Leben Christi dargestellt, auf denen im Presbyterium Szenen aus dem Leben Johannes' des Täufers. Die Westwand ziert eine Darstellung des Jüngsten Gerichts. Einige der Fresken (Szenen aus dem Leben Davids) sind heute im Landesmuseum Zürich *(siehe S. 162f)* zu sehen. In der Kirche befinden sich eine lebensgroße Statue Karls des Großen (12. Jh.) und ein Relief der Taufe Christi (11. Jh.).

Statue Karls des Großen, Müstair

In dem kleinen **Museum** in der Nähe sind karolingische Plastiken und Reliefs sowie Barockskulpturen ausgestellt.

Clostra Son Jon
Apr–Okt: tägl. 7–20 Uhr; Nov–März: tägl. 7.30–18 Uhr. **Museum** *081 851 62 28. Mai–Okt: Mo–Sa 9–12, 13.30–17, So 13.30–17 Uhr; Nov–Apr: Mo–Sa 10–12, 13.30–16.30, So 13.30–16.30 Uhr.* **www**.muestair.ch

Schweizerischer Nationalpark ㉑

Siehe S. 202f.

Pontresina ㉒

Straßenkarte G4. *2000.*
Via Maistra 133. 081 838 83 00.
www.pontresina.ch

Der Ferienort Pontresina im Oberengadin liegt am Eingang des Val Bernina in einer Höhe von 1800 Metern. Er verfügt über mehrere große Hotels und ist Sitz der wichtigsten Bergsteigerschule der Schweiz.

Zu den historischen Gebäuden zählen der romanische Spaniola-Turm und die Kapelle Santa Maria. Auf den romanischen Fresken der Kirche sind u. a. Szenen aus dem Leben Maria Magdalenas dargestellt. Das **Museum Alpin** in einem alten Engadiner Haus, in der Chesa Delnon, widmet sich der Geschichte Pontresinas und seiner Umgebung.

Pontresina ist ganzjährig als Urlaubsziel beliebt. Im Winter kann man an den Hängen von Diavolezza und Lagalb Ski fahren. Es gibt viele Loipen und Snowboardpisten. Im Sommer kann man sowohl auf den Wanderwegen im Wald als auch auf den anspruchsvolleren Routen zu den Gipfeln des Alp Ota und Munt della Bescha Ausflüge unternehmen. Der Weg zum Val Roseg führt auch zu einem Gletscher am Fuß des Piz Roseg. Erfahrene Kletterer können sich am Piz Bernina (4049 m) versuchen, dem höchsten Gipfel der Rätischen Alpen.

Museum Alpin
Via Maistra. *081 842 72 73 (Führungen auf Anfrage). Mitte Juni–Mitte Okt, Mitte Dez–Mitte Apr: Mo–Sa 16–18 Uhr.*

Bernina-Pass ㉓

Straßenkarte G4.

Der Bernina-Pass (Passo del Bernina) ist mit einer Höhe von 2328 Meter der höchste Punkt auf der alten Straße von St. Moritz nach Tirano jenseits der italienischen Grenze. Der Pass trennt das rätoromanische vom italienischen Sprachgebiet Graubündens.

Die Passstraße führt ins Val Bernina auf der Nordseite des Passes hinauf und über das Val di Poschiavo auf der Südseite wieder hinunter. Den Pass überquert auch der Bernina Express *(siehe S. 29;* www.rhb.ch), der mit der Albulalinie ein UNESCO-Welterbe befährt. Vom Pass hat man eine atemberaubende Aussicht auf die Rätischen Alpen im Norden und den Stausee Lago Bianco im Süden.

Poschiavo ㉔

Straßenkarte G4. *Bahnhof. 081 844 05 71.* **www**.valposchiavo.ch

Das Val di Poschiavo auf der Südseite des Bernina-Passes enthüllt eine ganz andere Facette der Schweiz. Klima, Vegetation und Kultur sind mediterran geprägt. Den Gebäuden sieht man den italienischen Einfluss an. In geschützten Gärten wachsen Zypressen und Palmen.

Poschiavo (Puschlav) ist der Hauptort des Tals. Im Zentrum erstreckt sich die Piazza Comunale, ein großer Platz mit italienisierten Palazzi und zwei Kirchen, einer katholischen aus dem späten 15. und einer protestantischen aus dem 17. Jahrhundert. Sehenswert sind auch die romanische Casa Torre sowie der Palazzo Albricci. Die Häuser im Spaniolenviertel (spanischen Viertel) sind in einem farbenfrohen maurischen Stil gehalten.

Umgebung: In der nahen Cavaglia-Ebene findet man die geologische Formation der »Kochtöpfe der Riesen«. Die natürlichen Vertiefungen mit etwa drei Meter Durchmesser entstanden durch die kreisförmigen Bewegungen von Steinen und Gletscherbächen.

Palazzi im italienischen Stil an der Piazza Comunale in Poschiavo

Tour: Schweizerischer Nationalpark ㉑

Der erste Nationalpark in den Alpen wurde 1914 gegründet. Das Naturreservat bedeckt eine Fläche von 170 Quadratkilometern mit geschützt liegenden Tälern, Kiefern- und Lärchenwäldern, blumenübersäten Wiesen und schneebedeckten Berggipfeln. Alpensteinböcke, Gämsen und Rotwild, Adler und Geier sowie Kolonien von Murmeltieren haben hier ein Refugium. Viele seltene Pflanzen wie das Edelweiß und der Alpenmohn sind heimisch. Besucher sollten sich an die vorgegebenen Wanderwege halten. Viele beginnen am Parkplatz an der Ofenpassstrasse, der einzigen Straße durch den Park.

Hotel Il Fuorn ⑤
Das Hotel stammt aus der Zeit vor der Gründung des Parks und ist neben der Herberge Chamanna Cluozza (mit Schlafsälen) eine der beiden Übernachtungsmöglichkeiten im Park.

Parkplatz ⑥
Der Parkplatz zwischen Punt la Drossa und dem Hotel Il Fuorn bietet einen wunderschönen Blick auf Alp Grimmels und Piz dal Fuorn.

Punt la Drossa ⑦
Punt la Drossa liegt nahe am Zusammenfluss von Ova dal Fuorn und Spöl am Eingang des Tunnels, der unter dem Munt la Schera hindurch zur italienischen Grenze führt.

0 Kilometer 4

Ova Spin ⑧
An der Westgrenze des Parks überragt der Ova Spin die zerklüfteten Abhänge der umgebenden Berge.

Ova-dal-Fuorn-Tal ④
Die niedriger gelegenen Berghänge sind mit Kiefernwäldern bedeckt.

ROUTENINFOS

Länge: *15 km.*
Rasten: *In Zernez gibt es einige Hotels und Restaurants, im Park ein Hotel und eine Herberge.*
Tipp: *Das Nationalparkzentrum in Zernez hat eine Besucherinformation.* *081 851 41 41.* *Mitte Mai–Okt: tägl. 8.30–18 Uhr; Winter: Mo–Fr (teils auch Sa) 9–17 Uhr.*
www.nationalpark.ch

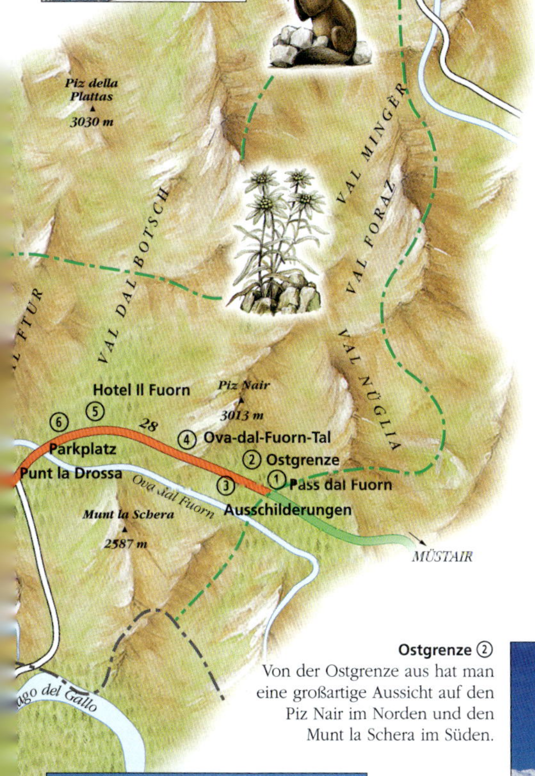

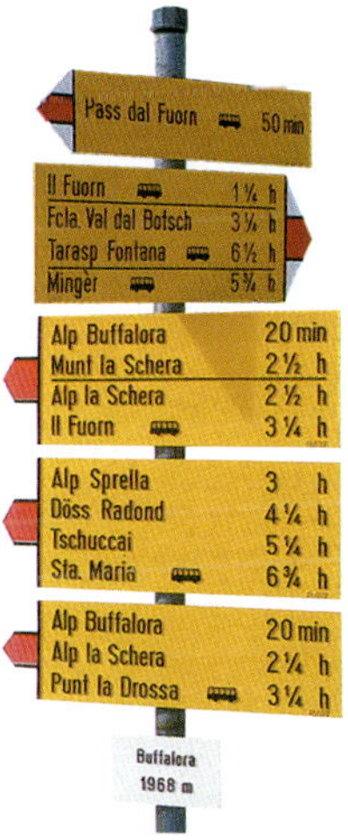

Ausschilderungen ③
Der Park bietet über 80 Kilometer an 21 ausgeschilderten Wanderwegen, an die man sich aus Naturschutzgründen auch halten sollte. Die Wege sind meist von Mitte Mai bis Oktober begehbar.

Ostgrenze ②
Von der Ostgrenze aus hat man eine großartige Aussicht auf den Piz Nair im Norden und den Munt la Schera im Süden.

Pass dal Fuorn ①
Der Pass dal Fuorn (Ofenpass) bietet einen atemberaubenden Panoramablick über den Park und das Ova-dal-Fuorn-Tal.

LEGENDE

- Routenempfehlung
- Panoramastraße
- Andere Straße
- Fluss, See
- Parkgrenze
- Staatsgrenze

Seilbahn nach Corviglia, oberhalb von St. Moritz

St. Moritz ㉕

Straßenkarte F4. *5200.*
Via Maistra 12. 081 837 33 33.
Sportcars St. Moritz (Juni), British Classic Car Meeting (Juli).
www.stmoritz.ch

Der wohl mondänste Wintersportort der Welt liegt in 1800 Meter Höhe auf einer Terrasse am Nordufer des Moritzersees (»Lej da San Murezzan« auf Rätoromanisch). St. Moritz (San Murezzan) ist von Bergen umgeben, die im Winter zum Skifahren und Snowboarden, im Sommer zum Wandern und Bergsteigen einladen.

Das einstige Dorf verfügt über seit dem Mittelalter bekannte Heilquellen und entwickelte sich im 19. Jahrhundert zu einem beliebten Urlaubsziel. Es teilt sich in St. Moritz-Bad, den Thermenbereich am Südwestufer des Sees, und in St. Moritz-Dorf am Nordufer des Sees. Dort befinden sich die Hotels, Restaurants und Boutiquen.

Im Ort gibt es zwei interessante Museen. In einem Gebäude mit einer Kuppel an der Via Somplaz westlich von St. Moritz-Dorf ist das **Segantini Museum**. Der Maler Giovanni Segantini verbrachte seine letzten Lebensjahre im Oberengadin und ist für seine Alpenlandschaften berühmt. Viele sind hier ausgestellt, u.a. das Triptychon *Geburt, Leben und Tod*.

In der Via dal Bagn unterhalb der Via Somplaz befindet sich das **Engadiner Museum**, das sich der Geschichte des Engadins widmet.

Segantini Museum
Via Somplaz 30. *081 833 44 54.* *20. Mai–20. Okt, 10. Dez–20. Apr: Di–So 10–12, 14–18 Uhr.* **www**.segantini-museum.ch

Engadiner Museum
Via dal Bagn 39. *081 833 43 33.* *Di, Mi, So 10–12, 14–17 Uhr.* *Mai, Nov.*

Sils ㉖

Straßenkarte F4. *750.*
081 838 50 50. **www**.sils.ch

Das bezaubernde Dorf Sils (Segl) mit Häusern im Engadiner Stil erfreut sich einer malerischen Lage am Nordufer des Silsersees (Lej da Segl).

Der Ort besteht aus zwei Teilen: Sils Baselgia am Seeufer und Sils Maria im Süden. Viele Schriftsteller, Maler und Musiker fühlten sich von Sils angezogen. 1881–88 diente Sils Maria dem Philosophen Friedrich Nietzsche als Sommerresidenz. Das **Nietzsche-Haus**, in dem er wohnte und *Also sprach Zarathustra* verfasste, beherbergt ein kleines Museum mit Fotografien, Manuskripten und Büchern.

Nietzsche-Haus
081 826 53 69. *Ende Dez–Mitte Apr, Mitte Juni–Mitte Okt: Di–So 15–18 Uhr.*
www.nietzschehaus.ch

Gedenktafel für Friedrich Nietzsche, Sils

Val Bregaglia ㉗

Straßenkarte F4. *Stampa. 081 822 15 55.* **www**.bregaglia.ch

Der westliche Ausläufer des Inntals führt zum Maloja-Pass (1815 m), der auch die Westgrenze des Engadins markiert. Auf der Westseite des Passes schlängelt sich eine Straße ins Val Bregaglia hinab, eines der italienischsprachigen Täler Graubündens.

Das Tal besitzt viele landschaftlich reizvolle Wanderwege und außergewöhnliche Felsformationen, was es bei Bergsteigern besonders beliebt macht. Zudem wird es von Burgruinen und Kirchen gesäumt.

Hauptort ist **Vicosoprano** mit sehenswerten Villen und historischen Gerichtshöfen. Weiter südlich liegt **Stampa**, der Geburtsort der Künstler Augusto Giacometti und seines Sohns Alberto. Einen Besuch lohnt auch die Casa Granda (16. Jh.) mit einem Museum zur regionalen Geschichte und einer Ausstellung zu Augusto und Alberto Giacometti.

Das hübsche Dorf **Soglio** mit seinen engen Gassen, Steinhäusern und Palazzi schmiegt sich an einen Nordhang des Tals. Von dort aus führen viele Panoramawanderwege sowohl Richtung Osten das Val Bregaglia hinauf als auch zur italienischen Grenze hinunter.

Das Dörfchen Soglio an den Nordhängen des Val Bregaglia

Hotels und Restaurants in der Ostschweiz und Graubünden *siehe Seiten 255–257 und 279–281*

Romanische Bildtafel in der Kirche St. Martin, Zillis

Zillis 28

Straßenkarte F4. 450. *Poststelle Hauptstrasse. 081 661 21 73.* **www**.zillis-reischen.ch

Der kleine Ort Zillis (Ziràn) am Ostufer des Hinterrheins besitzt einen weltweit einzigartigen romanischen Bilderzyklus in seiner Kirche. Die Decke der **Kirche St. Martin** ist mit 153 quadratischen bemalten Holztafeln bedeckt, die zwischen 1109 und 1114 entstanden. Auf den äußeren Tafeln ist ein Ozean voller Seeungeheuer dargestellt, die inneren zeigen Szenen aus dem Leben Christi und des hl. Martin. In den Ecken befinden sich Darstellungen von Engeln, die die Winde der vier Himmelsrichtungen symbolisieren. Geschichte, Inhalt und Ausführung der Fresken werden in einer Ausstellung erläutert.

Umgebung: Drei Kilometer nördlich von Zillis verläuft die 500 Meter tiefe **Via-Mala-Schlucht**, die von den Wassermassen des Hinterrheins geformt wurde. Über Stufen gelangt man in die Schlucht.

Kirche St. Martin
081 661 22 55. tägl. 9–17 Uhr (Ostern–Okt: bis 18 Uhr).
Ausstellung *wie Kirche, außer Nov–Ostern: So 10–16 Uhr.*

San-Bernardino-Pass 29

Straßenkarte E4. *091 832 12 14.* **www**.sanbernardino.ch

Der San-Bernardino-Pass liegt an der transalpinen Route, die vom Bodensee im äußersten Nordosten der Schweiz in die Lombardei in Italien führt. Er ist damit einer der wichtigsten Alpenpässe Europas mit einer Scheitelhöhe von 2065 Meter. Auf der Passhöhe verlaufen die Europäische Wasserscheide und die Sprachgrenze zwischen Deutsch und Italienisch. Von November bis Mai ist der Pass meist durch Schnee blockiert. Der sieben Kilometer lange Tunnel durch den Berg ist jedoch das ganze Jahr über geöffnet.

Der Ferienort San Bernardino auf der Südseite des Passes bildet eine gute Ausgangsbasis für die Erkundung der umliegenden Berge. Wanderwege führen im Norden zum Pizzo Uccello (2724 m) und etwas südlich des Dorfs zum Lago d'Osso.

Mesocco 30

Straßenkarte F4. *1200.* *091 822 91 40.* **www**.mesocco.ch

Die malerischen Steinhäuser von Mesocco schmiegen sich an das Ufer der Moesa, die durch das Valle Mesolcina fließt. Das Tal erstreckt sich vom San-Bernardino-Pass südlich nach Bellinzona und ist trotz seiner Zugehörigkeit zum Kanton Graubünden kulturell stark mit dem Tessin verbunden.

Das **Castello di Misox**, eine Ruine auf einem Felsvorsprung oberhalb des Orts, bietet einen grandiosen Panoramablick über das Tal und das Dorf Soazza *(siehe unten)*. Die Festung, die im 12. Jahrhundert für die Grafen Sax von Misox erbaut wurde, wurde im 15. Jahrhundert erweitert und ging 1480 in den Besitz der Mailänder Familie Trivulizio über. Der schlanke Campanile ist der einzige Überrest des Burgkomplexes, der 1526 durch einen Brand fast vollständig zerstört wurde.

Am Fuß der Burg befindet sich die romanische Kirche **Santa Maria del Castello** (12. Jh.), die im 17. Jahrhundert teilweise umgestaltet wurde. Das Mittelschiff weist eine Kassettendecke auf, die Wände sind mit Malereien (15. Jh.) verziert, auf denen der hl. Georg mit dem Drachen, der hl. Bernhard von Siena, Schutzpatron des Valle Melsocina, und allegorische Darstellungen der Monate zu sehen sind.

Campanile der Kirche Santa Maria del Castello, Mesocco

Umgebung: Vier Kilometer südlich von Mesocco liegt **Soazza** mit einer schönen Kirche (17. Jh.). 15 Kilometer südlich von Soazza befindet sich **San Vittore** mit einer Kapelle aus dem 8. Jahrhundert. Das idyllische **Val Calanca**, das zum Valle Mesolcina führt, ist ebenfalls einen Besuch wert.

Zentralschweiz und Tessin

Die Wiege der Eidgenossenschaft und Wirkungsstätte des legendären Wilhelm Tell bildet nicht nur das geografische Zentrum der Schweiz, sondern ist auch das historische Herz des Landes. Der italienischsprachige Kanton Tessin (Ticino) im Süden besitzt dagegen seine ganz eigene Kultur und ein mediterranes Flair.

Der Vierwaldstättersee und die vier Kantone an seinem Ost- und Südufer nehmen einen einzigartigen Platz in der Geschichte der Schweiz ein. 1291 schworen die Kantone Uri, Schwyz und Unterwalden (heute die Kantone Obwalden und Nidwalden) einander ewige Gefolgschaft. Dies war die Geburt der Schweizer Eidgenossenschaft (»Urschweiz«) – und in der ganzen Zentralschweiz sind die historischen Reminiszenzen präsent. Auf der Rütli-Wiese am Südufer des Vierwaldstättersees soll der Schwur abgelegt worden sein. Die Städte Bürglen und Altdorf im Kanton Uri sind eng mit Wilhelm Tell verknüpft. In Dokumenten ab Mitte des 15. Jahrhunderts wurde auch Luzern zu den »Urkantonen« (»Waldstätte«) gerechnet. Ein weiterer Kanton der Zentralschweiz ist Zug. Die Bevölkerung der Zentralschweiz ist überwiegend katholisch und deutschsprachig.

Das Tessin (Ticino) wird im Norden von den Alpen durchzogen, im Süden und Westen grenzt es an Italien – es bildet eine geografisch, kulturell und sprachlich eigenständige Einheit. Lange wurde es von den Mailänder Herzögen regiert und zu Beginn des 16. Jahrhunderts der Eidgenossenschaft eingegliedert. Als freier Kanton trat das Tessin der Schweiz jedoch erst 1803 bei. Im Tessin lebt eine überwiegend italienischsprachige, katholische Bevölkerung. Baustile, Lebensart, Küche und Klima wirken in diesem südlichen Zipfel der Schweiz eher italienisch.

Die Chiesa Collegiata dei SS Pietro e Stefano in Bellinzona

◁ **Sonnenuntergang am Lago Maggiore** ***(siehe S. 216f)***

Überblick: Zentralschweiz und Tessin

Aufgrund ihrer ausgezeichneten Infrastruktur ist die »klassische« Schweizer Landschaft der Zentralschweiz leicht zu erkunden. Im Nordwesten des Vierwaldstättersees ist das Land relativ flach, im Osten und Süden hingegen bergiger. Viele Berggipfel können auf Wanderwegen erreicht werden, sie eröffnen einen atemberaubenden Rundblick. Bei Andermatt wird das Terrain zerklüfteter, mehrere Alpenpässe trennen einzelne Täler. Die Straße über den St.-Gotthard-Pass führt in die idyllischen bewaldeten Täler des nördlichen Tessin. In der Gegend von Bellinzona beeindrucken der Lago Maggiore und der Lago di Lugano durch ihre Schönheit.

SIEHE AUCH

- ***Hotels*** S. 257–259
- ***Restaurants*** S. 282f

Sehenswürdigkeiten auf einen Blick

Airolo 11
Altdorf 15
Ascona 5
Bellinzona S. 220f 9
Bürglen 14
Centovalli 6
Engelberg 26
Hergiswil 24
Kloster Einsiedeln S. 226f 19
Küssnacht 21
Lago di Lugano 1
Locarno S. 214f 3
Lugano S. 212f 2
Luzern S. 232–239 22
Pilatus 23
Schwyz 17
St.-Gotthard-Pass 12
Stans 25
Urnersee 16
Val di Blenio 10
Val Verzasca 8
Valle Maggia 7
Vitznau 18
Zug 20

Touren
Drei-Pässe-Tour *S. 222f* 13
Um den Lago Maggiore *S. 216f* 4

Detail in der Jesuitenkirche, Luzern

Fasnachtsteilnehmer in Kostümen, Luzern

Die Höllgrotten in Baar, nördlich von Zug

In der Zentralschweiz und im Tessin unterwegs

Der internationale Flughafen Zürich ist das Tor zur Zentralschweiz. Die Region selbst hat eine ausgezeichnete Infrastruktur. Die A14 verbindet Zürich mit Luzern. Von hier aus führt die A2 südöstlich durch den Gotthard-Tunnel ins Tessin. Über den Flughafen von Lugano kann man das Tessin auch per Flugzeug erreichen. Die Postbusse in die kleineren Gemeinden fahren meist über landschaftlich ausgesprochen reizvolle Straßen.

LEGENDE

- Autobahn
- Autobahn (im Bau)
- Hauptstraße
- Nebenstraße
- Panoramastraße
- Eisenbahn (Hauptstrecke)
- Eisenbahn (Nebenstrecke)
- Kantonsgrenze
- Gipfel
- Pass

Eisenbahnstrecke zwischen Realp und Gletsch

Lago di Lugano ❶

Der zwischen steilen Alpenabhängen geschützt liegende See stellt zweifelsohne eine der beeindruckendsten Naturschönheiten des Tessins dar. Der größte Teil des Sees liegt auf Schweizer Staatsgebiet. Das Südwestufer, ein nordöstlicher Ausläufer und ein kleiner Teil in der Mitte gehören zu Italien. Die Straßenbrücke über den See führt zum Gotthard-Tunnel. Am besten erkundet man den Lago di Lugano (oder Ceresio) mit dem Boot von Lugano und anderen Orten aus. Die Seilbahn zwischen Lugano und den umliegenden Berggipfeln bietet ebenfalls eine schöne Aussicht auf das klare Wasser.

Lugano
Der Ort liegt geschützt in einer Bucht zwischen dem Monte San Salvatore im Süden und dem Monte Brè im Osten.

Monte Tamaro
Die 1996 vollendete Kapelle auf einem Berggipfel nahe Lugano wurde von Mario Botta entworfen und von Enzo Cucchi ausgestattet.

★ Melide
Swissminiatur, ein Themenpark mit den berühmtesten Schweizer Gebäuden und Landschaften im Verhältnis 1:25, ist die Attraktion des Orts.

Morcote
Die kleine Kirche Santa Maria del Sasso überragt das schöne Dorf Morcote.

NICHT VERSÄUMEN

★ Melide

★ Monte Brè

★ Monte Brè
Der Monte Brè ist zwar nur 925 Meter hoch, bietet aber eine schöne Aussicht auf den See und die Alpen im Westen. Man erreicht ihn per Auto oder Seilbahn.

INFOBOX

Straßenkarte F5. Agno. Piazzale della Stazione, Lugano. 091 923 51 20. **www.**luganoturismo.ch **Swissminiatur** 091 640 10 60. Mitte März–Okt: tägl. 9–18 Uhr (Winter: 13–16 Uhr). **www.**swissminiatur.ch

Gandria
Der Ort liegt oberhalb des Sees. Seine Treppen, Terrassen und Arkadenhäuser sind typisch für das Tessin.

Monte Generoso
Eine Zahnradbahn führt zum Gipfel (1701 m). Von hier genießt man eine fantastische Aussicht auf den Lago di Lugano und die Lombardei im Südosten.

Riva San Vitale
Das Baptisterium (5. Jh.) ist der älteste Sakralbau der Schweiz. Es wurde auf einem achteckigen Grundriss errichtet und besitzt einen zentral aufgestellten Taufstein sowie Fresken (11. Jh.).

LEGENDE

- Autobahn
- Hauptstraße
- Nebenstraße
- Staatsgrenze
- Fluss
- Aussichtspunkt

Im Detail: Lugano ❷

Die größte Stadt des Tessins liegt in einer flachen Bucht am Nordufer des Lago di Lugano. Sie ist nicht nur ein beliebtes Urlaubsziel, sondern auch ein Finanz- und Bankenzentrum. Mit ihren Piazzas, den vielen Treppen und den engen Gassen hat die Altstadt (Centro Storico) einen deutlich italienischen Charakter. Mittelpunkt ist die Piazza della Riforma, die von hohen Gebäuden und Straßencafés gesäumt wird. Die Promenaden sind von Palmen gesäumt, und die unverwechselbaren Gipfel des Monte Brè und des Monte San Salvatore erheben sich im Osten und Süden.

Palazzo Riva
Die Fenster des Palazzo (18. Jh.) besitzen schmiedeeiserne Balkone.

★ Cattedrale San Lorenzo
In die Renaissance-Fassade ist eine Rosette mit Madonna und Kind eingelassen.

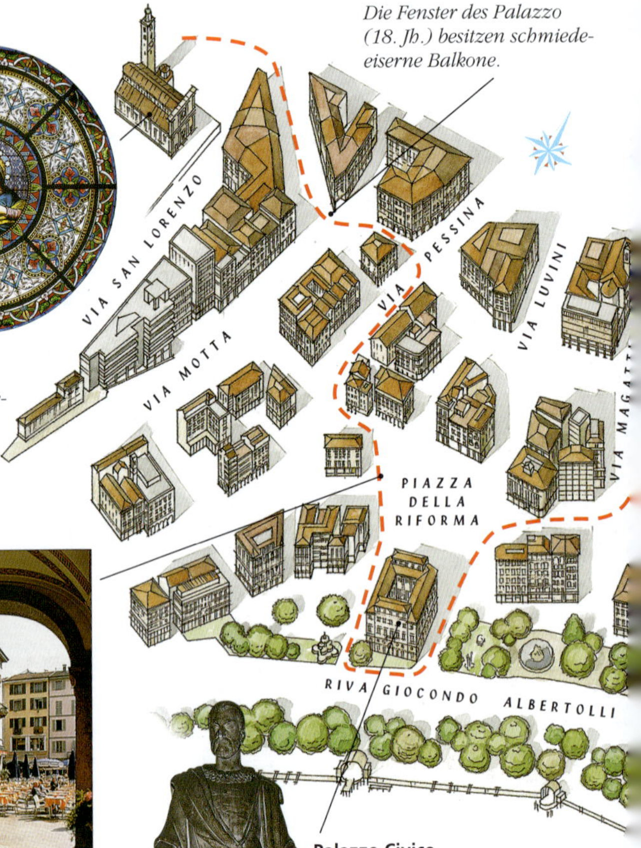

Piazza della Riforma
Der ausgedehnte Platz mit den vielen Straßencafés ist der Mittelpunkt der Altstadt von Lugano und ein beliebter Treffpunkt.

Palazzo Civico
Das klassizistische Rathaus (1844/45) ziert eine Skulptur des italienischen Architekten Domenico Fontana.

LEGENDE

- - - Routenempfehlung

NICHT VERSÄUMEN

★ Cattedrale San Lorenzo

★ Villa Ciani

Hotels und Restaurants in der Zentralschweiz und im Tessin *siehe Seiten 257–259 und 282f*

San Rocco
Die Kirche mit dem barocken Hochaltar ersetzt einen älteren gotischen Bau und wurde nach der Pestepidemie von 1528 erbaut.

INFOBOX

Straßenkarte F4. *54 000.* *Palazzo Civico, Riva Albertolli. 058 866 66 00.* *Lugano Festival (Apr–Juni), LongLake Festival (Juni, Juli).* **www**.luganoturismo.ch

Palazzo dei Congressi
Das 1975 erbaute Konferenzzentrum liegt in einem Park mit Brunnen und modernen Skulpturen.

★ Villa Ciani
Die Villa (17. Jh.) wurde im 19. Jahrhundert umgebaut und beherbergt heute das Museo Civico di Belle Arti mit Gemälden mit dem Schwerpunkt 19./20. Jahrhundert.

Renaissance-Fresko in der Chiesa Santa Maria degli Angioli

Santa Maria degli Angioli

Piazza Luini 3. *091 922 01 12.*

Die Kirche aus dem frühen 16. Jahrhundert auf einem Platz südwestlich der Piazza della Riforma gehörte einst zu einem Minoritenkloster. Das Innere ist mit Renaissance-Fresken von Bernardino Luini und Giuseppe Antonio Petrini gestaltet. Sie stammen aus der ersten Hälfte des 16. Jahrhunderts und stellen Szenen aus dem Leben Christi dar.

In der Sakristei sind einige Artefakte aus dem Klosterschatz ausgestellt.

Museo d'Arte

Villa Malpensata. *058 866 72 14.* *Di–So 10–18 Uhr (Fr bis 21 Uhr).* **www**.mdam.ch

Das Museum ist in der eleganten Villa Malpensata (18. Jh.) untergebracht und widmet sich den Werken bekannter moderner und zeitgenössischer Maler und Bildhauer. Zu den Künstlern gehören u. a. Francis Bacon, Edvard Munch, Amedeo Modigliani und Egon Schiele.

Museo Cantonale d'Arte

Via Canova 10. *091 910 47 80.* *Di 14–17, Mi–So 10–17 Uhr.* **www**.museo-cantonale-arte.ch

Das kantonale Kunstmuseum liegt in einem historischen Gebäude in der Altstadt und besitzt eine Abteilung von Tessiner Künstlern des 19. und 20. Jahrhunderts. Die Gemälde stellen meist Szenen bäuerlichen Lebens dar. Ebenfalls zu sehen sind Werke von Degas, Renoir, Turner und Klee, zudem Skulpturen und Fotografien sowie avantgardistische Arbeiten einer Reihe von zeitgenössischen Schweizer Künstlern.

Locarno ❸

Vor der Kulisse der Lepontiner Alpen liegt Locarno am nördlichen Ende des Lago Maggiore in einer breiten Bucht. Unter allen Schweizer Städten kann Locarno die meisten Sonnenstunden vorweisen. Im mediterranen Klima gedeihen Datteln, Feigen, Granatäpfel und Bougainvilleen. Im Mittelalter stand Locarno im Mittelpunkt eines Konflikts zwischen den Bischöfen von Como und den Herzögen von Mailand. Letztere erlangten im 14. Jahrhundert die Macht über die Stadt, mussten sie jedoch 1512 an die Eidgenossenschaft abtreten. Zwischen 1803 und 1878 war sie Tessiner Hauptstadt, heute ist sie ein beliebtes Urlaubsziel.

Palmen an der Promenade Lungolago Giuseppe Motta

Fresko im Castello Visconteo

Überblick: Locarno
Die Altstadt Locarnos liegt westlich der Piazza Grande, nicht weit vom Seeufer entfernt. Sie erstreckt sich zwischen Castello Visconteo, Chiesa San Francesco, Chiesa Sant'Antonio Abate und Chiesa Nuova. Im Norden der Altstadt erhebt sich ein Hügel mit dem Santuario della Madonna del Sasso.

Chiesa San Francesco
Via Cittadella 20.
Die Kirche wurde 1572 an der Stelle eines Franziskanerklosters aus dem 13. Jahrhundert erbaut. Adler, Ochse und Lamm der Renaissance-Fassade repräsentieren die Aristokraten Locarnos, die Bürger und die Landbevölkerung. Die Innenausstattung stammt überwiegend aus dem 18. Jahrhundert.

Castello Visconteo
Piazza Castello 2. *091 756 31 80.* *Di–Fr 10–12, 14–17, Sa, So 10–17 Uhr.*
Die Anfänge der Burg reichen bis ins 12. Jahrhundert zurück, als sie für die Familie Orelli erbaut wurde. 1342 ging sie in den Besitz der Mailänder Familie Visconti über, die sie im späten 15. Jahrhundert erweiterte. Zinnen und Türme stammen aus dieser Epoche. Als die Eidgenossenschaft die Kontrolle über Locarno erlangte, wurde die Burg teilweise zerstört. Im erhalten gebliebenen Flügel des Gebäudes ist heute ein Geschichts- und Archäologiemuseum mit römischen Artefakten untergebracht.

Palazzo della Conferenza
Via della Pace.
Am 16. Oktober 1925 wurde in diesem Palazzo der Vertrag von Locarno zwischen Deutschland und den anderen europäischen Ländern, die am Ersten Weltkrieg teilgenommen hatten, ratifiziert. Aufgrund des Vertrags wurde Deutschland 1926 Mitglied im Völkerbund.

Promenade Lungolago Giuseppe Motta
Die Uferpromenade wird von Palmen und anderen mediterranen Pflanzen gesäumt und ähnelt den Boulevards an der französischen Riviera. In südlicher Richtung führt die Promenade zum 2009 eröffneten Lido Locarno, einer schön gestalteten Anlage mit mehreren Hallen- und Freibädern, Thermalbad und Wasserrutschen.

Chiesa di San Vittore
Via Collegiata, Muralto.
Die romanische Basilika aus dem 12. Jahrhundert erhebt sich in Muralto, östlich des Bahnhofs, auf den Fundamenten einer älteren Kirche. Der mit einem Relief des Kirchenpatrons verzierte Glockenturm wurde im 16. Jahrhundert begonnen, jedoch erst 1932 vollendet. Das Innere weist Spuren mittelalterlicher Fresken auf, die Säulenkrypta schöne Kapitelle.

Piazza Grande
Der rechteckige, gepflasterte Platz ist der Mittelpunkt Locarnos. Auf der Nordseite befinden sich Gebäude (19. Jh.) mit Läden, Cafés und Restaurants. Während des Internationalen Filmfestivals Anfang August wird der Platz zur Open-Air-Bühne für die Filmvorführungen.

Piazza Grande, Flaniermeile und Treffpunkt in Locarno

Hotels und Restaurants in der Zentralschweiz und im Tessin *siehe Seiten 257–259 und 282f*

Chiesa Nuova

Via Cittadella.

Die Kirche ist auch als neue Chiesa Santa Maria Assunta bekannt. Sie wurde 1636 mit finanzieller Hilfe des Architekten Christoforo Orelli vollendet. Das großartige barocke Interieur weist üppiges Stuckwerk und Gemälde mit Szenen aus dem Leben Marias auf. Eine große Christophorus-Statue ziert die Westfassade. Der Palazzo Christoforo Orelli neben der Kirche ist Sitz der Kantonalbehörde.

Pinacoteca Casa Rusca

Piazza Sant'Antonio. *091 756 31 85.* *Di–So 10–12, 14–17 Uhr.*

In der eleganten Residenz aus dem 18. Jahrhundert mit ihrem arkadengesäumten Innenhof ist das Kunstmuseum Locarnos untergebracht. Die zahlreichen Wechselausstellungen konzentrieren sich auf moderne und zeitgenössische Kunst. Viele Künstler haben dem Museum einige ihrer Werke gestiftet. Highlights der Dauerausstellung bilden die Werke von Hans Arp (1886–1966), eine Stiftung seiner zweiten Frau Marguerite Arp-Hagenbach. Der Dadaist und Surrealist liegt in Locarno begraben.

Chiesa Sant'Antonio Abate

Via Sant'Antonio.

Die barocke Kirche wurde 1692 vollendet und 1863 umgestaltet, wobei man die Fassade und die Kuppel erneuerte. Der Hochaltar stammt von 1740 und ist mit einer Kreuzabnahme geschmückt, die der Künstler G. A. F. Orelli schuf.

Santuario della Madonna del Sasso

Via Santuario 2. *091 743 62 65.* *tägl. 6.30–19 Uhr.*

Die Pilgerkirche der Madonna vom Fels (Santa Maria Assunta) liegt auf einem bewaldeten Hügel und überragt die Stadt. Sie stammt von 1596 und wurde auf einer Kapelle von 1487 errichtet – an der Stelle, an der die Madonna dem Franziskanermönch Bartolomeo da Ivrea erschienen war. Die Wallfahrtskirche ist mit Fresken und Ölgemälden geschmückt. Sehenswert ist vor allem das Altarbild *Flucht aus Ägypten*, das Bramantino 1520 schuf.

INFOBOX

Straßenkarte E5. *15 000.* *Largo Zorzi 1. 0848 091 091.* *Locarno Folk Festival (Juli), Internationales Filmfestival (Anfang Aug).*
www.ascona-locarno.com

Santuario della Madonna del Sasso

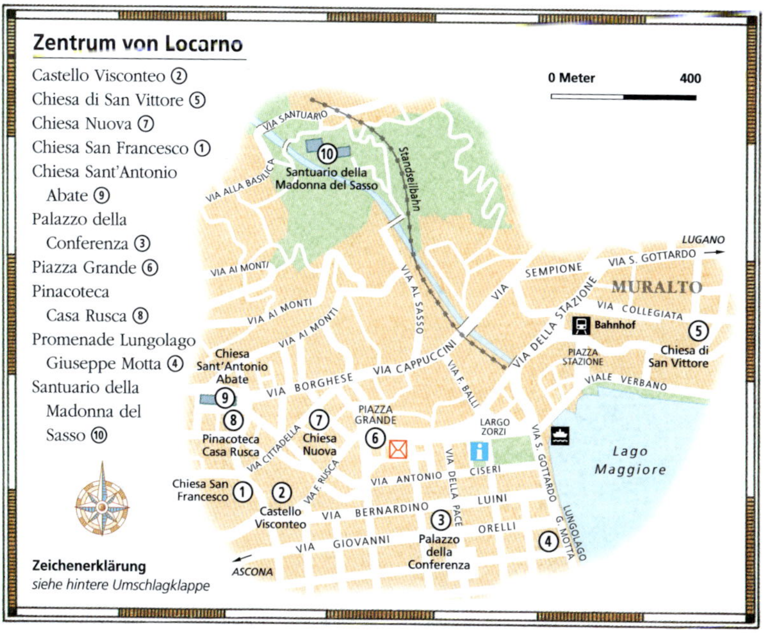

Tour: Um den Lago Maggiore ❹

Nur die Nordspitze des langen, schmalen Sees liegt in der Schweiz, der größere südliche Teil gehört zu Italien. Der Lago Maggiore ist etwa 66 Kilometer lang und nur bis zu zehn Kilometer breit. Im Norden und Süden ist er von Bergen umgeben, durch ihren Schutz herrscht ein mediterranes Klima. An den Ufern wachsen Kork-, Feigen- und Olivenbäume. Schiffe und auch Tragflügelboote fahren in Ascona, Locarno und Brissago ab und bringen Besucher zu den Ferienorten auf der italienischen Seite des Lago Maggiore.

Ascona ⑤
Der Urlaubsort liegt traumhaft und genießt ein mildes Klima.

Ronco ③
Die kleine Stadt liegt an einem Steilhang mit einem fantastischen Blick auf den See und die Isole di Brissago.

Isole di Brissago ④
Die größere der beiden Inseln erreicht man per Boot von Locarno, Ascona und Ronco aus.

Brissago ②
Der Ort hat eine bekannte Zigarrenfabrik. In Brissago liegt auch der italienische Komponist Ruggero Leoncavallo (1858–1919) begraben.

Madonna di Ponte ①
Die Renaissance-Kirche aus dem 16. Jahrhundert steht nahe der italienischen Grenze. Den Hochaltar ziert ein Gemälde der Himmelfahrt Mariä von 1569.

LEGENDE

- Routenempfehlung
- Panoramastraße
- Andere Straße
- Fluss, See
- Aussichtspunkt

ROUTENINFOS

Länge: *40 km.*
Rasten: *In Ascona und Locarno hat man eine große Auswahl an Restaurants.*
Tipp: *San Pancrazio, die größere der beiden Isole di Brissago, hat einen kleinen botanischen Garten.* ☎ *091 791 43 61.* ◯ *März–Okt: tägl. 9–18 Uhr.*
www.isolebrissago.ch

Locarno ⑥
Das Santuario della Madonna del Sasso *(siehe S. 215)*, das Locarno überragt, erreicht man zu Fuß oder mit der Standseilbahn.

Magadino ⑦
Im Sommer finden in der klassizistischen Kirche von Magadino Orgelkonzerte statt.

⑧ Vira
Das malerische Dorf ist ein beliebter Ferienort. Sein Hafen ist Ausgangspunkt für schöne Bootsausflüge.

Schmale Gasse in der Altstadt von Ascona

Ascona ❺

Straßenkarte E5. *5500.*
Viale Papio 5. 0848 091 091.
www.ascona-locarno.com

Das kleine Fischerdorf entwickelte sich im 19. Jahrhundert rasch zum Kurort, von dem sich viele Schriftsteller, Maler und Komponisten angezogen fühlten. In der Nähe gründeten sie Anfang des 20. Jahrhunderts die Künstlerkolonie Monte Verità. Nach 1933 flüchteten zahlreiche deutsche Künstler nach Ascona und versuchten so, der Verfolgung durch die Nazis zu entkommen.

Die Altstadt (Centro Storico) ist ein Labyrinth aus engen kopfsteingepflasterten Straßen voller Kunsthandwerksläden und Kunstgalerien. Schöne Gebäude stehen an der Contrada Maggiore, die ältesten stammen aus dem 14. Jahrhundert. Die Piazza San Pietro wird von der Chiesa dei SS Pietro e Paolo (16. Jh.) dominiert, die mit einem Altarbild von Giovanni Serodine, einem Schüler Caravaggios, ausgestattet ist. Sehenswert sind auch das Collegio Papio, ein Renaissance-Gebäude mit Innenhof, und die Kirche Santa Maria della Misericordia (15. Jh.) mit Fresken. Das Museo Comunale d'Arte Moderna stellt Werke von Künstlern aus, die mit Ascona verbunden waren, u.a. von Paul Klee und Hans Arp. Cafés und Restaurants säumen die Fußgängerzone Piazza Motta.

Das Dorf Lionza im Centovalli

Centovalli ❻

Straßenkarte E5. *Intragna. 091 780 57 00.* **www**.centovalli.ch

Das beeindruckende Centovalli (Tal der 100 Täler) verdankt seinen Namen den zahlreichen Seitentälern. Die **Centovallibahn** von Locarno zum italienischen Domodossola liegt auf einer reizvollen Route im Tal. Auf der 40 Kilometer langen Strecke überqueren die Züge 79 Brücken bzw. Viadukte und fahren durch 24 Tunnel. Der erste Teil der Reise führt am von Weinbergen gesäumten Val Pedemonte entlang. Von hier aus geht es weiter in felsigeres Gebiet mit Kastanienwäldern.

Der Zug hält an mehreren Bahnhöfen. In **Verscio**, vier Kilometer von Locarno entfernt, gibt es eine von dem Schweizer Clown Dimitri geleitete Zirkusschule. Drei Kilometer weiter liegt **Intragna** mit einer Barockkirche. In **Palagnedra** steht eine kleine gotische Kirche mit Fresken aus dem 15. Jahrhundert.

Centovallibahn
Via Dom. Galli 9, Locarno. *091 751 87 31.* **www**.centovalli.ch

Valle Maggia ❼

Straßenkarte E5. *Maggia. 091 753 18 85.* **www**.vallemaggia.ch

Das tiefe Tal verläuft etwa 50 Kilometer nordwestlich von Ascona nach Cevio. Zu Beginn ist es breit, doch je höher es Richtung Alpen geht, desto zerklüfteter wird es. Dann dominieren Kiefern- und Lärchenwälder. Überall entdeckt man traditionelle Chalets und Dörfer mit alten Häusern und Kirchen.

In **Maggia**, dem größten Dorf des Tals, befindet sich die Chiesa Santa Maria delle Grazie (15. Jh.). Von außen ist sie recht unscheinbar, das Innere weist jedoch wunderschöne Fresken (16./17. Jh.) auf.

Bei **Giumaglio** kann man spektakuläre Wasserfälle, die Cascata di Giumaglio, besichtigen. Hinter dem Ort führt die Straße weiter das Tal hinauf nach **Cevio** mit dem sehenswerten Palazzo Pretorio (17. Jh.). An der Fassade sind die Wappen der verschiedenen Landvogte der Gegend angebracht. Der nahe Palazzo Franzoni (1630) beherbergt ein Museum zur Geschichte der Region.

Detail eines Kirchenfreskos, Brione-Verzasca

Im Dorf **Mogno** befindet sich die Chiesa di San Giovanni Battista. Sie wurde von dem Tessiner Architekten Mario Botta entworfen und 1996 vollendet. Das Kircheninnere ist in weißem Marmor und grauem Granit gehalten, die ein Streifen- und Schachbrettmuster bilden. Die Muster werden durch Lichtspiele, die durch die transluzente Decke entstehen, verändert oder verstärkt.

Val Verzasca ❽

Straßenkarte E5. *Via ai Giardini, Tenero. 091 745 16 61.* **www**.ticino.ch

Das durch die smaragdgrünen Wasser der Verzasca gebildete Tal ist das kleinste nördlich von Locarno. Ein Staudamm am Taleingang staut den Lago di Vogorno.

Im Verzascatal gibt es die typischen Rustici aus Naturstein und schweren Steindächern. In **Vogorno** steht eine kleine Kirche mit byzantinischen Fresken. In der Nähe von

Chiesa di San Giovanni Battista, Mogno, Valle Maggia

Hotels und Restaurants in der Zentralschweiz und im Tessin *siehe Seiten 257–259 und 282f*

Der mittelalterliche Ponte dei Salti, Lavertezzo, Val Verzasca

Lavertezzo führt der Ponte dei Salti über den Fluss, eine mittelalterliche Brücke mit zwei Bogen. Auf einem vier Kilometer langen Kunstwanderweg zwischen Lavertezzo und Brione kann man 34 moderne Werke italienischer, Schweizer und deutscher Bildhauer bewundern.

Die Kirche von **Brione-Verzasca** stammt aus dem 13. Jahrhundert. Die Fassade ziert ein Bild des hl. Christophorus. Das Innere ist mit Fresken geschmückt (15. Jh.). In **Sonogno** am Ende des Tals stehen die typischen Tessiner Steinhäuser. Die Casa Genardini beherbergt ein Museum, das die Geschichte des Tals zum Thema hat.

Bellinzona ❾

Siehe S. 220f.

Val di Blenio ❿

Straßenkarte E4. **i** *Olivone. 091 872 14 87.* **www**.blenio.com

Durch das breite Tal des Brenno kommt man zum Lucomagno-Pass (1916 m) hinauf. Die Straße führt dann weiter nach Graubünden. Das Val di Blenio liegt im Herzen des ländlichen Tessins mit seiner großartigen Landschaft und den malerischen Dörfern.

In **Biasca** unten im Tal kann man eine romanische Kirche mit gotischen Fresken besichtigen. Nördlich von Biasca liegt der Ort **Malvaglia**. Seine Kirche (16./17. Jh.) besitzt einen romanischen Turm. Auf der Fassade ist der hl. Christophorus dargestellt.

Negrentino ist wegen seiner frühromanischen Kirche San Carlo di Negrentino einen Abstecher wert. Ihr großer quadratischer Glockenturm ist schon von Weitem sichtbar. Das Innere zieren Fresken aus dem 11. bis 16. Jahrhundert. **Lottinga** bietet ein interessantes Geschichtsmuseum. Höher gelegene Dörfer wie **Olivone** sind ideale Ausgangsorte für Bergwanderungen.

Airolo ⓫

Straßenkarte E4. *1000.* **i** *Via Stazione 22. 091 869 15 33.* **www**.leventinaturismo.ch; **www**.airolo.ch

Airolo liegt unterhalb des St.-Gotthard-Passes an der Stelle, an der Autobahn und Eisenbahnlinie wieder aus dem Gotthard-Tunnel kommen. Airolo ist ein beschaulicher Ort mit mehreren Hotels – ideal für Wanderungen im nahen Valle Leventina.

Ein bronzenes Flachrelief erinnert an die 177 Menschen, die in den 1880er Jahren beim Bau des Gotthard-Tunnels ums Leben kamen.

Gedenktafel in Airolo

Umgebung: Durch das Valle Leventina unterhalb von Airolo führen die Autobahn und die Bahnlinie Zürich–Bellinzona–Lugano. Im Tal liegen kleine Städte und Dörfer mit sehenswerten Kirchen.

In **Chiggiogna** befindet sich eine Kirche mit Fresken aus dem 15. Jahrhundert, in **Chironico** eine Kirche (10. Jh.) mit Fresken aus dem 14. Jahrhundert. Die Kirche (12. Jh.) in **Giornico** zählt zu den schönsten im Tessin. Das Innere ist mit Fresken aus dem Jahr 1478 geschmückt.

St.-Gotthard-Pass ⓬

Straßenkarte E4. **i** *091 869 12 35.* **www**.passosangottardo.ch

Zwischen dem Reusstal im Kanton Uri im Norden und dem Ticinotal im Süden liegt der St.-Gotthard-Pass mit einer Passhöhe von 2091 Meter. Er war lange Zeit die Hauptroute von Nordeuropa über die Alpen nach Italien.

Der Pass wird schon seit dem 13. Jahrhundert genutzt. Damals wurde eine Brücke über eine Schlucht bei Andermatt gebaut. Im 19. Jahrhundert kamen eine 15 Kilometer lange Straße und ein Eisenbahntunnel hinzu. Wegen des schweren Schneefalls ist der Pass im Winter geschlossen, meist von November bis Mai.

In einem Hospiz (19. Jh.) auf dem Pass, dessen Ursprünge auf das Mittelalter zurückgehen, ist das **Museo Nazionale del San Gottardo** untergebracht. Es widmet sich der Geschichte des Passes sowie der Flora und Fauna dieser hochalpinen Region.

Auf gut markierten Wanderwegen gelangt man zu den umliegenden Berggipfeln, u.a. zum Pizzo Lucendro und zu einigen Bergterrassen, von denen aus man eine fantastische Aussicht hat.

Museo Nazionale del San Gottardo
091 869 15 25. *an Tagen, wenn der Pass offen ist: 9–18 Uhr.*
www.gotthard-hospiz.ch

Bellinzona 9

Hübsch im Tal und an der Route zu den großen Alpenpässen gelegen: Bellinzona war schon seit römischer Zeit eine Festungsstadt. Im Mittelalter ließen die Herzöge von Mailand drei Burgen errichten, um den strategisch günstigen Ort zu verteidigen und den Verkehr zu kontrollieren. Die Schweizer Eidgenossen eroberten Bellinzona im 16. Jahrhundert und hielten die Stadt 300 Jahre lang. 1803 erlangte sie ihre Unabhängigkeit und wurde Hauptstadt des Tessins. Der Stadtkern und die drei Burgen Castelgrande, Montebello und Sasso Corbaro sind seit 2000 UNESCO-Welterbe.

Chiesa Collegiata dei SS Pietro e Stefano

Überblick: Bellinzona
Die Erkundung der Stadt beginnt man am besten am Castelgrande, das man mit einem Aufzug von der Piazza del Sole aus erreicht. Über Treppen gelangt man von der Burgterrasse auf die Piazza Collegiata im Herzen der Altstadt, wo sich mehrere schöne Renaissance-Bauten befinden. Ein kleiner Weg östlich des Platzes führt zum Castello di Montebello hinauf. Von hier aus gelangt man über eine steile Gasse zum Castello di Sasso Corbaro.

Castelgrande

Museo Storico-Artistico
091 825 81 45. Apr–Okt: tägl. 10–18 Uhr; Nov–März: tägl. 10–17 Uhr.
Burg *Mo 10–18, Di–So 9–22 Uhr.*

Die Burg liegt auf einem Hochplateau im westlichen Teil der Altstadt. Sie ist die älteste und imposanteste der drei Burgen Bellinzonas. Im 12. Jahrhundert ließen die Bischöfe von Como die ursprünglich römische Festung umbauen und erweitern. Eine zweite Umgestaltungsphase fand 1242 statt, als die Herzöge von Mailand Bellinzona einnahmen. Bis zum späten 15. Jahrhundert wurde die Burg immer wieder umgebaut.

Heute präsentiert sich das Castelgrande mit zwei quadratischen Türmen: Torre Bianca (Weißer Turm) und Torre Nera (Schwarzer Turm), die mit den zinnenbewehrten Außenmauern verbunden sind.

Castelgrande – vom Feuerwerk beleuchtet

Das Museum im Südflügel des Castelgrande widmet sich der Geschichte der Stadt. Es zeigt einige bemalte Tafeln (15. Jh.), die von den Wänden und der Decke einer Villa in Bellinzona stammen.

Renaissance-Arkaden im Innenhof des Palazzo Civico

Altstadt

Die Altstadt von Bellinzona schmiegt sich im Schatten der drei mittelalterlichen Burgen in das breite Ticinotal. Mit ihren italienischen Plätzen, den Renaissance-Gebäuden und den rot gepflasterten Straßen erinnert sie stark an Städte der Lombardei.

Sehenswert ist der Palazzo Civico, das elegante Rathaus mit einem Arkaden-Innenhof im Renaissance-Stil. Auch die **Chiesa Santa Maria delle Grazie**, eine Kirche mit Fresken (15. Jh.), die die Passion Christi zeigen, und die **Chiesa di San Rocco**, eine gotische Kirche mit einem Barockinterieur, sind einen Besuch wert.

An Samstagvormittagen füllt sich die Altstadt mit farbenprächtigen Marktständen voller frischer Waren wie Käse, Brot und Wein sowie Kunsthandwerk.

Chiesa Collegiata dei SS Pietro e Stefano

Die Renaissance-Klosterkirche, deren beeindruckende Fassade mit einer Rosette geschmückt ist, befindet sich am Fuß der Wehrmauern des Castelgrande. Der ursprünglich gotische Bau wurde im 16. Jahrhundert nach den Entwürfen von Thomas Rodari, der auch die Kathedrale von Como schuf, umgebaut. Im Inneren sind noch die goti-

Hotels und Restaurants in der Zentralschweiz und im Tessin *siehe Seiten 257–259 und 282f*

schen Bogen erhalten, ansonsten dominieren Stuck und Fresken im üppigen Barockstil. Die Kreuzigungsszene des Hochaltars malte Simone Peterzano im Jahr 1658.

Portal der Chiesa dei SS Pietro e Stefano

Castello di Montebello

Museo Archeologico e Civico *091 825 13 42.* **Burg** *Apr–Nov: tägl. 8–18 Uhr.* **Museum** *Apr–Okt: tägl. 10–18 Uhr.*

Die größte der drei Burgen Bellinzonas besteht aus einem Bergfried (13. Jh.) und einem von Mauern umgebenen Wohnpalas (15. Jh.). Die zinnenbewehrten Mauern verbinden das im Osten gelegene Castello di Montebello mit dem Castelgrande im Westen. Sie bildeten ein starkes Verteidigungssystem über das Tal hinweg.

Das Museum im Bergfried enthält eine sehenswerte Sammlung archäologischer Artefakte aus der Umgebung von Bellinzona sowie Waffen und Rüstungen.

Castello di Sasso Corbaro

091 825 59 06. **Burg** *Apr–Okt: tägl. 10–18 Uhr.* **Museum** *Apr–Okt: tägl. 10–18 Uhr.*

Das Castello di Sasso Corbaro steht allein auf einem Bergrücken und ist die jüngste der drei Festungen der Stadt. Sie wurde 1479 auf Befehl des Herzogs von Mailand erbaut, nachdem die Schweizer die Mailänder in der Schlacht von Giornico geschlagen hatten und damit das Tessin zunehmend bedrohten.

Die Burg besteht aus einem hohen Wohnturm und quadratischen Befestigungswällen mit Eckturm. Die Festung liegt etwas erhöht im Osten der Stadt mit einer Aussicht, die auf das Ticinotal geht und bis zum nördlichen Ausläufer des Lago Maggiore im Südwesten *(siehe S. 216f)* reicht.

Das Museum im Bergfried bietet Ausstellungsstücke zur Volkskunst und zum traditionellen Handwerk im Tessin.

INFOBOX

Straßenkarte E5. *17 000.* *Palazzo Civico. 091 825 21 31.* *Rabadan (Karneval; Feb).* **www**.bellinzonaturismo.ch

Villa dei Cedri

Piazza San Biagio. *091 821 85 20.* *Di–Fr 14–18, Sa, So 11–18 Uhr.* **www**.villacedri.ch

Die Neorenaissance-Villa aus dem späten 19. Jahrhundert liegt auf einem ausgedehnten Anwesen mit eigenem Weinberg und beherbergt die Kunstgalerie der Stadt. Die Sammlung umfasst Gemälde aus dem 19. und 20. Jahrhundert, die meisten stammen von Schweizer und italienischen Künstlern aus dem Tessin und der Lombardei. Zu den interessantesten Werken gehören die Gemälde von Giovanni Segantini. Außerdem sind Drucke, z. B. von Oskar Kokoschka und Alfons Mucha, ausgestellt.

Umgebung: Zwei Kilometer südlich von Bellinzona liegt **Ravecchia** mit der romanischen Chiesa di San Biagio, die gotische Fresken besitzt.

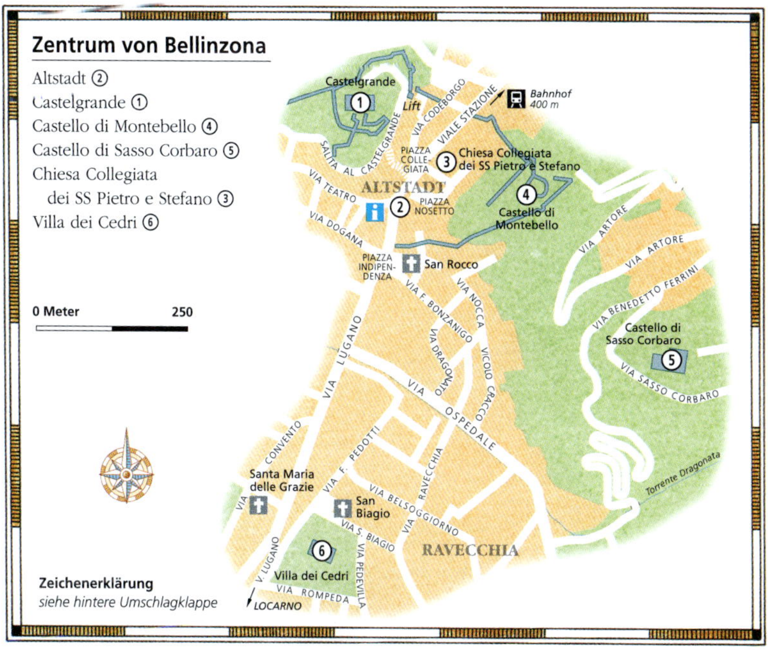

Drei-Pässe-Tour ⓭

Die Rundtour über die Alpen im Kanton Uri führt durch einige spektakuläre hochalpine Landschaften der Schweiz. Zur Strecke gehören auch drei Pässe: Susten-Pass, Grimsel-Pass und Furka-Pass, jeder an der Grenze zweier Kantone gelegen. Die Straße ist typisch für die Ingenieurskunst des 19. Jahrhunderts: Sie schlängelt sich steil nach oben oder unten, verläuft auf Brücken über tiefe Täler und führt durch in den Fels getriebene Tunnel. Und überall lockt der Blick auf schneebedeckte Gipfel, majestätische Gletscher und schöne Bergseen.

Susten-Pass ⑤
Der Susten-Pass liegt zwischen den Kantonen Bern und Uri auf einer Höhe von 2224 Meter.

Innertkirchen ⑥
Die kleine Stadt befindet sich an der Kreuzung der von oben kommenden Passstraße und der Straße nach Meiringen und Interlaken im Norden.

Grimsel-Pass ⑦
Der Pass liegt 2165 Meter hoch und markiert die Grenze zwischen den Kantonen Bern und Wallis. Hier oben befindet sich der Totensee.

0 Kilometer 5

Furka-Pass ⑧
Der Pass zwischen Wallis und Uri liegt 2436 Meter hoch. Auf der einen Seite sind die Berner, auf der anderen die Walliser Alpen.

Furkastrasse ⑨
Die Passstraße mit der spektakulären Aussicht wurde in den 1860er Jahren erbaut. Der Glacier Express fährt durch den Tunnel unterhalb des Passes.

Meienreuss-Pass ④
An dieser Stelle führt eine Brücke über eine tiefe Schlucht im Meiental. Die Straße verläuft von Wassen am Eingang des Tals weiter nach Susten.

Wassen ③
Die Terrasse vor der Barockkirche von Wassen bietet einen spektakulären Blick ins Meiental hinab.

ROUTENINFOS

Länge: *120 km.*
Rasten: *Sowohl Andermatt als auch Göschenen haben Restaurants und kleine Hotels.*
Tipp: *Der Handeggfall zwischen Grimsel-Pass und Guttannen ist ein beeindruckender Wasserfall am Zusammenfluss von Aare und Arlenbach.*

Göschenen ②
Die Stadt am nördlichen Ende des Gotthard-Tunnels ist ein guter Ausgangspunkt für Wanderungen auf die umliegenden Berge.

Andermatt ①
Im Winter ein Ski-, im Sommer ein Wanderparadies – Andermatt liegt im Herzen des St.-Gotthard-Massivs. Sehenswert ist der gotische Taufstein der Kirche.

LEGENDE

- Routenempfehlung
- Panoramastraße
- Andere Straße
- Fluss, See
- Aussichtspunkt

Hospental ⑩
Der Ort liegt am Knotenpunkt der Straßen aus Norden, Süden und Westen. Die Burg (13. Jh.), die diese Kreuzung bewachte, ist nur noch als Ruine erhalten.

Deckenfresken in der Kapelle von Bürglen

Bürglen ⓮

Straßenkarte E3. *3900.*

Der kleine Ort am Anfang des Schächentals soll die Geburtsstätte Wilhelm Tells, des legendären Schweizer Nationalhelden, gewesen sein. An der Stelle, an der sein Geburtshaus gestanden haben soll, befindet sich eine **Kapelle** von 1582. Fassade und Innenwände sind mit Fresken verziert, die die Sage von Tell erzählen. Eine Statue des Helden ziert auch einen Brunnen (18. Jh.) der Stadt.

Der für Geschichte und Nationalbewusstsein der Schweiz so wichtigen Sage widmet sich auch das **Tell-Museum**. Die Ausstellungsstücke umfassen Chroniken und Dokumente sowie Gemälde und Skulpturen.

Außerdem sehenswert: ein Gasthof aus dem 17. Jahrhundert (der **Adler**) und eine frühbarocke Kirche mit Stuckdekor und einem romanischen Turm.

Umgebung: In **Riedertal**, drei Kilometer südöstlich von Bürglen, befindet sich eine schöne Pilgerkapelle im Stil der Gotik und Renaissance. Sie besitzt gotische Fresken und eine Pietà aus dem 14. Jahrhundert, die vor allem von den Einheimischen sehr verehrt wird.

Tell-Museum
Postplatz. *041 870 41 55.*
Mai, Juni, Sep, Okt: tägl. 10–11.30, 13.30–17 Uhr; Juli, Aug: tägl. 9.30–17 Uhr (im Winter: auf Anfrage für Gruppen geöffnet).
www.tellmuseum.ch

Altdorf ⓯

Straßenkarte E3. *8800.* *Schützengasse 11. 041 874 80 00.* *Dorffest (1. Aug), Chilbi (Nov).* **www**.i-uri.ch

Der Hauptort des Kantons Uri ist nach Friedrich Schillers Drama Schauplatz des berühmten Apfelschusses. Den Rathausplatz ziert das **Telldenkmal**, eine Statue Tells und seines Sohns (19. Jh.). Im Tellspielhaus wird regelmäßig Schillers »Wilhelm Tell« aufgeführt.

Sehenswert sind weiterhin das historische Waffenlager der Stadt und das **Historische Museum Uri**, das sich der Geschichte und Tradition des Kantons Uri widmet.

Historisches Museum Uri
Gotthardstrasse 18. *041 870 19 06.* *Mai, Juni, Mitte Aug–Mitte Okt, Dez–Anfang Jan: Mi, Sa, So 13–17 Uhr (ansonsten auf Anfrage).*
www.hvu.ch

Das einstige Waffenlager von Altdorf

Urnersee ⓰

Straßenkarte E3. *Bahnhofstrasse 15, Brunnen. 041 825 00 40.* **www**.brunnentourismus.ch

Der schöne See bildet den südöstlichen Ausläufer des Vierwaldstättersees. Er ist auf allen Seiten von hohen Bergen umgeben und ähnelt von der Form her einem norwegischen Fjord.

Auf einem erhöhten Felsvorsprung unterhalb von Seelisberg auf der Westseite des Sees liegt die **Rütli-Wiese**, auf der sich Vertreter der Kantone Uri, Schwyz und Unterwalden 1291 gegenseitigen Beistand schworen *(siehe S. 35)*.

In **Seedorf** im äußersten Süden des Urnersees liegt eine malerische Burg im Stil von Gotik und Renaissance (1556–60), in der heute ein geologisches Museum untergebracht ist. Das nahe gelegene **Flüelen** ist der Endhafen der Boote, die von Luzern kommen.

Rund drei Kilometer nördlich von Flüelen, auf dem Weg nach

Wilhelm Tell

Der Schweizer Nationalheld, der das Land von der habsburgischen Herrschaft befreite, soll Ende des 13. Jahrhunderts gelebt haben. Tell, ein renitenter Armbrustschütze, wurde vom Landvogt Hermann Gessler gefangen genommen und musste zur Strafe mit einer Armbrust einen Apfel vom Kopf des eigenen Sohns schießen. Der Meisterschuss gelang. Da er jedoch damit drohte, Gessler zu töten, nahm man ihn abermals fest. Während der Überfahrt auf dem Urnersee floh Tell – und tötete später den Landvogt.

Statue Wilhelm Tells in Altdorf

Der Urnersee, vom Südufer aus gesehen

Sisikon, liegt die **Tellplatte**. Hier soll Wilhelm Tell auf der Fahrt über den See, als man ihn in das Gefängnis von Gesslers Burg in Küssnacht bringen wollte, geflohen sein. Ganz in der Nähe steht die **Tellkapelle** aus dem 16. Jahrhundert (im 19. Jh. umgebaut).

Brunnen im äußersten Norden ist einer der größten Ferienorte am Vierwaldstättersee (Urnersee). Hier hat man einen grandiosen Panoramablick über den Urnersee bis hinüber zur Rütli-Wiese am anderen Ufer. In Brunnen ist die barocke Bundeskapelle sehenswert. Sie besitzt ein Altarbild von Justus van Egmont, einem Rubens-Schüler, das im Jahr 1642 entstanden ist.

Schwyz ⓱

Straßenkarte E3. *14400.* *Bahnhofstrasse 4. 041 810 19 91.* **www**.schwyz-tourismus.ch

Die ruhige Hauptstadt des gleichnamigen Kantons liegt am Fuß der Zwillingsgipfel des Bergmassivs der Mythen. Sie besitzt enorme Bedeutung für die Geschichte und Kultur der Schweiz.

Dem Kanton Schwyz verdankt das Land sowohl seinen Namen als auch seine Flagge. Nach dem Rütli-Schwur 1291 vereinten sich die Streitkräfte der Kantone Schwyz, Uri und Unterwalden bei der Schlacht von Morgarten (1315) im Kampf gegen die Habsburger. Danach hießen die Einwohner des früheren Helvetia *(siehe S. 35)* Schwyzer, das Land selbst Schwyzerland.

Im **Bundesbriefmuseum** in Schwyz sind einige Dokumente zur Schweizer Geschichte ausgestellt. Das wichtigste ist die Verfassung des ersten Bundes, der sogenannte Bundesbrief, auf Pergament geschrieben und von den drei Waldstätten 1291 unterzeichnet.

Die Altstadt von Schwyz besitzt noch viele Häuser aus dem 17. und 18. Jahrhundert. Der Hauptplatz wird von der barocken Pfarrkirche St. Martin und dem Rathaus (17. Jh.) dominiert, auf dessen Fassade die Schlacht von Morgarten dargestellt ist (1891). Das **Ital Reding-Hofstatt**, eine Villa von 1609, ist im Stil des 17. und 18. Jahrhunderts eingerichtet. Ganz in der Nähe befindet sich das Haus Bethlehem, ein Holzhaus aus dem Jahr 1287.

Wappen von Uri am Rathaus in Schwyz

Der ehemalige Kornspeicher der Stadt stammt aus dem Jahr 1711 und beherbergt heute das **Forum Schweizer Geschichte Schwyz**. Das Museum, das zum Schweizerischen Nationalmuseum gehört, widmet sich dem Alltagsleben in der Schweiz vom Mittelalter bis Ende des 17. Jahrhunderts.

Bundesbriefmuseum
Bahnhofstrasse 20. *041 819 20 64* *Mai–Okt: Di–Fr 9–11.30, 13.30–17, Sa, So 9–17 Uhr; Nov–Apr: Di–Fr 9–11.30, 13.30–17, Sa, So 13.30–17 Uhr.* **www**.bundesbriefmuseum.ch

Ital Reding-Hofstatt
Rickenbachstrasse 14. *041 811 45 05.* *Mai–Okt: Di–Fr 14–17, Sa, So 10–12, 14–17 Uhr.*

Forum Schweizer Geschichte Schwyz
Hofmatt. *041 819 60 11.* *Di–So 10–17 Uhr.* **www**.forumschwyz.ch

Vitznau ⓲

Straßenkarte E3. *1200.* *Bahnhofstrasse 1. 041 227 18 10.* **www**.vitznau.ch

Der kleine Ort liegt vor der Kulisse des Massivs der Rigi in einer geschützten Bucht am Nordufer des Vierwaldstättersees.

Vitznau bietet verschiedene Wassersportmöglichkeiten und ist eine gute Ausgangsbasis für Wanderungen in den Wäldern und auf den Alpwiesen der Rigi.

Der Ort ist Basisstation der ältesten Zahnradbahn Europas. Sie wurde 1871 direkt unterhalb des Gipfels eröffnet und führt zur Rigi-Kulm (1798 m), dem höchsten Gipfel des Massivs. Der Blick vom Aussichtspunkt ist atemberaubend. Das Bergmassiv scheint eine Insel inmitten des Vierwaldstättersees zu sein. Bei klarem Wetter kann man sogar bis zu den schneebedeckten Alpengipfeln im äußersten Südwesten sehen.

Nordwestufer des Vierwaldstättersees zwischen Vitznau und Weggis

Kloster Einsiedeln ⓳

Die Benediktinerabtei in Einsiedeln gehört zu den weltweit schönsten Beispielen barocker Architektur. Ihre Wurzeln gehen auf das Jahr 835 zurück, als der Mönch Meinrad hier in einer Einsiedelei lebte. 934 wurde ein Kloster gegründet. Der Legende zufolge ereignete sich während der Weihung der Kirche ein Wunder, die Abtei wurde zur Pilgerstätte. Kirche und Kloster wurden zwischen 1704 und 1735 nach den ausladenden Entwürfen Kaspar Moosbruggers im barocken Stil umgebaut. Die meisten Gemälde, die Vergoldung und die Stuckarbeiten stammen von den Brüdern Cosmas Damian und Egid Quirin Asam.

Bibliothek
Die Bibliothek ist ein schönes Beispiel der Barockkunst. Allerdings befindet sich hier nur ein Teil der Manuskriptsammlung der Abtei.

Kircheninnenraum
Das Kircheninnere ist geräumig. Das Mittelschiff weist barocke Freskenmalerei von Cosmas Damian Asam auf.

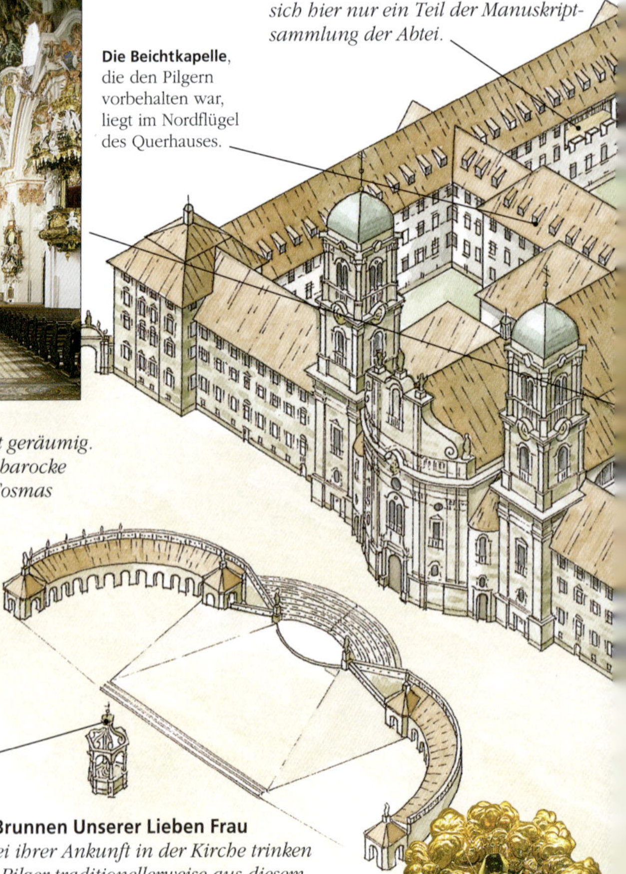

Die Beichtkapelle, die den Pilgern vorbehalten war, liegt im Nordflügel des Querhauses.

Brunnen Unserer Lieben Frau
Bei ihrer Ankunft in der Kirche trinken die Pilger traditionellerweise aus diesem Brunnen, den eine Marienstatue krönt.

★ Schwarze Madonna
In einer Seitenkapelle befindet sich die Statue einer Schwarzen Madonna. Die Holzfigur (15. Jh.) der Jungfrau Maria mit Kind soll wundertätige Kräfte haben.

★ Wandgemälde
Wände, Decke und Kuppel der Kirche sind mit Fresken und vergoldetem Stuck bedeckt. Die üppige Verzierung ist typisch für barocke Architektur.

INFOBOX

Straßenkarte E3. *Hauptstrasse 85. 055 418 44 88.* **www**.einsiedeln.ch
Kloster Einsiedeln *055 418 61 11.* **Kirche** *tägl. 6–20.30 Uhr.* **Grosser Saal** *tägl. 13.30–18 Uhr.* **Bibliothek** *Mo–Sa 14 Uhr, Anmeldung im Tourismusbüro.* *Weihungsfest (14. Sep).* **www**.kloster-einsiedeln.ch

Orgel
Die Orgel steht auf einer Empore unterhalb der mittleren Kuppel und ist mit musizierenden Putten verziert.

★ Grosser Saal
Der über und über mit Wandgemälden und Stuck verzierte Hauptsaal wird für offizielle Empfänge und Zeremonien genutzt.

Kanzel
Die vergoldete Kanzel zieren Engelsfiguren und Symbole der vier Evangelisten. Sie wurde von Egid Quirin Asam entworfen und 1726 vollendet.

NICHT VERSÄUMEN

★ Grosser Saal

★ Schwarze Madonna

★ Wandgemälde

Vierwaldstättersee, Küssnacht und Bürgenstock, vom Gipfel des Pilatus aus gesehen

Zug 20

Straßenkarte E3. *27 000.* *Bahnhofplatz. 041 723 68 00.* **www**.zug-tourismus.ch

Die Hauptstadt des kleinsten und wohlhabendsten Schweizer Kantons liegt am Nordostufer des Zugersees auf den bewaldeten Hügeln des Zugerbergs. Zug ist als Steueroase bekannt (die Steuersätze betragen die Hälfte des Schweizer Durchschnitts). Deshalb haben sich viele internationale Firmen in Zug niedergelassen.

Ein großer Teil der mit Türmen bewehrten Stadtmauern schließt sich als Ring um die Altstadt, deren Mittelpunkt der Kolinplatz ist. Darauf steht ein Brunnen mit einer Statue des Ritters Wolfgang Kolin. Das nahe Rathaus wurde 1509 erbaut. Das gotische Gebäude hat eine Ratskammer, die mit einer geschnitzten Holztäfelung ausgekleidet ist. Sehenswert ist auch die Kirche St. Oswald (15./16. Jh.), deren Portal mit Figuren der Jungfrau Maria sowie der Heiligen Oswald und Michael geschmückt ist.

In der ehemaligen Vogtburg ist das **Museum Burg Zug** zur Geschichte des Kantons untergebracht. Im einstigen Kornspeicher (16. Jh.) zeigt das **Kunsthaus** moderne Kunst. Das **Museum für Urgeschichte(n)** widmet sich der Antike. Im Hafen werden Bootsausflüge auf den Zugersee angeboten.

Museum Burg Zug
Kirchenstrasse 11. *041 728 29 70.*
Di–Sa 14–17, So 10–17 Uhr.

Kunsthaus
Dorfstrasse 27. *041 725 33 44.*
Di–Fr 12–18, Sa, So 10–18 Uhr.
www.kunsthauszug.ch

Museum für Urgeschichte(n)
Hofstrasse 15. *041 728 28 80.*
Di–So 14–17 Uhr.

Häuser an der Uferpromenade der mittelalterlichen Altstadt von Zug

Küssnacht 21

Straßenkarte D3. *12 000.* *Unterdorf 6. 041 850 33 30.* **www**.hohlgassland.ch

Werbeplakat für Wintersport auf der Rigi

Die kleine Stadt liegt am Fuß der Rigi. Das Massiv erhebt sich im Osten des Küssnachtersees, des nördlichen Ausläufers des Vierwaldstättersees.

Die Stadt bietet viele Sportmöglichkeiten und ist eine gute Ausgangsbasis für Bergwanderungen und Touren um den Vierwaldstättersee.

In der Altstadt sind das barocke Rathaus und die Kirche St. Peter und St. Paul sehenswert. Nicht versäumen sollte man auch das Engel Hotel (1552), ein Fachwerkhaus, das über 400 Jahre lang ein Gasthof war. Bekannt sind die Fasnachtsbräuche und das Klausenjagen (5. Dez).

Luzern 22

Siehe S. 232–239.

Pilatus 23

Straßenkarte D3. **Pilatus-Bahnen** *Schlossweg 1, Kriens/Luzern.* *041 329 11 11.* **www**.pilatus.ch

Die zackigen Umrisse des Pilatus, dessen höchster Gipfel stolze 2128 Meter misst, erheben sich auf der Südwestseite des Vierwaldstättersees. Um das Bergmassiv ranken sich zahlreiche Sagen. Einer zufolge wurde die Leiche von Pontius Pilatus in einen See auf dem Berg geworfen. Sein Geist, so sagt man, irre noch heute dort umher und entfessele gewaltige Stürme.

Den Gipfel des Pilatus kann man recht bequem erreichen. Nach einer Boots- oder Zugfahrt von Luzern nach Alpnachstad am Fuß des Bergmassivs führt eine Zahnradbahn zur oberen Station Pilatus Kulm. Die Strecke ist die steilste der Welt und überwindet 1635 Höhenmeter. Die Bahn fährt von Mai bis November. Oben führt ein Wanderweg zu Aussichtsplattformen auf einem der Berggipfel. Bei schönem Wetter kann man den Säntis im Alpstein, die Glarner und die Berner Alpen sehen. Zurück nach Alpnachstad gelangt man wieder per Zahnradbahn oder zu Fuß. Das ganze Jahr über führen Gondelbahnen vom Gipfel hinunter nach Kriens.

Alpensteinböcke an den Hängen des Pilatus

Hergiswil 24

Straßenkarte D3. 5500. *Seestrasse 24. 041 630 12 58.* **www**.hergiswil.ch

Der kleine Ort am See liegt an der Eisenbahnlinie von Luzern nach Stans. Er ist aufgrund seiner Glaswerke, der Glasi Hergiswil, einen Besuch wert. Die Fabrik wurde 1817 gegründet und in den 1970er Jahren von Robert Niederer vor dem Ruin bewahrt. Heute sind in der Fabrik rund 100 Menschen beschäftigt.

Besucher können den Glasbläsern bei der Arbeit zusehen. Das **Glasi Museum** veranschaulicht die Geschichte der Glasbläserei anhand Fotografien und Hunderter verschiedener Glasgefäße.

Glasi Museum
Seestrasse 12. *041 632 32 32.*
Mo–Fr 9–18, Sa 9–16 Uhr.
www.glasi.ch

Stans 25

Straßenkarte D3. *8000.* *041 610 88 33.* **www**.stans.ch

Der Hauptort des Kantons Nidwalden liegt am Ufer der Engelberger Aa. Über der Stadt erhebt sich das Stanserhorn (1898 m), dessen Gipfel man von Stans aus mit einer Standseilbahn und einer oben offenen Seilbahn erreichen kann. Beim Gipfelrundgang hat man Aussicht auf 100 Kilometer Alpenkette.

Mittelpunkt des hübschen Ortes ist der Dorfplatz. Er wird von der barocken **Pfarrkirche St. Peter und Paul** (1641–47), die sich über einem älteren Bau erhebt, bestimmt, der Kirchturm ist romanisch. Auf dem Dorfplatz befindet sich ein Denkmal (19. Jh.) für Arnold Winkelried. Der in Stans geborene Ritter soll sein Leben in der Schlacht von Sempach (1386) im Kampf gegen die Österreicher für die eidgenössischen Kameraden geopfert haben.

Sehenswert sind auch die Festung Fürigen mit einem Museum für Wehrgeschichte und das spätgotische Winkelriedhaus (15. Jh.) mit einem Museum für regionales Handwerk und Volkskunst.

Engelberg 26

Straßenkarte D3. *3900.* *Klosterstrasse 3. 041 639 77 77.* **www**.engelberg.ch; **www**.titlis.ch

Engelberg ist sowohl von Luzern als auch von Zürich aus leicht zu erreichen. Der beliebte Ferienort der Zentralschweiz liegt auf einer Höhe von 1000 Metern am Fuß des Titlis, dessen felsiger Gipfel stolze 3238 Meter erreicht. Sein Gletscher geht leider Jahr um Jahr zurück.

Der Ort erstreckt sich um das **Benediktinerkloster**, das im 12. Jahrhundert gegründet und im 18. Jahrhundert umgebaut wurde. Seine Rokoko-Kirche stammt von 1735–40. Das Kloster und die klostereigene Käserei können besichtigt werden.

Engelberg verfügt über rund 80 Kilometer Skipisten und Loipen. Der Ort besitzt zudem eine Eislaufbahn. Markierte Wanderwege führen an kleinen Bergseen vorbei zu den Gipfeln von Titlis, Urirotstock, Schlossberg und Hutstock. Darüber hinaus gibt es viele Radwege und Plätze für Paragliding.

Die Gondeln der Rotair-Seilbahn drehen sich, damit die Passagiere einen Rundblick genießen können. Die Seilbahn führt von Stand (oberhalb von Engelberg) aus über den Titlis-Gletscher.

Die Rotair-Seilbahn zum Titlis-Gletscher

Luzern ㉒

Die größte Stadt der Zentralschweiz liegt am Westufer des Vierwaldstättersees. Nach der ersten Überquerung des St.-Gotthard-Passes 1220 entwickelte sich das Fischerdorf zum wichtigen Umschlagplatz. Während der Reformation war Luzern (französisch Lucerne) Zentrum des katholischen Widerstands und lange Zeit in politische und religiöse Konflikte verstrickt. Im 19. Jahrhundert entwickelte sich der Fremdenverkehr. In Luzern findet alljährlich das renommierte Lucerne Festival für klassische und neue Musik statt.

Luzern vom Westen aus gesehen mit der Rigi im Hintergrund

Überblick: Luzern

Luzern ist eine kompakte Stadt, die man gut zu Fuß erkunden kann. Das mittelalterliche Zentrum *(siehe S. 234f)* liegt am Nordufer der Reuss und kann vom Bahnhof am Südufer über die Kapellbrücke mit dem Wasserturm erreicht werden. Den schönsten Blick auf Luzern hat man von den Türmen des mittelalterlichen Befestigungsrings im Norden der Altstadt. Die Einkaufsviertel befinden sich am Südufer, südwestlich des Bahnhofs und in der Altstadt am Nordufer der Reuss.

KKL

Europaplatz 1.

Mit seinem hervorspringenden Dach ist das KKL-Gebäude – das Kultur- und Kongresszentrum Luzern – ein auffälliger moderner Glas-Stahl-Bau, der sich am Ufer des Vierwaldstättersees über das Wasser erhebt. Er wurde von dem französischen Architekten Jean Nouvel entworfen und 1998 eröffnet. Das Gebäude umfasst u. a. Tagungs- und Konzertsäle, Theater sowie das Kunstmuseum *(siehe unten)*.

Kunstmuseum

KKL, Europaplatz 1. *041 226 78 00.* *Di–So 10–17 Uhr (Mi bis 20 Uhr).* *Mi 18, So 11 Uhr.*
www.kunstmuseumluzern.ch

Die Sammlungen des Kunstmuseums sind auf 20 Räume des obersten Stockwerks des KKL-Gebäudes *(siehe oben)* verteilt. Zur Dauerausstellung gehören Schweizer Gemälde aus dem 18. und frühen 20. Jahrhundert. Zudem finden Wechselausstellungen mit Werken zeitgenössischer Künstler statt.

Das KKL-Gebäude an der Uferpromenade von Luzern

Die Kapellbrücke mit dem Wasserturm im Hintergrund

Sammlung Rosengart

Pilatusstrasse 10. *041 220 16 60.* *Apr–Okt: tägl. 10–18 Uhr; Nov–März: tägl. 11–17 Uhr.*
www.rosengart.ch

Die Privatsammlung umfasst über 200 moderne Gemälde. Sie stammt von dem Kunsthändler Siegfried Rosengart, einem Freund Picassos, und seiner Tochter Angela. Neben 125 Werken von Paul Klee sind auch impressionistische Gemälde, u. a. von Cézanne und Monet, sowie Arbeiten von Chagall, Matisse und Kandinsky zu sehen.

Die im mittlerweile geschlossenen Luzerner Picasso-Museum ausgestellten Werke von Pablo Picasso (vor allem Aquarelle und Skulpturen) werden zusammen mit anderen Picassos in der Sammlung Rosengart präsentiert.

Kapellbrücke

Die überdachte Brücke aus dem 14. Jahrhundert führt über die Reuss und gehörte einst zu den Befestigungsanlagen der Stadt gegen Angriffe vom See her. Etwa in der Mitte des Flusses trifft die Brücke auf den achteckigen Wasserturm, der schon als Leuchtturm, Gefängnis und Schatzkammer diente. Die Dachbemalung der Brücke mit Szenen aus der Geschichte Luzerns und aus dem Leben der Stadtpatrone Leodegar und Mauritius stammt aus dem 17. Jahrhundert.

Die Kapellbrücke ist die älteste Holzbrücke Europas und wurde zum Wahrzeichen Luzerns. Teile fielen 1993 einem Brand zum Opfer, wurden jedoch originalgetreu wiederaufgebaut. Die Malereien wurden alle restauriert.

◁ Sonlerto, ein typisches Alpdorf im Val Bavona, Tessin

Jesuitenkirche

Bahnhofstrasse 11a.

Die große Jesuitenkirche St. Franz Xaver ist das Wahrzeichen am Südufer der Reuss. Sie entstand 1666 bis 1677, die Zwillingstürme mit ihren markanten Zwiebelkuppeln wurden allerdings erst im 19. Jahrhundert vollendet. Das Innere ist im Barockstil gehalten und reich mit Stuck der Wessobrunner Schule verziert. Die Deckengemälde zeigen die Apotheose des hl. Franz Xaver.

Franziskanerkirche

Franziskanerplatz.

Das älteste Gebäude Luzerns wurde 1270 vollendet. Das Gotteshaus wurde ursprünglich im gotischen Stil erbaut, im Lauf der Jahrhunderte allerdings mehrfach umgestaltet. Zu den beachtenswertesten Elementen im Inneren gehören das Renaissance-Chorgestühl, die Kanzel (17. Jh.) und die barocken Deckengemälde.

Mittelschiff der Franziskanerkirche

Historisches Museum

Pfistergasse 24. *041 228 54 24.* *Di–So 10–17 Uhr.* **Theatertour** *jede volle Stunde.*

www.historischesmuseum.lu.ch

Das Historische Museum, auch Depot genannt, ist im alten Zeughaus, einem Renaissance-Gebäude von 1597, untergebracht. Es ist mit dem Pförtnerhaus, das zur Spreuerbrücke führt, verbunden.

Das Museum macht die Geschichte der Stadt und des Kantons Luzern anschaulich. Statt Informationstafeln und Audioführern wird man hier mit Scannern auf Entdeckungsreise geschickt. Schauspieler nehmen Besucher mit auf eine 45-minütige Theatertour. Interessant ist auch die Sammlung von Plakaten und Verpackungen für Schweizer Produkte aus dem 19. und frühen 20. Jahrhundert, etwa für Schokolade und Milchpulver.

INFOBOX

Straßenkarte D3. *78 000.* *Zentralstrasse 5 und Bahnhofstrasse 3. 041 227 17 17.* *Fasnacht (Feb), Luzerner Fest (Juni), Lucerne Festival (Ostern, Mitte Aug–Mitte Sep), Lucerne Blues Festival (Nov).* **www**.luzern.com; **www**.luzern.ch

Spreuerbrücke

Die überdachte Holzbrücke führt am westlichen Rand der Altstadt über die Reuss. Der Südflügel stammt von 1408. Die Brücke besitzt eine kleine Kapelle. Das Dach der Brücke ist mit bemalten Tafeln ausgestattet. 1626–35 schuf Kaspar Meglinger den 67-teiligen Gemäldezyklus, einen Totentanz, der als größter Europas gilt.

Von der Spreuerbrücke aus kann man das Nadelwehr (19. Jh.) aus der Nähe sehen. Die Anlage dient der Kontrolle des Pegelstands von Reuss und Vierwaldstättersee.

Im Detail: Luzern Altstadt

Die Altstadt von Luzern liegt an einer flachen Flussbiegung der Reuss – an der Stelle, an der der Fluss den Vierwaldstättersee verlässt. Seit dem Mittelalter verteidigte man die Stadt von den Wehrmauern im Norden und von der Kapellbrücke im Osten aus. Die ursprüngliche Anlage der Altstadt ist erhalten geblieben. Die schönen Fassaden der alten Häuser um den Hirschenplatz und in der Weinmarktgasse sind mit Fresken oder Sgraffito-Malerei verziert. Die Altstadt Luzerns ist auch ein lebhaftes Geschäftszentrum mit zahlreichen Läden, Restaurants und Cafés.

Gasse am Weinmarkt
Die schmale Gasse wird von hohen Häusern mit farbenprächtigen Fensterläden gesäumt. In vielen befinden sich heute Hotels, Boutiquen und Restaurants.

Weinmarkt
Auf dem Platz wurde einst mit Wein gehandelt. Viele der schönen Gebäude gehörten früher den Zünften.

★ Rathaus
Das Rathaus aus der Spätrenaissance (1606) hat eine Schmuckfassade. Der Haupteingang wird von Doppelsäulen gerahmt.

NICHT VERSÄUMEN

★ Kapellbrücke

★ Rathaus

Hotels und Restaurants in der Zentralschweiz und im Tessin *siehe Seiten 257–259 und 282f*

Sternenplatz
Die meisten Wandmalereien an den Häuserfassaden der Altstadt stecken voller Anspielungen und Symbole.

St. Peterskapelle
An der Südwand der Kapelle befindet sich ein Relief (1513) mit Christus und den Jüngern im Garten Gethsemane.

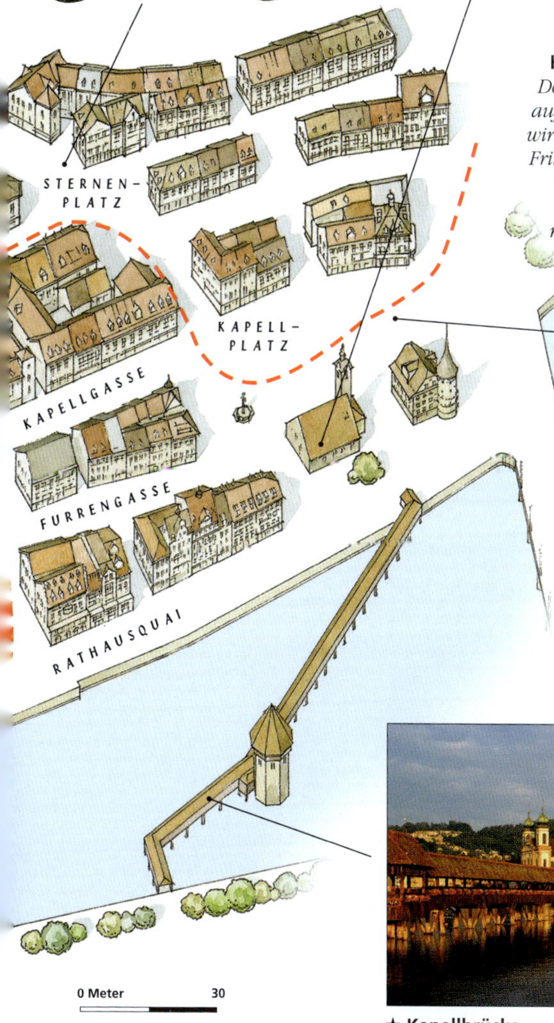

Kapellplatz
Der Brunnen auf dem Platz wird von einer Fritschi-Skulptur gekrönt – eine Sagengestalt, die mit Frühling und Freude assoziiert und an Fasnacht gefeiert wird.

★ **Kapellbrücke**
Die im 14. Jahrhundert errichtete überdachte Brücke ist das Wahrzeichen Luzerns. Sie wurde nach einem Brand im Jahr 1993 teilweise zerstört und später rekonstruiert.

LEGENDE

Routenempfehlung

Überblick: Luzern

Den besten Blick auf die malerischen Plätze, Kirchen und Patrizierhäuser der Luzerner Altstadt hat man von den Befestigungsanlagen im Norden aus. Ein Spaziergang führt östlich der Altstadt zu weiteren interessanten Bauten und Museen, u. a. zur eleganten Renaissance-Hofkirche und zum Richard Wagner Museum, das sich dem großen romantischen Komponisten widmet. Weiter östlich am See steht das Verkehrshaus der Schweiz, eine der größten Attraktionen des Landes *(siehe S. 238f)*.

Weinmarkt

Der von historischen Gebäuden gesäumte Platz ist einer der schönsten in Luzern. Der gotische Weinmarktbrunnen ist eine Kopie des Originals, das sich heute im Innenhof des Ritterschen Palasts in der Bahnhofstrasse befindet. Die Häuser am Weinmarkt und am benachbarten Hirschenplatz sind alle mit bemalten Fassaden, verzierten Eingängen und Erkerfenstern geschmückt. Viele davon waren früher einmal Zunfthäuser.

Detail eines Brunnens, Weinmarkt

Natur-Museum

Kasernenplatz 6. *041 228 54 11.* *Di–So 10–17 Uhr.*
Das naturhistorische Museum von Luzern liegt nur wenige Gehminuten von der Altstadt entfernt – direkt auf der anderen Seite der Spreuerbrücke. Unter den Besuchern sind viele Familien, denn die hier gezeigten interaktiven Ausstellungen sind nicht nur für Kinder spannend. In den Gängen sind ausgestopfte Tiere zu sehen. Faszinierend ist außerdem die kartografische Darstellung der Alpen in früheren Zeiten. Das Natur-Museum vermittelt auch einen guten Überblick über die Tier- und Pflanzenwelt sowie die Umwelt der Zentralschweiz, besonders farbenfroh ist die Sammlung von Schmetterlingen.

Rathaus

Kornmarkt 3. *041 227 17 17.* *nach Vereinbarung.*
Das heutige Rathaus im Stil der italienischen Renaissance wurde 1606 vollendet. Von dem Vorgängerbau aus dem 14. Jahrhundert steht nur noch der Turm. Die Ratskammer im Inneren des Gebäudes ist mit wunderschön geschnitzten Holztafeln verziert.

Museggmauer

Der gut erhaltene, rund 870 Meter lange nördliche Abschnitt der mittelalterlichen Stadtbefestigung verläuft vom Nordufer der Reuss bis fast zum Nordufer des Vierwaldstättersees. Hinter ihrer Zinnenkrone zieht sich ein ungedeckter Wehrgang hin. Auf der Mauer befinden sich neun Türme, die in der zweiten Hälfte des 14. Jahrhunderts errichtet wurden. Von hier aus hat man einen schönen Blick auf die Stadt, den Fluss und den See.

Mit Balkonen und Erkern verzierte Häuser am Weinmarkt

Kapellplatz

St. Peterskapelle *Mo–Mi 7.30–18.15, Do 7.30–21, Fr 7.30–18.15, Sa 7.30–17, So 8.30–20 Uhr.*
Auf dem malerischen Platz herrscht reges Treiben, vor allem an Markttagen. Seinen Namen verdankt er der St. Peterskapelle, die im 18. Jahrhundert einen Sakralbau aus dem 12. Jahrhundert ersetzte. In der Kapelle gibt es ein gotisches Kruzifix (14. Jh.).

Wappen an einem der Türme der Museggmauer

Hofkirche

St. Leodegarstrasse. *tägl.*
Die Kirche ist ein herrliches Beispiel der Spätrenaissance in der Schweiz. Der Originalbau aus dem 12. Jahrhundert wurde 1633 durch eine Brand fast vollständig zerstört. Nur die Zwillingstürme mit den spitzen Kuppeln überlebten und wurden in den heutigen Bau integriert.

Der großartige Innenraum ist im Stil der Renaissance gehalten. Sehenswert sind vor allem der Hochaltar mit Statuen der Heiligen Leodegar und Mauritius, der Schutzpatrone von Luzern. Den Altar im nördlichen Querschiff ziert eine Darstellung von Mariä Himmelfahrt von 1500. Die Kirche besitzt ein kunstvolles Gestühl, eine Kanzel, einen Taufstein und eine riesige Orgel von 1640. In einer

Altar im nördlichen Querschiff der Hofkirche

Nische im Nordturm befindet sich eine bewegende Darstellung Christi und der Jünger im Garten Gethsemane.

Bourbaki Panorama

Löwenplatz 11. 041 412 30 30. Apr–Okt: tägl. 9–18 Uhr; Nov–März: tägl. 10–17 Uhr. www.bourbakipanorama.ch

Das Riesenrundgemälde ist eines der wenigen erhaltenen Panoramen der Welt. Es stellt den Marsch der französischen Armee unter General Bourbaki durch die Schweiz während des Französisch-Preußischen Kriegs (1870/71) dar. Das von Édouard Castres geschaffene Panorama in einem Gebäude mit Glasverkleidung ist 112 Meter lang und zehn Meter hoch. Toneffekte und eine Erzählung der Ereignisse beleben das Bild. Das Gebäude beherbergt auch ein Museum, Kunstgalerien, ein Kino, Cafés und ein Restaurant.

Löwendenkmal

Denkmalstrasse.

Die massive Figur eines von einem Speer durchbohrten sterbenden Löwen ist der Schweizergarde des französischen Königs Louis XVI gewidmet. Am 10. August 1792 verteidigten die Soldaten die Tuilerien in Paris, als der Palast von Revolutionären gestürmt wurde. Einige Soldaten wurden gefangen und in der Nacht vom 2. auf den 3. September mit der Guillotine enthauptet.

Löwendenkmal

Das Löwendenkmal meißelte der dänische Bildhauer Bertel Thorwaldsen aus dem Sandstein einer Klippe. Es wurde im Jahr 1821 feierlich enthüllt. Das überaus pathetische Denkmal spiegelt sich im Wasser eines kleinen Teichs.

Glaspavillon und Kuppel des Bourbaki Panoramas

Gletschergarten

Denkmalstrasse 4. 041 410 43 40. Apr–Okt: tägl. 9–18 Uhr; Nov–März: tägl. 10–17 Uhr. www.gletschergarten.ch

Bei Bauarbeiten im Jahr 1872 machte man eine ungewöhnliche Entdeckung: Nachdem die oberste Erdschicht entfernt war, kam ein Felsen mit 32 großen Hohlräumen zum Vorschein. Sie waren in der letzten Eiszeit durch die Bewegung von Wasser und Steinen entstanden, die durch die Ritzen des darüberliegenden Gletschers gedrungen waren.

Der Gletschergarten bewahrt diese geologische Besonderheit. Der Felsen wird durch ein Zelt geschützt. Die Ausstellung im nahen Pavillon erläutert den geologischen Prozess. Es gibt auch ein Spiegellabyrinth im Stil der Alhambra von Granada.

Richard Wagner Museum

Richard-Wagner-Weg 27. 041 360 23 70. Di–So 10–12, 14–17 Uhr. www.richard-wagner-museum.ch

Der Komponist Richard Wagner kam regelmäßig nach Luzern. Hier schuf er den dritten Akt von *Tristan und Isolde*. Zwei weitere Opern – *Die Meistersinger von Nürnberg* und *Siegfried* – stammen ebenfalls aus Wagners Zeit in der Stadt. Hier begann er auch die Arbeit am dritten und letzten Teil des »Rings«, der *Götterdämmerung*.

Das Museum in der ruhigen Villa Tribschen, in der Wagner mit Frau und Sohn von 1866 bis 1872 lebte, ist diesem besonders glücklichen Lebensabschnitt gewidmet. In den Räumen befinden sich die originalen Möbel sowie Erinnerungsstücke aus dem Leben des Komponisten, u. a. Gemälde, Briefe und Musikinstrumente.

Umgebung: Im Museum im Bellpark in **Kriens**, drei Kilometer südwestlich von Luzern und per Bus zu erreichen, gibt es eine Sammlung von Exponaten zu Fotografie, Videokunst und Medien.

Luzern: Verkehrshaus

Beinahe jedes mechanische Fortbewegungsmittel, vom frühesten Fahrrad bis zur jüngsten Raumsonde, wird in diesem meistbesuchten der Luzerner Museen ausgestellt und erläutert. Oldtimer und Dampfloks gehören jeweils zu den Abteilungen Straßen- und Schienenverkehr. Die dem Fremdenverkehr gewidmete Sektion demonstriert den Einfallsreichtum der Zahnrad- und Seilbahnerbauer. Schifffahrt, Flugverkehr und Telekommunikation kommen auch nicht zu kurz. In der Raumfahrtabteilung kann man eine virtuelle Reise ins Weltall unternehmen. Zu den interaktiven Einrichtungen gehört auch ein Flugsimulator.

Schienenverkehr
Diese Abteilung dokumentiert die Geschichte des Schienenverkehrs in der Schweiz – von pferdegezogenen Tramwagen bis zur elektrischen Eisenbahn.

Krokodil
Die verlängerte »Schnauze« der elektrischen Lokomotive (1920) brachte ihr den Spitznamen »Krokodil« ein. Sie fuhr durch den Gotthard-Tunnel.

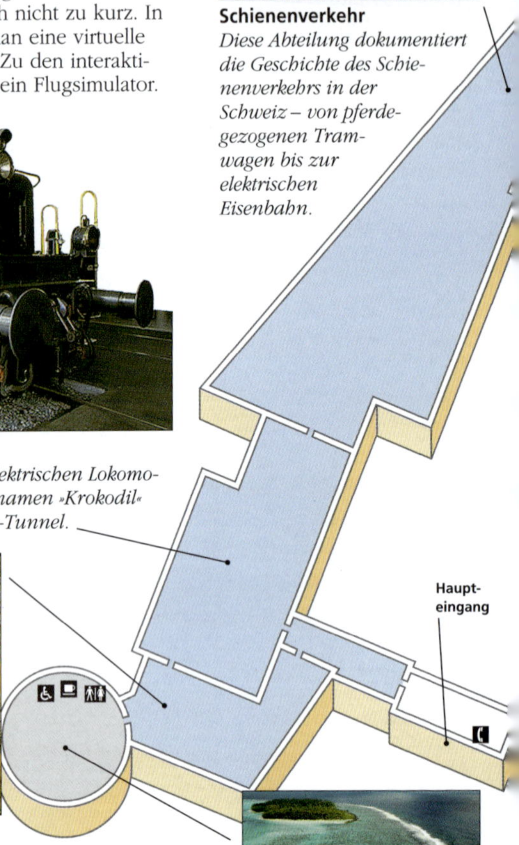

Gotthard-Modell
Zu den faszinierenden Ausstellungsstücken gehört ein Modell der Eisenbahnlinie durch den Gotthard-Tunnel.

LEGENDE

- Schienenverkehr
- Straßenverkehr
- Telekommunikation
- Planetarium
- Raumfahrt
- Flugverkehr
- Schifffahrt und Fremdenverkehr
- Hans Erni Museum
- Kino

NICHT VERSÄUMEN

- ★ Cosmorama
- ★ Flugzeuge
- ★ Kino

★ Kino
Kinobesucher werden in einem 40-minütigen Film auf gigantischer Leinwand in fremde Welten entführt – ein packendes Erlebnis.

Kurzführer

Die Räume links vom Haupteingang widmen sich dem Schienenverkehr. Gegenüber vom Haupteingang befindet sich die Halle zum Straßenverkehr. Die anderen beherbergen Ausstellungsstücke zu weiteren Themen des Verkehrswesens. Das Verkehrshaus hat die größte Kinoleinwand der Schweiz.

INFOBOX

Lidostrasse 5. *041 370 44 44. Apr–Okt: tägl. 10–18 Uhr; Nov–März: tägl. 10–17 Uhr.* www.verkehrshaus.ch

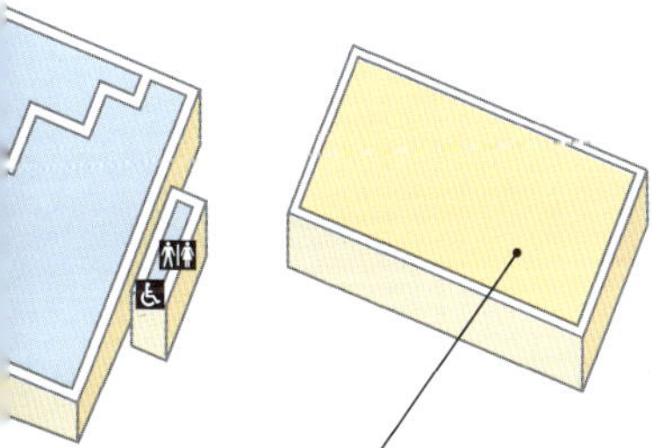

Hans Erni Museum

Im Museum sind auch abstrakte Gemälde des Luzerner Künstlers Hans Erni (geb. 1909) ausgestellt.

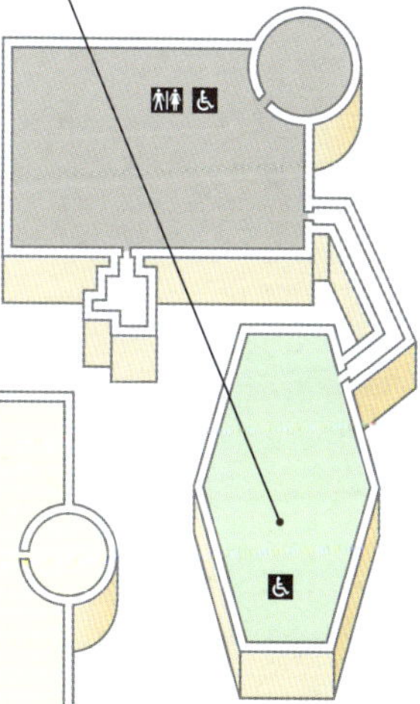

Straßenverkehr

Maserati, Aston Martin, Lamborghini und Ferrari – einige der berühmtesten Flitzer der »Swinging Sixties« werden hier präsentiert.

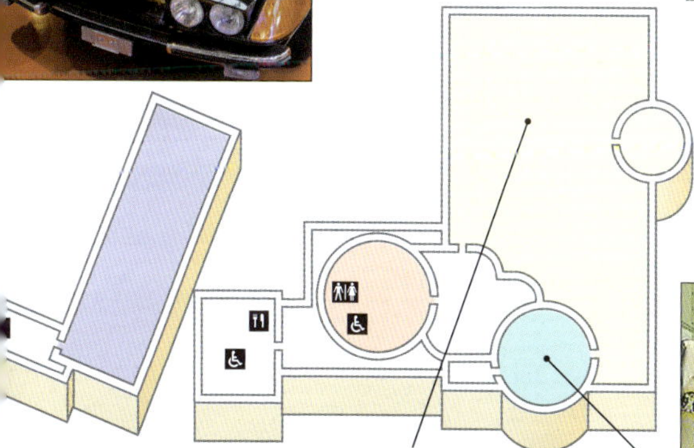

★ Flugzeuge

Die Fokker F.VII A in der Flugverkehrsabteilung ist das älteste Schweizer Passagierflugzeug. Die ausgestellten Flugzeuge reichen von kleinen Zweisitzern bis zu Überschall-Militärjets.

★ Cosmorama

Neben Raumanzügen und Astronautenausstattung enthält die Raumfahrtabteilung auch ein Cosmorama – mit einer virtuellen Reise durch den Asteroidengürtel.

Zu Gast in der Schweiz

Hotels 242–259

Restaurants 260–283

Sport und Aktivurlaub 284–287

Ski-Urlaub 288–289

Spas und Wellness 290–291

Hotels

Die Schweiz bietet eine große Auswahl an Hotels für jeden Geschmack und jedes Budget – ob in Stadtzentren, in Wintersportorten, an den Seen oder in der unberührten Natur. In jeder Kategorie und Preislage haben Schweizer Hotels einen hohen Standard und ein gutes Preis-Leistungs-Verhältnis – allerdings auf hohem Niveau. Preiswerter sind z. B. Gästehäuser, die man in einigen der attraktivsten Städte und Dörfer des Landes findet, sowie einladende Berggasthöfe, in denen man noch immer die ursprüngliche Schweizer Gastfreundschaft kennenlernen kann. Für Outdoor-Fans gibt es gut ausgestattete Campingplätze in fantastischer Landschaft. Auch einige Bauernhöfe vermieten Zimmer und bieten die Möglichkeit, auf »jungfräulichem« Stroh in Scheunen zu nächtigen.

Hotelschild in Bern

Lobby im luxuriösen Hotel Widder in Zürich *(siehe S. 255)*

Hotelwahl

Die beste Informationsquelle zu Hotels in der Schweiz ist die **Swiss Hotel Association**. Die Organisation deckt die meisten Übernachtungsmöglichkeiten ab, von Luxushotels bis zu abgelegenen Berggasthöfen. Sie vergibt zwischen einem und fünf Sternen, je nach Komfort.

Die Preise liegen zwischen 70 Schweizer Franken (CHF oder SFr. bzw. Fr.) für ein Doppelzimmer ohne Bad in einem Ein-Stern-Hotel und mindestens 1200 Franken für eine Suite in einem Fünf-Sterne-Haus. Ob preiswert oder teuer: Bei den Hotels sind Frühstück, Steuern und Service im Preis enthalten. Für einige familiengeführte Hotels gilt die offizielle Klassifizierung nicht, sie sind im Allgemeinen jedoch sauber und komfortabel. Viele Hotels haben Restaurants. Im Hotel garni gibt es Frühstück, aber keine weiteren Mahlzeiten.

In Orten, die beliebte Urlaubsziele sind, variieren die Hotelpreise je nach Saison. Aufgrund ihrer Lage sind die meisten Hotels im Winter bzw. im Juli und August am teuersten. Bei längeren Aufenthalten sind Rabatte möglich. In größeren Städten bleiben die Preise der Hotels, deren Klientel überwiegend aus Geschäftsleuten besteht, das ganze Jahr über konstant. Doch auch hier gibt es oft Wochenendangebote.

In vielen Ferienorten bieten die Hotels Gästekarten an (auch Kurkarten, Cartes des Visiteurs oder Tessere di Soggiorno). Mit den Karten erhält man zahlreiche Vergünstigungen – vom öffentlichen Nahverkehr bis zum Museumseintritt.

Hotelketten

Viele Schweizer Hotels gehören zu internationalen oder nationalen Ketten. Die größte internationale Hotelkette ist **Best Western** mit etwa 30 Drei- und Vier-Sterne-Hotels in der Schweiz. Die Gruppe **Swiss Quality Hotels International** bietet über 70 Drei- bis Fünf-Sterne-Häuser in den größeren Schweizer Städten und den Hauptferienorten.

Minotel Suisse umfasst über 50 traditionelle familiengeführte Häuser mit einem oder zwei Sternen. In den Restaurants dieser Hotels werden Gerichte und Weine aus der Schweiz serviert. Etwas preiswerter sind **Swiss Budget Hotels** mit ungefähr 160 Ein- bis Drei-Sterne-Unterkünften. Sie liegen meist etwas abseits und nicht direkt im Ort, haben aber ein ausgezeichnetes Preis-Leistungs-Verhältnis und sind meist ruhig und wenig überlaufen.

Die 27 Hotels der **Romantik**-Gruppe bestehen aus unabhängig voneinander geführten Etablissements in historischen Gebäuden, z. B. in Châteaus. Bei den Romantik Hotels ist der Standard, was Komfort und Lage anbetrifft, außergewöhnlich hoch.

Zimmer und Bed and Breakfast

Gästehäuser und Privatunterkünfte werben mit Schildern wie *Zimmer frei*, *Chambres à louer* oder *Affitasi Camere* für zu mietende Zimmer. Solche Schilder sieht man überwiegend in Feriengebieten.

Auch Bed-and-Breakfast-Unterkünfte erfreuen sich

◁ **Urlauber vor einem Bergrestaurant am Männlichen im Berner Oberland *(siehe S. 83)***

Kulmhotel mit Traumblick auf das Matterhorn ***(siehe S. 248)***

immer größerer Beliebtheit. Beide Möglichkeiten kosten etwa 40–50 Franken pro Person und Nacht und bieten damit ein sehr gutes Preis-Leistungs-Verhältnis.

Herbergen

Es gibt in der Schweiz über 80 Jugendherbergen mit Doppel- und Familienzimmern sowie Schlafsälen. Sie kosten etwa 15–25 Franken pro Person und Nacht mit Frühstück. Manche Herbergen berechnen Bettbezüge extra. Viele haben einen TV-Raum, in einigen gibt es Abendessen.

Hotelschild in Murten

Im Heu schlafen

Zwischen Anfang Mai und Ende Oktober öffnen einige Bauernhöfe ihre Scheunen für Besucher, die dort auf frischem Heu schlafen können. Die Übernachtung inklusive Frühstück und Dusche kostet nur etwa 20 Franken. Manchmal stehen Decken zur Verfügung, man sollte jedoch besser einen Schlafsack mitbringen.

Bei einem Urlaub auf dem Bauernhof lernt man die ländliche Schweiz besonders gut kennen. Die Zimmer und Apartments werden nächte- oder wochenweise vermietet.

Berggasthöfe

Malerische Berggasthöfe *(Auberges de Montagne)* bieten Wanderern eine praktische Übernachtungsmöglichkeit. Neben Schlafsälen gibt es auch Einzelzimmer. Die meisten servieren warme Mahlzeiten.

Camping

Wie die Hotels, so sind auch die 450 Schweizer Campingplätze in Ein- bis Fünf-Sterne-Kategorien eingeteilt. Viele liegen sehr schön und sind im Winter geschlossen – in höheren Lagen sind sie nur in den zwei bis drei wärmsten Monaten geöffnet. Frühzeitiges Buchen empfiehlt sich das ganze Jahr über.

Zimmer in Le Mirador Kempinski, Mont-Pèlerin ***(siehe S. 250)***

AUF EINEN BLICK

Hotels

Swiss Hotel Association
Monbijoustrasse 130, 3001 Bern.
Tel. *031 370 41 11.*
FAX *031 370 44 44.*
www.hotelleriesuisse.ch

Hotelketten

Best Western Swiss Hotels
Monbijoustrasse 130, 3001 Bern.
Tel. *031 378 18 18.*
FAX *031 378 18 39.*
www.bestwestern.ch

Minotel Suisse
Chemin Renou 2, 1005 Lausanne.
Tel. *021 310 08 00.*
www.minotel.com

Romantik Hotels
www.romantikhotels.com

Swiss Budget Hotels
Monbijoustrasse 130, 3001 Bern.
Tel. *084 880 55 08.*
www.rooms.ch

Swiss Quality Hotels International
Seestrasse 129, 8712 Stäfa-Zürich.
Tel. *044 928 27 27.*
www.swissqualityhotels.com

Bed and Breakfast

Bed and Breakfast
www.bnb.ch

Herbergen

Schweizer Jugendherbergen
Schaffhauserstrasse 14, 8042 Zürich.
Tel. *044 360 14 14.*
FAX *044 360 14 60.*
www.youthhostel.ch

Swiss Backpackers
Alpenstrasse 16, 3800 Interlaken.
Tel. *033 823 46 46.*
www.swissbackpacker.ch

Im Heu schlafen

Schlaf im Stroh/ Aventure sur la Paille
Tel. *041 678 12 86.*
www.schlaf-im-stroh.ch

Bauernhöfe

www. bauernhof-ferien.ch

Reka-Ferien
Neuengasse 15, 3001 Bern.
Tel. *031 329 66 99.*
www.reka.ch

Camping

CampingNET
www.camping.ch

Schweizerischer Camping und Caravanning Verband
Wührestrasse 13, 5724 Dürrenäsch.
Tel. *062 777 40 08.*
www.sccv.ch

Hotelauswahl

Die folgenden Hotels wurden aufgrund ihrer Lage, ihres Charakters und Preis-Leistungs-Verhältnisses ausgewählt. Es werden einige Extras und Ausstattungen hervorgehoben, die Ihnen die Wahl erleichtern sollen. Die Koordinatenangaben beziehen sich auf die *Straßenkarte* auf den hinteren Umschlaginnenseiten.

PREISKATEGORIEN

Die Preise gelten für ein Doppelzimmer pro Nacht, inklusive Steuern und Service:

Ⓕ unter 150 Franken (CHF)
ⒻⒻ 150–250 Franken (CHF)
ⒻⒻⒻ 250–350 Franken (CHF)
ⒻⒻⒻⒻ 350–500 Franken (CHF)
ⒻⒻⒻⒻⒻ über 500 Franken (CHF)

Bern

BERN Glocke Ⓕ

Rathausgasse 75, 3011 ☎ *031 311 37 71* FAX *031 311 10 08* ***Zimmer*** *14* ***Straßenkarte*** *C3*

Das Hotel Glocke ist bei Rucksackurlaubern bekannt. Das in der Nähe der Zytglogge gelegene und nur zehn Minuten vom Bahnhof entfernte Haus ist eine Alternative zu Jugendherbergen. Es gibt ein Spielezimmer, ein Internet-Café und Münzwaschmaschinen. Freie Küchenbenutzung. **www.bernbackpackers.com**

BERN Landhaus ⒻⒻ

Altenbergstrasse 4, 3013 ☎ *031 348 03 05* FAX *031 332 69 04* ***Zimmer*** *10* ***Straßenkarte*** *C3*

Das Landhaus zieht eine junge Klientel an. Es liegt zentral in der Nähe des Bärengrabens und der Altstadt. Die modern ausgestatteten Zimmer sind sonnig und mit Bildern und Postern dekoriert. Das historische Haus in Flussnähe liegt in einer ruhigen Wohnstraße. **www.albertfrida.ch**

BERN National ⒻⒻ

Hirschengraben 24, 3011 ☎ *031 381 19 88* FAX *031 381 68 78* ***Zimmer*** *46* ***Straßenkarte*** *C3*

Das freundliche familiengeführte Hotel mit großzügigen Zimmern befindet sich in einem historischen Gebäude in der Nähe des Hauptbahnhofs. Die Zimmer mit Aussicht haben Holzböden. Das Haus liegt nicht weit von der Altstadt entfernt und ist bei preisbewussten Urlaubern beliebt. **www.nationalbern.ch**

BERN Nydeck ⒻⒻ

Gerechtigkeitsgasse 1, 3011 ☎ *031 311 86 86* FAX *031 312 20 54* ***Zimmer*** *12* ***Straßenkarte*** *C3*

Die Architektur des im Zentrum der Berner Altstadt gelegenen Nydeck beeindruckt durch historischen Charme. Die Zimmer sind geräumig und komfortabel eingerichtet. Ein weiterer Pluspunkt ist die Nähe zu den wichtigsten Sehenswürdigkeiten der Hauptstadt. Im Restaurant bekommt man Tapas, Pizza und Pasta. **www.hotelnydeck.ch**

BERN Pension Marthahaus ⒻⒻ

Wyttenbachstrasse 22a, 3013 ☎ *031 332 41 35* FAX *031 333 33 86* ***Zimmer*** *40* ***Straßenkarte*** *C3*

Die preiswerte Pension liegt nahe dem botanischen Garten nördlich des Hauptbahnhofs. Für Gäste steht eine Küche zur Verfügung. Zudem gibt es freien Internet-Zugang und Fahrräder zu leihen. Die Zimmer sind gut geschnitten und bieten ein faires Preis-Leistungs-Verhältnis. Buchen Sie frühzeitig. **www.marthahaus.ch**

BERN Waldhorn ⒻⒻ

Waldhöheweg 2, 3013 ☎ *031 332 23 43* FAX *031 332 18 69* ***Zimmer*** *46* ***Straßenkarte*** *C3*

Die moderne familiengeführte Pension ist überdurchschnittlich gut ausgestattet und bietet freien Internet-Zugang. Das Waldhorn liegt außerhalb des Zentrums, besitzt aber eine gute Tramverbindung. Es ist ideal für Urlauber, die nicht direkt in der Stadt wohnen wollen. Parkplätze vorhanden, Haustiere willkommen. **www.waldhorn.ch**

BERN Belle Époque ⒻⒻⒻ

Gerechtigkeitsgasse 18, 3011 ☎ *031 311 43 36* FAX *031 311 39 36* ***Zimmer*** *17* ***Straßenkarte*** *C3*

Diese Kunst- und Designoase in der Altstadt macht ihrem Namen alle Ehre. Die Zimmer sind unterschiedlich groß und unterschiedlich mit Jugendstil- oder Belle-Époque-Möbeln bzw. -Gemälden ausgestattet. Ein Zimmer enthält sogar Originale des Schweizer Malers Ferdinand Hodler. **www.belle-epoque.ch**

BERN Savoy ⒻⒻⒻ

Neuengasse 26, 3011 ☎ *031 311 44 05* FAX *031 312 19 78* ***Zimmer*** *56* ***Straßenkarte*** *C3*

Mit seinem Mansardendach und den Arkaden verkörpert das Savoy den Prototyp eines altmodischen Stadthotels. Die Einrichtung ist nicht gerade die modernste, dafür ist der Service exzellent. Es gibt Konferenzräume. Die Fenster sind alle schallisoliert. **www.hotel-savoy-bern.ch**

BERN Bellevue Palace ⒻⒻⒻⒻ

Kochergasse 3–5, 3001 ☎ *031 320 45 45* FAX *031 311 47 43* ***Zimmer*** *130* ***Straßenkarte*** *C3*

Das Bellevue Palace ist ein Wahrzeichen Berns und für seinen Luxus und Service bekannt. Auf der Terrasse genießt man den Blick über die Aare zu den Gipfeln des Berner Oberlands. Die Zimmer sind überdurchschnittlich groß und generös möbliert. Mitglied von »Leading Hotels of the World«. Haustiere willkommen. **www.bellevue-palace.ch**

Zeichenerklärung *siehe hintere Umschlagklappe*

Mittelland, Berner Oberland und Wallis

BRIG Ambassador
ⒻⒻ

Saflichstrasse 3, 3900 ☎ *027 922 99 00* FAX *027 922 99 09* ***Zimmer*** *31* ***Straßenkarte*** *D4*

Das komfortable Hotel liegt nicht weit vom Bahnhof und vom Zentrum entfernt – doch den Verkehr hört man nicht. Die Zimmer sind gut geschnitten, manche allerdings etwas altmodisch eingerichtet. Die Suiten haben Holzböden und Orientteppiche. Internet-Zugang und Kabel-TV. **www.ambassador-brig.ch**

BRIG Victoria
ⒻⒻ

Bahnhofstrasse 2, 3900 ☎ *027 923 1503* FAX *027 924 21 69* ***Zimmer*** *37* ***Straßenkarte*** *D4*

Das attraktive Haus mit Mansardendach und Balkonen blickt auf die Walliser Alpen. Das historische Hotel besitzt sehr große Zimmer mit ebenfalls großen Bädern. Die Einrichtung ist moderner, als der äußere Anschein vermuten lässt. Das Victoria bietet auch ein bekanntes französisches Restaurant. **http://hotel-victoria-brig.ghix.com**

CRANS-MONTANA Grand Hotel du Golf
ⒻⒻⒻⒻ

Allée Élysée-Bonvin 7, 3963 ☎ *027 485 42 42* FAX *027 485 42 43* ***Zimmer*** *80* ***Straßenkarte*** *C4*

Das Grand ist *das* Golfhotel der Schweiz und wird von Spitzengolfern und Luxusreisenden gleichermaßen frequentiert. Es gibt ein riesiges Schwimmbad, eine Schönheitsfarm und ein Fitness-Center. Die Zimmer blicken auf das Rhônetal und die Walliser Alpen. Auch zu den Skiliften ist es nicht weit. **www.ghgp.ch**

CRANS-MONTANA Royal
ⒻⒻⒻⒻ

Rue du Pas de l'Ours, 3963 ☎ *027 485 95 95* FAX *027 485 95 85* ***Zimmer*** *54* ***Straßenkarte*** *C4*

Das moderne Hotel im Chalet-Stil liegt in der Nähe des Golfplatzes und der Skilifte. Es gibt kostenlose Parkplätze sowie eine grandiose Aussicht auf die Alpenkulisse. Die Zimmer sind komfortabel ausgestattet. Die Suiten haben hübsche Ecken und plüschige Sofas. Wellness-Bereich und Konferenzräume. **www.hotel-royal.ch**

FIESCH Fiescherhof
Ⓕ

Furkastrasse, 3984 ☎ *027 971 21 71* FAX *027 971 19 85* ***Zimmer*** *27* ***Straßenkarte*** *D4*

Der familiengeführte Fiescherhof präsentiert sich im Chalet-Stil mit Balkonen an den meisten Zimmern. Das Haus in einem kleinen Dorf nahe der Hauptstraße bietet Zugang zu Skipisten und zum Aletschgletscher. Die Zimmer sind allerdings relativ schlicht eingerichtet. **www.fiescherhof.ch**

GRIMSEL-PASS Grimselblick
ⒻⒻ

Grimsel-Pass, 3864 ☎ *027 973 11 77* FAX *027 973 14 22* ***Zimmer*** *10* ***Straßenkarte*** *D4*

Das Steinhaus mit roten Fensterläden liegt gleich beim eisigen Totensee auf dem Grimsel-Pass. Die kleinen Zimmer sind hübsch mit Fichtenmöbeln eingerichtet. Ein Zimmer besitzt ein Himmelbett mit Vorhängen. Nahebei gibt es Pfade für Schneeschuhfahrer. **www.grimselpass.ch**

GRINDELWALD Parkhotel Schoenegg
ⒻⒻ

Dorfstrasse, 3818 ☎ *033 854 18 18* FAX *033 854 18 19* ***Zimmer*** *49* ***Straßenkarte*** *D4*

Das seit Generationen familiengeführte Parkhotel Schoenegg besitzt einen grandiosen Wellness-Bereich, einen Garten und ein anheimelndes Lesezimmer mit Holzofen. Es gibt zudem ein Schwimmbad, einen Whirlpool mit Blick auf den Eiger und eine finnische Sauna. Gut ausgestattete Zimmer. **www.parkhotelschoenegg.ch**

GRINDELWALD Grand Regina Alpin Well & Fit Hotel
ⒻⒻⒻⒻ

Dorfstrasse 80, 3818 ☎ *033 854 86 00* FAX *033 854 86 88* ***Zimmer*** *90* ***Straßenkarte*** *D4*

Das majestätische Hotel sieht aus wie ein Schloss. Der Wellness-Bereich *(siehe S. 291)* bietet u. a. Außen- und Innenpool, Sauna sowie »Eis- und Gletscherbrunnen« mit Eisflocken zum Abkühlen nach dem Saunabesuch. Suiten haben Ledersofas und Parkett, Standardzimmer Holzdecken. Schöner Blick auf den Eiger. **www.grandregina.ch**

GSTAAD Bernerhof
ⒻⒻⒻⒻ

Promenade, 3780 ☎ *033 748 88 44* FAX *033 748 88 40* ***Zimmer*** *45* ***Straßenkarte*** *C4*

Das große Chalet-Hotel mit Holzbalkonen strahlt eine freundliche Atmosphäre aus. Es liegt zentral beim Bahnhof, ist aber frei von Verkehrslärm. Die Zimmer haben Holzböden. Es gibt Spielezimmer für Kinder, Jukebox und Schwimmbad. Unter den Restaurants findet sich das einzige Chinalokal der Gegend. **www.bernerhof-gstaad.ch**

GSTAAD Gstaad Palace
ⒻⒻⒻⒻⒻ

Palacestrasse, 3780 ☎ *033 748 50 00* FAX *033 748 50 00* ***Zimmer*** *104* ***Straßenkarte*** *C4*

Der Märchenbau mit vielen Türmchen liegt in einem Park mit Tennisplätzen und Swimmingpool. Hier gibt es jeden erdenklichen Luxus, einschließlich der teuersten Schönheits- und Wellness-Anlagen. Fünf Restaurants, 29 Suiten und eine Penthouse-Suite mit drei Schlafzimmern. Sogar das kleinste Zimmer misst 31 Quadratmeter. **www.palace.ch**

INTERLAKEN Beatus
Ⓕ

Sundlauenen, 3800 ☎ *033 841 16 24* FAX *033 841 16 25* ***Zimmer*** *9* ***Straßenkarte*** *D4*

Das Hotel im Landhausstil gehört zu Swiss-Budget-Hotels-Gruppe und liegt fünf Kilometer außerhalb von Interlaken gleich beim Thunersee. Es bestehen gute Bus- und Bootsverbindungen. Die weiß gestrichenen, sonnigen Zimmer haben große Fenster. **www.beatus-interlaken.ch**

Straßenkarte *siehe hintere Umschlaginnenseiten*

INTERLAKEN Hotel du Lac ⒻⒻⒻ

Höheweg 225, 3800 033 822 29 22 FAX 033 822 29 15 **Zimmer** 35 **Straßenkarte** D4

Das schicke, elegante Hotel an der Aare liegt im Zentrum von Interlaken am Ufer der Aare. Die großen Zimmer sind üppig ausgestattet und blicken auf den See und die Berggipfel. Das Hotel organisiert auch Sightseeing- und Bootstouren. **www.dulac-interlaken.ch**

INTERLAKEN Victoria-Jungfrau ⒻⒻⒻⒻⒻ

Höheweg 41, 3800 033 828 28 28 FAX 033 828 28 80 **Zimmer** 212 **Straßenkarte** D4

Das altehrwürdige Grandhotel vermittelt den Eindruck eines Schlosses. Es liegt ideal für Ausflüge in die Umgebung. Doch man muss das Haus gar nicht verlassen: Sein Spa *(siehe S. 291)* mit Fitness-Center ist weltklasse. Die öffentlichen Bereiche sind opulent, die großzügigen Zimmer elegant eingerichtet. **www.victoria-jungfrau.ch**

KANDERSTEG Landgasthof Ruedihus ⒻⒻⒻ

Hauptstrasse, 3718 033 675 81 81 FAX 033 675 81 85 **Zimmer** 10 **Straßenkarte** C4

Das 250 Jahre alte Chalet liegt gleich außerhalb von Kandersteg auf blumenübersäten Almwiesen. Hier kann man aus der Gegenwart fliehen: Es gibt kein Plastik, keinen Stahl – nur altes Eisen und Holz. Einige Zimmer haben Himmelbetten. Gäste können das Wellness- und Fitness-Center im Waldhotel Doldenhorn nutzen. **www.ruedihus.ch**

KANDERSTEG Victoria Ritter ⒻⒻⒻ

Hauptstrasse, 3718 033 675 80 00 FAX 033 675 81 00 **Zimmer** 75 **Straßenkarte** C4

Das zentral in Kandersteg gelegene Haus gehört zu den schönsten Hotels im Berner Oberland. Nach der Renovierung gibt es nun – neben den traditionellen Hotelzimmern – im separaten Gasthaus Ritter auch Zimmer im Landhausstil. Das Haus ist sehr kinderfreundlich (Kids club). Tennisplätze, Schwimmbad und Bibliothek. **www.hotel-victoria.ch**

LAUTERBRUNNEN Silberhorn ⒻⒻ

Alte Isenfluhstrasse, 3822 033 856 22 10 FAX 033 855 42 13 **Zimmer** 35 **Straßenkarte** C4

Das Silberhorn ist ein ansprechendes Chalet-Hotel in Bahnhofsnähe. Es liegt in einer Gartenanlage. Im Winter reicht eine Skipiste bis ans Hotel. Im Sommer kann man im Garten dinieren und die blühenden Wildblumen bewundern. Von hier aus genießt man einen grandiosen Blick auf die Berner Alpen. **www.silberhorn.com**

LEUKERBAD Lindner ⒻⒻⒻ

Dorfplatz, 3954 027 472 10 00 FAX 027 472 10 01 **Zimmer** 135 **Straßenkarte** C4

Das Haus gehört zur luxuriösen Lindner-Gruppe. Es ist mit der Alpentherme in Leukerbad *(siehe S. 290)* durch einen Tunnel verbunden. Es gibt drei Kategorien von Zimmern – je nach Luxus und nach dem jeweiligen Haus der drei Lindner-Hotels, die nun zu einem Komplex vereint sind. Gleiches gilt für die Suiten. **www.lindnerhotels.ch**

LEUKERBAD Les Sources des Alpes ⒻⒻⒻⒻⒻ

Tuftstrasse 17, 3954 027 472 20 00 FAX 027 472 20 01 **Zimmer** 30 **Straßenkarte** C4

Das romantische Hotel hat sein eigenes Aquawell-Thermalcenter – eine einladende Wohlfühloase. Jedes Zimmer ist individuell eingerichtet. Auf der ersten Etage tragen die Zimmer Blumennamen, auf der zweiten Früchtenamen, auf der dritten geht es um Reben und auf der vierten um Düfte. Innen- und Außenpool. **www.sourcesdesalpes.ch**

MARTIGNY Alpes & Rhône Ⓕ

Avenue du Grand-St-Bernard 11, 1920 027 722 17 17 FAX 027 722 43 00 **Zimmer** 50 **Straßenkarte** B5

Das achtstöckige Haus liegt zentral und bietet preiswerte Zimmer, darunter Familienzimmer und Apartments – alle komfortabel eingerichtet. Die Skigebiete von Verbier, Crans-Montana, Zermatt, Leukerbad und sogar Chamonix in Frankreich sind alle in einer einstündigen Fahrt erreichbar. **www.alpes-rhone.ch**

MÜRREN Hotel Alpenruh ⒻⒻ

Postfach, 3825 033 856 88 00 FAX 033 856 88 88 **Zimmer** 26 **Straßenkarte** C4

Das anheimelnde Chalet-Hotel bietet einen grandiosen Blick auf Eiger und Jungfrau. Es liegt in ruhiger, autofreier Umgebung in der Nähe der Skilifte. Das Hotel ist modern eingerichtet. Gäste haben Zugang zum Schwimmbad im nahen Sportzentrum. **www.alpenruh-muerren.ch**

RIEDERALP Golfhotel Riederhof ⒻⒻ

Riederalp, 3987 027 928 64 64 FAX 027 928 64 74 **Zimmer** 13 **Straßenkarte** D4

Das moderne, gut ausgestattete Hotel bietet ein eigenes Pitching- und Putting-Green. In einer Stunde ist man bei fünf Golfplätzen. Es gibt einen Pfad zum Aletschgletscher. Die Zimmer haben Südbalkone mit grandiosem Ausblick. Das Spa bietet u. a. Schwimmbad, Dampfbad, Sauna und Eisbrunnen. **www.golfhotel-riederhof.ch**

SAAS-FEE Jägerhof ⒻⒻ

Obere Gasse 16, 3906 027 957 13 10 FAX 027 957 16 55 **Zimmer** 15 **Straßenkarte** D5

Das kleine familiengeführte Chalet-Hotel blickt auf ein Gletscherpanorama. Es liegt auf einem Hügel gleich außerhalb von Saas-Fee. Neben dem Hotel befindet sich das gemütliche Ferienhäuschen Allalinblick für fünf Personen. Es gibt Whirlpool, Solarium und Sauna – und einen Loveroom für Flitterwöchner. **www.hotel-jaegerhof.ch**

SAAS-FEE Ferieneck Hohnegg ⒻⒻⒻ

Panoramaterrasse, 3906 027 958 10 70 FAX 027 958 10 99 **Zimmer** 8 **Straßenkarte** D5

Das Hotel im Berggelände außerhalb des Orts blickt im Sommer auf blühende Alpwiesen. Es gibt Zimmer und großzügige einzeln stehende Apartments (darunter Bio-Chalets). Alle Zimmer sind individuell gestaltet, einige haben Jacuzzis oder Himmelbetten. Viel Fichtendekor. **www.hohnegg.ch**

SION Ibis Ⓕ

21, avenue Grand Champsec, 1951 Tel. *027 205 71 00* FAX *027 205 71 71* ***Zimmer*** *71* ***Straßenkarte*** *C5*

Das kleine Hotel in Sion-Est mit gutem Preis-Leistungs-Verhältnis ist modern, hell und funktional – und auf Geschäftsreisende ausgerichtet. Es liegt in der Nähe der A9 und eignet sich als Basis für Ausflüge nach Crans-Montana, Verbier und Zermatt. Es gibt ein Restaurant und eine Bar. WLAN (kostenpflichtig) vorhanden. **www.ibishotel.com**

SION Du Rhône ⒻⒻ

10, rue du Scex, 1950 Tel. *027 322 82 91* FAX *027 323 11 88* ***Zimmer*** *44* ***Straßenkarte*** *C5*

Das moderne Best-Western-Hotel gewährt Aussicht auf das Rhônetal und die nahen Berggipfel. Das zentral gelegene Haus ist gut ausgestattet, u. a. mit Kabel-TV und Internet-Zugang. Die mittelgroßen Zimmer (auch Nichtraucher-Zimmer) sind funktional eingerichtet. **www.bestwestern.ch**

SOLOTHURN Baseltor ⒻⒻ

Hauptgasse 79, 4500 Tel. *032 622 34 22* FAX *032 622 18 79* ***Zimmer*** *11* ***Straßenkarte*** *C3*

Hier fühlt man sich willkommen. Die Besitzer organisieren literarische Abendessen und Radtouren. Das einstige Patrizierhaus (17. Jh.) liegt nicht weit von der Kathedrale entfernt. Das Restaurant erhielt 13 Gault-Millau-Punkte. Die sechs Zimmer, die 1992 hinzukamen, gewannen einen Designpreis. **www.baseltor.ch**

SOLOTHURN Die Krone ⒻⒻ

Hauptgasse 64, 4500 Tel. *032 626 44 44* FAX *032 626 44 45* ***Zimmer*** *42* ***Straßenkarte*** *C3*

Die Krone soll das zweitälteste Hotel der Schweiz sein. Hier übernachteten schon Napoléon und – in neuerer Zeit – Sophia Loren und Henry Kissinger. Das heutige Haus stammt aus dem 18. Jahrhundert, die Zimmer sind im Louis-XV- oder Biedermeier-Stil eingerichtet – mit allen modernen Annehmlichkeiten. **www.hotelkrone-solothurn.ch**

THUN Emmental ⒻⒻ

Bernstrasse 2, 3600 Tel. *033 222 01 20* FAX *033 222 01 30* ***Zimmer*** *12* ***Straßenkarte*** *C3*

Das villenartige Hotel hat grüne Fensterläden und hölzerne Balkone, typisch für die Architektur des 19. Jahrhunderts. Die modernen Zimmer sind weiß möbliert – mit schwarzen Ledersesseln. Das Hotel am Rand der Thuner Altstadt blickt auf Schloss Thun und die Berggipfel. **www.thunisst.ch**

VAL D'ANNIVIERS Bella Tola ⒻⒻⒻ

Rue Principale, St-Luc, 3961 Tel. *027 475 14 44* FAX *027 475 29 98* ***Zimmer*** *30* ***Straßenkarte*** *C5*

Das Bella Tola ist ein preisgekröntes, charmantes familiengeführtes Hotel (1859). Die geräumigen Zimmer sind mit alten Möbeln ausgestattet. Ein gibt ein Wellness- und Fitness-Center. Das Haus in einem Dorf mit Scheunen und mäandernden Gassen bietet schöne Ausblicke von den Südbalkonen. Der Skibus macht hier halt. **www.bellatola.ch**

VERBIER Central ⒻⒻ

Place Centrale, 1936 Tel. *027 771 50 073* FAX *027 771 50 11* ***Zimmer*** *8* ***Straßenkarte*** *C5*

Das kleine Boutique-Hotel liegt im Zentraum von Verbier. Die kleinen Zimmer sind in neutralen Farben dekoriert, alle haben Jacuzzis, viele Balkon und eine grandiose Aussicht auf die Berge. Das Haus liegt inmitten der »Vergnügungsmeile« mit beliebten Bars – ist also für lärmempfindliche Besucher weniger geeignet. **www.verbiercentralhotel.com**

VERBIER Les Touristes ⒻⒻ

Verbier Village, 1936 Tel. *027 771 22 47* FAX *027 771 21 72* ***Zimmer*** *16* ***Straßenkarte*** *C5*

Das preisgünstigste Hotel in Verbier liegt im alten Ortskern gleich beim Skigebiet. Die kleinen Zimmer haben Holztäfelung, nur manche bieten ein eigenes Bad. Das Restaurant ist für seine Käsegerichte bekannt. Es gibt einen geräumigen Parkplatz sowie Busse zu den Skiliften. **www.hoteltouristes-verbier.ch**

VERBIER Chalet d'Adrien ⒻⒻⒻⒻⒻ

Chemin des Creux, 1936 Tel. *027 771 62 00* FAX *027 771 62 24* ***Zimmer*** *25* ***Straßenkarte*** *C5*

Dieses Fünf-Sterne-Hotel des Jetset-Ferienorts entstand aus einem einfachen Gasthof. Es liegt nahe den Skiliften oberhalb des Ortszentrums und bietet Swimmingpool, Wellness- und Fitness-Center. Einige der Zimmer sind ziemlich klein, die Junior-Suiten hingegen luxuriös und geräumig. **www.chalet-adrien.com**

VISP Visperhof ⒻⒻ

Bahnhofstrasse 2, 3930 Tel. *027 948 38 00* FAX *027 948 38 01* ***Zimmer*** *35* ***Straßenkarte*** *D4*

Das moderne Hotel liegt im autofreien Bereich von Visp, dem Eisenbahnknotenpunkt im Oberwallis. Zimmer für Geschäftsreisende haben Schreibtische, WLAN ist kostenlos. Urbaner Chic dominiert das Design. Guter Ausgangspunkt für Tagesausflüge in die Skiregionen, etwa Saas-Fee. **www.visperhof.ch**

WENGEN Belvedere ⒻⒻⒻ

Postfach, 3823 Tel. *033 856 68 68* FAX *033 856 68 69* ***Zimmer*** *62* ***Straßenkarte*** *C4*

Das Jugendstil-Hotel liegt beim Bahnhof im Zentrum des autofreien Orts. Die geräumigen Zimmer sind komfortabel eingerichtet, einige haben Parkett. Es gibt zudem große Familien-Suiten. Das Belvedere liegt in der Nähe der Skilifte und des Ortszentrums mit Eislaufbahn. **www.belvedere-wengen.ch**

WENGEN Regina ⒻⒻⒻⒻ

Postfach, 3823 Tel. *033 856 58 58* FAX *033 856 58 50* ***Zimmer*** *80* ***Straßenkarte*** *C4*

Das ruhig gelegene Regina ist ein Hotel alten Stils mit schmiedeeisernen Balkonen und weißen Fensterläden. Es bietet Beauty- und Fitness-Center, Massagen und Solarium. Die Zimmer besitzen altmodische Leuchten und Bettdecken im Blümchenmuster. Das luftige Restaurant erhielt 15 Gault-Millau-Punkte. **www.hotelregina.ch**

Straßenkarte *siehe hintere Umschlaginnenseiten*

WILDERSWIL Alpenrose
Kirchgasse 72a, 3812 ☎ *033 822 10 24* FAX *033 822 69 60* **Zimmer** *20* — Ⓕ — **Straßenkarte** *D4*

Das kleine, familiengeführte Hotel liegt in einem großen Garten mit Blick auf die Berner Alpen. Das Äußere ist nicht besonders auffällig, doch die Zimmer sind groß und hübsch mit komfortablen Sofas möbliert – was man in dieser Preisklasse selten findet. **www.alpenrosehotel.ch**

ZERMATT Bahnhof
Bahnhofstrasse 54, 3920 ☎ *027 967 24 06* FAX *027 967 72 16* **Zimmer** *17* — Ⓕ — **Straßenkarte** *C5*

Das Bahnhof ist für Zermatt erstaunlich preisgünstig und das bevorzugte Quartier von Extremkletterern und -skifahrern. Seine auffälligen roten Fensterläden und weißen Holzbalkone stechen hervor. Es gibt Schlafsäle und Gemeinschaftszimmer, aber auch einfache Doppelzimmer mit Blick aufs Matterhorn. **www.hotelbahnhof.com**

ZERMATT Romantica
Chrum 21, 3920 ☎ *027 966 26 50* FAX *027 966 26 55* **Zimmer** *15* — ⒻⒻ — **Straßenkarte** *C5*

Das Berghotel im Chalet-Stil bietet eine grandiose Aussicht und einen sonnigen Garten. Die komfortablen Zimmer sind nicht allzu groß. Es gibt zudem zwei Walliser *mazots* (200 Jahre alte Holzhäuser, einstige Kornspeicher), die in romantische Unterkünfte umgewandelt wurden. **www.reconline.ch/romantica**

ZERMATT Kulmhotel
Gornergrat, 3920 ☎ *027 966 64 00* FAX *027 966 64 04* **Zimmer** *23* — ⒻⒻⒻ — **Straßenkarte** *C5*

Die ultimative »Gipfelerfahrung« in 3100 Meter Höhe: Mit den beiden Kuppeltürmen – einer davon ist ein Observatorium – vermittelt das höchstgelegene Hotel der Alpen ein spezielles Flair. Das Haus ist nur per Zahnradbahn erreichbar. Die Zimmer bieten moderne Annehmlichkeiten – und Blick aufs Matterhorn. **www.matterhorn-group.ch**

ZERMATT Riffelalp
Riffelalp, 3920 ☎ *027 966 05 55* FAX *027 966 05 50* **Zimmer** *72* — ⒻⒻⒻⒻⒻ — **Straßenkarte** *C5*

Dies ist das luxuriöseste Hotel in Zermatt. Das Anwesen auf 2222 Meter Höhe erreicht man per Zahnradbahn. Die Anlage datiert aus dem Jahr 1884, wurde allerdings 2000 komplett umgebaut und mit Spa, Schwimmbad und Bowlingbahnen ausgerüstet. Die Zimmer sind opulent ausgestattet. **www.riffelalp.com**

Genf

GENF Hôtel de la Cloche
6, rue de la Cloche, 1201 ☎ *022 732 94 81* FAX *022 738 16 12* **Zimmer** *8* — Ⓕ — **Straßenkarte** *A5*

Das beliebte Hotel im Herzen von Genf liegt gleich hinter dem Quai du Mont-Blanc. Das einstige Wohnhaus aus dem 19. Jahrhundert besitzt eine elegante Fassade sowie kleine, aber elegante Zimmer mit Parkett, Kamin und schmiedeeisernen Balkonen. Rechtzeitige Reservierung erforderlich. **www.geneva-hotel.ch/cloche**

GENF St-Gervais
20, rue des Corps-Saints, 1201 ☎ *022 732 45 72* FAX *022 731 42 90* **Zimmer** *26* — Ⓕ — **Straßenkarte** *A5*

Das preisgünstige Hotel liegt zentral in der Nähe des Sees und des Bahnhofs (etwa 15 Minuten vom Flughafen entfernt). Die Zimmer teilen sich Bäder auf dem Flur, sind unterschiedlich groß und teuer, doch alle haben TV und WLAN. Das Frühstück ist im Preis inbegriffen. Angenehme Atmosphäre. **www.stgervais-geneva.ch**

GENF Comédie
12, rue de Carouge, 1205 ☎ *022 322 23 24* FAX *022 322 23 23* **Zimmer** *28* — ⒻⒻ — **Straßenkarte** *A5*

Das preiswerte, nette Hotel liegt ganz in der Nähe der Altstadt und des Genfer Sees – und nicht weit von der Tiefgarage des Plainpalais entfernt. Die Zimmer sind geräumig und mit modernen Bildern und frischen Blumen dekoriert. Es gibt eine Suite und ein kleines Frühstückszimmer. **www.hotel-comedie.ch**

GENF Hotel At Home
16, rue de Fribourg, 1201 ☎ *022 906 19 00* FAX *022 738 44 30* **Zimmer** *26* — ⒻⒻ — **Straßenkarte** *A5*

Der Name sagt schon alles. Das anheimelnde pinkfarbene Haus liegt mitten in Genf, etwa fünf Gehminuten vom Bahnhof entfernt, und bedient eine bunte, internationale Gästeschar. Die Zimmer sind zwar klein, aber hübsch und besitzen auf Hochglanz gebohnerte dunkle Holzböden. **www.hotel-at-home.ch**

GENF Savoy
8, place Cornavin, 1201 ☎ *022 906 47 00* FAX *022 906 47 90* **Zimmer** *50* — ⒻⒻ — **Straßenkarte** *A5*

Das Hotel genießt einen guten Ruf, was Service und Ausstattung angeht. Es liegt beim Bahnhof Cornavin, mitten im Einkaufsviertel. Alle Zimmer haben Klimaanlage, einige auch Küchen. Das Restaurant bietet morgens Frühstück und während des Tages libanesische Spezialitäten. **www.hotel-savoy.net**

GENF Crowne Plaza
75–77, avenue Louis-Casaï, 1216 ☎ *022 710 30 00* FAX *022 710 31 00* **Zimmer** *302* — ⒻⒻⒻ — **Straßenkarte** *A5*

Das luxuriöse Hotel beim Flughafen und Messezentrum beherbergt meist Geschäftsleute und Messebesucher. Es gibt zwei 24-Stunden-Business-Center. Auch Spa und Fitness-Center des Hauses beeindrucken. Die Zimmer sind komfortabel, die Business-Suiten groß und üppig ausgestattet. **www.cpgva.ch**

Preiskategorien *siehe Seite 244* **Zeichenerklärung** *siehe hintere Umschlagklappe*

GENF Kipling ⒻⒻⒻ

27, rue de la Navigation, 1201 022 544 40 40 FAX 022 544 40 99 ***Zimmer*** *62* ***Straßenkarte*** *A5*

Das Kipling besitzt einen orientalischen Touch. Überall gibt es Kunsthandwerk aus Indien und China. Aufgrund der zentralen Lage ist man schnell bei allen Sehenswürdigkeiten. Einige Zimmer sind ganz erstaunlich möbliert, alle haben Klimaanlage. WLAN, Waschsalon und Business-Center. **www.manotel.com/kipling**

GENF L'Auberge d'Hermance ⒻⒻⒻ

12, rue du Midi, Hermance, 1248 022 751 13 68 FAX 022 751 16 31 ***Zimmer*** *6* ***Straßenkarte*** *A5*

Die Haus ist ein eleganter Rückzugsort im malerischen Weiler Hermance bei Genf. Es bietet nur sechs romantische Zimmer – drei davon sind Suiten. Man staunt über Gemälde, handbemalte Möbel, Deckenbalken, Steinwände – und grandiose Bäder. Das Restaurant ist herausragend. **www.hotel-hermance.ch**

GENF Hôtel Beau-Rivage ⒻⒻⒻⒻⒻ

13, quai du Mont-Blanc, 1201 022 716 66 66 FAX 022 716 60 60 ***Zimmer*** *93* ***Straßenkarte*** *A5*

Genfs ältestes familiengeführtes Hotel liegt am See und blickt auf den berühmten Jet d'Eau. Das architektonische Juwel beeindruckt mit Kristalllüstern, einem vier Stockwerke hohen Atrium mit Brunnen, Marmorwänden und griechischen Säulen. Hier gibt es exzellenten Service und opulente Zimmer. Drei Apartments. **www.beau-rivage.ch**

Westschweiz

AIGLE Hôtel du Nord ⒻⒻ

2–4, rue Colomb, 1860 24 468 10 55 FAX 24 468 10 56 ***Zimmer*** *19* ***Straßenkarte*** *B4*

Das Haus in der Fußgängerzone im Zentrum von Aigle gehört zur Minotel-Gruppe. In den Zimmern stehen komfortable Lehnstühle, in jedem gibt es auch eine Kaffeemaschine. Die Atmosphäre ist freundlich, das Frühstücksbuffet herzhaft. **www.hoteldunord.ch**

AVENCHES Hôtel de la Couronne ⒻⒻ

20, rue Centrale, 1580 026 675 54 14 FAX 026 675 54 22 ***Zimmer*** *12* ***Straßenkarte*** *B3*

Das hübsche Hotel mit Mansardendach und roten Fensterläden liegt im Zentrum von Avenches. Die recht großen Zimmer sind geschmackvoll eingerichtet. Seminar- und Bankettträume sind vorhanden. In den Gewölben des Weinkellers finden Weinverkostungen statt. Beliebter Treffpunkt der Einheimischen. **www.lacouronne.ch**

BALLAIGUES Hôtel Croix d'Or Ⓕ

1, place du Château 1, 1338 021 843 26 09 ***Zimmer*** *5* ***Straßenkarte*** *A3*

Das freundliche Hotel im Ortskern liegt nahe der französischen Grenze und ist beliebt bei Wanderern und Radfahrern. Die Zimmer sind einfach, das Bad am Flur muss man sich teilen. Das Frühstück ist reichhaltig, es gibt auch ein Restaurant mit Terrasse. Räder finden in einer Garage ihren Platz. **www.lacroixdor.ch**

DELÉMONT Le National ⒻⒻ

25, route de Bâle, 2800 032 422 96 22 FAX 032 422 39 12 ***Zimmer*** *27* ***Straßenkarte*** *C2*

Das moderne schicke Hotel im Zentrum von Delémont liegt nur fünf Minuten vom Bahnhof und ein paar Schritte von der Altstadt entfernt. Es bietet einen großen Gästeparkplatz. Die komfortablen Zimmer haben Federbetten. In der Nähe gibt es mehrere Loipen. Renommiertes Restaurant mit exzellenter Weinkarte. **www.lenational-hotel.ch**

ESTAVAYER-LE-LAC Le Rive Sud ⒻⒻ

16, rue de l'Hôtel de Ville, 1470 026 663 92 92 FAX 026 663 92 99 ***Zimmer*** *13* ***Straßenkarte*** *B3*

Das hübsche Gebäude mit Fundamenten aus dem 16. Jahrhundert steht im mittelalterlichen Dorfzentrum. Das Innere wurde geschmackvoll gestaltet. Die Zimmer haben Dusche oder Whirlpool-Bäder. Einige besitzen Balkendecken und bieten Ausblick auf den Lac de Neuchâtel. Gourmet-Restaurant und Bistro. Kostenloses WLAN. **www.lerivesud.ch**

FRIBOURG Best Western Hôtel de la Rose ⒻⒻ

1, rue de Morat, 1702 026 351 01 01 FAX 026 351 01 00 ***Zimmer*** *40* ***Straßenkarte*** *B3*

Das Hotel in einem Gebäude aus dem 17. Jahrhundert steht in der Altstadt nahe der Kathedrale. Die kleinen Zimmer sind einfach möbliert, einige haben Oberlichter. Die Junior-Suiten sind geräumiger und besitzen große Fenster. Das Tanzvergnügen in der Kellerbar Cave de la Rose dauert bis 4 Uhr früh. **www.hoteldelarose.ch**

FRIBOURG Hôtel au Sauvage ⒻⒻ

12, Planche Supérieure, 1700 026 347 30 60 FAX 026 347 30 61 ***Zimmer*** *16* ***Straßenkarte*** *B3*

Das Hotel zum »wilden Mann« liegt in Gemäuern aus dem 16. Jahrhundert. Es ist Mitglied der Schweizer Sektion der Romantik Hotels. Die Zimmer des im Zentrum von Fribourg stehenden Hauses besitzen alte Holzdecken und herrliche Federbetten. Das Hotel bietet kostenloses WLAN. **www.hotel-sauvage.ch**

GRUYÈRES Hostellerie des Chevaliers ⒻⒻ

1, ruelle des Chevaliers, 1663 026 921 19 33 FAX 026 921 25 52 ***Zimmer*** *34* ***Straßenkarte*** *B4*

Das weiß getünchte Hotel im Look eines alten Bauernhauses liegt auf den Almwiesen von Gruyères. Die ruhige Umgebung ist bei Radfahrern beliebt. Die Zimmer reichen von einfach möbliert bis opulent und mit Antiquitäten ausgestattet. Altmodische Stoffe zieren Betten und Wände. **www.chevaliers-gruyeres.ch**

Straßenkarte *siehe hintere Umschlaginnenseiten*

GRUYÈRES Hôtel de Ville ⒻⒻ

Route de la Cité, 1663 026 921 24 24 FAX 026 921 36 28 **Zimmer** 8 **Straßenkarte** B4

Der altmodische Gasthof mit kleiner Terrasse liegt in der Fußgängerzone der Altstadt. Die anheimelnden großzügigen Zimmer sind mit Geschmack eingerichtet. Es gibt eine große Junior-Suite und eine Hochzeits-Suite mit Himmelbett. Das charaktervolle Restaurant serviert regionalen Käse und Schinken. **www.hoteldeville.ch**

LA CHAUX-DE-FONDS Hôtel de la Fleur-de-Lys ⒻⒻ

13, avenue Léopold-Robert, 2300 032 913 37 31. FAX 032 913 58 51 **Zimmer** 28 **Straßenkarte** B3

Das Fleur-de-Lys, ein Business-Hotel mit Kunden aus der Uhrenindustrie, liegt zentral in der Nähe des Bahnhofs. Die passablen Zimmer besitzen Vorhänge, um den Schlafbereich von der Sitzecke abzutrennen. Das italienische Hotelrestaurant ist überaus beliebt.

LAUSANNE Hôtel de l'Ours ⒻⒻ

2, rue du Bugnon, 1005 021 321 49 49 FAX 021 320 49 73 **Zimmer** 20 **Straßenkarte** B4

Das preiswerte Hotel liegt an einem belebten Platz mit guten Tramverbindungen. Es befindet sich in Gehweite zur Kathedrale und den Museen. Das vierstöckige rosafarbene Haus besitzt ein Giebeldach mit Dachfenstern. Die sauberen Zimmer haben Standardmöblierung. Im Haus liegt ein beliebtes italienisches Restaurant.

LAUSANNE Minotel AlaGare ⒻⒻ

14, rue du Simplon, 1006 021 612 09 09 FAX 021 617 92 55 **Zimmer** 45 **Straßenkarte** B4

Das international orientierte Hotel besitzt ein attraktives Äußeres, das mit vielen Flaggen dekoriert ist. Es liegt in der Fußgängerzone in Bahnhofsnähe. Zum Musée Olympique spaziert man etwa zehn Minuten. Die hübschen Zimmer sind bequem eingerichtet. Japanisches und chinesisches Frühstück erhältlich. Kabel-TV. **www.hotelalagare.com**

LAUSANNE Elite ⒻⒻⒻ

1, avenue Sainte-Luce, 1003 021 320 23 61 FAX 021 320 39 63 **Zimmer** 33 **Straßenkarte** B4

Land-Feeling mitten in der Stadt: Das große rosa Stadthaus mit weißen Fensterläden und rot gestreiften Sonnensegeln liegt in einem Garten im Herzen Lausannes zwischen Shopping-Straßen und Bahnhof. Die oberen Zimmer blicken auf den Genfer See. Einige Zimmer haben schmiedeeiserne Balkone. **www.elite-lausanne.ch**

LAUSANNE Lausanne Palace & Spa ⒻⒻⒻⒻⒻ

7–9, rue du Grand-Chêne, 1002 021 331 31 31 FAX 021 323 25 71 **Zimmer** 154 **Straßenkarte** B4

Der Inbegriff eines Belle-Époque-Hotels in zentraler Lage erinnert an die große Zeit der »Schweizer Riviera«. Das Haus besitzt eines der besten Spas der Schweiz. Die Zimmergrößen rangieren zwischen 30 und 95 Quadratmetern (Präsidentensuiten). Sie haben schwarze Marmorbäder. Schwimmbad. **www.lausanne-palace.ch**

LE LOCLE Jet d'Eau Ⓕ

15, le Col, Le Col-des-Roches, 2400 032 931 46 66 FAX 032 931 25 41 **Zimmer** 5 **Straßenkarte** B3

Der attraktive Landgasthof liegt gleich außerhalb von Le Locle. Die ruhige Umgebung ist ideal für Familien. Mit Giebeldach, Fensterläden und Blumenkästen macht das Haus einen sehr ländlichen Eindruck, liegt aber nahe zu den unterirdischen Mühlen und weiteren Attraktionen. Mo, Di hat der Gasthof Ruhetag. **www.jetdeau-col.ch**

LES DIABLERETS Mon Séjour Ⓕ

Vers-l'Église, 1864 024 492 14 08 FAX 024 492 14 17 **Zimmer** 11 **Straßenkarte** B4

Das Chalet-Hotel bietet preiswerte Unterkünfte für Familien und junge sportliche Menschen, die einen günstigen Standort für ihre Outdoor-Aktivitäten suchen. Zur Verfügung stehen Doppelzimmer und Schlafsäle. Alle sind mit Waschbecken ausgestattet, die Badezimmer befinden sich auf dem Gang. **www.hotel-mon-sejour.ch**

LES DIABLERETS Eurotel Victoria ⒻⒻ

Chemin du Vernex, 1865 024 492 37 21 FAX 024 492 23 71 **Zimmer** 101 **Straßenkarte** B4

Das Luxushotel liegt in einem kleinen familiengeführten Skiresort in Diablerets. Die großen, gut eingerichteten Zimmer haben Holzböden. Es gibt – neben dem Gourmet-Hotelrestaurant – ein separat gelegenes Chalet-Restaurant, das Walliser Spezialitäten serviert. Schwimmbad, Sauna und Fitness-Center. **www.eurotel-victoria.ch**

LEYSIN Classic Hotel ⒻⒻ

Route de la Cité, 1854 024 493 06 06 FAX 024 493 06 93 **Zimmer** 115 **Straßenkarte** B4

Das hochmoderne Hotel, das größte in Leysin, bietet Transferdienste zu den Skipisten und zum Sportzentrum, wo Gäste kostenlosen Zugang zum Schwimmbad haben. Es liegt im Ortszentrum, jedoch auf einem größeren sonnigen Gelände. Die durchschnittlich großen Zimmer sind ansprechend möbliert. **www.classic-hotel.ch**

LUTRY Le Bourg 7 ⒻⒻ

7, rue du Bourg, 1095 021 796 37 77 FAX 021 796 37 70 **Zimmer** 13 **Straßenkarte** B4

Nicht weit vom Genfer See im Zentrum eines hübschen Dorfes liegt das Hotel in der Weinregion Lavaux. Das Haus wurde 1520 erbaut und ist modern und chic renoviert. Die Möbel kann man auch kaufen. Auf Wunsch arrangiert das Hotel einen Babysitter-Dienst. **www.lebourg7.com**

MONT-PÈLERIN Le Mirador Kempinski ⒻⒻⒻⒻ

5, chemin du Mirador, 1801 021 925 11 11 FAX 021 925 11 12 **Zimmer** 74 **Straßenkarte** B4

Das im Herzen der Schweizer Weinregion auf dem Mont-Pèlerin gelegene Hotel erinnert an ein elegantes Herrenhaus. Die Zimmerausstattung reicht von einfach bis grandios. Das Givenchy Spa bietet Beauty-Behandlungen, Diätenzentrum, überdachte Innen- und Außenpools sowie ein Fitness-Center. **www.mirador.ch**

Preiskategorien *siehe Seite 244* **Zeichenerklärung** *siehe hintere Umschlagklappe*

MONTREUX Hôtel Villa Germaine (F)

3, avenue Collonge, 1820 ☎ *021 963 15 28* ***Zimmer*** *9* — **Straßenkarte** *B4*

Die märchenhafte Belle-Époque-Villa mit Schornsteinen, Treppenaufgängen und rot gestreiften Sonnensegeln ist erstaunlich preisgünstig. Sie liegt oberhalb des Genfer Sees in ruhiger Wohnlage mit fantastischer Aussicht. Einige Zimmer haben Balkon. Es ist sehr sonnig, im Garten kann man sonnenbaden. **www.montreux.ch/villa-germaine**

MONTREUX Fairmont Le Montreux Palace (F)(F)(F)(F)(F)

100, Grand'Rue, 1820 ☎ *021 962 12 12* FAX *021 962 17 17* ***Zimmer*** *235* — **Straßenkarte** *B4*

Das elegante Belle-Époque-Hotel gehört zu den schönsten Schweizer Hotels und liegt wie ein Juwel am Ufer des Genfer Sees. Die Zimmer wurden mit den neuesten Hightech-Utensilien ausgestattet. Dekor, warme Farben und die großzügigen Dimensionen erinnern aber an eine frühere, opulente Zeit. **www.montreux-palace.ch**

MORGES Mont-Blanc au Lac (F)(F)(F)

Quai du Mont-Blanc, 1110 ☎ *021 804 87 87* FAX *021 801 51 22* ***Zimmer*** *45* — **Straßenkarte** *A4*

Das Hotel liegt auf halbem Weg zwischen Genf und Lausanne an der Seepromenade im Gebiet des alten Hafens. Die geschmackvoll eingerichteten Zimmer besitzen alle Klimaanlage. Zum Hotel gehören ein Gourmet-Restaurant und ein Gartenrestaurant mit Terrasse. **www.hotel-mont-blanc.ch**

MURTEN (MORAT) Le Vieux Manoir (F)(F)(F)(F)(F)

18, rue de Lausanne, 3280 ☎ *026 678 61 61* FAX *026 678 61 62* ***Zimmer*** *36* — **Straßenkarte** *B3*

Das exklusive Relais & Châteaux-Hotel liegt am Murtensee. Alle Zimmer besitzen schöne alte Tapeten. Die Suiten sind mit Antiquitäten und Teppichen ausgestattet, einige mit Himmelbetten. Die Restaurants sind sehr empfehlenswert, darunter auch das Volière, der kleinste Speisesaal der Schweiz *(siehe S. 275)*. **www.vieuxmanoir.ch**

NEUCHÂTEL Touring au Lac (F)

1, place Numa Droz, 2001 ☎ *032 725 55 01* FAX *032 725 82 43* ***Zimmer*** *51* — **Straßenkarte** *B3*

Das außen eher nüchterne Haus liegt im Gebiet des alten Hafens mit fantastischer Aussicht. Die Zimmer sind gut geschnitten und sehr hell. Das Restaurant bietet auch eine Terrasse. Es gibt zudem einen mittelgroßen Konferenzraum mit entsprechender Ausstattung. **www.touring-au-lac.ch**

NEUCHÂTEL La Maison du Prussien (F)(F)

11, rue des Tunnels, 2000 ☎ *032 730 54 54* FAX *032 730 21 43* ***Zimmer*** *10* — **Straßenkarte** *B3*

Die einstige Brauerei (18. Jh.) wurde in ein romantisches, luxuriöses Hotel mit Gourmet-Restaurant umgewandelt. Das Haus ist von hohen Bäumen umstanden. Die individuell geschnittenen Zimmer sind alle unterschiedlich eingerichtet, einige haben hohe Fenster und Kamine. Alle strahlen romantisches Flair aus. **www.hotel-prussien.ch**

NEUCHÂTEL Beau-Rivage (F)(F)(F)(F)

1, esplanade du Mont-Blanc, 2000 ☎ *032 723 15 15* FAX *032 723 16 16.* ***Zimmer*** *66* — **Straßenkarte** *B3*

Das Hotel liegt – wie der Name sagt – schön am Lac de Neuchâtel. Von den oberen Zimmern ist der Ausblick grandios. Die eleganten Zimmer besitzen große Fenster, üppige Einrichtung und hübsche Holztäfelungen. Ultramoderner Wellness-Bereich mit Hamam und Fitness-Center. Parkgarage vorhanden. **www.beau-rivage-hotel.ch**

NYON Hotel Real (F)(F)(F)

1, place de Savoie, 1260 ☎ *022 365 85 85* FAX *022 365 85 86* ***Zimmer*** *30* — **Straßenkarte** *A4*

Das in zeitgenössischem Design gestylte Hotel am See liegt nur 20 Minuten vom Genfer Flughafen entfernt. Es strahlt in weißem und schwarzem Marmor, Kirschholz, Stuck und grünem Brasilienschiefer. Die großen Zimmer haben Klimaanlage, sie blicken auf den Genfer See und auf den Mont Blanc. **www.hotelrealnyon.ch**

ORBE Hôtel des Mosaïques (F)(F)

5b, Montchoisi, 1350 ☎ *024 441 62 61* FAX *024 441 15 14* ***Zimmer*** *38* — **Straßenkarte** *B3*

Wenn man die römischen Mosaiken in Orbe und die Grottes de Vallorbe besichtigen will, ist dies das ideale Hotel. Es ist modern, funktional und bietet Panoramablick auf die Berge des Jura. Ganz nah liegen auch Wanderwege zu den Schluchten des Orbe sowie ein Sportzentrum mit Schwimmbad und Tennisplätzen. **www.hoteldesmosaiques.ch**

ST-URSANNE La Couronne (F)

3, rue de 23 Juin, 2882 ☎ *032 461 35 67* FAX *032 461 35 77* ***Zimmer*** *10* — **Straßenkarte** *C2*

Der historische Gasthof mit befestigter Toreinfahrt liegt am Rand der Altstadt. Das dreistöckige Haus hat hübsche Gaubenfenster. Sonniger Garteninnenhof. Das Restaurant zählt Käsefondue und Forellen zu seinen Spezialitäten *(siehe S. 276)*. Reservierung erforderlich. **www.hotelcouronne.ch**

VEVEY Vevey Hotel & Guesthouse (F)

Place du Marché, 1800 ☎ *021 922 35 32* FAX *021 922 35 34* ***Zimmer*** *13* — **Straßenkarte** *B4*

Das Stadthaus (19. Jh.) am Genfer See blickt auf Weingärten und liegt nur drei Gehminuten vom Bahnhof entfernt – ein ideales Quartier für Familien, Gruppen und Rucksackurlauber (Zweier- bis Achterzimmer). Es gibt nur Gemeinschaftsbäder am Flur. Mittelalterlicher Weinkeller. **www.veveyhotel.com**

VEVEY Hôtel des Trois Couronnes (F)(F)(F)(F)

49, rue d'Italie, 1800 ☎ *021 923 32 00* FAX *021 923 33 99* ***Zimmer*** *71* — **Straßenkarte** *B4*

Im Zentrum von Vevey, nicht weit vom See, steht das prächtige Haus aus dem 19. Jahrhundert. Marmorsäulen und Stuck prägen das Ambiente. Die Zimmer sind groß und komfortabel, viele haben einen Balkon mit Blick auf See und Berge. Ausgezeichneter Service. Frühstück wird extra berechnet. **www.hoteltroiscouronnes.ch**

Straßenkarte *siehe hintere Umschlaginnenseiten*

YVERDON-LES-BAINS Grand Hôtel des Bains ⒻⒻⒻⒻ
22, avenue des Bains, 1400 ☎ *024 424 64 64* FAX *024 424 64 65* ***Zimmer** 120* ***Straßenkarte** B3*

Das luxuriöse Grand Hôtel des Bains liegt in einem Park. Die De-luxe-Zimmer und -Suiten wurden 2006 renoviert. Sie bieten Balkon, Ledersofas und Flachbildschirme. Das Thermenzentrum ist mit dem Hotel verbunden, die Gäste haben dort Rabatt. Das Hotel besitzt auch ein eigenes Spa mit Swimmingpool. **www.grandhotelyverdon.ch**

Nordschweiz

AARAU Sorellino Hotel Argovia ⒻⒻ
Kasernenstrasse 24, 5001 ☎ *062 823 21 21* FAX *062 822 32 63* ***Zimmer** 16* ***Straßenkarte** D2*

Das komfortable Hotel liegt drei Gehminuten vom (Bus-)Bahnhof entfernt nahe der Altstadt. Kinder unter 15 Jahren schlafen im Zimmer der Eltern kostenlos. Es gibt moderne Standardzimmer, nur das »Fußballzimmer« sticht hervor. Das Bett ist als Tor gestaltet, Flaggen und Bilder von Fußballstars zieren die Wände. **www.hotelargovia.ch**

AARAU Aarauerhof ⒻⒻⒻ
Bahnhofstrasse 68, 5000 ☎ *062 837 83 00* FAX *062 837 84 00* ***Zimmer** 81* ***Straßenkarte** D2*

Das moderne Hotel beim Bahnhof bietet klimatisierte Zimmer. Außer den Standardzimmern gibt es noch Familien-Suiten. Die meisten Gäste sind allerdings Geschäftsreisende, denn das Haus hat ein beliebtes Konferenzzentrum mit Hightech-Ausstattung. Es gibt außerdem zwei Restaurants und einen Nachtclub. **www.aarauerhof.ch**

BADEN Atrium Hotel Blume ⒻⒻⒻ
Kurplatz 4, 5400 ☎ *056 200 02 00* FAX *056 200 02 50* ***Zimmer** 34* ***Straßenkarte** D2*

Das historische Haus aus dem 15. Jahrhundert steht unter Denkmalschutz. Im Inneren gibt es ein vier Stockwerke hohes Atrium mit Brunnen, der Innenhof ist voller Pflanzen. Das Hotel hat eine eigene Thermalquelle und ein Kurzentrum mit Schwefelbadanwendungen. Nur Nichtraucher-Zimmer, einige mit Parkett. **www.blume-baden.ch**

BADEN Du Parc ⒻⒻⒻ
Römerstrasse 24, 5400 ☎ *056 203 15 15* FAX *056 222 07 93* ***Zimmer** 106* ***Straßenkarte** D2*

Das Best-Western-Hotel stammt von 1989 und liegt in der Nähe des Kurparks und der Limmat. In fünf Minuten ist man beim Kurzentrum. Fünf Minuten in die andere Richtung führen ins Stadtzentrum. Die geräumigen Zimmer sind modern eingerichtet. Es gibt auch Konferenzräume. **www.duparc.ch**

BADEN Limmathof ⒻⒻⒻ
Limmatpromenade 28, 5400 ☎ *056 200 17 17* FAX *056 200 17 18* ***Zimmer** 10* ***Straßenkarte** D2*

Das modernisierte Hotel liegt beim Kurzentrum und besitzt ein Gourmet-Restaurant. Die Zimmer sind in schickem Design gestaltet. Die historische Limmat-Halle kann für Bankette oder Konferenzen gemietet werden. Das Novum Spa bietet eine breite Palette an Anwendungen, inklusive Thermalbädern. **www.limmathof.ch**

BASEL Au Violon ⒻⒻ
Im Lohnhof 4, 4051 ☎ *061 269 87 11* ***Zimmer** 20* ***Straßenkarte** C2*

Das einstige Gefängnis in der Altstadt wurde in ein Hotel mit französischer Brasserie umgewandelt. Die einstigen Zellen sind jetzt Hotelzimmer, sie blicken auf einen ruhigen Innenhof. Andere Zimmer gehen auf die Altstadt und das Münster, haben Holzböden und sind attraktiv eingerichtet. Nur Nichtraucher-Zimmer. **www.au-violon.com**

BASEL Bildungszentrum 21 ⒻⒻ
Missionsstrasse 21, 4003 ☎ *061 260 21 21* FAX *061 260 21 22* ***Zimmer** 74* ***Straßenkarte** C2*

Das imposante Haus bietet helle, sehr große Zimmer. Es ist das einzige Hotel im Zentrum von Basel mit eigenem Park. Es gibt extra Zimmer für Raucher und für Gäste mit Allergien. Zudem sind Konferenzräume, zwei Restaurants und ein großer Wintergarten vorhanden. **www.bildungszentrum-21.ch**

BASEL Dorint an der Messe ⒻⒻ
Schoenaustrasse 10, 4058 ☎ *061 695 70 00* FAX *061 695 71 00* ***Zimmer** 171* ***Straßenkarte** C2*

Das Hotel liegt in der Nähe des Messezentrums und des Musical Theaters. Nach zehnminütiger Straßenbahnfahrt ist man im Zentrum. Auch Flughafen und Badischer Bahnhof liegen nicht weit entfernt. Das Haus bietet komfortable Zimmer sowie zehn Apartments mit Küche und zusätzlichem Schlafsofa. **http://hotel-basel.dorint.com**

BASEL Rochat ⒻⒻ
Petersgraben 23, 4051 ☎ *061 261 81 40* FAX *061 261 64 92* ***Zimmer** 50* ***Straßenkarte** C2*

Das architektonische Juwel in der Basler Altstadt liegt in der Nähe von Universität und Krankenhaus. Das Gebäude (19. Jh.) sieht aus wie eine mittelalterliche Festung. Das Restaurant besitzt eine hohe Gewölbedecke. Die Zimmer sind modern eingerichtet, einige haben Klimaanlage. **www.hotelrochat.ch**

BASEL Euler ⒻⒻⒻ
Centralbahnplatz 14, 4002 ☎ *061 275 80 00* FAX *061 275 80 50* ***Zimmer** 66* ***Straßenkarte** C2*

Das Hotel, das Abraham Euler-Brunner 1865 beim neuen Bahnhof erbaute, lässt von außen die Belle Époque und die Tage des Eisenbahnzeitalters aufleben. Die Zimmer wurden unlängst asiatisch chic und minimalistisch eingerichtet, alle haben Klimaanlage. Das Restaurant hat eine Terrasse. **www.hoteleuler.ch**

BASEL Hotel Krafft ⒻⒻⒻ

Rheingasse 12, 4058 ☎ *061 690 91 30* ***Zimmer*** *48* ***Straßenkarte*** *C2*

Am Rheinufer steht das elegante Hotel – eine gute Lage, um die Altstadt zu erkunden. Die Zimmer sind hell, haben Holzböden und klare Möbel. Das Restaurant serviert Gerichte mit marktfrischer Vielfalt, die Weinbar bietet Salami- und Käsespezialitäten sowie über 100 Weine an. **www.krafftbasel.ch**

BASEL Merian am Rhein ⒻⒻⒻ

Rheingasse/Greifengasse 2, 4058 ☎ *061 685 11 11* FAX *061 685 11 12* ***Zimmer*** *63* ***Straßenkarte*** *C2*

Das Best-Western-Hotel im Herzen Basels liegt am Rhein und nur zehn Gehminuten vom Bahnhof entfernt. Es bietet komfortable Standardzimmer. Es sind auch Business-Class-Zimmer und Suiten erhältlich. In jedem Zimmer steht eine Espressomaschine. Terrassenlokal im Sommer, Gourmet-Speisesaal und Café. **www.hotel-merian.ch**

BASEL Radisson ⒻⒻⒻ

Steinentorstrasse 25, 4001 ☎ *061 227 27 27* FAX *061 227 28 28* ***Zimmer*** *206* ***Straßenkarte*** *C2*

Das Hotel für Geschäftsreisende liegt in Gehweite zum Bahnhof und zum Einkaufsviertel. Die modernen Zimmer (alle mit Klimaanlage) sind stilvoll eingerichtet. Es gibt Suiten und auch behindertengerecht ausgestattete Zimmer. Fitness-Center mit Schwimmbad, Saunen und Dampfbad. Konferenzsäle. **www.radissonblu.com**

BASEL Teufelhof ⒻⒻⒻ

Leonhardsgraben 47–49, 4051 ☎ *061 261 10 10* FAX *061 261 10 04* ***Zimmer*** *33* ***Straßenkarte*** *C2*

Das ungewöhnliche Zwillingshotel erhebt Kunst- und Gourmet-Anspruch. Das Kunsthotel hat acht Zimmer und eine Suite, die als bewohnbare Kunstwerke eingerichtet sind. In einem gibt es eine riesige gemalte Bibel. Das Galeriehotel bietet 24 von Designern gestaltete Zimmer und Suiten. Gourmet-Restaurant. Theater im Haus. **www.teufelhof.com**

BASEL Les Trois Rois ⒻⒻⒻⒻⒻ

Blumenrain 8, 4001 ☎ *061 260 50 50* FAX *061 260 50 60* ***Zimmer*** *101* ***Straßenkarte*** *C2*

Der Klassiker eines Grandhotels liegt in der Altstadt am Rhein und wurde 2006 renoviert. Die Zimmer sind im Art-déco-Stil möbliert, viele haben einen Balkon zum Rhein hin. Es gibt ein französisches und ein italienisches Restaurant sowie eine Brasserie. **www.lestroisrois.ch**

MURI Ochsen ⒻⒻ

Seetalstrasse 16, 5630 ☎ *056 664 11 83* FAX *056 664 56 15* ***Zimmer*** *11* ***Straßenkarte*** *D2*

Das charmante alte Hotel mit weißen Fensterläden und Gaubenfenstern liegt im Ortszentrum – allerdings mit viel Privatgrund um sich herum. Die hellen Zimmer haben einen modernen Touch. Das überdachte Gartenrestaurant ist mit Bauernmöbeln eingerichtet, ebenso die drei Speiseräume. **www.ochsen-muri.ch**

WINTERTHUR Krone ⒻⒻ

Marktgasse 49, 8400 ☎ *052 208 18 18* FAX *052 208 18 20* ***Zimmer*** *40* ***Straßenkarte*** *E2*

Die Krone preist sich selbst als »Symbiose aus Alt und Neu« an. Der charmante alte Bau mit Blumenkästen vor den Fenstern bietet innen renovierte komfortable Zimmer nur für Nichtraucher. Das Hotel liegt im Zentrum der Altstadt nahe bei vielen Sehenswürdigkeiten. Es gibt zwei gute Restaurant. **www.kronewinterthur.ch**

WINTERTHUR Park Hotel Winterthur ⒻⒻ

Stadthausstrasse 4, 8402 ☎ *052 265 02 65* FAX *052 265 02 75* ***Zimmer*** *73* ***Straßenkarte*** *E2*

Modernes Hotel im Zentrum von Winterthur, nicht weit vom Bahnhof und den Läden und Restaurants der Altstadt. Die Zimmer sind geschmackvoll eingerichtet und bieten neben kostenfreiem WLAN gratis Softdrinks in der Minibar. Dachterrasse mit Ausblick auf die bunte Dächerwelt der »Gartenstadt«. **www.phwin.ch**

WINTERTHUR Wartmann ⒻⒻ

Rudolfstrasse 15, 8400 ☎ *052 260 07 07* FAX *052 213 30 97* ***Zimmer*** *72* ***Straßenkarte*** *E2*

Das Hotel wird in vierter Generation von der Familie Wartmann geführt. Es liegt gleich beim Bahnhof (15 Minuten Autofahrt zum Flughafen Zürich). Mehr als die Hälfte der Zimmer ist klimatisiert. Ins Einkaufsviertel ist es nur ein kurzer Spaziergang. Nebenan ist ein Fitness-Center. **www.wartmann.ch**

WINTERTHUR Banana City ⒻⒻⒻ

Schaffhauserstrasse 8, 8400 ☎ *052 268 16 16* FAX *052 268 16 00* ***Zimmer*** *101* ***Straßenkarte*** *E2*

Der moderne Glas-Stahl-Bau ist bei Geschäftsreisenden beliebt. Das markante Hotel heißt bei den Einheimischen »Banane« – was zum Hotelnamen führte. Im »klassischen Trakt« gibt es 72 große Zimmer mit Küche, im Residence-Flügel 29 klimatisierte Zimmer mit gehobener Ausstattung sowie fünf Business-Suiten. **www.bananacity.ch**

Zürich

ZÜRICH City Backpacker/Hotel Biber Ⓕ

Niederdorfstrasse 5, 8001 ☎ *044 251 90 15* ***Zimmer*** *16* ***Straßenkarte*** *E2*

Preisgünstige Herberge mit einem Haken: Es gibt keine Zimmer mit eigenem Bad. Nach 22 Uhr kann man nicht mehr einchecken. Das Biber liegt in einer Fußgängerzone der Altstadt, in der Nähe gibt es Tiefgaragen. Die Zimmer sind sauber und komfortabel. Gäste können die Gemeinschaftsküche benutzen. **www.city-backpacker.ch**

Straßenkarte *siehe hintere Umschlaginnenseiten*

ZÜRICH Zic Zac Rock-Hotel
Ⓕ

Marktgasse 17, 8001 044 261 21 81 FAX 044 261 21 75 **Zimmer** 51 **Straßenkarte** E2

Das Hotel liegt zentral in der Nähe von Bahnhof, Altstadt und den angesagten Clubs. Die farbigen Zimmer sind nach Rocklegenden benannt. Hier steigen bevorzugt junge Leute ab. Es gibt zwei Restaurants, das Dörfli, ein »Eldorado für Rockmusikfans«, und ein gehobenes indisches Lokal. **www.rockhotel.ch**

ZÜRICH Hirschen
ⒻⒻ

Niederdorfstrasse 13, 8001 043 268 33 33 FAX 043 268 33 34 **Zimmer** 27 **Straßenkarte** E2

Bereits seit dem 14. Jahrhundert werden in diesem Hause Gäste beherbergt. Die Zimmer wirken etwas altmodisch, obwohl sie WLAN bieten. Das Hotel liegt in der Nähe von Bahnhof und den Shopping-Meilen Zürichs. Besonderheiten sind ein alter Brunnen und ein schöner Weinkeller mit Gewölbe. **www.hirschen-zuerich.ch**

ZÜRICH Otter
ⒻⒻ

Oberdorfstrasse 7, 8001 044 251 22 07 FAX 044 251 22 75 **Zimmer** 16 **Straßenkarte** E2

Die einstige Taverne liegt am Zürichsee und besitzt ein kleines Café im Freien sowie ein bei jungen Gästen beliebtes Restaurant. Die renovierten Zimmer bieten hohen Standard, etwa Parkett und schöne Betten – allerdings haben sie kein eigenes Bad. Es gibt ein Apartment mit Dusche und Einbauküche. **www.hotelotter.ch**

ZÜRICH X-tra Hotel
ⒻⒻ

Limmatstrasse 118, 8005 044 448 15 95 FAX 044 448 15 96 **Zimmer** 43 **Straßenkarte** E2

Das preiswerte Hotel hat ein Faible für Jugendkultur. Hier gibt es regelmäßig Musikaufführungen. Die farbenfrohen Zimmer zieren bunte abstrakte Bilder. Das Haus selbst ist originale Bauhaus-Architektur aus den 1930er Jahren. Nicht alle Zimmer haben Bäder. Kostenloser Internet-Zugang in der Lobby. Waschsalon im Haus. **www.x-tra.ch**

ZÜRICH Lady's First
ⒻⒻⒻ

Mainaustrasse 24, 8008 044 380 80 10 FAX 044 380 80 20 **Zimmer** 28 **Straßenkarte** E2

Das von fünf Frauen geführte elegante Boutique-Hotel richtet sich an weibliche Gäste. Auch wenn »moderne Männer« durchaus willkommen sind – die oberen Etagen mit Spa, Ruheraum und Terrasse sind exklusiv für Frauen (auch für Nicht-Gäste). Das Hotel liegt in einem Stadthaus (19. Jh.) mit Rosengarten. **www.ladysfirst.ch**

ZÜRICH Sorell Hotel Rütli
ⒻⒻⒻ

Zähringerstrasse 43, 8021 044 254 58 00 FAX 044 254 58 01 **Zimmer** 58 **Straßenkarte** E2

Das Hotel macht von außen einen soliden Eindruck. Auch die Standardzimmer mit Holzböden und moderner Einrichtung lassen den Gag des Hauses noch nicht ahnen. Das Rütli bietet nämlich zwölf »City Rooms«, die von Graffiti-Künstlern gestaltet wurden. Parkhäuser in der Nähe. **www.rutli.ch**

ZÜRICH Romantik Hotel Florhof
ⒻⒻⒻⒻ

Florhofgasse 4, 8001 044 250 26 26 FAX 044 250 26 27 **Zimmer** 35 **Straßenkarte** E2

Das kleine elegante Boutique-Hotel in einem historischen Gebäude besitzt einen attraktiven Garten mit Brunnen (18. Jh.) und Feigenbaum. Es liegt zentral in der Nähe von Universität und Kunstmuseum. Die beiden ganz oben gelegenen Suiten sind besonders ansprechend. Exzellenter Service. **www.florhof.ch**

ZÜRICH Savoy Baur en Ville
ⒻⒻⒻⒻ

Am Paradeplatz, 8022 044 215 25 25 FAX 044 215 25 00 **Zimmer** 112 **Straßenkarte** E2

Das majestätische Savoy am autofreien Paradeplatz charakterisiert sich selbst als »kleines Grandhotel«. Es gibt zwei Restaurants sowie die Savoy Bar. Die Zimmer sind sehr stilvoll eingerichtet. Außerdem vorhanden: grandiose Konferenz- und Bankettträumlichkeiten. **www.savoy-zurich.ch**

ZÜRICH Baur au Lac
ⒻⒻⒻⒻⒻ

Talstrasse 1, 8001 044 220 50 20 FAX 044 220 50 44. **Zimmer** 120 **Straßenkarte** E2

Am Zürichsee und nur ein paar Schritte von der Bahnhofstrasse entfernt – und doch exklusiv im eigenen Park: Das Luxushotel ist eine der ersten Adressen in Zürich. Es bietet elegante Zimmer und unschlagbaren Service. Ganz oben liegen Beauty- und Fitness-Center sowie die Konferenzräume – mit Traumblick. **www.bauraulac.ch**

ZÜRICH Dolder Grand Hotel
ⒻⒻⒻⒻⒻ

Kurhausstrasse 65, 8032 044 456 60 00 FAX 044 456 60 01 **Zimmer** 173 **Straßenkarte** E2

Das ursprüngliche »Curhaus« eröffnete 1899 als Ort der Erholung für Stadtbewohner. Die erhöhte Lage des Hotels zwischen pulsierender City (nur fünf Minuten Zugfahrt entfernt) und Natur ermöglicht einen herrlichen Blick auf Stadt, See und Alpen. Genuss, Exklusivität und Erholung sind garantiert. **www.thedoldergrand.com**

ZÜRICH Eden au Lac
ⒻⒻⒻⒻⒻ

Utoquai 45, 8008 044 266 25 25 FAX 044 266 25 00 **Zimmer** 50 **Straßenkarte** E2

Das palastartige Hotel am See besitzt eine prächtige Fassade (19. Jh.) und steht unter Denkmalschutz. Die renovierten Zimmer sind luxuriös, die De-luxe-Suiten riesig. Im Gourmet-Restaurant mit seinen Kristallleuchtern und Säulen kann man weit ins vergangene Jahrhundert zurückreisen. **www.edenaulac.ch**

ZÜRICH Hotel zum Storchen
ⒻⒻⒻⒻⒻ

Weinplatz 2, 8001 044 227 27 27 FAX 044 227 27 00 **Zimmer** 67 **Straßenkarte** E2

Die Züricher Institution ist seit über 650 Jahren für Gastlichkeit bekannt. Das rosa Haus steht direkt an der Limmat, in zwei Minuten erreicht man die Bahnhofstrasse und die Lokale von Niederdorf. Die Zimmer vereinen Großzügigkeit und Behaglichkeit mit edlen Materialien und moderner technischer Ausstattung. **www.storchen.ch**

Preiskategorien *siehe Seite 244* **Zeichenerklärung** *siehe hintere Umschlagklappe*

ZÜRICH Widder ⒻⒻⒻⒻⒻ
Rennweg 7, 8001 ☎ *044 224 25 26* FAX *044 224 24 24* ***Zimmer*** *49* ***Straßenkarte*** *E2*

Das Luxushotel erstreckt sich über acht historische Häuser im Augustinerquartier. Jedes Zimmer ist individuell gestaltet und mit neuester Technologie ausgestattet. Im Hotel gibt es Möbel und Objekte von Le Corbusier, Mies van der Rohe u. a. Die sieben Suiten haben teilweise Dachterrasse. Ausgezeichnete Küche. **www.widderhotel.ch**

Ostschweiz und Graubünden

APPENZELL Adler ⒻⒻ
Adlerplatz, 9050 ☎ *071 787 13 89* FAX *071 787 13 65* ***Zimmer*** *21* ***Straßenkarte*** *F2*

Das ansprechende Hotel mit geschweiften Giebeln und gelben Fensterläden im Ortszentrum liegt bei der alten überdachten Holzbrücke über die Sitter. Die Zimmer sind komfortabel eingerichtet. Es gibt eine Suite, die mit dem Kachelofen und den Antiquitäten wie ein Museum wirkt. Terrasse an der Straße. **www.adlerhotel.ch**

APPENZELL Romantik Hotel Säntis ⒻⒻ
Landesgemeindeplatz 3, 9050 ☎ *071 788 11 11* FAX *071 798 11 10* ***Zimmer*** *37* ***Straßenkarte*** *F2*

Das altmodische Chalet-Hotel im Zentrum ist Teil der Romantik-Gruppe. Die charmant möblierten Zimmer haben teilweise Himmelbetten, andere Lehnstühle und Blümchentapeten. In den Suiten gibt es Balkendecken. Zudem vorhanden: Sauna und Seminarräume. **www.saentis-appenzell.ch**

AROSA Quellenhof Ⓕ
Aeussere Poststrasse, 7050 ☎ *081 377 17 18* FAX *081 377 48 18* ***Zimmer*** *18* ***Straßenkarte*** *F4*

Der Quellenhof ist einer der ältesten Gasthöfe von Arosa mit einer Gaststube, die auch bei den Einheimischen beliebt ist. Das ungewöhnliche Gebäude mit Rundanbau hat Holzbalkone. Die geräumigen Zimmer besitzen Holzdecken. Im Sommer kann man auf der Terrasse speisen. Großes sonniges Frühstückszimmer. **www.quellenhof-arosa.ch**

AROSA Waldhotel National ⒻⒻⒻⒻ
Postfach, 7050 ☎ *081 378 55 55.* FAX *081 378 55 99* ***Zimmer*** *94* ***Straßenkarte*** *F4*

Das große Luxushotel mit Park liegt oberhalb von Arosa. Von hier aus hat man einen grandiosen Alpenblick. Das Aqua Silva Spa besaß die erste Schweizer Kelosauna – eine Sauna mit orangenduftgetränkter trockener Hitze von 90 °C. Swimmingpool und Kräuterraum. Vier Restaurants, die oft Themendinner bieten. **www.waldhotel.ch**

BAD RAGAZ Sorell Hotel Tamina ⒻⒻ
Am Platz 3, 7310 ☎ *081 303 71 71* FAX *081 303 71 72* ***Zimmer*** *44* ***Straßenkarte*** *F3*

Das Hotel mit Tiefgarage liegt im Zentrum des Kurorts. Die großen Zimmer sind stilvoll eingerichtet, einige haben Parkett. Das Hotel besitzt zwar keine eigene Thermalquelle, doch zum Kurzentrum sind es nur fünf Minuten Fußweg. Es gibt zwei Restaurants. **www.hotel-tamina.ch**

BAD RAGAZ Grand Hotel Quellenhof ⒻⒻⒻⒻⒻ
Pfäferserstrasse 8, 7310 ☎ *081 303 30 30* FAX *081 303 30 33* ***Zimmer*** *106* ***Straßenkarte*** *F3*

Hier sieht man die gelungene Umwandlung eines alten Grandhotels in ein modernes Meisterstück. Das Haus wurde 1996 von Grund auf erneuert – und prompt zum Gault-Millau-Hotel des Jahres ernannt. Persönlicher Butler-Service ist möglich. Die Zimmer und Suiten sind Luxus pur. Thermalbad, Golfplatz und Spielcasino. **www.resortragaz.ch**

BIVIO Post ⒻⒻ
7457 Bivio ☎ *081 659 10 00* FAX *081 659 10 01* ***Zimmer*** *47* ***Straßenkarte*** *F4*

Die einstige Postkutschenstation in Bivio erreicht man über den Julier-Pass von St. Moritz aus. Die Zimmer sind behaglich mit viel Holz eingerichtet. Das Hotel ist ein sehr guter Ausgangspunkt für Skitouren. Sauna, Dampfbad und ein gemütliches Kaminzimmer sind vorhanden. Es gibt auch geräumige Apartments. **www.hotelpost-bivio.ch**

CHUR Posthotel ⒻⒻ
Poststrasse 11, 7002 ☎ *081 255 84 84* FAX *081 255 84 85* ***Zimmer*** *42* ***Straßenkarte*** *F3*

Das Hotel im Herzen der autofreien Altstadt gehört zur Choice-Hotels-Gruppe. Es liegt in der Nähe von Läden und Restaurants und etwa sieben Gehminuten vom Bahnhof entfernt. Es gibt zwar keinen Hotelparkplatz, aber Parkplätze in der Nähe. Frühstück inklusive. Nur Nichtraucher-Zimmer. **www.comforthotelpost.ch**

CHUR Romantik Hotel Stern ⒻⒻⒻ
Reichsgasse 11, 7000 ☎ *081 258 57 57* FAX *081 258 57 58* ***Zimmer*** *65* ***Straßenkarte*** *F3*

Das elegante Romantik Hotel Stern blickt auf eine 300-jährige Geschichte zurück. Vom Bahnhof Chur wird man in einer Buick-Limousine abgeholt. Die renovierten Zimmer sind ansprechend mit Zirbelkiefernholz getäfelt. Die Bündner Stuben servieren traditionelle Gerichte und Weine der Region. **www.stern-chur.ch**

DAVOS Hotel Weisses Kreuz ⒻⒻ
Dorfplatz, Hauptstrasse 72, 7482 ☎ *081 407 11 61* FAX *081 407 11 61* ***Zimmer*** *25* ***Straßenkarte*** *F3*

Im Zentrum des Orts steht das wuchtige ehemalige Bauernhaus. Die Zimmer sind einfach, die Badezimmer klein, aber der Blick auf die Berge ist fantastisch. Der Service ist hier sehr persönlich, im holzgetäfelten Restaurant wird man mit einheimischen Spezialitäten verwöhnt. **www.weisseskreuz-berguen.ch**

DAVOS Morosani fiftyone ⒻⒻⒻ

Promenade 50, 7270 ☎ *081 415 55 00* FAX *081 415 55 01* ***Zimmer*** *24* ***Straßenkarte*** *F3*

Seit mehr als 100 Jahren ist die Familie Morosani in der Davoser Hotellerie aktiv. Das schickste und preiswerteste der drei Häuser ist das Designerhotel fiftyone. Hier haben die meisten Zimmer zwei Grands Lits. Bis zu vier Personen finden darin Platz und können die Einrichtungen der nahen anderen Morosani-Häuser nutzen. **www.morosani.ch**

DAVOS National ⒻⒻⒻ

Obere Strasse 31, 7270 ☎ *&* FAX *081 415 10 10* ***Zimmer*** *65* ***Straßenkarte*** *F3*

Das große Luxushotel liegt in einem kleinen Park und bietet im Sommer eine Gartenterrasse. Zum Zentrum ist es ein Spaziergang, zu den Skiliften fährt ein Bus. Es gibt Pauschalangebote inklusive Skipass oder im Sommer für Tennis, Reiten etc. Die Zimmer zeigen viel Kieferndekor. *Okt–Anfang Dez geschlossen.* **www.national-davos.ch**

DAVOS Schatzalp ⒻⒻⒻⒻ

Bobbahnstrasse 23, 7270 ☎ *081 415 51 51* FAX *81 415 52 52* ***Zimmer*** *92* ***Straßenkarte*** *F3*

Das Jugendstil-Hotel taucht in Thomas Manns *Zauberberg* auf. Es liegt 300 Meter oberhalb von Davos auf einer Sonnenterrasse an der Baumgrenze. Hinauf kommt man mit der Davos-Schatzalp-Bahn. Das Alpinum Schatzalp ist ein botanischer Garten mit 3500 Arten alpiner Pflanzen. **www.schatzalp.ch**

KLOSTERS Bargis Ⓕ

Kantonstrasse 8, 7252 ☎ *081 422 55 77* FAX *081 422 55 05* ***Zimmer*** *10* ***Straßenkarte*** *F3*

Das in einem rund 200 Jahre alten Bauernhaus untergebrachte Hotel liegt nur fünf Minuten außerhalb von Klosters und ist eine für diese Lage überraschend günstige Unterkunft. Zur Auswahl stehen Doppelzimmer und Apartments für Selbstversorger. Essen wird in einem Gemeinschaftsraum an einem großen Tisch serviert. **www.bargis.ch**

KLOSTERS Vereina ⒻⒻⒻ

Landstrasse 179, 7250 ☎ *081 410 27 28* FAX *081 410 27 27* ***Zimmer*** *25* ***Straßenkarte*** *F3*

Obwohl es 2000 renoviert wurde, hat das Vereina seinen Alte-Welt-Charme nicht verloren. Die öffentlichen Bereiche haben hohe Decken, Lüster und gemütliche Lehnstühle. Die 14 neuen Suiten sind opulent möbliert und bis zu 90 Quadratmeter groß. Großes Spa mit Schwimmbad, Whirlpool, Dampfbad und Saunen. **www.vereinahotel.ch**

RAPPERSWIL Jakob ⒻⒻ

Hauptplatz 11, 8640 ☎ *055 220 00 50* FAX *055 220 00 55* ***Zimmer*** *20* ***Straßenkarte*** *E3*

Das Hotel liegt in der Altstadt, die luftigen Zimmer sind hell und ansprechend. Es gibt eine Zigarren-Lounge mit einer großen Auswahl an Havanas, ein Bistro für leichte Mahlzeiten und eine Weinbar mit einem Angebot von 150 edlen Tropfen aus aller Welt. **www.jakob-hotel.ch**

SCHAFFHAUSEN Parkvilla ⒻⒻ

Parkstrasse 18, 8200 ☎ *052 635 60 60* FAX *052 635 60 70* ***Zimmer*** *25* ***Straßenkarte*** *E2*

Die Villa hat einen außen angebrachten Glasaufzug. Im Inneren gibt es einen Louis-XVI-Salon und Kristalllüster. Die Zimmer sind individuell eingerichtet, einige haben Marmorbäder. Zur Verfügung stehen auch ein Familienapartment mit Orientteppichen sowie große Suiten mit Himmelbetten. **www.parkvilla.ch**

SCHAFFHAUSEN Fischerzunft ⒻⒻⒻ

Rheinquai 8, 8200 ☎ *052 632 05 05* FAX *052 632 05 13* ***Zimmer*** *12* ***Straßenkarte*** *E2*

Das asiatisch angehauchte Haus in der Altstadt mit Blick auf den Rhein ist ein Relais & Châteaux-Hotel. Die Standardzimmer sind farblich abgestimmt eingerichtet. Das Gourmet-Restaurant serviert neben europäischen Speisen auch asiatische Spezialitäten *(siehe S. 281)*. Exzellenter Weinkeller. **www.fischerzunft.ch**

SCHWÄGALP Berghotel Schwägalp ⒻⒻ

Schwägalp, 9107 ☎ *071 365 66 00* FAX *071 365 66 01* ***Zimmer*** *30* ***Straßenkarte*** *F3*

Das Chalet-Hotel liegt auf 1352 Meter Höhe. Es gibt ein »Touristenlager« für Familien und Gruppen, aber auch Einzelzimmer. Das Haus bietet Zugang zum Skilift. Im Winter kann man mit Skiern vom und zum Hotel gelangen. Es gibt zudem eine große Sonnenterrasse sowie drei Restaurants. **www.saentisbahn.ch**

SCUOL Crusch Alba ⒻⒻ

Clozza 246, 7550 ☎ *081 864 11 55* FAX *081 864 90 12* ***Zimmer*** *17* ***Straßenkarte*** *G3*

Das charaktervolle Haus liegt in Bahnhofsnähe mit gutem Zugang zu den Skiliften. Die kleinen Nichtraucher-Zimmer zeigen rustikales Holzdekor. Die Steinböden und niedrigen Balkendecken evozieren eine Bilderbuch-Schweiz. Es gibt vier Gaststuben und Restaurants mit Engadiner Küche – in der Ustaria darf geraucht werden. **www.crusch-alba.ch**

ST. GALLEN Hotel Metropol ⒻⒻ

Bahnhofplatz 3, 9001 ☎ *071 228 32 32* ***Zimmer*** *32* ***Straßenkarte*** *F2*

In zentraler Lage gegenüber dem Bahnhof ist das Hotel Metropol sowohl für Urlauber als auch für Geschäftsreisende zu empfehlen. Die Zimmer sind hell und modern ausgestattet, fast alle sind auch rollstuhltauglich. Es gibt ein Frühstücksbuffet, ein gutes Restaurant und eine Bar. **www.hotel-metropol.ch**

ST. GALLEN Einstein ⒻⒻⒻⒻ

Berneggstrasse 2, 9001 ☎ *071 227 55 55* FAX *071 227 55 77* ***Zimmer*** *113* ***Straßenkarte*** *F2*

Das Einstein gilt als das führende Hotel in St. Gallen. Es liegt im Stiftsbezirk, einem UNESCO-Welterbe. Die Zimmer sind außerordentlich elegant, mit Marmorböden und opulenten Bädern. Von den 14 Suiten aus genießt man einen fantastischen Blick auf die Stiftskirche. **www.einstein.ch**

ST. MORITZ Laudinella ⒻⒻⒻ

Via Tegiatscha 17, 7500 081 836 00 00 FAX 081 836 00 01 **Zimmer** 204 **Straßenkarte** F4

Das unprätentiöse Äußere des Hotels deutet nicht auf die Überraschungen im Inneren hin. Die öffentlichen Bereiche sind imposant. Das Wellness-Center im fünften Stock bietet fantastische Ausblicke. Das heiße Wasser stammt aus Solarzellen. Es gibt fünf Restaurants und ein Take-away. Ideal für Spaziergänge am See. **www.laudinella.ch**

ST. MORITZ Badrutt's Palace ⒻⒻⒻⒻⒻ

Via Serlas 27, 7500 081 837 10 00 FAX 081 837 29 99 **Zimmer** 165 **Straßenkarte** F4

Das Wahrzeichen von St. Moritz – der märchenhafte Bau mit dem beeindruckenden Turm stammt von 1896. Die Gäste werden gebeten, nach Sonnenuntergang adäquate formelle Kleidung zu tragen. Das Badrutt's Palace Hotel bietet einige der schönsten Zimmer und Suiten der Welt. **www.badruttspalace.com**

ST. MORITZ Grand Hotel Kronenhof ⒻⒻⒻⒻⒻ

Pontresina, 7504 081 830 30 30 FAX 081 830 30 31 **Zimmer** 114 **Straßenkarte** F4

Seit 1848 gibt es die Grande Dame der Engadiner Hotellerie. Die Zimmer und Suiten im Engadiner Patrizierhausstil sind mit dem neusten technischen Komfort ausgestattet und bieten den Gästen ein wohnliches Ambiente. Spa mit Schwimmbad und tollem Alpenblick. Eines der Restaurants hat 16 Gault-Millau-Punkte. **www.kronenhof.com**

STEIN AM RHEIN Adler ⒻⒻ

Rathausplatz 2, 8260 052 742 61 61 FAX 052 741 44 40 **Zimmer** 25 **Straßenkarte** E2

Der historische Gasthof in der Altstadt liegt am Rhein und besitzt schöne Wandmalereien an der Fassade. Die Fenster sind blumengeschmückt. Es gibt ein Restaurant und zwei historische Gaststuben. Die Nichtraucher-Zimmer sind einfach, aber modern eingerichtet, alle haben WLAN. **www.adlersteinamrhein.ch**

STEIN AM RHEIN Rheinfels ⒻⒻ

Rhigass 8, 8260 052 741 21 44 FAX 052 741 25 22 **Zimmer** 17 **Straßenkarte** E2

Das historische Haus (15. Jh.) liegt in der Altstadt. Einige Zimmer haben Antiquitäten, Teppiche und Sofas. Es gibt zudem eine große Terrasse am Rhein. Das Haus liegt ideal für Bootsausflüge. Das Restaurant des Hauses ist für seine Fischgerichte bekannt. Das Hotel besitzt ein eigenes Ausflugsboot mit Schlafkabinen. **www.rheinfels.ch**

VADUZ (LIECHTENSTEIN) Park Hotel Sonnenhof ⒻⒻⒻⒻ

Mareestrasse 29, FL-9490 00 423 239 02 02 FAX 00 423 239 02 03 **Zimmer** 29 **Straßenkarte** F3

Das luxuriöse Relais & Châteaux-Hotel besitzt auch ein bekanntes Gourmet-Restaurant *(siehe S. 281)*. Die schön möblierten Zimmer sind geräumig und individuell mit Textilien und Gemälden ausgestattet. Das Haus liegt am Stadtrand von Vaduz auf geräumigem Gelände und bietet grandiose Ausblicke. **www.sonnenhof.li**

Zentralschweiz und Tessin

AIROLO Forni ⒻⒻ

Via Stazione, 6780 091 869 12 70 FAX 091 869 15 23 **Zimmer** 20 **Straßenkarte** E4

Das Forni besitzt eine hellgraue Steinfassade mit weißen Fensterläden, eine straßenseitige Terrasse unter gelben Sonnensegeln und eine große sonnige Dachterrasse. Das seit 100 Jahren familiengeführte Hotel bietet kleine, aber hübsch möblierte Zimmer mit schmiedeeisernen Balkonen. Empfehlenswertes Restaurant. **www.forni.ch**

ALTDORF Höfli Ⓕ

Hellgasse 20, 6460 041 875 02 75 FAX 041 875 02 95 **Zimmer** 34 **Straßenkarte** E3

Das Höfli ist ein traditioneller Gasthof mit abfallendem Dach. Das alte Haus bietet rustikale Zimmer. Im neuen Anbau sind die Räume großzügiger. Es gibt auch Zimmer mit Bürobereich für Geschäftsreisende sowie Räumlichkeiten für Konferenzen und Seminare. Busse fahren zu den nahen Skigebieten. **www.hotel-hoefli.ch**

ANDERMATT Drei Könige & Post ⒻⒻ

Gotthardstrasse 69, 6490 041 887 00 01 FAX 041 887 16 66 **Zimmer** 21 **Straßenkarte** E4

Das Hotel in Andermatt besitzt ein Fitness-Center mit einem großen Thermalbad, Whirlpool, Saunen und Solarium. Die einstige Poststation an der Route zum St.-Gotthard-Pass liegt im Ortszentrum – in Gehweite zu den Skiliften. Die gut geschnittenen Zimmer sind in warmen Farben eingerichtet. **www.3koenige.ch**

ANDERMATT (HOSPENTAL) Gasthaus St. Gotthard ⒻⒻ

Gotthardstrasse, 6493 041 887 12 66 FAX 041 887 05 66 **Zimmer** 6 **Straßenkarte** E4

Das Bilderbuch-Hotel steht in dem kleinen Weiler Hospental, der ein paar Minuten von Andermatt entfernt liegt. Skifahrer müssen quasi nur aus der Tür treten. Der Speiseraum ist ein Museum von einer alten Gaststube. Die Zimmer sind unterschiedlich modernisiert, einige haben noch Holzdecken oder Holztäfelung. **www.hotel-gotthard.ch**

ASCONA Romantik Hotel Castello Seeschloss ⒻⒻⒻ

Piazza Motta, 6612 091 791 01 61 FAX 091 791 18 04 **Zimmer** 45 **Straßenkarte** E5

Von diesem familienbetriebenen Hotel im Herzen von Ascona blickt man auf den Lago Maggiore. Die Zimmer variieren in Größe und Ausstattung, ganz besonders sind diejenigen im mittelalterlichen Turm mit Wendeltreppe. Schöner Garten am See, wo man auch essen kann. Swimmingpool. **www.castello-seeschloss.ch**

Straßenkarte *siehe hintere Umschlaginnenseiten*

BECKENRIED Boutique-Hotel Schlüssel ⒻⒻⒻ

Oberdorfstrasse 26, 6375 *041 622 03 33* FAX *041 622 03 33* ***Zimmer*** *12* ***Straßenkarte*** *D3*

Das Boutique-Hotel in einem Gebäude aus dem 18. Jahrhundert besitzt eine hübsche Fassade mit Balkonen – ganz in Weinrot. Die hellen geräumigen Zimmer haben frei stehende Badewannen und sind mit viel Holz ausgestattet. Das Restaurant legt Wert auf lokale Produkte der Saison. **www.schluessel-beckenried.ch**

BELLINZONA Hotel Internazionale ⒻⒻ

Viale Stazione 35, 6500 *091 825 43 33* FAX *091 825 46 46* ***Zimmer*** *63* ***Straßenkarte*** *E5*

Gegenüber dem Bahnhof und nur wenige Schritte vom Altstadtzentrum entfernt ist das Haus ein optimaler Ausgangspunkt für Urlauber. Die Zimmer sind modern und komfortabel, manche haben einen Balkon. Das familienbetriebene Restaurant bietet mediterrane Gerichte und lokale Spezialitäten an. **www.hotel-internazionale.ch**

BRUNNEN Seehotel Waldstätterhof ⒻⒻⒻ

Waldstätterquai 6, 6440 *041 825 06 06* FAX *041 825 06 00* ***Zimmer*** *105* ***Straßenkarte*** *D3*

Das Hotel ist wohl das weltweit einzige, das sowohl Queen Victoria als auch George Bush senior beherbergt hat. Der Mansardenbau liegt direkt am Wasser mit eigener Bootsanlegestelle und Park. Fantastisches Spa und gut ausgestattete Zimmer. Es gibt Pauschalangebote für Skifahrer, Biker und Wellness-Urlauber. **www.waldstaetterhof.ch**

CENTOVALLI (INTRAGNA) Stazione »Da Agnese« ⒻⒻ

Via Cantonale, 6655 *091 796 12 12* FAX *091 796 31 33* ***Zimmer*** *10* ***Straßenkarte*** *E5*

Der Gasthof, der auch sehr gute Küche bietet, liegt im Zentrum des kleinen Dorfs, das für seine schmalen Gassen und sein Kunsthandwerk bekannt ist. Die Umgebung des bewaldeten Tals ist malerisch. Die hüschen Zimmer variieren von klein bis durchschnittlich groß. Rustikale Möblierung mit regionalem Kunsthandwerk. **www.daagnese.ch**

EINSIEDELN Sonne Ⓕ

Hauptstrasse 82, 8840 *055 412 28 21* FAX *055 412 41 45* ***Zimmer*** *30* ***Straßenkarte*** *E3*

Das Hotel liegt am Hauptplatz der Klosteranlage. Die Nichtraucher-Zimmer sind vernünftig geschnittenen, haben alle WLAN und weisen ein exzellentes Preis-Leistungs-Verhältnis auf – vor allem, wenn man die außergewöhnliche Lage bedenkt. Freundliche Atmosphäre. **www.hotel-sonne.ch**

ENGELBERG Schweizerhof ⒻⒻ

Dorfstrasse 42, 6390 *041 637 11 05* FAX *041 637 41 47* ***Zimmer*** *38* ***Straßenkarte*** *D3*

Der Schweizerhof ist das erste Hotel am Ort. Das rund 100 Jahre alte Gebäude hat schmiedeeiserne Balkone und einen Kuppelturm. Hier ist alles altmodisch generös dimensioniert, vor allem die altmodischen Bäder. Nur Nichtraucher-Zimmer. Sauna, Fitness-Center, Garten und Solarium. **www.schweizerhof-engelberg.ch**

HERGISWIL Seehotel Pilatus ⒻⒻ

Seestrasse 34, 6052 *041 632 30 30* FAX *041 632 30 31* ***Zimmer*** *70* ***Straßenkarte*** *D3*

Das Hotel direkt am Vierwaldstättersee besitzt eine eigene Bootsanlegestelle und einen großen baumbestandenen Garten. Es bietet eine Tauchschule, ein Schwimmbad, Sauna und Konferenzräume. Die öffentlichen Bereiche wurden renoviert, doch einige Zimmer wirken etwas altmodisch. **www.pilatushotel.ch**

KÜSSNACHT Seehof ⒻⒻ

Seeplatz 6, 6403 *041 850 10 12* FAX *041 850 10 22* ***Zimmer*** *12* ***Straßenkarte*** *D3*

Das attraktive historische Haus mit Gaubenfenstern und Türmchen liegt direkt am Vierwaldstättersee und blickt auf Eiger, Mönch und Jungfrau. Bootsanlegestelle und großer Garten. Die sonnigen Zimmer sind einfach, aber komfortabel und sympathisch eingerichtet. Das Restaurant ist für seine Fischküche bekannt. **www.du-lac-seehof.ch**

LOCARNO Esplanade ⒻⒻⒻ

Via delle Vigne 149, Minusio, 6648 *091 735 85 85* FAX *091 735 85 86* ***Zimmer*** *75* ***Straßenkarte*** *E5*

Das majestätische Hotel (um 1900) mit großen Loggien ist von Palmen umgeben und blickt auf den Lago Maggiore. Im Hintergrund dräut die Bergkulisse. Alle Zimmer sind klimatisiert. Spa mit Saunen, Dampfbad und Beauty-Salon. Garten mit Swimmingpool sowie gut ausgerüstetes Fitness-Center.**www.esplanade.ch**

LOCARNO Hotel Dell'Angelo ⒻⒻⒻ

Piazza Grande, Viccolo della Motta 1, 6601 *091 751 81 75* FAX *091 751 82 56* ***Zimmer*** *55* ***Straßenkarte*** *E5*

Das historische Gebäude liegt an der Piazza Grande, nur wenige Minuten vom See und vom Bahnhof entfernt. Die Zimmer haben Steinböden mit Orientteppichen. Die Pizzeria bietet Pizzas aus dem Holzkohleofen, der Weinkeller regionale Weine. Sonnenterrasse und Lesezimmer mit Lederlehnsesseln. **www.hotel-dell-angelo.ch**

LOCARNO Belvedere ⒻⒻⒻⒻ

Via ai Monti della Trinità 44, 6600 *091 751 03 63* FAX *091 751 52 39* ***Zimmer*** *81* ***Straßenkarte*** *E5*

Das Hotel in einem Palazzo (16. Jh.) liegt auf einem sonnigen Hügel oberhalb von Locarno und dem Lago Maggiore. Die öffentlichen Bereiche zeigen Marmor und Deckenmalereien. Im großen Garten kann man auch essen. Vier Restaurants. Spa mit Innenpool, Fitness-Center, Sauna und Solarium, Swimmingpool. **www.belvedere-locarno.ch**

LUGANO Hotel Ibis ⒻⒻ

Via Geretta 7, 6900 *091 986 19 09* FAX *091 986 19 19* ***Zimmer*** *70* ***Straßenkarte*** *E5*

Das Hotel Ibis liegt in Lugano-Paradiso, den See und das Stadtzentrum erreicht man leicht mit dem Bus. Die Zimmer sind nicht allzu groß, aber komfortabel und modern mit Klimaanlage und WLAN ausgestattet. Es gibt ein reichhaltiges Frühstücksbuffet und eine Bar. **www.ibishotel.com**

Preiskategorien *siehe Seite 244* **Zeichenerklärung** *siehe hintere Umschlagklappe*

LUGANO Pestalozzi ⒻⒻ

Piazza Indipendenza 9, 6901 091 921 46 46 FAX 091 922 20 45 ***Zimmer*** *55* ***Straßenkarte*** *E5*

Das familiengeführte altmodische Hotel im Zentrum liegt etwas vom See entfernt. Es gibt Schlafsäle ohne Bad für Gruppen und Studenten. Die renovierten Zimmer sind komfortabel und haben Bäder sowie Seeblick. Es gibt einen großen Konferenzraum und ein beliebtes Restaurant mit Tessiner Gerichten. **www.pestalozzi-lugano.ch**

LUGANO Villa Castagnola Au Lac ⒻⒻⒻⒻ

Viale Castagnola 31, 6906 091 973 25 55 FAX 091 973 25 50 ***Zimmer*** *88* ***Straßenkarte*** *E5*

Der ehemalige russische Adelssitz wurde in ein Fünf-Sterne-Hotel umfunktioniert und erinnert immer noch an die Zeit der Grandhotels. Zur Ausstattung gehören zwei Restaurants der Spitzenklasse, ein mit subtropischer Flora bewachsener Garten sowie Pool, Tennisplätze, Fitness-Center und Beauty-Spa. **www.villacastagnola.com**

LUZERN Cascada ⒻⒻ

Bundesplatz 18, 6003 041 226 80 88 FAX 041 226 80 00 ***Zimmer*** *66* ***Straßenkarte*** *D3*

Das beliebte Business-Hotel liegt nur wenige Minuten vom Bahnhof entfernt. Jedes Zimmer ist mit dem Wandbild eines Schweizer Wasserfalls dekoriert und modern eingerichtet. Nur Nichtraucher-Zimmer sowie zwei behindertengerechte Zimmer. Spanisches Lokal, in dem häufig lateinamerikanische Bands auftreten. WLAN. **www.cascada.ch**

LUZERN Erlebnishotel Jailhotel ⒻⒻ

Löwengraben 18, 6004 041 410 78 30 FAX 041 410 78 32 ***Zimmer*** *56* ***Straßenkarte*** *D3*

Das 1862 erbaute frühere Gefängnis am Löwengraben wurde 1998 in ein Hotel umgewandelt und bietet nun »Zellen« mit Komfort. Es gibt u. a. »Most Wanted«-Zimmer mit Dusche sowie attraktive Suiten (die beste ist der einstige Besucherraum). Das Wachzimmer hat einen Safe. **http://jailhotellowengraben.hotelswhiz.info**

LUZERN Art Deco Hotel Montana ⒻⒻⒻ

Adligenswilerstrasse 22, 6002 041 419 00 00 FAX 041 419 00 01 ***Zimmer*** *62* ***Straßenkarte*** *D3*

Das historische Hotel (1909/1910) überblickt den Vierwaldstättersee. Jedes Zimmer ist eine fantastische Jugendstil-Erfahrung – mit entsprechender Möblierung und passender Badkachelung. Eine Standseilbahn bringt Gäste von der Seepromenade zur Hotellobby. Zwei Türmchen mit Suiten. Exzellentes Restaurant. **www.hotel-montana.ch**

LUZERN Wilden Mann ⒻⒻⒻ

Bahnhofstrasse 30, 6000 041 210 16 66 FAX 041 210 16 29 ***Zimmer*** *50* ***Straßenkarte*** *D3*

Das Hotel erstreckt sich über sieben historische Häuser (teilweise 16. Jh.). Steinmetzarbeiten illustrieren die Sage vom »wilden Mann«. Die eleganten Zimmer sind mit Antikmöbeln eingerichtet. Das renommierte Restaurant serviert traditionsreiche Küche mit modernen Eigenkreationen. Das Haus ist Mitglied der Romantik Hotels. **www.wilden-mann.ch**

SCHWYZ Wysses Rössli ⒻⒻ

Hauptplatz 3, 6430 041 811 19 22 FAX 041 811 10 46 ***Zimmer*** *27* ***Straßenkarte*** *E3*

Das beeindruckende renovierte Hotel liegt mitten in Schwyz. Vor dem Haus gibt es Parkplätze. Das Hotel ist eine gute Ausgangsbasis für Wanderungen auf dem Trans Swiss Trail sowie für Ausflüge zu den Höhlen des Muotatals und zum Seengebiet. Hübsche Bankett- und Seminarräume sowie zwei Restaurants. **www.roessli-schwyz.ch**

STANS Engel Ⓕ

Dorfplatz 1, 6370 041 619 10 10 FAX 041 619 10 11 ***Zimmer*** *18* ***Straßenkarte*** *D3*

Das traditionelle Haus mit Giebeldach liegt in der Hauptstraße des Dorfs. Das Innere strahlt einen gelungenen Mix aus Tradition und Moderne aus. Jedes Zimmer besitzt eine eigene Farbgebung. Alle haben Bergblick und sind behindertengerecht ausgestattet. Es gibt auch eine kleine Gartenterrasse. **www.engelstans.ch**

VITZNAU Hotel Rigi ⒻⒻ

Seestrasse, 6354 041 399 85 85 FAX 041 399 85 86 ***Zimmer*** *35* ***Straßenkarte*** *E3*

Das freundliche, komfortable Hotel liegt im Zentrum von Vitznau, nur 50 Meter entfernt von der ersten Zahnradbahn Europas und der Schiffsstation. Es ist ein idealer Ausgangspunkt für Ausflüge auf den See und in die Berge. Die Zimmer im Anbau sind größer und moderner. Das Restaurant hat eine Gartenterrasse. **www.rigi-vitznau.ch**

WEGGIS Garni Hotel Frohburg ⒻⒻ

Seestrasse 21, 6353 041 392 00 60 FAX 041 392 00 66 ***Zimmer*** *12* ***Straßenkarte*** *D3*

Das kleine Hotel am Vierwaldstättersee bietet einen grandiosen Blick auf die Alpenkulisse. Alle der hübsch eingerichteten Zimmer haben einen Balkon zum See hin. Es gibt eine eigene Bootsanlegestelle. Tennisplätze und Wasserskimöglichkeiten sind in der Nähe. Es gibt kein Hotelrestaurant, doch mehrere Lokale in der Nähe. **www.frohburg.ch**

WEGGIS Seehof du Lac ⒻⒻ

Gotthardstrasse 4, 6353 041 390 11 51 FAX 041 390 11 19 ***Zimmer*** *22* ***Straßenkarte*** *D3*

Ruhig und zentral liegt der Seehof in der Dorfmitte, nur vier Minuten zu Fuß von der Schiffsstation entfernt. Das familienbetriebene Hotel nimmt eine Villa aus dem 19. Jahrhundert ein. Die Zimmer sind hell und modern. Es gibt direkten Zugang zum Vierwaldstättersee und ein gutes Restaurant mit Terrasse am See. **www.hotel-du-lac.ch**

ZUG Ochsen ⒻⒻⒻ

Am Kolinplatz 11, 6301 041 729 32 32 FAX 041 729 32 22 ***Zimmer*** *48* ***Straßenkarte*** *E3*

Das Hotel liegt in Gehweite der meisten Sehenswürdigkeiten. Die komfortablen hellen Nichtraucher-Zimmer sind mit frischen Blumen geschmückt. Es gibt auch eine Internet-Ecke für Gäste. Die Bar bietet öfter Jazzkonzerte. Das Restaurant mit traditioneller Küche besitzt noch eine alte Balkendecke. **www.ochsen-zug.ch**

Straßenkarte *siehe hintere Umschlaginnenseiten*

Restaurants

Die große Auswahl an Lokalen in der Schweiz spiegelt die regionale Vielfalt des Landes wider. In Zürich und Genf gibt es erstklassige Restaurants mit internationaler Küche, doch das typische Schweizer Restaurant ist eher klein und familiär. Die gemütlichen Lokale bieten wohlschmeckende Gerichte an, die ein Spiegel der jeweiligen regionalen Traditionen sind und meist aus Zutaten der Region zubereitet werden. Zahlreiche Restaurants an den Seen und Flüssen haben sich auf köstliche Gerichte mit fangfrischem Fisch spezialisiert. In der Schweiz gibt es eine große Anzahl kleiner, relativ bescheidener Speiselokale. In der deutschsprachigen Schweiz ist es das »Stübli«, in der französischsprachigen Schweiz sind es die Rôtisserie und die Brasserie. Im Tessin hat man die Wahl zwischen der klassischen Pizzeria, der Trattoria und der Osteria. Nicht nur südlich der Alpen isst man sehr gern im Freien – z. B. auf einem sonnigen Platz oder an einem See.

Wappen an einem Restaurant in Fribourg

Self-Service-Restaurant in einem Kaufhaus

Restaurantkategorien

Die Schweizer Restaurants, die vor allem internationale Küche servieren, befinden sich fast ausschließlich in Städten oder in Ferienregionen. Das typische Schweizer Restaurant ist dagegen ein eher gemütliches Etablissement mit einer vielfältigen Auswahl an frisch zubereiteten Gerichten aus regionalen Produkten.

In den deutschsprachigen Gegenden heißt ein Gasthaus manchmal auch »Beiz«. In solchen einfachen Lokalen gibt es oft einige warme Gerichte zum Bier oder Wein. Das rustikale »Stübli« beschränkt sich meist auf ein warmes Gericht, z. B. Rösti oder Raclette.

In den Rôtisserien der französischsprachigen Schweiz kann man vorzügliche Grillgerichte genießen. Die etwas bescheidenere Version dieses Restauranttyps sind die Brasserien, die mittags ein sehr gutes Buffet anbieten und sich abends in ein Restaurant mit Bedienung verwandeln.

Einige Weinbars, auf Französisch »Caveaux«, auf Deutsch manchmal »Weinstübli«, haben wie einige »Bierstübli« ebenfalls warme Küche. In einer »Spunte« bzw. Bar der deutschsprachigen Schweiz gibt es hauptsächlich Bier. Die französischen Bars schenken hingegen vorwiegend Kaffee und Alkohol aus, haben aber keine Küche.

Im italienischsprachigen Tessin ist die beliebte Pizzeria fast allgegenwärtig. Daneben bieten auch Trattoria und Osteria warme Speisen an. Ein sehr einfaches Lokal nennt sich manchmal »Grotto« (Höhle). Hier geht es rustikal zu, oft sitzt und isst man im Freien. Im Tessin gibt es zudem viele Eisdielen (»Gelateria«, »Cremeria«).

Preiswerte Mahlzeiten mit ausgezeichnetem Preis-Leistungs-Verhältnis bekommt man an den Selbstbedienungsbuffets großer Supermarktketten oder Kaufhäuser wie Migros, Coop und Manora. Hier gibt es den ganzen Tag über Suppen, frische Salate, Nudeln und vegetarische Gerichte. In größeren Städten findet man auch Fast-Food-Restaurants und Sushi-Bars – allerdings in weitaus geringerer Dichte als in anderen Ländern Mitteleuropas.

Viele Restaurants haben an einem Tag der Woche einen Ruhetag (»Jour de Repos«, »Jour de Fermeture«, »Giorno di Chiusura«).

Mahlzeiten

Das Frühstück unterscheidet sich je nach Region: Im Tessin gibt es oft nur Kaffee und Croissants, in der

Das Restaurant Hiltl in Zürich *(siehe S. 278)* lädt zum Wohlfühlen ein

deutschsprachigen Schweiz ist das Angebot reichhaltiger: Müsli, Brot, Salami, Räucherfleisch, Käse und Eier, frisch gepresster Orangensaft, Tee oder Kaffee.

In der ganzen Schweiz wird das Mittagessen zwischen 12 und 14 Uhr serviert. In vielen Restaurants gibt es ein Mittagsmenü (»Tagesteller«, »Plat du Jour«, »Piatto del giorno«). Es kann aus mehreren Gängen bestehen und zeichnet sich oft durch ein sehr gutes Preis-Leistungs-Verhältnis aus.

Das Abendessen nimmt man je nach Region zwischen 18.30 und 21 Uhr ein. Teurere Restaurants haben bis 22 Uhr oder länger geöffnet.

Tische vor einem Restaurant in der Bahnhofstrasse, Zürich

Speisekarte

Die Speisekarte (»Carte«, »Carta«) der Restaurants in größeren Städten und Feriengebieten ist mehrsprachig, häufig auch englisch. In kleineren Städten und in abgelegeneren Gegenden sind Speisekarten nur in der Sprache der Region abgefasst.

Zusätzlich zur Speisekarte gibt es meist eine Tages- oder Wochenkarte und oft Mittagsmenüs. Bei fast allen Lokalen kann man die Speisekarte mit Preisen vor dem Restaurant einsehen.

Restaurantschild in Thun

Preise und Trinkgeld

Es muss leider gesagt werden: Essen im Restaurant ist in der Schweiz eine teure Angelegenheit. Der Preis für ein Tagesgericht beträgt ab 20 Franken. Ein mehrgängiges Menü ohne Getränke beginnt bei mindestens 50 Franken. Eine Suppe kostet um zehn Franken, ein Salat mehr. Dagegen ist ein Essen vom Buffet eines Kaufhauses deutlich preiswerter.

Für ein Glas Hauswein wird in der Regel ähnlich viel wie für 0,33 Liter Bier verlangt. Nur wenig preiswerter ist ein Softdrink oder ein Kaffee. Lokale in viel besuchten oder landschaftlich reizvollen Gegenden berechnen im Allgemeinen etwas mehr. In den allermeisten Restaurants zahlt man auch für das Gedeck inklusive Brot.

In der Rechnung ist der Service enthalten. Trinkgeld ist daher offiziell nicht erforderlich, wird aber gern gesehen. Schweizer runden dazu den Rechnungsbetrag auf und/oder legen ein paar Franken extra hinzu.

Rauchen

Bezüglich des Nichtraucherschutzes gilt in der Schweiz seit 2010 das Bundesrecht: Rauchverbot herrscht in den Innenräumen aller Restaurations- und Hotelbetriebe. Darunter fallen u. a. Restaurants, Cafés, Bars und Clubs. In manchen Kantonen besteht die Möglichkeit, zum Rauchen abgetrennte Räume, sogenannte Fumoirs, zur Verfügung zu stellen. In öffentlichen Gebäuden und Verkehrsmitteln ist Rauchen in der ganzen Schweiz untersagt.

In Liechtenstein ist Rauchen in den allermeisten Gaststätten ebenfalls untersagt, auch wenn offiziell folgende Regelung gilt: In Einraumgaststätten darf geraucht werden, wenn sie sich als Raucherlokal deklarieren. In Mehrraumgaststätten darf nur in klar abgetrennten Nebenräumen geraucht werden.

Mit Kindern essen

Essen gehen ist in der Schweiz eine Familienangelegenheit. Deshalb sieht man oft auch noch spät am Abend kleine Kinder in den Restaurants. Meist werden Kinderstühle und Kinderteller angeboten. Bei den Toiletten findet sich zudem häufig ein Wickelraum.

Vegetarische Gerichte

Obwohl Fleisch in der Schweizer Küche eine wichtige Rolle spielt, findet man auf Speisekarten oder an Buffets meist vegetarische Gerichte sowie unterschiedliche Gemüse und Salate. Auch als gluten- oder laktosefrei ausgezeichnete Speisen verbreiten sich, allerdings nicht in ausgesprochen ländlichen Gebieten.

Blick auf die Berner Alpen vom Drehrestaurant Piz Gloria *(siehe S. 270)*

Schweizer Spezialitäten

Von einigen Ausnahmen abgesehen, stammen die traditionellen Rezepte vieler Schweizer Regionen aus den Nachbarländern, mit denen sie sprachlich verbunden sind. Das macht die Küche des Landes so abwechslungsreich, wobei die Sprachregionen eine Art grobe Einteilung für die unterschiedlichen Küchen bieten. Eine weitere bekannte Grenze ist der »Röstigraben«. Weltweit bekannt wurden Fondue und Raclette. Heute steht eher leichtes, gesundes Essen im Vordergrund. Heimische Süßwasserfische wie Forelle und Egli findet man auf vielen Speisekarten. Bio-Lebensmittel haben Hochkonjunktur.

Schweizer Schokolade

Lokal im Wallis, das traditionell zubereitetes Raclette anbietet

Französischsprachige Schweiz

Die frankofone Schweiz ist vom Nachbarn Frankreich beeinflusst, hat aber auch eigene Gerichte hervorgebracht. Im kurzen Sommer dominiert Obst. Aprikosen wachsen im Rhônetal. Beeren aller Art werden zu Konfitüren verarbeitet oder für Kuchen *(gâteau)* verwendet. Wildgerichte, vom Wildschwein- bis zum Murmeltierbraten, stehen im Herbst auf der Karte – Letzterer allerdings ausgesprochen selten. Die Wintergerichte sind Magenfüller, etwa Fondue und Raclette, und versprechen ein geselliges Zusammensein an den langen Winterabenden. Käse und Trockenfleisch werden zu Roggenbrot gegessen. In einigen Alpendörfern wird das lange haltbare Roggenbrot teilweise noch in alten Dorfbacköfen hergestellt. Es gibt um die 300 Brotsorten in der Schweiz.

Deutschsprachige Schweiz

Die deutschsprachigen Kantone, bis vor Kurzem noch wohlhabender als die frankofonen, präferieren eine herzhafte Küche mit Fleisch,

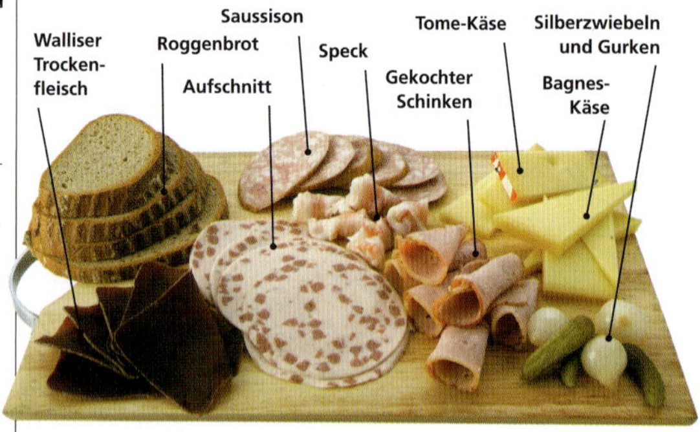

Typische Auswahl auf einer *Assiette Valaisanne*

Typische regionale Gerichte

Birchermüesli

Die Schweiz kennt einige einfache, aber leckere Gerichte. Die französischsprachige Schweiz ist die Heimat von Käsegerichten wie Fondue und Raclette, die in der ganzen Schweiz (und international) beliebt sind. Rösti ist hingegen das Nationalgericht der deutschsprachigen Kantone. Es gibt einen veritablen »Röstigraben«. Das Schweizer Müsli par excellence wurde von dem Aargauer Arzt und Reformer Bircher-Benner erfunden und hat die europäische Frühstückskultur verändert. Das Birchermüesli besteht aus Haferflocken und (Trocken-)Obst, die mit Milch, Joghurt oder Fruchtsaft vermengt werden. Nüsse und die berühmte Schweizer Schokolade finden sich in Desserts und Kuchen.

Käsefondue *besteht aus geschmolzenem Appenzeller, Emmentaler und Gruyère, Weißwein und Kirsch.*

Backwarenstand auf dem Markt in Lugano, Tessin

vor allem Schweinefleisch und -wurst. Es gibt nahrhafte Suppen sowie kalorienreiche Süßspeisen und Kuchen. Das Brot, meist Hefebrot (kein Sauerteig), ist dunkler und salziger als in der französisch- oder italienischsprachigen Schweiz. Die Essensportionen sind im Norden des Landes besonders großzügig bemessen. Innereien wie saure Leber (Basel), Schweinehaxe oder die Berner Platte mit bis zu sechs verschiedenen Wurst- und Fleischsorten (sowie Sauerkraut, Bohnen und Kartoffeln) machen die Einheimischen glücklich – während andere Gäste diese Mengen gar nicht schaffen. Eine allgemein bekannte Spezialität aus Zürich ist das Zürcher Geschnetzelte (Kalbfleisch und Champignons mit Sahnesauce und Rösti).

Tessin

Alles was man in den Bergregionen im Norden vermisst, findet man im sonnigen Tessin. Auch viele Schweizer verbringen ihren Urlaub hier. Die Gerichte

Kuh auf einer Sommerweide in den Schweizer Alpen

sind von der Küche der Lombardei und des Piemont beeinflusst. Süßwasserfische aus den Seen, Pizza, Pasta, Gnocchi, Polenta und Risotto sind typische Tessiner Gerichte. Es gibt viel frisches Obst und Gemüse, das mit Olivenöl zubereitet wird. Steinpilze, getrocknete Tomaten, Fenchel und Artischocken gibt es häufig zu Lamm- und Kalbfleischgerichten. Übrigens ist hier der beste Ort, um in der Schweiz Eis zu essen. Unbedingt probieren sollte man auch die einzigartige *torta di pane*, ein kuchenartiges Dessert aus altem Brot, Grappa, Amaretti (Mandelbiskuits), Trockenfrüchten und Pinienkernen.

Auf der Speisekarte

Berner Platte: Rind- und Schweinefleisch, Bauchspeck, Zunge u.a. mit Sauerkraut.

Croûte au fromage (Käseschnitte): Mit Weißwein übergossenes Brot, das mit Käse überbacken wird. Varianten gibt es mit Schinken und Ei.

Filet de cerf: Schweizer Hirschfilet (nur im Herbst).

Filets de perche: Egli Filets in Butter mit Zitrone und Petersilie.

Gelato alla farina bona: Eis mit geröstetem Polentamehl, eine Tessiner Spezialität.

Züpfe: ungesüßtes Hefezopfbrot – gibt es oft sonntags.

Raclette – *zum geschmolzenen Vollfettkäse gibt es meist Pellkartoffeln, saure Gurken und Senffrüchte.*

Rösti *ist ein in Fett ausgebackener Fladen aus geriebenen (geraffelten) Kartoffeln – die klassische Beilage.*

Engadiner Nusstorte *besteht aus Mürbteigboden mit einer Füllung aus Walnüssen, Karamell und Honig.*

Schweizer Käse

Die Schweiz ist zu Recht für ihren Käse berühmt, dessen Geschmacksvielfalt von mild und nussig über cremig bis hin zu würzig reicht. Es gibt mehrere Hundert Sorten. Käse ist aus der Schweizer Küche nicht wegzudenken: Man isst ihn schon zum Frühstück, er wird für Aufläufe, in Salaten oder als Nachtisch verwendet. Die Hälfte der Schweizer Milchproduktion dient zur Herstellung von Käse. Käse gehört zu den wichtigsten Exportartikeln der Schweiz.

Kühl gelagerter Käse

Herkunft

Viehzucht kennt man in der Schweiz bereits seit etwa 2000 v. Chr. In dem bergigen Land ist Ackerland rar. Im Gegensatz dazu sind die üppigen Wiesen in den Alpen geradezu ideales Weideland. Milch und Milchprodukte waren die Grundnahrungsmittel der Bergbauern und im Winter absolut überlebensnotwendig.

Nach dem Bau von Straßen und Bahnlinien waren die Dörfer entlegener Bergregionen nicht mehr wie früher von der Außenwelt abgeschnitten. So fand der Alpenkäse neue Absatzmärkte und auch Produktionsstätten im Tiefland.

Bis zum 15. Jahrhundert gab es fast nur weichen Schweizer Käse. Dann wurde auch Hartkäse immer beliebter. Letzterer war haltbarer und konnte so über größere Entfernungen hinweg transportiert werden.

Herstellung

Die Käseherstellung erfolgt in fünf Grundschritten. Zunächst wird die Milch in einem großen Stahltank auf 30 bis 36 °C erwärmt. Anschließend werden der Milch Bakterienkulturen zugesetzt, sodass sie kontrolliert sauer wird. Unter Zugabe eines Enzyms wie Lab oder Pepsin wird die Milch zu Quark, einer cremigen, molkehaltigen Substanz. Wenn der Quark auf 39 bis 54 °C erhitzt wird, setzt sich die Molke ab, die anschließend abgelassen wird. Der Quark wird gesalzen, in

Bottiche mit den Vorstufen des Käses in einer modernen Käsefabrik

Werbeplakat für Appenzeller

Formen gepresst und weiter von der Molke befreit. Zu großen Blöcken oder Laiben geformt, überlässt man ihn dann einem Reifungsprozess – zunächst in einer Salzlake, in der der Käse seine Rinde entwickelt, später in einem Kühllager. Dort müssen die Käselaibe regelmäßig gewendet werden, damit sie gleichmäßig werden und sich keine Feuchtigkeit ansammelt.

Der Reifungsprozess dauert je nach Käsesorte von einigen Tagen bis zu mehreren Monaten oder sogar Jahren. Je länger die Reifezeit, desto härter der Käse.

Runde Käselaibe

Die Produktion von Käse beginnt im Frühjahr und erstreckt sich – ähnlich wie die Wachstumsphase des nahrhaftesten Grases – bis in den Spätherbst hinein. Die meisten Käsereien sind familiengeführte Kleinbetriebe, von denen es etwa 1000 gibt. Die moderne Technik ist aus diesen Betrieben nicht mehr wegzudenken. In einigen höher gelegenen Alpenregionen wird der Käse jedoch nach wie vor von Hand hergestellt, ohne technische Hilfsmittel. Die Sorten sind als »Bergkäse«, »Alpkäse«, »Fromage des Alpes« oder »Formaggio di Alpe« weltberühmt. Zunehmend gibt es Bio-Käse.

Einige Käsereien kann man besichtigen. Zu ihnen gehören die Appenzeller Schaukäserei in Stein *(siehe S. 188)* und die Maison du Gruyère in Pringy, ganz in der Nähe des Orts Gruyères *(siehe S. 124)*.

Käsesorten

Es gibt über 400 verschiedene Käsesorten in der Schweiz, jede von eigener Konsistenz, eigenem Geschmack und eigenem Aroma. Auch die Zubereitungsarten sind vielfältig: Man kann Käse pur, als Fondue oder Raclette genießen oder ihn gerieben über Nudeln streuen.

Vacherin Fribourgeois *ist ein mittelweicher Käse, der ausschließlich im Kanton Fribourg hergestellt wird. Er wird oft für Fondues verwendet.*

Appenzeller *ist ein hocharomatischer Käse aus der nordöstlichen Schweiz. Je nach Reifezeit schmeckt er unterschiedlich – ein schwarzes Etikett bezeichnet einen reifen, strengen Käse.*

Gruyère *(Greyerzer) ist ein Hartkäse von einmaliger Konsistenz und unverwechselbarem Geschmack. Junger Gruyère ist mild oder »doux«. Der gereifte Käse hat ein intensives Aroma und wird auch als »salé« bezeichnet. Er stammt aus der Westschweiz.*

Tête de Moine, *»Mönchskopf« oder Bellelay, kommt aus dem Jura und wurde im 12. Jahrhundert von Mönchen erfunden. Der intensive Geschmack des hellen Halbhartkäses entfaltet sich am besten, wenn man ihn mit der Girolle in hauchfeine Rosetten schabt.*

Emmentaler *ist der bekannteste und beliebteste Schweizer Käse. Er hat einen nussigen Geschmack und große Löcher. Der Käse wird im Emmental und im Tiefland der deutschsprachigen Schweiz hergestellt. Er wird in die ganze Welt exportiert und eignet sich auch hervorragend für Fondues und zum Überbacken.*

Raclette *besitzt ein würziges Aroma, schmilzt leicht und wird deshalb besonders gern für das Gericht Raclette verwendet, das diesem Milchprodukt seinen Namen verdankt. Der beliebte Käse stammt aus dem Wallis, wird aber mittlerweile in der ganzen Schweiz produziert.*

Sbrinz *ist ein Hartkäse mit intensivem, an Parmesan erinnerndem Aroma. Er wird über Gerichte gerieben oder dünn geschnitten serviert. Er stammt aus Brienz im Berner Oberland, wird aber heute in der ganzen Zentralschweiz hergestellt. Er reift bis zu drei Jahre.*

Tilsiter *zeichnet sich durch seine Cremigkeit und sein zartes Aroma aus. Er ist nach Schweizer Emigranten aus Tilsit benannt, die das Rezept im 19. Jahrhundert erfanden, und wird heute in der Ostschweiz hergestellt.*

Verkauf und Export

Die jährliche Käseproduktion der Schweiz beläuft sich auf über 150 000 Tonnen, etwa die Hälfte davon wird exportiert. Am beliebtesten sind Emmentaler und der edle Gruyère.

Viele der Schweizer Käsereien haben auch Läden, in denen sie ihre Produkte zum Verkauf anbieten. Eine große Auswahl an regionalen Sorten, darunter auch einige der berühmtesten und teuersten, findet man auf den Märkten im ganzen Land.

Einige größere Städte haben Spezialitätenläden, die auch die ungewöhnlichsten Käsesorten führen. Eine gute Auswahl an abgepacktem oder frischem Käse findet man auch in Supermärkten.

Die meisten Schweizer Käse sind Rohmilchkäse, was ihnen den einzigartigen Geschmack verleiht. Jene, die mit pasteurisierter Milch hergestellt wurden, sind entsprechend gekennzeichnet. Je reifer der Käse, desto teurer ist er.

Käsesortiment in einem Laden in Stein am Rhein

Schweizer Getränke

Bierdeckel

Schweizer Weine zählen mit zu den besten Europas, sind jedoch außerhalb ihres Ursprungslands nicht sehr bekannt. Die besten Lagen gibt es in den Kantonen Wallis und Waadt, vor allem an den geschützten Hängen um den Genfer See. Die Schweiz verfügt zudem über mehr als 100 größere und kleinere Brauereien, die qualitativ hochwertige dunkle und helle Biere produzieren, ebenfalls fast ausschließlich für den heimischen Konsum. Kaffee, manchmal mit Sahne, und Tee sind die beliebtesten Heißgetränke. Auch ein Softdrink mit Molkepulver (Rivella) kommt aus der Schweiz.

Werbung für Schweizer Wein

Rivella, ein Softdrink

Valser Mineralwasser

Caotina, ein Kakaogetränk

Alkoholfreie Getränke

Zum Essen trinkt man meist (stilles) Mineralwasser aus den heimischen Mineralquellen. Zu den bekanntesten Sorten zählen Valser, Henniez, Passugger, Fontessa und Aproz. Ein beliebter süßer und erfrischender Softdrink ist Rivella. Er enthält Lactoserum, ein Nebenprodukt der Käseherstellung *(siehe S. 264)*. Rivella ist in vier Geschmacksrichtungen erhältlich: als Original (rotes Etikett), mit reduziertem Zuckergehalt (blau), mit grünem Tee (grün) und laktosefrei (gelb). Caotina ist ein cremiges Kakaogetränk.

Heißgetränke

Kaffee in allen Varianten, vom Cappuccino bis zum Espresso, ist das beliebteste Heißgetränk in der Schweiz. In der deutschsprachigen Schweiz trinkt man »Kaffee fertig« (italienisch »Caffè corretto«) mit einem Schuss Likör oder mit aromatisiertem Wodka. Tee wird gern als Eistee (»Thé froid«, »Tè freddo«) getrunken, der vor allem an heißen Sommertagen erfrischt. Pfefferminztee und andere Kräutermischungen sind ebenfalls beliebt. Im Winter wärmt man sich mit Ovomaltine (Malzgetränk, dessen Pulver mit heißer Milch verrührt wird) oder heißer Schokolade wieder auf. Ovo Drink ist fertig zubereitete Ovomaltine.

Malzgetränkpulver für heiße Milch

Gebrauchsfertige Ovomaltine

Bier aus Chur

Helles in der Dose

Bier aus Rheinfelden

Bier

Das beliebteste Bier in der Schweiz ist das Helle mit einem Alkoholgehalt von 4,2 bis 5,5 % Vol. Es erinnert geschmacklich an deutsches Bier. Zu den stärkeren Bieren (6 % Vol.) gehören das Weizen und verschiedene Altbiere. Die vorherrschenden Marken sind Feldschlösschen aus Rheinfelden (bei Basel), Calanda aus Chur, Rugenbräu aus Interlaken und Cardinal aus Fribourg. Fassbier wird in Gläsern zwischen 0,1 und 0,5 Liter ausgeschenkt. Die am weitesten verbreiteten Glasgrößen sind die sogenannte Stange (0,33 Liter) und das kleinere »Herrgöttli« (0,2 Liter).

Etikett des dunklen Calanda-Biers

Weißwein

Der vermutlich bekannteste Weißwein der Schweiz ist der zarte, frische Fendant aus dem Wallis, der traditionell zu Fondue und Raclette gereicht oder als Aperitif getrunken wird. Vom Genfer See stammen die ausgewogenen Weine der Lavaux-Region, die feinen La-Côte-Weine und die aromatischen Chablais-Weine. Gleichfalls aus dieser Gegend und aus Neuchâtel kommt der leichte, unaufdringliche Chasselas, der zu hellem Fleisch und Käse serviert oder als Aperitif getrunken wird.

Das Sylvaner-Gebiet in der Ostschweiz ist ebenso für seine intensiven Weißweine berühmt, die man zu Fisch und Spargel genießt. Chardonnay wird hauptsächlich um Genf und im Wallis angebaut. Er passt ausgezeichnet zu Fisch und Meeresfrüchten.

Swiss Blanc von der Abtei Rheinau

Pinot Gris aus Neuchâtel

Fendant, ein Chasselas aus dem Wallis

Mont-sur-Rolle Grand Cru de La Côte

Wein aus der Genfer Region

Merlot aus dem Tessin

Pinot Noir, ein intensiver Roter

Dôle aus der Sion-Region

Rotwein

Einer der edelsten Schweizer Rotweine ist der Dôle, eine Cuvée aus der Gamay- und Pinot-Noir-Traube. Die intensiven reinen Pinot-Noir-Weine folgen an zweiter Stelle. Beide kommen vor allem aus dem Wallis und passen zu rotem und weißem Fleisch sowie zu Käse. An den Weinbergen um den Genfer See wachsen die leichten Salvagnin- und Gamay-Weine, die es oft zu rotem Fleisch und warmen Vorspeisen gibt. Die Gegend um den Lac de Neuchâtel bringt einen Gamay hervor, der ausgezeichnet zu Geflügel, Kalbfleisch und Käse passt. Der Blauburgunder aus der Ostschweiz harmoniert mit Geflügel. Typisch für das Tessin ist der rubinrote Merlot, der oft zu Risotto serviert wird.

Schnäpse und Liköre

Ein Teil der Obsternte wird in der Schweiz zur Herstellung von Obstbränden und Fruchtlikören benutzt. Zu den beliebtesten Schnäpsen zählen das Kirschwasser und der aus Williams-Birnen hergestellte Branntwein. In den französischsprachigen Regionen des Landes stellt man den »Pruneau«, einen Pflaumenschnaps, im Tessin den Grappa (aus Trester) her. Der »Betzi« in den deutschsprachigen Gebieten ist ein Obstbrand aus einer Mischung verschiedener Früchte. Darüber hinaus gibt es Liköre aus Äpfeln, Quitten, Pflaumen, Aprikosen, Kirschen, Himbeeren oder auch Kräutern, die als Digestif getrunken werden. Bei der Zubereitung eines Fondues verwendet man traditionellerweise einen guten Schuss Kirschwasser.

Williamine-Birnengeist

Grundbacher Pflaumengeist

Grappa aus dem Tessin

Apfelschnaps aus Zug

Restaurantauswahl

Die Restaurants wurden wegen ihres guten Preis-Leistungs-Verhältnisses, der herausragenden Küche und interessanten Lage ausgewählt. Sie sind nach Regionen aufgelistet. Innerhalb der Preiskategorien ist die Reihenfolge alphabetisch. Koordinatenangaben beziehen sich auf die *Straßenkarte* auf den hinteren Umschlaginnenseiten.

PREISKATEGORIEN

Die Preise gelten für ein Drei-Gänge-Menü pro Person (ohne Wein), inklusive Steuern und Service:

Ⓕ unter 30 Franken (CHF)
ⒻⒻ 30–60 Franken (CHF)
ⒻⒻⒻ 60–90 Franken (CHF)
ⒻⒻⒻⒻ 90–120 Franken (CHF)
ⒻⒻⒻⒻⒻ über 120 Franken (CHF)

Bern

BERN Grotto-Ticino-Pizzeria — Ⓕ

Breitenrainplatz 26, 3014 031 331 96 77 — **Straßenkarte** C3

Das beliebte preiswerte Restaurant bei der Tramhaltestelle Breitenrainplatz bietet Tessiner Küche mit Gnocchi, Polenta und Pizza sowie lokale Berner Küche wie Berner Platte und Rösti. Besonders empfehlenswert ist *pappardelle al noci*, Pappardelle mit Nuss-Pesto. Im Sommer kann man auf der Terrasse essen.

BERN Tibits — Ⓕ

Bahnhofplatz 10, 3011 031 312 91 11 — **Straßenkarte** C3

Die vegetarische Fast-Food-Kette bietet gesundes Essen, etwa Sandwiches, Salate, Suppen Snacks und Desserts. Im Tibits gilt Selbstbedienung, der Preis richtet sich nach dem Gewicht. Das Lokal hat sieben Tage die Woche von 6.30 Uhr bis spätabends geöffnet – eine Option für alle mit schmalem Budget.

BERN Altes Tramdepot Brauerei — ⒻⒻ

Grosser Muristalden 6, 3006 031 368 14 15 — **Straßenkarte** C3

Wie der Name sagt, liegt das Restaurant in einem alten Tramdepot in der Nähe des Bärengrabens. Das Bier wird zweimal pro Woche im Restaurant gebraut. Es gibt eine charmante Sommerterrasse mit Blick auf die Altstadt. In einem großen Wok entstehen leckere asiatische Gerichte.

BERN Arlequin — ⒻⒻ

Gerechtigkeitsgasse 51, 3011 031 311 39 46 — **Straßenkarte** C3

Das Arlequin liegt unter Arkaden in der Altstadt – inmitten der teuersten Läden. Gleichwohl ist es relativ preisgünstig und ein Treffpunkt von Intellektuellen. Das schmale Lokal, früher ein Zunfthaus, strahlt Charakter aus. Spezialität des Lokals ist das »Gasse-Filet«, eine zarte, aber blutige Angelegenheit mit Kräuterbutter. *So, Mo geschlossen.*

BERN Brasserie Bärengraben — ⒻⒻ

Grosser Muristalden 1, 3006 031 331 42 18 — **Straßenkarte** C3

Das einstige Zollhaus in der Nähe von Bärengraben und Nydeggbrücke serviert preiswert Berner Spezialitäten. Die großen Fenster lassen viel Licht in den Speiseraum. Es gibt einen Wintergartenanbau und im Sommer einen Garten. Die Desserts sind exzellent. Reservierung empfohlen.

BERN Fischerstübli — ⒻⒻ

Gerberngasse 41, 3011 031 311 53 67 — **Straßenkarte** C3

Das attraktive und beliebte Restaurant mit Bar liegt im Matte-Viertel, nahe der Aare. Die Speisekarte ist nicht umfangreich, doch bietet sie eine Reihe von diversen Speisen, etwa Pasta, Fisch, Fleisch und Vegetarisches. Besonders beliebt sind die Currys. Im Sommer speist man auf der hübschen Terrasse.

BERN Goldener Schlüssel — ⒻⒻ

Rathausgasse 72, 3011 031 311 02 16 — **Straßenkarte** C3

Das Lokal in einem mittelalterlichen Gebäude soll angeblich genau 99 Schritte von der Zytglogge entfernt liegen. Das dunkle Dekor aus alten Holzböden und niedrigen Holzbalkendecken wirkt anheimelnd. Die traditionelle Berner Küche zieht viele Stammgäste an. Die Desserts sind fabelhaft.

BERN Harmonie — ⒻⒻ

Hotelgasse 3, 3011 031 313 11 41. — **Straßenkarte** C3

Das traditionelle Restaurant, gleich bei der Zytglogge, ist bei Einheimischen und Besuchern gleichermaßen beliebt. Es ist für sein Käsefondue bekannt. Die Küche ist ein glitzerndes Wunderwerk aus Stahl und Keramik. Im Inneren dominiert Holzdekor. *Sa, So geschlossen.*

BERN Kabuki — ⒻⒻ

Bubenbergplatz 9, 3011 031 329 29 19 — **Straßenkarte** C3

Das Kabuki ist einer der ältesten Schweizer Japaner, preislich moderat, einfach im Dekor und überhaus beliebt. Neben Sushi und Sashimi sollte man vielleicht einmal Tempura Udon probieren: japanische Buchweizennudeln in Brühe mit frittierten Garnelen.

Zeichenerklärung *siehe hintere Umschlagklappe*

BERN Schmiedstube ⒻⒻ

Schmiedenplatz 5, 3011 031 311 34 61 **Straßenkarte** C3

Das Restaurant im Herzen der Altstadt liegt in einem einstigen Zunfthaus. Hier hat man wirklich den Eindruck, in einem uralten Berner Gasthof zu sitzen. Die Speisekarte richtet sich nach regionalen und saisonalen Angeboten. Rösti und Berner Platte stehen aber immer darauf. Kinderteller sind erhältlich. Verschiedene Säle. *So geschlossen.*

BERN Spaghetti Factory ⒻⒻ

Kornhausplatz 7, 3011 031 312 54 55 **Straßenkarte** C3

Das hübsche, preisgünstige und kinderfreundliche Restaurant ist oft sehr voll. Wie der Name schon andeutet, bietet das Lokal Pasta in den verschiedensten Varianten. Es hat auch eine große Auswahl an Antipasti und Salaten. Vermutlich gibt es hier das beste Eis von Bern. Samstags ist die »Spaghetti-Fabrik« bis 2.30 Uhr geöffnet.

BERN Terrasse und Casa ⒻⒻ

Dalmaziquai 11, 3000 031 350 50 01 **Straßenkarte** C3

Die beiden Restaurants liegen im Herzen Berns am Fluss nebeneinander. Das Terrasse ist eine imposante Outdoor-Location mit viel Holz. Das täglich geöffnete Lokal serviert Snacks und Drinks. Sonntags gibt es Brunch. Das bistroartige Casa lässt sich von mediterraner Kost inspirieren. *Sa mittags, Mo geschlossen.*

BERN Gourmanderie und Petit Moléson ⒻⒻⒻ

Aarbergergasse 24, 3011 031 311 44 63 **Straßenkarte** C3

Das renommierte Lokal serviert Berner und Elsässer Küche. Es liegt nur fünf Minuten vom Bundeshaus entfernt. Hier sieht man viele Politiker und Bern-Besucher. Auf der Speisekarte stehen Gerichte aus Bio-Produkten, saisonale Spezialitäten und viele vegetarische Gerichte. Sehr gute Weinkarte. *So geschlossen.*

BERN Jack's Brasserie ⒻⒻⒻ

Bahnhofplatz 11, 3001 031 326 80 80 **Straßenkarte** C3

Trotz des Namens wird hier Berner Küche serviert – und zwar in enormen Portionen: Die Fleischgerichte mit Sauerkraut und Kartoffeln, aber auch Barsch und Seezunge sind empfehlenswert. Die Brasserie im Hotel Schweizerhof wird von den Einheimischen Stadtrestaurant genannt.

BERN Kornhauskeller ⒻⒻⒻ

Kornhausplatz 18, 3001 031 327 72 72 **Straßenkarte** C3

Ein Augen- und Gaumenschmaus: Das Kellergewölbe mit den Säulen ist mit Malereien verziert und vermittelt fast Kirchenatmosphäre. In der Vergangenheit war das barocke Kornhaus nicht nur Kornspeicher, sondern hatte viele Funktionen. Seit seiner Renovierung ist es bei Besuchern enorm beliebt und daher meist sehr voll.

BERN Wein & Sein ⒻⒻⒻⒻⒻ

Münstergasse 50, 3001 031 311 98 44 **Straßenkarte** C3

Das Gourmet Restaurant in dem kleinen Kellergewölbe hat einen Michelin-Stern. Es gibt keine Karte, sondern täglich ein Überraschungsmenü, zusammengestellt nach Produkten der Saison. Grandios sind die dazu gereichten Weine. Reservierung erforderlich. *So, Mo geschlossen.*

Mittelland, Berner Oberland und Wallis

BREITEN OB MÖREL Taverne ⒻⒻ

Breitenstrasse 1, 3983 027 927 10 22 **Straßenkarte** D4

Das einfache Gasthaus im Gebiet des Aletschgletschers ist bei Einheimischen wegen der moderaten Preise beliebt. Chefkoch Albert Jossen bietet Überraschungsmenüs auf Gourmet-Standard, oft mit regionalem Wild und Fisch. Die Speisekarte enthält Standards, aber auch Ausgefallenes wie Sauerkrautsuppe mit Crevetten. *Nov geschlossen.*

CRANS-MONTANA Helvetia Intergolf ⒻⒻⒻⒻ

8, route de la Moubra, 3963 027 485 88 88 **Straßenkarte** C4

Das elegante Lokal liegt in einem Kurhotel. Das Hauptrestaurant ist ein lichter, offener, modern eingerichteter Ort mit den Schwerpunkten italienische und französische Küche. Durch die großen Fenster sieht man das Rhônetal und die Berggipfel. Es gibt ein separates *carnozet*, einen Walliser Stadel, in dem Käse und Trockenfleisch serviert werden.

CRANS-MONTANA Pas de l'Ours ⒻⒻⒻⒻⒻ

Rue Pas de l'Ours, 3963 027 485 93 33 **Straßenkarte** C4

Eines der interessantesten Esserlebnisse in einem Schweizer Skiort: In dem Holzchalet gibt es sowohl ein zwangloses Bistro als auch den formelleren Hauptspeisesaal. In beiden wird mit saisonalen Produkten aus der Region gekocht. Das Chalet mit seinem Holz-Stein-Dekor aus dem 17. Jahrhundert hat Museumscharakter. *So abends geschlossen.*

GRÄCHEN Restaurant Taverne ⒻⒻ

Rue Principale, 3925 027 956 16 12 **Straßenkarte** C5

Das kleine familiengeführte Hotel an der Straße von Visp nach Zermatt genießt auch für sein Restaurant einen guten Ruf. Der Speisesaal ist hübsch altmodisch, es gibt auch eine Terrasse mit Blick auf die Berge. Außer Raclette und Fondue bietet die Speisekarte saisonbedingte Spezialitäten, etwa Spargel, Wild oder Pilzgerichte. Walliser Weine.

Straßenkarte *siehe hintere Umschlaginnenseiten*

GSTAAD Charly's Tea-Room ⓕⓕ

Promenade 76, 3780 033 744 15 44 **Straßenkarte** C4

Dies ist der Jetset-Hangout von Gstaad. Nur wenige können den köstlichen Kuchen, der heißen Schokolade mit Schlagsahne und der Kaffeeauswahl widerstehen. Charly's ist eine Institution und ein Après-Ski-Treff von pelzgewandeten (Halb-)Prominenten. Man erhält auch leichte Mahlzeiten.

GSTAAD Chesery ⓕⓕⓕⓕⓕ

Lauenstrasse, 3780 033 744 24 51 **Straßenkarte** C4

Der Name bezieht sich auf die ursprüngliche Funktion des Hauses als Käserei. 1962 wurde sie vom Aga Khan renoviert. Nun ist sie Wirkungsstätte der besten Alpenköche. Gault-Millau-Koch 2005 war Robert Speth. Die Speisekarte ist sensationell und lässt jeden Gourmet in Verzückung geraten.

INTERLAKEN El Azteca ⓕⓕ

Jungfraustrasse 30, 3800 033 822 71 31 **Straßenkarte** D4

Das mexikanische Restaurant liegt im Hotel Blume, einem historischen Gebäude in der Fußgängerzone mitten in Interlaken. Am Wochenende gibt es Live-Musik. Auf der Karte finden sich mexikanischen Standards, vor allem Fajitas (mit Huhn, Schweine- und Rindfleisch und Garnelen). Erstklassige Guacamole. *Mi nachmittags geschlossen.*

INTERLAKEN Pizzeria Piz Paz ⓕⓕ

Bahnhofstrasse 1, 3800 033 822 25 33 **Straßenkarte** D4

Die Pizzeria ist ein beliebter Treffpunkt für Besucher und Rucksackurlauber im Zentrum von Interlaken – gut und preiswert. Auf der Karte finden sich alle Arten von Pizza, Pasta und einige Tessiner Spezialitäten. Heben Sie sich noch etwas Appetit für die fantastischen Eisdesserts auf. *Mo geschlossen.*

INTERLAKEN Schuh ⓕⓕ

Höheweg 56, 3800 033 888 80 50 **Straßenkarte** D4

Das Schuh war schon zu Beginn des 19. Jahrhunderts eine Institution. Die Chocolateria ist für ihre superben Eigenkreationen von Schokolade bekannt. Die Karte des Restaurants erweist hingegen Asien Reverenz. Es gibt japanische und Thai-Gerichte, allerdings auch Rösti, Raclette und Kalbsgeschnetzeltes oder Kalbsleber.

LAUTERBRUNNEN Schützen ⓕⓕ

Dorfstrasse Fuhren, 3822 033 855 30 25 **Straßenkarte** C4

Das traditionelle Chalet-Hotel liegt beim Tourismusbüro. Das Restaurant mit »Stübli« strahlt eine behagliche Atmosphäre aus. Hier isst man Fondue und Raclette. Im Sommer gibt es einen Garten, im Winter auch eine beheizte Terrasse mit Blick auf die Berner Alpen. Viele Rösti- und Fonduegerichte.

MARTIGNY L'Olivier ⓕⓕⓕⓕⓕ

72 bis, avenue du Grand-Saint-Bernard, 1920 027 722 18 41 **Straßenkarte** B5

An der Kreuzung der Straßen nach Verbier und Chamonix befindet sich das Restaurant L'Olivier im Hôtel du Forum (auch als Le Gourmet bekannt). Wie auch immer – das Lokal ist eine kulinarische Versuchung. Auf der Speisekarte finden sich Gerichte aus saisonalen Produkten. Gute Auswahl von Weinen aus dem Wallis.

RIEDERALP Tenne ⓕⓕ

Art Furrer Resort, 3987 027 928 44 88 **Straßenkarte** D4

Die Tenne ist das Gourmet-Restaurant des Hotel- und Spa-Komplexes. Gesundheit und Fitness stehen bei der Speisenauswahl im Vordergrund. Die Karte bietet saisonale Gerichte, teils mit frischen Gartenprodukten. Die Einrichtung im Landhausstil wird von Holz dominiert. *Mitte Dez–April geöffnet.*

RIEDERALP Derby ⓕⓕⓕ

Sportplatzweg, 3987 027 927 10 33 **Straßenkarte** D4

Das alte Chalet im Gebiet des Aletschgletschers besitzt das typische dunkle Holzinterieur des Wallis. In der Bar gibt es Wandbilder von Jazzsängern. Die Speisekarte bietet Traditionelles, darunter natürlich Fondue und Raclette. Während der Skisaison gibt es jeden Abend Live-Musik. *Mai, Nov geschlossen.*

SAAS-FEE Mittelallalin ⓕⓕ

Metro Alpin, 3906 027 957 17 71 **Straßenkarte** D5

Auf 3500 Metern ist das Mittelallalin das höchstgelegene Drehrestaurant der Welt. Achtung: Die dünne Luft und die wechselnde Szenerie können auf manche Menschen verwirrend wirken. Gleichwohl: Der Ausblick ist unschlagbar. Das Essen ist erstaunlich gut und preiswert. Unten gibt es auch eine »fest stehende« Cafeteria mit Selbstbedienung.

SAAS-FEE Waldhotel Fletschhorn ⓕⓕⓕⓕⓕ

Oberdorf, 3906 027 957 21 56 **Straßenkarte** D5

Das Restaurant mit 18 Gault-Millau-Punkten liegt außerhalb von Saas-Fee, etwa 20 Gehminuten bergaufwärts. Die Küche ist französisch orientiert. Empfehlenswert: das Alpenlamm. Der Weinkeller ist mit rund 30 000 Flaschen bestückt – mit Schwerpunkt auf Walliser Weinen. Chefkoch Markus Neff bietet auch zweitägige Kochkurse an.

SCHILTHORN Piz Gloria ⓕⓕ

Schilthorn, 3825 033 856 21 56 **Straßenkarte** C4

Das erste Schweizer Drehrestaurant *(siehe S. 261)* diente 1968 bei den Dreharbeiten für den James-Bond-Film *Im Geheimdienst Ihrer Majestät* als Kulisse. Die Aussichten auf 2970 Meter Höhe sind grandios. Skifahrer können mit den meisten Hotels in Mürren vereinbaren, ihr Frühstück im Piz Gloria einzunehmen.

SION Brasserie Le Lucus ⒻⒻ

11, avenue de la Gare, 1950 027 322 22 82 **Straßenkarte** *C5*

Die attraktive familiengeführte Brasserie liegt ruhig in einer Fußgängerzone. Hier kann man wunderbar draußen sitzen und die Welt an sich vorbeiziehen lassen. Die Karte kennt u.a. Steaks mit Pommes frites und Sandwiches. Saisonal gibt es auch Wildgerichte. Gutes hausgemachtes Brot.

SION L'Enclos de Valère ⒻⒻⒻ

18, rue des Châteaux, 1950 027 323 32 30 **Straßenkarte** *C5*

Der freundliche Gasthof liegt am östlichen Rand von Sion unterhalb der Burgmauern. Von der hübschen Gartenterrasse aus sieht man die Burg und die unterhalb liegenden Weinberge des Rhônetals. Die Karte ist französisch ausgerichtet – es gibt Ente und Meeresfrüchte. Auf der Weinkarte dominieren Walliser Weine. *So, Mo geschlossen.*

SOLOTHURN Baseltor ⒻⒻ

Hauptgasse 79, 4500 032 622 34 22 **Straßenkarte** *C3*

Die Besitzer des renommierten, ungewöhnlichen Restaurants organisieren gut besuchte »Dîners littéraires«, Begegnungen mit Autoren im Rahmen eines Abendessens. Das Lokal (13 Gault-Millau-Punkte) des Barockbaus erstreckt sich über zwei Stockwerke und besitzt eine »gläserne Küche«. Das Essen ist mediterran, asiatisch und schweizerisch.

TORBEL Bergrestaurant Moosalp ⒻⒻⒻ

Moosalp, 3923 027 952 14 95 **Straßenkarte** *C5*

Das etwas abgelegene Bergrestaurant bietet authentisch zubereitete Fondues und Raclettes. Der Raclette-Käse wird hier noch bei offenem Feuer geschmolzen, was ihm ein besonderes Aroma verleiht. Empfehlenswert ist auch die »Assiette Valaisanne«, die Walliser Platte. Das Restaurant liegt oberhalb des Rhônetals bei Visp.

VERBIER Marlenaz ⒻⒻ

Route de Marlenaz, 1936 027 771 54 41 **Straßenkarte** *C5*

Das Restaurant in ländlichem Ambiente strahlt rustikalen Charme aus. Man erreicht es nach einer zehnminütigen Autofahrt über eine schmale Straße. Der Garten ist von Geröll und Felsblöcken umgeben. Die *croûte au fromage* schmeckt köstlich. Die Hauptspeisen umfassen Rindfleisch- und Lammgerichte. Aufmerksamer Service.

VERBIER Millénium ⒻⒻⒻ

Rue de Médran, 1936 027 771 99 00 **Straßenkarte** *C5*

Hoher Standard, innovative Speisekarte und gutes Preis-Leistungs-Verhältnis – alle Fleischgerichte des Millénium sind gut. Hervorragend sind allerdings die Straußengerichte. Es lässt sich ein gewisser pazifischer Einfluss feststellen. Das Lokal liegt in der Nähe des Hauptplatzes und zieht eine junge Klientel an. Hier kann man auch Promis sichten.

VERBIER Sonalon ⒻⒻⒻ

110, route de la Marlène, 1936 027 563 35 30 **Straßenkarte** *C5*

Das Restaurant liegt oberhalb des Verkehrsstaus von Verbier in einem Weiler. Es hat eine große Sonnenterrasse und einen hübschen Garten mit fantastischem Panorama. Das Sonalon ist insbesondere bei den Einheimischen beliebt. Saisonale Produkte – im Herbst etwa Pilze und Beeren – dominieren die ehrgeizige Küche.

VISP Le Bristol Ⓕ

Kantonsstrasse 28, 3930 027 946 33 23 **Straßenkarte** *D4*

Das Lokal bietet eine große Auswahl an italienischen Gerichte, darunter interessante Pizza- und Pastavarianten. Der große Speiseraum mit roten Bodenfliesen und kleinen Holztischen wirkt angenehm und ist nur minimalistisch dekoriert. Es gibt italienische und Schweizer Weine. *So vormittags, Mo geschlossen.*

WENGEN Da Sina ⒻⒻ

Dorf, 3823 033 855 31 72 **Straßenkarte** *C4*

Der unprätentiöse Italiener im Ortszentrum gehört zu den preisgünstigsten und besten Lokalen von Wengen. Er ist bei Urlaubern und Angestellten des Resorts beliebt. Das Essen ist lecker, der Service schnell. Auf der Karte stehen hauptsächlich Pizza und Pasta. Die Weinkarte ist eher klein.

WILDERSWIL La Cabane ⒻⒻ

Obereigasse 29, 3812 033 822 84 14 **Straßenkarte** *D4*

Eines der beiden Restaurants des »Motels« aus den 1970er Jahren liegt in freier Landschaft in der Nähe des Resorts von Wilderswil. Das Cabane serviert moderne Schweizer Küche. Das andere Restaurant namens Lunette ist eher zwanglos. Im Sommer gibt es »animierte« Barbecues auf der Terrasse.

ZERMATT Le Mazot ⒻⒻⒻ

Dorf, 3920 027 966 06 06 **Straßenkarte** *C5*

Das kleine Lokal liegt im Zentrum von Zermatt. Das familiengeführte Restaurant ist auf Lammgerichte spezialisiert, die auf offenem Feuer zubereitet werden – die Lämmer kommen von den Almwiesen unterhalb des Matterhorns. Auch Fondue ist im Angebot. Weinkarte mit spanischen, italienischen, französischen und Schweizer Weinen.

ZERMATT Zum See ⒻⒻⒻ

Zum See, 3920 027 967 20 45 **Straßenkarte** *C5*

Das Restaurant gehört zu den renommiertesten der Alpenregion – mit stetig wechselnder Speisekarte. Im Sommer verleihen Beeren und Gemüse aus dem Garten des 350 Jahre alten Chalets den Gerichten Frische. Im Herbst gibt es Wild. Im Winter ist das Lokal überfüllt mit Skifahrern. *Mai–Anfang Juni, Ende Okt–Nov geschlossen.*

Straßenkarte *siehe hintere Umschlaginnenseiten*

ZERMATT Alexandre
ⒻⒻⒻⒻ

Riffelalp Resort, 3920 027 966 05 55 **Straßenkarte** *C5*

Das Fünf-Sterne-Restaurant der Riffelalp *(siehe S. 248)*, des Luxusresorts oberhalb von Zermatt, erreicht man per Nostalgie-Tram des Resorts. Das Alexandre erinnert vom Dekor her an ein Pariser Restaurant, bietet dazu allerdings grandioses Schweizer Bergpanorama. Es gibt noch zwei weitere Lokale.

ZERMATT Le Gourmet-Alpenhof
ⒻⒻⒻⒻ

Hotel Alpenhof, 3920 027 966 55 55 **Straßenkarte** *C5*

Das Gourmet-Restaurant mit 15 Gault-Millau-Punkten gehört zum Hotel Alpenhof. Es befindet sich am Ufer der Vispa auf halbem Weg vom Bahnhof zur Station der unterirdischen Sunegga-Standseilbahn. Le Gourmet ist eine Oase der Eleganz mit dem Service und der Küche eines Restaurants der französischen Haute Cuisine.

Genf

GENF Chez ma Cousine
Ⓕ

6, place du Bourg-du-Four, 1201 022 310 96 96 **Straßenkarte** *A5*

Dies ist eines der drei Restaurants der in der Genfer Region beliebten Kette. Es liegt in der Altstadt nahe der Kathedrale. Die preiswerte Speisekarte listet Hähnchen auf – gegrillt, thailändisch oder indisch. Das Lokal selbst ist etwas beengt mit kleinen Tischen. Es gibt fünf Weine zur Auswahl sowie Essen zum Mitnehmen.

GENF Bistrot du Bœuf Rouge
ⒻⒻ

17, rue Alfred-Vincent, 1201 022 732 75 37 **Straßenkarte** *A5*

Das Gourmet-Restaurant gibt sich bescheiden als familiengeführtes Bistro aus. Die Küche zeigt Lyoner Einfluss, etwa bei den gehaltvollen Saucen. Auf der Weinkarte finden sich viele Schweizer Weine, aber auch einige edle französische Tropfen, etwa Louis Latour aus der Bourgogne oder Weine von der nördlichen Rhône. *Sa, So geschlossen.*

GENF Brasserie des Halles de l'Île
ⒻⒻ

1, place de l'Île, 1204 022 311 08 88 **Straßenkarte** *A5*

Das charmante Lokal auf einer Insel in der Rhône, nicht weit vom berühmten Jet d'Eau, bietet autofreie Ruhe und traumhafte Umgebung. Auf der Karte stehen vor allem kleine, leichte Gerichte. Donnerstags, freitags und samstags gibt es Jazz live oder DJs, die auflegen.

GENF Café de Paris
ⒻⒻ

26, rue du Mont-Blanc, 1201 022 732 84 50 **Straßenkarte** *A5*

Das Café de Paris ist eine Genfer Institution nicht weit vom See. Das Lokal ist vor allem für ein Gericht bekannt (obwohl es noch weitere auf der Karte gibt): Entrecôte mit Pommes frites, grünem Salat und der – immer noch ein Geheimnis – berühmten Buttersauce (kreiert 1930). Auf der Weinkarte: Schweizer und französische Weine.

GENF Pied de Cochon
ⒻⒻ

4, place du Bourg-de-Four, 1204 022 310 47 97 **Straßenkarte** *A5*

Das gut besuchte, das ganze Jahr über geöffnete Bistro liegt im Zentrum von Genf mit einem kleinen Außenbereich im Sommer. Wie der Name sagt, bietet das Lokal viele Schweinefleischgerichte an. Es gibt aber auch Fischgerichte und natürlich den Bistro-Klassiker Steak frites.

GENF Riverside
ⒻⒻ

19, rue du Rhône, 1204 022 311 32 00 **Straßenkarte** *A5*

Das kleine Bistro in einem Einkaufszentrum besitzt eine kleine Terrasse mit Blick auf den Fluss und den Genfer See. Die Speisekarte bietet Sandwiches, Hamburger, mittägliche Tagesgerichte bis hin zu Fischgerichten. Das Lokal ist ein beliebter Treffpunkt von Briten, die in Genf arbeiten. *So geschlossen.*

GENF La Veranda
ⒻⒻ

20, rue des Alpes, 1211 022 906 97 77 **Straßenkarte** *A5*

La Veranda ist das Restaurant des Hotels International & Terminus (19. Jh.). Es liegt in einem großen Garten. Im Sommer kann man mit viel Platz draußen dinieren. Das sonnige, luftige Innere macht es auch im Winter zu einem attraktiven Rückzugsort. Es gibt eine äußerst variantenreiche Speisekarte.

GENF Vieux-Bois
ⒻⒻ

12, avenue de la Paix, 1201 022 919 24 26 **Straßenkarte** *A5*

Hier kann man den Werdegang von Köchen verfolgen. Das Vieux-Bois ist das Küchenlabor der bekannten Schweizer Hotelfachschule École Hôtelière de Genève. Alle Köche und Kellner sind also noch in der Ausbildung, doch ausgesprochen ehrgeizig. Die Preise sind angesichts der Qualität der Speisen günstig. Hübscher Sommergarten.

GENF Les Armures
ⒻⒻⒻ

1, rue de Puits-St-Pierre, 1204 022 310 34 42 **Straßenkarte** *A5*

Das atmosphärische Restaurant mit Terrasse ist in einem Gebäude aus dem 17. Jahrhundert, ganz in der Nähe des mittelalterlichen Arsenals zu finden. Rüstungen und alte Schwerter sind im Gebäude verteilt. Es gibt zwei klimatisierte Speisesäle, in einem werden Fondues serviert, im anderen französische Küche.

GENF Café de la Gare ⒻⒻⒻ

2, rue Montbrillant, 1201 *022 733 77 84* **Straßenkarte** *A5*

Die Brasserie liegt nicht im Bahnhof, wie man vermuten könnte, sondern im Hôtel Montbrillant hinter dem Bahnhof. Sie ist für ihre gläserne Jugendstil-Decke bekannt. Die dunkle Holztäfelung ist im Stil einer Pariser Brasserie gehalten. Gleiches gilt für die Speisekarte. Hier gibt es *bœuf bourguignon* oder Würste mit Sauerkraut.

GENF L'Entrecôte Couronnée ⒻⒻⒻ

5, rue des Pâquis, 1201 *022 732 84 45* **Straßenkarte** *A5*

Kleines Bistro von Genfern für Genfer: Das Lokal wurde dafür ausgezeichnet, dass es hauptsächlich lokale Produkte verarbeitet. Es bietet ein hübsches Interieur mit Holzböden und alten Tischen. Probieren Sie das Steak mit Buttersauce. Die Weine stammen meist aus der Region um Genf. *So geschlossen.*

GENF Le Rouge et le Blanc ⒻⒻⒻ

27, quai des Bergues, 1201 *022 731 15 50* **Straßenkarte** *A5*

Frische Produkte vom Markt werden hier mittags in leichte, kreative Kost verwandelt. Der Sommelier, einer der Wirte, vermittelt den Gästen seine Leidenschaft für Weine. Ab 17 Uhr verwandelt sich Le Rouge et le Blanc in eine Weinbar. Dann gibt es ausgezeichnete Tapas, später des Abends auch Menüs. Von der Terrasse blickt man auf den Jet d'Eau.

GENF Thaï Phuket ⒻⒻⒻ

33, avenue de France, 1202 *022 734 41 00* **Straßenkarte** *A5*

Das von Michelin empfohlene Thai-Restaurant gilt als eines der besten asiatischen Lokale in Genf – dabei ist es gar nicht besonders teuer. Es liegt in der Nähe des botanischen Gartens und des UNO-Gebäudes. Hier gibt es eine überraschend gute Auswahl an edlen Bordeaux-Weinen und ein fantastisches Aquarium mit tropischen Fischen.

GENF Tsé Yang ⒻⒻⒻ

19, quai du Mont-Blanc, 1201 *022 732 50 81* **Straßenkarte** *A5*

Das angesehene Chinalokal liegt im Grand Hotel Kempinski – mit fantastischer Aussicht, aufmerksamem Service und zwangloser Atmosphäre. Die meisten Gäste sind Geschäftsleute. Das Personal hilft Gästen, die mit der Terminologie der Speisekarte nicht vertraut sind, gern weiter. Besonders empfehlenswert: die Gerichte der Szechuan-Küche.

GENF Du Parc des Eaux-Vives ⒻⒻⒻⒻ

82, quai Gustave Ador, 1211 *022 849 75 75* **Straßenkarte** *A5*

Das Château in einem Park beim Genfer See beherbergt eine Brasserie und einen edlen Speisesaal. Das Haus hat die wohl schönste Sommerterrasse Genfs. Serviert wird klassische französische Küche, u. a. grandiose Gerichte vom Simmentaler Rind und Paulliac-Lamm. Zwei Michelin-Sterne. *So, Mo geschlossen.*

GENF La Réserve ⒻⒻⒻⒻ

301, route de Lausanne, 1293 *022 959 59 59* **Straßenkarte** *A5*

In dem Luxushotel in einem üppigen Park am Genfer See gibt es drei Restaurants. Das Tsé Fung serviert chinesische Küche mit einigen scharfen Szechuan-Gerichten. Le Loti ist mediterran orientiert mit guten Fischgerichten. Das Spa Room widmet sich der leichten gesundheitsbewussten Küche.

GENF Auberge du Lion d'Or ⒻⒻⒻⒻⒻ

5, place Pierre-Gautier, Cologny, 1223 *022 736 44 32* **Straßenkarte** *A5*

Das Bistro-Restaurant am Ostufer des Genfer Sees bietet sowohl von der Terrasse als auch durch die Panoramafenster eine großartige Aussicht. Im Sommer kann man im Freien speisen. Hier gibt es französische Küche auf hohem Niveau (ein Michelin-Stern). Enorme Auswahl an Weinen aus der Genfer Region. *Sa, So geschlossen.*

Westschweiz

AIGLE San Remo ⒻⒻ

23, chemin du Châtelard, 1860 *024 466 34 68* **Straßenkarte** *B4*

Französisch-italienische Küche mit spanischem Touch, der vom Besitzer und Chefkoch Jesus Dominguez stammt. Serviert werden u. a. hausgemachte Nudeln mit fantasievollen Füllungen. Es gibt auch eine gute Auswahl an Kindertellern sowie Hochstühle. Angeleinte Haustiere sind erlaubt. Freundlicher, schneller Service. *So geschlossen.*

AVENCHES Des Bains ⒻⒻⒻ

1, route de Berne, 1580 *026 675 36 60* **Straßenkarte** *B3*

Das Lokal liegt am Rand der Altstadt zwischen dem Château und den römischen Thermen. Auf der Karte finden sich Egli-Filet, Rindfleisch aus Südafrika oder Linsenragout. Es gibt auch Kinderteller. Die Weinkarte ist erstaunlich – mit einigen exzellenten Bordeaux- und chilenischen Weinen.

BONCOURT Lion d'Or ⒻⒻ

6, route du Jura, 2926 *032 475 52 10* **Straßenkarte** *B2*

Das Hotelrestaurant im Jura nahe der Schweizer Westgrenze bietet von seiner Terrasse aus eine Traumsicht. Fremde sieht man in dem bei Einheimischen beliebten Lokal eher selten. Auf der Karte stehen Fondue, Karpfen und *Potence* (ein »Morgenstern«, auf den Fleischstücke aufgespießt und am Tisch flambiert werden). *Mo geschlossen.*

Straßenkarte *siehe hintere Umschlaginnenseiten*

BRENT Le Pont de Brent ⒻⒻⒻⒻⒻ

4, route de Blonay, 1817 021 964 52 30 **Straßenkarte** *B4*

Das malerische Restaurant im Landhausstil liegt oberhalb von Montreux im Dorf Brent. Stéphane Décotterd, der Nachfolger des legendären Gérard Rabaey, kann zwei Michelin-Sterne vorweisen. Erwarten Sie hochklassige französische Küche. Es gibt eine hübsche Sommerterrasse am Fluss. Angeleinte Hunde erlaubt. *So, Mo geschlossen.*

BULLE L'Ecu ⒻⒻ

5, rue Saint-Denis, 1630 026 912 93 18 **Straßenkarte** *B4*

Das preiswerte, bei den Einheimischen beliebte Restaurant verarbeitet regionale Produkte, etwa Pilze, Wild, Wasservögel vom nahen See sowie Flussbarsche und Hechte. Hier herrscht ein zwangloses Ambiente, allerdings auch beim Service. *Mo, Di geschlossen.*

CAUX Plein-Roc ⒻⒻ

Rochers-de-Naye, 1824 021 963 74 11 **Straßenkarte** *B4*

Auf den Rochers-de-Naye (2042 m) überblickt man den Genfer See sowie die Schweizer und französischen Alpen. Das Gipfelrestaurant, das man per Zahnradbahn von Montreux aus erreicht, bietet gute Schweizer und französische Küche. Es gibt auch eine Cafeteria mit Selbstbedienung sowie einen Alpengarten und Kinderzoo mit Murmeltieren.

CHAMBÉSY Restaurant de la plage du Reposoir ⒻⒻ

222, route de Lausanne, 1292 022 732 42 65 **Straßenkarte** *A5*

Das Restaurant am Genfer See bietet Snacks, aber auch Buffets mit ganzem gegrilltem Schwein, Pasta, Pizza und Egli-Filet. Es umfasst eine große Grünfläche mit Sonnenschirmen. Das familienfreundliche Haus besitzt Spielmöglichkeiten für Kinder. Abends gibt es Live-Musik. Anlegestelle für zwei Boote. Schöne Aussicht. *Okt–März geschlossen.*

CRISSIER Restaurant de l'Hôtel de Ville ⒻⒻⒻⒻⒻ

1, rue d'Yverdon, 1023 021 634 05 05 **Straßenkarte** *B4*

Es gilt als eines der besten Restaurants der Welt. Bis 1996 war dies das Reich von Frédy Giradet, neben Gérard Rabaey der einzige Schweizer Drei-Sterne-Koch. Philippe Rochat setzte diese Tradition fort. Das Lokal serviert exzellente französische Küche: klassisch – von Neuem inspiriert. Reservierung erforderlich. *So, Mo geschlossen.*

CULLY Auberge du Raisin ⒻⒻⒻ

1, place de l'Hôtel-de-Ville, 1096 021 799 21 31 **Straßenkarte** *B4*

In der Weinregion Lavaux steht das hübsche Haus aus dem 16. Jahrhundert, in dem die Auberge du Raisin ihren Sitz hat. Die Küche konzentriert sich auf regionale Spezialitäten, darunter auch Süßwasserfische. Viel Holz macht die Atmosphäre behaglich. Im Sommer kann draußen auf zwei Terrassen speisen.

DELÉMONT Du Midi ⒻⒻ

10, place de la Gare, 2800 032 422 17 77 **Straßenkarte** *C2*

Das seit 100 Jahren familiengeführte Etablissement gegenüber dem Bahnhof umfasst ein Bistro und einen Speisesaal für alle, die edler speisen wollen. Überall werden saisonale Produkte aus dem Jura verwendet. Im Restaurant gibt es exzellente Fischgerichte und Meeresfrüchte, die ansprechend serviert werden. Gute Weinauswahl. *Mi geschlossen.*

DELÉMONT Le Mexique ⒻⒻ

142, route du Vorbourg, 2800 032 422 13 33 **Straßenkarte** *C2*

Der Name ist irreführend: Hier wird Tessiner und italienische Küche serviert. Das Lokal nördlich von Delémont liegt in der Nähe der mittelalterlichen Chapelle du Vorbourg in einer hübschen weißen Villa. Es gibt einen großen Garten mit Kinderschaukeln. Schöne Aussicht. *Mo geschlossen.*

FRIBOURG De l'Épée ⒻⒻ

39, planche Supérieure, 1702 026 322 34 07 **Straßenkarte** *B3*

Das beliebte Bistro-Restaurant mit Originalgemälden liegt im Zentrum. Geboten wird typische Bistro-Küche in großen Portionen. Es gibt Kinderteller und Hochstühle. Das Restaurant erhielt 13 Gault-Millau-Punkte. Im Sommer kann man auf der Terrasse essen. *So, Di abends geschlossen.*

FRIBOURG L'Aigle-Noir ⒻⒻⒻ

10, rue des Alpes, 1700 026 322 49 77 **Straßenkarte** *B3*

Der »Schwarze Adler« liegt auf einem Hügel und bietet eine gute Aussicht auf die Altstadt von Fribourg. Das Lokal mit mehreren Speiseräumen und Wintergarten wurde renoviert, behielt aber seine alte Holzdecke. Das regionale Speisenangebot erhielt 14 Gault-Millau-Punkte. Sommerterrasse. *So, Mo geschlossen.*

FRIBOURG Le Pérolles ⒻⒻⒻⒻ

18 A, boulevard de Pérolles, 1700 026 347 40 30 **Straßenkarte** *B3*

Le Pérolles gilt als eines der besten Restaurants der frankofonen Schweiz. Es liegt in einem unprätentiösen Gebäude in einem Geschäftsviertel der Stadt. Der moderne Speiseraum ist mit modernen Kunstwerken dekoriert. Serviert wird französische Küche mit regionalem Einschlag. Probieren Sie unbedingt den Käseteller.

GRUYÈRES Le Chalet ⒻⒻⒻ

Rue de Bourg, 1663 026 921 34 34 **Straßenkarte** *B4*

Das Restaurant am Fuß der Wälle des Château war einst eine Mühle. Heute kann man hier ein fantastisches Fondue genießen, das aus besten regionalen Gruyère-Sorten komponiert wird. Die Käsesorten unterscheiden sich, je nachdem, in welcher Bergregion die Kühe grasten. Raclette und Fleischgerichte stehen auch auf der Karte.

Preiskategorien *siehe Seite 268* **Zeichenerklärung** *siehe hintere Umschlagklappe*

LA CHAUX-DE-FONDS La Pinte Neuchâteloise ⒻⒻ

8, rue Grenier, 2300 · *032 913 20 30* **Straßenkarte** *B3*

Das zentral gelegene Lokal in traditionellem Holzdekor ist eine Mischung aus Bistro und Kneipe – hier ist es immer voll mit Einheimischen. Es gibt regionale und Schweizer Gerichte wie Käsefondue, *tripes à la neuchâteloise*, Rösti mit verschiedenen Fleischgerichten sowie *croûtes au fromage. So geschlossen.*

LAUSANNE La Table d'Edgard ⒻⒻⒻⒻ

7–9, Grand-Chêne, 1002 · *021 331 31 31* **Straßenkarte** *B4*

Im Restaurant des luxuriösen Lausanne Palace & Spa *(siehe S. 250)* steht jeder Tisch in einer Nische mit Säulen – Privatsphäre garantiert. Die Speisekarte bietet traditionelle Schweizer Küche, die von Michelin mit einem Stern geadelt wurde. Die Weinkarte ist exzellent. Es gibt auch eine mit Holz getäfelte Brasserie. *So, Mo geschlossen.*

LAUSANNE (OUCHY) La Croix d'Ouchy ⒻⒻⒻ

43, avenue d'Ouchy, 1006 · *021 616 22 33* **Straßenkarte** *B4*

Das renommierte Gourmet-Restaurant liegt außerhalb von Lausanne nahe am Genfer See. Es serviert französische und italienische Küche mit einer guten Auswahl an vegetarischen Gerichten – und einen hervorragenden Risotto. Lecker: die *escalopines au miel et citron* und die Ravioli mit schwarzen Trüffeln. Sonnige Terrasse.

LE NOIRMONT Restaurant Georges Wenger ⒻⒻⒻⒻⒻ

2, rue de la Gare, 2340 · *032 957 66 33* **Straßenkarte** *B2*

Das renommierte Restaurant residiert in einem romantischen, schlossartigen Hotel im Jura. Der Chefkoch hegt eine Passion für frische Zutaten, etwa Morcheln, Lindenblüten und Tannenhonig. Zwei Michelin-Sterne belohnen seine Mühe. Im Weinkeller lagern 30 000 edle Tropfen. Die Boutique verkauft Wenger-Produkte. *Mo, Di geschlossen.*

LES DIABLERETS Auberge de la Poste ⒻⒻ

Rue de la Gare, 1865 · *024 492 31 24* **Straßenkarte** *B4*

Das Hotelrestaurant im Zentrum von Diablerets besitzt einen holzgetäfelten Speiseraum mit schöner Aussicht. Auf der Speisekarte finden sich regionale Gerichte: Fondue, *croûtes au fromage* und große auf Steinen gegrillte Steaks. Im Winter gibt es freitagabends Folklore-Dinner mit Akkordeonbegleitung.

MONTREUX Palais Oriental ⒻⒻⒻ

6, quai Ernest-Ansermet, 1820 · *021 963 12 71* **Straßenkarte** *B4*

Das Palais Oriental ist ein Wahrzeichen direkt am Genfer See, unterhaltsam und exotisch. Es gibt hier Orientteppiche (zum Kaufen) und Metallarbeiten. Das Lokal ist auch ein guter Ort für den Nachmittagstee. Das Essen ist nicht gerade billig, doch geboten wird iranische, marokkanische, libanesische und ägyptische Küche.

MURTEN (MORAT) Le Vieux Manoir ⒻⒻⒻ

18, rue de Lausanne, 3280 · *026 678 61 61* **Straßenkarte** *B3*

Ein Fest für die Sinne – das Ambiente des Lokals ist ruhig und romantisch, die Aussicht auf den Murtensee atemberaubend. Serviert wird eklektische Küche mit asiatischem Einfluss. Großen Wert legt man auf die Verwendung saisonaler Produkte. Neben den zwei Restaurants gibt es im Park »Volière«, das »kleinste Restaurant der Schweiz«.

NEUCHÂTEL Pinte de Pierre-à-Bot ⒻⒻ

106, Pierre-à-Bot, 2000 · *032 725 33 80* **Straßenkarte** *B3*

Das Lokal mit schöner Aussicht liegt außerhalb von Neuchâtel. Das anheimelnde Innere wird von Holz dominiert. Es gibt einen Garten, einen kleinen See und im Sommer Wasserrutschen für die Kinder. Das fantasievolle Essen ist preiswert: u. a. Grillgerichte, Seafood und regionale Standardgerichte wie Fondue. Schweizer Weine.

NEUCHÂTEL Beau-Rivage ⒻⒻⒻ

1, esplanade du Mont-Blanc, 2001 · *032 723 15 23* **Straßenkarte** *B3*

Das Restaurant des Hotels Beau-Rivage am Lac de Neuchâtel *(siehe S. 251)* bietet Panoramablick, elegantes Ambiente und Gourmet-Küche, die Tradition mit hochwertigen Produkten und Innovation vereint. Jede Woche gibt es ein anderes Mittagsmenü. Beliebt ist auch der sonntägliche Brunch. Reservierung erforderlich.

NEUCHÂTEL Le Cardinal Brasserie ⒻⒻⒻ

9, rue du Seyon, 2000 · *032 725 12 86* **Straßenkarte** *B3*

Dies ist eine lebhafte Brasserie – die allerdings nichts mit der Brauerei und der Brasserie gleichen Namens in Fribourg zu tun hat. Sie gilt als schönste Brasserie der Region. Das Essensangebot ist zudem auf hohem Niveau. Ausgesprochen empfehlenswert. *So geschlossen.*

NYON Café du Marché ⒻⒻⒻ

3, rue du Marché, 1260 · *022 362 49 79* **Straßenkarte** *B3*

Das historische Gebäude beherbergte jahrzehntelang ein berühmtes Restaurant. Nun ist hier das Café du Marché mit norditalienischer Küche und italienischen Weinen eingezogen. Die Küche ist eklektisch international. Samstags lädt der britische Küchenchef zum Brunch. *So, Mo geschlossen.*

PAYERNE Auberge de Vers-chez-Perrin ⒻⒻ

Vers-chez-Perrin, 1551 · *026 660 58 46* **Straßenkarte** *B3*

Das kleine Landhotel, zwei Kilometer außerhalb von Payerne, bietet drei Speisesäle, die sich auf »südliche Küche« (italienisch, spanisch, französisch) konzentrieren. Fleisch wird auf Rebenfeuer gegrillt. Genießen Sie spanischen Schinken und italienischen Risotto. Im Keller kann man sich seinen Wein aussuchen.

Straßenkarte *siehe hintere Umschlaginnenseiten*

PERREFITTE Restaurant de l'Étoile ⓕⓕ
Gros Clos 4, 2742 ☎ *032 493 10 17* **Straßenkarte** C2

Das familiengeführte Restaurant ist hübsch und modern dekoriert. Auf der ausladenden Speisekarte finden sich Speisen mit frischen saisonalen Produkten und Gerichte im Brasserie-Stil, etwa gegrilltes Bio-Hühnchen, Fisch und Steaks. Es gibt eine Speisekarte für Kinder sowie preiswerte dreigängige Mittagsmenüs. *So geschlossen.*

PORRENTRUY Des Trois-Tonneaux ⓕⓕ
16, rue des Baîches, 2900 ☎ *032 466 13 17* **Straßenkarte** C2

Das altmodische Bistro im Zentrum ist im ganzen Jura für seinen *gâteau au fromage* (herzhafter heißer Käsekuchen, kein Nachtisch) bekannt. Es gibt eine große Auswahl an meist käsebasierten vegetarischen Gerichten und eine gute Auswahl an Schweizer Weinen. Das Lokal hat viele einheimische Stammgäste. *So, Di geschlossen.*

SAIGNELÉGIER Café du Soleil ⓕⓕ
14, rue du Marché-Concours, 2350 ☎ *032 951 16 88* **Straßenkarte** B2

Das Restaurant oberhalb von Saignelégier gehört zu einem Kulturzentrum, das Malerei, Jazz, Theater und Design fördert. Das Lokal ist daher künstlerisch angehaucht. Die Küche verwendet bevorzugt Bio-Produkte, es gibt viele vegetarische Gerichte. Für Kinder ist ein Spielezimmer eingerichtet. *Mo abends geschlossen.*

ST-URSANNE Du Bœuf ⓕⓕ
60, rue de 23 Juin, 2882 ☎ *032 461 31 49* **Straßenkarte** C2

Der einfache Landgasthof ist für seine Gastfreundschaft und sein gutes Essen zu moderaten Preisen bekannt. Das weiße Haus mit grünen Fensterläden und Blumenkästen wirkt einladend. Trotz des Namens gehört Rindfleisch nicht zu den Hauptangeboten. Es gibt viele vegetarische Gerichte, aber auch herzhaftes Lammfleisch mit Fenchel.

ST-URSANNE La Couronne ⓕⓕ
3, rue de 23 Juin, 2882 ☎ *032 461 35 67* **Straßenkarte** C2

Das historische Restaurant liegt in einem Torhaus. Auch im gepflasterten Innenhof kann man speisen. Auf der Karte stehen viele Käsegerichte, darunter ungewöhnliche Fondue-Varianten. Empfehlenswert ist die frische Forelle. Ein Klassiker für Fleischliebhaber ist *potence flambée au whisky*.

YVERDON-LES-BAINS Crêperie l'Ange Bleu ⓕ
11, rue du Collège, 1400 ☎ *024 426 09 96* **Straßenkarte** B3

Die kleine, beliebte Crêperie hat meist bis spätabends geöffnet und zieht viele Studenten an. Die Crêpes und *galettes* werden mit unterschiedlichsten Füllungen und Saucen serviert. Es gibt auch Salate und kleinere Snacks. Der Service ist freundlich, die Preise sind sehr moderat. *Mo geschlossen.*

Nordschweiz

AARAU Rendez-vous ⓕⓕ
Bahnhofstrasse 4, 5000 ☎ *062 822 52 23* **Straßenkarte** D2

Das traditionelle Schweizer Restaurant liegt im Zentrum von Aarau beim Bahnhof. Von den Einheimischen wird es wegen des guten Preis-Leistungs-Verhältnisses geschätzt. Es gibt saisonale Wildgerichte. Lockere Atmosphäre. Das Restaurant schenkt keinen Alkohol aus. Sommerterrasse und viele Parkplätze vorhanden. *So geschlossen.*

BADEN Schwyzerhüsli ⓕⓕ
Badstrasse 38, 5400 ☎ *056 222 62 63* **Straßenkarte** D2

Hier ist es immer voll, vor allem später am Abend. Das Restaurant und seine Brasserie sind eine Badener Institution. Das alte Haus mit roten Fensterläden bietet im Sommer auch eine große Terrasse. Die Brasserie serviert Snacks und Gerichte vom Grill. Im Restaurants gibt es u. a. Fondue.

BADEN (DÄTTWIL) Pinte ⓕⓕ
Sommerhaldenstrasse 20, Dättwil, 5405 ☎ *056 493 20 30* **Straßenkarte** D2

Das Gourmet-Restaurant in einem Dorf außerhalb von Baden besitzt einen hübschen Garten. Die Gerichte von Chefkoch Patrick Troxler sind köstlich (ein Michelin-Stern, 17 Gault-Millau-Punkte). Hier bekommt man Klassiker von Beefsteak Tatar über Entrecôte bis Kalbsgeschnetzeltes. Exzellente Weinkarte. Erschwingliche Mittagsmenüs.

BASEL Acqua Osteria ⓕ
Binningerstrasse 14, 4051 ☎ *061 564 66 66* **Straßenkarte** C2

Die Osteria ist der Hangout der Jungen und Schönen von Basel. Ambiente, Speisekarte und Kaffee sind explizit italienisch. Das umgewandelte einstige Wasserwerk besitzt hohe Decken und eine angenehme Beleuchtung. Es gibt eine lange Bar und eine Lounge mit Sofas. Gute Auswahl an italienischen Weinen. *So, Mo geschlossen.*

BASEL Zum Gifthüttli ⓕⓕ
Schneidergasse 11, 4051 ☎ *061 261 16 56* **Straßenkarte** C2

Zur Wahl stehen die traditionsreiche Basler »Beiz« mit der Boulevard-Terrasse im Erdgeschoss oder die elegante »Stuube« als Speiselokal im ersten Stock. Unten ist die Atmosphäre zwanglos, junge Leute lassen es sich in der Bier- und Weinstube schmecken. Es gibt mehrere Varianten von Cordon bleu. Gute Weinauswahl.

Preiskategorien *siehe Seite 268* **Zeichenerklärung** *siehe hintere Umschlagklappe*

BASEL Bel Etage im Teufelhof ⒻⒻⒻ

Leonhardsgraben 47–49, 4051 061 261 10 10 **Straßenkarte** *C2*

Das sehr gute Restaurant im Kunsthotel Teufelhof bietet auch ein Theater. Serviert wird kreative Küche mit italienischem Touch, die auf frischen regionalen Produkten basiert. Tiefgefrorenes und Vorgekochtes sind hier verpönt. Oft gibt es – passend zu den Theateraufführungen – Themendinner. Weinkarte mit über 450 Weinen.

BASEL Goldenen Sternen ⒻⒻⒻ

St. Alban-Rheinweg 70, 4052 061 272 16 66 **Straßenkarte** *C2*

Das älteste Basler Restaurant (eines der ältesten Europas) geht auf das 15. Jahrhundert zurück und bietet solides Flair und althergebrachten Service. Auf weißem Leinen liegt Silberbesteck. Die Stammgäste schätzen die große Auswahl an Gerichten aus der deutschsprachigen Schweiz und Internationales wie Grillgerichte. Umfangreiche Weinkarte.

BASEL Kohlmanns ⒻⒻⒻ

Steinenberg 14, 4001 061 225 93 93 **Straßenkarte** *C2*

Im Herzen der Altstadt am Barfüsserplatz serviert das Kohlmanns Feuerkuchen oder Schupfnudeln, Aufläufe oder Geschmortes. Jedes Gericht wird liebevoll zubereitet und herzhaft mit frischen Beilagen angerichtet. Das Ambiente ist klassisch schlicht mit viel Holz. *Mo geschlossen.*

BASEL »Stucki« ⒻⒻⒻⒻⒻ

Bruderholzallee 42, 4059 061 361 82 22 **Straßenkarte** *C2*

Tanja Grandits komponiert in der Küche eine Harmonie aus Gegensätzen. Das renommierte Schweizer Restaurant (17 Gault-Millau-Punkte, ein Michelin-Stern und Mitglied von Les Grandes Tables du Monde) hat drei Speisesäle und einen großen Garten. Weinkarte mit 500 edlen Tropfen. Frühzeitige Reservierung erforderlich. *So, Mo geschlossen.*

DORNACH Schlosshof ⒻⒻ

Schlossweg 125, 4143 061 702 01 50 **Straßenkarte** *C2*

Das Restaurant ist für sein Panorama und das gute Essen bekannt. Kinder und Haustiere sind willkommen. Der Schlosshof liegt nur drei Gehminuten von der Ruine Dorneck entfernt. Im Sommer gibt es Barbecues im Garten, im Herbst ist Wildsaison, und im Winter kommt jeden Tag in der Woche ein anderes Rösti auf den Tisch.

EGLISAU Landgasthaus Fähre ⒻⒻ

Rheinsfelderstrasse 47, 8192 043 422 57 30 **Straßenkarte** *E2*

Hier wechselt die Speisekarte saisonal. So gibt es im April u. a. französischen Spargel und in den kalten Wintermonaten Berner Platte mit Sauerkraut. Geboten wird eine kleine, aber erlesene Weinauswahl mit Weinen aus Südafrika, Sardinien sowie Süd- und Nordamerika. *Im Winter Mo, Di geschlossen.*

GATTIKON Restaurant Sihlhalde Smolinsky ⒻⒻⒻⒻⒻ

Sihlhaldenstrasse 70, 8136 044 720 09 27 **Straßenkarte** *E2*

Das seit den 1970er Jahren von der Familie Smolinsky geführte Restaurant (»Smoly«) kann 16 Gault-Millau-Punkte vorweisen. Küchenchef Gregor bietet exzellente französische Klassiker und eine superbe Weinauswahl. Man kann in drei eleganten Innenräumen oder auf der Sommerterrasse speisen. *So, Mo geschlossen.*

KAISERSTUHL Kaiserstuhl ⒻⒻ

Brünigstrasse 232, 6078 041 678 11 89 **Straßenkarte** *D2*

Das familiengeführte Hotelrestaurant liegt in einem kleinen Ort zwischen Luzern und Interlaken. Hier ist Einfachheit und Naturnähe angesagt. Auf der Speisekarte stehen frischer Fisch oder *pot au feu* für zwei Personen. Spezialität des Hauses ist Cordon bleu, bei dem man unter zehn verschiedenen Füllungen wählen kann.

LIESTAL Bad Schauenburg ⒻⒻⒻⒻ

Schauenburgstrasse 76, 4410 061 906 27 27 **Straßenkarte** *C2*

Die hervorragende Küche des Restaurants schätzen viele Einheimische. Auch Geschäftsleute aus Basel kommen gern hierher. In der Gaststube werden bodenständige Gerichte serviert, im Salon genießen Feinschmecker die erlesenen Speisen des Hauses. Von der Terrasse bietet sich eine grandiose Aussicht.

MURI Moospintli Ⓕ

Dorf, 5630 056 675 53 73 **Straßenkarte** *D2*

In dem freundlichen, zwanglosen und alkoholfreien Café mit großem Garten sind Kinder gern gesehen. Angeboten wird ein Mittagsmenü mit oder ohne Fleisch sowie diverse Salate. Ein Hit ist der reichhaltige Murimoos-Brunch mit Bio-Produkten: Speck, Rösti und Rührei, Fleisch- und Käseplatten, Früchte, Joghurt und Kuchen.

RIEHEN Han Mongolian Barbecue ⒻⒻ

Baselstrasse 67, 4125 061 641 54 55 **Straßenkarte** *C2*

Das Lokal gehört zu einer französischen Kette mit sieben Filialen in der Schweiz. Das Han bietet Fast Food und freundlichen Service zu niedrigen Preisen. Man stellt sich sein Essen selbst zusammen. Dazu gibt es einen süßen und einen herzhaften Appetizer sowie mongolische Suppe.

WADENSWIL Engel ⒻⒻⒻ

Engelstrasse 2, 8820 044 780 00 11 **Straßenkarte** *E3*

Das kleine Hotelrestaurant mit Bootsanlegestelle und großem Garten liegt direkt am Ufer des Zürichsees. Es gibt zwei Speiseräume, einer mit Parkettboden und Panoramablick, der andere, ein Stübli, mit Holztäfelung und alter Einrichtung. Serviert werden frischer Fisch und traditionelle Gerichte der deutschsprachigen Schweiz.

Straßenkarte *siehe hintere Umschlaginnenseiten*

WETTINGEN Sterne ⒻⒻ

Klosterstrasse 9, 5430 056 427 14 61 **Straßenkarte** D2

Der charmante historische Gasthof liegt auf einer Klosterinsel in der Limmat. Das angeblich älteste Lokal der Schweiz geht auf eine Wirtschaft aus dem Jahr 750 zurück und bietet regionale Küche mit guten vegetarischen Optionen. Das Innere zeigt Holztäfelung und Steinsäulen. Vom Garten aus blickt man auf den Kreuzgang.

WINTERTHUR Restaurant Pearl ⒻⒻⒻ

Marktgasse 49, 8400 052 208 18 18 **Straßenkarte** E2

Das minimalistisch gestylte Gourmet-Restaurant im Hotel Krone wurde mit 16 Gault-Millau-Punkten ausgezeichnet. Aus frischen Zutaten entstehen moderne und innovative Highlights. Denis Asts Kochstil steht für hochwertige Grundprodukte. Die Betonung liegt auf mediterraner und asiatischer Küche. Umfangreiche Weinkarte. *So, Mo geschlossen.*

ZOFINGEN Restaurant Schmiedstube ⒻⒻ

Schmiedgasse 4, 4800 062 751 10 58 **Straßenkarte** E2

Das attraktive historische Gebäude in der Altstadt hat einen gepflasterten Innenhof mit Garten und eine schöne Terrasse. Saisonale Fleisch- und Fischgerichte sind das Markenzeichen der gepflegten Küche. Es gibt eine große Auswahl an Weinen, vor allem aus Italien und Spanien. *Sa abends, So geschlossen.*

Zürich

ZÜRICH Ban Song Thai ⒻⒻ

Kirchgasse 6, 8001 044 252 33 31 **Straßenkarte** E2

Zürichs bekanntestes Thai-Restaurant gehört wahrscheinlich zu den besten der Schweiz. Das Lokal beim Münster hat nur rund ein Dutzend Tische. Verarbeitet wird ausschließlich Bio-Rindfleisch, und die Gerichte sind generell frei von Zusätzen. Falls das Essen zu scharf ist, spenden auch die Deckenventilatoren Kühlung.

ZÜRICH Bodega Española ⒻⒻ

Münstergasse 15, 8001 044 251 23 10 **Straßenkarte** E2

Das beliebte spanische Restaurant auf zwei Stockwerken hat bis Mitternacht geöffnet. Die atmosphärische Sala Morisca im Erdgeschoss serviert Tapas zu Gitarrenklängen. Im ersten Stock gibt es Rüstungen sowie Zwiebel- und Knoblauchzöpfe als Dekor. Empfehlenswert ist die sehr gute Paella.

ZÜRICH Fribourger Fonduestübli ⒻⒻ

Rotwandstrasse 38, 8004 044 241 90 76 **Straßenkarte** E2

Das Lokal gehört zu Zürichs besten Fondue-Restaurants. Die Gäste speisen in einem holzgetäfelten Raum mit klassischer Möblierung. Meist wird als Fondue »Moitié-moitié« (je zur Hälfte Vacherin und Gruyère) bestellt. Die Desserts sind eine Sünde wert. *Nur abends geöffnet; Juni, Juli, Aug geschlossen.*

ZÜRICH Hiltl ⒻⒻ

Sihlstrasse 28, 8001 044 227 70 00 **Straßenkarte** E2

Das Hiltl ist laut Guinnessbuch der Rekorde das älteste vegetarische Restaurant Europas: Es geht auf das Jahr 1898 zurück. Auf der Speisekarte finden sich fantasievolle Gerichte, fast alle aus Bio-Produkten. Es gibt ein indisches und ein Salatbuffet. Bezahlt wird nach Gewicht des Tellers.

ZÜRICH Josef ⒻⒻ

Gasometerstrasse 24, 8005 044 271 65 95 **Straßenkarte** E2

Hippes Lokal, das von DJ Rockmaster K neu gestylt wurde. Besonders atmosphärisch ist die Bar mit Kerzenlicht und Postern von Filmstars. Das Wände des Restaurants sind mit schimmernder Folie bedeckt, die Tische immer rappelvoll. Die Speisekarte unterscheidet nicht zwischen Vor- und Hauptspeisen, man kann alles mixen.

ZÜRICH Lily's Stomach Supply ⒻⒻ

Langstrasse 197, 8005 044 440 1885 **Straßenkarte** E2

Das preiswerte Kellerlokal mit Essen zum Mitnehmen und Lieferservice ist vor allem bei jungen Leuten ausgesprochen populär. Es liegt in einer Gegend mit zahlreichen Kneipen und Clubs. Lily's bietet Fast Food aus Bio-Produkten. Die Speisekarte nimmt Anleihen an vielen asiatischen Küchen.

ZÜRICH Reithalle ⒻⒻ

Gessnerallee 8, 8001 044 212 07 66 **Straßenkarte** E2

Die einstigen Ställe mit Reithalle zeigen noch die alten Holzsäulen und Deckenbalken. Das Restaurant ist ein cooler Hangout für die jungen Stadtmenschen. Innen sitzt man an langen Holztischen. Im Sommer gibt es einen Garten. Die vielseitige Speisekarte hat auch ein gutes Angebot an vegetarischen Gerichten.

ZÜRICH Brasserie Lipp ⒻⒻⒻ

Uraniastrasse 9, 8001 043 888 66 66 **Straßenkarte** E2

Die französische Brasserie serviert vor allem Austern und andere Meeresfrüchte sowie Steaks in einem Belle-Époque-Ambiente. Die Atmosphäre ist lebhaft. Über die Brasserie gelangt man zur Jules Verne Panorama Bar, einer Art-déco-Aussichtsplattform für fantastische Blicke über Zürich – bei guten Cocktails.

ZÜRICH Helvetia Bar ⒻⒻⒻ

Stauffacherquai 1, 8004 *044 297 99 99* **Straßenkarte** *E2*

Die von Zürichern liebevoll Helvti genannte Bar im Erdgeschoss des Hotel Helvetia ist üblicherweise voll. Doch von Montag bis Freitag lässt sich hier wunderbar in ungezwungener Atmosphäre zu Mittag essen. Wer abends gepflegt speisen mag, besucht das mit 15 Gault-Millau-Punkten ausgezeichnete Restaurant im ersten Stock des Hauses.

ZÜRICH King's Kurry ⒻⒻⒻ

Freyastrasse 3, 8004 *043 268 48 28* **Straßenkarte** *E2*

In den Filialen der indischen Kette wird authentisch gekocht. Die Auswahl ist nicht besonders groß, dafür schmeckt alles – von den Samosas, Pakoras und Tandoori-Gerichten über das Naan-Brot bis hin zu den Currys (vegetarisch und nichtvegetarisch) sehr gut. Man kann vor Ort essen oder sein Essen mitnehmen. *So geschlossen.*

ZÜRICH Ristorante Cinque ⒻⒻⒻ

Langstrasse 215, 8005 *044 272 46 30* **Straßenkarte** *E2*

Der Italiener nahe am Hauptbahnhof ist mit vielen Dekorationsstücken gemütlich eingerichtet. Pasta und Ravioli werden täglich frisch hergestellt. Dazu gibt es laufend wechselnde Fisch- und Fleischspezialitäten – authentische mediterrane Vielfalt. Im Sommer lockt eine schöne Terrasse. *Sa mittags, So, Mo geschlossen.*

ZÜRICH Sala of Tokyo ⒻⒻⒻ

Limmatstrasse 29, 8005 *044 271 52 90* **Straßenkarte** *E2*

Sala war 1983 die erste Sushi-Bar, die in der Schweiz eröffnete. Das kleine Restaurant nicht weit vom Hauptbahnhof bringt immer noch besonders frische, leckere Sushi und Sashimi auf die Lacktabletts, selbstverständlich gibt es auch Yakitori-, Teriyaki und Tempura-Gerichte. Wer will, kann das Essen auch Mitnehmen. *So, Mo geschlossen.*

ZÜRICH Kronenhalle ⒻⒻⒻⒻ

Rämistrasse 4, 8001 *044 262 99 00* **Straßenkarte** *E2*

Eine Züricher Legende mit imposanter Architektur (1862) und Küche: Die holzvertäfelten Wände der drei Speisesäle und der Bar zieren Originale von Picasso, Matisse, Braque u. a. Die Portionen der exzellenten bürgerlichen Küche mit »Kronenhallen-Klassikern« sind großzügig. Die *mousse au chocolat* ist berühmt. Reservierung empfehlenswert.

ZÜRICH (KÜSSNACHT) Rico's Kunststuben ⒻⒻⒻⒻ

Seestrasse 160, 8700 *044 910 07 15* **Straßenkarte** *E2*

Bei einem der besten Schweizer Restaurants stehen die Gourmets quasi Schlange. Es liegt außerhalb von Zürich am See (an der »Goldküste«). Rico Zandonella hat das Etablissement von Horst Petermann übernommen und führt die Tradition fort. Der Tessiner Küchenchef (zwei Michelin-Sterne) mixt Exotisches mit Vertrautem. *So, Mo geschlossen.*

ZÜRICH Rigiblick ⒻⒻⒻⒻ

Germaniastrasse 99, 8044 *043 255 15 70* **Straßenkarte** *E2*

Das ausgezeichnete Gourmet-Restaurant mit Bistro liegt hoch über Zürich – hinauf kommt man mit der Seilbahn. Im »Spice« (ein Michelin-Stern, 16 Gault-Millau-Punkte) gibt es panasiatische Küche. Im Sommer speist man auf der grandiosen Arvenholzterrasse. Das Bistro Quadrino ist zwangloser. *So, Mo geschlossen.*

ZÜRICH Zunfthaus zum Rüden ⒻⒻⒻⒻ

Limmatquai 42, 8001 *044 261 95 66* **Straßenkarte** *E2*

Schon die Architektur ist imposant – die Speisekarte ebenfalls. Der gotische Speisesaal hat eine elf Meter hohe hölzerne Flachtonnendecke von 1348, andere Räume weisen Stuckierungen auf. Serviert wird französische Küche mit saisonalem Schwerpunkt auf Wild, Gemüsen und Pilzen.

ZÜRICH Restaurant Mesa ⒻⒻⒻⒻⒻ

Weinbergstrasse 75, 8006 *043 321 75 75* **Straßenkarte** *E2*

Ein Besuch im Mesa (zwei Michelin-Sterne, 18 Gault-Millau-Punkte) ist eine kulinarische Erfahrung auf höchstem Niveau. Wenn Sie sich für eines der Menüs entscheiden, wird Sie jeder Gang mit ausgeklügelten Geschmacksrichtungen und Kombinationen überraschen. Hier sollten Sie unbedingt reservieren. *So, Mo geschlossen.*

Ostschweiz und Graubünden

APPENZELL Café-Restaurant Appenzell ⒻⒻ

Am Landsgemeindeplatz, 9050 *071 788 15 15* **Straßenkarte** *F2*

Das Lokal im Hotel Appenzell hat eine eigene Bäckerei/Konditorei und serviert exzellentes Frühstück, aber auch wunderbare Gerichte aus frischen Zutaten. Der Speisesaal besitzt Museumscharakter: Holzdecke, Parkett, alte Tische. Die Speisen sind eher preiswert, die Küche modern leicht. Gute vegetarische Auswahl und Kinderteller.

ARBON Braukeller Frohsinn ⒻⒻ

Romanshornerstrasse 15, 9320 *71 447 84 84* **Straßenkarte** *F2*

Das Hotelrestaurant in einem Fachwerkhaus hat eine eigene Brauerei. Im Gewölbekeller isst man Würste, Snacks und Steaks. Zudem gibt es eine Stube und eine edlere Enoteca, die Fisch-, Fleisch- und vegetarische Gerichte serviert. Vorwiegend werden Bio-Produkte verwendet. Es gibt einen Biergarten mit Kastanien. *Mo geschlossen.*

Straßenkarte *siehe hintere Umschlaginnenseiten*

AROSA Gspan ⒻⒻ

Dorf, 7050 *081 377 14 94* **Straßenkarte** *F4*

Das Hotelrestaurant im Stil eines Chalets mit Sommergarten und Terrasse serviert Graubündner Gerichte, oft mit verschiedenen gefüllten »Krapfen«. Die Weinkarte bietet Schweizer und ein paar italienische und französische Weine. Im »Gspänli«, einer rustikalen Holzhütte auf dem Gelände, gibt es Grillgerichte.

BAD RAGAZ Wirtshaus Löwen ⒻⒻⒻ

Löwenstrasse 5, 7310 *081 302 13 06* **Straßenkarte** *F3*

Über 200 Jahre ist das Wirtshaus alt. Es gibt verschiedene Räume, vom Beizli bis zum Löwenkeller (mit Gewölbe) sowie einen hübschen Garten mit zwei riesigen Kastanienbäumen. Gekocht wird ehrlich neubürgerlich mit reizvollen Abstechern in die asiatische und mediterrane Küchenwelt. Gute Weinauswahl. *3 Wochen im Okt geschlossen.*

CHUR Va Bene ⒻⒻⒻ

Gäuggelistrasse 60, 7000 *081 258 78 02* **Straßenkarte** *F3*

Das zentral gelegene Restaurant serviert mediterrane und Schweizer Küche und begeistert seine anspruchsvollen Gäste jedes Mal aufs Neue. Neben Einheimischen zieht es auch Besucher der Stadt hierher. Man isst im Art-déco-Speisesaal oder auf der Terrasse. An 365 Tagen im Jahr geöffnet.

DAVOS La Carretta ⒻⒻⒻ

Talstrasse 2, 7270 *081 413 32 16* **Straßenkarte** *F3*

Der Italiener in Davos-Platz bietet eine große Auswahl an hausgemachter Pasta und andere italienische Klassiker, aber auch Schweizer Gerichte. Außer Schweizer Weinen gibt es eine ansehnliche Auswahl an italienischen Weinen unterschiedlichster Preisklassen, darunter Tropfen aus den Abruzzen.

GLARUS Schützenhaus ⒻⒻ

Schützenhausstrasse 55, 8750 *055 640 10 52* **Straßenkarte** *E3*

Zum historischen Lokal im südlichen Glarus gehören die Schützenstube, ein Restaurant und eine Gartenterrasse. Die Küche legt Wert auf möglichst regionale, immer jedoch qualitativ hochwertige Produkte. Auf der Karte steht solide Schweizer Hausmannskost: Fisch- und Fleischgerichte, aber auch Vegetarisches. *Mo, Di geschlossen.*

KLOSTERS Rustico ⒻⒻⒻ

Landstrasse 194, 7250 *081 410 22 88* **Straßenkarte** *F3*

Der Familienbetrieb mit Hotel und Restaurant ist in einem traditionellen Haus zu finden. Angeboten wird ein Mix aus Rustikalem und Altbewährtem, verbunden mit kulinarischer Ambition: Wurstsalat, Rösti, Käseschnitte, Fondue, aber auch Hummer, Entenleber, Rindsfilet und Gourmet-Menü.

KREUZLINGEN Zum Blauen Haus ⒻⒻⒻ

Hauptstrasse 138, 8280 *071 688 24 98* **Straßenkarte** *F2*

Das Blaue Haus (18. Jh.) ist nicht blau, sondern ein hübscher Fachwerkbau. Spezialität des Hauses sind die Fleischgerichte und die über offenem Feuer gegrillten Gambas. Hier gibt es eine Auswahl an 30 verschiedenen Single Malts. Abends erklingt Klaviermusik. *So geschlossen.*

POSCHIAVO Ristorante Albrici ⒻⒻ

Plaza da Cumün, 7742 *081 844 01 73* **Straßenkarte** *G4*

Das historische Haus auf dem Dorfplatz von Poschiavo wurde 1682 gebaut und ist seit 1842 ein Hotel. Die Familie Zanolari bietet im Restaurant sowohl Pizza aus dem Holzofen als auch sehr gute italienische Küche an. Im Sommer kann man auf der Piazza draußen sitzen. *Mitte Nov–Mitte Dez geschlossen.*

RAPPERSWIL Villa Aurum ⒻⒻⒻⒻ

Alte Jonastrasse 23, 8640 *055 220 72 82* **Straßenkarte** *E3*

Die restaurierte Stadtvilla (19. Jh.) besitzt einen großen schattigen Garten. Der Speiseraum hat Parkett und große Fenster. Anheimelnd ist der Gewölbekeller mit Essbereich. Die Küche favorisiert regionale Bio-Produkte der Saison. Gute Mischung an Fisch-, Fleisch- und vegetarischen Gerichten. *So, Mo geschlossen.*

RORSCHACH Aqua Fine Dining ⒻⒻⒻ

Churerstrasse 28, 9400 *071 858 39 80* **Straßenkarte** *F2*

Der Gourmet-Teil des Seerestaurants Rorschach (fünf Gehminuten vom Hafen) bietet häufig Themendinner, etwa »Italienische Nacht« oder »1960er Jahre«. Im selben Gebäude befinden sich die Regatta Lounge und das Café Lago. Im Sommer ist der riesige Biergarten am Bodensee geöffnet. Es gibt auch ein Theater und eine Brauerei.

SCHAFFHAUSEN Zum Adler ⒻⒻⒻ

Vorstadt 69, 8200 *052 625 55 15* **Straßenkarte** *E2*

Das Gasthaus in der Altstadt bietet einer treuen Stammkundschaft gute Hausmacherkost. Es gibt verschiedene Menüs zum Festpreis (auch für Kinder) und eine gute Auswahl an preisgünstigen Hausweinen. Zudem stehen viele Fisch- und vegetarische Gerichte auf der Karte. Zu Fleischgerichten wird eine spezielle Haussauce gereicht.

SCHAFFHAUSEN Schlössli Wörth ⒻⒻⒻⒻ

Rheinfallquai, Neuhausen, 8212 *052 672 24 21* **Straßenkarte** *E2*

Das grandiose Gourmet-Restaurant in einem alten Zollturm gewährt den Blick auf den Rheinfall. Die Küche ist saisonal und kreativ. Die Gerichte werden fantasievoll präsentiert. Besonders köstlich sind die Fisch- und vegetarischen Gerichte. Für Kinder gibt es eine eigene Karte und ein Spielezimmer, das sonntagnachmittags beaufsichtigt wird.

Preiskategorien *siehe Seite 268* **Zeichenerklärung** *siehe hintere Umschlagklappe*

SCHAFFHAUSEN Fischerzunft ⒻⒻⒻⒻⒻ

Rheinquai 8, 8200 052 632 05 05 **Straßenkarte** E2

Das außergewöhnliche Gourmet-Restaurant liegt am Rhein *(siehe S. 256)*. André Jaeger war zweimal Gault-Millau-Koch des Jahres und erhielt 19 Gault-Millau-Punkte. Das Lokal ist Mitglied von Relais & Châteaux und den Grandes Tables du Monde. Schöne Terrasse, aufwendig dekorierter Speiseraum und riesiger Weinkeller.

SCUOL Nam Thai ⒻⒻ

Im Bogn Engiadina, 7550 081 864 81 43 **Straßenkarte** G3

Das authentische Chinalokal ist eines der wenigen in dieser Region des Engadins. Die Auswahl an Speisen inklusive einiger scharfer Szechuan-Gerichte ist hervorragend. Normalerweise sind die Gerichte relativ mild gewürzt (für den europäischen Durchschnittsgaumen). Wenn Sie gern schärfer essen, sollten Sie das sagen.

SILS-FEXTAL Chesa Pool ⒻⒻ

Dorf, 7514 081 838 59 00 **Straßenkarte** F4

Der 20-minütige Weg von Sils-Maria zum 400 Jahre alten Gasthof in dem autofreien, himmlisch ruhigen Weiler im Fextal lohnt sich. Die Küche verwendet ausschließlich regionale Bio-Produkte. Guter Weinkeller mit regionalen Weinen. Zweimal pro Tag kutschiert das Hotel die Gäste nach Sils und zurück.

ST. GALLEN Tres Amigos ⒻⒻ

Hechtgasse 1, 9004 071 222 25 06 **Straßenkarte** F2

Das preisgünstige Lokal einer Kette serviert mexikanisches Fast Food – von Tortilla bis Burritos, Enchiladas und Fajitas. Es gibt gute Desserts, etwa *helado borracho* (Limonensorbet mit Tequila). Die Weine stammen aus Mexiko, Spanien und Lateinamerika. Gute mexikanische Biere.

ST. GALLEN Restaurant Level ⒻⒻⒻ

Dufourstrasse 150, 9000 071 999 09 09 **Straßenkarte** F2

Auf der Speisekarte des ehemaligen Restaurants Schoren finden Sie vielseitige hausgemachte Pasta sowie ausgesuchte Fleisch- und Fischgerichte. Es gibt verschiedene Speiseräume (darunter auch einen ansprechenden Raucherbereich)und einen Wintergarten, von dem man auf die Stadt blickt. *Sa mittags, So geschlossen.*

ST. MORITZ Hanselmann ⒻⒻ

Via Maistra 8, 7500 081 833 38 64 **Straßenkarte** F4

Das Hanselmann ist eine Institution – und ein Muss für alle Schleckermäuler. Berühmt ist vor allem die Engadiner Nusstorte. Die Pastetchen, Schokoladen und Trüffel sind vom Feinsten. Auch leichte Mahlzeiten werden serviert. Dies ist der richtige Ort, um Promis zu beobachten.

ST. MORITZ La Marmite ⒻⒻⒻⒻⒻ

Corviglia, 7500 081 833 63 55 **Straßenkarte** F4

La Marmite ist auf 2486 Metern das höchstgelegene Gourmet-Restaurant Europas. Das Lokal in der Liftstation von Corviglia wirkt nicht sehr luxuriös, doch das Geschmacksvergnügen umfasst ausgefallene Trüffel- und Kaviargerichte ebenso wie Rindercarpaccio mit Trüffel und gebratenen Thunfisch mit Wasabi-Kartoffelschnee.

ST. MORITZ (CHAMPFÈR) Talvo by Dalsass ⒻⒻⒻⒻⒻ

Via Gunels 15, Champfèr, 7512 081 833 44 55 **Straßenkarte** F4

Das außergewöhnliche Gourmet-Restaurant von Martin Dalsass (18 Gault-Millau-Punkte, zwei Michelin-Sterne) liegt in einem Bauerndorf außerhalb von St. Moritz. Die Speisekarte setzt auf die Symbiose von Leichtigkeit und Schlichtheit der mediterranen Küche und die Verwendung reinster Olivenöle. Frisches Seafood wird aus Mailand eingeflogen.

STEIN AM RHEIN Restaurant Adler ⒻⒻ

Rathausplatz 2, 8260 052 742 61 61 **Straßenkarte** E2

Das Restaurant im historischen Zentrum von Stein am Rhein besitzt eine beeindruckende bemalte Fassade. Das Lokal serviert qualitativ hochwertige Regionalküche. Die Weinkarte bietet eine gute Auswahl verschiedener Tropfen unter 50 Franken pro Flasche. Im Sommer sollte man einen Tisch im Freiem auf dem Rathausplatz reservieren.

STEIN AM RHEIN Rheingerbe ⒻⒻⒻ

Schiffländi 5, 8260 052 741 29 91 **Straßenkarte** E2

Das Fachwerkgebäude (16. Jh.) beherbergt ein elegantes Hotelrestaurant mit einer Terrasse am Fluss. Verarbeitet werden frische Zutaten lokaler Bauernhöfe und frischer Fisch, saisonal auch Wildgerichte aus eigener Jagd. Es gibt eine gute Auswahl an regionalen Weinen. Reservieren Sie einen Platz auf der Terrasse.

VADUZ (LIECHTENSTEIN) Sonnenhof ⒻⒻⒻⒻⒻ

Mareestrasse 29, FL-9490 00 423 239 02 02 **Straßenkarte** F3

Küchenchef Hubertus Real serviert im Restaurant (ein Michelin-Stern) des Hotels Sonnenhof *(siehe S. 257)* das wohl beste Essen des Fürstentums. Die Küche ist modern europäisch, die Mittagsmenüs sind relativ preisgünstig. Das elegant möblierte Restaurant besitzt auch eine Terrasse mit grandiosem Bergblick. *Sa mittags geschlossen.*

WEINFELDEN Ristorante Pulcinella ⒻⒻⒻ

Wilerstrasse 8, 8570 071 622 12 66 **Straßenkarte** E2

Der renommierte kleine Italiener befindet sich beim Bahnhof in Weinfelden. Bei den Einheimischen sind die preiswerten Gerichte und liebevoll zubereiteten regionalen und italienischen Spezialitäten beliebt. Sehr gut ist auch die hausgemachte Pasta. Weinkarte mit regionalen und italienischen Weinen. *So, Mo geschlossen.*

Zentralschweiz und Tessin

ALTDORF Goldener Schlüssel
FFF

Schützengasse 9, 6460 041 871 20 02 **Straßenkarte** E3

Das Lokal in einem Gebäude aus dem 18. Jahrhundert beherbergt zwei Speiseräume. Es ist eines der besten Gourmet-Restaurants der Gegend (13 Gault-Millau-Punkte). Die exzellente Weinkarte listet alle europäischen Weinregionen auf. Es gibt eine riesengroße Auswahl an Whiskys. *So, Mo geschlossen.*

ASCONA Piazza au Lac
FF

Lungolago Motta 29, 6612 091 791 11 81 **Straßenkarte** E5

Das kleine, erstaunlich preiswerte Hotelrestaurant serviert neben Pizza und Pasta viele italienische und Tessiner Gerichte. Hervorragend ist die Polenta. Das Restaurant liegt in der Fußgängerzone am Ufer des Lago Maggiore. Von der Terrasse aus hat man einen schönen Seeblick. Gute Desserts und sehr gutes Eis.

BECKENRIED Panorama Berggasthaus Klewenalp
FF

Postfach, 6375 041 620 29 22 **Straßenkarte** D3

Das große Bergrestaurant liegt an der Endstation des Lifts mit viel Platz für Gruppen. Auf den Sonnenterrassen kann man im Sommer und Winter speisen. Serviert werden typische Gerichte wie Fondue und Fleischplatten. Es gibt regelmäßig Musikabende – mit Jazz, Country & Western sowie Rockmusik.

BELLINZONA Trattoria Cantinin dal Gatt
FF

Vicolo al Sasso 4, 6500 091 825 27 71 **Straßenkarte** E5

Der alte Speisesaal weist eine schöne Gewölbedecke auf. Die Tessiner Küche vereint moderne Lebensart mit Tradition. Nur frische Gemüse und lokale Produkte finden den Weg auf den Teller, etwa Kaninchen mit wildem Knoblauch und Safranrisotto oder Wildschwein mit Polenta. *Geschlossen: So, Mo im Sommer; 3 Wochen Ende Juli–Mitte Aug.*

BÜRGENSTOCK Tintoretto
FF

Bürgenstock, 6363 041 612 90 10 **Straßenkarte** D3

Das Tintoretto ist eines von mehreren Restaurants, die sich im Nobelresort auf dem Bürgenstock (mit Standseilbahn, Golfplatz u. a.) befinden. Die Speisekarte bietet mediterrane Küche. Am letzten Freitag im Monat gibt es eine Weinverkostung. Der Blick von der Terrasse auf den Vierwaldstättersee ist traumhaft. *Nov–Mitte März geschlossen.*

EINSIEDELN Linde
FFF

Klosterplatz, Schmiedenstrasse 28, 8840 055 418 48 48 **Straßenkarte** E3

Das Restaurant mit Gourmet-Speisekarte (14 Gault-Millau-Punkte) liegt im Ortszentrum. Das anheimelnde Lokal ist holzgetäfelt und besitzt eine verzierte Holzdecke. Bekannt ist es für die hausgemachte Pasta und den frischen Fisch. Es gibt auch eine gute Auswahl an vegetarischen Gerichten. *Mi geschlossen.*

ENGELBERG Hotel Bänklialp
FF

Postfach, 6390 041 639 73 73 **Straßenkarte** D3

Das Hotelrestaurant im Stil eines Chalets liegt am Ende des Dorfs beim Wald. Die fünf Speiseräume haben alle unterschiedlichen Charakter, servieren aber alle Schweizer Gerichte wie Fondue und Rösti. Es gibt häufig Musikabende mit Akkordeonmusik und Volksliedern. Weinkarte mit Schweizer, österreichischen und spanischen Weinen.

KÜSSNACHT AM RIGI Gasthaus Engel
FF

Hauptplatz 1, 6403 041 850 92 17 **Straßenkarte** D3

Im geschichtsträchtigen Haus entdeckt man viele Antiquitäten und Holzschnitzereien. Es gibt drei Speiseräume, einer ist über 450, der andere über 660 Jahre alt. Die themenorientierten Speisekarten wechseln je nach Saison. Die sorgsam zubereiteten Gerichte werden oft überraschend präsentiert. Es werden auch Kochkurse angeboten.

LOCARNO Casa del Popolo
FF

Piazza Corporazioni, 6600 091 751 12 08 **Straßenkarte** E5

Das preiswerte attraktive Restaurant liegt in der Fußgängerzone der Altstadt. Preise und Qualität des Essens ziehen jeden Abend viele Stammgäste an. Es gibt perfekte Pasta, *filets de peche* und *carpaccio de cheval*, die Spezialität des Hauses. Die Tische im Freien sind beliebt, Reservierung ist also empfohlen.

LOCARNO La Cittadella Trattoria
FF

Via Cittadella 18, 6600 091 751 58 85 **Straßenkarte** E5

Das Restaurant erstreckt sich über zwei Stockwerke eines rosafarbenen Hauses in der Fußgängerzone der Altstadt. Die Trattoria im Erdgeschoss hat einen Holzkohleofen für Pizza und serviert auch gutes Seafood. Im ersten Stock geht es eleganter zu, und die Seafood-Gerichte präsentieren sich gehobener. *Mo geschlossen.*

LUGANO Colibrí
FF

Via Aldesago 91, Aldesago, 6974 091 971 42 42 **Straßenkarte** E5

Zum Hotelrestaurant auf dem Monte Brè gelangt man von Lugano aus nach einer 15-minütigen Fahrt mit der Standseilbahn oder mit dem Auto. Oben genießt man den Panoramablick auf See und Stadt von der Terrasse. Die Küche ist solide, unprätentiös und preiswert. Es gibt Tagesgerichte und vegetarische Gerichte. *Jan, Feb geschlossen.*

LUGANO (CASSARATE) Galleria Arté al Lago ⒻⒻⒻⒻⒻ

Viale Castagnola 31, 6906 ☎ *091 973 48 00* **Straßenkarte** *E5*

Luganos einziges Restaurant mit einem Michelin-Stern gehört zum Grandhotel Villa Castagnola. Hier kann man entweder die spektakuläre Aussicht oder zeitgenössische Kunst betrachten, wenn man sich nicht ganz Frank Oerthles Kreationen aus einer auf Seefisch und Meeresfrüchte spezialisierten Speisekarte widmen will. *So, Mo geschlossen.*

LUZERN Gennaro ⒻⒻ

Töpferstrasse 5, 6002 ☎ *041 410 26 64* **Straßenkarte** *D3*

Das Gennaro in der Altstadt besitzt eine Außenterrasse mit Markise und ist bis 23 Uhr geöffnet. Spezialität des Hauses ist die Luzerner *Kügelipastete* (Pastete mit einer Füllung aus Schweine- und Kalbfleisch, Brät, Champignons, Rosinen und Äpfeln), die im Mittelalter von Spaniern eingeführt wurde. Gutes Seafood, auch zum Mitnehmen.

LUZERN Hofgarten ⒻⒻ

Stadthofstrasse 14, 6006 ☎ *041 410 88 88* **Straßenkarte** *D3*

Das Fachwerkhaus beherbergt ein Hotel und ein Restaurant. Auf der vegetarischen Speisekarte stehen u. a. Pasta mit Bio-Gemüse und Tofu mit Chilisauce. Es gibt einen großen Wintergarten und im Sommer einen Essbereich im Freien. Für Kinder werden Bücher und Zeichenmaterial zur Verfügung gestellt.

LUZERN La Terrazza ⒻⒻ

Metzgerrainle 9, 6400 ☎ *041 410 36 31* **Straßenkarte** *D3*

Zu den Favoriten der Gäste dieses am Fluss gelegenen italienischen Restaurants gehören Pizza, Risotto und Pasta. Das moderne Dekor bildet einen spannenden Kontrast zu den hohen Decken sowie den Nischen und Gewölben. Die Tische stehen recht nahe beieinander, was die überwiegend jungen Gäste nicht zu stören scheint.

LUZERN Old Swiss House ⒻⒻⒻ

Löwenplatz 4, 6002 ☎ *041 410 61 71* **Straßenkarte** *D3*

Das Fachwerkhaus beim Löwendenkmal ist ein Wahrzeichen. Das teils holzgetäfelte Interieur mit Antiquitäten und Ölgemälden ist exquisit. Die Küche bietet innovative Speisen (15 Gault-Millau-Punkte). Im Weinkeller lagern rund 30 000 edle Tropfen, darunter Jahrgangsweine von Château Mouton Rothschild ab 1911.

RIGI KALTBAD Bergsonne ⒻⒻⒻ

Postfach, 6356 ☎ *041 399 80 10* **Straßenkarte** *D3*

Das altmodische weitläufige Berghotel mit Restaurant (15 Gault-Millau-Punkte) liegt oberhalb des autofreien Orts und bietet grandiose Ausblicke. Gäste werden mit dem Elektro-Taxi des Hauses befördert. Es gibt vier Gastbereiche. Die frischen Zutaten zu den Gerichten stammen alle aus der Region. Spezialität sind Fischgerichte. Edle Weine.

SCHWYZ Adelboden ⒻⒻⒻⒻⒻ

Schlagstrasse, Steinen, 6422 ☎ *041 832 12 42* **Straßenkarte** *E3*

Das historische Gasthaus liegt im Weiler Steinen beim Lauerzersee, eine kurze Autofahrt von Schwyz entfernt. Die Küche bietet hohen Standard (2 Michelin-Sterne und 18 Gault-Millau-Punkte, Franz Wiget wurde »Koch des Jahres 2012«). Es gibt traditionelle Speisen der französischen Haute Cuisine mit regionalen Einflüssen. *So, Mo geschlossen.*

STANS Cubasia ⒻⒻ

Stansstaderstrasse 20a, 6370 ☎ *041 619 71 71* **Straßenkarte** *D3*

Das ungewöhnliche Restaurant residiert in einem Hotel im Zentrum von Stans. Die Küche bietet einen Mix aus chinesischer und kubanischer Küche, den man sonst allenfalls in New York oder Miami findet. Das liegt daran, dass die chinesischen Köche unter Fidel Castro von Kuba flohen. Großartig: die Havanna-Nudeln. Musikbeschallung.

VAL DI BLENIO Acquacalda ⒻⒻ

Strada del Lucomagno, 6718 ☎ *091 872 26 10* **Straßenkarte** *E5*

Das Restaurant des Centro Ecologico Uomo Natura am Ende des bewaldeten Tals besitzt eine attraktive verglaste Terrasse. Hier gibt es gesundes Essen, etwa Forelle mit regionalen Kräutern, Risotto mit Steinpilzen und Kuchen mit Waldbeeren. Die Bio-Zutaten stammen von Bauern aus der Umgebung.

VERSCIO Grotto Pedemonte ⒻⒻ

Stradon, 6653 ☎ *091 796 20 83* **Straßenkarte** *E5*

Das Dorf Verscio liegt im unteren Teil des Centovalli, zehn Minuten vom Bahnhof entfernt. Pedemonte ist ein schönes Grotto mit alten Steintischen im Garten, das seit über 20 Jahren von der Familie Beretta geführt wird. Es gibt mittags ein einfaches Tagesgericht, abends traditionelle Tessiner Küche. *Geschlossen: Mi im Frühling und Herbst; Nov–März.*

WEGGIS Annex ⒻⒻⒻⒻ

Hertensteinstrasse 34, 6353 ☎ *041 392 05 05* **Straßenkarte** *D3*

Das Gourmet-Restaurant des Relais & Châteaux-Hotels Park Hotel Weggis kann einen Michelin-Stern und 16 Gault-Millau-Punkte vorweisen. Serviert wird ein attraktiver Mix aus französischer, asiatischer und mediterraner Küche. Es gibt noch zwei weitere Restaurants. Auf Details wird hier großer Wert gelegt. *Di geschlossen.*

ZUG Ristorante Liguria ⒻⒻⒻ

Fischmarkt 2, 6300 ☎ *041 710 24 24* **Straßenkarte** *E3*

Das frühere Restaurant »Hecht am See« wurde renoviert, das neue Ristorante gewährt aber noch den gleichen wunderbaren Blick auf den Zugersee. Nun gibt es hier Pasta und Fischgerichte – Erstere hausgemacht, Letztere frisch aus dem See. Auf der Weinkarte findet man italienische Weine, darunter auch Tropfen aus Sardinien und Sizilien.

Straßenkarte *siehe hintere Umschlaginnenseiten*

Sport und Aktivurlaub

Die Schweizer gehören zu den fittesten, gesündesten und auch aktivsten Menschen weltweit. Es muss an der Schweizer Luft liegen, dass es einen nach draußen drängt, um etwas zu unternehmen. Das taten 1864 auch die ersten britischen Wintergäste in St. Moritz. Sie griffen sich die Holzschlitten der Bauern, mit denen diese Holz transportierten, und erfanden so die Vorläufer von Sportarten, die später olympisch geadelt wurden. Sport in der Schweiz ist eher aktiv als Zuschauersport. Bei allem, was man tut: Man genießt immer einen unvergleichlichen Blick auf Wälder, kristallklare Bergseen, schneebedeckte Berggipfel oder in der Sonne glitzernde Gletscher. Keine Angst vor der Bergwelt: Schweizer Bergführer gehören zu den professionellsten der Welt.

Bunter Heißluftballon

Schlittenfahrt bei Klosters in Graubünden

Wintersport

Schlittenfahren ist die älteste Form von Wintersport in der Schweiz und bei Schweizer Familien noch immer sehr beliebt. Sogar Feriengebiete ohne Skipisten haben Schlittenbahnen, manche davon sind auch nachts geöffnet. Grindelwald bietet eine 15 Kilometer lange Bahn *(siehe S. 82)*. Varianten der traditionellen Art sind Rodeln (mit Reifen) und Schnee-Rafting, bei der eine Art Schlauchboot die Piste hinunterfährt.

Schneeschuhe sind bei Familien beliebt und auch bei Wanderern, die damit Wintertouren unternehmen. Bergführer bieten ambitionierte Schneeschuh-Wanderungen zu abgelegenen Tälern an. Wer sich allein auf den Weg macht, sollte markierte Pfade nicht verlassen und an die Lawinengefahr denken.

Fast jedes Schweizer Dorf hat eine Eislaufbahn – oft mit vielen Kindern, die eine winterliche Karnevalsatmosphäre heraufbeschwören. Viele Feriengebiete haben auch Eislaufhallen, in denen Eistanz und Eishockey stattfinden. Curling hat sich als Sportart durchgesetzt, vor allem nachdem das Schweizer Frauenteam bei der Winterolympiade 2006 eine Silbermedaille gewonnen hat. In Urlaubsorten wie Davos und Wengen werden Gäste dazu ermuntert, bei Hockey- und Curling-Wettbewerben mitzumachen.

Es gibt natürlich auch Zuschauersport in der Schweiz. Hierbei ist St. Moritz, der Geburtsort des Winterurlaubs, führend. Nur hier gibt es ein Gourmet-Festival mit einem Bankett auf dem Eis, ein Pferderennen (White Turf) sowie Cricket-, Polo- und Golfturniere, die alle auf dem zugefrorenen See ausgetragen werden *(siehe S. 33)*.

Vor allem Kinder lieben die Hundeschlittenrennen, bei denen Huskys über verschneite Waldpfade jagen.

Das Klettern auf den Eistürmen zugefrorener Wasserfälle hat mittlerweile Hochkonjunktur. Die Weltmeisterschaften wurden dreimal in Saas-Fee abgehalten *(siehe S. 90)*.

Einzigartig ist das Eistauchen im Lac Lioson (1900 Meter oberhalb des Genfer Sees). Hier steigen entsprechend ausgerüstete Taucher durch ein Eisloch in den See und schwimmen mit den Fischen.

Infos zu Skifahren und Snowboarden finden Sie auf Seite 288f.

Bergsteigen

Mit Bergen wie dem Matterhorn und dem Eiger zieht die Schweiz schon lange Bergsteiger aus aller Welt an. Der Brite Edward Whymper bezwang 1865 als Erster das Matterhorn *(siehe S. 90)*. Heute sieht man neben traditionellen Bergsteigern, die Viertausender »sammeln«, immer mehr Felskletterer.

Felskletterer in den sonnigen Schweizer Alpen

Wanderer an einem sommerlichen Bergsee

Felsklettern (oder Free Climbing) ist eine Herausforderung, bei der man ohne Hilfsmittel mit minimalem Halt für Finger und Füße eine Steilwand erklimmt. Dies hat zu vielen Hallen-Kletterwänden geführt, an denen man trainieren kann.

Gipfelstürmer, die jedem Wetter und jeder Jahreszeit trotzen, finden gute Schweizer Bergführer, die sie begleiten, etwa vom Tessin in den Jura zu den berühmten Gipfeln des Berner Oberlands, ins Wallis oder nach Graubünden. Haken, Eisäxte, Steigfelle und andere Ausrüstung kann man in den Bergsteigerorten bekommen.

Wandern

Kein anderes Land bietet eine solche Vielfalt an Wandermöglichkeiten, exakt ausgeschildert und in das Netzwerk der PostBusse *(siehe S. 307)* eingebunden, die noch in den hintersten Weiler fahren. Tourismusbüros organisieren thematische Wanderungen (Pilze sammeln, Schmetterlinge identifizieren, Weinbergtouren oder Wanderungen von einem Gourmet-Restaurant zum nächsten). Auf einigen Wanderungen wird das Gepäck von Maultieren oder Lamas befördert.

Von leichten Spaziergängen durch flaches Parkland bis zu riskanten Routen (die oft mit Stahlseilen abgesichert sind) oder Gletschertouren: Die Schweiz bietet 60 000 Kilometer markierter Wanderwege. Auch im Sommer fahren die Skilifte, die Gäste auf hochalpine Weiden befördern, von wo aus manche Wanderungen beginnen.

Im Sommer kann man quasi auf dem Dach der Alpen wandern, von Saas-Fee in der Schweiz nach Chamonix in Frankreich oder auch nach Aosta in Italien. Die mehrtägige Strecke ist als *Haute Route* bekannt. Man übernachtet in Hütten des Schweizer Alpen-Clubs *(siehe S. 289)*. Sie liegen alle einen Tagesmarsch auseinander.

Wanderer sollten eine Versicherung mit Rücktransport per Hubschrauber haben und Wirte oder das Tourismusbüro über ihre Route und vermutliche Rückkehr informieren.

Flugsport

Die einzige Möglichkeit, die Größe und Schönheit der Schweizer Gletscher und Gletscherspalten sowie der Gipfel wirklich zu erfassen, ist, sie aus der Luft zu bewundern. Sightseeing-Flüge in kleinen Flugzeugen oder Hubschraubern von Bern, Zürich oder Sion aus sind erstaunlich preiswert.

Heißluftballons überqueren die Alpen in der Regel nicht, doch eine Fahrt ist gleichwohl ein besondere Erlebnis. Es gibt über 500 Ballons und 50 Flugzentren in der Schweiz. Château d'Oex besitzt ein Mikroklima, das ideal für Ballonflüge ist *(siehe S. 33)*. Crans-Montana, Verbier und Davos veranstalten Heißluftballon-Wettbewerbe.

Paragliding bzw. Gleitschirmfliegen ist in alpiner Luft ganz unvergleichlich, wegen der enormen Aufwinde und Abwinde, die hier vorkommen. Großen Spaß macht es, als »Passagier« mitzufliegen. Es braucht dafür keine Erfahrung. Verschiedene Schulen bieten Ferienkurse an, in denen man die international anerkannte Schweizer Fluglizenz erwerben kann.

Wassersport

Bergseen, gletschergespeiste Flüsse und Wasserfälle machen die Schweiz zum idealen Land für Wassersport. Schweizer Segler überraschten die Welt 2003 und 2007, als ihre Yacht *Alinghi* den America's Cup gewann. Schaufelraddampfer, Segelboote, Ruderboote, Schlauchboote, Kanus und Kajaks – alle sieht

Paraglider über den schneebedeckten Gipfeln des Berner Oberlands

Windsurfing – eine beliebte Sportart auf Schweizer Seen

man auf den Wassern des Genfer Sees, Bodensees und des Lac de Neuchâtel sowie auf Rhein und Rhône. Auch Windsurfen und Wasserski ist beliebt. An größeren und kleineren Seen bieten Schulen Training für Anfänger und Fortgeschrittene an.

Jeder See hat mindestens einen Sommerstrand *(plage)* oder ein Freibad am See. Es gibt auch viele Wasserparks mit Rutschen.

Auf den Flüssen kann man neue Sportarten testen, etwa Hydrospeed (Riverboogie). Daneben gibt es traditionelles Rafting. In Bern lassen sich an Hochsommertagen Menschen gern in der schnellen Strömung der Aare treiben – schwimmend, in Tubes oder auf Flößen.

Radfahren

Sowohl Mountainbikes als auch Tourenräder kann man fast überall mieten, insbesondere in den Bahnhöfen *(siehe S. 307)*. Es gibt neun nationale Radwege auf befestigten Straßen (ca. 3300 Kilometer). Hinzu kommen zahllose Routen über Bergpässe und durch verlassene Weiler.

Für weniger Fitte und für Familien gibt es reine Bergab-Strecken. Im Sommer dienen manche Skilifte dazu, Räder auf 3000 Meter Höhe oder höher zu transportieren. Von oben mäandern unbefestige Pfade und Graswege durch Wiesen voller Wildblumen hinab ins Tal. Waghalsigere Fahrer können speziell präparierte schwierige Wege mit Sprungschanzen oder Klippen testen. Aus Gründen des Umweltschutzes und um normale Radfahrer vor Sportfahrern zu schützen, ist in manchen Urlaubsgebieten sportliches Radfahren nur in bestimmten Bereichen erlaubt.

Abenteuersport

Bungee-Jumping und Kanu fahren (über Stromschnellen und Felsen) gehören zum Extremsport. Der Bungee-Sprung vom Staumdamm der Verzasca bei Locarno gilt mit 220 Metern als einer der höchsten der Welt. Mittlerweile kann man allerdings (gesichert mit Stahlseilen) auch in Canyons springen.

In die Schlucht der Vispa bei Saas-Fee und in die Gletscherschlucht bei Grindelwald können sich auch unerfahrene Urlauber an Stahlseilen hinablassen und dabei in schwindelnder Höhe sicher baumeln. Ein ähnliches Erlebnis bietet der Hochseilpark »Flying Fox« bei Engelberg. Manche Ferienorte haben auch »Hängeparcours« *(sentiers suspendus)* in den Baumwipfeln installiert.

Höhlen kann man mit professioneller Hilfe erkunden. Zwei der zehn größten Höhlensysteme der Welt liegen in der Schweiz: das Hölloch im Kanton Schwyz und die Siebenhengste-Hohgant-Höhle im Kanton Bern.

Freizeitsport

Golf ist vor der Szenerie der Schweizer Alpen sehr beliebt. In Crans-Montana werden die Omega European Masters ausgetragen. Viele Golfplätze bieten spektakuläre Aussichten auf Seen und Berge.

Tennisplätze (in Hallen und draußen) gibt es eigentlich überall, was man in der Heimat von Roger Federer, dem Schweizer Tennisass, auch erwarten darf.

Reiten ist eine gute Sportart, um ländliche Gebiete kennenzulernen, in die man sonst nicht kommen würde. Eine Schweizer Pferderasse sind die Freiberger vom Hochplateau Freiberge (Franches-Montagnes; *siehe S. 133*) im Jura. Die kleinen, leichten Kaltblüter, die auch bei der Schweizer Armee zum Einsatz kommen, sind gutmütig und ausdauernd – ideal für Ausritte und zum Westernreiten.

Mountainbiker in den Schweizer Alpen

AUF EINEN BLICK

Wintersport

Cresta Tobogganing Club
Via Ruinatsch 9, 7500 St. Moritz. ☎ *081 832 20 52.* **www**.cresta-run.com

Eistauchen
Tauch-Club Thunersee, 3600 Thun. **www**.tc-thunersee.ch **www**.swiss-divers.ch

Rodelbahn Pradaschier–Churwalden
7075 Churwalden. ☎ *081 356 22 07.* **www**.pradaschier.ch

Schweizer Eislauflehrer Verband
In der Brunnmatt 1, 8103 Unterengstringen. ☎ *079 679 03 17.* **www**.selv.ch

Schweizerischer Schlittenhundesportklub
Erlinsbacherstrasse 24, 4655 Stüsslingen. ☎ *062 298 37 50.* **www**.schlittenhundesport klub.ch

Snowtubing
Tourismusbüro, 1862 La Lécherette. ☎ *024 491 14 66.* **www**.lesmosses.ch

St. Moritz Polo Club
Via Maistra 24, 7500 St. Moritz. ☎ *081 839 92 92.* **www**.polostmoritz.com

Swiss Alpine Guides
Postfach 29, 3800 Interlaken. ☎ *033 822 60 00.* **www**.swissalpine guides.ch

Swiss Guides
Case Postale, 1936 Verbier. ☎ *079 446 22 89.* **www**.swissguides.com

Swiss Skating
Haus des Sports, Postfach 606, 3000 Bern 22. ☎ *031 359 71 09.* **www**.skating.ch

Bergsteigen

Bergschule Uri Mountain Reality
Postfach 141, 6490 Andermatt. ☎ *041 872 09 00.* **www**.bergschule-uri.ch

Schweizer Alpen-Club (SAC)
Monbijoustrasse 61, 3000 Bern 23. ☎ *031 370 18. 18.* **www**.sac-cas.ch

Schweizer Bergführerverband
Hadlaubstrasse 49, 8006 Zürich. ☎ *044 360 53 66.* **www**.4000plus.ch

Kletterhallen
www.kletterportal.ch

Wandern

Adrenaline – Bergführer-Büro
Rue de la Poste CP 54, 1936 Verbier. ☎ *079 205 95 95.* **www**.guides-verbier.com

Dachorganisation Schweizer Wanderwege
Monbijoustr. 61, 3007 Bern. ☎ *031 370 10 20.* **www**.swisshiking.ch

Eurotrek
Dörflistrasse 30, 8057 Zürich. ☎ *044 316 10 00.* **www**.eurotrek.ch

Trekking Team
Casa Rosina, 6652 Tegna. ☎ *091 780 78 00.* **www**.trekking.ch

Flugsport

Air Glaciers (Helikopterflüge)
Flughafen Sion, 1951 Sion. ☎ *027 329 14 15.* **www**.air-glaciers.ch

Fly Time (Paragliding)
Place de la Gare, 1934 Le Châble. ☎ *079 606 12 64.* **www**.fly-time.ch

Scenic Air (Flüge)
Postfach 412, 3800 Interlaken. ☎ *033 821 00 11.* **www**.scenicair.ch

Schweizerischer Ballonverband (SBAV)
Postfach 16, 4124 Schönenbuch, Basel. ☎ *061 481 32 22.* **www**.sbav.ch

Schweizerischer Hängegleiter-Verband (Gleitschirmfliegen)
Seefeldstrasse 224, 8008 Zürich. ☎ *387 46 80.* **www**.shv-fsvl.ch

Wassersport

Aqua Park
Route de la Plage, 1897 Le Bouveret. ☎ *024 482 00 11.* **www**.aquaparc.ch

Schweizerische Windsurfverbände
www.windsurf.ch

Swiss Adventures
Alpinzentrum, 3780 Gstaad. ☎ *033 748 41 64.* **www**.swissadventures.ch

Swissraft
Punt Arsa Promenade 19, 7013 Domat/Ems. ☎ *081 911 52 50.* **www**.swissraft.ch

Swiss Sailing
Postfach 606, 3000 Bern 22. ☎ *031 359 72 66.* **www**.swiss-sailing.ch

Windsurfen in der Schweiz (alle Organisationen)
www.windsurf.ch

Radfahren

Alpen Cross (Mountainbiking)
Hirzlistrasse 7, 8638 Goldingen. ☎ *055 412 88 44.* **www**.alpencross.ch

Bike Switzerland
22, rue des Grottes, 1201 Genf. ☎ *078 601 69 57.* **www**.bikeswitzerland.com

Veloland Schweiz
Stiftung SchweizMobil, Spitalgasse 34, 3011 Bern. ☎ *031 318 01 28.* **www**.veloland.ch

Abenteuersport

Alpin Center Zermatt
☎ *027 966 24 60.* **www**.alpincenter-zermatt.ch

Bergführerbüro Saas-Fee Guides
Obere Dorfstrasse 75, 3906 Saas-Fee. ☎ *027 957 44 64.* **www**.saasfeeguides.ch

Bungee, Höhlentouren und Canyoning
Lützelaustrasse 48, 6353 Weggis. ☎ *041 390 40 40.*
Casa Rosina, 6652 Tegna. ☎ *091 780 78 00.* **www**.trekking.ch

Garbely Adventure
In den Lussen, 3999 Oberwald. ☎ *027 973 25 75.* **www**.garbely-adventure.ch

Outventure
Mühlebachstrasse 5, 6370 Stans. ☎ *041 611 14 41.* **www**.outventure.ch

Sentier Suspendu (Hängeparcours)
Place Centrale, 1936 Verbier. ☎ *027 775 33 63.* **www**.verbierbooking.ch

Freizeitsport

Freibergerzuchtverband
☎ *026 676 63 43.* **www**.fm-ch.ch

Golfsuisse
www.asg.ch

Schweizerischer Tennisverband
Solothurnstrasse 112, 2501 Biel (Bienne). ☎ *032 344 07 07.* **www**.swisstennis.ch

Schweizerischer Verband für Pferdesport
Papiermühlestrasse 40h, 3000 Bern 22. ☎ *031 335 43 43.* **www**.fnch.ch

Swiss Golf Network
Sandrainstrasse 17, 3007 Bern. ☎ *044 586 98 66.* **www**.swissgolfnetwork.ch

Ski-Urlaub

Ski-Urlaub wurde im 19. Jahrhundert in der Schweiz erfunden – zusammen mit dem ultimativen Wintersport-Hotel, dem Chalet, sowie einer beispielhaften Infrastruktur rund um die Pisten. Die Schweiz liegt nach wie vor auf Platz eins für Wintersport-Urlauber. Nur hier kann man vom Flugzeug gleich in den Zug umsteigen, um dann direkt zu einem der großen Skigebiete zu gelangen. Nirgendwo sonst findet man so viele autofreie Zonen, darunter Zermatt, Saas-Fee, Wengen und Mürren. Die Schweiz hat mehr Viertausender als jeder andere Alpenstaat – zudem die höchsten Skilifte und größten Skigebiete mit traumhaften Konditionen.

Mitten im Jump: Snowboarder bei Leysin

»Magic Carpet« in Wengen, ein Förderband für Anfänger

Skifahren

Es gibt in der Schweiz über 250 Skigebiete und rund 2400 Bergbahnen und Skilifte, die jährlich 310 Millionen Gäste transportieren. Der neue »Magic Carpet«, ein Förderband-Skilift, wurde für Anfänger und Kinder konstruiert. Zermatt und Saas-Fee haben unterirdische, vom Wetter unabhängige Standseilbahnen, die auch von Umweltschützern begrüßt werden.

Schweizer Ferienorte verwenden keinerlei Chemie für Kunstschnee und haben die Salzstreuung für verschneite Straßen drastisch reduziert. Wälder und Tiere, die darin überwintern, werden geschützt. Kostenlose Busse (einige mit Solarenergie) sind Teil der Umweltpolitik.

Schweizer Skipässe gehören zu den teuersten in Europa, doch die Rabatte für Familien sind die günstigsten weltweit. So können Kinder in manchen Skigebieten kostenlos fahren.

In der Schweiz besteht für Skifahrer zwar keine Helmpflicht, aber Aufklärungskampagnen haben für die europaweit höchste Tragequote von Helmen gesorgt. Unbedingt sollten Kinder und Jugendliche einen Helm tragen – im angrenzenden Italien ist für Kinder bis 14 Jahre ein Helm Pflicht.

Snowboarden

Die Trennung zwischen Skifahren und Snowboarden ist nicht mehr ganz so eindeutig wie früher. Jahrelang ging der Trend zu immer kürzeren, breiteren Skiern. Außerdem haben Skifahrer und Snowboarder mittlerweile ähnliche Techniken: Carving (mit tiefen Spuren auf der Piste), Freeride (lange schnelle Wendungen im Tiefschnee) und Freestyle (Sprünge etc.).

Kein Urlaubsort verbietet Snowboards oder begrenzt deren Benutzung auf bestimmte Areale. Es ist vielmehr so: In den früheren »Snowboard Parks« vollführen Snowboarder und Skifahrer Seite an Seite ihre Jumps.

Reisezeit

Skigebiete mit Gletschern wie Zermatt und Saas-Fee sind im Sommer und Winter geöffnet. Hoch gelegene Resorts wie Verbier öffnen Anfang November und schließen im Mai. Allerdings musste auch die Schweiz in den letzten zehn Jahren erleben, dass es immer weniger Schneefall zu Saisonbeginn gibt. Hauptsaison ist an Weihnachten, Ostern und den ganzen Februar über. Viele Hotels und Resorts bieten im ruhigeren Januar hohe Rabatte an. Der März bietet den besten Mix aus relativ günstigen Preisen, längeren Tagen, Sonnenschein und Schnee.

Skigebiete

Die Schweiz bietet Skivergnügen für jeden Geldbeutel. **Zermatt**, **St. Moritz**, **Davos**, **Gstaad** und **Verbier** sind die mondänsten Urlaubsorte. Gebiete mit Gletschern garantieren die höchste Schneesicherheit. Neben

Blick von Blatten auf das Breithorn

Zermatt, Verbier und **Saas-Fee** gibt es hier auch die familienfreundlichen **Les Diablerets** und **Engelberg**.

Gäste, die auf langen, gut präparierten Pisten fahren wollen, finden eine unglaubliche Vielfalt in den Feriengebieten vor, die sich zusammengeschlossen haben. Die **Portes du Soleil** blicken auf 650 Kilometer markierter Pfade. Zermatt bietet zusammen mit dem italienischen Cervinia 313 Kilometer Loipen.

Charmante Chalets findet man in Mürren, **Wengen**, **Andermatt** und Saas-Fee. Familien lieben die Ruhe und das gute Preis-Leistungs-Verhältnis von **Val d'Anniviers**, **Adelboden** und **Kandersteg**.

Unterkunft

Ski-Urlaub in einem Schweizer Chalet oder einem der alten Grandhotels ist ein Erlebnis an sich. Doch es geht auch preisgünstiger, etwa in Gästehäusern oder Apartments für Selbstversorger. Wer zudem in Supermärkten wie Migros einkauft, spart Geld. Man kann auch in einer Stadt absteigen und dann jeden Tag zu einem anderen Skigebiet fahren.

Skifahrer im Pulverschnee jenseits der Piste, Kanton Uri

Abseits der Pisten

Etwa die Hälfte aller Skifahrer (Urlauber und Einheimische) bewegen sich gern außerhalb der Pisten im weichen hohen Schnee. Informieren Sie sich unbedingt über die Lawinengefahr.

Es gibt bei qualifizierten Bergführern eine explosionsartige Nachfrage nach »Touren jenseits der Piste«. Urlauber sollten dabei gegen Risiken entsprechend versichert sein (etwa inklusive einer Rettung per Hubschrauber, die in der Schweiz schon bei kleineren Unfällen auf der Piste zum Einsatz kommen).

Auf dem Gipfel

In der Schweiz gibt es über 40 autorisierte Zonen, auf denen Hubschrauber Skifahrer auf der Suche nach jungfräulichem Schnee absetzen dürfen. Bergführer sind dafür allerdings obligatorisch.

Ebenso populär ist der Aufstieg mit Skiern. In großen Höhen gibt es Hunderte bewirtschafteter Hütten, die auch Verpflegung bieten. Meist liegen sie einen Tagesmarsch auseinander. Die berühmteste Skiwanderung über Gletscher startet in Saas-Fee und endet eine Woche später in Chamonix (Frankreich).

AUF EINEN BLICK

Information

Internationaler Ski Verband
www.fis-ski.com

Lawinenbulletin
www.slf.ch

MeteoSchweiz
www.meteoschweiz.ch

Schweiz Tourismus
www.myswitzerland.com

Führer, Schulen

Hubschrauberflüge
www.air-glaciers.ch

Mountain Air
027 771 62 31.
www.mountainairverbier.com

Schweizer Alpen-Club (SAC)
031 370 18 18.
www.sac-cas.ch

Schweizer Bergführerverband
044 360 53 66.
www.4000plus.ch

Schweizer Skischulen
031 810 41 11.
www.snowsports.ch

Snowboard Parks
www.myswitzerland.com

Swiss Rent a Sport
081 410 08 18.
www.swissrent.com

Swiss Snowboard
www.swiss-snowboard.ch

Skigebiete

Adelboden
033 673 80 80
www.adelboden.ch

Andermatt
041 888 71 00.
www.andermatt.ch

Davos
081 410 20 20.
www.davos.ch

Engelberg
041 639 77 77.
www.engelberg.ch

Gstaad
033 748 81 81.
www.gstaad.ch

Kandersteg
033 675 80 80.
www.kandersteg.ch

Les Diablerets
024 492 00 10.
www.diablerets.ch

Portes du Soleil
024 477 23 61.
www.portesdusoleil.com

Saas-Fee
027 958 18 58.
www.saas-fee.ch

St. Moritz
081 837 33 33.
www.stmoritz.ch

Val d'Anniviers
084 884 80 27.
www.sierre-anniviers.ch

Valais Tourisme
027 327 35 70.
www.valais.ch

Verbier
027 775 38 88.
www.verbier.ch

Wengen
033 856 85 85.
www.wengen.ch;
www.jungfrauregion.ch

Zermatt
027 966 81 00.
www.zermatt.ch

Spas und Wellness

Höhenluft und heilkräftige Thermalquellen haben die Schweiz schon immer zum bevorzugten Reiseziel für Kurgäste gemacht. Mittlerweile wandelt sich das alte »Kurmodell«. Der Trend geht zur Wellness, d.h. zu Maßnahmen und Behandlungen, die dem Wohlgefühl, der Fitness, der Vorbeugung und auch der Gesundheitsförderung dienen. Moderne Schweizer Spas sind hier führend, nicht allein, was den Komfort anbelangt, sondern auch bei neuen Behandlungsarten. Kein anderes Land bietet eine solche Palette an Wellness-Erfahrungen, von traditionellen Kuren in Thermalbädern bis zu den neuesten Schönheitsbehandlungen.

Gast in der Clinique La Prairie

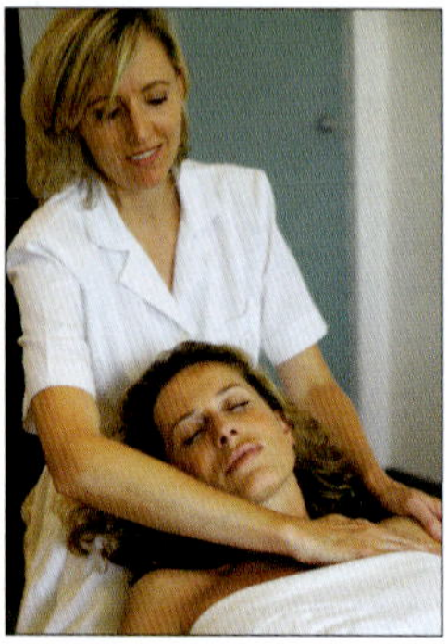

Therapeutische Massage in der Clinique La Prairie bei Montreux

Thermalbäder

Die Schweiz besitzt viele Thermalquellen, aber nur 20 Thermalbäder. Diese Kurorte sind ein angenehmer Mix aus Althergebrachtem und neuem Wellness-Trend. Sie bieten Thermalzentren, Läden, Gärten, Sportmöglichkeiten und viel Kultur. Die Bäderkuren erfolgen – nach medizinischer Anweisung – in modernen Behandlungszentren und umfassen Hydrotherapie, Physiotherapie, Schlammpackungen, Massage und Balneotherapie (medizinische Bäder).

In **Bad Ragaz** wird das mineralreiche Wasser einer Quelle der nahen Schlucht genutzt. Es hilft gegen rheumatische und neurologische Beschwerden. In den Kliniken werden auch kosmetische Behandlungen angeboten.

Das schwefelhaltige Wasser in **Lenk** hilft gegen Atembeschwerden. Das moderne Gesundheitszentrum hat auch eine Klinik für Inhalationsbehandlungen, Physiotherapie, Lymphdrainagen und weitere Spezialbehandlungen für Lungenkranke. Man kann auch traditionelle Kuren gegen Rheumatismus, zur Gewichtsreduzierung und Schönheitsbehandlungen buchen.

Leukerbad ist mit 65 Thermalquellen, 22 Thermalbädern und einem großen Zentrum für Hydrotherapie das größte europäische Thermalbad. Das heiße mineralreiche Wasser ist bei Rheumatismus, Herz-Kreislauf-Krankheiten und hormonellen Problemen, bei der Rehabilitation nach Unfällen, Operationen oder Schlaganfällen sowie in der Sportmedizin hilfreich.

Die kohlensäurehaltigen Quellen von **St. Moritz** liegen am höchsten. Sie werden im medizinischen Zentrum nach neuesten medizinischen Erkenntnissen angewendet.

Das Thermalwasser von **Yverdon-les-Bains** gilt seit der Römerzeit bei Rheumatismus und Atembeschwerden als lindernd. Heute finden die Anwendungen im Centre Thermale statt, einem modernen Komplex mit Innen- und Außenpools, Fitness-Center, Saunen, türkischen Bädern und Solarien. Ergänzend gibt es Schlammpackungen und Massagen.

Medizinische Spas

Schweizer Kurorte sind für ihre medizinische Exzellenz bekannt. Die exklusive **Clinique La Prairie** bei Montreux hat sich auf Anti-Aging spezialisiert. Sie wurde kürzlich um einen ultramodernen Spa-Bereich erweitert und mit neuen medizinischen Geräten für die ästhetisch-plastische Chirurgie ausgestattet. Ebenfalls in Montreux liegt **La Clinic** – mit dem Angebot eines Fünf-Sterne-Hotels. Sie ist spezialisiert auf Anti-Aging, plastische Chirurgie, ästhetische Zahnbehandlung und Haartransplantation. Das **Kempinski Grand Hotel des Bains** in St. Moritz bietet ein medizinisches Spa und ein Wellness-Spa. Gäste haben Zugang zum medizinischen Zentrum von St. Moritz.

Höhenluft und heißes Thermalwasser für Gesundheit und Wellness: Gäste in Leukerbad, Wallis

Hotel-Spas

ESPA-Spa im Victoria-Jungfrau Grand Hotel & Spa, Interlaken

Viele Vier- und Fünf-Sterne-Hotels haben mittlerweile opulente Spa-Bereiche. Das neue ESPA-Spa hat das **Victoria-Jungfrau Grand Hotel & Spa** in Interlaken in eine Wellness-Oase verwandelt. Hier gibt es ultramoderne Behandlungsräume, Thermalbereiche, Ruheräume und Behandlungen der Extraklasse.

Das Spa im **Le Mirador Kempinski Genfersee** besitzt miteinander verbundene Innen- und Außenpools. Hinzu kommen Angebote für Massagen, Hydrotherapie, Wellness-Behandlungen und Diätprogramme.

Grindelwalds **Grand Regina Alpin Well & Fit Hotel** bietet Wellness-Behandlungen und Massagen an. Das Spa besitzt Pools, Thermalhöhlen, einen Kneipp-Rundgang, Bäder, Dampfräume und Eisbrunnen.

Die denkmalgeschützte **Therme Vals** ist ein einzigartiges Erlebnis mit Innen- und Außenbädern. Es gibt Aromatherapie, Feuerbad, Thalasso-Packungen, Akupressur, Klangbäder und mehr.

La Réserve am Genfer See besitzt neben Innen- und Außenpools, Saunen und Hamam insgesamt 17 Räume für unterschiedliche, auch exotische Behandlungen.

Die Tschuggen Bergoase im **Tschuggen Grand Hotel** in Arosa wurde in den Berg hineingebaut und ist über eine Glasbrücke mit dem Hotel verbunden. Neben dem faszinierenden Wellness-Bereich gibt es eine große Auswahl an Massagen (von Sportmassagen bis zu Lomi-Lomi- und Ayurveda-Massagen) und ästhetischen Behandlungen (etwa Faltenunterspritzung).

Das Spa Cinq Mondes im **Beau-Rivage Palace Hotel** in Lausanne offeriert asiatische und ganzheitliche Behandlungen. Neben den Pools gibt es etwa eine tropische Duschenpromenade und japanische Blumenbäder.

Das **Grand Hotel Bellevue** in Gstaad bietet eine Wohlfühloase im asiatischen Stil mit Kneipptherapie, Aromatherapie, Massagen und Shiseido-Anwendungen.

Das Alpine Refugium im **Hotel Mirabeau** setzt auf die Wirkung alpiner Bergkräuter, insbesondere des Edelweißes. Das Spa ist mit dem Hotel durch einen Tunnel verbunden und bietet u. a. Bergkristall-Blüten-Dampfbad, Giftsteinofen-Dampfbad, Sauna mit Gletscherwasser-Schwallduschen und Ruheraum mit Wasserbetten.

AUF EINEN BLICK

Thermalbäder

Bad Ragaz
Klinik Valens.
☎ *081 303 11 11.*
www.klinik-valens.ch

Lenk
Simmental.
☎ *033 736 35 35.*
www.lenk.ch

Leukerbad
Wallis.
☎ *027 472 71 71.*
www.leukerbad.ch

St. Moritz
Engadin.
☎ *081 837 33 33.*
www.stmoritz.ch

Yverdon-les-Bains
Waadt.
☎ *024 423 61 01.*
www.yverdonlesbainsregion.ch

Medizinische Spas

Clinique La Prairie
Clarens-Montreux.
☎ *021 989 33 11.*
www.laprairie.ch

Kempinski Grand Hotel des Bains
St. Moritz.
☎ *081 838 38 38.*
www.kempinski.com/stmoritz

La Clinic
Montreux.
☎ *021 966 70 00.*
www.laclinic.ch

Hotel-Spas

Beau-Rivage Palace Hotel
Lausanne.
☎ *021 613 33 67.*
www.brp.ch

Grand Hotel Bellevue
Gstaad.
☎ *033 748 00 00.*
www.bellevue-gstaad.ch

Grand Regina Alpin Well & Fit Hotel
Grindelwald.
☎ *033 854 86 88.*
www.grandregina.ch

Hotel Mirabeau
Zermatt.
☎ *027 966 26 60.*
www.hotel-mirabeau.ch

La Réserve
Genfer See.
☎ *022 959 59 59.*
www.lareserve.ch

Le Mirador Kempinski Genfersee
Vevey.
☎ *021 925 11 11.*
www.kempinski.com/de/montreux

Therme Vals
Vals.
☎ *081 926 89 61.*
www.therme-vals.ch

Tschuggen Grand Hotel
Arosa.
☎ *081 378 99 99.*
www.tschuggen.ch

Victoria-Jungfrau Grand Hotel & Spa
Interlaken.
☎ *033 828 28 28.*
www.victoria-jungfrau.ch

Grund-
informationen

Praktische Hinweise **294 – 301**

Reiseinformationen **302 – 309**

Praktische Hinweise

Die Schweiz ist ein beliebtes Reiseland und zieht sowohl während der Wintersportsaison als auch im Sommer viele Besucher an. Der Fremdenverkehr ist eine wichtige Säule der Schweizer Wirtschaft, das Land verfügt über eine ausgezeichnete Infrastruktur und erstklassige Serviceleistungen.

Logo der Tourismusinformation

Die Schweiz bietet neben eindrucksvoller Natur auch eine große Zahl an kulturellen Sehenswürdigkeiten. Auch in Tourismusbüros der französischsprachigen Schweiz und in einigen großen Hotels der nicht deutschsprachigen Kantone wird Deutsch gesprochen.

Zudem verfügt die Schweiz über eines der effizientesten und praktischsten öffentlichen Nahverkehrssysteme in ganz Europa. Man kann aber auch mit dem Auto oder dem Zug sehr komfortabel reisen oder die wunderschönen Seen mit dem Boot erkunden.

Reisezeit

Die beste Reisezeit hängt entscheidend von der Art des Urlaubs ab. Die Wintersportsaison beginnt Mitte Dezember und dauert bis ins späte Frühjahr. Um Weihnachten und Ostern sowie im Februar sind die beliebten Wintersportorte sehr überlaufen.

Der Sommer in der Schweiz ist angenehm warm. Es wird nur selten sehr heiß. Ihren Höhepunkt erreicht die Sommersaison Anfang Juli bis Ende August. Unterkünfte sind in dieser Zeit etwas schwieriger zu finden. Die Sehenswürdigkeiten sind dann stark frequentiert.

Die Jahreszeiten Frühling und Herbst sind ruhiger und ideal zum Wandern geeignet. Die Berge sind in dieser Zeit besonders schön: Blumen und Bäume blühen oder nehmen die schillerndsten Herbstfarben an. Zudem finden auf dem Land im Frühjahr und Herbst die meisten Volksfeste statt, bei denen auch Besucher gern gesehen sind.

Informationsaushang, Parc Mon-Repos, Lausanne

Einreise und Zoll

Die Schweiz ist zwar kein Mitglied der Europäischen Union (EU), unterzeichnete aber 2005 das Schengener Abkommen. Damit entfallen seit Dezember 2008 die Personenkontrollen an den Landgrenzen zu anderen Schengen-Staaten (darunter Deutschland und Österreich), seit 2009 auch Personenkontrollen an den Luftgrenzen. Gegenstände und Waren für den persönlichen Gebrauch dürfen zollfrei ein- und ausgeführt werden. Seit 2011 gehört auch Liechtenstein zu den Schengen-Anwendern.

Gleichwohl müssen sich Urlauber in der Schweiz –wie auch in ihrem Heimatland – ausweisen können. Für deutsche Staatsangehörige genügt hierfür der Reisepass, ein vorläufiger Reisepass, Kinderreisepass oder Personalausweis. Kindereinträge im Reisepass eines Elternteils sind seit dem 26.06.2012 nicht mehr gültig. Jedes Kind benötigt ein eigenes Ausweisdokument.

Urlauber, die Haustiere in die Schweiz mitnehmen möchten, brauchen hierfür den EU-Heimtierausweis. Die Tiere müssen gechipt sein.

Öffnungszeiten

Die meisten Museen oder Sehenswürdigkeiten wie archäologische Ausgrabungsstätten haben an sechs Tagen in der Woche geöffnet. Viele haben montags, einige auch dienstags geschlossen.

Postämter, Banken und Tourismusbüros sind im Allgemeinen montags bis freitags zwischen 8 oder 9 Uhr und 18.30 Uhr, teils auch samstags zwischen 8 oder 9 Uhr und 12 oder 13 Uhr offen. Läden und Kaufhäuser haben teilweise längere Öffnungszeiten.

In kleineren Orten machen die meisten Läden Mittagspause. In einigen Ferienorten sowie in Bahnhöfen haben Läden dagegen auch ein paar Stunden am Sonntag geöffnet.

Tourist Center beim BärenPark in Bern

◁ Zug vor der Kulisse der Jungfrau (4158 m), dem dritthöchsten Gipfel der Berner Alpen *(siehe S. 79)*

Zeitungskiosk mit deutschen, französischen und italienischen Blättern

Sprachen

Deutsch ist mit gut zwei Drittel Anteil die am weitesten verbreitete Sprache in der Schweiz, gefolgt von Französisch (ca. 23 Prozent), Italienisch (ca. 8,5 Prozent) und Rätoromanisch (unter ein Prozent). Viele Einwohner der französischsprachigen Schweiz sprechen auch Englisch. In den Tourismusbüros der französisch- und italienischsprachigen Schweiz kommt man ebenfalls mit Englisch weiter, wenn nicht sowieso auch Deutsch gesprochen wird.

Litfaßsäule mit Veranstaltungen

Schweizerdeutsch *(Schwyzerdütsch)* ist eine Sammelbezeichnung für die in der Deutschschweiz gesprochenen alemannischen Dialekte. Es unterscheidet sich vom Hochdeutschen teilweise erheblich, besitzt einen eigenen Satzbau und ein eigenes Vokabular. Schweizerdeutsch wird eher umgangssprachlich als schriftlich gebraucht. Schriftsprache ist das Hochdeutsche.

Zeitungen

Die Presse des Landes wird von französisch- und deutschsprachigen Zeitungen dominiert. Zu den führenden Tageszeitungen gehören die bürgerliche *Neue Zürcher Zeitung*, der liberalere *Tages-Anzeiger*, die progressive *Le Temps* und das Boulevardblatt *Blick*. Wöchentlich erscheinen das wirtschaftsliberale Magazin *Die Weltwoche* und die linksgerichtete *Wochenzeitung*. Im Tessin ist der italienischsprachige *Corriere del Ticino* verbreitet.

Die großen deutschen und österreichischen Tages- und Wochenzeitungen, etwa die *Süddeutsche Zeitung*, die *ZEIT* oder der *Kurier*, sind in den größeren Ferienorten und in größeren Bahnhöfen meist am Erscheinungstag erhältlich.

Elektrizität

Die Stromspannung in der Schweiz beträgt wie in allen anderen Ländern Europas 230 Volt bei 50 Hz. In Steckdosen passen die auch in Deutschland und Österreich üblichen flachen Stecker mit zwei Pins.

Botschaften

Die Hauptvertretungen der verschiedenen Länderbotschaften in der Schweiz befinden sich in Bern. Auf ihren jeweiligen Websites bieten sie neben detaillierten Informationen zu Einreise- und Zollbestimmungen auch Wissenswertes über Politik, Wirtschaft und Kultur des Landes.

AUF EINEN BLICK

Botschaften

Deutsche Botschaft, Schweiz
Willadingweg 83,
3006 Bern.
Postanschrift:
Postfach 250,
3000 Bern 15.
☎ *0041 (0)31 359 41 11.*
FAX *0041 (0)31 359 44 44.*
www.bern.diplo.de

Österreichische Botschaft, Schweiz
Kirchfeldstrasse 77–79,
3005 Bern.
☎ *0041 (0)31 356 52 52.*
FAX *0041 (0)31 351 56 64.*
www.aussenministerium.at/bern

Schweizer Botschaft, Deutschland
Otto-von-Bismarck-Allee 4A,
10557 Berlin.
☎ *0049 (0)30 390 40 00, 0041 800 24 73 65 (Schweizer Helpline).*
FAX *0049 (0)30 391 10 30.*
www.eda.admin.ch/berlin

Schweizer Botschaft, Österreich
Kärntner Ring 12,
1010 Wien.
☎ *0043 (0)1 795 05.*
FAX *0043 (0)1 795 05 21.*
www.eda.admin.ch/wien

Schweizer Tourismusbüros

Schweiz Tourismus
Rossmarkt 23,
60070 Frankfurt am Main.
☎ *00800 100 200 30.*
Schwindgasse 20, 1040 Wien.
☎ *00800 100 200 29.*
FAX *00800 100 200 31.*
@ info@myswitzerland.com.
www.myswitzerland.com

Nützliche Websites

Kunst und Kultur
www.prohelvetia.ch

Museen
www.museums.ch

Skigebiete
www.bergfex.ch

Links zu (fast) allen Themen
www.schweizerseiten.ch

Sicherheit und Gesundheit

Polizeischild in Zürich

Aufgrund der ausgezeichneten Infrastruktur und der überaus niedrigen Kriminalitätsrate ist die Schweiz ein ausgesprochen angenehmes, sicheres Reiseland. Die Schweizer sind hilfsbereit und freundlich und heißen Besucher gern willkommen. Das Klima ist angenehm, das Wasser in den Seen und Flüssen sauber. Vorsicht geboten ist lediglich bei sportlichen Aktivitäten wie Skifahren oder Wandern, vor allem in größeren Höhen. Dort können Lawinen abgehen. Nach heftigen Regenfällen bilden auch Muren eine Gefahr.

Streifenwagen der Genfer Polizei

Persönliche Sicherheit

Die Schweiz ist eines der sichersten Länder der Welt. Dennoch sollte man kein unnötiges Risiko eingehen, etwa indem man sich nachts an unbekannten Plätzen aufhält. Umsicht ist auch angebracht beim Geldabheben an Automaten, in öffentlichen Verkehrsmitteln oder bei größeren Menschenansammlungen. In den Straßen und auf den Plätzen größerer Städte treiben vereinzelte Taschendiebe auf der Suche nach Brieftaschen und Kreditkarten ihr Unwesen. Für die Aufbewahrung von Wertsachen sollte man die Hotelsafes nutzen. Keinesfalls sollte man sie im Auto liegen lassen, auch wenn dieses abgeschlossen ist.

Entspannt im Stadtverkehr: Polizist auf Fahrradstreife

Beim Aufenthalt in (Jugend-)Herbergen empfiehlt sich ein kleines Vorhängeschloss, das vorhandene Schließfächer noch sicherer macht.

Vorsicht und Geistesgegenwart sind meist der beste Schutz. Wer dennoch Opfer eines Diebstahls wird, sollte dies sofort der Polizei melden. Der Polizeibericht muss der Versicherung vorgelegt werden. Den Verlust oder Diebstahl von Kreditkarten sollte man ebenfalls so schnell wie möglich der jeweiligen Kreditkartenfirma anzeigen *(Notfallnummern bei Kartenverlust siehe S. 298)*, dann ist die Haftung bei Missbrauch begrenzt.

Allein reisende Frauen haben in der Schweiz in der Regel keinerlei Probleme.

Polizei

Die Schweizer sind sehr gesetzestreu und erwarten dies auch von den Gästen ihres Landes. Allein das Überqueren der Straße bei roter Fußgängerampel kann eine polizeiliche Verwarnung – eventuell mit Geldstrafe – zur Folge haben. Ernstere Gesetzesverstöße, etwa Drogenbesitz, werden mit Gefängnis oder Ausweisung geahndet. Es empfiehlt sich, immer einen gültigen Personalausweis oder Reisepass bei sich zu tragen.

Alle Kantone haben ihre eigene bewaffnete Polizei. Jeder Kanton hat auch eigene Gesetze, obwohl die Unterschiede minimal sind.

Gesundheit

Bei der Einreise in die Schweiz sind keinerlei Impfungen vorgeschrieben. In einigen Gebieten der Schweiz besteht saisonal die Gefahr der Übertragung von FSME durch Zeckenbisse.

Leitungswasser kann man überall in der Schweiz bedenkenlos trinken. Auch das Wasser von öffentlichen Brunnen ist trinkbar, falls es nicht mit »Kein Trinkwasser« (»Eau non potable«, »Acqua non potabile«) gekennzeichnet ist. Flusswasser sollte man besser nicht trinken, auch wenn das Wasser noch so sauber wirkt.

Städtischer Streifenwagen

Wer sich in Höhen von über 3000 Metern aufhält, riskiert, Symptome einer leichten Höhenkrankheit zu bekommen (Übelkeit, Kopfschmerzen und Müdigkeit). In der Regel verschwinden die Symptome nach etwa 48 Stunden wieder. Lindernd wirken Aspirin und Bettruhe. Sollten die Symptome jedoch anhalten, müssen Sie sich auf jeden Fall in geringere Höhen zurückbegeben.

Im Gebirge, wo die Luft dünner ist und die Sonnenstrahlen von Schnee oder Wasser reflektiert werden,

Rettungshubschrauber im Einsatz in Crans-Montana

kann auch ein Sonnenstich drohen. Vorbeugend sollte man viel Wasser trinken sowie Kopfbedeckung und Sonnenbrille tragen. Eine Creme mit hohem Lichtschutzfaktor (Lippen nicht vergessen!) ist ein Muss.

Das Wetter in den Bergen kann schnell umschlagen. Dann drohen eisiger Wind, Regen und Schneestürme. Mehrere Schichten warmer und regendichter Kleidung, eine Kopfbedeckung, Wasser und Proviant sind für jeden Skifahrer und Wanderer unerlässlich. Verschlechtern sich die Wetterbedingungen zusehends, kehrt man am besten um. An den größeren Seen sollte man schon bei Sturm-Vorwarnung mit dem Boot das Ufer aufsuchen.

Eingang zu einer Apotheke in St. Gallen

Medizinische Versorgung

Die medizinische Versorgung der Schweiz ist privat organisiert. Jede Behandlung muss also bezahlt werden. Für gesetzlich versicherte Bürger aus EU-Staaten gilt die Europäische Krankenversicherungskarte (EHIC). Sie regelt die Versorgung bzw. die Kostenrückerstattung im Fall einer Krankheit oder eines Unfalls. Das ist besonders wichtig bei einem Ski- oder Bergwanderurlaub und für Extremsportler. Der Einsatz von Rettungshubschraubern verursacht enorme Kosten, ist aber oft die einzige Möglichkeit, eine in den Bergen verunglückte Person zu retten.

Achtung: In der EHIC ist kein Rücktransport nach einer schweren Erkrankung oder einem Unfall im Ausland enthalten. Dafür müssen Sie eine Auslandskrankenversicherung abschließen.

Die etwas teureren Hotels, die Botschaften *(siehe S. 295)* und die Tourismusbüros verfügen über Adressenlisten der ansässigen Ärzte, an die man sich im Fall einer Erkrankung wenden kann. Ansonsten hilft das Branchenbuch. Fast jedes Krankenhaus (»Spital«, »Hôpital«, »Ospedale«) hat eine Notaufnahme, die rund um die Uhr geöffnet ist. Vor einem Krankenhausaufenthalt sollte man allerdings – wenn möglich – die jeweilige Versicherung informieren.

Einsatzwagen mit Ausrüstung

Apotheken

Jede Apotheke (»Pharmacie«, »Farmacia«) ist durch ein Schild in Form eines grünen Kreuzes gekennzeichnet. Das Personal in Apotheken ist gut ausgebildet und sehr hilfsbereit. Es kann Ratschläge bei kleineren gesundheitlichen Problemen erteilen.

Apotheken mit Not- bzw. Nachtdienst haben rund um die Uhr geöffnet. Die jeweilige Adresse ist an jeder Apotheke angeschlagen.

Notfälle

Bei Notfällen sollte man den Euro-Notruf (112) wählen. Polizei (117), Krankenwagen (144), Feuerwehr (118), Rettungsdienst (140) oder Rettungshubschrauber (1414) kann man auch unter ihren anderen Nummern erreichen.

Falls ein Polizeidokument unterzeichnet werden muss (z. B. bei einer Zeugenaussage), sollte der Inhalt verstanden worden sein. Wer selbst in einen Unfall verwickelt wurde, sollte seine Versicherung benachrichtigen. Die jeweilige Botschaft *(siehe S. 295)* stellt bei Bedarf einen Rechtsbeistand zur Verfügung.

AUF EINEN BLICK

Notfälle

Euro-Notruf
112.

Polizei
117 (oder 112).

Feuerwehr
118 (oder 112).

Krankenwagen
144 (oder 112).

Bereitschaftsarzt und Bereitschaftszahnarzt
111.

Pannenhilfe
140.

Rettungshubschrauber
1414.
Fast alle öffentlichen Telefone funktionieren ausschließlich mit Telefonkarte. Das Rufen eines Rettungshubschraubers kostet 0,40 Franken, die anderen Nummern sind kostenfrei.

Nützliche Nummern

Lawinenwarnung
187.

Verkehrsinformationen
163.

Wetterbericht
162.

Banken und Währung

Schild für Geldwechsel

Die in der Schweiz sowie in Liechtenstein geltende Währung ist der Schweizer Franken. Neben Bargeld sind für Urlauber vor allem Kredit- und Debitkarten (z.B. girocard) praktische Zahlungsmittel. In grenznahen Gebieten und Tourismuszentren wird auch der Euro als Zahlungsmittel akzeptiert. Die Ein- und Ausfuhr von Bargeld im Wert von über 10 000 Schweizer Franken muss deklariert werden.

Zahlungsmittel

Die Schweizer sind stolz auf ihre Währung, den Schweizer Franken. Er gehört zu den stabilsten Währungen der Welt und verfügt über entsprechendes Renommee. Die Schweizerische Nationalbank versucht seit 2011 zu verhindern, dass der Schweizer Franken unter einen Kurs von 1,20 Franken für einen Euro fällt. Denn die gegenwärtige massive Überbewertung des Schweizer Franken stelle eine akute Bedrohung für die Schweizer Wirtschaft (auch für den Tourismus) dar.

An einigen Orten des Landes können Rechnungen auch in Euro beglichen werden. Dazu gehören neben grenznahen Gebieten und Ferienzentren auch Fahrkartenschalter der Schweizer Bundesbahn SBB *(siehe S. 304f)*, Flughäfen *(siehe S. 302f)* und die Verkaufsstellen der Schweizer Autobahnvignette *(siehe S. 306f)*.

Banken

Die meisten Banken haben montags bis freitags von 8 oder 9 Uhr bis 16.30 Uhr geöffnet. Viele machen von 12 bis 14 Uhr Mittagspause. Schweizer Franken erhält man entweder am Schalter oder an Geldautomaten mit Kredit- oder Debitkarte. Debitkarten wie die **girocard** gibt es in einer Ausführung mit Maestro-Logo oder VPay-Logo. Beide funktionieren in der Schweiz. PostFinance ist das schweizerische Pendant der deutschen Postbank.

Geldautomat der Basler Kantonalbank

Kredit- und Debitkarten

Die Akzeptanz von Kreditkarten steigt, doch sollten Besucher darauf vorbereitet sein, in einigen Läden, Hotels und Restaurants nur bar bezahlen zu können. Am weitesten verbreitet sind **MasterCard** und **Visa**, doch auch **American Express** und **Diners Club** werden oft akzeptiert.

Filiale der Credit Suisse, eine der größten Banken in der Schweiz

Mehrwertsteuer-Rückerstattung

Der normale Mehrwertsteuersatz liegt in der Schweiz bei acht Prozent. Zwar kann man sich ab einem Warenwert von 400 Franken die Schweizer Mehrwertsteuer rückerstatten lassen, muss aber dann beim Import die Einfuhrumsatzsteuer (in Deutschland 19 Prozent) bezahlen – kein guter Deal.

AUF EINEN BLICK

Schweizer Banken

Banque Cantonale de Genève
17, quai de l'Île, 1204 Genf.
Tel. *058 211 21 00.*
FAX *058 211 21 99.*
www.bcge.ch

Credit Suisse
Paradeplatz 8, 8001 Zürich.
Tel. *044 333 11 11.*
FAX *044 332 55 55.*
www.credit-suisse.com

PostFinance
Rennweg 35, 8001 Zürich.
Tel. *0848 88 87 10.*
www.postfinance.ch

UBS AG
Bahnhofstrasse 45, 8001 Zürich.
Tel. *044 234 11 11.*
FAX *044 238 44 70.*
www.ubs.com

Zürcher Kantonalbank
Bahnhofstrasse 3, 8001 Zürich.
Tel. *0844 84 38 23.*
www.zkb.ch

Kartenverlust

Allgemeiner Notruf
Tel. *0049 116 116.*
www.116116.eu

American Express
Tel. *0049 (0)69 97 97 20 00.*

Diners Club
Tel. *0049 (0)7531 36 33 111.*

MasterCard
Tel. *0800 89 70 92.*

Visa
Tel. *0800 89 47 32.*

girocard
Tel. *0049 (0)69 74 09 87.*

Währung

Die Schweizer Währung ist der Schweizer Franken (franz. »franc suisse«, ital. »franco svizzero«, rätoromanisch »franc svizzer«) – abgekürzt: SFr. bzw. Fr. (ISO-Abkürzung: CHF). Der Franken teilt sich in 100 Rappen (frz. »centimes«, ital. »centesimi«, rätoromanisch »raps«) auf.

1798 wurde mit dem Franken erstmals eine für die gesamte Schweiz gültige Währung geschaffen. 1907 erhielt die neu gegründete Schweizerische Nationalbank (SNB) das alleinige Recht zur Ausgabe von Banknoten. Seit 1974 gibt die Schweiz jährlich Sondermünzen aus.

Aufgrund der Zolleinheit zwischen der Schweiz und dem Fürstentum Liechtenstein ist der Franken auch in Liechtenstein gültige Währung.

Banknoten

Schweizer Banknoten gibt es in sechs Werten: zu 10, 20, 50, 100, 200 und 1000 Franken. Sie unterscheiden sich in Größe und Farbe. Die Scheine zählen zu den fälschungssichersten der Welt.

10 Franken
(Le Corbusier)

20 Franken
(Arthur Honegger)

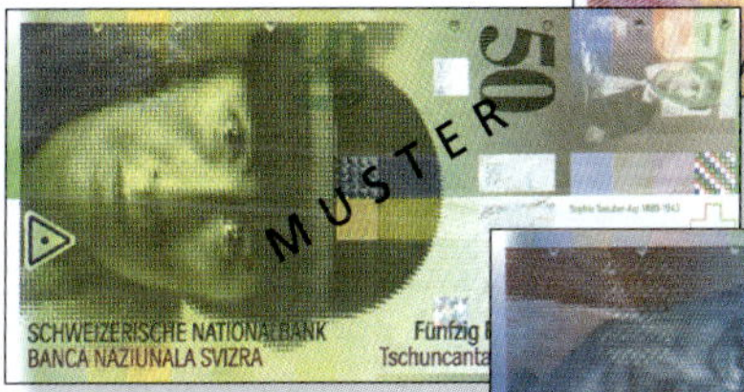

50 Franken
(Sophie Taeuber-Arp)

100 Franken
(Alberto Giacometti)

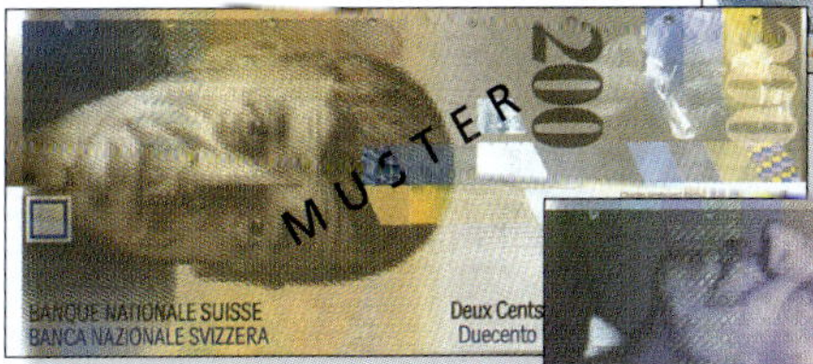

200 Franken
(Charles Ferdinand Ramuz)

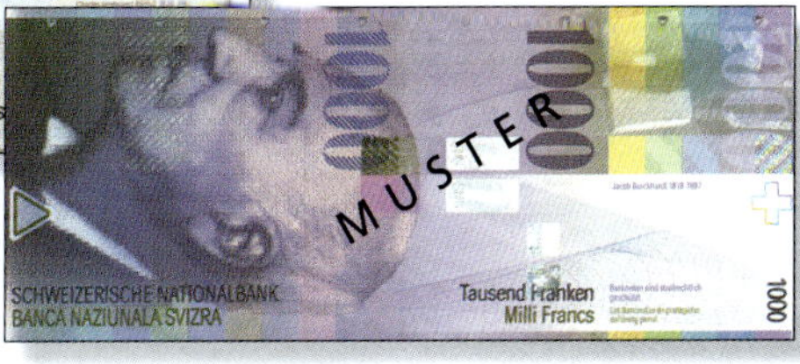

1000 Franken
(Jacob Burckhardt)

5 Franken

2 Franken

1 Franken

1/2 Franken

20 Rappen

10 Rappen

5 Rappen

Münzen

Schweizer Münzen gibt es in sieben Werten: 1, 2 und 5 Franken sowie 5, 10, 20 und 50 Rappen. Alle Münzen sind von silberner Farbe – mit Ausnahme der goldfarbenen 5-Rappen-Münze.

Kommunikation

Logo der Schweizerischen Post

Wie auch die anderen Serviceleistungen in der Schweiz, so sind Telefon- und Postsystem effizient und zuverlässig. Die modernen öffentlichen Telefone der Swisscom verfügen über ein elektronisches Telefonbuch sowie über einen Fax-, E-Mail- und Textnachrichten-Service. Die Schweizerische Post (»La Poste Suisse«, »La Posta Svizzera«) bietet einen gleichermaßen modernen und umfassenden Service sowie andere nützliche Dienste. Das benachbarte Liechtenstein hat ein davon unabhängiges Telefon- und Postsystem.

Wichtige Rufnummern

- Ländervorwahl Schweiz: 0041, Liechtenstein: 00423, Deutschland: 0049, Österreich: 0043.
- Ortsvorwahl Zürich: 043 bzw. 044, Bern: 031, Genf: 022.
- Inlandsauskunft Schweiz und Liechtenstein: 1811.
- Deutschland Direkt: 0800 55 45 49.

Telefonzelle der Swisscom

Telefon

Das wichtigste Telekommunikationsunternehmen der Schweiz ist die Swisscom. Sie betreibt rund 6700 öffentliche Telefone, die meisten davon befinden sich vor Postämtern oder auf Bahnhöfen. Jedes dieser Telefone hat einen Teleguide, mit dem man sich Zugang zu einem elektronischen Telefonbuch verschaffen und E-Mails, Textnachrichten oder Faxe verschicken kann. Die Anweisungen sind in vier Sprachen (auch auf Englisch).

Nur wenige öffentliche Telefone funktionieren mit Münzen (Schweizer Franken oder auch Euro), die meisten benötigen eine »Taxcard«. Die Karten gibt es für 5, 10 und 20 Franken auf Postämtern, in Bahnhöfen, bei Zeitungskiosken und online.

Gespräche innerhalb der Schweiz sind an den Wochenenden sowie an Werktagen zwischen 19 und 7 Uhr am billigsten. Inlandsgespräche mit der Nummer 0800 sind gebührenfrei. Vom Hotelzimmer aus ist Telefonieren am teuersten.

Schweizer Telefonnummern bestehen aus zehn Ziffern – davon drei Ziffern für die Ortsvorwahl, die immer mitgewählt werden muss.

Mobiltelefon

In der Schweiz funktionieren GSM-Mobiltelefone problemlos. Wie überall zahlen Mobiltelefonierer auch hier für Anrufe aus der Heimat.

Obwohl der Nationalrat Ende 2011 beschloss, eine Senkung der Tarife (analog zu den EU-Tarifen) anzugehen, sind die Schweizer Roaming-Gebühren im Vergleich mit den Tarifen innerhalb der EU immer noch relativ hoch. Aktuelle Preise für Kunden der vier größten deutschen Netzbetreiber finden Sie u. a. unter www.teltarif.de/roaming/schweiz.

Ein preiswertes Handy mit Schweizer Prepaid-Karte kann für längere Aufenthalte eine geldsparende Alternative sein. Man bekommt es in Kaufhäusern und Elektronikläden. Schweizer Mobilfunk-Netzbetreiber sind Swisscom Mobile, Sunrise, Orange und In&Phone. Nicht alle Netze sind überall gleich gut ausgebaut.

Internet

Auch wenn die Zahl der Internet-Cafés mit zunehmender Verbreitung von Laptops, Tablet-Computern und Smartphones abnimmt: Es gibt immer noch Terminals an vielen öffentlichen Orten, die Zugang zum Internet ermöglichen. In vielen besseren Hotels wird WLAN kostenlos

Internet-Kiosk in Lugano, Tessin

Schild eines Postamts in der deutschsprachigen Schweiz

angeboten, ebenso in immer mehr Cafés und Fast-Food-Restaurants. In SBB-Bahnhöfen und in der ersten Klasse von Intercity-Zügen kann man WLAN gegen Gebühr nutzen, in Postbussen ist derselbe Service kostenlos.

Postämter

Postämter größerer Städte haben montags bis freitags von 7.30 oder 8 bis 18 oder 18.30 Uhr geöffnet, samstags nur bis 11 oder 12 Uhr. In kleineren Städten machen sie zwischen 12 und 14 Uhr Mittagspause. In Zürich, Genf, Bern und Basel bleiben Postämter in der Nähe der Bahnhöfe bis etwa 21 oder 22 Uhr geöffnet. Für diesen Service zahlt man eine Extra-Gebühr.

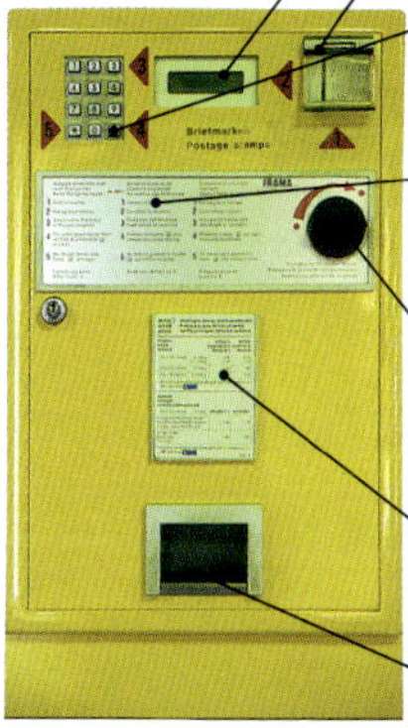

Briefmarkenautomat

Viele Postämter bieten auch eigene Geldautomaten (»Postomat«) und sind zugleich Verkaufsstellen für Schreibutensilien und Büromaterial.

Briefmarken

Briefmarken bekommt man in Filialen der Post, in Zeitungsläden und an der Hotelrezeption. Darüber hinaus gibt es in Postfilialen und neben Briefkästen Briefmarkenautomaten.

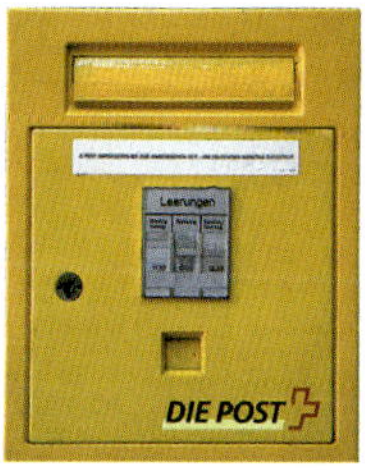

Briefkasten im deutschsprachigen Teil der Schweiz

Die Schweizerische Post basiert auf einem zweigleisigen System. Inlandsbriefe als A-Post (1 Fr. für den Standardbrief) werden am Folgetag ausgeliefert. B-Post (0,85 Fr.) erreicht ihr Ziel in zwei bis drei Tagen. Auslandsbriefe können als »Priority« (1,40 Fr. innerhalb Europas) oder »Economy« (1,30 Fr. in Europa) versendet werden. Erstere werden innerhalb von zwei bis vier Tagen in Europa und innerhalb von sieben Tagen weltweit ausgeliefert. Letztere brauchen vier bis acht Tage in Europa und bis zu 20 Tage weltweit.

Postlager-Service

Wer als Besucher in der Schweiz Post empfangen möchte, kann auf den Postlager-Service (»Poste Restante«) zurückgreifen. Die Post wird dann in jedes beliebige Postamt nachgeschickt und bis zur Abholung aufbewahrt. Auf dem Umschlag sollten der Name des Empfängers, »Poste Restante«, die Buchstaben CH und die Postleitzahl stehen. Letztere finden Sie in Telefonbüchern oder unter www.postleitzahlen.ch. Beim Abholen müssen Sie sich ausweisen.

Liechtenstein

Das Fürstentum hat eine eigene Telefongesellschaft, die Telecom Liechtenstein, und eine eigene Post, die Liechtensteinische Post. Es bringt auch eigene Briefmarken heraus, die bei Sammlern sehr begehrt sind. Das System von A- und B-Post sowie die Portopreise sind die gleichen wie in der Schweiz.

Swisscom- und Telecom-FL-Telefonkarten können in beiden Ländern verwendet werden. Gespräche von der Schweiz nach Liechtenstein gelten als Auslandsgespräche, man muss also die Ländervorwahl 00423 mitwählen. Ein Anruf von Liechtenstein in die Schweiz gilt als Inlandsgespräch und erfordert keine Ländervorwahl.

AUF EINEN BLICK

Telefon

Gelbe Seiten (Geschäfte und Service)
www.local.ch

Swisscom
www.swisscom.ch

Internet

cafe.ch
Urianastrasse 3, 8001 Zürich.
044 210 33 11.
www.cafe.ch

Charly's Multimedia
7, rue de Fribourg, 1201 Genf.
022 901 13 13.
www.charlys.com

Post

Die Post/ La Poste/La Posta
www.post.ch

Liechtenstein

Liechtensteinische Post
www.post.li

Telecom Liechtenstein
www.telecom.li

Reiseinformationen

Flugzeug der Swiss

Die Schweiz liegt im Zentrum Europas und besitzt exzellente Verkehrsverbindungen. Über die drei großen Schweizer Flughäfen (Zürich, Basel, Genf) gelangt man in alle Metropolen und in viele Schweizer Städte. Die sechs weiteren Flughäfen bedienen eher den Inlandsflugverkehr. Das öffentliche Verkehrssystem ist ebenfalls sehr effizient, einfach zu benutzen und mit einer Vielzahl an Vergünstigungen versehen. Ergänzt durch Busverbindungen, ermöglicht das dichte Eisenbahnnetz ein schnelles, angenehmes Reisen in fast jede Ecke des Landes. Auf den gut ausgebauten Straßen der Schweiz (auf Autobahnen sind Vignetten erforderlich) kommt man rasch voran. Ein gut gewartetes Straßennetz führt auch in die entlegensten Winkel des Landes.

Hinweisschild Flughafen Zürich

Anreise mit dem Flugzeug

Die Schweiz wird mehrmals täglich direkt von allen größeren Städten in Deutschland und Österreich angeflogen. Zielflughäfen sind Zürich, Basel, Bern, Genf und Lugano.

Dabei hat man bei Linienflügen die Wahl zwischen den drei großen Fluggesellschaften **Lufthansa**, **Austrian** und **Swiss**. Auch einige preiswerte Airlines wie **airberlin**, **Germanwings** oder **EasyJet** bieten Flüge in die Schweiz an.

Aber auch bei Lufthansa, Austrian oder Swiss findet man immer wieder spezielle Angebote für die Schweiz. Interessant können zudem Pauschalangebote sein, bei denen Flug und Übernachtungen kombiniert sind.

Gegebenenfalls sind auch Angebote in Erwägung zu ziehen, bei denen im Flugpreis schon ein Mietwagen inbegriffen ist. Die großen Autovermieter, z. B. Avis oder Hertz *(siehe S. 307)*, haben Niederlassungen an allen Flughäfen der Schweiz.

Swiss

Die Schweizer Fluggesellschaft Swiss International Air Lines AG mit Sitz in Basel, einst die nationale Airline der Schweiz, ist seit 2007 eine 100-prozentige Tochter der Lufthansa. Die Airline hat auch an anderen Schweizer Flughäfen (Bern, Genf, Lugano und Zürich) sowie an vielen größeren Airports anderer Länder Vertretungen – darunter auch in Berlin, Düsseldorf, Frankfurt, Graz, Linz und Wien. 2008 übernahm die Swiss die Edelweiss Air AG, eine Chartergesellschaft.

Schweizer Flughäfen

Die drei größten Flughäfen der Schweiz sind **Zürich**, **Basel** und **Genf**. Zürich und Genf sind direkt an das Schweizer Eisenbahnnetz angeschlossen.

Alle drei Flughäfen haben ausgezeichnete Anschlussverbindungen an den öffentlichen Nahverkehr und bieten regelmäßige und rasche Verbindungen per Bus oder Bahn ins jeweilige Stadtzentrum. Der Transfer dauert in der Regel nicht länger als zehn bis 20 Minuten. Die Tickets sind preiswert.

Der Basler **EuroAirport** ist in einen Schweizer und einen EU-Sektor aufgeteilt. Er liegt sechs Kilometer nordwestlich von Basel auf französischem Staatsgebiet und bedient auch Mulhouse (Mülhausen) im Elsass und Freiburg im Breisgau. Neben vielen Inlandsflügen bietet der EuroAirport Flüge zu mehreren europäischen Städten.

Die Schweiz verfügt außerdem über einige kleinere Flughäfen mit vorwiegend nationalen und einigen wenigen internationalen Verbindungen. **Bern-Belp** bietet Flüge in andere europäische Städte. Von **Lugano-Agno**, dem Flughafen von Lugano, gibt es mehrmals am Tag Flüge in Schweizer Städte wie Basel, Bern, Genf

Der Flughafen Zürich ist der verkehrsreichste der Schweiz

Halle im internationalen Flughafen Zürich

und Zürich sowie zu einigen italienischen Destinationen. Der kleine Flughafen **Sion** ist der beste Zielflughafen in viele Wintersportgebiete. Hier hat auch Air Glaciers, das größte Helikopterunternehmen der Schweiz, seinen Hauptsitz.

Fly Rail Baggage

Wer in die Schweiz fliegt, kann den praktischen Service **Fly Rail Baggage** nutzen. Vom Check-in-Schalter des Heimatflughafens aus kann man sein Gepäck direkt zu sehr vielen Bahnhöfen in der Schweiz senden, wo man es dann nach Belieben abholen kann. Manche Hotels nehmen einem auch noch diese Mühe ab.

Für diesen Service benötigt man ein spezielles Gepäckschild, das pro Gepäckstück derzeit 22 Franken kostet. Man erhält es bei den Verkaufsstellen von Swiss Travel System (www.swisstravel system.ch).

Der Service ist unabhängig von der Fluggesellschaft, mit der Sie reisen. Sperrige Gepäckstücke wie Fahrräder werden nicht transportiert. Auch aktuelle Sicherheitsbestimmungen können den Service einschränken.

Check-in am Bahnhof

Auch bei Flügen von der Schweiz aus man ab 24 Stunden vor Abflug das Gepäck am Bahnhof aufgeben. und gleichzeitig auch alle anderen Check-in-Formalitäten erledigen, etwa sich eine Bordkarte besorgen.

Die Kosten belaufen sich beim Check-in mit Bordkarte auf 22 Franken pro Gepäckstück (12 Fr. nur mit Handgepäck).

Das Gepäck wird zum Flughafen transportiert. Am Heimatflughafen kann man es dann abholen. Der Service steht an über 50 Bahnhöfen für den Abflug ab Zürich und Genf sowie an 27 Bahnhöfen für den Abflug ab Bern zur Verfügung.

AUF EINEN BLICK

Fluglinien

Swiss
0848 700 700 (Schweiz).
069 8679 8000 (Deutschland).
0810 810 840 (Österreich).
www.swiss.com

Lufthansa
0900 900 922 (Schweiz),
069 86 799 799 (Deutschland).
www.lufthansa.com

Austrian
044 286 80 88 (Schweiz),
05 1766 1000 (Österreich).
www.austrian.com

airberlin
www.airberlin.com

Germanwings
www.germanwings.com

EasyJet
www.easyjet.com

Gepäck

Fly Rail Baggage und Check-in am Bahnhof
0900 300 300 (Schweiz).
www.sbb.ch/bahnhof-services/dienstleistungen/reisegepaeck.html

Bus, der die Passagiere vom Terminal zum Flugzeug bringt

Flughafen	Information	Entfernung zur Innenstadt	Fahrzeit mit dem Taxi	Fahrzeit mit Bus oder Zug
Basel	061 325 31 11	6 km	15 Minuten	Bus: 20 Minuten
Bern	031 960 21 11	6 km	20 Minuten	Bus: 26 Minuten
Genf	022 717 71 11	4 km	10 Minuten	Zug: 6 Minuten Bus: 15 Minuten
Lugano	091 610 12 82	6 km	15 Minuten	Bus: 15 Minuten
Zürich	043 816 22 11, 0900 300 313	13 km	30 Minuten	Zug: 11 Minuten

Mit dem Zug unterwegs

Das umfassende Schweizer Eisenbahnnetz bietet hervorragende Transportmöglichkeiten. Die Züge sind modern, sauber und komfortabel. Sie fahren häufig und pünktlich. Besonders praktisch ist, dass die Fahrpläne auf die anderen öffentlichen Verkehrsmittel abgestimmt sind. Außerdem kann man sich Tickets online oder via Smartphone-App besorgen. Hinzu kommt: Man sieht sehr viel von der Schweiz, wenn man mit dem Zug unterwegs ist. Kombi-Fahrten mit Zug und Schiff zeigen die beeindruckende Landschaft von ihrer schönsten Seite: Berge, Pässe, Täler, Flüsse und Seen.

Mit dem Intercity fährt man komfortabel und schnell

Anreise mit dem Zug

Von Deutschland oder Österreich aus mit dem Zug in die Schweiz zu fahren ist einfach und problemlos. An allen größeren deutschen und österreichischen Bahnhöfen werden direkte Verbindungen oder Verbindungen mit einmaligem Umsteigen angeboten.

Bahnhofshalle mit Anzeigetafel und Wegweisern

Die Dauer der Fahrt hängt natürlich von Ausgangspunkt und Ziel der Reise ab. Während man von Süddeutschland aus bereits in viereinhalb Stunden in Schaffhausen in der Nordschweiz ist, dauert die Fahrt etwa nach Lugano im Tessin schon rund acht Stunden und die Fahrt von Wien nach Genf sogar 18 Stunden. Für letztere Fahrt kann man es sich in einem Liege- oder einem Schlafwagen gemütlich machen. Wem dies trotz der landschaftlichen Reize des Zugfahrens zu lange dauert, sollte eine Flugverbindung in Betracht ziehen *(siehe S. 302f)*.

In der Regel verkehren ECs (EuroCity-Züge) grenzüberschreitend in ganz Europa. Es gibt auch ICEs (InterCity-Express-Züge) zwischen Deutschland und der Schweiz.

Züge

Die Eisenbahngesellschaft der Schweiz ist SBB/CFF/FFS (»Schweizerische Bundesbahnen«, »Chemins de Fer Fédéraux Suisses«, »Ferrovie Federali Svizzere«). Das Streckennetz der SBB deckt nahezu das gesamte Land ab. Die übrigen Routen werden von kleineren Gesellschaften bedient.

Die meisten Züge verkehren von 6 bis 24 Uhr, zwischen den großen Städten gibt es stündliche Verbindungen. In allen Zügen der Schweizerischen Bundesbahnen herrscht Rauchverbot. Langstreckenzüge wie der InterCity (IC), EuroCity (EC) und InterRegio (IR) haben auch Bordrestaurants oder zumindest einen Getränkeservice.

Die Züge transportieren auch Gepäck von einem Bahnhof zum anderen. Das bietet sich für Reisende an, die sich auf einer Besichtigungstour ohne »Ballast« bewegen wollen.

Bahnpässe

Bahnpässe gibt es in der Schweiz in mehreren Varianten. Sie bieten erhebliche Vergünstigungen und können auch in anderen öffentlichen

AUF EINEN BLICK

SBB-Fahrplan
0900 300 300.
116 (Info Zugverspätungen).
www.sbb.ch

Bahnpässe
www.swisstravelsystem.ch
www.sbb.ch

Panoramarouten

Bernina Express
0041 081 288 65 65.
www.rhb.ch

Glacier Express
0041 081 288 65 65.
www.rhb.ch

Golden Pass Express
021 989 81 90 (Schweiz), 0041 840 245 245 (Ausland).
www.goldenpass.ch

Wilhelm Tell Express
0041 041 367 67 67.
www.wilhelmtellexpress.ch

Verkehrsmitteln benutzt werden, etwa Bussen, Trams, Seilbahnen und Schiffen.

Der »Swiss Pass« ermöglicht unbegrenztes Reisen mit fast allen Zügen, Überlandbussen und Schiffen sowie mit Trams und Stadtbussen in insgesamt 75 Städten. Bei den Eisenbahnen, Seil- und Zahnradbahnen gibt es 50 Prozent Rabatt. Der Eintritt zu mehr als 470 Museen ist gratis. Den Pass gibt es für vier, acht, 15 oder 22 Tage oder einen Monat.

Der »Swiss Flexi Pass« ermöglicht unbegrenztes Reisen an drei, vier, fünf oder sechs beliebigen Tagen eines Monats (Vorteile wie beim »Swiss Pass«). Das »Swiss Transfer Ticket« deckt eine Reise von der Schweizer Grenze oder von einem Schweizer Flughafen zum Zielort ab (nur online und außerhalb der Schweiz erhältlich). Bei der »Swiss Card« gibt es zusätzlich noch 50 Prozent Rabatt auf alle Reisen. Bei der »Family Card« reisen Kinder unter 16 Jahren in Begleitung eines Erwachsenen kostenlos (sämtliche Pässe und Rabatte finden Sie unter www.swisstravelsystem.com bzw. www.sbb.ch).

Bahnpässe erhält man in Reisebüros oder in Schweizer Tourismusbüros in Deutschland und Österreich.

Platz vor dem Hauptbahnhof in Winterthur

Panoramarouten

Mit »Panoramazügen« kann man in die schönsten Ecken der Schweiz gelangen. Einige der Züge haben Wagen mit Glasdach, die einen Panoramablick ermöglichen.

Zu den beliebtesten Zügen gehören der **Glacier Express** von St. Moritz oder Davos über den Oberalp-Pass nach Zermatt, der **Golden Pass Express** von Montreux über den Brünig-Pass nach Luzern, der **Bernina Express** von Davos, Chur oder St. Moritz über den Bernina-Pass nach Tirano (Italien) und der **Wilhelm Tell Express**, der mit einer Fahrt auf dem Vierwaldstättersee beginnt und durch den Gotthard-Tunnel bis nach Lugano führt.

Fahrkarten für diese Züge kann man an jedem Bahnhof, online oder via App kaufen. Man sollte mindestens 24 Stunden im Voraus reservieren.

Doppeldeckerwagen eines SBB-Zugs

Eisenbahnnetz in der Schweiz

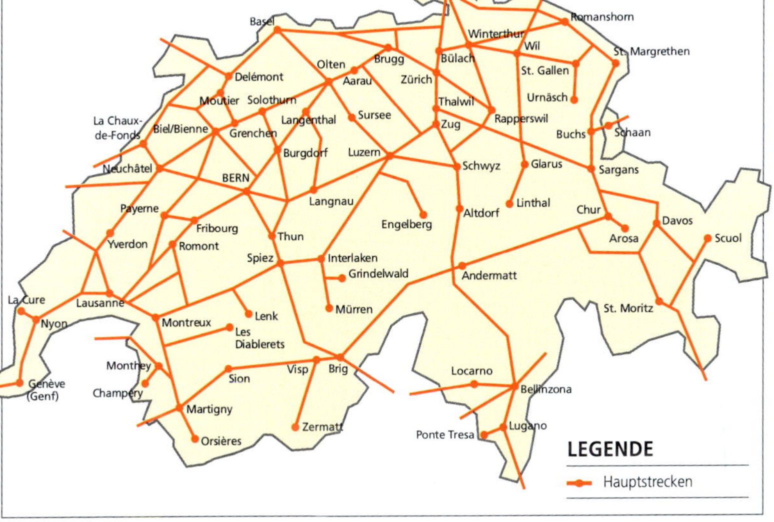

Mit Auto, Bus, Fahrrad und Schiff unterwegs

Die gut ausgebauten Autobahnen ziehen sich kreuz und quer durch die Schweiz, verbinden die großen Städte miteinander und garantieren eine schnelle Fortbewegung mit Auto und Bus. Auf Panoramastraßen gelangt man zu Bergpässen und schönen Alpentälern. PostBusse fahren zu den abgelegeneren Städten und Dörfern. Etwas langsamer, aber keineswegs weniger lohnenswert ist die Fahrt mit dem Fahrrad. Die vielen Radwege haben auch gute Anschlüsse an Bus- und Zugverbindungen, bei denen man Räder mitnehmen darf. Bei einer Schifffahrt auf einem der vielen Seen sieht man oft die schönsten Bergpanoramen.

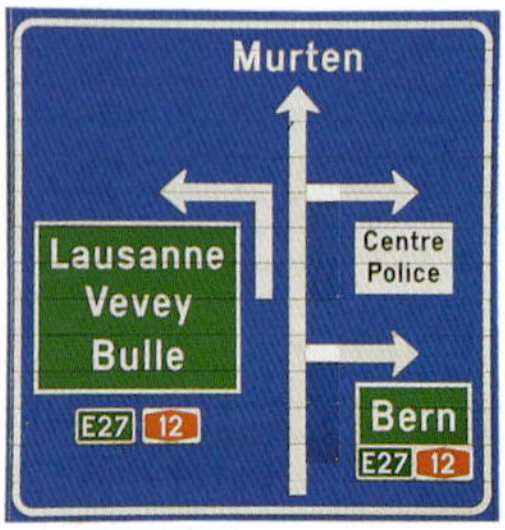

Straßenschild in der Westschweiz

Anreise mit dem Auto

Aufgrund des hervorragend ausgebauten Autobahnnetzes zwischen Deutschland, Österreich und der Schweiz stellt die Anreise mit dem Auto eine Alternative zum Fliegen dar.

Wer vom westlichen Süddeutschland mit dem Auto in die Schweiz will, gelangt über die A5 nach Basel. Von dort aus geht es entweder auf der A2 nach Süden und auf der A1 weiter in Richtung Solothurn und Bern oder auf der A3 nach Osten in Richtung Zürich. Wer aus dem östlichen Süddeutschland kommt, fährt – am Bodensee vorbei – entweder auf der Schweizerischen A1 Richtung St. Gallen oder auf A13 an der liechtensteinischen Grenze entlang nach Süden Richtung Chur.

Beachten Sie, dass Sie für Schweizer Autobahnen eine Vignette benötigen *(siehe Autobahnen)*. Für die Anreise über Bregenz (Pfändertunnel) ist zusätzlich eine österreichische Vignette erforderlich. Eine »Korridor-Vignette« kostet pro Fahrt in eine Richtung zwei Euro und gilt auf dem 23 Kilometer langen österreichischen Autobahnabschnitt zwischen der deutsch-österreichischen Grenze (A96/A14) und der Abfahrt Hohenems (Übergang in die Schweiz).

Über den Bodensee gibt es auch Autofähren. Die am meisten benutzte verkehrt zwischen Meersburg und Konstanz, das an das Schweizerische Kreuzlingen grenzt.

BP-Tankstelle mit Selbstbedienung

Parkhaus, Flughafen Zürich

Straßenverkehrsregeln

Wenn nicht anders angegeben, beträgt die Höchstgeschwindigkeit 120 km/h auf Autobahnen, 100 km/h auf den autobahnähnlichen Autostraßen und 80 km/h auf anderen Straßen. In geschlossenen Ortschaften liegt sie bei 50 km/h, in verkehrsberuhigten Zonen bei 30 km/h. Zum Fahren genügt der nationale Führerschein.

In der Schweiz herrscht Anschnallpflicht (auch auf den Rücksitzen). Kinder unter zwölf Jahren müssen hinten sitzen, Kinder unter sieben in einem Kindersitz. Telefonieren mit einem Mobiltelefon ist nur mit Freisprechanlage erlaubt. Die Promillegrenze liegt bei 0,5. Verletzungen der Verkehrsordnung werden mit hohen Geldstrafen geahndet.

Bei einer Panne erreichen Sie unter der Telefonnummer **140** Tag und Nacht Hilfe. Auch der **ADAC Auslandsnotruf** (Tel. 0049 89 22 22 22) vermittelt Pannenhilfe. ADAC-Partnerclub in der Schweiz ist der Touring Club der Schweiz (TCS; www.tcs.ch).

Autobahnen

Für die Benutzung der grün gekennzeichneten Schweizer Autobahnen benötigt man eine Jahres-Vignette. Sie kostet derzeit 40 Franken (33 €) und ist von Anfang Dezember des Vorjahres bis Ende Januar des Folgejahrs gültig. Man bekommt sie u. a. an Grenzübergängen, Tankstellen, in Tourismusbüros und online. Ab 2015 soll die Autobahnvignette wahrscheinlich 100 Franken kosten. Für Besucher will man dann eine Kurzzeit-Vignette einführen. Sie könnte wie bisher 40 Franken kosten, aber nur zwei Monate lang gelten.

Auch für Motorräder, Anhänger und Wohnwagen muss man eine Vignette erwerben.

In den Alpen unterwegs

Die Schweiz kennt keine generelle Winterreifenpflicht. Allerdings sind Autofahrer in den Alpen zur Verwendung von Schneeketten verpflichtet, sofern ein Schild dies anzeigt. Schilder an den Straßen in die Berge informieren über den Zustand der Straße und ob ein Pass geöffnet ist. Die Tunnel durch den Sankt Gotthard, San Bernardino und der St.-Bernhard-Pass sind ganzjährig geöffnet. Auch hier fällt eine Gebühr an. Ein Autozug fährt durch Lötschberg-, Furka-, Albula- und Vereina-Tunnel.

Die meisten Hochalpenpässe sind zwischen Juni und Oktober befahrbar – dies hängt jedoch von den Wetterbedingungen ab.

Autobahnschild (oben), Hauptstraßenschild (unten)

An Bergstraßen hat das aufwärtsfahrende Fahrzeug bei gleichem Fahrzeugtyp Vorfahrt, leichtere Fahrzeuge müssen schweren Vorfahrt gewähren.

Mietwagen

Alle großen internationalen Autovermietungen haben Vertretungen in der Schweiz. Die Büros befinden sich an den wichtigsten Flughäfen sowie in den großen Städten. In der Schweiz muss der Fahrer eines Mietwagens mindestens 20 Jahre alt sein (für bestimmte Fahrzeuge 25 Jahre).

Wo kein Zug fährt: PostBus auf einer steilen Alpenstraße

Busse und PostBusse

Bergige oder abgelegene Regionen der Schweiz erreicht man mit Regionalbussen. Die meisten Bushaltestellen befinden sich in der Nähe von Bahnhöfen. Die Fahrpläne sind aufeinander abgestimmt.

Haltestelle des PostBusses

Regionen, die für Züge unzugänglich sind, kann man mit dem gelben PostBus erreichen, dessen Haltestellen man leicht am Logo erkennt.

Außer Post und Passagieren befördern diese Busse auch einzelne Gepäckstücke, was vor allem für Wanderer interessant ist. Sie können ihr Gepäck am Ziel ihrer Wanderung am Postamt oder Bahnhof abholen.

Fahrräder

Die Schweiz verfügt über eine bemerkenswert fahrradfreundliche Infrastruktur. Räder (»Velos« genannt) kann man an Bahnhöfen mieten (»Location de Vélos«, »Bici da noleggiare«) und an einem anderen Bahnhof wieder abgeben. Informationen gibt es bei der SBB *(siehe S. 304)*. In den meisten Zügen und auch in PostBussen kann man Räder mitnehmen. **PubliBike** nennt sich das neue (e)Bikesharing-Angebot von PostAuto, SBB und Rent a Bike. In immer mehr Städten kann man sich am Bahnhof ein Fahrrad oder E-Bike mieten. Diesen Dienst kann man preiswert mit Abo, aber auch ohne Abo mit Kreditkarte bezahlen.

Empfohlene Radwege sind durch rote Schilder mit einem weißen Fahrradsymbol gekennzeichnet. In den Tourismusbüros bekommt man entsprechende Fahrradkarten. Durch die Schweiz ziehen sich einige Langstrecken-Fahrradwege: Die Nord-Süd-Route (360 km) verläuft von Basel nach Chiasso im Tessin.

Schifffahrt

Ein Bootsausflug auf einem der Schweizer Seen ist eine entspannende Angelegenheit. Auf dem Vierwaldstättersee gibt es z. B. Raddampfer, auf Bodensee, Zürichsee, Genfer See und Lago di Lugano verkehren Fähren und Schiffe *(siehe auch S. 309)*.

Bahnpässe wie der »Swiss Pass« *(siehe S. 305)* gelten für alle Seen, außer für den Lago Maggiore – meist für eine kostenlose Schifffahrt, mindestens aber für 50 Prozent Ermäßigung.

AUF EINEN BLICK

Mietwagen

Avis
0848 81 18 18.
www.avis.com

Europcar
0848 80 80 90.
www.europcar.com

Hertz
0848 82 20 20.
www.hertz.com

PostBusse

PostAuto Schweiz
0848 88 88 88.
www.postauto.ch

Fahrräder

PubliBike
www.publibike.ch

SchweizMobil
www.veloland.ch

Bootsausflüge

Schifffahrtsgesellschaften Schweiz
www.schweizerseiten.ch/schifffahrtsgesellschaften.htm
Hier finden Sie Links zu einzelnen Schifffahrtsgesellschaften, etwa www.sbsag.ch *(Bodensee)*, www.zsg.ch *(Zürichsee) oder* www.lakelucerne.ch *(Vierwaldstättersee).*

In Städten unterwegs

Der Großteil der Schweizer Städte, vor allem das historische Zentrum größerer Orte, ist kompakt und damit gut zu Fuß zu erkunden. Oft finden sich hier auch Fußgängerzonen oder verkehrsberuhigte Bereiche. Um die Sehenswürdigkeiten außerhalb des Zentrums zu besichtigen, kann man sich der Busse, Straßenbahnen, Vorstadtzüge und manchmal auch der Seilbahnen bedienen. Die Orientierung fällt leicht, da viele Pässe für alle öffentlichen Verkehrsmittel gelten. Taxis stehen ebenfalls zur Verfügung, sind aber recht teuer. An den Bahnhöfen kann man Fahrräder als alternative Fortbewegungsmittel mieten. Einen unvergesslichen Eindruck des Landes bekommt man sicher bei einem der zahlreich angebotenen Bootsausflüge.

Geführte Besichtigungstour durch ein Stadtzentrum

Taxi

Da der öffentliche Nahverkehr in der Schweiz so gut funktioniert, lohnt sich ein Taxi meist nicht. Die Preise sind zwar von Stadt zu Stadt unterschiedlich, aber generell sehr hoch. Neben einer Grundgebühr gibt es eine Zusatzgebühr für jeden gefahrenen Kilometer. Nachts und am Wochenende wird ein weiterer Zuschlag verlangt.

Die Taxis haben keine bestimmte Farbe, dafür aber ein Taxi-Schild auf dem Dach. Vor fast jedem Bahnhof befindet sich ein Taxistand. Man kann auch per Telefon ein Taxi bestellen.

Bus und Tram

Die schnellste Fortbewegungsart innerhalb der Schweizer Städte ist die Fahrt mit dem Bus oder der Straßenbahn. Sie fahren regelmäßig zwischen 5 und 24 Uhr, Nachtbusse allerdings nur an den Wochenenden. In allen Wagen befindet sich ein Streckenplan mit allen Haltestellen. Der Fahrer bzw. ein Tonband kündigt jede kommende Haltestelle an. Wer aussteigen möchte, muss dies per Knopfdruck signalisieren. Bustüren öffnen sich automatisch, Tramtüren werden von den Fahrgästen per Knopfdruck geöffnet.

S-Bahn und Métro

Zürich, Bern, Genf und andere Schweizer Städte besitzen eine S-Bahn (»RER« auf Französisch). Knotenpunkt aller Linien sind die Hauptbahnhöfe. Von dort aus kann man sowohl in die Vororte als auch in die Nachbarstädte fahren. Fahrräder kann man in fast allen S-Bahnen mitnehmen. Das Streckennetz ist im Inneren der Wagen ausgehängt.

Städte, die an besonders steilen Hängen liegen (beispielsweise Lausanne und Fribourg) verfügen zudem über Standseilbahnen. In Lausanne führt sie vom Hauptbahnhof aus in zwei Richtungen: eine zum Stadtzentrum, die andere nach Ouchy, einem Vorort am Ufer des Genfer Sees. Lausanne ist darüber hinaus die einzige Stadt in der Schweiz, die auch eine U-Bahn (Métro) hat.

Fahrkarten

Welche Fahrkarten es gibt und was sie kosten, steht an den Bus- und Straßenbahnhaltestellen. Die meisten Städte sind in verschiedene Zonen aufgeteilt. Je mehr Zonen man durchquert, desto teurer ist die Fahrkarte. Die Fahrkarten sind nur für einen bestimmten Zeitraum gültig (von einer Stunde bis zu einem Tag oder länger), können aber für alle Verkehrsmittel verwendet werden. In Zürich gilt ein Ticket z. B. für Busse, Straßenbahnen, S-Bahnen und Schiffe.

An jeder Haltestelle gibt es einen Fahrkartenautomaten, an dem man mit Bargeld, Geldkarten, die man am Zeitungskiosk erhält, sowie gängigen Debit- und Kreditkarten zahlen kann. Vor Antritt der Fahrt muss der Fahrschein entwertet werden. Es werden regelmäßig Kontrollen durchgeführt (auch von Beamten in Zivil). Schwarzfahren kostet 100 Franken, bei ungenügender Fahrkarte (Graufahren) 75 Franken.

Der »Swiss Pass« und der »Swiss Flexi Pass« *(siehe S. 305)* gelten in 70 Schweizer Städten für alle Verkehrsmittel (die Städte sind auf dem Pass aufgelistet). In einigen Städten werden spezielle Besucherpässe verkauft. Die »Zürich-CARD« z. B. kostet 24 Franken für einen und 48 Franken für

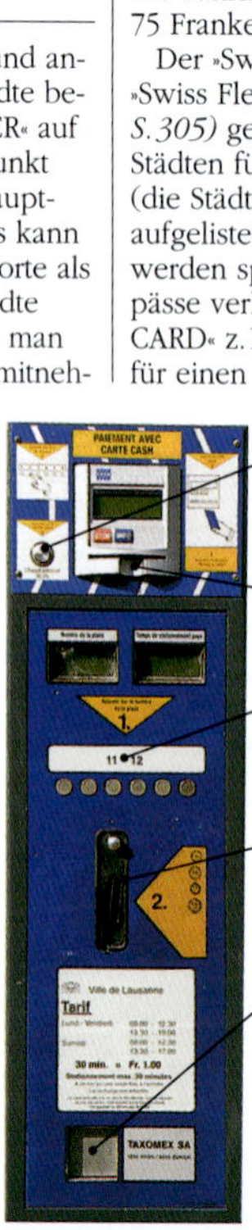

Parkscheinautomat mit Münz- und Kartenbetrieb

SBB-Bus nach Bülach im Kanton Zürich

drei Tage. Damit erhält man auch Ermäßigungen bei Besichtigungstouren und freien Eintritt in viele Museen.

Parken

Das Autofahren im Stadtzentrum kann manchmal nervenaufreibend sein. Einfacher ist es, das Auto auf einem »Park and Ride«-Parkplatz vor der Innenstadt stehen zu lassen und auf Bus oder Tram umzusteigen.

Parkplätze am Straßenrand und in Parkhäusern sind in Städten recht teuer. Die Plätze sind durch farbige Linien gekennzeichnet. Für die weiße Zone benötigt man einen Parkschein, den man gut sichtbar im Auto hinterlässt. In der blauen Zone braucht man eine Parkscheibe (z. B. in Tourismusbüros und Banken erhältlich). In der roten Zone kann man mit Parkscheibe 15 Stunden kostenlos parken. Falschparken/Zeitüberschreitung wird mit Strafen geahndet (40–120 Fr., wird auch im Ausland eingetrieben). An vielen Parkautomaten kann man nur mit Münzen oder einer Geldkarte bezahlen.

Schild mit Hinweis auf begrenztes Parken

Fahrräder

Aufgrund der konsequenten Schweizer Umweltschutzpolitik sieht man in den Städten viele Radfahrer. Radwege, Radampeln und Fahrradständer sind allgegenwärtig. An vielen Hauptbahnhöfen kann man sich Räder leihen. In manchen Städten ist dieser Service sogar kostenlos. Für die traditionelle Radausleihe braucht man einen Reisepass und hinterlegt eine Kaution, für PubliBike *(siehe S. 307)* nur eine Kreditkarte. Informationen erhalten Sie in Tourismusbüros und auch im Internet unter www.rentabike.ch oder www.publibike.ch.

Zu Fuß unterwegs

Viele der ältesten und am besten erhaltenen Stadtzentren in der Schweiz wurden ganz oder teilweise in Fußgängerzonen umgewandelt, um die originale Atmosphäre und das ruhige Ambiente zu bewahren. Empfohlene Rundgänge sind auf dem Boden durch eine durchgehende Linie oder durch Fußsymbole gekennzeichnet. Bei den Hauptsehenswürdigkeiten befinden sich Informationstafeln.

In manchen Städten bieten die Tourismusbüros neben Stadtplänen und anderen hilfreichen Materialien auch geführte Stadtbesichtigungen in deutscher, französischer, italienischer oder englischer Sprache an.

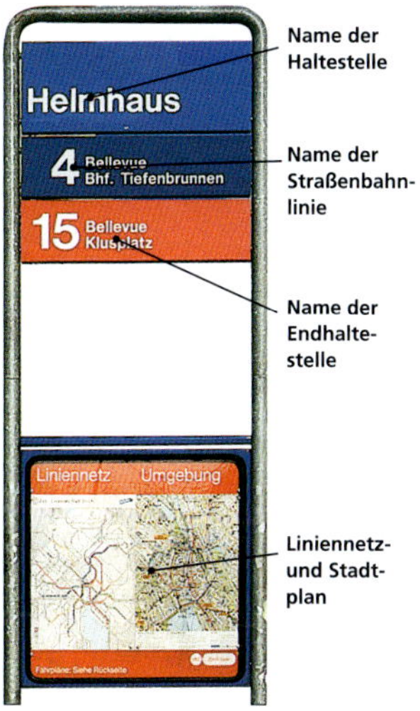

Infos an einer Tramhaltestelle in Zürich

Schiffe und Fähren

Eine Schifffahrt kann einen völlig neuen Eindruck von den Städten an den Schweizer Seen vermitteln. Die Gebäude am Seeufer präsentieren sich manchmal vom Wasser aus von ihrer besten Seite. Größere und kleinere Schiffe fahren ab Zürich, Genf, Lugano, Locarno, Thun, Luzern und natürlich auch am Bodensee, wo man auf Fähren und Schiffen zwischen Deutschland, Österreich und der Schweiz pendeln kann.

Die meisten Schiffe stellen ihren Betrieb zwischen Ende Oktober und Anfang April (meist Ostern) ein. Einer der landschaftlich reizvollsten Ausflüge beginnt in Zürich und führt auf der Limmat und auf dem Zürichsee entlang. Auf dem Genfer See, Vierwaldstättersee und Bodensee verkehren auch Dampfschiffe. Die Rundfahrten auf dem Lago Maggiore und dem Lago di Lugano dauern länger.

Websites und weitere Infos finden Sie auf Seite 307.

Sightseeing mit der Tram: eine der Straßenbahnlinien in Zürich

Textregister

Seitenangaben in **fetter** Schrift beziehen sich auf Haupteinträge.

A

Aarau **151**
  Hotels 252
  Restaurants 276
Aare (Fluss) 51
  Aareschlucht 79
Aargau (Kanton) 39, 135, 151
Abenteuersport 286f
Abholzung 21f
Abteien/Klöster
  Clostra San Jon (Müstair) 200f
  Église Abbatiale (Payerne) 125
  Kartause Ittingen 182
  Kloster Einsiedeln 11, 27, **226f**
  Kloster Engelberg 229
  Kloster Königsfelden 152
  Kloster Muri 137, **152**, 163
  Kloster St. Georgen (Stein am Rhein) 182
  Rheinau 153
  St. Gallen 27, **186f**
  St-Maurice 84
  Zisterzienserkloster (Wettingen) 136, **152**
Ad Parnassum (Klee) 57
ADAC 306
Adelboden **82**
  Skigebiete 289
Adler, Gasthof (Bürglen) 224
Aeschi 74
Affoltern 71
Aigle 119, **121**
  Hotels 249
  Restaurants 273
Aiguilles Rouges, Les 85
Airlines 302f
Airolo **219**
  Hotels 257
Albrecht I. 152
Alemannen 35, 125, 150
Aletschgletscher 10, 17, 24, **91**
Alm-Öhi 191
Almauftrieb 31, 90
Alp Ota 201
Alpen
  Auto fahren 307
  Entstehung 24f
  Landschaft 22f
Alpenkonvention 21
Alpenpässe *siehe* Pässe
Alpenrose 23
Alpensteinbock 23
Alphorn 20, 32
Älplerchilbi 32
Alpnachstad 229
Alpstein-Massiv 188
Altdorf 207, **224**
  Hotels 257
  Restaurants 282
Alte Kanzlei (Zofingen) 151
Altes Zeughaus (Schaffhausen) 180
Altes Zeughaus (Solothurn) 72
American Express 298
Ammertenspitz 82
Amphitheater, römisches (Avenches) 125
Andermatt **223**
  Hotels 257f
  Skigebiete 289
Andersen, Hans Christian 120
Anker, Albert 56, 131, 156, 170
Anna Feodorowna, Großherzogin 100f
Anna von Habsburg, Königin 144
Anna-Seiler-Brunnen (Bern) 55
Anthroposophische Gesellschaft 150
Antiquitäten
  Bern 64, 65
  Genf 107
  Zürich 174f
Apotheken 297
Appenzell **188f**
  Feste und Festivals 30f, 33
  Hotels 255
  Restaurants 279
Appenzell-Ausserrhoden (Halbkanton) 38, 177, 188
Appenzell-Innerrhoden (Halbkanton) 38, 177, 188
Appenzeller Schaukäserei (Stein) 188, 189
Appenzeller Volkskunde-Museum (Stein) **188**, 189
Arbon 183
  Restaurants 279
Archäologie
  Antikenmuseum (Basel) 143
  Archäologische Sammlung (Universität Zürich) 168
  Augusta Raurica 150
  Látenium, Parc et Musée d'Archéologie de Neuchâtel 131
  Musée Archéologique Gallo-Romain (Martigny) 84
  Musée d'Histoire du Valais (Sion) 86
  Musée Romain (Avenches) 125
  Musée romain (Lausanne) 117
  Römerhaus (Augst) 150
  Steinkreis aus der Jungsteinzeit (Yverdon-les-Bains) 128
  siehe auch Museen und Sammlungen
Architektur 20, **26f**
  Architekturmuseum (Basel) 142
  Freilichtmuseum Ballenberg **80f**
  Schweizer Chalet 27
Ardez 200
Armee 21
Arolla 85, 88
Arosa **191**
  Hotels 255
  Restaurants 279
Arp, Hans 167, 185, 215, 217
Arsenal, Altdorf 224
Art Basel 19, **31**, 138
Art Brut 116
Asam, Cosmas Damian und Egid Quirin 226f
Ascona 216, **217**
  Restaurants 282
Atelier Hermann Haller (Zürich) 168f
Au-dessus de Paris (Chagall) 171
Auditorium Strawinsky (Montreux) 120
Auer, W. H. 54f
Augusta Raurica **150**
Augustinergasse (Basel) 141, **143**
Auserwählte, Der (Hodler) 56
Ausrüstung, Wintersport 289
Austrian (Fluggesellschaft) 303
Autos
  Alpen 307
  Anreise mit 306
  Autobahnen 306f
  Mietwagen 307
  Parken 309
  Straßenverkehrsregeln 306
  Vignette 306
Autos (Museen)
  Automobilmuseum, Château de Grandson 129
  Musée de l'Auto, Fondation Pierre Gianadda (Martigny) 84
  Verkehrshaus (Luzern) 238
Autovermietung 307
Avenches 11, 35, **124f**
  Festival d'Opéra 31
  Hotels 249
  Restaurants 273
Axalp 78

B

Bach-Festival (Lausanne) 32
Bachalpsee 22, 82
Bacon, Francis 150, 213
Bad Pfäfers 190
Bad Ragaz **190**, 290
  Hotels 255
  Restaurants 280
Baden 11, 135, **154f**
  Hotels 252
  Restaurants 276
  Zentrumskarte 155
Bahnhofstrasse (Zürich) 11, **164f**
Bahnreisen *siehe* Züge
Balexert-Einkaufszentrum (Genf) 106
Baliere (Frauenfeld) 182
Ballenberg, Freilichtmuseum 27, **80f**
Ballonfahrten 285
  Heißluftballonwoche (Château d'Oex) 33
Balzers 192
Banken **298**
  Bankenwesen 19, 42
Baptisterium, Riva San Vitale 211
BärenPark (Bern) 10, **60**
Bärenplatz (Bern) 52, **54**, 64
Barfüsserplatz (Basel) 140
Bari, Meister von 102
Barockarchitektur 27
Barrage de la Grande Dixence **85**
Barrage de Mauvoisin 85
Bars 260
Basel 11, **138–147**
  Detailkarte: Altstadt 140f
  Feste und Festivals 30–33, 138
  Fürstbischöfe 133
  Geschichte 36f
  Hotels 252f
  Kanton 38, 67, 135
  Restaurants 276f
  Zentrumskarte 139
Basel World 30
Basler Papiermühle (Basel) 143
Bâtiment des Forces-Motrices (Genf) 104f
Baud (Familie) 129
Beatenberg 19
Beckenried
  Hotels 258
  Restaurants 282
Bed and Breakfast 242f
Beer von Bildstein, Johann Michael 186
Bella Tola 89
Bella Lui 88
Bellinzona 47, 205, **220f**
  Hotels 258
  Restaurants 282
  Zentrumskarte 221
Bénichon, La (Fribourg) 32
Berggasthöfe 243
  Im Heu schlafen 243
Bergsteigen 284f, 287
Bern 10, 46, **48–65**
  Altstadt 10, 13, **52f**
  Bern Show 60
  Detailkarte: Altstadt 52f
  Feste und Festivals 30–33, **62**
  Geschichte 37, 39, 49
  Hotels 244
  Kanton 35, 67
  Restaurants 268f

Shopping 64f
Unterhaltung 62f
Zentrumskarte 50f
Berner Alpen 67, 68, 222
Berner Oberland *siehe* Mittelland, Berner Oberland und Wallis
Berneuse 121
Bernhard, hl. 84
Bernhardiner 84
Bernina Express 29
Bernina-Pass **201**
Bernisches Historisches Museum **61**, 75, 129
Bernoulli, Jakob und Johann 38, 138
Berschis 190
Berthold IV., Herzog von Zähringen 126
Berthold V., Herzog von Zähringen 49, 55
Best Western (Hotelkette) 242f
Beyeler, Hilda und Ernst 150
Bèze, Théodore de 100
Bianco, Lago 201
Biasca 219
Bibliotheken
Stadt- und Universitätsbibliothek (Bern) 59
Stiftsbibliothek (St. Gallen) 184
Biel (Bienne) 18, **70**
Bielersee 18, 70
Bier 266
Bierflaschenmuseum (St. Gallen) 185
Bietschhorn-Gruppe 91
Bill, Max 20
Birchermüesli 262
Bise (Nordwind) 22
Bisse du Roh 88
Blatten 67
Blaues Pferd II (Marc) 57
Blausee 82
Blei- und Silbermine (S-charl) 200
Blümlisalphorn 82
Bocion, François 113
Böcklin, Arnold
Der Krieg 170
Das Spiel der Nereiden 147
Bödeli 75
Bodensee **183**
Bodmer, Paul 166
Boltigen 83
Bon Génie (Genf) 106f
Boncourt
Restaurants 274
Bonivard, François de 122f
Bonnard, Pierre 157
In einem südlichen Garten 57
Bootsfahrten 307, 309
Botanische Gärten *siehe* Parks und Gärten
Botschaften 295
Botta, Mario 20
Chiesa di San Giovanni Battista (Mogno) 218
Monte-Tamaro-Kapelle 210
Museum Tinguely (Basel) 143
Bourbaki Panorama (Luzern) 237
Bovys (Familie) 124
Brahms, Johannes 172
Bramantino 215
Brambrüesch 196
Brancusi, Constantin 157
Vogel im Weltall 171
Brandis, Ortlieb von 197
Braque, Georges 56, 185
Braunwald 189
Breguet, Abraham-Louis 132
Breiten ob Mörel
Restaurants 269
Brennende Giraffe (Dalí) 146
Brenno (Fluss) 219
Brent
Restaurants 274
Brienz **78**
Brienzer Rothorn 78
Brienzer Rothornbahn 28, 78
Brienzersee 68, **78**
Brig **90f**
Hotels 245
Briner, Jakob 156
Brione-Verzasca 219
Brissago 216
Brown, Sidney 155
Brücken
Alte Brücke (Olten) 70
Holzbrücke (Baden) 135, **154**
Holzbrücke (Emmental) 71
Kapellbrücke (Luzern) 11, **232**, 235
Mittlere Rheinbrücke (Basel) 139f
Monbijoubrücke (Bern) 54
Münsterbrücke (Zürich) 161
Nydeggbrücke (Bern) 59
Pont de Berne (Fribourg) 127
Ponte dei Salti (bei Lavertezzo) 44f, 219
Spreuerbrücke (Luzern) 233
Brugg 152
Brunnen **225**
Hotels 258
Brunner, Caspar 55
Brunswick, Duc de, Mausolée (Genf) 92
Bücher
Bern 65
Genf 107
Zürich 174f
Bugnion, Charles-Juste 116
Bührle, Emil G. 169
Bulle
Restaurants 274
Bundeshaus (Bern) 48, **54f**
Bundesplatz (Bern) 52, **54**
Bundesrat 18
Bundesversammlung 18, 39, 48
Bündner Kunstmuseum (Chur) 196
Bündner Naturmuseum (Chur) 196
Bungee-Jumping 286
Burckhardt, J.R. 142
Bureaux de change (Wechselstuben) 298
Burgdorf 71
Burgen, Festungen und Schlösser
Burg Gutenberg (Balzers) 192
Castelgrande (Bellinzona) 26, **220**
Castello di Misox (Mesocco) 205
Castello di Montebello (Bellinzona) 221
Castello di Sasso Corbaro (Bellinzona) 221
Castello Visconteo (Locarno) 214
Chaste Tarasp 200
Château d'Aigle 121
Château d'Ouchy (Lausanne) 117
Château d'Yverdon (Yverdon-les-Bains) 128
Château de Cheneaux (Estavayer-le-Lac) 125
Château de Chillon 11, 26, 108, **122f**
Château de Delémont 133
Château de Grandson 129
Château de Gruyères 124
Château de Neuchâtel 130
Château de Tourbillon (Sion) 86
Château de Valère (Sion) 86
Château de Vidomnes (Sierre) 88
Château St-Maire (Lausanne) 113
Erlach 70
Festung Fürigen (Stans) 229
Fort de Pré-Giroud (bei Vallorbe) 129
Frauenfeld 182
Goldswil 78
Hospental 223
Landvogteischloss (Baden) 154f
Lenzburg 151
Montebello (Bellinzona) 26
Munot (Schaffhausen) 47
Murten 124
Museggmauer (Luzern) 236
Oberer Turm (Kaiserstuhl) 153
Rapperswil 189
Regensberg 153
Riedholzschanze (Solothurn) 72
Ruine Stein (Baden) 154
Sasso Corbaro (Bellinzona) 26
Schloss Arenenberg 183
Schloss Burgdorf 71
Schloss Hüneg (Hilterfingen) 74
Schloss Laufen 182
Schloss Oberhofen (Thuner See) 76f
Schloss Thun 71
Schloss Vaduz 193
Schloss Wimis (Niedersimmental) 83
Schloss Zurzach 153
Schlössli (Aarau) 151
Seedorf 224
Spiez 74
Tour de la Bâtiaz (Martigny) 84
Tour des Sorciers (Sion) 87
Turmhof (Steckborn) 183
Vufflens-le-Château 26, 118
Vulpera 200
Zug 228
siehe auch Historische Gebäude und Monumente; Museen und Sammlungen; Paläste, Palais und Palazzi
Bürgenstock 228
Restaurants 282
Bürgerkrieg 39
Bürgi, Jost
Globus 163
Bürglen 207, **224**
Burgunder 35, 36
Busse 307, 308
Byron, Lord 117, 120, 123

C

Cabanes Blanches (van Gogh) 171
Cabaret Voltaire (Zürich) 167
Caesar, Julius 84
Café Schober (Zürich) 175
Calame, Alexandre 60, 72
Calanda 196
Calvin, Johann 38, 93
Cathédrale St-Pierre (Genf) 98
Mur de la Réformation (Genf) 100
Camping 243
Canyons
Via-Mala-Schlucht 205
Capanna Regina Margherita 90
Cartigny *siehe* Palais Cartigny
Casa Genardini (Sonogno) 219
Casa Granda (Stampa) 204
Casa Torre (Poschiavo) 201
Casinos
Bern 63
Montreux 120f
Castelgrande (Bellinzona) 26
Castres, Édouard 237
Caux
Restaurants 274
Cavaglia 201
Centovalli **218**
Hotels 258
Centre Pasquart (Biel/Bienne) 70
Centre Thermal (Yverdon-les-Bains) 128

CERN *siehe* Europäische Organisation für Kernforschung
Cevio 218
Cézanne, Paul 56, 73, 84, 146, 150, 155, 232
Chagall, Marc 232
  Au-dessus de Paris 171
  Fraumünster (Zürich) 166
Chalandamarz 30
Chalets **27**, 289
Challant, Bischof Boniface de 86
Chamanna Cluozza (Schweizerischer Nationalpark) 202
Chambesy
  Restaurants 274
Chamois 23
Chandolin 89
Chaplin, Charles 120
Chardin, Jean-Baptiste Siméon 156
Charles VII, König von Frankreich 36f
Château *siehe* Burgen, Festungen und Schlösser
Château d'Oex
  Heißluftballonwoche 33
Châtel-St-Denis
  Feste und Festivals 32
Cheneaux, Château de (Estavayer-le-Lac) 125
Chiggiogna 219
Chillon, Château de 11, 26, 108, **122f**
Chinagarten (Zürich) 168, 173
Chironico 219
Christus im Grab (Holbein) 147
Chur **194–197**
  Hotels 255
  Restaurants 280
  Zentrumskarte 195
Churchill, Winston 129
Churfirsten-Massiv 189, 190
Cinéma, Le (Collectif d'enfants) 116
Clearing (White) 20
Clubs
  Bern 63
  Genf 105
  Zürich 173
Col du Grand-St-Bernard 10, **84f**
Collection de l'Art Brut (Lausanne) 116
Collegio Papio (Ascona) 27, **217**
Columba, hl. 133
Combat des reines (Kuhkampf) 18, 30, 32, 90
Como, Bischöfe von 214, 220
Como, Lago di 205
Confiserie Sprüngli (Zürich) 175
Coppa Romana 33
Corot, Jean-Baptiste Camille 124, 155, 169
  Le Quai des Pâquis à Genève 103
Corviglia 204
Cosmorama (Verkehrshaus, Luzern) 239
Coubertin, Baron Pierre de 116
Courbet, Gustave 169
Cranach, Lucas 156
Crans-Montana **88**
  European Masters (Golfturnier) 32
  Hotels 245
  Restaurants 269
Credit Suisse 164
Crissier
  Restaurants 274
Crousaz, Rodolphe de 112
Cucchi, Enzo 210
Cully 119
Curling 284
  Coppa Romana 33

D

Dada (Kunstrichtung) **167**
Dählhölzli, Tierpark (Bern) 63
Dalí, Salvador
  Brennende Giraffe 146
Dämme
  Barrage de la Grande Dixence **85**
  Barrage de Mauvoisin 85
Dampfzentrale (Bern) 63
Davel, Jean 113
David übergibt Goliaths Haupt dem König Saul (Rembrandt) 147
Davos **191**
  Festivals 33
  Hotels 255f
  Restaurants 280
  Skigebiete 288f
Deep Purple 121
Degas, Edgar 73, 155, 156, 169, 213
Delacroix, Eugène 146, 169
Delémont **133**
  Hotels 249
  Restaurants 274
Depression, wirtschaftliche 42
Deusser, August 153
Deutsch, Niklaus Manuel
  Die Versuchung des heiligen Antonius durch Dämonen 56
Deutsche Sprache 15, 18
Deutschland Direkt 300
Develier
  Restaurants 274
Diavolezza 201
Diego (Giacometti) 43
Dimitri (Clown) 218
Diners Club 298
Dirr, Anton 186f
Disteli, Martin 70
Dolmetsch (Kunsthandwerk, Zürich) 175
Dom (Berg) 90
Domodossola 91, 218
Dorfmuseum (Riehen) 150
Dornach **150f**
  Restaurants 277
  Schlacht von 36
Doyle, Sir Arthur Conan 79
Drama *siehe* Theater
Drei-Pässe-Tour 222f
Drei-Schwestern-Massiv 193
Dreibündenstein 196
Dreißigjähriger Krieg 38
Dubuffet, Jean 116
Dufour, Général 100
Dufourspitze 90
Dumas, Alexandre 130
Dunant, Henri 39, 42
Duncan, David Douglas 236
Dürrenmatt, Friedrich 19

E

Edelweiß 23, 291
Eggishorn 17
Eglisau **153**
  Restaurants 277
Église *siehe* Kirchen
Egmont, Justus von 225
EHIC (Europäische Krankenversicherungskarte) 297
Eichenberger Tea Room (Bern) 65
Eidgenössische Technische Hochschule (Zürich) 20, **168**
Eiger 68, 79
Eingeschlafene Trinkerin (Picasso) 57
Einkaufen *siehe* Shopping
Einreise 294
Einsiedeln, Kloster **226f**
  Hotels 258
  Restaurants 282
Einstein, Albert 20, 55
Einsteinhaus (Bern) **55**
Einwohnerzahl 12
Eis auf dem Fluss (Monet) 56
Eisenbahn *siehe* Züge
Eishockey, Spengler Cup (Davos) 33
Eistauchen 284
El Greco 156
Elektrizität 295
Emme (Fluss) 71
Emmental **71**
Engadin 11, **200**
  Engadin Skimarathon 30
  Engadiner Museum (St. Moritz) 204
Engelberg **229**
  Hotels 258
  Restaurants 282
  Skigebiete 289
Engelberger Aa (Fluss) 229
Engstligenfälle 82
Engstligental 82
Ensinger, Matthäus 58
Enzian 23
Erasmus 138
Eringertal *siehe* Val d'Hérens
Erlach 70
Erlach, Hieronymus von 59
Erlacherhof (Bern) 59
Erlenbach 83
Erni, Hans 239
Escalade, L' (Genf) 93
Escaliers du Marché (Lausanne) 111, **112**
Escher, Alfred 158
Espace Jean Tinguely–Nikki de St-Phalle (Fribourg) 127
Essen und Trinken
  Getränke 266f
  Lebensmittelindustrie 40
  Schweizer Spezialitäten 262f
  siehe auch Käse; Schokolade; Weine
Estavayer-le-Lac 125
  Hotels 249
ETH Zürich *siehe* Eidgenössische Technische Hochschule
EU-Heimtierausweis 294
Eugénie, Kaiserin 183
Euler, Leonhard 39
Euro, Akzeptanz 298
Europäische Organisation für Kernforschung (CERN) 20, 93
Europäische Union 43
European Masters (Crans-Montana) 32
Euseigne, Pyramides d' 88
Evolène 88
Export 19
Expovina (Zürich) 32
Extremsport 286f

F

Fabro, Luciano 185
Fahrräder 307, 309
  Verleih 286, 309
Falstaff im Wäschekorb (Füssli) 170
Family Card (Bahnpass) 305
Farel, Guillaume 100, 130
Fasel, Hans 126
Fasnacht 33, 138, 208
Fast Food 260
Faulhorn 82
Fauna *siehe* Tierwelt
Fauves (Kunstrichtung) 157
Feiertage 33
Fellner, Ferdinand 168
Felskinn 90
Ferme à Monfoucault (Pissarro) 103

Feste und Festivals **30–33**
  Bern 62f
  Fête de la Désalpe 32
Festungen *siehe* Burgen, Festungen und Schlösser
Fête de l'Escalade 33
Fête des Vendanges 32
Feuchtmayer, Franz Joseph Anton 186f
Feuerwehr 297
Fiesch
  Hotels 245
Film *siehe* Kino
  Internationales Filmfestival (Locarno) 31
First 82
Flexi Pass **305**, 308
Flon-Viertel (Lausanne) 116
Flora 23
Flüelen 224
Flüge, Sightseeing 285
Flugreisen **302f**
  Flughäfen 302f
  Fluglinien 302f
Flugsport 285, 287
Flugzeuge, Verkehrshaus (Luzern) 239
Fly Rail Baggage 303
Föhn 22
Fondation Beyeler (Riehen) 150
Fondation de l'Hermitage (Lausanne) 116
Fondation Oskar Kokoschka (Vevey) 120
Fondation Pierre Gianadda (Martigny) 84
Fondue 262
Fontaine de St-Jacques (Fribourg) 111
Fontaine St-Jean (Fribourg) 16
Fontana, Domenico 212
Försterzunft, Haus der (Biel/Bienne) 70
Forum Schweizer Geschichte Schwyz (Schwyz) 225
Fotografie
  Fotomuseum (Winterthur) 157
  Museum im Bellpark (Kriens) 237
Fragonard, Jean-Honoré 155
Franches-Montagnes **133**
Frankenherrschaft 35
Französisch-Preußischer Krieg 237
Französische Revolution 237
Französische Sprache 15, 18
Frauen
  Allein reisende 296
  Wahlrecht in der Schweiz 43
Frauenfeld **182**
Freiberge *siehe* Franches-Montagnes
Freie Hochschule für Geisteswissenschaft (Dornach) 151
Freizeitsport 286f
Fresken, Krypta des Münsters (Basel) 144
Fribourg (Freiburg) **126f**
  Detailkarte 126f
  Feste und Festivals 32
  Hotels 249
  Kanton 38, 109
  Restaurants 274
Friedrich III., König 37
Frisch, Max 19
Fritschi-Skulptur 235
Fronleichnam (katholische Kantone) 31, 90
Fronwagplatz (Schaffhausen) 180
Frühstück 261
Fuorn, Pass dal 203
Furka-Pass 90, 222
Fürstenberg, Heinrich von 36
Füssli, Henri
  Falstaff im Wäschekorb 170

G

Gais 188
Gallus 184
Galluspforte (Münster, Basel) 144
Gämsen 23
Gandria 211
Gansabhauet (Sursee) 32
Garbo, Greta 129
Gärten *siehe* Parks und Gärten
Gästehäuser **242f**, 289
Gästekarten 242
Gauguin, Paul 155, 169
  Ta matete 146
Geigenbauschule (Brienz) 78
Geldumtausch 298
Gemmi-Pass 89
Generalstreik 42
Geneva English Drama Society 105
Genf 10, 46, **92–107**
  Anreise 95
  Detailkarte: Altstadt 96f
  Feste und Festivals 30f, 33
  Fête de l'Escalade 33
  Fêtes de Genève 31, 105
  Geschichte 93
  Hotels 248f
  Kanton 39, 93, 109
  Restaurants 272f
  Shopping 106f
  Völkerbund 42
  Unterhaltung 104f
  Zentrumskarte 94f
Genfer Konvention 99
Genfer See 109, **118f**
Geologie **24f**
  Geologie- und Gletscherzentrum (Les Haudères) 88
  Geologisches Museum der Burg von Seedorf 224
  Gletschergarten (Luzern) 237
  »Kochtöpfe der Riesen« (Cavaglia-Ebene) 201
Gepäck
  Fly Rail Baggage 303
  Transport in Zügen 304
Geranienmarkt (Bern) 64
Gerechtigkeitsbrunnen (Bern) 59
Gerechtigkeitsgasse (Bern) 53, **59**, 64
Geschichte **34–43**
  Bündnis der »Urkantone« 35f, 38
  Bürgerkrieg 39
  Frühe Siedler 35
  Helvetische Republik 39
  Reformation 38
  Schweizerische Eidgenossenschaft 39
  Unabhängigkeitskampf 36f
  Weltkriege 42f
Gessler, Hermann 37, 224f
Gesundheit **296f**
  Spas und Wellness **290f**
Getränke **266f**
  Weine 267
Giacometti, Alberto 20, 157, 170, 185, 196
  Diego 43
  Stampa 204
Giacometti, Augusto
  Fraumünster (Zürich) 166
  Grossmünster (Zürich) 167
  Kirche St. Jacob (Klosters) 191
  Kirche St. Martin (Chur) 194
  Pfarrkirche (Adelboden) 82
  Stampa 204
Giacometti, Giovanni 72, 113, 156, 196
Giessbachfälle 78
Gillan, Ian 120f
Giornico 219
  Schlacht von 221
girocard 298
Giumaglio 218
Glacier Express 28, 222
Glärnisch-Massiv 189
Glarus **189**
  Feste und Festivals 30
  Kanton 35, 177
  Restaurants 280
Glasarbeiten, Glasi Museum (Hergiswil) 229
Gleitschirmfliegen 285, 287
Gletscher
  Aletschgletscher 17, **91**
  Feegletscher 90
  Geologie 24
  Geologie- und Gletscherzentrum (Les Haudères) 88
  Glacier de Moiry 89
  Glacier des Diablerets 121
  Gletschergarten (Luzern) 237
  Gornergletscher 90
  Oberer Gletscher 82
  Plaine Morte 88
  Pro Natura Zentrum Aletsch 91
  Titlis 229
Gletschergarten (Luzern) 237
Glis 91
Globus (Kaufhaus)
  Bern 65
  Genf 106f
  Zürich 175
Gobelins, Historisches Museum (Bern) 61
Goethe, Johann Wolfgang von 150
Goetheanum (Dornach) 150f
Golden Pass Express 304
Goldswil, Burg 78
Golf 286f
  European Masters (Crans-Montana) 32
Goppenstein 82
Gornergletscher 90
Gornergrat **89**
Göschenen 223
Gotische Architektur 26
Gotthard-Basistunnel 28
  siehe auch St.-Gotthard-Pass
Gottlieben **183**
Goya y Lucientes, Francisco José de 156
Grächen
  Restaurants 269
Grand-Place (Vevey) 120
Grandfey-Viadukt 28
Grandhotel Giessbach 78
Grandson **129**
  Schlacht von 129
Graphische Sammlung (Eidgenössische Technische Hochschule, Zürich) 168
Graubünden
  Kanton 39, 177, 194
  siehe Ostschweiz und Graubünden
Graues Haus (Chur) 195
Gregor X., Papst 114
Griechische Kunst, Musée d'art et d'histoire (Genf) 102
Grimentz 89
Grimsel-Pass 90, **222**, 245
Grindelwald 79, **82**
  Hotels 246
  World Snow Festival 33
Grossbasel, Viertel (Basel) 138
Großer St.-Bernhard-Pass 10, **84f**
Grottes de Vallorbe 129
Grünewald 156
Grütschalp 82f
Gruyères 11, **124**
  Hotels 249f
  Restaurants 275

Gstaad **83**
Hotels 245
Restaurants 270
Skigebiete 288f
Swiss Open (Tennisturnier) 31
Guarda 176, 200
Guisan, General Henri 42f
Guitare sur un guéridon (Picasso) 171
Gurtenfestival (Bern) 62

H

Habsburg, Dynastie **35–38**
Habsburg, Elizabeth von 152
Habsburg, Graf, Redebot von 152
Hahnloser-Bühler, Hedwig und Arthur 157
Hallen für Neue Kunst (Schaffhausen) 180
Handwerk *siehe* Kunsthandwerk
Harder 75
Hasle-Rüegsau 71
Hauptbahnhof (Zürich) 40, 161, **164**
Haus zum Kirschgarten (Basel) 142
Haus zum Ritter (Schaffhausen) 180
Haus zur Rüden (Zürich) 167
Haus zur Saffran (Zürich) 167
Haus zur Zimmerleuten (Zürich) 167
Heidi (Spyri) 11, **190f**
Heilige Familie, Die (Rubens) 171
Heinrich II., Kaiser 145, 182
Heintz, Daniel 58
Heißluftballons 33, 285
Helmer, Hermann 168
Helmhaus (Zürich) 166
Helvetier 35, 124
Helvetische Republik 39
Hemingway, Ernest 120
Herbstmesse (Basel) 32
Hérémence 85
Hergiswil **229**
Hotels 258
Herisau 188
Herzog, Jacques 20
Hesse, Hermann 20
Hilterfingen 74
Hinterrhein (Fluss) 205
Historische Gebäude und Monumente
Adler, Gasthof (Bürglen) 224
Alte Kanzlei (Zofingen) 151
Altes Zeughaus (Schaffhausen) 180
Altes Zeughaus (Solothurn) 72
Atelier Hermann Haller (Zürich) 168f
Baliere (Frauenfeld) 182
Bundeshaus (Bern) 48, **54f**
Casa Torre (Poschiavo) 201
Collegio Papio (Ascona) 27, **217**
Einsteinhaus (Bern) 55
Engel Hotel (Küssnacht) 228
Erlacherhof (Bern) 59
Graues Haus (Chur) 195
Haus Bethlehem (Schwyz) 225
Haus der Försterzunft (Biel/Bienne) 70
Haus zum Kirschgarten (Basel) 142
Haus zum Ritter (Schaffhausen) 180
Haus zur Rüden (Zürich) 167
Haus zur Saffran (Zürich) 167
Haus zur Zimmerleuten (Zürich) 167
Ital Reding-Hofstatt (Schwyz) 225
Käfigturm (Bern) 10, 52, **54**, 55
Kornhaus (Bern) 52, 63
Le Corbusier Haus (Zürich) 169
Löwendenkmal (Luzern) 237
Luzemhaus (Frauenfeld) 182
Maison de Ville (Fribourg) 126
Maison des Halles (Neuchâtel) 130
Maison Rousseau 96
Maison Supersaxo (Martigny) 84
Maison Supersaxo (Sion) 87
Maison Tavel (Genf) 96, **100**
Mayenfisch (Kaiserstuhl) 153
Metzgern-Zunfthaus (Zofingen) 151
Mon-Repos (Lausanne) 116
Monument National (Genf) 97
Mur de la Réformation 100
Nutli-Hüschi (Klosters) 191
Ostermundigen-Haus (Freilichtmuseum Ballenberg) 80
Palais de Justice (Genf) 99
Palais des Nations (Genf) 93, **101**
Park-Villa Rieter 169
Pierres du Niton (Genf) 97
Pinacoteca Casa Rusca (Locarno) 215
Richterswil-Haus (Freilichtmuseum Ballenberg) 80
Roter Ochse (Stein am Rhein) 8f
St.-Alban-Tor (Basel) 143
Schmiedstube (Schaffhausen) 181
Spalentor (Basel) 138
Spaniola-Turm (Pontresina) 201
Stadtturm (Baden) 154
Steinkreis aus der Jungsteinzeit (Yverdon-les-Bains) 128
Telldenkmal (Altdorf) 224
Tour d'Île (Genf) 95
Vazerol-Denkmal (Chur) 195
Villa Ciani (Lugano) 213
Villa dei Cedri (Bellinzona) 221
Villa Tribschen (Luzern) 237
Villa Turque (La Chaux-de-Fonds) 133
Villa Wesendonck (Zürich) 169
Waaghaus (St. Gallen) 184
Wasserturm (Luzern) 232
Zeughaus (Biel/Bienne) 70
Zur Geduld (Winterthur) 156
Zur Linde (Kaiserstuhl) 153
Zytglogge (Bern) 10, 53, **55**
Zytglogge (Solothurn) 72, **73**
siehe auch Abteien/Klöster; Burgen, Festungen und Schlösser; Kathedralen; Kapellen; Kirchen; Museen und Sammlungen; Paläste, Palais und Palazzi; Rathäuser
Historisches und Völkerkundemuseum (St. Gallen) 185
Höchstgeschwindigkeiten 306
Hockenhorn 82
Hodler, Ferdinand 20, **54**, 73, 131, 156f, 170, 196
Der Auserwählte 56
Möbel, Musée d'art et d'histoire (Genf) 103
Schweizerisches Alpines Museum 60f
Höhenkrankheit 296
Hohentengen 153
Höhlen
Grottes de Vallorbe 129
Höllgrotten (Baar) 209
Hölloch (Schwyz) 286
Nidlenloch (Weissenstein) 70
Siebenhengste-Hohgant-Höhle (Kanton Bern) 286
Holbein, Hans 72, 156
Christus im Grab 147
Höllgrotten (Baar) 209
Holocaust 43
Holzbrücke (Baden) 135, **154**
Holzbrücke (Emmental) 71
Holzschnitzerei
Schule für Holzbildhauerei (Brienz) 78
Horgen
Restaurants 277
Horloge Fleurie (Genf) 97
Hörnli 191
Hornung, Samuel 91
»Hornussen« 20
Hortense, Königin 183
Hospental 223
Hotel Il Fuorn (Schweizerischer Nationalpark) 202
Hôtel du Lac (Interlaken) 75
Hôtel de Ville *siehe* Rathäuser
Hotels **242–259**
Bern 244
Genf 248f
Hotelketten 242f
Hotelwahl 242
Mittelland, Berner Oberland und Wallis 245–248
Nordschweiz 252f
Ostschweiz und Graubünden 255–257
Preise 242
Spas 291
Westschweiz 249–252
Zentralschweiz und Tessin 257–259
Zürich 253–255
Hubschrauberflüge 289
Hugenotten 38, 40, 132
Hunde
Bernhardiner **84**
Hus, Jan 183
Hutstock 229
Hütten (für Skifahrer) 289
Hydrospeed (Riverboogie) 286

I

Île Rousseau (Genf) 97
In einem südlichen Garten (Bonnard) 57
Industrie 19, 40f
Inferno Triathlon 31
Inn (Fluss) 200
Innertkirchen 79
Intellektuelle und Künstler 19f
Interlaken **75**
Feste und Festivals 31
Hotels 245f
Restaurants 270
Internationaler Autosalon (Genf) 30
Internationales Jazzfestival (Bern) 30
Internationales Olympisches Komitee (IOC) 112, 116
Internationales Rotes Kreuz (und Roter Halbmond) 21, 39, 42
Hôtel de Ville (Genf) 99
Musée International de la Croix-Rouge et du Croissant-Rouge **101**
Internet-Cafés 300f
Intragna 218
Hotels 258
Restaurants 282
Isole di Brissago 216
Ital Reding-Hofstatt (Schwyz) 225
Italienische Sprache 15, 18
Ittingen 182
Ivrea, Bartolomeo da 215

J

Jaquet-Droz, Pierre und Henri-Louis 131
Jardin Anglais (Genf) 97
Jaspers, Karl 138
Jazz
Internationales Jazzfestival (Bern) 30, **62**

  Marian's Jazzroom (Bern) 63
  Montreux Jazz Festival 19, 31, 120
  Zürich 173
Jeanneret, Charles-Édouard *siehe* Le Corbusier
Jean-Richard, Daniel 132
Jelmoli (Zürich) 164, 175
Jet d'Eau (Genf) 10, **97**
Jodeln 20, 32, 90
Johann Caspar Lavater auf dem Sterbebett (Moretto) 163
Johann, Herzog von Schwaben 152
Johann Jacobs Museum (Zürich) 160, **169**
Johann Nepomuk, hl. 133
Juden 43
  Jüdisches Museum der Schweiz 138
Jugendherbergen 243
Julius II., Papst 36
Jung, Carl G. 42f
Jungfrau 68, 79
  Touristikmuseum (Unterseen) 75
  UNESCO-Welterbe 91
Jungfraujoch **79**
JungfrauPark, Interlaken 75
Jura (Berge) 25, 70
Jura (Kanton) 109, 133
Juweliere
  Bern 65
  Genf 106f
  Zürich 174f

K

Kaffee 266
  Johann Jacobs Museum (Zürich) 169
Käfigturm (Bern) 10, 52, **54**, 55
Kaiserstuhl **153**
  Restaurants 277
Kajak fahren 285f
Kakteen, Städtische Sukkulentensammlung (Zürich) 169
Kandersteg **82**
  Hotels 246
  Skigebiete 209
Kandinsky, Wassily 157, 232
Kantone 18f
  Karte 14f
  Landsgemeinde 30
  »Urkantone« (Waldstätte) 35
Kanu fahren 285
Kapellbrücke (Luzern) 232, 235
Kapellen
  Berschis 190
  Bundeskapelle (Brunnen) 225
  Chapelle Notre-Dame de Compassion (Martigny) 84
  Monte Tamaro 210
  Riedertal 224
  St.-Mamerten-Kapelle (Triesen) 192
  St.-Peterskapelle (Luzern) 235f
  San Vittore 205
  Santa Maria (Pontresina) 201
  Tellkapelle (bei Flüelen) 225
Kapellplatz (Luzern) 235, **236**
Karl I., Kaiser 152
Karl der Große, Kaiser 35, 84, 166f
  Clostra San Jon (Müstair) 200f
Karl der Kühne, Herzog von Burgund 61, 124, 126, 129, 162
Karneval 33
  Lötschental 91
Karten
  Baden: Zentrumskarte 155
  Basel: Detailkarte Altstadt 140f
  Basel: Zentrumskarte 139
  Bellinzona: Zentrumskarte 221
  Bern: Detailkarte 52f
  Bern: Zentrumskarte 50f
  Chur: Zentrumskarte 195
  Drei-Pässe-Tour 222f
  Fribourg (Freiburg): Zentrumskarte 126f
  Genf: Detailkarte Altstadt 96f
  Genf: Zentrumskarte 94f
  Genfer See 118f
  Lago di Lugano 210f
  Lausanne: Zentrumskarte 113
  Liechtenstein 192f
  Locarno: Zentrumskarte 215
  Lugano: Detailkarte 212f
  Luzern: Detailkarte Altstadt 234f
  Luzern: Zentrumskarte 233
  Mittelland, Berner Oberland und Wallis: Regionalkarte 68f
  Neuchâtel: Zentrumskarte 131
  Nordschweiz: Regionalkarte 136f
  Ostschweiz und Graubünden: Regionalkarte 178f
  St. Gallen: Zentrumskarte 185
  Schaffhausen: Detailkarte 180f
  Schweiz 12f
  Schweiz: Überblickskarte 46f
  Schweizer Kantone und Sprachgebiete 14f
  Schweizerischer Nationalpark 202f
  Sion: Zentrumskarte 87
  Solothurn: Zentrumskarte 73
  Thunersee 74f
  Tunnel und Eisenbahnen 28f
  Westschweiz: Regionalkarte 110f
  Winterthur: Zentrumskarte 157
  Zentralschweiz und Tessin: Regionalkarte 208f
  Zürich: Zentrumskarte 160f
Käse **264f**
  Appenzeller Schaukäserei (Stein) 188f
  Emmental 71
  Export 265
  Herstellung 19, 264
  Käsesorten 265
  Kloster Engelberg 229
  Läden (Genf) 107
  La Maison du Gruyère 124
Kathedralen
  Cathédrale Notre-Dame (Lausanne) 5, 26, 46, **114f**
  Cathédrale Orthodoxe Russe (Genf) 100f
  Cathédrale St-Nicolas (Fribourg) 26, 109, **126**
  Cathédrale St-Pierre (Genf) 10, 26, 96, **98f**
  Cattedrale San Lorenzo (Lugano) 212
  Chur **196f**
  Grossmünster (Zürich) 4, 26, **166f**
  Münster (Basel) 26, 141, **144f**
  Münster (Bern) 10, 26, 51, 53, **58f**
  Münster Allerheiligen (Schaffhausen) 26, 181
  Notre-Dame du Glarier (Sion) 87
  Stiftskirche St. Gallen 27, **186f**
  St.-Ursen-Kathedrale (Solothurn) 72
  siehe auch Abteien; Kapellen; Kirchen
Kauffmann, Angelika 195f
Kaufhäuser
  Bern 65
  Genf 106f
  Zürich 175
Kelten
  Laténium, Parc et Musée d'archéologie de Neuchâtel 131
Kern, E.S. 156
Kinder
  Bern 63
  Family Card (Bahnpass) 305
  Kunstmuseum (Winterthur) 157
  Restaurants 261
  Schweizer Kindermuseum (Baden) 154
  Skigebiete 288
Kindlifresserbrunnen (Bern) 55
Kino
  Bern 62
  Genf 105
  Zürich 173
Kirchen
  Andermatt 223
  Anglikansiche Kirche (Zermatt) 89
  Augustinerkirche (Zürich) 165
  Barockkirche (Bürglen) 224
  Basilique Notre-Dame (Fribourg) 127
  Brione-Verzasca 219
  Chiesa Collegiata dei SS Pietro e Stefano (Bellinzona) 207, **220f**
  Chiesa dei SS Pietro e Paolo (Ascona) 217
  Chiesa di San Biagio (Ravecchia) 221
  Chiesa di San Giovanni Battista (Mogno) 218
  Chiesa di San Rocco (Bellinzona) 220
  Chiesa di San Vittore (Locarno) 214
  Chiesa Nuova (Locarno) 215
  Chiesa San Francesco (Locarno) 214
  Chiesa Santa Maria delle Grazie (Bellinzona) 220
  Chiesa Sant'Antonio Abate (Locarno) 215
  Chiggiogna 219
  Chironico 219
  Église Abbatiale de Romainmôtier 128
  Église Collégiale (Neuchâtel) 130
  Église des Cordeliers (Fribourg) 5, 127
  Église St-François (Lausanne) 112
  Église St-Jean (Fribourg) 16
  Église St-Jean-Baptiste (Grandson) 129
  Église St-Laurent (Lausanne) 112
  Église St-Marcel (Delémont) 133
  Église St-Théodule (Sion) 87
  Franziskanerkirche (Luzern) 233
  Französische Kirche (Bern) 52, **55**
  Fraumünster (Zürich) 166
  Gemeindekirche (Regensberg) 153
  Giornico 219
  Glis, Pilgerkirche 91
  Gotische Kirche (Palagnedra) 218
  Heiliggeistkirche (Bern) 52
  Hofkirche (Luzern) 47, **236f**
  Jesuitenkirche (Luzern) 208, 233
  Jesuitenkirche (Solothurn) 73
  Kirche St. Jacob (Klosters) 191
  Kirche St. Johann (Schaffhausen) 181
  Kirche St. Luzi (Chur) 194
  Kirche St. Martin (Chur) 194
  Kirche St. Martin (Zillis) 205
  Kirche St. Mauritius (Appenzell) 188
  Kirche St. Oswald (Zug) 228
  Kirche St. Peter und St. Paul (Bern) 60

Kirchen *(Fortsetzung)*
Kirche St. Peter und St. Paul (Küssnacht) 228
Kirche St. Ulrich (Kreuzlingen) 183
Leonhardskirche (Basel) 142
Madonna di Ponte (Lago Maggiore) 216
Malvaglia 219
Maria zum Trost (Schaan) 193
Martinskirche (Basel) 140
Notre-Dame de Valère 86
Nydeggkirche (Bern) 59
Obere Kirche (Zurzach) 153
Pfarrkirche Mariä Himmelfahrt (Baden) 154
Pfarrkirche St. Martin (Schwyz) 225
Pfarrkirche St. Peter und St. Paul (Stans) 229
Predigerkirche (Zürich) 167
Reformierte Kirche (Eglisau) 136
Romanische Kirche (Baisca) 219
Romanische Kirche (St-Pierre-de-Clages) 85
Romanisch-gotische Stiftskirche (St-Ursanne) 133
San Carlo di Negrentino (Negrentino) 219
San Rocco (Lugano) 213
St. Benedict (Biel/Bienne) 70
St. Katharina (Kaiserstuhl) 153
St. Laurenzen-Kirche (St. Gallen) 184
Sankt Peter (Zürich) 159, **165**
Santa Maria degli Angeli (Lugano) 213
Santa Maria del Castello (Mesocco) 205
Santa Maria del Sasso (Morcote) 210
Santa Maria della Misericordia (Ascona) 217
Santa Maria delle Grazie (Maggia) 218
Santuario della Madonna del Sasso (Locarno) 215, 217
Stadtkirche (Olten) 70
Stadtkirche (Winterthur) 156
Stadtkirche (Zofingen) 151
Verenamünster (Zurzach) 153
Vogorno 218f
Wasserkirche (Zürich) 166
siehe auch Abteien/Klöster; Kapellen; Kathedralen
Kirchner, Ernst Ludwig 196
Kirchner Museum (Davos) 191
KKL (Luzern) 232
Klausen-Pass 189
Klee, Paul 20, 43, 61, 213, 217, 232
Ad Parnassum 57
Senecio 146
Kleinbasel, Viertel (Basel) 137, 138, **143**
Kleine Scheidegg 79
Kleines Matterhorn 89
Klettern 284f, 287
Klima 22, **31–33**, 294
Wetterbericht 297
Klöster *siehe* Abteien/Klöster
Kloster Einsiedeln 11, 27, **226f**
Kloster Königsfelden **152**
Kloster Muri 137, **152**, 163
Klosters 11, **191**
Hotels 256
Restaurants 280
Knabenschiessen (Zürich) 32
Knox, John 100
Kokoschka, Oskar 120, 221
Kolin, Wolfgang 228
Kornhaus (Bern) 52, 63
Kommunikation **300f**
Museum für Kommunikation (Bern) 61
Konzertsäle *siehe* Theater
Kramgasse (Bern) 53, **55**, 64
Krankenhäuser 297
Krankenwagen 297
Kreditkarten 298
Kreuzgassbrunnen (Bern) 55
Kreuzlingen **183**
Restaurants 280
Krieg, Der (Böcklin) 170
Kriens 229, 237
Kriminalität 296
Krokodil 238
Kuhkämpfe *(combats des reines)* 20, 30, 32, 90
Kultur und Kongresszentrum Luzern 232
Kulturcasino (Bern) 63
Kunigunde, Kaiserin 145
Kunst (Läden)
Bern 64f
Genf 107
Kunsthalle, -haus, -museum *siehe* Museen und Sammlungen
Kunsthandwerk
Castello di Sasso Corbaro (Bellinzona) 221
Freilichtmuseum Ballenberg **80f**
Heimatmuseum Schanfigg (Arosa) 191
Läden (Bern) 64f
Läden (Zürich) 174f
Museum Bellerive (Zürich) 169
Winkelriedhaus (Stans) 229
Kunstwanderweg (Lavertezzo–Brione) 219
Küssnacht 225, **228**
Hotels 258
Restaurants 282

L

La Chaux-de-Fonds **132f**
Hotels 250
Restaurants 275
La Côte, Weinregion 118
La Neuveville 70
La Praille, Einkaufszentrum (Genf) 106
La Tène 35
Lagalb 201
Lago Maggiore 11, 206, **216f**
Landesmuseum Zürich (Zürich) 4, **162f**, 201
Landestypische Architektur 27
Landsgemeinde 30, 188
Landvogteischloss (Baden) 154f
Landwirtschaft 19
Laténium, Parc et Musée d'archéologie de Neuchâtel 131
L'Auberson 129
Laupen, Schlacht von 37
Lausanne 46, **112–117**
Feste und Festivals 30, 32
Hotels 250
Restaurants 275
Zentrumskarte 113
Lauterbrunnen 82, **83**
Hotels 246
Restaurants 270
Lavertezzo 219
Lawinengefahr 297
Le Corbusier 20, 43, 133
Le Corbusier Haus (Zürich) 169
Le Locle **132**
Hotels 250
Le Noirmont, Restaurants 275
Lederwaren
Bern 65
Zürich 174f
Leemann, Jules 40
Léman, Lac *siehe* Genfer See
Lenin (eigentlich Wladimir Iljitsch Uljanow) 42
Lenk 83, 290
Lenzburg 151
Lenzerheide 196
Leoncavallo, Ruggero 216
Leopold, Prinz 36
Les Diablerets **121**
Hotels 250
Restaurants 275
Skigebiete 288f
Les Haudères 88
Lesage, George-Louis 40
Leukerbad 10, **89**, 190
Hotels 246
Leysin **121**
Hotels 250
Lichtensteig 189
Liechtenstein 177, **192f**
Karte 192f
Kommunikation 301
Währung 299
Liestal
Restaurants 277
Liköre 267
Limmat (Fluss) 154
Limmatquai (Zürich) 167
Lindenhof (Zürich) 165
Linthal 189
Lionza 218
Literaturfestival (St-Pierre-de-Clages) 85
Locarno **214f**, 217
Feste und Festivals 31
Hotels 258
Restaurants 282
Zentrumskarte 215
Locarno, Vertrag von 214
Loeb (Bern) 65
Lothringen, Ita von 152
Lötschbergtunnel 68, 82
Lötschental 33
Brauchtum **91**
Lottinga 219
Louis XIV, König von Frankreich 38, 162
Louis XVI, König von Frankreich 237
Löwendenkmal (Luzern) 237
Lucomagno-Pass 219
Ludwig, deutscher König 166
Lufthansa 303
Lugano 210, **212f**
Feste und Festivals 30f
Hotels 258f
Restaurants 282f
Zentrumskarte 212f
Lugano, Lago di 11, **210f**
Lugano Festival (Lugano) 30
Luini, Bernardino 213
Luther, Martin 100
Luzernhaus (Frauenfeld) 182
Luzern 11, 47, **232–239**
Detailkarte: Altstadt 234f
Fasnacht 208, 235
Feste und Festivals 30f
Hotels 259
Kanton 35, 207
Luzern Festival 19, 31, 232
Restaurants 283
Zentrumskarte 233
siehe auch Vierwaldstättersee
Luzern Festival 19, 31, 232

M

Magadino 217
Maggi, Julius 40
Maggia 218
Maggiore, Lago *siehe* Lago Maggiore

Maienfeld **190f**
Mailand, Herzöge von 214, 220f
Maison d'Ailleurs (Yverdon-les-Bains) 128
Maison de Ville (Fribourg) 126
Maison des Halles (Neuchâtel) 130
Maison du Gruyère, La 124
Maison Rousseau (Genf) 96
Maison Supersaxo (Martigny) 84
Maison Supersaxo (Sion) 87
Maison Tavel (Genf) 96, **100**
Malacridis, Jacobinus de 87
Malbun-Steg 193
Maloja-Pass 204
Malvaglia 219
Manet, Édouard 56, 146, 156
Mann, Thomas 168, 191
Männlichen 83, 240f
Marc, Franz
  Blaues Pferd II 57
Marc Aurel, Kaiser 35, 113, 125
Marian's Jazzroom (Bern) 63
Marignano, Schlacht von 38
Marionetten *siehe* Puppen
Märkte
  Bellinzona 220
  Bern 64f
  Chur 195
  Genf 106f
  Kapellplatz (Luzern) 236
  Maison des Halles (Neuchâtel) 130
  Marché-Concours national des chevaux (Saignelégier) 133
  Marktplatz (Basel) 139, 140
  Vevey 120
Marktgasse (Bern) 52, **55**
Marktplatz (Basel) 139, 140
Marktplatz (St. Gallen) 184
Marmot 23
Martigny 32, **84**
  Hotels 246
  Restaurants 270
MasterCard 298
Matisse, Henri 73, 150, 157, 232
Matterhorn 10, 46, 66, **90**
  Geologie 24
  Matterhorn Museum (Zermatt) 89
  Schweizerisches Alpines Museum (Bern) 60f
Matterhorn-Gotthard-Bahn 29
Mattmarksee 90
Mausolée du Duc de Brunswick (Genf) 92
Mayenfisch (Kaiserstuhl) 153
Medizinische Spas 290f
Medizinische Versorgung 297
Meglinger, Kaspar 233
Mehrwertsteuer-Rückerstattung 298
Meienreuss-Pass 223
Meinrad 226
Meiringen **79**
Melide 210
Mellingen, Ratskammer aus 163
Menthon, Bernhard von, Bischof von Aosta 84
Mercury, Freddie 120
Mesocco **205**
Métro 308
Metzgern-Zunfthaus (Zofingen) 151
Meuron, Pierre de 20
Mietwagen 307
Minotel Suisse 242f
Miró, Joan 150, 157, 185
Mittagessen 261
Mittelallalin 90
Mittelland, Berner Oberland und Wallis 10, **66–91**
  Hotels 245–248
  Regionalkarte 68f
  Restaurants 269–272
  Unterwegs in 68
Mobiltelefon 300
Modigliani, Amedeo 213
Moesa (Fluss) 205
Mogno 218
Moiry-Damm 89
  Glacier de Moiry 89
Mollis 190
Monbijoubrücke (Bern) 54
Mönch 68, 79
Mondrian, Piet 150, 157
Monet, Claude 146, 150, 155, 156f, 169, 232
  Eis auf dem Fluss 56
Mont Blanc 85
Mont-Pèlerin
  Hotels 250
Monte Brè 210, **211**
Monte Generoso 211
Monte Rosa **90**
Monte San Salvatore 210
Monte Tamaro 210
Montebello (Bellinzona) 26
Monthey 84
Montreux 119, **120f**, 290
  Hotels 251
  Jazz Festival 19, 31, 120
  Restaurants 275
Monument National (Genf) 97
Moods (Zürich) 173
Moon and Stars (Locarno) 31
Moore, Henry 16f
Moosbrugger, Kaspar 226
Morat *siehe* Murten
Morcote 210
Mörel 91
Moretto, Antonio Orazio
  Johann Caspar Lavater auf dem Sterbebett 163
Morgarten, Schlacht von 36, 225
Morges
  Feste und Festivals 30
  Hotels 251
Moritzersee 204
Moser, Karl 155
Mosesbrunnen (Bern) 59
Moulins Souterrains du Col-des-Roches 132
Mountainbiken 286
Mucha, Alfons 221
Mülenen 28, 74
Müller, Josef Felix 185
Munch, Edvard 170, 213
Munot (Schaffhausen) 47
Münster *siehe* Kathedralen
Münsterbrücke (Zürich) 161
Münstergasse (Bern) 53, 59, **59**
Münsterplatz (Basel) 141
Münsterplatz (Bern) 59, 64
Munt della Bescha 201
Munt la Schera (Schweizerischer Nationalpark) 202
Mur de la Réformation 100
Muri **152**
  Hotels 253
  Restaurants 277
Mürren 82, **83**
  Hotels 246
  Skigebiete 289
Murten (Morat) 110, **124**
  Hotels 251
  Restaurants 275
Murten (Morat), Schlacht von 124, 126
Murtensee 124
Musée Gutenberg (Fribourg) 127
Museen und Sammlungen
  Aargauer Kunsthaus (Aarau) 151
  Antikenmuseum (Basel) 143
  Appenzeller Brauchtumsmuseum (Urnäsch) **188**, 189
  Appenzeller Volkskunde-Museum (Stein) **188**, 189
  Archäologische Sammlung (Universität Zürich) 168
  Architekturmuseum (Basel) 142
  Augusta Raurica 150
  Automobilmuseum (Grandson) 129
  Basler Papiermühle (Basel) 143
  Bernisches Historisches Museum (Bern) **61**, 75, 129
  Bierflaschenmuseum (St. Gallen) 185
  Bourbaki Panorama (Luzern) 237
  Bundesbriefmuseum (Schwyz) 225
  Bündner Kunstmuseum (Chur) 196
  Bündner Naturmuseum (Chur) 196
  Casa Genardini (Sonogno) 219
  Casa Granda (Stampa) 204
  Centre Pasquart (Biel/Bienne) 70
  Chaplin's World (Vevey) 120
  Collection de l'Art Brut (Lausanne) 116
  Dorfmuseum (Riehen) 150
  Engadiner Museum (St. Moritz) 204
  Espace Frédéric Rouge (Aigle) 121
  Espace Jean Tinguely–Nikki de St-Phalle (Fribourg) 127
  Fondation Beyeler (Riehen) 150
  Fondation de l'Hermitage (Lausanne) 116
  Fondation Oskar Kokoschka (Vevey) 120
  Fondation Pierre Gianadda (Martigny) 84
  Forum Schweizer Geschichte Schwyz (Schwyz) 225
  Fotomuseum (Winterthur) 157
  Freilichtmuseum Ballenberg 27, **80f**
  Geologisches Museum (Burg Seedorf) 224
  Geschichtsmuseum (Herisau) 188
  Glasi Museum (Hergiswil) 229
  Graphische Sammlung (Eidgenössische Technische Hochschule, Zürich) 168
  Hallen für Neue Kunst (Schaffhausen) 180
  Heimatmuseum Schanfigg (Arosa) 191
  Helmhaus (Zürich) 166
  Historisches Museum (Basel) 141, **142**
  Historisches Museum (Luzern) 233
  Historisches Museum Uri (Altdorf) 224
  Historisches und Völkerkundemuseum (St. Gallen) 185
  Höfli (Stans) 229
  Johann Jacobs Museum (Zürich) 160, **169**
  Jüdisches Museum der Schweiz 138
  Kirchner Museum (Davos) 191
  Klostermuseum St. Georgen (Stein am Rhein) 182
  Kunst Halle (St. Gallen) 185
  Kunsthalle (Basel) 142
  Kunsthalle (Bern) 60
  Kunsthalle Winterthur 156
  Kunsthaus (Zug) 228
  Kunsthaus (Zürich) 11, **170f**
  Kunstmuseum (Basel) 11, **146f**
  Kunstmuseum (Bern) 10, **56f**
  Kunstmuseum (Liechtenstein) 193
  Kunstmuseum (Luzern) 232

Museen und Sammlungen
(Fortsetzung)
Kunstmuseum (Olten) 70
Kunstmuseum (St. Gallen) 185
Kunstmuseum (Solothurn) 72f
Kunstmuseum (Thun) 71
Kunstmuseum (Winterthur) 157
Landesmuseum Zürich (Zürich) 4, **162f**
Laténium, Parc et Musée d'archéologie de Neuchâtel 131
Maison d'Ailleurs (Yverdon-les-Bains) 128
Matterhorn Museum (Zermatt) 89
Migros Museum für Gegenwartskunst (Zürich) 164
Moulins Souterrains du Col-des-Roches 132
Musée Archéologique Gallo-Romain (Martigny) 84
Musée d'archéologie et d'histoire (Lausanne) 113
Musée d'Art et d'Histoire (Fribourg) 127
Musée d'art et d'histoire (Genf) 102f
Musée d'art et d'histoire (Neuchâtel) 41, 131
Musée d'Art du Valais (Sion) 86
Musée de l'Auto (Martigny) 84
Musée Baud (L'Auberson) 129
Musée cantonal des Beaux-Arts (Lausanne) 113
Musée et Chiens du Saint-Bernard 84f
Musée du CIMA (Sainte-Croix) 129
Musée du Fer et du Chemin (Vallorbe) 129
Musée de Grenouilles (Estavayer-le-Lac) 125
Musée Gutenberg (Fribourg) 127
Musée d'Histoire du Valais (Sion) 86
Musée historique (Lausanne) 112f
Musée d'Horlogerie (Le Locle) 132
Musée International de la Croix-Rouge et du Croissant-Rouge (Genf) 101
Musée international d'Horlogerie (La Chaux-de-Fonds) 132f
Musée Jenisch (Vevey) 120
Musée jurassien d'art et d'histoire (Delémont) 133
Musée de la Nature du Valais (Sion) 86
Musée Olympique (Lausanne) 117
Musée Romain (Avenches) 125
Musée romain (Lausanne) 117
Musée Valaisan de la Vigne et du Vin (Sierre) 88
Musée du Vieux Genève 100
Musée de la vigne et du vin (Aigle) 119, **121**
Museo d'Arte (Lugano) 213
Museo Cantonale d'Arte (Lugano) 213
Museo Civico di Belle Arti (Lugano) 213
Museo Comunale d'Arte Moderna (Ascona) 217
Museo Nazionale del San Gottardo 219
Museum (Castello di Sasso Corbaro, Bellinzona) 221
Museum (Müstair) 201
Museum zu Allerheiligen (Schaffhausen) 181
Museum Alpin (Pontresina) 201
Museum Appenzell 188
Museum Bellerive (Zürich) 169
Museum im Bellpark (Kriens) 237
Museum im Blauen Haus (Appenzell) **188**, 189
Museum in der Burg (Zug) 228
Museum für Gegenwartskunst (Basel) 143
Museum für Gestaltung (Zürich) 164
Museum für Kommunikation (Bern) 50, **61**
Museum der Kulturen (Basel) 141, 143
Museum Langmatt (Baden) 155
Museum Lindwurm (Stein am Rhein) 182
Museum Murten (Murten) 124
Museum Oskar Reinhart am Stadtgarten (Winterthur) 156
Museum Rietberg (Zürich) 169
Museum Tinguely (Basel) 143
Museum für Urgeschichte(n) (Zug) 228
Naturhistorisches Museum (Basel) 143
Naturhistorisches Museum (Bern) 61
Natur-Museum (Luzern) 233, 236
Neues Museum Biel (Biel/Bienne) 70
Nietzsche-Haus (Sils) 204
Pharmazie-Historisches Museum (Basel) 139
Pinacoteca Casa Rusca (Locarno) 215
[plug in] (Basel) 143
Rätisches Museum (Chur) 194
Richard Wagner Museum (Luzern) 237
Römerhaus (Augst) 150
Saaser Museum (Saas-Fee) 90
Sammlung E. G. Bührle (Zürich) 169
Sammlung Oskar Reinhart »Am Römerholz« (Winterthur) 156
Sammlung Rosengart (Luzern) 232
St.-Bernard-Museum (Martigny) 84
Schweizer Kindermuseum (Baden) 154
Schweizer Schützenmuseum (Bern) 61
Schweizerisches Alpines Museum (Bern) 60f
Segantini Museum (St. Moritz) 204
Sherlock-Holmes-Museum (Meiringen) 79
Spielzeug Welten Museum Basel 138
Spielzeugmuseum, Dorf und Rebbaumuseum (Riehen) 150
Tell-Museum (Bürglen) 224
Textilmuseum (St. Gallen) 184
Touristikmuseum (Unterseen) 75
Uhrenmuseum Beyer (Zürich) 164
Verkehrshaus (Luzern) 238f
Villa dei Cedri (Bellinzona) 221
Villa Flora (Winterthur) 157
Winkelriedhaus (Stans) 229
Zentrum Paul Klee (Bern) 61
Zunfthaus zur Meisen (Zürich) 165
Museggmauer (Luzern) 236
Musik
Bern 62f, 64f
Genf 104f
Zürich 172f
Musikautomaten, Musée du CIMA (Sainte-Croix) 129
Musikfestivals
Bach-Festival (Lausanne) 32
Festival d'Opéra Avenches 31
Gurtenfestival (Bern) 62
Internationales Jazzfestival (Bern) 30, 62
Lugano Festival (Lugano) 30
Luzern Festival 19, 31, 232
Montreux Jazz Festival 19, 31
Osterfestspiele (Luzern) 30
Snow and Symphony (St. Moritz) 30
Verbier Festival 85
Musikläden, Bern 65
Müstair **200f**

N

Nabis 157
Nadelwerk (Luzern) 233
Näfels 190
Napoléon I. 39, 84, 91
Napoléon III. 183
Nationalfeiertag 31
Nationalpark, Schweizerischer 25, 177, **202f**
Nationalsozialismus 42f
Emigration deutscher Künstler 217
Skandal um Nazi-Gold 43
Naturhistorisches Museum (Basel) 143
Naturhistorisches Museum (Bern) 61
Natur-Museum (Luzern) 233, 236
Negrentino 219
Nemtynakht, Statuette des 102
Nestlé, Henri 40, 120
Neuchâtel 11, **130f**
Feste und Festivals 32, 130
Geschichte 39
Hotels 251
Kanton 39, 109, 131
Restaurants 275
Zentrumskarte 131
Neuchâtel, Lac de 11, 125, 130f
Neujahr 33
Nidlenloch (Weissenstein) 70
Nidwalden (»Urkanton«) 32, 207, 229
Niederdorf (Zürich) 167
Niederer, Roberto 229
Niederschläge 32
Niesen 28, 74
Nietzsche, Friedrich 138
Nietzsche-Haus (Sils) 204
Niklaus-Thut-Platz (Zofingen) 151
Nikolaus 33
Nordschweiz 11, **134–157**
Geschichte 135
Hotels 252f
Regionalkarte 136f
Restaurants 276–278
Unterwegs in 137
Notrufnummern
Deutschland Direkt 300
Euro-Notruf **297**
Kreditkartenverlust 298
Nationale Notrufnummern
Nouvel, Jean 232
Nufenen-Pass 90
Nutli-Hüschi (Klosters) 191
Nydeggbrücke (Bern) 59
Nyon
Hotels 251
Restaurants 275

O

Oberdorf 70
Obere Gasse (Chur) 194f
Oberer Turm (Kaiserstuhl) 153

Oberhofen 75
Schloss 76f
Oberrofels 191
Obersee 191
Obwalden (»Urkanton«) 32, 207
Oeschinensee 82
Öffentlicher Nahverkehr 308
Öffnungszeiten 294
Banken 298
Läden Genf 106
Läden Zürich 174
Restaurants 261
Olivone 219
Olten **70**
Olympische Spiele
Musée Olympique (Lausanne) 117
Omega 70
Open Gstaad (Tennisturnier) 31
Oper
Festival d'Opéra Avenches 31
Genf 104
Opernhaus (Zürich) 168, 172f
Oppenheim, Meret 73
Orchestre de la Suisse Romande 104
Orelli (Familie) 214f
Orelli, Christoforo 215
Orelli, G.A.F. 215
Osso, Lago d' 205
Osterfestspiele (Luzern) 30
Ostermundigen-Haus (Freilichtmuseum Ballenberg) 80
Ostschweiz und Graubünden 11, **176–205**
Detailkarte: Schaffhausen 180f
Geschichte 177
Hotels 255–257
Regionalkarte 178f
Restaurants 279–281
Unterwegs in 179
Ouchy 117
Outdoor-Aktivitäten 20f, **284–289**
Ova dal Fuorn (Schweizerischer Nationalpark) 203
Ova Spin (Schweizerischer Nationalpark) 202

P

Palagnedra 218
Palais Cartigny, Salon du (Genf) 103
Palais de Justice (Genf) 99
Palais des Nations (Genf) 93, **101**
Paläste, Palazzi und Palais
Bischöflicher Hof (Chur) 194
Casa Granda (Stampa) 204
Château de Delémont 133
Freulerpalast (Näfels) 190
Palais de Rumine (Lausanne) 113
Palazzo Albricci (Poschiavo) 201
Palazzo Christoforo Orelli (Locarno) 215
Palazzo della Conferenza (Locarno) 214
Palazzo Franzoni (Cevio) 218
Palazzo Pretorio (Cevio) 218
Palazzo Riva (Lugano) 212
Petit Palais (Genf) 100
Stockalper-Palast (Brig) 91
Palazzo dei Congressi (Lugano) 213
Papier
Basler Papiermühle (Basel) 143
Paracelsus 138
Paragliding 285, 287
Paris, Pierre-Adrien 131
Park-Villa Rieter (Zürich) 169
Parken 309
Parks und Gärten
Botanischer Garten (Basel) 138
Botanischer Garten (Schynige Platte) 75
Botanischer Garten (Weissenstein) 70
Chinagarten (Zürich) 168, 173
Jardin Anglais (Genf) 97
Mystery Park (Interlaken) 75
Parc de l'Hermitage (Lausanne) 116
Parc des Bastions (Genf) 100
Parc des Nations (Genf) 94, **101**
Parc Mon-Repos (Lausanne) 116
Parc Olympic (Lausanne) 117
Rosengarten (Bern) 60
Rosengarten (Rapperswil) 189
Schadaupark (Thun) 71
Solitude Park (Basel) 143
Städtische Sukkulentensammlung (Zürich) 169
Swissminiatur (Melide) 210
Zürichhornpark (Zürich) 160, **168f**
Pass, Personalausweis 294
Pässe 307
Bernina 201
dal Fuorn 203
Furka 90, 222
Gemmi 89
Grimsel 90, 222
Großer St. Bernard 10, **84f**
Klausen 189
Lucomagno 219
Maloja 204
Meienreuss 223
Nufenen 90
San Bernardino 205
St. Gotthard 41, **219**
Simplon 90, **91**
Susten 222
Passugg 196
Pauschalangebote 302
Payerne **125**
Restaurants 276
Perrier, François 125
Persönliche Sicherheit 296
Pestalozzi, Johann Heinrich 128
Peter II. von Savoyen 128
Peterzano, Simone 221
Petit Palais (Genf) 100
Petrini, Giuseppe Antonio 213
Pferde 286
Marché-Concours national des chevaux (Saignelégier) 133
Pferderennen 33
Pharmazie-Historisches Museum (Basel) 139
Piano, Renzo 61, 150
Piazza della Riforma (Lugano) 212
Piazza Grande (Locarno) 214
Picabia, Francis 167
Picasso, Pablo 73, 146, 150, 157, 232
Eingeschlafene Trinkerin 57
Guitare sur un guéridon 171
Piccard, Professor Auguste 43
Pierre Avoi 85
Pierres du Niton (Genf) 97
Pigne d'Arolla 85
Pilatus (Berg) **228f**
Pilatus, Pontius 229
Pinacoteca Casa Rusca (Locarno) 215
Pissarro, Camille 146, 155
Ferme à Monfoucault 103
Piz Bernina 201
Piz Gloria (Restaurant) 261, 271
Piz Roseg 201
Pizokel 196
Pizzo Lucendro 219
Pizzo Uccello 205
Place du Bourg-de-Four (Genf) 97, **99**
Place de la Fusterie (Genf) 106f
Place des Halles (Neuchâtel) 130
Place de la Palud (Lausanne) 112
Place St-François (Lausanne) 112
Plaine Morte 88
Plaine de Plainpalais (Genf) 106f
Planetenweg (Weissenstein) 70
Planken 193
Plant, Jacques Ambrosius von 196
[plug in] (Basel) 143
Pointillismus 57
Politische Parteien 18f
Polizei 296f
Polo 33
Polybahn (Zürich) 168
Pont de Berne (Fribourg) 127
Ponte dei Salti (bei Lavertezzo) 44f, 219
Pontresina **201**
Porrentruy
Restaurants 276
Portes du Soleil (Skigebiet) **84**, 288f
Porzellan, Zunfthaus zur Meisen (Zürich) 165
Poschiavo **201**
Restaurants 280
Post 301
PostBusse 307
Poussin, Nicolas 156
Prätschli 191
Preise
Hotels 242
Restaurants 261
Preiswerte Unterkünfte 242f
Im Heu schlafen 243
Preußen 39
Pringy 124
Prisoner of Chillon, The (Byron) 117, 123
Privatunterkünfte 242
Pro Natura Zentrum Aletsch 91
Promenade Lungolago Giuseppe Motta (Locarno) 214
PubliBike 307
Punt la Drossa (Schweizerischer Nationalpark) 202
Puppen
Berner Puppentheater 59, 63
Spielzeug Welten Museum Basel 138
Théâtre des Marionettes de Genève 104
Pyramides d'Euseigne 88

Q

Quai des Pâquis à Genève, Le (Corot) 103

R

Rabatte
Gästekarten 242
Skipässe 288
Tickets, Bahnpässe 304f, 308f
Räbechilbi (Richterswil) 32
Raclette 262f
Radfahren **286**, 287, **307**, 309
Raetz, Markus 73
Rafting 285
Rapperswil **189**
Hotels 256
Restaurants 280
Räter 35, 194
Rathäuser
Hôtel de Ville (Delémont) 133
Hôtel de Ville (Fribourg) 126
Hôtel de Ville (Genf) 99
Hôtel de Ville (Neuchâtel) 131
Hôtel de Ville (Sion) 87
Hôtel de Ville (Yverdon-les-Bains) 128
Küssnacht 228
Palazzo Civico (Bellinzona) 220
Palazzo Civico (Lugano) 212

Rathäuser *(Fortsetzung)*
Rathaus (Basel) 134, **139**, 140
Rathaus (Bern) 49, 53, **60**
Rathaus (Biel/Bienne) 70
Rathaus (Chur) 195
Rathaus (Luzern) 27, 234, **236**
Rathaus (Schaffhausen) 180
Rathaus (Schwyz) 225
Rathaus (Solothurn) 73
Rathaus (Stein am Rhein) 182
Rathaus (Winterthur) 156
Rathaus (Zofingen) 151
Rathaus (Zug) 228
Rathaus (Zürich) 167
Stadthaus (Baden) 154
Rathaussammlung (Stein am Rhein) 182
Rätische Alpen 200f
Rätoromanisch 14f, 18, 177
Rauchen, in Restaurants 261
Ravecchia 221
Rebbaumuseum (Riehen) 150
Reformation 38, 93
Mur de la Réformation (Genf) 100
Regensberg **152f**
Regierungsplatz (Chur) 195
Reichenbachfälle 79
Reinhart, Oskar 156
Reiseinformationen **302–309**
Auto fahren 306f
Bahn- und Busreisen 304f
Fahrkarten/Pässe 304f, 308f
Flugreisen 302f
Genf 95
Mittelland, Berner Oberland und Wallis 68
Nordschweiz 137
Öffentlicher Nahverkehr 308
Ostschweiz und Graubünden 179
Schifffahrt 307, 309
Taxis 308
Westschweiz 110
Zentralschweiz und Tesin 209
Zürich 161
Reisezeit 294
Reiten 286f
Reitschule (Bern) 63
Religion 18
Rembrandt
David übergibt Goliaths Haupt dem König Saul 147
Lithografien, Musée Jenisch (Vevey) 120
Renaissance-Architektur 27
Renoir, Auguste 155f, 213
Restaurants **260–283**
Bern 268f
Genf 272f
Kinder 261
Mittelland, Berner Oberland und Wallis 269–272
Nordschweiz 276–278
Öffnungszeiten 261
Ostschweiz und Graubünden 279–281
Preise und Trinkgeld 261
Restaurantkategorien 260
Speisekarte 261
Vegetarische Gerichte 261
Westschweiz 273–276
Zentralschweiz und Tessin 282f
Zürich 278f
Reuss (Fluss) 232f, 236
Rhein 135, 153
Rheinau 153
Rheinfall (Schaffhausen) 180, **182**
Rheinwald 205
Rhônetal 67f
Richard Wagner Museum (Luzern) 237
Richter, Gerhard 185
Richterswil 32
Richterswil-Haus (Freilichtmuseum Ballenberg) 80
Riederalp **91**
Hotels 246
Restaurants 270
Riederfurka 91
Riedertal 224
Riehen **150**
Restaurants 277
Rigi (Berg) 225, 228
Rigi Kaltbad
Restaurants 283
Rigi-Kulm 225
Ringgenberg 78
Riva San Vitale 211
Riviera, Schweizer 10f, 120
Rockmusik
Gurtenfestival (Bern) 62
Rodari, Thomas 220
Rodin, Auguste René 146, 157
Rohan, Henri Duc de 99
Roitschäggättä (Lötschental) 33
Rolex 70
Rolle 118
Romainmôtier **128**
Romanelli, Francesco 186
Romanische Architektur 26
Romantik-Gruppe (Hotelkette) 242f
Römer 35
Augusta Raurica 150
Avenches 124f
Castello Visconteo (Locarno) 214
Musée Archéologique Gallo-Romain, Fondation Pierre Gianadda (Martigny) 84
Musée Romain (Avenches) 125
Musée romain (Lausanne) 117
Römerhaus (Augst) 150
Römerholz (Winterthur) 156
Ronco 216
Rorschach **183**
Restaurants 280
Rosablanche 85
Rose d'Or (TV-Preise) 19
Rosengart, Siegfried und Angela 232
Sammlung Rosengart (Luzern) 232
Rösti 262f
Rotair-Seilbahn (Engelberg) 229
Rote Fabrik (Zürich) 173
Roter Ochse (Stein am Rhein) 8f
Roth, Dieter 73
Rothko, Mark 150
Rouault, Georges 157
Rousseau, Henri
Urwaldlandschaft mit untergehender Sonne 147
Rousseau, Jean-Jacques 19, 128
Île Rousseau (Genf) 97
Maison Rousseau (Genf) 96
Statue 97
Rubens, Peter Paul
Die Heilige Familie 171
Rudersport
Ruderwelt (Luzern) 31
Rudolf I., Kaiser 36, 144
Rugenwald (Interlaken) 75
Ruine Stein (Baden) 154
Rütli-Wiese 35f, 43, 207
Urnersee 224

S

S-Bahn 308
S-charl 200
Saas-Fee **90**
Hotels 246
Restaurants 270
Skigebiete 289
Saaser Museum (Saas-Fee) 90
Sacre du Printemps (Strawinsky) 120
Saignelégier **133**
Restaurants 276
Saint-Luc 89
St-Maurice 84
St-Phalle, Nikki de 127, 143, 164
St-Pierre-de-Clages **85**
St-Saphorin 119
St-Ursanne **133**
Hotels 251
Restaurants 276
Sainte-Croix **129**
Salgesch 88
Sammlung Oskar Reinhart »Am Römerholz« (Winterthur) 156
Sammlung Rosengart (Luzern) 232
San Bernardino 205
San-Bernardino-Pass **205**
San Vittore 205
St.-Alban-Viertel (Basel) 142, **143**
St.-Bernhard-Pass, Großer 10, **84f**
Bernhardiner **84**
St. Gallen **184–187**
Feste und Festivals 31
Hotels 256
Kanton 39, 177
Restaurants 281
Zentrumskarte 185
St.-Gotthard-Pass 41, **219**
Gotthard-Basistunnel 28
Gotthard-Tunnel 41, 219, 238
St. Jakob, Schlacht von 37
St. Moritz 11, 190, **204**
Feste und Festivals 30
Hotels 257
Restaurants 281
Skigebiete 288f
Wintersport 33
St. Petersinsel 70
Säntis 188, 229
Sargans 190
Sasso Corbaro (Bellinzona) 26
Savoyen, Haus 93
Savoyen, Herzöge von 118, 122
Schaan 193
Schadaupark (Thun) 71
Schaffhausen 47, **180f**
Detailkarte 180f
Hotels 256
Kanton 38, 177
Restaurants 280
Rheinfall 182
Schanfigg, Heimatmuseum (Arosa) 191
Schaukäserei (Emmental) 71
Schauspielhaus (Zürich) 172
Schengen-Abkommen 294
Schiele, Egon 213
Schifffahrt 307, 309
Schiller, Friedrich 31, 75
Schillerglocke (Schaffhausen) 181
Schilthorn 83
Restaurants 270
Schlittenfahren 284
Schlossberg 229
Schlösser *siehe* Burgen, Festungen und Schlösser
Schmiedstube (Schaffhausen) 181
Schneeschuh-Wanderungen 284
Schokolade und Pralinés
Desserts 263
Herstellung 19, 40f
Läden (Bern) 65
Läden (Genf) 107
Läden (Zürich) 175
Schöllenenbahn 29
Schuhe (Läden)
Bern 65
Zürich 174
Schule für Holzbildhauerei (Brienz) 78

Schützen
Knabenschiessen (Zürich) 32
Schweizer Schützenmuseum (Bern) 61
Schützenbrunnen (Bern) 55
Schwägalp **188**
Hotels 256
Schwarze Madonna, Kloster Einsiedeln 226
Schwarzsee 23
Schweiz (Schweizerische Eidgenossenschaft) 35–39, 207
Einwohnerzahlen 12, 18
Entstehung der Alpen 24f
Feste und Festivals 30–33
Flora und Fauna der Alpen 23
Geografie 12, 17
Geschichte 34–43
Kantone 14f, 18f
Karten 12f, 46f
Klima 22, **31–33**
Neutralität 17, 21, 42f
Porträt 16–21
Regierung 18f
Religion 18
Schweizer Alpen 22f
Sprachen 14f, 18, 295
Umweltschutz 21
Wirtschaft 19
Wissenschaft 20
Schweizer Armee 21
Schweizer Armee- bzw. Offiziersmesser 64, 174
Schweizer Käse *siehe* Käse
Schweizer Kindermuseum (Baden) 154
Schweizer Schützenmuseum (Bern) **61**
Schweizergarde
Königliche Leibgarde 162, 237
Vatikan 21, 36
Schweizerischer Nationalpark 11, 25, 177, **202f**
Schweizerisches Alpines Museum (Bern) **60f**
Schwimmen 286
Schwingen (Ringkampf) 20
Schwyz **225**
Hotels 259
Kanton 35, 207, 225
Restaurants 283
Schwyzer Schild (Wappen) 36
Schynige Platte 29, 75
Schynige Platte-Bahn 29
Science-Fiction
Maison d'Ailleurs (Yverdon-les-Bains) 128
Scuol **200**
Hotels 256
Restaurants 281
Sechseläuten (Zürich) 30
Seedorf 224
Seelisberg 224
Seen
Bachalpsee 22, 82
Bielersee 18, 70
Blausee 82
Bodensee 183
Brienzersee 68, **78**
Genfer See 11, 109, **118f**
Lac de Neuchâtel 11, 125, 130f
Lac des Dix 85
Lago Bianco 201
Lago da Silvaplana 18
Lago di Lugano 11, **210f**
Lago di Vogorno 218
Lago d'Osso 205
Lago Maggiore 11, 206, **216f**
Mattmarksee 90
Moritzersee 204
Murtensee 124
Obersee 191
Oeschinensee 82
Schifffahrt 307, 309
Schwarzsee 23
Silsersee 204
Thunersee 68, **74f**
Totensee 222
Untersee 191
Urnersee 224f
Vierwaldstättersee 5, 207, 225
Walensee 190
Zugersee 225, 228
Zürichsee 159, **169**
Seewandel des Petrus, Der (Witz) 102
Segantini, Giovanni 196, 204, 221
Segantini Museum (St. Moritz) 204
Segeln 285, 287
Selbstversorger 289
Sempach, Schlacht von 151, 229
Semper, Gottfried 157, 168
Senecio (Klee) 146
Serodine, Giovanni 217
Sert, José Maria 101
Sgraffito 200, 234
Shelley, Mary 120
Sherlock-Holmes-Museum (Meiringen) 79
Shopping
Bern 64f
Genf 106f
Zürich 174f
Sicherheit
Bergsteigen und Wandern 285, 297
Persönliche Sicherheit 296f
Sierre **88**
Sightseeing in Städten 309
Signal de Sauvabelin (Lausanne) 116
Silber- und Bleimine, S-charl 200
Sils **204**
Sils-Fextal
Restaurants 281
Silsersee 204
Silvaplana, Lago da 18, 33
Silvretta-Gruppe 200
Simmental **83**
Simplon-Pass 90, **91**
Simplon-Tunnel 42
Simsonbrunnen (Bern) 50, **55**
Sion 69, **86f**
Hotels 247
Restaurants 271
Zentrumskarte 87
Sisikon 224
Sisley, Alfred 155
Sitten *siehe* Sion
Skating 284
Ski-Urlaub **288f**
Abseits der Pisten 289
Bergrettung 297
Reisezeit 288
Skigebiete 288f
Snowboarden 288
Unterkunft 289
Snow and Symphony (St. Moritz) 30
Snowboarden 288f
Extreme Verbier (Verbier) **30**, 85
Soazza 205
Soglio 204
Solferino, Schlacht von 101
Solothurn **72f**
Hotels 247
Kanton 38, 67
Restaurants 271
Zentrumskarte 73
Sonderbund 39
Sonlerto 230f
Sonnenscheindauer 31
Sonnenschutz 296f
Sonogno 219
Soussillon 89
Souvenirs
Bern 64f
Genf 106f
Zürich 174f
Spalentor (Basel) 138
Spaniola-Turm (Pontresina) 201
Spas und Wellness **290f**
siehe auch Thermalbäder
Speisekarten 261
Spengler Cup (Davos) 33
Spiel der Nereiden, Das (Böcklin) 147
Spielzeuge
Schweizer Kindermuseum (Baden) 154
Spielzeugmuseum (Riehen) 150
Spiez 74, 83
Spirituosen 267
Spitzen, Stickarbeiten
Museum Appenzell 188
Textilmuseum (St. Gallen) 184
Sport und Aktivurlaub 20f, **284–289**
Sprachen 14f, 18, 295
Karte Sprachgebiete 14f
Sprachführer 326–328
Spreuerbrücke (Luzern) 233
Sprüngli 164, 175
Spyri, Johanna 190
Stadt- und Universitätsbibliothek (Bern) 59
Stadthaus (Winterthur) 157
Städtische Sukkulentensammlung (Zürich) 169
Stadttheater (Bern) 62
Stadtturm (Baden) 154
Stampa 204
Stand 229
Standseilbahnen 28
Crans-Montana 88
Heimwehfluh 75
Linthal–Braunwald 189
Niesen 74
Polybahn (Zürich) 168
Reichenbachfälle 79
Stanserhorn 229
siehe auch Zahnradbahnen
Stans **229**
Hotels 259
Restaurants 283
Stanserhorn 229
Stauder, Franz Carl 73
Stechelberg 83
Steckborn 183
Stein (bei Appenzell) 188
Stein am Rhein **182**
Fassadenbilder 8f, 26
Hotels 257
Restaurants 281
Steiner, Rudolf 150
Steinkreis aus der Jungsteinzeit (Yverdon-les-Bains) 128
Sternenplatz (Luzern) 235
Stiftsbibliothek (St. Gallen) 184
Stockalper von Thurm, Kaspar Jodok 91
Stockalper-Palast (Brig) 91
Stockhorn 90
Straßenverkehrsregeln **306**
Strawinsky, Igor
Sacre du printemps 120
Street Parade (Zürich) 31
Studer, F. 55
Suchard, Philippe 40f
Suisse Romande 109
Sursee 32
Susten-Pass 222
Swiss (Airline) 302f
Swiss Hotel Association 242f
Swiss Pass **305**, 307, 308
Swissminiatur (Melide) 210
Symbolismus 54

T

Ta matete (Gauguin) 146
Tamina (Fluss) 190
Taminaschlucht 190
Tanz
  Genf 104f
  Zürich 172
Tápies, Antoni 185
Tarasp 200
Taxis 308
Telefon 300
Tell, Wilhelm 31, 37, **224**
  Aufführungen von Schillers Drama 75
  Tell-Museum (Bürglen) 224
  Telldenkmal (Altdorf) 224
  Tellkapelle (bei Flüelen) 225
  Tellplatte (bei Flüelen) 224f
Temperaturen 33
Tennis 286f
  Swiss Open 31
Tessin (Kanton) 39, 207
  siehe Zentralschweiz und Tessin
Textilindustrie 40
Theater
  Auditorium Strawinsky (Montreux) 120
  Berner Puppentheater 59, 63
  Comédie de Genève 104, 105
  Dampfzentrale (Bern) 63
  DAS Theater an der Effingerstrasse (Bern) 62
  Grand-Théâtre de Genève 104f
  KKL (Luzern) 232
  Kulturcasino (Bern) 63
  Opernhaus (Zürich) 168, 172f
  Rugenwald (Interlaken) 75
  Schauspielhaus (Zürich) 172f
  Stadthaus (Winterthur) 157
  Stadttheater (Bern) 62
  Theater am Käfigturm (Bern) 62
  Theaterkasse im Kornhaus (Bern) 62f
  Théâtre Am Stram Gram (Genf) 104f
  Théâtre de Carouge (Genf) 104f
  Théâtre des Marionettes de Genève 104f
  Théâtre du Grütli (Genf) 104, 105
  Tonhalle (Zürich) 172f
  Victoria Hall (Genf) 104f
Thermalbäder
  Bad Pfäfers 190
  Bad Ragaz **190**, 290
  Baden 135, 154f
  Centre Thermal (Yverdon-les-Bains) **128**, 290
  Lenk 83, 290
  Leukerbad **89**, 290
  St. Moritz-Bad **204**, 290
  Zurzach 153
Thomas-Mann-Archiv (Zürich) 168
Thorwaldsen, Bertel 237
Thumb, Peter 184, 186
Thun **71**
  Hotels 247
Thunersee 68, **74f**
Thun-Panorama (Thun) 71
Thurgau (Kanton) 39, 177, 182
Tickets
  Bern 62f
  Genf 104
  Öffentlicher Nahverkehr 308
  Zürich 172f
Tilleul de Morat (Fribourg) 126
Tinguely, Jean 20
  Brunnen (Basel) 142
  Espace Jean Tinguely–Nikki de St-Phalle (Fribourg) 127
  Museum Tinguely (Basel) 143
  Zürichhorn Park 168
Titlis 229
Toggenburg **189**
Tolstoi, Leo 120
Tonhalle (Zürich) 172
Törbel
  Restaurants 271
Totensee 222
Toulouse-Lautrec, Henri de 84, 164
Tour Bel-Air und Salle Métropole (Lausanne) 112
Tour de la Bâtiaz (Martigny) 84
Tour de Mayen 121
Tour des Sorciers (Sion) 87
Tour d'Île (Genf) 95
Touren
  Bodensee 183
  Drei-Pässe-Tour 222f
  Liechtenstein 192f
  Schweizerischer Nationalpark 202f
  Thunersee 74f
  Um den Lago Maggiore 216f
Tourismus 19, 41
Tourismusbüros 295
  Bern 62f
  Genf 104
  Zürich 172f
Touristikmuseum (Unterseen) 75
Trams 308
Triesen 192
Triesenberg 192
Trinkgeld (Restaurants) 261
Trivulizio (Familie) 205
Trogen 188
Trubschachen 71
Trümmelbach, Wasserfälle bei 83
Tschäggätta 91
Tschiertschen 196
Tunnel **28f**
  Karte 28f
  Lötschberg 68, 82
  St. Bernhard 85
  St. Gotthard 41, 219, 238
  Simplon 42
Türkische Bad, Das (Vallotton) 103
Turmhof (Steckborn) 183
Turner, J. M. W. 213
Twann 70
Tzara, Tristan 167

U

Uhren
  Biel (Bienne) 70
  Herstellung 40f, **132**
  Horloge Fleurie (Genf) 97
  Läden (Bern) 65
  Läden (Genf) 106f
  Läden (Zürich) 174f
  Musée d'art et d'histoire (Neuchâtel) 131
  Musée d'Horlogerie (Le Locle) 132
  Musée international d'Horlogerie (La Chaux-de-Fonds) 132f
  Uhrenmuseum Beyer (Zürich) 164
Umweltschutz 21
  Skigebiete 288
Universitäten
  Basel 138
  Bern 54
  St. Gallen 185
  Zürich 168
UNO 21, 43, 93
  Palais des Nations (Genf) 10, **101**
Unterhaltung
  Bern 62f
  Genf 104f
  Zürich 172f
Untersee 191
Unterseen 75
Unterwalden (Kanton) 35, 207
Unterwasser 189
Uri (Kanton) 35, 207, 224
Urirotstock 229
Urnäsch 188
Urnersee **224f**
Ursicinus, Einsiedler 133
Urwaldlandschaft mit untergehender Sonne (Rousseau) 147

V

Vaduz 192, **193**
  Hotels 257
  Restaurants 281
Val Bavona 230f
Val Bregaglia 47, **204**
Val Calanca 205
Val d'Anniviers **89**
  Hotels 247
  Skigebiete 289
Val d'Arolla 88
Val de Bagnes 85
Val di Blenio **219**
  Restaurants 283
Val d'Hérémence 85
Val d'Hérens **88**
Val Verzasca 218f
Valle Leventina 219
Valle Maggia **218**
Valle Mesolcina 205
Vallorbe **128f**
Vallotton, Félix
  Das Türkische Bad 103
Van Gogh, Vincent 73, 84, 150, 155, 157, 169
  Cabanes Blanches 171
Vaud *siehe* Waadt
Vazerol-Denkmal (Chur) 195
Vegetarische Gerichte 261
Verbier 10, **85**
  Feste und Festivals 30
  Hotels 247
  Restaurants 271
  Skigebiete 288f
Verscio 218
  Restaurants 283
Versuchung des heiligen Antonius durch Dämonen, Die (Deutsch) 56
Vevey 119, **120**
  Hotels 251
Via-Mala-Schlucht 205
Vicosoprano 204
Vierwaldstättersee 5, 207, 225
Villa Ciani (Lugano) 213
Villa dei Cedri (Bellinzona) 221
Villa Flora (Winterthur) 157
Villa Tribschen (Luzern) 237
Villa Turque (La Chaux-de-Fonds) 133
Villa Wesendonck (Zürich) 169
Vira 217
Visa (Kreditkarte) 298
Visconti (Familie) 214
Visp
  Hotels 247
  Restaurants 271
Vissoie 89
Vitznau 225
  Hotels 259
Vogel Gryff (Basel) 33, 138
Vogel im Weltall (Brancusi) 171
Vogorno 218f
Völkerbund 42, 99
  Palais des Nations (Genf) 101
  Vertrag von Locarno 214
Voltaire 116
Vorwahlnummern 300
Vufflens-le-Château 26, 118
Vuillard, Édouard 157
Vulpera 200

W

Waadt (Kanton) 39, 109
Waaghaus (St. Gallen) 184
Wadenswil, Restaurants 277
Waffenindustrie 42
Waffenlauf 21
Wagner, Richard 169
  Richard Wagner Museum (Luzern) 237
Währung **298f**
Waisenhausplatz (Bern) 54, 64
Waldstätte 34, 207
  Bündnis der »Urkantone« 35f
  Urnersee 224f
Walensee **190**
Walenstadt 190
Walenstadtberg 190
Waller, Joseph 193
Wallis (Kanton) 39, 67
  siehe Mittelland, Berner Oberland und Wallis
Wandern 285, 287
  Planetenweg (Weissenstein) 70
  Schweizerischer Nationalpark 203
Wannenmacher, Josef 184, 186
Warhol, Andy 150
Wassen 223
Wasser
  Mineralwasser 266
  Wasserqualität 296
Wasserfälle
  Engstligenfälle 82
  Giessbachfälle 78
  Giumaglio 218
  Reichenbachfälle 79
  Rheinfall (Schaffhausen) 180, **182**
  Thurwasserfälle (Unterwasser) 189
  Trümmelbach 83
Wassersport 285–287
Wasserturm (Luzern) 232
Watteau, Antoine 155
Wechselstuben 298
Weesen 190
Weggis
  Hotels 259
  Restaurants 283
Weihnachtsmarkt (Bern) 64
Wein und Weinanbau
  Fête des Vendages (Neuchâtel) 32, 130
  Fête des Vignerons (Vevey) 119
  Musée de la vigne et du vin (Aigle) 119, **121**
  Musée Valaisan de la Vigne et du Vin (Sierre) 88
  Rebbaumuseum (Riehen) 150
  Schweizer Getränke **267**
  Weinhandlungen (Genf) 107
  Weinhandlungen (Zürich) 175
Weinfelden, Restaurants 281
Weinmarkt (Luzern) 234, **236**
Weissenstein **70**
Weisshorn 191
Wellness *siehe* Spas und Wellness
Weltausstellung 1851 40
Weltkrieg, Erster 42
Weltkrieg, Zweiter 43
Wengen 79, 82, **83**
  Hotels 248
  Restaurants 271
  Skigebiete 289
Wengwald 83
Westfälischer Friede 38
Westschweiz 10f, **108–133**
  Geschichte 109
  Hotels 249–252
  Regionalkarte 110f
  Restaurants 273–276
  Unterwegs in 110
Wetterhorn 82
Wettingen **152**
  Restaurants 278
White, Gillian 20
White Turf (St. Moritz) 33
Whymper, Edward 89f
Wiener Kongress 39
Wil 189
Wilderswil **75**
  Hotels 248
  Restaurants 271
Wildhaus 189
Wildtiere 23, 202
  siehe auch Zoos
Wilhelm Tell (Schiller) 75
Wilhelm Tell Express 304
Windisch 152
Windsurfen 286f
Winkelried, Arnold 229
Winkelriedhaus (Stans) 229
Wintersport **284**, 287, **288f**
  Saison 294
Winterthur 11, **156f**
  Hotels 253
  Restaurants 278
  Zentrumskarte 157
Wirtschaft 19, 40f
Witz, Konrad
  Der Seewandel des Petrus 102
Wocher, Marquard 71
Wolf, Caspar 72, 152
World Snow Festival (Grindelwald) 33

X

Xtreme Verbier (Verbier) **30**, **85**

Y

Yverdon-les-Bains **128**, 290
  Hotels 252
  Restaurants 276

Z

Zahnradbahnen 28f
  Brienzer Rothornbahn 28, 78
  Gornergrat 89
  Jungfrau-Region 75, 79
  Pilatus 229
  Rigi-Kulm 225
  Schynige Platte 29, 75
Zähringen, Haus 71, 124, 159
  Berthold IV., Herzog 126
  Berthold V., Herzog 49, 55
Zähringerbrunnen (Bern) 55
Zappa, Frank 120
Zeitungen 295
Zentralschweiz und Tessin 11, **206–239**
  Geschichte 207
  Hotels 257–259
  Regionalkarte 208f
  Restaurants 282f
  Unterwegs in 209
Zentrum Paul Klee (Bern) 61
Zermatt 10, 69, **89**
  Hotels 248
  Restaurants 271f
  Skigebiete 288f
Zeughaus (Biel/Bienne) 70
Zibelemärit (Bern) 32, 64
Zillis **205**
Zinal 89
Zinal-Rothorn 89
Zionistischer Kongress 138
Zirkusschule (Verscio) 218
Zisterzienserkloster (Wettingen) 136, **152**
Zita, Kaiserin 152
Zofingen **151**
  Restaurants 278
Zoll 294
Zoos
  BärenPark (Bern) 10, **60**
  Harder 75
  Parc de l'Hermitage (Lausanne) 116
  Tierpark Dählhölzli (Bern) 63
Zug **228**
  Hotels 259
  Kanton 35, 207, 228
  Restaurants 283
Züge **304f**
  Bernina Express 29, 201, 304f
  Centovallibahn 218
  Fly Rail Baggage 303
  Gepäckaufgabe 303
  Glacier Express 28, 222, 304f
  Golden Pass Express 304f
  Karten 28f, 305
  Matterhorn-Gotthard-Bahn 29
  Metro Alpin 90
  Musée du Fer et du Chemin (Vallorbe) 129
  Schöllenenbahn 29
  Tunnel und Eisenbahnen 28f
  Verkehrshaus (Luzern) 238
  Wilhelm Tell Express 304f
  siehe auch Standseilbahnen; Zahnradbahnen
Zugersee 225, 228
Zunfthaus zur Meisen (Zürich) 165
Zur Geduld (Winterthur) 156
Zur Linde (Kaiserstuhl) 153
Zürich 11, 47, **158–175**
  Anreise 161
  Feste und Festivals 30–33
  Geschichte 159
  Hotels 253–255
  Kanton 35, 135, 159
  Restaurants 278f
  Shopping 174f
  Unterhaltung 172f
  Zentrumskarte 160f
Zürichhornpark (Zürich) 160, **168f**
Zürichsee 159, 165, **169**
Zurzach 153
Zweisimmen 83
Zwingli, Ulrich 38
  Geburtshaus (Wildhaus) 189
  Grossmünster (Zürich) 159, 167
  Parc des Bastions (Genf) 100
Zytglogge (Bern) 10, 53, **55**
Zytglogge (Solothurn) 72, **73**

Danksagung und Bildnachweis

Dorling Kindersley und **Hachette Livre Polska** bedanken sich bei allen, durch deren Arbeit, Unterstützung und Engagement dieses Buch ermöglicht wurde.

Publisher
Douglas Amrine

Publishing Manager
Kate Poole

Managing Editors
Helen Townsend, Jacky Jackson

Kartografie
Uma Bhattacharya, Mohammad Hassan, Jasneet Kaur, Casper Morris

DTP
Vinod Harish, Vincent Kurien, Jason Little, Azeem Siddiqui

Redaktionelle Mitarbeit
Julie Bond, Louise Cleghorn, Kati Clinton, Caroline Elliker, Karen Fitzpatrick, Anna Freiberger, Priya Kukadia, Jude Ledger, Carly Madden, Kate Molan, Rada Radojicic, Catherine Richards, Conrad Van Dyk, Antoinette Verlan

Überprüfung der Fakten und Daten
Doug Sager

Bildredaktion
Rachel Barber, Rhiannon Furbear, Ellen Root

Korrektur
Stewart Wild

Register
Helen Peters

Weitere Textbeiträge
Catherine Beattie, Doug Sager

Weitere Bildbeiträge
Ian O'Leary

Besondere Unterstützung
Appenzellerland Tourismus; Artothek, Baud V. Maydell; Bellinzona Turismo; Biel (Bienne) Seeland Tourismus; Bürgerbibliothek, Bern; Corbis; Enteturistico Lago Maggiore; Jakob Furrer (Fotografien der Bierflaschen, S. 266); Historisches Museum, Basel (Therese Wollmann); Kunsthaus, Zürich (Cécile Brunner); Kunstmuseum, Basel; Kunstmuseum, Bern (Regula Zbinden); Alicja Kusch (Fotografie von Bomi in Klif); Landesmuseum Zürich (Angelica Condrau, Andrea Kunz); André Locher (Fotografien von Yverdon-les-Bains und Mesocco); Lugano Turismo; Katarzyna und Wojciech Medrzak; Grzegorz Mościbrocki (World of Alcoholic Drinks); Mövenpick Wein, Zug (Brigitte auf der Maur); Musée d'art et d'histoire, Genf (Isabelle Brun-Ilunga, Marc-Antoine Claivaz); Musée d'Art et d'Histoire, Neuchâtel (Marie-Josée Golles); Musée Romain, Avenches (Anne Hochuli-Gysel); Öffentliche Kunstsammlung Basel, Kunstmuseum und Museum für Gegenwartskunst (Maria-Theresa Brunner); Schweiz Tourismus, Zürich (Fred Schreiber); Schweizer Botschaft, Warschau; Gerry Thönen (Fotografie eines Obstgartens); Tourismusbüro, Genf (Frédéric Monnerat); Verkehrshaus der Schweiz, Luzern (Hans Syfrig, Martin Sigrist); Wistillerie Etter Söhne AG, Zug (Eveline Etter); Zentralbibliothek, Zürich (Kristin Steiner).

Bildnachweis

o = oben, m = Mitte, u = unten, l = links, r = rechts, d = Detail.

Dorling Kindersley hat sich bemüht, alle Urheber ausfindig zu machen und zu nennen. Sollte uns dies in einigen Fällen nicht gelungen sein, bitten wir, dies zu entschuldigen und uns zu benachrichtigen. In der nächsten Auflage werden wir versäumte Nennungen nachholen.

Kunstwerke wurden mit freundlicher Genehmigung folgender Copyright-Inhaber reproduziert: *Fenster im Fraumünster*, Marc Chagall ©ADAGP, Paris und DACS, London 2012 166mo; Poster (Detail), Kirchner Museum Davos © Dr. Wolfgang & Ingeborg Henze-Ketterer, Wichtrach/Bern 191ur; *Diego*, 1963/64, Alberto Giacometti © ADAGP, Paris und DACS, London 2012 43m; *Sheep piece*, 1971/72 (LH627), Henry Moore, dieses Kunstwerk wurde mit freundlicher Erlaubnis der Henry Moore Foundation reproduziert 169o; *Fasnachtsbrunnen*, 1977, Jean Tinguely © ADAGP Paris und DACS, London 2012 142ol; *Schwimmwasserplastik*, 1980, Jean Tinguely © ADAGP, Paris und DACS, London 2012 143ur.

4Corners Images: SIME/Fantuz Olimpio 11ol; SIME/Giovanni Simeone 288ur; SIME/Johanna Huber 284ml; SIME/Siegfried Eigstler 60ol.

Alamy Images: Arco Images 10om; Design Pics Inc./Natural Selection Dan Sherwood 284ur; Eddie Gerald 290ur; Marc Grimberg 263m; Andre Jenny 262ml; Jon Arnold Images/Gavin Hellier 10ml; Chris McLennan 286ur; mediacolor's 10ur; Mo Peerbacus 300ur; Photo Mere Switzerland 296mlo; StockShot/Karen Jones 288ml; StockShot/Mike Weyerhaeuser 288or; tbkmedia.de 286ol.

Appenzellerland Tourismus: 188u.

Artothek: 54u.

Baud V. Maydell: 92.

Bellinzona Turismo: 220ol.

Berne Animal Park: RANDO 63mr.

Biel/Bienne Seeland Tourismus: P. Brisset 18ol.

Bürgerbibliothek, Bern: 37u.

Clinique La Prairie: 290ml, 290om.

Collectif d'enfants: *Le cinéma*, ca. 1950, gouache et collage sur papier, 294 x 173,5cm © Collection de l'Art Brut, Lausanne/Photo: Claude Bornand, Lausanne 116ul.

Corbis: O. Alamany & E. Vicens 22d, 23mru, 177u; Paul Almasy 44–45; Roger Antrobus 2–3,

79o; Morton Beebe 84o, 107d; Bettmann 40mlu, 40d, 42o, 42u, 43or, 43umo, 43ul, 84o; Stefano Bianchetti 38ul; Jacques Bock/Sygma 104o; Barnabas Bosshart 60u, 64o, 174u; Christie's Images *Diego*, 1963/64, Alberto Giacometti © ADAGP, Paris und DACS, London 2012, 43mo; Corbis 41mru; Robert Eric/Sygma 105o; Farrell Grehan 8–9; Robert Harding World Imagery/H. P. Merten 292–293; Historical Picture Archive 40mlo, 41m, 45m; Dave G. Houser 190u; Pat Jerrold/Papilio 23mlu, 23ul; Wolfgang Kaehler 15o, 62o; Kelly-Mooney Photography 26or; Listri Massimo 139o; Francis G. Mayer 38ur; Richard T. Nowitz 27or, 158; Gianni Dagli Orti 39u; José F. Poblete 22–23m, 47ur, 134; Annie Poole/Papilio 23ol; Christian Sarramon 83u; Leonard de Selva 41u; Ted Spiegel 36o; Ink Swim 41ol, 228m; Tim Thompson 23ur; Vittoriano Rastelli 21o; Ruggero Vanni 27ml; Jean Bernard Vernier/Sygma 43mru, 43ur, 105u, 106mlo, 107o; Scott T. Smith 22ml; Sandro Vanini 27ur, 52u, 207u, 214olu; Pierre Vauthey/Sygma 27mr, 31ul; Patrick Ward 27ul, 30o, 76–77; Werner Forman 141ol; Nik Wheeler 1; Adam Woolfitt 220; Zefa/José Fuste Raga 284om; Zefa/Uli Wiesmeier 289or.

Enteturistico Lago Maggiore: T. Krueger 214oro.

Getty Images: LOOK/Bernard van Dierendonck 11mr, 285ol; Stephen Studd 235ur.

Familie Grolimund: 300ml, 301ol.

Hemispheres Images: Patrick Frilet 11um.

Historisches Museum Basel: M. Babey 38mo.

Hiltl AG: 260ur.

Hotel Le Mirador Kempinski Genfer See: 243mr.

Oldrich Karasek: 5o, 68u, 79u.

Piotr Kiedrowski: 106o, 106mru, 107m.

Kunsthaus Zürich: 34, 41mro, 170um, 170mlo, 170um, 171mu; *Dadaistische Arbeit*, Hans Arp © DACS, London 2012 167or; *Au-dessus de Paris*, 1968, Marc Chagall © ADAGP, Paris und DACS, London 2012 170or; *Die ganze Stadt*, 1935/37, Max Ernst © ADAGP, Paris und DACS, London 2012 171mro; *Vogel im Weltall*, 1925, Constantin Brancusi © ADAGP, Paris und DACS, London 2012 171om; *Guitare sur un guéridon*, 1915, Pablo Picasso © Succession Picasso/DACS 2012 171mr; *Big Torn Campbell's Soup Can*, 1962, Andy Warhol © mit freundlicher Genehmigung der Andy Warhol Foundation for the Visual Arts, Inc./ARS, NY und DACS, London 2012 171u.

Kunstmuseum Basel: 146o, 146mlu, 146u, 147mo, 147mu, 147u; *Senecio*, 1922, Paul Klee © DACS 2012 146or; *Brennende Giraffe*, 1936/37, Salvador Dalí © Kingdom of Spain – Gala-Salvador Dalí Foundation, DACS, London 2012 146ur.

Kunstmuseum Bern: 56o, 56m; Peter Lauri 56u, 57mu; *In einem südlichen Garten*, 1914 Pierre Bonnard © ADAGP, Paris und DACS, London 2012 57om; *Ad Parnassum*, 1932, Paul Klee © DACS 2012 57mro; *Eingeschlafene Trinkerin*, 1902, Pablo Picasso © Succession Picasso/DACS 2012 57ur.

Landesmuseum Zürich: (2003) 35u, 36ur, 37o, 37mr, 39o.

André Locher: 128o.

Lugano Turismo: 210o.

Musée d'Art et d'Histoire, Neuchâtel: 40–41m.

Musée d'art et d'histoire, Genf: MAH 102o; Jean Marc Yersin 102mo, 102mu, 103mro; Yves Siza 102u, 103u; Bettina Jacot-Descombes 103o; *Türkisches Bad*, 1907, Félix Vallotton 103mu.

Öffentliche Kunstsammlung, Basel: Martin Bühler 36ml, 38o.

Małgorzata Omilanowska: 4o, 26ol, 26ml, 26mr, 47or, 47ul, 51u, 53oro, 58m, 58o, 58u, 59ol, 159u, 174u, 175o, 309or, 309u.

photo SBB: 304ml, 304ul.

Photolibrary: imagebroker.net/Meinrad Riedo 236ul; Mauritius Die Bildagentur GmbH/Beuthan Beuthan 263ol.

Robert Harding Picture Library: Neil Emmerson 82mu.

Schilthornbahn AG: 261ur.

Schweizerisches Nationalmuseum (Landesmuseum Zürich): 4u, 162–163.

Schweiz Tourismus: 111o, 164o, 191o, 191ulu; U. Ackermann 18u; D. Brawand 225u; R. Brioschi 172mr; L. Degonda 24o, 119mu; S. Eigstler 23mlo; S. Engler 30u, 32u, 104u, 117u, 119ulo, 172u; Ph. Giegel 228o; Höllgrotten Baar 209o; P. Maurer 18m, 28o, 232olu; F. Pfenniger 25u; M. Schmid 17u, 25o, 119o, 225o; H. Schwab 17o, 23mru, 29ur, 209u, 228u; C. Sonderegger 18u, 19o, 19u, 21u, 28mo, 28um, 28ul, 28ur, 29ol, 29or, 29ul, 30m, 31o, 32o, 33o, 119mo, 119or, 135u, 178, 179, 190o, 208u, 214u, 220u, 229u, 232oro, 232u; W. Storto 215u; Rausser 13o; K. Richter 20o.

Taggenberg (Restaurant): 260ur.

Thun Thunersee Tourismus: 74mo.

Verkehrshaus: 238–239.

Victoria-Jungfrau Grand Hotel & Spa: 291or.

Widder Hotel: 242ml.

Ireneusz Winnicki: 262–263.

Paweł Wroński: 88m, 90u, 116u, 307u.

Zefa: J. Raga 108.

Zentralbibliothek, Zürich: 36–37m, 38mu.

Andrzej Zygmuntowicz: 262–263.

Umschlag

Vorderseite: **Petra Kühner, Germering** (Hauptbild).
Rückseite: **DK Images:** Wojciech und Katarzyna Mędrzakowie mlo, mlu; **Oldrich Karasek:** ol; **Christof Sonderegger, Fotograf:** ul.
Buchrücken: **Petra Kühner, Germering** o; **DK Images:** Wojciech und Katarzyna Mędrzakowie u.

Alle anderen Bilder © Dorling Kindersley.
Weitere Informationen unter **www.dkimages.com**

Sprachführer

Deutsch ist die am weitesten verbreitete Sprache in der Schweiz, gefolgt von Französisch und Italienisch. Schweizerdeutsch, das sich vom Standard-Hochdeutschen zum Teil erheblich unterscheidet *(siehe S. 295)*, ist eine Umgangssprache. Da sie zudem aus verschiedenen Dialekten besteht, sind unten nur die französischen und italienischen Übersetzungen der deutschen Ausdrücke wiedergegeben. Wichtige Begriffe des Schweizerdeutsch sind Äxgüsi (Entschuldigen Sie!), Grüezi (Guten Tag!) und Ufwiederluege (Auf Wiedersehen!).

	Französisch	Italienisch
Notfälle		
Hilfe!	**Au secours!**	**Aiuto!**
Halt!	**Arrêtez!**	**Alt!**
Holen Sie einen Arzt!	**Appelez un médecin!**	**Chiami un medico!**
Holen Sie einen Krankenwagen!	**Appelez une ambulance!**	**Chiami una ambulanza!**
Holen Sie die Polizei!	**Appelez la police!**	**Chiami la polizia!**
Holen Sie die Feuerwehr!	**Appelez les pompiers!**	**Chiami i pompieri!**
Wo finde ich ein Telefon?	**Où y a-t-il un téléphone?**	**Dov'è il telefono?**
Wo ist das Krankenhaus?	**Où est l'hôpital?**	**Dov'è l'ospedale?**
Grundwortschatz		
ja	**oui**	**si**
nein	**non**	**no**
bitte	**s'il vous plaît**	**per favore**
danke	**merci**	**grazie**
Entschuldigen Sie.	**Excusez-moi.**	**Mi scusi.**
Guten Tag!	**Bon jour!**	**Buon giorno!**
Auf Wiedersehen!	**Au revoir**	**Arrivederci**
Tschüss!	**Salut!**	**Ciao!**
hier	**ici**	**qui**
dort	**là**	**la**
Was?	**quel/quelle?**	**quale?**
Wo/Wohin?	**où?**	**dove?**
Nützliche Redewendungen		
Wo ist …?	**Où est …?**	**Dov'è …?**
Wo sind …?	**Où sont …?**	**Dove sono …?**
Sprechen Sie Deutsch?	**Parlez-vous allemand?**	**Parla tedesco?**
Sprechen Sie Englisch?	**Parlez-vous anglais?**	**Parla inglese?**
Ich verstehe.	**Je comprends.**	**Capisco.**
Ich verstehe nicht.	**Je ne comprends pas.**	**Non capisco.**
Es tut mir leid.	**Je suis désolé.**	**Mi dispiace.**
groß	**grand**	**grande**
klein	**petit**	**piccolo**
offen/geöffnet	**ouvert**	**aperto**
zu/geschlossen	**fermé**	**chiuso**
links	**à gauche**	**a sinistra**
rechts	**à droite**	**a destra**
in der Nähe	**près**	**vicino**
weit	**loin**	**lontano**
auf/oben	**en haut**	**su**
ab/unten	**en bas**	**giù**
früh	**de bonne heure**	**presto**
spät	**en retard**	**tardi**
Eingang	**l'entrée**	**la entrata**
Ausgang	**la sortie**	**l'uscita**
WC/Toilette	**les toilettes/les WCs**	**il gabinetto**
Telefonieren		
Ich möchte ein Ferngespräch führen.	**Je voudrais faire un interurbain.**	**Vorrei fare una interurbana.**
Ich möchte ein R-Gespräch führen.	**Je voudrais faire une communication PCV.**	**Vorrei fare una telefonata a carico del destinatorio.**
Ich versuche es später noch einmal.	**Je rapellerai plus tard.**	**Ritelefono più tardi.**
Kann ich eine Nachricht hinterlassen?	**Est-ce que je peux laisser un message?**	**Posso lasciare un messaggio?**

Im Hotel

Haben Sie ein Zimmer frei?	**Est-ce que vous avez une chambre libre?**	**Avete camere libere?**
Doppelzimmer	**chambre à deux**	**camera doppia**
Doppelzimmer mit zwei Betten	**une chambre à deux lits**	**una camera con due letti**
Einzelzimmer	**une chambre à une personne**	**una camera singola**
mit Bad/Dusche	**avec salle de bains/ douche**	**con bagno/doccia**
Wie viel kostet das Zimmer?	**Combien coûte la chambre?**	**Quanto costa la camera?**
Wo ist das Bad?	**Où est la salle de bains?**	**Dov'è il bagno?**
mit Frühstück	**avec petit-déjeuner**	**con prima colazione**
mit Halbpension	**en demi-pension**	**mezza pensione**
Schlafsaal	**dortoir**	**il dormitorio**
Schlüssel	**la clef**	**la chiave**
Ich habe reserviert.	**J'ai fait une réservation.**	**Ho fatto una prenotazione.**

Sightseeing

Bus	**l'autobus**	**autobus**
Straßenbahn	**le tramway**	**tram**
Zug	**le train**	**il treno**
Bushaltestelle	**la gare routière**	**la stazione d'autobus**
Bahnhof	**la gare**	**la stazione**
Information	**les renseignements**	**l'informazioni**
Boot	**le bateau**	**la barca**
(Dampf-)Schiff	**le bateau (à vapeur)**	**il battello (a vapore)**
Schifffahrt	**la navigation**	**la navigazione**
Parkplatz	**la place de stationnement**	**il parcheggio**
Parkhaus	**le parking**	**l'autosilo**
(Miet-)Fahrrad	**le vélo (de location)**	**la bicicletta (a noleggio)**
Flughafen	**l'aéroport**	**l'aeroporto**
Bank	**la banque**	**il banco**
Kirche	**l'église**	**la chiesa**
Dom/Kathedrale	**la cathédrale**	**il duomo**
Hauptplatz	**la place centrale**	**la piazza principale**
Post	**le bureau de poste**	**la posta**
Tourismusbüro	**l'office du tourisme**	**l'ente turistico**

Zeit

Vormittag	**le matin**	**la mattina**
Nachmittag	**l'après-midi**	**il pomeriggio**
Abend	**le soir**	**la sera**
morgens	**le matin**	**di mattina**
nachmittags	**l'après-midi**	**di pomeriggio**
abends	**le soir**	**di sera**
gestern	**hier**	**ieri**
heute	**aujourd'hui**	**oggi**
morgen	**demain**	**domani**
Montag	**lundi**	**lunedi**
Dienstag	**mardi**	**martedi**
Mittwoch	**mercredi**	**mercoledi**
Donnerstag	**jeudi**	**giovedi**
Freitag	**vendredi**	**venerdi**
Samstag	**samedi**	**sabato**
Sonntag	**dimanche**	**domenica**

Geschäfte

Wie viel kostet das?	**C'est combien, s'il vous plaît?**	**Quant'è, per favore?**
Ich hätte gern …	**Je voudrais …**	**Vorrei …**
Haben Sie …?	**Est-ce que vous avez …?**	**Avete …?**
teuer	**cher**	**caro**
preiswert	**pas cher/bon marché**	**a buon prezzo**
Bank	**la banque**	**la banca**
Buchhandlung	**la librairie**	**la libreria**
Apotheke	**la pharmacie**	**la farmacia**
Friseur	**le coiffeur**	**il parruchiere**
Markt	**le marché**	**il mercato**
Zeitungskiosk	**le magasin de journaux**	**l'edicola**
Reisebüro	**l'agence de voyages**	**l'agenzia di viaggi**

Im Restaurant

Haben Sie einen Tisch für …?	**Avez-vous une table pour …?**	**Avete una tavola per …?**
Zahlen, bitte.	**L'addition, s'il vous plaît.**	**Il conto, per favore.**
Ich bin Vegetarier.	**Je suis végétarien/ne.**	**Sono vegetariano/a.**
Ober	**Madame/Mademoiselle/ Monsieur**	**cameriera/cameriere**
Speisekarte	**le menu/la carte**	**il menù**
Weinkarte	**la carte des vins**	**la lista dei vini**
Frühstück	**le petit déjeuner**	**la prima colazione**
Mittagessen	**le déjeuner**	**il pranzo**
Abendessen	**le dîner**	**la cena**

Auf der Speisekarte

Artischocken	**les artichauts**	**i carciofi**
Bohnen	**les haricots**	**i fagioli**
Brot	**le pain**	**il pane**
Ei	**l'œuf**	**l'uovo**
Eis	**la glace**	**il gelato**
Ente	**le canard**	**l'anatra**
Fenchel	**le fenouil**	**il finocchio**
Fisch	**le poisson**	**il pesce**
Fleisch	**la viande**	**la carne**
Garnelen	**les crevettes**	**i gamberetti**
gebacken	**cuit au four**	**al forno**
gebraten	**rôti**	**arrosto**
gekocht	**cuit**	**lesso**
Gemüse	**les légumes**	**i contorni**
vom Grill	**grillé**	**alla griglia**
Hähnchen	**le poulet**	**il pollo**
Hummer	**le homard**	**il gambero**
Kaffee	**le café**	**il caffè**
Kartoffeln	**les pommes de terre**	**le patate**
Käse	**le fromage**	**il formaggio**
Knoblauch	**l'ail**	**l'aglio**
Knödel	**la boulette**	**il gnocco**
Kuchen	**le gâteau**	**la torta**
Lamm	**l'agneau**	**l'agnello**
Leber	**le foie**	**il fegato**
Meeresfrüchte	**les fruits de mer**	**i frutti di mare**
Milch	**le lait**	**il latte**
Mineralwasser	**l'eau minérale**	**l'acqua minerale**
Obst	**le fruit frais**	**la frutta**
Pfeffer	**le poivre**	**il pepe**
Pommes frites	**les frites**	**le patate fritte**
Reis	**le riz**	**il riso**
Rindfleisch	**le bœuf**	**il manzo**
Rotwein	**le vin rouge**	**il vino rosso**
Sahne	**la crème**	**la panna**
Salz	**le sel**	**il sale**
Schaltiere	**les crustacées**	**i frutti di mare**
Schinken	**le jambon**	**il prosciutto**
Schokolade	**le chocolat**	**il cioccolato**
Schweinefleisch	**le porc**	**carne di maiale**
Spinat	**les épinards**	**i spinaci**
Steak	**le bifteck/le steak**	**la bistecca**
Suppe	**le potage**	**la zuppa**
Tee	**le thé**	**il tè**
Thunfisch	**le thon**	**il tonno**
Tomate	**la tomate**	**il pomodoro**
Weißwein	**le vin blanc**	**il vino bianco**
Wurst	**la saucisse**	**la salsiccia**
Zitrone	**le citron**	**il limone**
Zucker	**le sucre**	**il zucchero**
Zwiebel	**l'oignon**	**la cipolla**

Dorling Kindersley Vis-à-Vis

Vis-à-Vis-Reiseführer

Ägypten Alaska Amsterdam Apulien Argentinien Australien Bali & Lombok Baltikum Barcelona & Katalonien Beijing & Shanghai Belgien & Luxemburg Berlin Bologna & Emilia-Romagna Brasilien Bretagne Brüssel Budapest Bulgarien Chile Chicago China Costa Rica Dänemark Danzig & Ostpommern Delhi, Agra & Jaipur Deutschland Dresden Dublin Florenz & Toskana Florida Frankreich Genua & Ligurien Griechenland Griechische Inseln Großbritannien Hamburg Hawaii Indien Irland Istanbul Italien Japan Jerusalem Kalifornien Kambodscha & Laos Kanada Kanarische Inseln Karibik Kenia Korsika Krakau Kroatien Kuba Las Vegas Lissabon Loire-Tal London Madrid Mailand Malaysia & Singapur Mallorca, Menorca & Ibiza Marokko Mexiko Moskau München & Südbayern Neapel Neuengland Neuseeland New Orleans New York Niederlande Nordspanien Norwegen Österreich Paris Peru Polen Portugal Prag Provence & Côte d'Azur Rom San Francisco St. Petersburg Sardinien Schottland Schweden Schweiz Sevilla & Andalusien Sizilien Slowenien Spanien Stockholm Straßburg & Elsass Südafrika Südtirol & Trentino Südwestfrankreich Thailand Thailand – Strände & Inseln Tokyo Tschechien & Slowakei Türkei USA USA Nordwesten & Vancouver USA Südwesten & Las Vegas Venedig & Veneto Vietnam & Angkor Washington, DC Wien

DORLING KINDERSLEY
www.dorlingkindersley.de

Vis-à-Vis

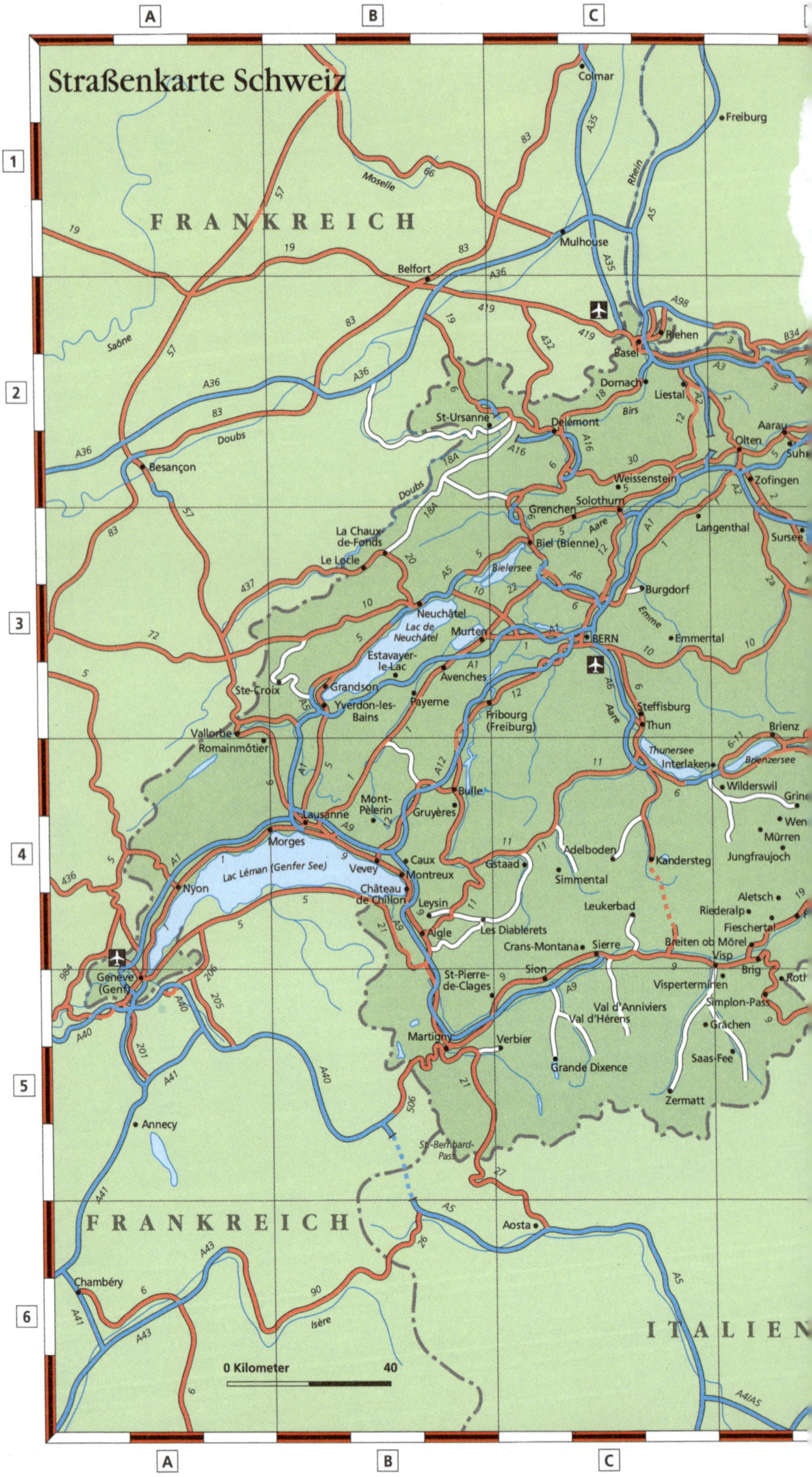
Straßenkarte Schweiz
A
B
C
1
2
3
4
5
6
FRANKREICH
FRANKREICH
ITALIEN
Colmar
Freiburg
Mulhouse
Belfort
Basel
Riehen
Dornach
Liestal
Aarau
Olten
Zofingen
Sursee
Delémont
St-Ursanne
Besançon
Weissenstein
Solothurn
Grenchen
Langenthal
La Chaux-de-Fonds
Le Locle
Biel (Bienne)
Bielersee
Burgdorf
Neuchâtel
Lac de Neuchâtel
Murten
BERN
Emmental
Estavayer-le-Lac
Avenches
Grandson
Ste-Croix
Yverdon-les-Bains
Payerne
Fribourg (Freiburg)
Steffisburg
Thun
Brienz
Thunersee
Interlaken
Brienzersee
Wilderswil
Vallorbe
Romainmôtier
Bulle
Mont-Pèlerin
Gruyères
Lausanne
Morges
Mürren
Jungfraujoch
Adelboden
Kandersteg
Caux
Vevey
Montreux
Gstaad
Simmental
Lac Léman (Genfer See)
Nyon
Château de Chillon
Leysin
Leukerbad
Aletsch
Riederalp
Fieschertal
Aigle
Les Diablerets
Crans-Montana
Sierre
Breiten ob Mörel
Visp
Brig
Genève (Genf)
Sion
St-Pierre-de-Clages
Visperterminen
Val d'Anniviers
Val d'Hérens
Simplon-Pass
Grächen
Martigny
Verbier
Grande Dixence
Saas-Fee
Zermatt
Annecy
St-Bernhard-Pass
Aosta
Chambéry
Isère
Saône
Moselle
Doubs
Rhein
Birs
Aare
Emme
0 Kilometer
40